Werner Huemer

# Expedition Innenwelt
Band 2

*Werner Huemer*

# EXPEDITION INNENWELT

*Band 2*

*Leben und Tod, Schicksal und Reinkarnation:*
*Der Entwicklungsweg des Menschengeistes*

Verlag der Stiftung Gralsbotschaft
Stuttgart

Die Deutsche Bibliothek – CIP-Einheitsaufnahme

Huemer, Werner:
»Expedition Innenwelt«, Band 2 / Werner Huemer. –
Stuttgart : Verlag der Stiftung Gralsbotschaft, 2008
ISBN 978-3-87860-372-6


www.gral.de

In Lizenz herausgegeben vom
Verlag der Stiftung Gralsbotschaft, Stuttgart
1. Auflage 2008

# Vorwort

Nichts ist besser dazu geeignet, die Existenz einer Wirklichkeit jenseits der fünf Sinne zu beweisen, als unsere eigene Innenwelt – die Empfindungen, Gefühle und Gedanken, die unser Bewußtsein bilden und das Leben erst lebenswert machen. Unsere seelisch-geistige Innenwelt erweist sich nämlich schon von ihrem Wesen her als transzendent. Sie entzieht sich weitgehend dem üblichen naturwissenschaftlichen Zugang – und doch kann niemand bestreiten, daß unsere Erlebnis-, Erkenntnis- oder auch Liebesfähigkeit nicht nur Begleiterscheinungen des Menschseins sind, sondern dessen Mittelpunkt.

Aus diesem Grund fasziniert mich das Thema „Innenwelt" seit vielen Jahren.

Aber es gibt noch einen weiteren Grund für diese Faszination, und der ist vermutlich so alt wie die Menschheit. Denn dem Thema dieses Buches untrennbar verbunden ist das Streben nach Selbsterkenntnis und Lebenssinn, das uns Geistgeschöpfe wohl schon immer beflügelt hat. Wem es gegeben ist, über sich selbst und seine Aufgabe in der Welt nachsinnen zu können, der sollte das irgendwann in seinem Leben auch tun.

Freilich: Wenn es um das „Unbegreifbare" in uns geht, dann tut sich oft ein dichter Dschungel aus unklar voneinander abgegrenzten Begriffen auf, und der Abgrund zwischen Innenwelt-Ereignis und objektiver Wirklichkeit scheint kaum überbrückbar – vor allem dann nicht, wenn es um Bereiche jenseits von Gedanken, Gefühlen und Trieben geht, die im ersten Band dieses Buches angesprochen wurden.

Eben diese Bereiche bilden nun das Thema des vorliegenden zweiten Bandes. In dessen Mittelpunkt steht der eigentliche Wesenskern des Menschen, der *Geist*. Ausgehend vom sogenannten „Jenseits", dessen Welten uns nach dem physischen Tod erwarten, werden wir den spirituellen Weg des Menschen zurück zu seinem Ursprung, dem geistigen Reich, beleuchten.

Ich bin zuversichtlich, Ihnen dabei Anregungen zur Beantwortung einiger großer Fragen vermitteln zu können – beispielsweise in den Fragen nach Schicksal und Gerechtigkeit, nach der Herkunft der Seele oder dem Ursprung des Geistes.

Die weltanschauliche Grundlage für meine Ausführungen bildet – wie schon im ersten Band – das Werk „Im Lichte der Wahrheit – Gralsbotschaft" von Abd-ru-shin (Oskar Ernst Bernhardt, 1875–1941). Es wird in den folgenden fünf Kapiteln abermals als Wegweiser durch die vielfältigen Schöpfungsebenen dienen.

Ich wünsche Ihnen, geschätzte Leserinnen und Leser, daß Sie die nachstehenden Ausführungen nicht nur als „Fahrgast des 21. Jahrhunderts" genießen, der vielfältige Denkgebäude staunend an sich vorüberziehen läßt – ohne davon wirklich berührt zu sein. Vielmehr freute es mich, wenn manche Schilderung Sie tiefer ansprechen könnte und Ihre Sehnsucht nach Wahrheit und Erkenntnis trifft.

Möge Ihnen auf Ihrem Lebensweg etwas gelingen, das ebenso zur Natur des Menschseins gehört wie die Fähigkeit, Fragen zu stellen, nämlich: Antworten zu finden!

*Werner Huemer,*
*Hart-Purgstall, im Frühjahr 2008*

# *EXPEDITION INNENWELT*

*Band 2*

*Jenseits des Diesseits*

*Inkarnationen*

*Die weltenweite Wanderung*

*Rückkehr zum Ursprung*

*... und über uns das Licht!*

# Inhaltsverzeichnis

## Expedition Innenwelt, Band 1



## Expedition Innenwelt, Band 2

*Kapitel 6*

# *JENSEITS DES DIESSEITS*

*Lesen Sie in diesem Kapitel:*

- *Die Stationen des Sterbens*
- *Schlaf: Der kleine Bruder des Todes*
- *„Lebensverlängerung" und Organtransplantation*
- *Wer lebt mit wem im Jenseits?*
- *Vom Wert des Erdenlebens*
- *Kontakte mit dem Jenseits*

»Lebensrückschau – Tunnel-
erlebnis – Ausleibigkeit –
erweiterte Wahrnehmung:
diese Erlebnisse an der Schwelle
des Todes werden von der
Sterbeforschung immer wieder
dokumentiert, und es bestehen
kaum noch Zweifel daran, daß
tatsächlich jeder Mensch am
Ende seines Lebens diese
Stationen durchlebt.
Was aber geschieht danach?«

# Kapitel 6

# Jenseits des Diesseits

*„Verständnislos, einsam steht eine Seele in dem Sterbezimmer. Verständnislos, da sich der Mensch, der auf dem Lager liegt, in seinem Erdenleben sträubte, an ein Fortleben nach Ablegen des grobstofflichen Körpers zu glauben, der sich deshalb nie mit dem Gedanken ernst befaßte und alle die verlachte, welche davon sprachen.*

*Verwirrt schaut er um sich. Er sieht sich selbst auf seinem Sterbelager, sieht ihm bekannte Menschen weinend darum stehen, hört deren Worte, die sie sprechen, und fühlt auch wohl den Schmerz, den sie dabei empfinden in der Klage, daß er nun gestorben sei. Lachen will er und rufen, daß er ja noch lebe! Er ruft! Und muß verwundert sehen, daß sie ihn nicht hören. Wieder und wieder ruft er laut und immer lauter. Die Menschen hören nicht darauf, sie klagen weiter. Angst beginnt in ihm emporzusteigen. Er hört doch seine Stimme selbst ganz laut und fühlt auch seinen Körper deutlich.*

*Noch einmal schreit er in Beklemmung auf. Niemand beachtet ihn. Sie blicken weinend auf den stillen Körper, den er als den eigenen erkennt, und den er doch plötzlich als etwas Fremdes, ihm nicht mehr Gehörendes, betrachtet; denn er steht mit seinem Körper ja daneben, frei von jedem Schmerz, den er bisher empfunden hat.*

*Mit Liebe ruft er nun den Namen seiner Frau, die an seinem bisherigen Lager kniet. Das Weinen aber läßt nicht nach, kein Wort, keine Bewegung zeigt, daß sie ihn hörte. Verzweifelt tritt er auf sie zu und rüttelt derb an ihrer Schulter. Sie merkt es nicht. Er weiß ja nicht, daß er den feinstofflichen Körper seiner Frau berührt und diesen rüttelt, nicht den grobstofflichen, und daß die Frau, welche gleich ihm nie daran dachte, daß es mehr gibt als den Erdenleib, seine Berührung ihres feinstofflichen Körpers auch nicht fühlen kann.*

*Ein unsagbares Furchtgefühl läßt ihn erschauern. Schwäche des Verlassenseins drückt ihn zu Boden, sein Bewußtsein schwindet.*"[1]

Vor rund 75 Jahren, als Abd-ru-shin in seiner Gralsbotschaft den Vortrag „Abgeschieden" veröffentlichte, aus dem das einleitende Zitat stammt, mochten materialistisch gesinnte Zeitgenossen über solche Schilderungen skeptisch die Nase gerümpft haben. Was weiß man schon vom Sterben oder gar vom Leben nach dem Tod? Das ist doch alles bloß Spekulation!

Natürlich kann man auch heute noch ähnliche Reaktionen beobachten, denn unsere Weltanschauung hat sich in den letzten Generationen ja längst nicht vom Materialismus verabschiedet. Eines jedoch hat sich grundlegend geändert: Zumindest in der Wissenschaft wird der Sterbeprozeß nicht mehr tabuisiert. Seit etwa 30 Jahren beschäftigt sich ein Forschungszweig, die Thanatologie[2], mit Erfahrungen am Ende unseres Lebens. Autoren wie Dr. Raymond Moody oder Dr. Elisabeth Kübler-Ross sind weltweit durch Publikationen bekannt geworden, in denen sie sogenannte Nahtoderlebnisse zusammenfaßten. Derlei Schilderungen kommen zustande, wenn jemand von der Schwelle des Todes doch noch einmal ins physische Leben zurückkehren konnte – obwohl er vielleicht sogar schon als „klinisch tot" galt. Heute schätzt man, daß weltweit bereits 50 Millionen Menschen solche Nahtoderlebnisse hatten.[3]

Die Befragung solcher Patienten hatte vielfach recht unspektakulär begonnen – Ärzte und Philosophen[4] sind eben auch Menschen und als solche interessiert an der Frage, ob das Leben nach

> Ganz offensichtlich durchlebt jeder Mensch beim Sterben bestimmte Stationen. Alles folgt dem gleichen „Fahrplan".

dem Leben weitergeht. Man ließ die Betroffenen also berichten, zeichnete deren Aussagen auf, schrieb exakte Statistiken – und geriet dabei ins Staunen: Ganz offensichtlich nämlich durchlebt jeder Mensch beim Sterben bestimmte Stationen, egal ob Mann oder Frau, unabhängig von Religion, Bildung und auch Alter. Selbst bei kleinen Kindern verläuft, wie man feststellen konnte, das Sterben nach dem gleichen „Fahrplan" wie bei Erwachsenen. Und mit diesen Forschungen wurden auch die Schilderungen der Gralsbotschaft eindrucksvoll bestätigt. Denn die eingangs zitierte „Ausleibigkeitserfahrung" ist tatsächlich eines der zentralen, immer wieder beschriebenen Ereignisse beim Abscheiden des Menschen.

Im letzten Kapitel zum ersten Band dieses Buches hatten wir den Lebensweg einer Frau ein Stück begleitet, die ihren geliebten Mann verloren hatte. Er war einer schweren Krankheit erlegen.

Stellen wir uns nun – auf Basis der Ergebnisse der Sterbeforschung – vor, wie dieser Mann selbst sein Hinübergehen erlebt haben könnte …

## *Stationen des Sterbens*

Schwer atmend lag er auf dem Sterbebett. Seine körperliche Bedrängnis näherte sich ihrem Höhepunkt, seine Gedanken zeichneten Bild um Bild, doch mit zunehmend langsamem, kraftlosem Strich. Was sein Inneres bewegte, das konnte sich nun, in dieser schlafähnlichen Entrücktheit, nicht mehr zeigen. Kein Lächeln mehr, das über sein Gesicht spielte, auch keine Träne. Der erschöpfte Körper war dem Leben kaum noch verbunden.

War da nicht die Liebe seiner Frau, ihre spürbare Nähe, ihr fühlbarer Wunsch, ihn zurückzuhalten von diesem letzten Willensakt des Loslassens? Und als sie kurz das Zimmer verließ, als ihre Wärme etwas ferner schien, da gab er sich hin. –

Nun aber war ihm, als durchpulste ihn plötzlich glühendes Leben. Eine rasende Fahrt durch das eigene Erdensein begann, die ihm alle Tief- und Höhepunkte vergangenen Erlebens machtvoll ins Bewußtsein rückte. Alles, was in den vielen Jahren seiner Seele je einen Stempel aufgedrückt hatte, war nun gleichzeitig da – mit allen Sinnen erfahrbar, in aller Lebendigkeit zugegen. Und zugleich war auch klar, ohne Zweifel, ohne Selbsttäuschung, was gut war an all dem und was nicht.

Im nächsten Augenblick – es konnte nicht mehr als ein kurzer Moment gewesen sein – hörte er, wie der Stationsarzt ihn für tot erklärte. Und zugleich war ihm, als würde er kraftvoll durch einen dunklen Tunnel gezogen. Er vernahm nur noch ein tiefes, durchdringendes Brummen, bis er plötzlich wieder die vertraute Umgebung erkennen konnte: das Krankenhauszimmer, in dem er die letzte Zeit verbracht hatte, den Arzt, seine trauernde Frau am Bett, einige andere Verwandte, die abseits standen.

Dann aber fiel sein Blick … auf seinen eigenen Körper!

Ja, was er da vor sich sah, nicht wie im Spiegel, sondern erstmals in der ganzen dreidimensionalen Räumlichkeit, das war … *er selbst!?*

Nie hatte er sich ernsthaft mit der Möglichkeit eines Lebens nach dem Leben befaßt. So wurde ihm als überwältigende Erfahrung vorerst nur klar, daß er sich außerhalb seines bisherigen Leibes befand – und dennoch auch selbst einen Körper hatte.

Er rief seine Frau, laut und deutlich – doch sie hörte ihn nicht.

Er rief die Umstehenden – doch niemand reagierte, während er selbst alle Anwesenden in einer seltsamen Gesamtschau wahrnehmen konnte.

Es kam ihm vor, als würde er deren Gedanken kennen, noch bevor sie diese aussprachen. Zugleich aber machte sich ein drükkendes Gefühl der Verlassenheit in ihm breit, denn selbst das Bemühen, seine Frau unsanft an der Schulter zu rütteln, blieb von dieser wie von allen anderen unbemerkt …

Lebensrückschau – Tunnelerlebnis – Ausleibigkeitserfahrung – erweiterte Wahrnehmungsmöglichkeiten: diese Erlebnisse an der Schwelle des Todes werden von der Sterbeforschung immer wieder dokumentiert, und es bestehen kaum noch Zweifel daran, daß tatsächlich jeder Mensch am Ende seines Lebens bestimmte Stationen durchlebt.

Große Unsicherheit gibt es indes in der Beantwortung der Frage, wie man diese Schilderungen interpretieren soll. Es gibt nur wenige Wissenschaftler, die die unzähligen dokumentierten Todesnähe-Erfahrungen als Beweise für ein Leben nach dem Tod gelten lassen. Die etablierte Fachmeinung geht eher dahin, daß im Gehirn ein bestimmtes Programm abläuft, das uns als Schutzmechanismus für Extremsituationen derlei Erlebnisse vorspielt.

Wäre dies ein Buch nur über Sterbeforschung, müßte man sich nun natürlich eingehend damit beschäftigen, welchen Stellenwert die beschriebenen Nahtoderlebnisse wirklich haben und was alles dafür oder dagegen spricht, daß wir durch den Tod (nicht) sterben. Diese Argumentationsarbeit kann hier aber unterbleiben. Schließlich haben wir uns ja schon im ersten Band dieses Buches eingehend mit der menschlichen Innenwelt beschäftigt und dabei feststellen können, daß der Mensch nicht ein Körper *ist*, sondern einen Körper *hat*. Unser Bewußtsein ist nicht im Gehirn zu Hause, sondern hat seinen Sitz im Seelisch-Geistigen. Was man üblicherweise als „Bewußtsein" bezeichnet – das sogenannte Tag- oder Wachbewußtsein – ist nur eine besondere Form desselben, die sich aus der Verbindung unseres eigentlichen, geistigen Bewußtseins mit den Funktionen des physischen Körpers ergibt.

Unser Bewußtsein wird daher durch den Tod nicht ausgelöscht. Was indes geschieht, ist die *Auflösung* der bis dahin festen Verbindung zwischen Leib und Seele. Für den Sterbeprozeß spielt auf der körperlichen Ebene meistens die Veränderung der Blutausstrahlung, wie sie sich durch Krankheit oder Alter ergibt, eine auslösende Rolle. Doch über den Verlauf des Abscheidens, dessen Geschwindigkeit und Schwere, entscheidet nicht nur die körperliche, sondern ebenso unsere seelische Verfassung!

## Der „silberne Strick"

Damit erhellen wir nun weitgehend unbekannte Zusammenhänge, die sich nicht mehr ohne weiteres aus den Statistiken der Sterbeforschung herauslesen lassen. So manches Geheimnis rund um den Tod des Menschen läßt sich aber lüften, wenn wir unsere bisher gewonnenen Erkenntnisse über die Innenwelt mit in Betracht ziehen. Daß unser Seelenzustand beim Sterbevorgang und in der Frage, wie schnell und schmerzlos sich die Lösung vom physischen Körper vollziehen kann, eine wichtige Rolle spielt, erklärt sich aus der Tatsache, daß unsere Gedanken feinstofflich *formend* wirken.[5] Das heißt: die Art unseres Denkens bildet nicht nur eine freudig-lichtvolle oder aber bedrückend-dunkle Innenwelt-Umgebung aus, sondern sie zeigt sich auch direkt im Dichtheits- und Schweregrad des feinstofflichen Körpers[6]. „Der Geist bildet den Körper", heißt es – und mehr noch als für die grobstoffliche Hülle gilt dieser Aphorismus für unseren Seelenkörper. Jemand, dessen Lebensweg der inneren Veredelung verpflichtet ist, wird daher einen wesentlich leichteren, ätherisierteren feinstofflichen Körper besitzen als ein betonfester Materialist, für den nur die physische Realität und sonst nichts Wirklichkeitswert hat.

Die Beschaffenheit des Seelenkörpers entscheidet demnach mit darüber, ob jemand einen leichten oder schweren Tod zu durchleben hat. Denn es zieht sich, vom feinstofflichen Körper ausgehend, ein nabelschnurartiger Verbindungsstrang zum sterbenden Leib, der die gleiche Dichte wie die Seele hat. Dieser geheimnisvolle Strang wurde von hellsichtigen oder innerlich stark erschütterten Menschen schon oft geschaut. Er wird in der einschlägigen Literatur meist als „Silberschnur"[7] bezeichnet, ist schon seit biblischen Zeiten bekannt – Salomo sprach im Alten Testament vom „silbernen Strick"[8] – und spielt bei unserem Abscheiden von der grobstofflichen Welt eine tragende Rolle: Erst dann nämlich, wenn der „Silberstrick" endgültig zerfallen ist, kann der Mensch – oder besser gesagt: die zurückgelassene Hülle – wirklich als tot betrachtet werden, weil das belebende Element sich endgültig zurückgezo-

Die Beschaffenheit des Seelenkörpers entscheidet mit darüber, ob jemand einen leichten oder schweren Tod erleidet.

gen hat. Bis dahin übermittelt die Silberschnur, ins Zentrum des sogenannten Sonnengeflechts mündend, dem abstrebenden Bewußtsein immer noch Informationen aus dem Körper, beispielsweise Schmerzgefühle. Das heißt zwangsläufig: Wer sich infolge seiner Lebenseinstellung einen dichteren feinstofflichen Körper gebildet hat, dessen „Nabelschnur“ kann bei der – wie es die Gralsbotschaft ausdrückt – „Geburt in die feinstoffliche Welt“ zur regelrechten Fessel werden:

*„Der Vorgang des Todes selbst ist weiter nichts als die Geburt in die feinstoffliche Welt. Ähnlich dem Vorgange der Geburt in die grobstoffliche Welt. Der feinstoffliche Körper ist mit dem grobstofflichen Körper nach der Lösung eine Zeitlang wie durch eine Nabelschnur verbunden, die um so weniger fest ist, je höher der also in die feinstoffliche Welt Geborene seine Seele schon in dem Erdensein nach der feinstofflichen Welt hin entwickelt hat.*

*Je mehr er sich selbst durch sein Wollen an die Erde kettete, also an das Grobstoffliche, und so von dem Fortleben in der feinstofflichen Welt nichts wissen wollte, desto fester gefügt wird durch dieses sein eigenes Wollen auch diese Schnur sein, die ihn an den grobstofflichen Körper bindet, und damit auch sein feinstofflicher Körper, dessen er als Gewand des Geistes in der feinstofflichen Welt bedarf.*

*Je dichter aber sein feinstofflicher Körper ist, desto schwerer ist er nach den üblichen Gesetzen, und desto dunkler muß er auch erscheinen. Er wird sich durch diese große Ähnlichkeit und nahe Verwandtschaft mit allem Grobstofflichen auch sehr schwer von dem grobstofflichen Körper lösen, so daß es vorkommt, daß ein solcher auch die letzten grobstofflich-körperlichen Schmerzen noch mitfühlen muß, sowie den ganzen Zerfall in der Verwesung. Bei Verbrennung bleibt er ebenfalls nicht unempfindlich. (…)*

*Anders mit den Menschen, die den Aufstieg zu allem Edleren schon in dem Erdensein begannen. Weil diese die Überzeugung des Schrittes in die feinstoffliche Welt lebendig in sich tragen, ist die Loslösung auch viel leichter. Der feinstoffliche Körper und mit ihm die Verbindungsschnur ist nicht dicht, und dieser Unterschied in ihrer gegenseitigen Fremdheit mit dem grobstofflichen Körper läßt die Loslösung auch sehr schnell erfolgen, so daß der feinstoffliche Körper während des ganzen sogenannten Todeskampfes oder der letzten Muskelzuckungen des grobstofflichen Körpers schon lange* neben *diesem steht, wenn überhaupt von einem Todeskampfe bei normalem Sterben eines solchen Menschen gesprochen werden kann. Der lose, undichte Zustand des Verbindungsstranges läßt den danebenstehenden feinstofflichen Menschen keinerlei Schmerzen mitempfinden, da dieser leichte Verbindungsstrang in seinem undichten Zustande keinen Schmerzleiter vom Grobstofflichen zum Feinstofflichen abgeben kann."*[9]

Es hat also schon seinen guten Grund, wenn man nach dem sogenannten „klinischen Tod"[10] traditionell ein wenig zuwartet, ehe die „sterblichen Überreste" der Erde oder den Flammen überantwortet werden.

Folgt man den Darlegungen der Gralsbotschaft, so müßten die Tage, die zur irdischen Vorbereitung einer Beisetzung nötig sind, der abscheidenden Seele im Normalfall ausreichend Zeit für eine endgültige Loslösung bieten, sofern sie nicht zu sehr an ihrer physischen Hülle „hängt". Aber wer wollte seine Hand dafür ins Feuer legen, daß beispielsweise ein Mensch, der sich sein Leben lang an Reichtum und Besitz klammerte, ein verantwortungsvolles Seelenleben indes ablehnte, die „Stunde der Wahrheit" nicht überaus schmerzvoll erfahren muß?

Tatsächlich kann im Extremfall tage-, ja, wochenlang *nach* der Todesdiagnose über die noch nicht vollständig aufgelöste Silberschnur eine letzte Verbindung zum Körper bestehen, weil die Seele durch deren Dichtheit daran gehindert wird, von ihrem „Kokon"[11] abzustreben.

Und noch etwas kann dem ruhigen und raschen Abscheiden eines Menschen, der seinen Erdenweg vollendet hat, hinderlich sein: übertriebener Trennungsschmerz seitens der Angehörigen:

*„Die bei einem Sterbenden weilenden Menschen aber seien gewarnt, daß sie nicht in lautes Klagen ausbrechen. Durch den zu stark gezeigten Trennungsschmerz kann der in Loslösung begriffene oder vielleicht schon danebenstehende feinstoffliche Mensch ergriffen werden, es also hören oder fühlen. Erwacht dadurch in ihm das Mitleid oder der Wunsch, noch Trostesworte zu sagen, so bindet ihn dieses Verlangen wieder fester mit dem Bedürfnis, sich den schmerzerfüllt Klagenden* verständlich *bemerkbar zu machen.*

*Irdisch verständlich machen kann er sich nur unter Zuhilfenahme des Gehirnes. Das Bestreben aber zieht die enge Verbindung mit dem grobstofflichen Körper nach sich, bedingt sie, und deshalb kommt als Folge, daß nicht nur ein noch in Loslösung begriffener feinstofflicher Körper sich wieder enger mit dem grobstofflichen Körper vereinigt, sondern daß auch ein bereits danebenstehender losgelöster feinstofflicher Mensch nochmals zurückgezogen wird in den grobstofflichen Körper. Endergebnis ist die Wiederempfindung aller Schmerzen, deren er schon enthoben war.*

*Die erneute Loslösung erfolgt dann weit schwerer, sie kann sogar einige Tage anhalten. Dann entsteht der sogenannte verlängerte Todeskampf, der für den sich Lösenwollenden wirklich schmerzhaft und schwer wird. Schuld daran sind die, die ihn aus der natürlichen Entwicklung durch ihren egoistischen Schmerz zurückriefen.*

*Durch diese Unterbrechung des normalen Laufes erfolgte eine neue, gewaltsame Bindung, sei es auch nur durch den schwachen Versuch einer Konzentration zur Verständlichmachung. Und diese widernatürliche Bindung wieder zu lösen, ist dem damit noch vollkommen Unbewanderten nicht so leicht. Geholfen kann ihm dabei nicht werden, da er selbst die neue Bindung wollte.*

*Diese Bindung kann leicht eintreten, solange der grobstoffliche Körper noch nicht ganz erkaltet ist und der Verbindungsstrang besteht, der oft erst nach vielen Wochen zerreißt. Also eine unnötige Qual für den Hinübergehenden, eine Rücksichtslosigkeit und Roheit der Umstehenden.*

*Deshalb soll in einem Sterbezimmer unbedingte Ruhe herrschen, ein der bedeutungsvollen Stunde entsprechender würdiger Ernst!"*[12]

## „Lebensverlängerung" und Transplantationen

Wenn soeben zum Ausdruck kam, daß der gesamte Prozeß des Loslösens einer Seele nicht nur mit dem vollständigen Erkalten des Körpers zu tun hat, sondern eben auch jenen Zeitraum mit umfaßt, der für das Zerfallen der Silberschnur nötig ist, so mag man daraus erahnen, was Maßnahmen zur künstlichen Verlängerung des physischen Lebens durch die Apparatemedizin oder Organentnahmen für den abscheidenden Menschen bedeuten: Seine Seele wird dadurch – oft über Monate – an den stofflichen Körper gebunden! Dies bedeutet zum einen, daß sie ihren Weg nicht frei und durch die physische Hülle unbeschwert fortsetzen kann, und zum anderen, daß sie chirurgische Eingriffe in den Körper mehr oder weniger schmerzvoll miterleben muß – mehr, wenn ihre Silberschnur entsprechend dicht und fest, weniger, wenn diese lockerer gefügt ist.

Der „Segen", den die moderne Transplantationsmedizin mit sich bringt, ist mehr als zweifelhaft. Er steht bei näherer Betrachtung oft sogar in krassem Widerspruch zur Menschlichkeit. So geht man heute (zweckmäßigerweise) davon aus, der Mensch sei tot, sobald keine Hirnfunktionen mehr nachweisbar sind. Ab diesem Zeitpunkt kann eine vermeintliche „Leiche" (die allerdings bis dahin durch künstliche Beatmung oder Ernährung „am Leben gehalten" werden muß) zur Organentnahme vorbereitet werden, sofern dafür eine Zustimmung beziehungsweise keine Widerspruchserklärung vorliegt.[13] Doch indem man Hirnfunktionen als entscheidendes Kriterium für den Todeszeitpunkt definiert, begibt man sich bewußt in einen schaurigen Graubereich. Denn es ist längst bekannt,

- daß Hirntod-Diagnosen nicht perfekt sind – bei manchen Patienten wurden nach bereits mehreren Stunden „Nullinie" doch wieder Gehirnströme gemessen;
- daß der Mensch, abgesehen von den Gehirnteilen in der Kopfregion, auch über ein „Bauchhirn" verfügt, das aus 100 Millionen Nervenzellen besteht, die diagnostisch nicht berücksichtigt werden[14];
- daß mit hirntoten Patienten manchmal über Apparate kommuniziert werden kann[15];
- daß Hirntote sinnlich nicht als tot wahrgenommen werden können – sie sehen ja keineswegs wie Leichen aus, sondern weisen typische „Lebensmerkmale" auf: Herzschlag und Durchblutung;
- daß die vermeintlichen Leichen sich durchaus noch bewegen können[16] und bei der Organentnahme manchmal extrem unruhig werden, weshalb vom Anästhesisten auch meist eine Narkose oder Muskelrelaxantien verabreicht werden, um dem Chirurgen ein ungestörtes Arbeiten zu ermöglichen.

Manche Kritiker dieser heutigen Transplantationspraxis sprechen – auch ohne Kenntnis der Tatsache, daß die Seele des sterbenden Patienten den Eingriff über die noch intakte Silberschnur womöglich äußerst schmerzvoll miterlebt – von einem „modernen Kannibalismus".

Sie haben nicht ganz unrecht: Was vordergründig gern als Akt der Nächstenliebe dargestellt wird[17], das ist in Wirklichkeit ein Ausbeuten von Menschen, deren Körper zu Ersatzteillagern degradiert werden.

Doch biologisches Material ist – das liegt im Wesen seiner „Lebendigkeit" – immer einem Bewußtsein verbunden. Und es läßt sich nur mit großem Aufwand von dem einen lösen und einem anderen zuführen, ohne daß dadurch gefährlicher Schaden entsteht. Die Abstoßungsreaktionen bei Organverpflanzungen

**Die künstliche Lebenserhaltung ist nichts anderes als eine künstliche Bindung des Bewußtseins an den Körper.**

oder auch die möglichen Probleme bei Bluttransfusionen sind letztlich Folgen dieser Hintergründe. Die sogenannte künstliche Lebenserhaltung ist also nichts anderes als eine künstliche *Bindung* des Bewußtseins und der Seele an den Körper. Indem man dessen Funktionen in Gang hält, wird eine bestimmte Blutausstrahlung provoziert, wodurch auch die Silberschnur sich nicht auflösen kann.

Da diese Zusammenhänge aber in keinem medizinischen Lehrbuch erklärt werden, stellt sich natürlich die Frage, ob man den handelnden Personen nicht wenigstens zubilligen muß, nur aus den gegebenen Systemzwängen oder aber aus Unwissenheit heraus das Falsche zu tun – in der vielleicht tatsächlich guten Absicht, bedürftigen Menschen durch neue Organe zu mehr Lebensqualität zu verhelfen.

Fest steht, daß trotz einer Gesetzeslage, die Transplantationen begünstigt, es offenbar immer noch genügend Ärzte gibt, die den vorgezeichneten Entwicklungen äußerst unwillig gegenüberstehen. Viele potentielle Organspender werden angeblich von bestimmten Kliniken einfach nicht gemeldet – zum Leidwesen der Transplantations-Lobby, die sich sehr gezielt darum bemüht, alle natürlichen Unrechts-Empfindungen bei den handelnden Personen zu unterdrücken und in Grund und Boden zu argumentieren: So interpretiert man die Bewegungen der „Toten“ als reine Muskelreflexe; der Chirurg kommt nur – wie bei jedem Routineeingriff – kurz in den OP-Saal, um in unpersönlicher Fachkundigkeit seine Schnitte zu setzen, denn er selbst hat nichts mit der Vorbereitung und Nachsorge seiner Opfer zu tun; und jene Koordinatoren, die bei den Angehörigen des Sterbenden die Genehmigung zur Verwendung seiner Organe einholen, gehören gar nicht zum Krankenhauspersonal. Ein wohldurchdachtes Organisationsschema sorgt also für die größtmögliche Emotionslosigkeit. Allenfalls das Pflegepersonal, das mit den Patienten im intensivsten persönlichen Kontakt steht – aber keine Entscheidungen zu treffen hat –, braucht starke Nerven, um dieser Grauzonen-Medizin (tatsächlich werden Organentnahmen zumeist nachts durchgeführt!) zu Diensten zu stehen.

Aus einer ganzheitlichen Sicht aber handelt es sich um gar keine Grauzone. Die heutige Transplantationspraxis ist schlicht und einfach als falsch zu bezeichnen.

Meines Erachtens könnte man Organverpflanzungen nur unter völlig veränderten Voraussetzungen in Betracht ziehen, und zwar wenn:

a) jeder Organspender ausschließlich und ausdrücklich selbst seine Spendewilligkeit bekundet hat (Angehörige sollten darüber prinzipiell nicht entscheiden dürfen);

b) der Spender sich bei seiner Einverständniserklärung darüber im klaren ist, daß er den Eingriff womöglich schmerzvoll miterleben wird;

c) der Organempfänger weiß, von wem und unter welchen Umständen er das oder die Organe erhält;

d) der Empfänger über alle Folgen der Implantation fremder Organe (Abstoßungsreaktionen, mögliche psychische Belastungen etc.) genau informiert wird.

Auf dieser Basis wäre ein menschenwürdiges Vorgehen bei Explantationen mit Todesfolge denkbar[18] – allerdings wohl nur theoretisch. Denn sobald von möglichen Schmerzerlebnissen die Rede wäre, stünde ja auch im Raum, daß es sich bei den Organspendern um bewußtseinsfähige Sterbende, nicht aber um Tote handelt. Und es würde sich wohl kaum ein Chirurg den Tatbestand der Tötung nachsagen lassen wollen.

Im Wissen darum, daß unser Leben mit dem Sterben nicht endet, wird sich zudem immer auch die Frage stellen, welche Umstände es denn überhaupt rechtfertigen können, in das natürliche Abscheiden eines Menschen so radikal einzugreifen. Das Leben selbst kann man ja nie wirklich verlängern. Doch in der heute üblichen Konzentration ausschließlich auf die physische Außenwelt, auf Körperfunktionen und Organe, hat man den Bezug zur seelischen Innenwelt, zum Eigentlich-Menschlichen leider verloren …

## *Das Pendeln um die Todesschwelle*

Die Zeit des Pendelns um die Todesschwelle, in der die Maßnahmen der Apparatemedizin greifen und in der sich auch alle bekannten Nahtoderfahrungen ereignen, taucht den Betroffenen naturgemäß in ein „Wechselbad der Gefühle", das zum Teil ja schon angeklungen ist: Einerseits kann er sich ein Leben ohne seinen physischen Körper, dem er ja immer noch irgendwie verbunden ist, nicht vorstellen. Andererseits erfährt er eine außerkörperliche Wirklichkeit, die ihm nach und nach die Gewißheit vermittelt, daß er zwar gestorben ist, sein Leben aber tatsächlich weitergeht.

Diese Erfahrung wird als dermaßen überwältigend erlebt, daß Betroffene, die von der Schwelle des Todes nochmals ganz ins physische Dasein zurückkehren konnten, ihr weiteres Leben zumeist völlig neu ausrichten: bewußter, dankbarer, sinnzentrierter.

Aus Studien, die im Rahmen der Sterbeforschung weltweit durchgeführt wurden, weiß man, daß viele Selbstmörder, die sich an Todesnähe-Erlebnisse erinnern können, nach ihrer Rettung keinen zweiten Suizid-Versuch mehr unternehmen. Sie waren durch ihre Nahtod-Erfahrungen gründlich davon überzeugt, daß man dem Leben durch den physischen Tod nicht entfliehen kann.

Daß in der Zeit des „Pendelns" zwischen dem Diesseits und dem Jenseits, während sich die Silberschnur also langsam auflöst, dennoch schwermütige Empfindungen des Verlassenseins Platz greifen können, bedingt durch den Verlust des Vertrauten, sollte nicht verwundern. Aber natürlich steht auch die Intensität solchen Erlebens immer in direktem Zusammenhang mit der seelischen Ausrichtung des betroffenen Menschen.

Verfolgen wir an dieser Stelle den in der Gralsbotschaft geschilderten Lebensweg jenes Mannes weiter, der im Hinübergehen vorübergehend das Bewußtsein verloren hatte:

*„Durch eine Stimme, die er kannte, wacht er langsam wieder auf. Er sieht den Körper, den er auf der Erde trug, mitten in Blumen liegen. Fort will er, doch es wird ihm unmöglich, von diesem stillen, kalten Körper loszukommen. Deutlich fühlt er, daß er noch mit ihm verbunden ist. Aber da klingt diese Stimme wieder, die ihn aus dem Schlummer weckte. Es ist sein Freund, welcher zu einem Menschen spricht. Sie haben beide einen Kranz gebracht, und bei dem Niederlegen dieses Kranzes sprechen sie zusammen. Niemand ist sonst bei ihm.*

*Der Freund! Dem will er sich bemerkbar machen und dem andern, der mit dem Freunde oft sein lieber Gast gewesen ist! Er muß es ihnen sagen, daß das Leben sonderbarerweise ja noch in ihm ist, daß er noch hören kann, was diese Menschen sprechen. Er ruft! Doch ruhig wendet sich sein Freund zu dem Begleiter und spricht weiter. Doch* was *er spricht, geht wie ein Schreck durch seine Glieder.* Das *ist sein Freund? So spricht er jetzt von ihm.*

*Er lauscht erstarrt den Worten dieser Menschen, mit denen er so oft gezecht, gelacht, die ihm nur Gutes sagten, während sie an seiner Tafel saßen und in seinem gastfreundlichen Haus verkehrten.*

*Sie gingen, andere kamen wieder.* Wie *konnte er die Menschen jetzt erkennen! So viele, die er hochgeschätzt hatte, ließen jetzt Ekel in ihm aufsteigen und Zorn, und manchem, den er nie beachtete, hätte er gern mit Dank die Hand gedrückt. Aber sie hörten ihn ja nicht, fühlten ihn nicht, trotzdem er raste, schrie, um zu beweisen, daß er lebte! –*

*In großem Zuge fuhr man dann den Körper zu der Gruft. Rittlings saß er auf seinem Sarge. Verbittert und verzweifelt konnte er jetzt nur noch lachen, lachen! Das Lachen aber machte schnell wieder tiefster Verzagtheit Platz, und große Einsamkeit kam über ihn. Er wurde müde, schlief. – –“*[19]

Im Pendeln um die Todesschwelle ist unser Bewußtsein also immer noch bis zu einem gewissen Grad dem Ergehen des physischen Körpers verbunden. Von einem übergeordneten „Beobachtungsposten“ aus erleben wir Szenen aus der grobstofflichen Welt, in die wir aber nicht mehr eingreifen können. Wir mögen uns im wesentlichen auf uns selbst zurückgeworfen fühlen, vom Leben dazu aufgefordert, nun neue Wege zu beschreiten …

Jedoch sind wir niemals wirklich verlassen, denn immer und überall in Gottes Schöpfung kann – sofern die eigene innere Ausrichtung dies nicht verhindert – Geborgenheit erlebt werden. In den Schilderungen über Todesnähe-Erlebnisse wird daher oft von einem „warmen Licht“ gesprochen, in das der Sterbende sich eingehüllt fühlt und das als „lebende Liebe“ erfahren wird. Auch persönliche Bindungen zu bereits verstorbenen Angehörigen können in dieser Übergangsphase offenbar zum Tragen kommen – etwa, indem diese als Helfer bei der Geburt ins Jenseits zur Verfügung stehen.

Dabei zeigt sich in den diesbezüglichen Wahrnehmungen übrigens ein bemerkenswertes Detail: Die nun anwesenden ehemaligen Verwandten werden als *Person* erkannt, nicht aber durch ein bestimmtes, aus der physischen Welt vertrautes körperliches Aussehen identifiziert. Die Urgroßmutter begegnet ihrem Enkel also nicht in der gebückten Faltengestalt ihrer letzten Erdenjahre, sondern in ihrem jetzigen Seelenkleid, dessen Aussehen jedoch erkennbar geprägt ist durch die Individualität ihrer Persönlichkeit.

In den heutigen Büchern oder Seminaren über das Sterben oder über Todesnähe-Erlebnisse werden solche Licht- und Liebe-Erfahrungen gerne sehr plakativ in den Vordergrund gestellt, woraus sich dann ein ungefähres Gesamtbild ergibt, demzufolge jeder Mensch nach seinem Abscheiden nur Geborgenheit erfährt, im Kreise seiner Anverwandten sowie gegebenenfalls einiger Lichtgestalten weiterlebt und die physische Welt gewissermaßen weise von oben betrachtet. Dieses durch die Sterbeforschung untermauerte „Licht-Bild“ eignet sich zweifelsfrei als Lebenshilfe, wenn es zum Beispiel darum geht, übertriebenen Todesängsten entgegenzuwirken oder im Trauerfall den nötigen Trost zu spenden. Doch wir müssen uns klar darüber sein, daß es nur einen kleinen Teilaspekt der Wirklichkeit zeigt, einen winzigen Ausschnitt.

**Die in der Sterbeforschung dokumentierten „Lichterlebnisse" schildern nur einen Teil der jenseitigen Wirklichkeit.**

Man darf auch nicht glauben, daß die Summe aller Schilderungen über Todesnähe-Erlebnisse schon einen wirklichen Eindruck vom Leben im Jenseits vermitteln kann. Das wäre deshalb ein Trugschluß, weil sich alles, was die Sterbeforschung je aufzeichnen konnte, ja immer nur auf jene Spanne Zeit bezieht, in der die Silberschnur noch mehr oder minder intakt ist, in welcher vom endgültigen Tod also noch gar nicht gesprochen werden kann. Und in dieser Phase vermischen sich körpernahe Eindrücke mit seelischen Jenseitserlebnissen zu dem geschilderten „Wechselbad der Gefühle".

Allerdings läßt sich in den bekannten Stationen des Sterbens eine Grundtendenz erkennen: Während die ersten, besonders körpernahen Begebenheiten – Lebensrückschau, Tunnelerlebnis, Ausleibigkeit – von allen Menschen sehr ähnlich geschildert werden, sind die weiteren Jenseitserfahrungen offenbar zunehmend intimerer, individuellerer Natur. So spricht Dr. Moody beispielsweise im Zusammenhang mit den Licht-Erfahrungen von „transzendentalen Ereignissen", die von den Betroffenen viel unterschiedlicher erlebt und noch ungleicher interpretiert werden. Wenn der eine von einem „brillanten Licht, heller als alles je auf Erden Gesehene" spricht, der andere ein „strahlendes Engelwesen" sieht, in dem ein dritter „Jesus Christus" zu erkennen glaubt, dann zeigt dies, daß hier die religiöse Prägung oder der Bildungsgrad der betroffenen Menschen doch deutlich durchschlägt – einmal abgesehen vom sprachlichen Notstand, mit dem ein jeder zu kämpfen hat; ist der doch gezwungen, seine feinstofflichen Erlebnisse durch Worte einer Sprache auszudrücken, mit der wir üblicherweise vor allem physische Vorgänge beschreiben.

Die Jenseitserfahrungen werden also mit Auflösung der Silberschnur zunehmend unterschiedlich. Dabei gibt es – auch das erweist sich durch die Thanatologie – durchaus nicht nur lichtvolle Erlebnisse. So wird beispielsweise von Bewußtwerdungsprozessen berichtet, die äußerst unangenehm sind, weil jemand erkennt, was er alles im Leben versäumt, wie viele Gelegenheiten er vergeudet hat. Manchmal werden sogar regelrechte „Höllen-Erfahrungen" geschildert.[20]

## *Die endgültige Loslösung*

Was also geschieht wirklich mit uns, wenn die Verbindung zum Körper einmal endgültig gelöst ist? Wie geht es jenseits der Todesschwelle weiter?

Hier endet das Wissen der Sterbeforschung. Ab nun sind wir wohl auf Vermutungen angewiesen, wenn wir ergründen möchten, was sich in der Schöpfung jenseits des Diesseits ereignet. Oder?

Erinnern wir uns an dieser Stelle zusammenfassend einmal an das, was im ersten Band dieses Buches über die jenseitige Welt gesagt wurde:

1. Wir haben von einer eigenen Schöpfungsebene gesprochen, die über der grobstofflich-physischen Welt und auch über der sogenannten „Astralebene" liegt und die, der Gralsbotschaft folgend, als feinstofflich bezeichnet werden kann.

„Feinstofflichkeit" drückt aus, daß es sich um eine eigene, für sich bestehende Art von Stofflichkeit handelt, die mit wissenschaftlichen (also grobstofflichen) Methoden naturgemäß nicht festzustellen oder zu beweisen ist. Sie liegt jenseits der sinnlichen Wahrnehmbarkeit, beziehungsweise der physikalischen Meßbarkeit, und kann daher im wahrsten Wortsinn *Jenseitswelt* genannt werden.

2. Aus dieser feinstofflichen Art besteht auch unser Seelenkörper. Dieser ist jedoch nicht der eigentliche Wesenskern des Menschen, sondern bildet seinerseits wiederum eine Hülle für das geistige Bewußtsein. Dieser „Seelenmantel" ist mit dem physischen Körper durch eine Strahlungsbrücke verbunden, wobei für die Anbindung der sogenannte „Astralkörper" eine entscheidende Rolle spielt.

3. Ebenfalls feinstofflicher Art sind unsere Gedanken. Sie werden durch die Kraft geistiger Regungen tatsächlich geformt und bilden somit auf der jenseitigen Ebene einen Teil dessen, was wir als „Innenwelt" oder „Seelenwelt" bezeichnen und also in uns erleben.

Dieser Überblick – einige Details dazu werden in der Folge nachgereicht – sollte eigentlich bereits genügen, um einen wesentlichen Grundzug des Lebens in der jenseitigen Welt zu erkennen: Nach dem endgültigen Ablegen der physischen Hülle (wobei sich durch das Fortstreben der Seele übrigens auch der Astralkörper auflöst), also mit dem unwiderruflichen Überschreiten der Schwelle durch das Zerfallen der Silberschnur, betreten wir vorerst nichts anderes als ... unsere eigene Innenwelt!

Folgendes geschieht: Die geistig-seelische Ausrichtung eines jeden Menschen, also die Summe seiner Stärken, Schwächen, Vorlieben, Neigungen, Prägungen, Tugenden und Abhängigkeiten, führt schon im physischen Erdensein unentwegt zu entsprechenden Willensentschlüssen und Gedanken. Diese nehmen in der Feinstofflichkeit Form an und bilden dort das aus, was wir als Innenwelt erleben. Oder anders ausgedrückt: *Wir* bilden durch unsere Geisteskraft, die dazu in der Lage ist, feine Stofflichkeit ihrem Wollen entsprechend zu formen, eine eigenpersönliche, jenseitige Welt – so, wie wir auch hier in der diesseitigen Welt unseren Lebensbereich den Wünschen und Bedürfnissen entsprechend gestalten.

Wenn wir sterben, lösen wir uns dadurch zwar von der grobstofflichen Umgebung, nicht aber von der feinstofflichen. Mit allen gedanklichen Werken, die aus der Kraft unseres Wollens geformt wurden, bleiben wir weiterhin verbunden. Doch während uns im physischen Leben die feinstoffliche Wirklichkeit unserer Innenwelt nur als eine Art „Erlebnishintergrund" begleitet, also durch die Dominanz sinnlicher Eindrücke meist nur peripher ins Tagbewußtsein dringt, stellt sie sich uns nach dem Hinübergehen als zentrale Realität des Erlebens dar – nun als Außenwelt sichtbar, hörbar, greifbar. Man könnte also sagen: Je-

Nach dem Tod betreten wir vorerst keine andere Welt als einfach die eigene Innenwelt.

der Mensch schafft sich Himmel oder Hölle selbst – durch die Empfindungen und Gedanken, die er schon im Erdensein hegt und pflegt.

Nach diesen ersten Schlußfolgerungen zum Leben im Jenseits können wir nun die Schilderungen der Gralsbotschaft weiterverfolgen.

Wir erfahren, wie es unserem Sterbenden, der seinerseits ja nie an ein Weiterleben nach dem Tode glauben wollte, nach dem endgültigen Abstreifen der physischen Hülle ergangen ist:

*„Bei dem Erwachen war es dunkel um ihn her. Wie lange er geschlafen hatte, war ihm unbekannt. Doch fühlte er, daß er nicht mehr wie bisher mit seinem Erdenkörper verbunden sein konnte; denn er war frei. Frei in der Finsternis, die eigenartig drückend auf ihm lastete.*

*Er rief. Kein Laut. Er hörte seine eigene Stimme nicht. Stöhnend sank er zurück. Doch schlug er dabei mit dem Kopfe hart auf einen scharfen Stein. Als er nach langer Zeit wieder erwachte, war immer noch dieselbe Finsternis, dasselbe unheilvolle Schweigen. Er wollte aufspringen, aber die Glieder waren schwer, sie wollten ihm den Dienst versagen. Mit aller Kraft der angstvollsten Verzweiflung raffte er sich auf und schwankte tastend hin und her. Oft stürzte er zu Boden, schlug sich wund, stieß sich auch rechts und links an Ecken, Kanten, aber es ließ ihm keine Ruhe abzuwarten; denn ein starker Drang trieb ihn dazu, sich dauernd fortzutasten und zu suchen. Suchen! Aber was? Sein Denken war verwirrt, müde und hoffnungslos. Er suchte etwas, das er nicht begreifen konnte. Suchte!*

*Es trieb ihn weiter, dauernd weiter! Bis er wieder niedersank, um wiederum emporzufahren und die Wanderungen aufzunehmen. Jahre vergingen so, Jahrzehnte, bis er endlich Tränen fand, Schluchzen seine Brust erzittern ließ und … ein*

*Gedanke sich auslöste, eine Bitte, als Aufschrei einer müden Seele, die ein Ende wünscht der dunklen Hoffnungslosigkeit.*

*Der Schrei maßlosester Verzweiflung und des hoffnungslosen Schmerzes aber brachte die Geburt des ersten Denkens in dem Wunsche, diesem Zustand zu entrinnen. Er suchte zu erkennen, was ihn in diesen so entsetzensvollen Zustand brachte, was ihn so grausam in der Dunkelheit umherzuwandern zwang. Er fühlte um sich: starre Felsen! War es die Erde oder etwa doch die andere Welt, an die er niemals glauben konnte?*

*Die andere Welt! Dann war er irdisch tot und lebte doch, wenn er den Zustand leben nennen wollte. Das Denken fiel unendlich schwer. So taumelte er suchend weiter. Wiederum vergingen Jahre. Heraus, heraus aus dieser Finsternis! Der Wunsch wurde zum ungestümen Drange, aus dem sich Sehnsucht formte. Sehnsucht aber ist das reinere Empfinden, das sich aus dem groben Drange löst, und in der Sehnsucht wuchs ganz schüchtern ein Gebet.*

*Dieses Gebet der Sehnsucht brach zuletzt gleich einem Quell aus ihm heraus, und stiller, wohltuender Friede, Demut und Ergebung zogen damit in seine Seele ein. Doch als er sich erhob, um seine Wanderungen fortzusetzen, da ging ein Strom heißen Erlebens durch seinen Körper; denn Dämmerung umgab ihn jetzt, er konnte plötzlich schauen!*

*Fern, ganz fern erkannte er ein Licht, gleich einer Fackel, das ihn grüßte. Jauchzend streckte er die Arme darnach aus, voll tiefen Glückes sank er wieder nieder und dankte, dankte Dem aus übervollem Herzen, Der ihm das Licht gewährte! Mit neuer Kraft schritt er dann diesem Lichte zu, das ihm nicht näher kam, aber das er nach dem Erlebten doch noch zu erreichen hoffte, und wenn es auch Jahrhunderte in Anspruch nehmen sollte. Das, was ihm jetzt geschehen war, konnte sich wiederholen und ihn zuletzt hinausführen aus den Gesteinsmassen in wärmeres und lichtbestrahltes Land, wenn er demütig darum bat.*

*‚Mein Gott, hilf mir dazu!' kam es gepreßt aus der hoffnungserfüllten Brust. Und, welche Wonne, er hörte seine Stim-*

*me wieder! Wenn auch nur schwach erst, doch er hörte! Das Glück darüber gab ihm neue Kraft, und hoffend ging er wieder vorwärts.*"[21]

So beschreibt die Gralsbotschaft die Anfangsgeschichte einer Seele in der feinstofflichen Welt. Wobei angemerkt wird, daß diese Seele nicht schlecht zu nennen war: Es handelte sich um einen vielbeschäftigten Großindustriellen, stets bedacht, alle irdischen Gesetze zu erfüllen. Jedoch: Um das, was sich in seiner feinstofflichen Innenwelt gesetzmäßig vollziehen muß, hatte er sich leider nicht gekümmert. Und eben diese Vorgänge werden im Anschluß an die Schilderung wie folgt erläutert:

„*Der Mensch, welcher in seinem Erdenleben nichts davon wissen will, daß es auch Leben nach dem Tode gibt und er all sein Tun und Lassen einmal zu verantworten gezwungen ist, ist in der Feinstofflichkeit blind und taub, sobald er einst hinübergehen muß. Nur während er mit seinem abgelegten grobstofflichen Körper noch verbunden bleibt, die Tage oder Wochen, vermag er zeitweise auch wahrzunehmen, was um ihn her geschieht.*

*Ist er aber dann frei von dem sich auflösenden grobstofflichen Körper, so geht ihm diese Möglichkeit verloren. Er hört und sieht nichts mehr. Das ist aber nicht Strafe, sondern ganz natürlich, weil er nichts hören und sehen* wollte *von der feinstofflichen Welt. Sein eigener Wille, der das Feinstoffliche schnell entsprechend formen kann, verhindert es, daß dieser feinstoffliche Körper sehen und auch hören kann. So lange, bis in dieser Seele langsam eine Veränderung ersteht. Ob dies nun Jahre oder Jahrzehnte, vielleicht Jahrhunderte währt, ist die eigene Sache eines jeden Menschen. Ihm wird sein Wille vollständig gelassen. Auch Hilfe kommt ihm erst, wenn er es selbst ersehnt. Nicht früher. Nie wird er dazu gezwungen.*

*Das Licht, das diese Seele sehend werdend mit so großer Freude grüßte, es war immer da. Sie konnte es nur vorher noch nicht sehen. Es ist auch klarer, stärker, als die bisher blinde Seele es zuerst erblickt.* Wie *sie es sieht, ob stark, ob schwach, liegt wiederum nur ganz allein an ihr. Es kommt ihr keinen Schritt entgegen, aber es ist da! Sie kann es jederzeit genießen, wenn sie ernsthaft und demütig will.*"[22]

Unser Wille wird zur Tat – in der jenseitigen Welt noch viel unmittelbarer als im grobstofflichen Sein. Muß ich nach allen bisherigen Ausführungen zum Thema Innenwelt in diesem Buch hinzufügen, daß das hier nun sich abzeichnende Bild vom Jenseits nicht als Gedankenspiel gemeint ist, sondern sich schlüssig als Tatsächlichkeit ergibt?

Wenn dies für Sie klar geworden ist, liebe Leser, oder wenn Sie es vorerst wenigstens als Hypothese gelten lassen, der Sie sich später vertieft widmen möchten, dann können wir nun weiter ins Detail gehen, um ein möglichst differenziertes Bild vom Leben in der feineren Stofflichkeit zu erhalten.

## *Jenseits von Raum und Zeit*

Schon die zuvor geschilderten Nahtoderlebnisse sollten verdeutlicht haben, daß man die Erlebnismöglichkeiten, wie sie in den jenseitigen Welten gegeben sind, nicht unmittelbar mit unserem physischen Dasein vergleichen kann. Zwar erlebt jeder Mensch sich selbst nach wie vor als das vertraute „Ich", erfährt auch deutlich eine Körperlichkeit sowie eine zeitliche Abfolge in seinem Leben – Erinnerungen bestehen ebenso wie Zukunftshoffnungen – und doch ist nun alles anders. Aber weshalb? Was hat sich konkret geändert? Worin und warum unterscheiden sich feinstofflich-jenseitige Schöpfungsebenen von der physischen Welt?

Ich komme an dieser Stelle nicht umhin, vorweg einige Zusammenhänge zu beleuchten, die eigentlich erst am Ende unserer Innenwelt-Expedition deutlich werden können:

Wenn wir bisher von verschiedenen „Schöpfungsebenen" gesprochen haben – von der physischen *Grobstofflichkeit*, die das gesamte sichtbare Universum umfaßt, der darüber liegenden *Astralebene*, in der die „Modelle" für alle physischen Körper vorgeformt werden, und zuletzt von der *Feinstofflichkeit*, zu der unser Seelenkörper gehört –, so handelt es sich dabei im wesentlichen um unterschiedliche *Bewegungsebenen*.

In der Gralsbotschaft ist das folgende, hier kurz zusammengefaßte Schöpfungsbild entrollt: Von „oben", das heißt vom Ursprung des Lebens aus betrachtet, gibt es nur ein einziges Zentrum, aus dem alles Bestehende hervorgeht: das Licht. In diesem Mittel- und Ausgangspunkt aller Welt herrscht intensivste Bewegung, höchste Lebendigkeit, vollkommenes Bewußtsein, hervorgerufen durch den Druck der urewigen Ausstrahlung Gottes.

Die ganze Schöpfung entstand aus diesem Urlicht. Ein Liebes- und Willensakt des Schöpfers, der im Wort *„Es werde Licht!"* zum Ausdruck kam, ließ außerhalb der göttlichen Sphäre neue Bewegungsebenen entstehen, die sich in unterschiedlicher Entfernung von dem Ursprung bildeten.[23] Wobei die Worte „Ebene" und „Entfernung" hier nicht in irdisch-örtlichem Sinne, sondern als umfassende Schöpfungsbegriffe zu verstehen sind, die Raum *und* Zeit umfassen.

Jede so entstandene Bewegungsebene hat also ihren eigenen Raum und ihre eigene Zeit. Je näher sie dem Urlicht ist, desto lichterfüllter erweist sie sich selbst. Die Höhe einer Schöpfungsebene geht also einher mit dem Grad des Lichtdruckes, ihrer Bewegung, ihres Bewußtseins, ihrer Nähe zur absoluten Vollkommenheit der göttlichen Sphäre. Im bekannten Wort „Und tausend Jahre sind wie ein Tag" kommt ein Wissen von diesen Zusammenhängen zum Ausdruck. Was in einer niedrigen, lichtfernen Bewegungsebene, in der sich alles naturgemäß dichter, lichtleerer, schwerfälliger, begrenzter abspielt, tausend Jahre benötigt, kann sich in einer höheren Schöpfungsebene binnen eines einzigen Tages ereignen.

Es ist vielleicht nicht ganz einfach, diese Tatsachen zu erfassen, denn im irdischen Leben fehlt uns der große Bezugsrahmen, der solche Vergleiche zwischen „licht" und „dunkel", „leicht" und „schwer" oder „dicht" und „undicht" erst zuläßt und damit die Unterschiede in den einzelnen Schöpfungsebenen verdeutlicht.

Die materielle Festigkeit der grobstofflichen Welt ist letztlich nur das Ergebnis einer bestimmten Schwingungsart.

Auf Erden ereignet sich ja alles in einem bestimmten Raum-Zeit-Gefüge. Die Stofflichkeit, die wir erleben und erforschen, unterliegt immer und überall der gleichen „Dichte“, so daß uns die Bedeutung dieses Begriffes normalerweise gar nicht erst zu Bewußtsein kommt.

Allerdings können uns die physikalischen Entdeckungen des vergangenen Jahrhunderts dabei helfen, ein Verständnis für das Wesen der unterschiedlichen Schöpfungs- und Bewegungsebenen zu entwickeln. Denn die intensiven Forschungen im Bereich des Mikrokosmos haben eines eindeutig gezeigt: Die materielle Festigkeit der grobstofflichen Welt ist letztlich nur das Ergebnis einer bestimmten Schwingungs-, also Bewegungsart. Wer nach den letzten kleinsten Teilchen sucht, aus denen die stoffliche Welt aufgebaut ist, wird nicht fündig; die Bausteine des Materiellen lassen sich immer weiter zerlegen, wobei das große Nichts, das in der Suche nach dem, „was die Welt im Innersten zusammenhält“, zutagetritt, immer überwältigender wird. Das Wesen beziehungsweise der Ursprung des Festgefügten ist eindeutig *nicht* festgefügt!

Haben also jene Weisen recht, die schon immer gesagt haben, die ganze materielle Welt sei nichts als Illusion?

Ja und nein. Sicher haben sie insofern recht, als wir erkennen sollten, daß das Wesen der Schöpfung – Raum und Zeit, wie wir sie wahrnehmen – durchaus nicht materiell ist. Die physische Welt ist nur Ausdruck einer *bestimmten* Schwingungs- und Bewegungsart – und nichts liegt näher als die Annahme, daß es auch noch andere Bewegungsarten oder -ebenen im Schöpfungswerk gibt. Mit der Feinstofflichkeit haben wir ja bereits eine solche beschrieben. Auch hier, in dieser Welt jenseits des Sichtbaren, könnten sich Forscher aufmachen und nach den kleinsten, unteilbaren feinstofflichen Teilchen Ausschau halten – abermals müßten sie wohl erkennen, daß ihre Suche im „Nichts“ endet. Auch die Feinstofflichkeit ist nur Ausdruck einer bestimmten (höheren) Schwingungs- oder Bewegungsart. Und ebenso verhält es sich mit den anderen Schöpfungsebenen. Sie alle gehen aus einem geheimnisvollen „Nichts“ hervor, dem das „Etwas“ entspringt.

Und doch ist es nicht wirklich das Nichts, welches das Seiende gebiert, es ist nur das *Nicht-Beschreibbare.* Wir erkennen es nur deshalb als „Nichts“, weil sein Ursprung außerhalb alles Geschaffenen liegt. Doch ist es in Wirklichkeit sogar das Ein-und-Alles; die Ausstrahlung des Lichtes, die seit dem Schöpfungsakt, getrieben vom urewigen Willen Gottes, über seinen Ursprung hinausflutet, Räume und Zeiten bildend. Die einzelnen Bewegungsebenen der Schöpfung sind jeweils Ausdruck bestimmter „Abkühlungsstufen“ dieser Lichtausstrahlung. Je stärker die Abkühlung, desto geringer die Bewegung, desto niedriger die Schwingung, desto größer die Dichte der daraus hervorgehenden Schöpfungsebene.

Als „Illusion“ aber ist keine dieser Ebenen zu bezeichnen – auch nicht die physische Welt –, denn wir *erleben* sie ja mit allen unseren Sinnen. Und es hat im allgemeinen keinen praktischen Wert, etwas sinnlich Erfahrbares als „nicht existent“ einzustufen. *Wirk*lichkeit ist für uns immer das *Wirk*same. Sobald unser geistiges Bewußtsein sich einem Erdenkörper verbindet – mehr darüber im nächsten Kapitel![24] –, ist es eingebettet in ein bestimmtes Raum-Zeit-Gefüge, also in eine bestimmte Schwingungs- und Bewegungsart, in der die daraus resultierende Welt greifbar, hörbar, sichtbar, mit allen Sinnen erfahrbar wird.

Allerdings muß gleichzeitig in Betracht gezogen werden, daß wir Menschen ursprünglich, das heißt im Hinblick auf unseren Wesens*kern*, aus einer höheren Bewegungsebene stammen als die Grob- und die Feinstofflichkeit. Wir *haben* einen Körper und eine Seele, aber wir *sind* Geist! Daraus folgt, daß wir von unserer Anlage her dazu befähigt sind, auch andere als die stofflichen Raum-Zeit-Dimensionen zu erleben. Es erscheint uns daher als gar nicht außergewöhnlich, wenn wir ein und dieselbe physisch gemessene

Zeitspanne ganz unterschiedlich erfahren können, je nachdem, wie innerlich bewegt wir sind; oder daß wir im Traum binnen weniger Sekunden intensivste Geschehen durchleben, für die wir im physischen Dasein Stunden oder Tage benötigen würden. Immer dann, wenn unser Inneres besonders bewegt wird, in „Schwingung" gerät oder der physischen Welt „enthoben" ist, verändert sich die zeitliche wie auch die räumliche Wahrnehmung. –

Nach diesem kleinen Exkurs über den Schöpfungsaufbau können wir nun die Frage, worin und warum sich denn das feinstoffliche „Jenseits" vom grobstofflichen „Diesseits" unterscheidet, in einem Punkt bereits beantworten: Mit dem Abscheiden von der physischen Welt treten wir in eine andere Bewegungsebene – und damit auch in ein anderes Raum-Zeit-Gefüge – ein. In Ansätzen zeigt sich dies bereits im Rahmen von Todesnähe-Erfahrungen bei der oft beschriebenen Lebensrückschau, die uns alle entscheidenden Erlebnisse des letzten physischen Daseins fast gleichzeitig nochmals zu Bewußtsein bringt. Schon im körperverbundenen Zustand beweist unser Geist also seine Fähigkeit zu intensiverem Erleben. Desgleichen geschieht übrigens auch allnächtlich – im Traum.

## *Der kleine Bruder des Todes*

In der Forschung hat man sich darüber, was mit uns Menschen während des Schlafes geschieht, lange Zeit wenig Gedanken gemacht. Obwohl wir rund ein Drittel unseres Lebens in der Horizontallage verbringen, galt in der Wissenschaft das Thema Schlaf als ähnlich uninteressant wie der Tod. Mittlerweile hat man jedoch die große Faszination dieses Gebietes entdeckt, eigene Schlaflabors wurden eingerichtet und Testschläfer engagiert, so daß bereits sehr genau dokumentiert werden konnte, was des Nachts mit jedem Menschen geschieht. Und dabei gelangte man zu ähnlich unerwarteten Erkenntnissen wie die Sterbeforschung in ihrem Bereich. Denn bald standen Beobachtungen im Raum, die auf ein weitgehendes Eigenleben der Seele schließen lassen.

Was also geschieht in der Nacht? Üblicherweise schlafen wir ein, indem wir im Zustand physischer Entspannung unseren Gedanken folgen – bis irgendwann das Tagbewußtsein abschaltet und also jenes Befinden erreicht ist, das wir regelmäßig zur körperlichen Regeneration benötigen. Man konnte zum Beispiel feststellen, daß im Schlaf der Gehirnstrom eines Menschen auf bis zu einer halben Schwingung pro Sekunde absinkt, während er im Wachzustand etwa 30 Schwingungen im gleichen Zeitraum aufweist.

Naheliegend wäre nun eigentlich, daß sich in dieser Erholungsphase bis zum allmählichen „Wiederanspringen“ des Tagbewußtseins nichts Erwähnenswertes tut: die „Maschine Mensch“ ist vorübergehend auf „stand by“ gestellt, sie surrt in diesem „Betriebsmodus“ vielleicht ein wenig (was sich in unangenehmen „Sägegeräuschen“ ausdrücken mag), sollte ansonsten jedoch keine nennenswerten Auffälligkeiten zeigen.

Aber, ach! Das mechanistische Menschenbild erhielt durch die Schlafforschung (wieder einmal) einen kräftigen (An-)Stoß. Denn es zeigte sich, daß unsere Erlebnisfähigkeit auch im Zustand des Tiefschlafes gegeben ist: wir träumen – und zwar nicht nur fallweise oder zu besonderen Anlässen, sondern regelmäßig, in jeder Nacht! Besonders intensive Traumphasen erkennt man daran, daß sich die Augen des Schlafenden hinter den geschlossenen Lidern ruckartig und schnell bewegen. Diese „rapid eye movements“ (engl. = schnelle Augenbewegungen) gaben einer Schlafphase, die etwa alle 90 Minuten auftritt und im Durchschnitt jeweils ca. 45 Minuten lang währt, ihren Namen: man spricht vom „REM-Schlaf“. Wird ein Mensch in einer dieser Phasen geweckt, findet das Traumgeschehen dadurch Eingang in das Tagbewußtsein, und er berichtet von besonders intensiven Erfahrungen.

Aber warum diese seltsame nächtliche Aktivität? Weshalb so eindringliche Erlebnisse zu Zeiten absoluten Tiefschlafes, während die Muskeln des Körpers wie gelähmt sind?

Die Schlafforscher sprechen gern von einem „Gehirngewitter“ oder vom Traum als „kreativem Spielzeug des Unbewußten“, aber eine schlüssige Erklärung dafür, warum wir überhaupt träu-

> **Während des Schlafes durchwandert unsere Seele Ebenen jenseits des irdischen Raum-Zeit-Gefüges.**

men, bieten solche blumigen Beschreibungen noch nicht. Betrachtet man den Menschen nur als die Summe von Körperfunktionen, als biologische Maschine also, dann muß es tatsächlich ein Rätsel bleiben, warum wir uns auch nachts „hautnah" durch eine Fülle von Ereignissen bewegen, während die ganze Physis auf Sparflamme gedreht ist. Anerkennt man jedoch, daß unser Inneres immaterieller Natur ist, dann bietet sich eine naheliegende Erklärung für das Traumgeschehen an: Unsere Seele durchwandert in der Nacht Ebenen jenseits des irdischen Raum- und Zeitgefüges – und der schlafende Erdenkörper vollzieht durch die ruckartigen Augenbewegungen nur notdürftig und wie im Windschatten Impulse der Seele nach.

Einen ähnlichen, aber doch etwas anderen Hintergrund hat wahrscheinlich das Phänomen des Schlafwandelns: Auch hierbei ist das Tagbewußtsein nicht aktiv, der Mensch schläft also, während sein Körper aber auf gewisse Impulse reagiert und (vom Gehirn gesteuerte) Bewegungen vollzieht. Allerdings dürften sich hierbei Anregungen aus dem seelischen Bereich mit solchen aus dem Körperlichen vermischen.

Dies geschieht im Regelfall ja auch bei unseren Träumen: Wenn sie in der tagbewußten Erinnerung oft wie ein wirres Durcheinander erscheinen, das mit klaren Jenseits-Erlebnissen nichts zu tun hat, so liegt das daran, daß sich in unserer Wahrnehmung zumeist echte Erfahrungen mit nächtlichen Erzeugnissen unseres (oft überstrapazierten) Großhirns vermischen, deren Aussagekraft recht fragwürdig ist.[25]

Grundsätzlich aber unterstreicht die Art und Weise, wie wir träumen, klar das Bild von einem körperunabhängigen Erleben der Seele. Gehören doch zu den typischen Merkmalen anderer Bewegungsebenen der Schöpfung, wie wir gesehen haben, *verän-*

*derte Raum-Zeit-Verhältnisse.* Diese zu erleben wird uns deshalb möglich, weil während des Schlafes die Verbindung zwischen Körper und Seele *gelockert* ist – bedingt durch eine besondere *Ausstrahlung* des Körpers, die, so die Gralsbotschaft,

> *„... nicht so fest hält, wie die für den festen Anschluß bedingte. Da diese* (Anm.: die Ausstrahlung) *aber noch zu Grunde liegt, erfolgt nur eine* Lockerung, *keine Trennung. Diese Lockerung wird bei jedem Erwachen sofort wieder aufgehoben.*"[26]

Im Volksmund wird der Schlaf als der „kleine Bruder des Todes" bezeichnet. Ein treffendes Gleichnis, denn in beiden Fällen geht es um die Strahlungsverbindung zwischen Körper und Seele, deren Lockerung (im Schlaf) beziehungsweise Lösung (im Tod) uns sogleich Erfahrungen jenseits des irdischen Raum-Zeit-Gefüges ermöglicht.

Aber nicht nur das. Hier wie dort können wir auch erleben, wie sich entsprechend unserem inneren Zustand die grundlegenden Wirkungsprinzipien der Schöpfung – ihre Gesetze – für uns auswirken. Etwa das *Schöpfungsgesetz der Schwere,* das alles Dichte, Minderbewegte nach unten sinken, das Leichte, Bewegtere indessen aufsteigen läßt.

Im Traum haben wohl die meisten von uns schon einmal die Erfahrung gemacht, fliegen zu können und dabei ein unbeschreibliches Gefühl von Freiheit, Kraft und Glück erlebt. Und wer kennt umgekehrt nicht jene beklemmenden Momente, in denen man trotz größter Mühe nicht oder viel zu langsam vom Fleck kommt, wo der beste Wille allenfalls zu einer unbedeutenden Tat führt und man glaubt, gegen eine zehnfache, nach allen Seiten hin wirkende Schwerkraft antreten zu müssen.

Solche Traumerfahrungen erleben nicht von ungefähr alle Menschen in ähnlicher Art. Sie gewähren uns kleine Einblicke in die Gegebenheiten jenseitiger, feinerstofflicher Schöpfungsebenen. Hier gibt es tatsächlich Bereiche von großer Dichte und Schwere sowie geringen Bewegungsmöglichkeiten, in denen alles Erleben träge und zäh, damit aber auch anstrengend und kräfteraubend ist. Und umgekehrt bestehen lichterfülltere Bereiche geringerer Dichte mit gesteigerten Bewegungsmöglichkeiten, in denen jedem Willensakt schnell und mühelos die Handlung folgt, die daher von regsamer Lebendigkeit und freudiger Tat gekennzeichnet sind. Man kann leicht nachempfinden, wo sich das Leben erfüllender gestaltet.

Entscheidend ist nun das Wissen, daß es *an uns* liegt, welcher Art von feinstofflicher Wirklichkeit wir uns verpflichten. Ausschlaggebend dafür ist letztlich die Art unseres Wollens, unserer Absichten und Entschlüsse. Streben wir aktiv nach Schönem, Edlem, Reinem, nach dem Licht – oder konsumieren wir nur passiv das, was ohne Mühe greifbar ist und einen Lustgewinn in Aussicht stellt?

In der physischen Welt, also schützend umhüllt vom grobstofflichen Körper und mit der damit verbundenen Möglichkeit, sich selbst (und den anderen) alles mögliche vorzugaukeln, kann man ein geistig träges und dennoch behagliches Leben führen, sofern man die dafür entscheidenden gesellschaftlichen Tricks beherrscht oder vielleicht auch ausreichend skrupellos ist. Äußere und innere Wirklichkeit müssen durchaus nicht übereinstimmen. Doch spätestens nach dem Hinübergehen schlägt für jeden Menschen die Stunde der Wahrheit. Denn nun treibt er nach dem Schöpfungsgesetz der Schwere selbsttätig genau jener feinstofflichen Höhe (oder Tiefe) zu, die seiner inneren Verfassung entspricht, exakt seinem persönlichen Seelenzustand gleicht.

## *Wer lebt mit wem im Jenseits?*

Dieses Wissen unterstreicht die bereits erwähnte Tatsache, daß Jenseitserfahrungen nur in der Übergangsphase des Pendelns um die Todesschwelle allgemein als lichtvoll beschrieben werden. Bald jedoch befindet sich ein jeder Mensch in genau *der* feinstofflichen Wirklichkeit, die ihm, also seiner Eigenart gerecht wird.

Wenn wir in diesem Kapitel ein Wegstück im Leben eines Abgeschiedenen mitverfolgt haben, so waren die dabei beobachteten

> Sobald der Prozeß des Sterbens abgeschlossen ist, müssen sich für jeden die Werke seines Inneren zeigen.

Umstände – das Erlebenmüssen von Finsternis, Einsamkeit und Verzweiflung – schon dergestalt, daß man sie keinem Mitmenschen wünschen mag. Doch es ist, ob wir das wollen oder nicht, für uns alle eine gesetzmäßige Gegebenheit, daß wir an jener Welt, die uns nach dem Abscheiden erwartet, schon jetzt bauen – durch unsere Willensentschlüsse, Empfindungen und Gedanken.

Sobald der Prozeß des Sterbens abgeschlossen ist, müssen sich also für jeden Menschen – in geformter Wirklichkeit und unbedingt – die Werke seines Inneren zeigen. Eine neue Außenwelt tut sich ihm damit auf, die Geburt in die feinstoffliche Schöpfungsebene ist vollzogen. Sie bringt aber nicht nur ein neues Umfeld, sondern letztlich auch neue Kontakte, ein neues gesellschaftliches Miteinander.

Wenn in manchen Schilderungen über Nahtoderfahrungen zum Ausdruck gebracht wird, daß in der feinstofflichen Welt Freunde oder Verwandte da sind, die den Hinübergehenden in Empfang nehmen, so führt das bisweilen zu ziemlich zweifelhaften Jenseits-Vorstellungen. Man folgert aus solchen Berichten, daß es jedermann nach seinem Abscheiden gegeben ist, mit den Menschen seiner Wahl „auf ewig" zusammenzuleben. Aber nicht irgendwelche Wünsche, familiäre Bindungen oder gar irdische Organisationsformen entscheiden darüber, wer mit wem im Jenseits wo zusammenlebt, sondern ausschlaggebend dafür wirkt das große *Schöpfungsgesetz der Anziehung gleicher Arten*, das gemeinsam mit dem erwähnten Gesetz der Schwere jedem Abgeschiedenen selbsttätig seinen Platz zuweist, sobald der Verbindungsstrang zwischen Leib und Seele gelöst ist:

*„Nach endlicher Trennung dieser Verbindungsschnur (...) sinkt er in der feinstofflichen Welt bis dahin hinab, wo seine Umgebung die gleiche Dichtheit und Schwere hat. Dort fin-*

*det er dann in der gleichen Schwere auch lauter Gleichgesinnte vor.*"[27]

Diese Darlegung der Gralsbotschaft schließt natürlich nicht aus, daß beispielsweise Menschen, die schon im Erdenleben eine echte Gleichart verband, ihren gemeinsamen Weg in der Feinstofflichkeit fortsetzen können. Doch das kann nicht als Regelfall angenommen werden. Gesetz ist vielmehr, daß jeder Mensch unbedingt in einen Kreis Gleichgesinnter gelangt – was äußerst beglückend, im Falle einer üblen seelischen Ausrichtung aber auch bis an die Grenzen belastend sein kann. Denn wo keine Lichtsehnsucht herrscht, sondern nur das rohe, rücksichtslose Ausleben von Gelüsten regiert, dort wird es naturgemäß schwierig sein, sich emporzuarbeiten.

## Das Leben jenseits des Diesseits

Wie es wohl unserem Großindustriellen, dessen erste Zeit in der jenseitigen Welt vorhin beschrieben wurde, weiterhin ergangen sein mag? Im Ansatz hatte er ja bereits den entscheidenden Zusammenhang erkannt, daß die tätige Sehnsucht nach dem Licht Licht bringt, die innige Bitte um Kraft Kraft spendet, das tief empfundene Gebet um Hilfe Hilfe ermöglicht. Alles ist da – doch es will von uns *errungen* sein. Erst im Geben kann empfangen werden, erst im Erringen offenbart sich uns das Wertvolle.

Auch hinter diesen Zusammenhängen steht ein allumfassendes Wirkungsprinzip der Schöpfung: das *Gesetz der Wechselwirkung*. Und wie alle anderen erwähnten Gesetze, prägt es ebenfalls unmittelbar und unverzüglich jede Entwicklung in der feinstofflichen Welt.

Sobald hier also ein Mensch ein lichtvolleres Leben ersehnt und aktiv (auch für andere) erstrebt, können sofort Helfer tätig werden, die sonst keine Möglichkeit für eine Hilfestellung hätten. Hingegen halten sich Menschen, die auf Grund ihres Seelenzustandes in der feinstofflichen Welt noch blind und taub sind, *selbst* von jeder Förderung ab:

*„Ein trauriger Zustand, dem nur das langsame innere Reifen des Betreffenden selbst, das durch die sich steigernde Verzweiflung führt, eine allmähliche Änderung bringen kann. Mit der wachsenden Sehnsucht nach Licht, die wie ein ununterbrochener Hilferuf aus solchen gedrückten und gequälten Seelen steigt, wird es dann endlich nach und nach heller um ihn, bis er auch andere sehen lernt, die gleich ihm der Hilfe bedürfen.*

*Hat er nun das Bestreben, diese noch in tieferer Finsternis Harrenden zu unterstützen, damit es auch bei denen heller werden kann, so erstarkt er in dieser Tätigkeit des Versuches zum Helfen durch die dazu erforderliche Anstrengung immer mehr, bis ein anderer zu ihm treten kann, der schon weiter vorgeschritten ist, um auch ihm weiterzuhelfen, den lichteren Regionen entgegen."*[28]

Aus den Beschreibungen der Gralsbotschaft läßt sich nun bereits ein recht vielschichtiges Gesamtbild über das Leben „jenseits des Diesseits" zusammenfassen:

1. Schon mit der Lockerung, also ab der beginnenden Auflösung der Strahlungsbrücke zwischen Körper und Seele erleben wir Raum und Zeit in einer neuen Form. Während des Sterbeprozesses sind wir der physischen Welt – über den sogenannten Astralkörper – noch relativ eng verbunden; wir können beispielsweise grobstoffliches Geschehen beobachten, erkennen aber auch manches aus der gedanklichen Innenwelt unserer Mitmenschen. Diese Erfahrungen werden überwiegend als lichtvoll und überwältigend erlebt.

2. Nach der vollständigen Auflösung der feinstofflichen Nabelschnur ist die Geburt ins Jenseits vollzogen. Dabei gelangen wir nach dem *Gesetz der Schwere* in eine Bewegungsebene, deren Dichte exakt unserem Seelenzustand gleicht. Hier erleben wir nun das als Außenwelt, was wir während unseres Erdenseins durch unsere Empfindungen und Gedanken an feinstofflicher Innenwelt schufen. Diese jenseitigen Gegebenheiten verändern sich in der Folge immer wieder. Je nach der Art unseres Wollens steigen wir auf oder sinken weiter hinab.

3. Auf Grund des *Gesetzes der Gleichart* finden wir in jeder feinerstofflichen Schöpfungsebene Menschen vor, die unserer eigenen Art entsprechen. Dies wird naturgemäß – je nachdem – beglückend oder auch belastend erlebt werden, um so mehr, als jede Absicht, jeder Wollensausdruck sich in jenseitigen Welten *unmittelbar* zeigen muß. Auf Grund dieser Zusammenhänge kann ganz gut gesagt werden, daß wir – durch die dem Geist innewohnende Formungskraft – Himmel und auch Hölle selbst gestalten.

4. In dieser Unmittelbarkeit zeigt sich zweifelsfrei auch das *Gesetz der Wechselwirkung*, und es wird insgesamt deutlich, daß in der feinstofflichen Welt die gleichen grundlegenden Wirkungsprinzipien herrschen wie hier auf der grobstofflichen Ebene.

Der Gralsbotschaft zufolge gilt dies übrigens für die gesamte Schöpfung: Das Raum-Zeit-Gefüge verändert sich mit der Dichtheit und Schwere der jeweiligen Bewegungsebene – und damit auch die Art und Weise, wie die grundlegenden Prinzipien sich auswirken. Doch die Schöpfungsgesetze selbst bleiben unverändert immer dieselben!

Und was ist mit uns? Nun, auch wir bleiben in unserem Wesenskern dieselben – auch wenn wir nach dem Abscheiden keine grobstoffliche Hülle tragen. Alles, was uns zum Menschen macht, ist immer noch vorhanden: unsere Erlebnisfähigkeit, unsere Empfindungskraft, unser Bedürfnis nach Ausdruck und Kommunikation, nach Kunst und Kultur, all unsere Fähigkeiten und Eigenschaften. Wir können – nun mit Hilfe der Organe unseres feinstofflichen (Seelen-)Körpers – denken und fühlen, handeln und uns fortbewegen; wir bringen unser Wollen zur Geltung, eignen uns Erfahrung und Weisheit an.

Was wir mit der physischen Hülle jedoch zurücklassen, ist der Wust an „totem Wissen“, das nur dem Intellekt, nicht aber eigenen Erlebnissen entsprang – und natürlich auch jenen äußeren Halt, der vielen Menschen so wichtig ist: Rang und Name, Amt und Würde, Ansehen und Ruhm. Auch von den eigenen (Haus-)Machtbereichen gilt es Abschied zu nehmen, und viele „liebe Ge-

Menschen, die ein Leben lang nur Unwesentlichem, Lebensfernem nachgehangen sind, haben es im Jenseits schwer.

wohnheiten", die einem bewußten Leben zumeist eher hinderlich waren, können weiterhin nicht mehr gepflegt werden. Kurz: Das Leben nach dem Tod wird für uns um so leichter, je weniger wir an Äußerlichkeiten hängen, je unmittelbarer wir unsere Geistigkeit den eigentlichen Wundern der Schöpfung verbinden können.

Durch diese Zusammenhänge wird aber auch verständlich, warum es Menschen nach dem Tod so schwer haben, wenn sie ein Leben lang nur Unwesentlichem, Lebensfernem nachhingen und sich in passiver Konsumgesinnung innerlich nicht geregt, kurz gesagt: geistig geschlafen haben. Ihr trauriges Schicksal ist es, die eigene innere Leere und Willensschwäche nun mit allen Konsequenzen hautnah zu erleben:

*„So hocken sie trübselig herum, da ihre feinstofflichen Körper durch das Nichtwollen auch zu kraftlos sind, zu gehen. Ein mühseliges, unsicheres Am-Boden-Kriechen bleibt es daher, wenn es einmal zu einer Bewegung kommt.*

*Andere wieder tappen wohl in diesem Dunkel herum, straucheln, stürzen, raffen sich immer wieder auf, um bald hier, bald da anzuecken, wobei schmerzende Wunden nicht ausbleiben; denn da eine Menschenseele immer nur durch die Art ihrer eigenen Dunkelheit, die Hand in Hand geht mit der mehr oder weniger starken Dichtheit, die wiederum ein entsprechendes Schwergewicht nach sich zieht, in die Region sinkt, die ihrer feinstofflichen Schwerkraft genau entspricht, also von gleicher Art der Feinstofflichkeit ist, so wird ihre neue Umgebung für sie ebenso greifbar, fühlbar und undurchdringlich, wie es einem grobstofflichen Körper in grobstofflicher Umgebung ergeht. Jeden Stoß, jeden Sturz oder jede Verletzung fühlt sie deshalb dort so schmerzlich, wie es ihr grobstofflicher Körper während der Erdenlaufbahn auf der grobstofflichen Erde empfand.*

*So ist es in jeder Region, gleichviel welcher Tiefe oder Höhe sie angehört. Gleiche Stofflichkeit, gleiche Fühlbarkeit, gleiche gegenseitige Undurchdringlichkeit.“*[29]

## Sinnvolle Begleitung am Sterbebett

Ängstigen diese Erklärungen der Gralsbotschaft? Fördern nicht die Hinweise auf einen qualvollen, hoffnungslosen Seinszustand, der sich im Jenseits ergeben kann, die Angst vor dem Tod? Sollte man sich im Sinne bestmöglicher Lebenshilfe nicht lieber damit begnügen, die hoffnungsfrohen, lichtvollen Zusammenhänge darzulegen?

Aus der gleichen Gesinnung heraus könnte man allerdings auch fragen: Ist es nicht besser, den Kopf in den Sand zu stecken? Vor dem wegzuschauen, was man nicht sehen will?

Wir sind heute durchweg daran gewöhnt, unser Leben nach dem Pippi-Langstrumpf-Prinzip zu gestalten: „Machen uns die Welt, wie sie uns gefällt“. Der dazu nötige Freiraum steht uns ja zur Verfügung: In der physischen Welt können wir ganz und gar den Prinzipien von Lust und Macht frönen, ohne daß uns deshalb gleich „der Himmel auf den Kopf fällt“. Wechselwirkungen vollziehen sich in dieser dichten Bewegungsebene nicht unmittelbar, und auch die Auswirkungen der Gesetze von Gleichart und Schwere lassen sich weit genug in den Hintergrund drängen – ist es uns hier doch zum Beispiel ohne weiteres möglich, einem berauschten Abend in schummriger Nachtclub-Atmosphäre einen anständigen Arbeitstag im Kreise vornehmer Geschäftspartner folgen zu lassen. Wen interessiert es schon groß, durch was für Einflüsse er in welcher Art seine Innenwelt prägt?

Im irdischen Leben können wir vor all dem, was wir nicht sehen oder wahrhaben wollen, die Augen verschließen (wenigstens so lange, bis der Gang zum Therapeuten auf Grund zu großer Verwüstungen in der Seelenwelt unvermeidlich wird). Nach unserem Abscheiden von dieser Welt aber wird gerade das Nicht-sehen-und-wahrhaben-Wollen zum Problem. Ist es also verwunderlich, wenn der, der diese Zusammenhänge wirklich durchschaut, gerade jene Vorgänge in den jenseitigen Welten beschreiben wird, vor denen es zu warnen gilt? Abd-ru-shin legte daher in seiner Gralsbotschaft klar:

„*Wenn man mir auch so oft verstandeshinterhältig und böswillig vorzuwerfen sucht, daß ich die Menschen (…) durch mein Wort bedrücke und sie ängstigend bedrohe, nur um damit Einfluß zu gewinnen, so werde ich doch nie aufhören, die Gefahren, welche Euren Geist bedrohen, vor Euch bildlich hinzustellen, damit Ihr sie kennt und nicht mehr blindlings in die Fallstricke und Lockungen geratet; denn* ich diene Gott *und nicht den Menschen! Damit gebe ich, was Menschen* nützt, *und nicht das, was ihnen irdisch wohlgefällt und dabei geistig tötet!*“[30]

Damit ist das wohl wichtigste Prinzip auch für jede Lebenshilfe angesprochen, die wir unseren Mitmenschen angedeihen lassen wollen: dem anderen das zu geben, was ihm wirklich *nützt* – in seiner persönlichen Situation und momentanen Verfassung.

Im Hinblick auf das Fortleben nach dem Tod kann es dabei selbstverständlich auch um die Vermittlung von Wissen gehen – doch muß die richtige Dosis und vor allem auch eine lebensnahe, natürliche, von Nächstenliebe getragene Form gefunden werden. Denn was würde es einem Menschen, der zitternd vor Angst im Sterbebett liegt, helfen, wenn ihm in dieser Situation jemand unvermittelt erzählt, daß er jetzt wird ernten müssen, was er ein Leben lang gesät hat? Nichts! Ein so empfindungsloses Verhalten würde vielleicht sogar eine noch offene Tür des Vertrauens ganz verschließen. Das Wissen darüber, was uns in den feinstofflichen Regionen des Jenseits nach den herrschenden Schöpfungsgesetzen erwartet, möge jeder vor allem für sich selbst verwenden – als Anstoß zu einem regen Geistesleben. Anderen gegenüber zählt das gute Vorbild erfahrungsgemäß viel mehr als wortreiche Darlegungen über bedeutungsvolle Zusammenhänge.

Wenn es gelingt, in das Herz eines Menschen, der von dem Schöpfer sein Leben lang nichts wissen wollte, ein wenig Urvertrauen zu pflanzen; wenn jemand, der alle Gedanken über das Leben nach dem Tod immer tabuisierte, durch unsere gelebte Überzeugung nun wenigstens der *Möglichkeit* eines Fortlebens in sich Raum gewährt; wenn wir es einem Sterbenden erleichtern können, loszulassen oder ihn dazu anregen, sich mit Zuversicht von den Wogen des Lebens über die Schwelle tragen zu lassen, dann ist damit in vielen Fällen schon das Bestmögliche erreicht. Es kann ja ein jeder Mensch – ob im Jenseits oder hier in der physischen Welt – immer nur das erfassen, wozu er sich öffnet.

Was wir jemandem in der Stunde höchster existentieller Not manchmal vielleicht noch mit auf den Weg geben können, mag der Hinweis darauf sein, daß die Liebe des Schöpfers uns das bewußte Leben gewiß nicht geschenkt hat, damit beim Tod plötzlich alles vorbei ist, die Erfahrungen ausradiert, als seien sie nie gewesen. Es mag eine Anregung dahingehend sein, die Führung zu erkennen, die im bisherigen Erdenleben lag und die auch weiterhin bestehenbleiben wird. Oder es erscheint der sanfte gedankliche Anstoß angebracht, einfach mutig, offen und wachsam auf alles zuzugehen, was das unfaßbare Geschenk des Lebendürfens, das uns schon bisher immer neue Wunder brachte, „drüben" bald nun bieten wird ...

Aber was für Inhalte in einer solchen Situation auch angezeigt sein mögen und durch welche Worte auch immer sie zum Ausdruck kommen: das unverzichtbarste „Handwerkszeug" für die Begleitung eines Menschen am Sterbebett ist unsere Bereitschaft, ihm das größtmögliche Maß an Zuneigung, Zeit und Liebe zu schenken – mit feiner Empfindung dafür, was der Abscheidende benötigt und aufnehmen kann.[31]

Aus dem Wissen um die Zusammenhänge zwischen diesseitiger und jenseitiger Welt ergeben sich sodann auch weitere Hilfen, die dem friedvollen Hinübergehen eines Sterbenden *nach* Feststellung des körperlichen Todes dienen können:

- *Überwindung des Selbstmitleides:* Wenn es darum geht, von einem geliebten Menschen Abschied zu nehmen, stellt sich unvermeidlich Trennungsschmerz ein – und zwar natürlich auch dann, wenn man über das Fortleben nach dem Leben Bescheid weiß. Dagegen grundsätzlich anzukämpfen, erschiene mir unsinnig und wäre wohl auch unmenschlich. Sehr wohl aber kann und soll man es bewußt vermeiden, sich in diesen Schmerz seelisch hineinzugraben, ihn in unkontrollierte, von hemmungslosem Selbstmitleid begleitete Gefühlsausbrüche münden zu lassen. Dies könnte es nicht nur der abscheidenden Seele schwerer machen (die ihrerseits ja auch mit Trennungsschmerz zu kämpfen hat), sondern es würde in jedem Fall etwas Entscheidendes verhindern, nämlich die

• *gedankliche Zuwendung zum Hinübergehenden:* Gerade im Zeitraum bis zur vollständigen Auflösung der Silberschnur befindet sich die abscheidende Seele ja in großer Nähe ihres vertrauten irdischen Umfeldes oder der zurückgebliebenen Mitmenschen. Sie ist daher für lichtvolle, von guten Wünschen getragene Gedanken besonders empfänglich. Drücken wir also das, was wir ihr vielleicht nicht (oder nicht deutlich genug) sagen konnten, nun kraft unseres Inneren aus! Lassen wir ruhig allen Empfindungen des Helfenwollens und der Fürbitte freien Lauf, und wünschen wir der Seele gedanklich das Beste für ihren weiteren Weg! Für eine ernste Zuwendung in dieser Art sollte man sich Zeit nehmen.

• *Loslassen:* Letztlich aber ist es dann wichtig, innerlich ganz bewußt loszulassen, den Sterbenden nicht mehr zurückzuwünschen, keinen Kontakt zu suchen, der einem Doch-wieder-hierhaben-Wollen entspringt. Die zahlreich geübten Versuche, durch Techniken wie Tisch- oder Glasrücken, mediale Kontakte etc. sich einen Zugang zum Jenseits zu erzwingen, sind dabei ganz besonders abzulehnen. Zwar erweisen sie sich mitunter als erfolgreich, doch sie sind zumeist für keine Seite förderlich. Einmal abgesehen davon, daß allzu intensive Jenseitskontakte zu schwerwiegenden psychischen Störungen und Abhängigkeiten führen können – man spricht beispielsweise von „mediumistischen Psychosen" –, hemmt man mit derlei Praktiken unter Umständen auch den geistigen Weg des Abgeschiedenen. Denn dieser muß sich, um mit der physischen Welt durch irgendwelche Hilfsmittel überhaupt in Kontakt treten zu können, in einen erdnahen, also sehr dichten feinstofflichen Bereich begeben. Und damit sind für ihn Gefahren verbunden.

## Zwischen Diesseits und Jenseits

Überhaupt sollte man jeder „Informationsübermittlung" zwischen Diesseits und Jenseits, die sich über ein Medium (= Mittler) vollzieht, mit einer gehörigen Portion Vorsicht begegnen. Im Normalfall sind unsere ureigensten Jenseitskontakte – die persönlichen Gedanken und Empfindungen nämlich – für das geistige Vorankommen ausreichend. Irgendwelche speziellen Schulungen sind nicht nötig – und die „goldene Regel" für einen gefahrlosen Umgang mit allem, was in jenseitige Schöpfungsebenen hineinreicht, lautet: Was sich nicht natürlich von selbst ergibt oder entwickelt, soll auch nicht künstlich gefördert werden!

Gar nicht selten geschieht es, daß jemand in irgendeiner Form das Abscheiden eines Angehörigen intensiv miterlebt oder vielleicht sogar nach dessen Tod für eine gewisse Zeit in spürbarem Kontakt mit ihm steht. Solche Erfahrungen können ein großes Geschenk sein, doch nichts dergleichen sollte bewußt provoziert oder ausgeweitet werden.

Aus Unwissenheit über die Zusammenhänge wird den Jenseitskontakten in manchen Kreisen ein Wert beigemessen, der diesen nicht zukommt. So geht man zum Beispiel davon aus, daß jenseitige Geister in irgendeiner Form „allwissend" seien, und daß ihnen folglich die intimsten Geheimnisse eines Menschen ebenso entlockt werden können wie die richtigen Lottozahlen beim nächsten Doppel-Jackpot. Das ist Unsinn. Durch sein Abscheiden erfährt ein jeder Menschengeist vorerst nur, *daß* das Leben weitergeht – in einer seinem Seelenzustand entsprechenden Form. Im übrigen ändert sich aber weder sein Wissenshorizont, noch vervollkommnet sich automatisch seine Persönlichkeit. Alle Stärken und Schwächen, die ihn treiben und beflügeln, plagen und prägen, bleiben ihm erhalten.

Woraus also sollte ein Abgeschiedener sein „großes Wissen" schöpfen?

Wenn ein Medium dennoch aus dem Jenseits auch auf die abstrusesten Fragen Antworten erhält, die sich noch dazu manchmal als zutreffend erweisen, dann sollte das nicht verwundern. Ähnliche Ergebnisse würden sich auch bei einer Befragung im nächstgelegenen Wirtshaus einstellen. Ein paar, die gerade „lustig" sind und sich breitschlagen lassen, andere mit ihrem „Wissen" zu beeindrucken (noch dazu, wenn keine Konsequenzen zu befürchten sind), finden sich überall – eben auch in der nächstgelegenen Jenseitsebene. Und es sind durchweg nahegelegene, niemals aber wirklich hohe feinstoffliche Bereiche, zu denen mediale Kontakte hergestellt werden können.

Natürlich ist klar, daß nicht bei jeder Kundgebung aus der feinstofflichen Welt derbe Lügengeister mit im Spiel sind. Oft bemühen sich mediale Menschen ja auch um gute Kontakte in lichtvollere, höhere Schöpfungsbereiche, weil sie sich von dort brauchbare Wegweisungen ersehnen. Dies ist grundsätzlich auch möglich, sofern die Seelenwelt des Mediums eine entsprechende Leichtigkeit und damit Gleichart aufweist. Allerdings wird nie ganz auszuschließen sein, daß der lichte Kontakt oder die in höhere Welten führende „Kommunikationskette" an irgendeiner Stelle plötzlich durch einen sich dazwischenschiebenden dunkleren Geist unterbrochen wird, der den Wert des Übermittelten dann entscheidend trüben, dessen Sinn sogar unbemerkt ins Gegenteil verkehren kann. Und niemand ist in der Lage, solche Vorgänge absolut auszuschließen, denn das Lichte kann das Dunklere nicht des Platzes verweisen. Es hat überhaupt keine Zugriffsmöglichkeit, ähnlich, wie auch ein abscheidender Geist mit seiner feinstofflichen Seelenhülle auf Menschen im physischen Körper keinen direkten Einfluß mehr nehmen kann, sondern einfach durch sie „hindurchgreift".

Dazu kommt, daß bei medialen Übermittlungen naturgemäß immer auch die persönliche Weltsicht des empfangenden Menschen mit hineinspielt. Denn als „Übersetzungsorgan" für

> Bei medialen Übermittlungen spielt immer die persönliche Weltsicht des empfangenden Menschen mit.

die geschauten, gehörten oder miterlebten Gegebenheiten agiert nun einmal das grobstoffliche Gehirn des Mediums – mit seiner ganz persönlichen Prägung und Färbung von allem Wahrgenommenen.

Dies gilt meines Erachtens uneingeschränkt auch für die heute vor allem in esoterischen Kreisen beliebten medialen Kontakte zu „hohen Lichtgestalten". Viele wähnen ja, durch gekonntes „Channeling"[32] mit Erzengeln, ja, mit Jesus in Verbindung treten und bedeutungsschwere Botschaften empfangen zu können. Solche Irrtümer entstehen gar nicht unbedingt aus Böswilligkeit. Sie sind wohl oft nur eine Folge der Unkenntnis über die tatsächliche Größe der Schöpfung, ihre Ebenen und über die gesetzmäßigen Bedingungen, die jeder Kommunikation zwischen Diesseits und Jenseits zugrundeliegen. Die hilfreichste Gebrauchsanweisung für den Umgang mit Botschaften aus solchen Quellen lautet: Man nehme den Inhalt des Dargebrachten, prüfe ihn kritisch, behalte das Brauchbare (sofern bewegend Neues überhaupt geboten wird) und lasse vor allem alles Persönliche außen vor – so erspart man sich Bindungen an Menschen, Gemeinschaften, Gedankenzentralen. Es wird ja nichts schon allein dadurch wertvoll, weil es (vermeintlich) „jemand Besonderer" kundgetan hat …

Tatsächlich sind es nicht höchste Höhen, mit denen der Durchschnittsokkultist in Verbindung tritt[33], sondern lediglich mehr oder minder erdnahe Schöpfungsbereiche, die dem einzelnen jedoch durchaus als lichtvoll erscheinen können.

In diesen der physischen Welt noch sehr verbundenen Seinsebenen haben übrigens auch alle unliebsamen Jenseitskontakte ihren Ursprung, die manchmal in Form von sogenannten „Spukerscheinungen" für Aufsehen sorgen. Solche Vorfälle, bei denen sich Gegenstände wie von selbst bewegen oder Elektrogeräte auf physikalisch unbekannte Energiequellen reagieren, gibt es – ab-

„Spukerscheinungen", bei denen sich Gegenstände wie von selbst bewegen, gibt es – abseits von Schwindeleien – wirklich.

seits aller Schwindeleien, die dahingehend immer wieder bekannt werden – wirklich. Der weltweit wissenschaftlich wahrscheinlich am besten dokumentierte Fall ereignete sich 1968 in einer Anwaltskanzlei in Rosenheim (Süddeutschland). Dort drehten sich, wie von Geisterhand geführt, Leuchtstoffröhren selbsttätig aus der Fassung, es zerplatzten Glühbirnen, und die Stromschreiber kratzten plötzlich in wildem Zickzack tiefe Furchen ins Papier – beobachtet von Technikern und Physikern, die zuletzt sogar eine eigene Stromversorgung für die Kanzlei aufbauten und alle denkbaren Messungen durchführten, um jede „natürliche" Ursache auszuschließen.[34] Als Fakt konnte schließlich nur festgehalten werden, daß die Phänomene jedenfalls physikalisch nicht erklärbar sind.

Allerdings bietet sich eine nicht-wissenschaftliche Ursachenfindung an: Die Ereignisse hängen in solchen Fällen immer mit einer bestimmten Person zusammen, die vor Ort anwesend sein muß, um sozusagen als „Katalysator" zu fungieren. Ihre Blutausstrahlung ist es, die einem jenseitigen Geist dazu dient, in die physische Welt mehr oder weniger kontrolliert einzuwirken. Sein Ziel ist es dabei meistens, auf irgend etwas aufmerksam zu machen, das mit dem Ort und/oder einer Person im Zusammenhang steht. Nicht zu Unrecht spricht man ja von „erdgebundenen Geistern". Einem solchen kann im Erdenleben beispielsweise eine Ungerechtigkeit widerfahren sein, und er findet nun im Jenseits nicht die Kraft, das Geschehene hinter sich zu lassen, zu vergeben und neuen Ufern zuzustreben. Statt dessen verharrt er im feinerstofflichen Umfeld eines bestimmten Ortes und sucht nach Gelegenheiten, um auf sich und sein Anliegen aufmerksam zu machen. Und es kann offenbar lange dauern, ehe ein solcher Mensch willens ist, seinen Entwicklungsweg fortzusetzen.

## *Wege durch das Jenseits*

Aus den bisherigen Ausführungen dürfte bereits klar geworden sein, daß das, was gemeinhin als „Jenseitswelt" bezeichnet wird, in Wirklichkeit eine Vielzahl feinerstofflicher Bewegungsebenen umfaßt. Sie reichen vom tiefsten Dunkel bis hinauf in lichtdurchflutete Höhen. Der für uns natürliche Entwicklungsgang würde darin liegen, nach unserem Erdensein Raum um Raum nach oben hin zu durchschreiten. Je strahlender unser Seelenkörper wird, je beflügelter das Innere, desto weiter werden wir im Gesetz der Schwere nach oben getragen, unserem geistigen Ursprung entgegen. Mit den diesbezüglichen Vorgängen werden wir uns im weiteren Verlauf unserer Innenwelt-Expedition noch näher beschäftigen.

Leider aber zeigt sich der hier grob skizzierte Weg durch das Jenseits nicht als Regelfall. Denn naturgemäß hat die materialistische, egozentrierte und auch lebensfeindliche Gesinnung eines großen Teiles der Menschheit direkte und weitreichende Auswirkungen auf die Formung feinstofflicher Bereiche. So wurden durch die Gestaltungskraft entsprechender Gedanken und Empfindungen die dichtesten, lichtfernsten Regionen tatsächlich zu dem, was wir mit dem Begriff „Hölle" beschreiben – obwohl man sich, wie die Gralsbotschaft betont, in Wirklichkeit kaum ansatzweise vorstellen kann, was sich hier abspielt (selbst wenn sich heute via Fernsehbildschirm oder Kinoleinwand manchmal Fenster in diese Welten öffnen, da offenbar viele Filmkünstler ihre gedankliche Inspiration aus lichtfernen feinstofflichen Ebenen beziehen):

> „*Wenn man Bilder sieht, die das Leben in der sogenannten Hölle wiedergeben sollen, so geht man achselzuckend darüber hinweg mit halb ironischem, halb mitleidsvollem Lächeln und dem Gedanken, daß nur eine angekränkelte Phantasie oder eine fanatische Blindgläubigkeit Szenen solcher Art erdenken können. Selten wird es jemand geben, der auch nur das kleinste Wahrheitskörnchen darin sucht. Und*

*doch kann wohl die grauenvollste Phantasie kaum annähernd ein Bild zusammenstellen, das den Qualen des Lebens in den dunklen Regionen dem Ausdrucke nach nahekommt.*"[35]

Aber wie gelangt ein Mensch in solche Regionen? Wohl nicht dadurch, weil er sich gegen irgendwelche konstruierte Dogmen seiner Glaubensgemeinschaft „versündigt", zu wenig Bußgebete aufgesagt hat oder weil er vom Papst exkommuniziert wurde.

Was uns wirklich sinken läßt, sind alle Absichten, Gedanken oder Handlungen, die uns seelisch belasten und vor denen – aus gutem Grund – das Gewissen warnt. Zudem bindet jedes begangene Unrecht den Täter an sein Opfer. Er kann also seinen Entwicklungsweg erst dann frei und unbeengt weiter fortsetzen, wenn er für das, was er einst getan hat, einen gerechten Ausgleich bietet. Aber wie weit ist oft schon der Weg bis zur Erkenntnis der *Notwendigkeit* eines Wiedergutmachens! Und wie viele Menschen, die ein Unrecht erlitten haben, tun sich schwer damit, das zu tun, was für eine Lösung unumgänglich ist: verzeihen!

Man kann sich vorstellen, wie schwer es jemand hat, den viele solcher Bindungen an andere belasten oder dessen Entscheidungen vielleicht das Wohlergehen ganzer Völker beeinflußt haben. „Ich übernehme dafür die Verantwortung!" – der Satz klingt gut und wird auch gern gehört. Aber was es wirklich bedeutet, etwas verantworten zu müssen, das erweist sich für den schuldig Gewordenen erst durch die feinstoffliche Wirklichkeit.

Abgesehen von Unrechtshandlungen, die im Zustand geistiger Trägheit natürlich begünstigt werden, weil es dabei an Gerechtigkeitsempfinden mangelt, gibt es noch etwas anderes, Tiefergreifendes, das eine Menschenseele in feinstoffliche Abgründe sinken läßt: Ausschlaggebend für die Beschaffenheit des Seelenkörpers und damit für die Gleicharts-Ebene, in die ein Mensch nach seinem Abscheiden gelangt, ist oft das, was wir bei früherer Gelegenheit[36] als „innere Bindung" oder „seelischen Hang" bezeichnet hatten. In der Gralsbotschaft sind die diesbezüglichen Zusammenhänge ausführlich beschrieben:

*„Dieser Hang lebt in der Menschenseele fort, auch nach dem Hinübergehen, nach der Loslösung vom grobstofflichen Körper. Er wird sogar im feinstofflichen Körper sofort noch stärker zur Geltung kommen, sobald die Einengung alles Grobstofflichen wegfällt, da dann die Empfindungen viel lebendiger und rückhaltloser wirken.*

*Ein derartiger Hang ist es auch wiederum, der maßgebend für die Dichtheit, also Schwere des feinstofflichen Körpers wird. Das hat zur Folge, daß der feinstoffliche Körper nach Freiwerdung vom grobstofflichen Körper sofort in die Region sinkt, die genau seiner Schwere und demnach gleichen Dichtheit entspricht. Dort wird er demnach auch alle finden, die dem gleichen Hange huldigen. Durch deren Ausstrahlungen wird der seine noch genährt, gesteigert, und er wird dann in Ausübung dieses Hanges förmlich rasen. Ebenso natürlich auch die anderen mit ihm dort Befindlichen.*

*Daß derartige, hemmungslose Austobungen für die Umgebung eine Qual sein müssen, ist nicht schwer verständlich. Da dies aber in solchen Regionen immer nur auf Gegenseitigkeit beruht, so wird jeder einzelne unter den anderen bitter zu leiden haben alles das, was er wiederum den anderen dauernd selbst zuzufügen sucht. So wird das Leben dort zur Hölle, bis eine derartige Menschenseele nach und nach ermattet und Ekel davor empfindet. Dann wird nach langer Dauer endlich allmählich der Wunsch erwachen, herauszukommen aus solcher Art.*

*Der Wunsch und Ekel ist Beginn der Besserung. Er wird sich bis zum Hilfeschrei und zuletzt zum Gebet verstärken. Erst dann kann ihm die Hand zum Aufstiege geboten werden, was oft Jahrzehnte und Jahrhunderte, manchmal auch noch länger auf sich warten läßt. Der Hang in einer Menschenseele ist also das schwerer Bindende.*

*Daraus geht hervor,* daß eine unbedachte Tat viel leichter und viel schneller abzulösen ist als ein in einem Menschen ruhender Hang, gleichviel, ob dieser zu einer Tat geworden ist oder nicht!

*Ein Mensch, der einen unsauberen Hang in sich trägt, ohne diesen je zu einer Tat werden zu lassen, weil ihm die irdischen Verhältnisse günstig sind, wird deshalb schwerer büßen müssen als ein Mensch, der unbedachterweise durch irgendeine oder mehrere Taten gefehlt hat, ohne böse Absicht dabei gehabt zu haben. Die unbedachte Tat kann letzterem sofort verziehen sein, ohne übles Karma zu entwickeln, der Hang aber erst dann, wenn er vollkommen in dem Menschen ausgelöscht wurde. Und deren gibt es viele Arten. Sei es nun Habsucht und der ihr verwandte Geiz, sei es schmutzige Sinnlichkeit, Drang zu Diebstahl oder Mord, Brandstiftung oder auch nur zu Übervorteilung und zu leichtsinnigen Nachlässigkeiten, gleichviel, ein derartiger Hang wird den Betreffenden immer dorthin sinken lassen oder ziehen, wo seinesgleichen ist.*

*Lebensbilder davon wiederzugeben, hat keinen Zweck. Sie sind oft so fürchterlicher Art, daß ein Menschengeist auf Erden kaum an derartige Wirklichkeiten glauben kann, ohne sie zu sehen. Und auch dann würde er noch denken, es müßten nur Gebilde grenzenlos erhitzter Fieberphantasien sein. So mag er sich begnügen, sittliche Scheu vor allem Derartigen zu empfinden, die ihn frei macht von den Banden alles Niederen, damit dem Aufstiege zum Lichte keine Hemmung mehr im Wege steht.“*[37]

Das Wissen um diese Zusammenhänge unterstreicht natürlich die Notwendigkeit, Wege zu finden, um innere Bindungen und „Hänge“ zu lösen oder (allzu) liebe Gewohnheiten sein zu lassen.

Motivierend für das Voranschreiten in der feinstofflichen Welt kann vielleicht der Ausblick auf die lichteren Regionen der Schöpfung sein, die in der Gralsbotschaft ebenfalls eindrucksvoll beschrieben werden:

*„Strahlendes Licht! Blendende Reinheit! Beseligende Leichtigkeit!*

*Das alles spricht von selbst schon so viel, daß kaum noch Einzelheiten zu erwähnen nötig sind. Je weniger der feinstoffliche Körper, also der Mantel des menschlichen Geistes im Jenseits, mit irgendeinem Hange nach Niederem, mit irgendeinem*

*Begehren nach grobstofflichen Dingen und Genüssen belastet ist, desto weniger zieht es ihn darnach, desto weniger dicht und dadurch auch desto weniger schwer wird sein feinstofflicher Körper sein, der sich seinem Wollen entsprechend bildet, und desto schneller wird er durch seine Leichtigkeit emporgehoben werden in die lichteren, der geringeren Dichtheit seines feinstofflichen Körpers entsprechenden Regionen. (...)*

*Auch in den Regionen des Lichtes wird eine jede Menschenseele je nach Beschaffenheit ihres feinstofflichen Körpers die Gleichart finden, also Gleichgesinnte. Da nur das wirklich Edle, das Gutwollende, nach oben zu streben fähig ist, frei von niederen Begierden, so wird die Menschenseele als ihre Gleichart auch nur Edles antreffen. Daß der Bewohner einer solchen Region keine Qualen zu erleiden hat, sondern nur den Segen des von ihm gleichartig ausströmenden Edlen genießt, sich darin beseligt fühlt und wiederum selbst auch Freude in den anderen seinem eigenen Tun gegenüber erweckt und mitempfindet, ist ebenfalls leicht verständlich. Er kann sagen, daß er in den Gefilden der Seligen, sich also Beseligtfühlenden, wandelt.*

*Angespornt davon, wird seine Freude an dem Reinen und Hohen immer stärker werden und ihn weiter und weiter emporheben.«*[38]

## Vom Wert des Erdenlebens

Wenn in den Schilderungen über die jenseitigen Ebenen zum Ausdruck kam, daß sich überall unbedingt nur Gleicharten zusammenfinden müssen, wodurch in tieferen Regionen das Vorankommen naturgemäß beschwerlich ist, so verdeutlicht sich dadurch auch der besondere Wert unseres Erdenlebens: Hier haben wir weitgehend die freie Wahl darin, uns edlen Mitmenschen, dunklen Gesellen oder jeder beliebigen Zwischenart anzuschließen. Wir können also auch Kontakte mit lichten, fortgeschrittenen Menschengeistern pflegen, was uns in der jenseitigen Welt niemals möglich wäre, weil sich dort das Dichtere, Unbewegte in leichtere, bewegtere Regionen nicht erheben kann – allenfalls der umgekehrte Weg ist möglich, daß also lichtvollere Menschengeister sich als Helfer in dunklere Ebenen begeben.

Außerdem haben wir auf Erden in besonderem Maße die Gelegenheit, unsere spirituelle Entwicklung „von außen nach innen" zu fördern – wohl viel wirkungsvoller, als dies irgendwo sonst möglich wäre: Angeregt durch entsprechende Vorbilder, die uns hier ohne weiteres zugänglich sind, können wir unser persönliches Umfeld stetig verschönern, die Sprache verfeinern, unsere Kleidung veredeln. Wir entscheiden über unseren Umgang sowie unser Erscheinen und begünstigen durch die Kultivierung des Äußeren die Verfeinerung unseres Inneren.

Und nicht zuletzt treffen uns in der physischen Welt auch die Wechselwirkungen aus unseren Entschlüssen, Gedanken und Handlungen nicht unmittelbar – was jedem Menschen die wunderbare Gelegenheit bietet, unter den besten Voraussetzungen wieder gutmachen zu können und sich innerlich neu zu orientieren.

Bei allen Gefahren, wie sie die grobstoffliche Welt seit dem Sündenfall[39] für die spirituelle Entwicklung des einzelnen bereithält – man sollte sich immer auch darüber klar bleiben, welche großartigen Möglichkeiten uns mit einem Erdenleben geschenkt sind. Und man mag sich die Frage stellen, ob ein einziges solches Dasein in der physischen Hülle überhaupt genügen kann, um unsere geistige Entwicklung ausreichend voranzutreiben.

Wäre es also denkbar, daß wir öfter als nur einmal auf Erden leben? Daß es die Reinkarnation, die Wiederverkörperung, von der viele große Religionen lehren, tatsächlich gibt? Daß unser Großindustrieller, dessen jenseitigen Lebensweg wir beobachtet hatten, seine geliebte Frau vielleicht einst im Diesseits wieder treffen kann? Wunschdenken? Einbildung? Wahrtraum?

Friedrich Nietzsche bezeichnete die Beantwortung der Frage, ob wir öfter als nur einmal auf Erden leben, als einen „Wendepunkt in der Geschichte der Menschheit".

Wenden wir uns diesem Punkt also zu ...

## *Anmerkungen und Literaturempfehlungen*

*zu Kapitel 6*

*1* Zitiert aus: Abd-ru-shin: „Im Lichte der Wahrheit – Gralsbotschaft“, Verlag der Stiftung Gralsbotschaft, Stuttgart 1998 (Band 2, „Abgeschieden“)

*2* Das Wort Thanatologie ist griechischen Ursprungs: thanatos = Tod

*3* „Tod und Jenseits – Berichte von den Grenzen des irdischen Lebens“, Verlag der Stiftung Gralsbotschaft, Stuttgart, 2005. Zum Thema „Tod und Jenseits“ bietet der Verlag auch eine gleichnamige GralsWelt-TV-Dokumentarfilmproduktion an.

*4* Dr. Raymond Moody studierte auch Philosophie. Ein mehrteiliges Interview mit dem Sterbeforscher findet der interessierte Leser in der Zeitschrift „GralsWelt“ (Hefte 14 bis 16), Verlag der Stiftung Gralsbotschaft, Stuttgart 2000

*5* Vgl. „Expedition Innenwelt“, Band 1, Kapitel 3

*6* Mit dem „feinstofflichen Körper“ ist der Seelenkörper gemeint, also die Hülle des Geistes, die ihm nach Ablegen des grobstofflichen Körpers bleibt.

*7* Diese Bezeichnung widerspiegelt wohl die Tatsache, daß dieser Verbindungsstrang nicht von jedermann, sondern nur von hellsichtigen Menschen wahrgenommen werden kann. Ihnen erscheint er unstofflich-transparent, „silbern“ leuchtend.

*8* Vgl. Altes Testament, Prediger 12, 6

*9* Zitiert aus: Abd-ru-shin: „Im Lichte der Wahrheit – Gralsbotschaft“, Verlag der Stiftung Gralsbotschaft, Stuttgart, 1998 (Band 2, „Der Tod“)

*10* Als (umstrittenes) Todeskriterium gilt heute in der Medizin der sogenannte *Hirntod*. Ich habe mich damit ausführlicher in meinem Buch „Warum wir durch den Tod nicht sterben“ beschäftigt: Verlag der Stiftung Gralsbotschaft, Stuttgart 2003

*11* Den Ausdruck „Kokon“ für die physische Hülle, aus der die menschliche Seele beim Sterben hinaustritt, benützte die Schweizer Sterbeforscherin Dr. Elisabeth Kübler-Ross.

*12* Zitiert aus: Abd-ru-shin: „Im Lichte der Wahrheit – Gralsbotschaft“, Verlag der Stiftung Gralsbotschaft, Stuttgart, 1998 (Band 2, „Der Tod“)

*13* Diesbezüglich gibt es in den europäischen Ländern unterschiedliche rechtliche Bestimmungen. So muß in Deutschland eine Zustimmung (wenigstens seitens der Angehörigen) vorliegen, während in Österreich prinzipiell jeder Hirntote als Organspender betrachtet wird, sofern er vor seinem Abscheiden nicht schriftlich seinen Widerspruch im „Widerspruchsregister“ deponiert hat.

*14* Die Neuronen des Bauchhirns befinden sich rund um die Gedärme. Sie steuern unter anderem den Durchsatz aller Substanzen, die über den Nahrungsweg in unseren Körper gelangen und bestimmen durch ihre Impulse auch wesentlich unsere Gefühlsverfassung. Eine Vielzahl von Informationen wird von hier aus an das Kopfhirn weitergeleitet. Eine gute Zusammenfassung darüber findet der interessierte Leser in dem Titelbeitrag „Das zweite Gehirn – Wie der Bauch den Kopf bestimmt“, erschienen im Magazin „Geo“ Nr. 11/2000, Verlag Gruner + Jahr, Hamburg

*15* Vgl. Gisela Lermann (Hrsg.): „Ungeteilt sterben“, Lermann-Verlag, Mainz 1995

*16* Vgl. Ulrike Baureithel/Anna Bergmann: „Herzloser Tod – Das Dilemma der Organspende“, Klett-Cotta, 2001. Ein Interview mit den Autorinnen dieses Buches findet der interessierte Leser in: GralsWelt Heft 22, Verlag der Stiftung Gralsbotschaft, Stuttgart, 2002

*17* Vgl. „Willst Du Dein Herz mir schenken?“, GralsWelt Themenheft 1/1998 sowie „In Würde sterben“, GralsWelt Themenheft 19/2007, Verlag der Stiftung Gralsbotschaft, Stuttgart. Mit dem Thema Organtransplantation befaßt sich auch die GralsWelt-TV-Dokumentarfilmproduktion „In Würde sterben“ des gleichen Verlags.

*18* Bei nicht letalen Organverpflanzungen – etwa einer Nierenspende im Kreis der Familie – sind die Voraussetzungen sowieso klar und überschaubar.

*19* Zitiert aus: Abd-ru-shin: „Im Lichte der Wahrheit – Gralsbotschaft“, Verlag der Stiftung Gralsbotschaft, Stuttgart 1998 (Band 2, „Abgeschieden“)

*20* Erfahrungen dieser Art sind im Buch „Zur Hölle und zurück“, Verlag C. M. Fliß, 1998 gesammelt. Der Autor, Dr. med. Maurice S. Rawlings, interpretiert sie allerdings aus einer sehr persönlichen, konfessionell geprägten Weltsicht heraus.

*21* Zitiert aus: Abd-ru-shin: „Im Lichte der Wahrheit – Gralsbotschaft“, Verlag der Stiftung Gralsbotschaft, Stuttgart 1998 (Band 2, „Abgeschieden“)

*22* Zitiert aus: Abd-ru-shin: „Im Lichte der Wahrheit – Gralsbotschaft“, Verlag der Stiftung Gralsbotschaft, Stuttgart 1998 (Band 2, „Abgeschieden“)

*23* Nähere Zusammenhänge werden in den Vorträgen „Das Leben“ und „Es werde Licht!“ in der Gralsbotschaft erklärt.

*24* Mehr zu diesem Vorgang im Kapitel „Inkarnationen“.

*25* Mehr zum Thema findet der interessierte Leser bei Dr. Gerd Harms: „Schlaf und Traum – Vom Leben jenseits des Tagbewußten“, in: „GralsWelt“, Heft 23/2002, Verlag der Stiftung Gralsbotschaft, Stuttgart

*26* Zitiert aus: Abd-ru-shin: „Im Lichte der Wahrheit – Gralsbotschaft“, Verlag der Stiftung Gralsbotschaft, Stuttgart 1998 (Band 3, „Der Name“)

*27* Zitiert aus: Abd-ru-shin: „Im Lichte der Wahrheit – Gralsbotschaft“, Verlag der Stiftung Gralsbotschaft, Stuttgart 1998 (Band 2, „Der Tod“)

*28* Zitiert aus: Abd-ru-shin: „Im Lichte der Wahrheit – Gralsbotschaft“, Verlag der Stiftung Gralsbotschaft, Stuttgart 1998 (Band 2, „Die Regionen des Dunkels und die Verdammnis“)

*29* Zitiert aus: Abd-ru-shin: „Im Lichte der Wahrheit – Gralsbotschaft“, Verlag der Stiftung Gralsbotschaft, Stuttgart 1998 (Band 2, „Die Regionen des Dunkels und die Verdammnis“)

*30* Zitiert aus: Abd-ru-shin: „Im Lichte der Wahrheit – Gralsbotschaft“, Verlag der Stiftung Gralsbotschaft, Stuttgart 1998 (Band 3, „Natur“)

*31* Mehr zum Thema Sterbebegleitung findet der interessierte Leser in dem Buch „Begleitung am Sterbebett“ (Reihe „Lebenshilfen aus der Gralsbotschaft“), Verlag der Stiftung Gralsbotschaft, Stuttgart, 2002 sowie in den Heften 23/2002 und 25/2002 der Zeitschrift „GralsWelt“ (gleicher Verlag).

*32* „Channeling“ (engl. = kanalisieren) ist ein in der Esoterik verwendeter Ausdruck, mit dem bestimmte mediale Jenseitskontakte beschrieben werden. Es wird dabei durch ein Medium ein „Kanal“ in andere Regionen der Schöpfung geöffnet, aus denen weltanschauliche Botschaften vermittelt werden. Oft spricht man auch davon, daß durch „Channeling“ mit dem „universellen Weltbewußtsein“ in Kontakt getreten wird.

*33* Im Zusammenhang mit dem Hellsehen spricht die Gralsbotschaft davon, daß Menschen „im günstigsten und fortgeschrittensten Fall die zweite Stufe des sogenannten Jenseits“ sehen können, „wenn man es in Stufen (nicht Sphären gedacht) einteilen will, wobei die Stufe des Lichtes ungefähr die zwanzigste sein würde“ (vgl. Vortrag „Der Irrtum des Hellsehens“, Band 2).

*34* Ich habe diese Vorfälle in einem Beitrag mit dem Titel „Dem Geist auf der Spur“ ausführlich beschrieben; vgl. „Grals-Welt“, Heft 2/1997, Verlag der Stiftung Gralsbotschaft, Stuttgart.

*35* Zitiert aus: Abd-ru-shin: „Im Lichte der Wahrheit – Gralsbotschaft“, Verlag der Stiftung Gralsbotschaft, Stuttgart 1998 (Band 2, „Die Regionen des Dunkels und die Verdammnis“)

*36* Vgl. „Expedition Innenwelt“, Band 1, Kapitel 3 und 5

*37* Zitiert aus: Abd-ru-shin: „Im Lichte der Wahrheit – Gralsbotschaft“, Verlag der Stiftung Gralsbotschaft, Stuttgart 1998 (Band 2, „Die Regionen des Dunkels und die Verdammnis“)

*38* Zitiert aus: Abd-ru-shin: „Im Lichte der Wahrheit – Gralsbotschaft“, Verlag der Stiftung Gralsbotschaft, Stuttgart 1998 (Band 2, „Die Regionen des Lichtes und das Paradies“)

*39* Vgl. „Expedition Innenwelt“, Band 1, Kapitel 2

*Kapitel 7*

# INKARNATIONEN

*Lesen Sie in diesem Kapitel:*

- ▶ *Die Lehre von der Wiederverkörperung*
- ▶ *Die Gesetze der Reinkarnation*
- ▶ *Der Sinn des Lebens*
- ▶ *Das unsichtbare Netz des Schicksals*
- ▶ *Ist alles vorherbestimmt?*
- ▶ *Der geistige Tod – gibt es ihn?*

»Der Gedanke, daß wir mehrmals auf Erden leben, ist der fundamentale Ansatz zum Verständnis einer höheren Gerechtigkeit. Er findet sich in den meisten großen Weltreligionen. Nur die christlichen stehen ihm fern. Aber auch das war aus gutem Grund nicht immer so.«

# Kapitel 7
# Inkarnationen

Während der vergangenen Jahre wurde ich wiederholt eingeladen, öffentliche Vorträge zum Thema Tod und Jenseits zu halten. Bei solchen Veranstaltungen geschah es immer wieder, daß jemand sinngemäß zum Ausdruck brachte: „Gut, ich bin auch davon überzeugt, daß es eine Seele gibt und unser Bewußtsein nach dem Tod in einer jenseitigen Welt weiterlebt. Aber wo waren wir, bevor wir geboren wurden? Woher kommen die Anlagen, die wir bei der Geburt mitbringen? Weshalb darf der eine im Schlaraffenland des Wohlstands leben, und der andere stirbt schon als Kleinkind den Hungertod? Wo bleibt da die Gerechtigkeit?"

Auch wenn sie heute schon als Zielscheibe für kabarettistische Böswilligkeiten herhalten müssen, mit denen der Esoterik-Trend auf die Schippe genommen wird: die typischen „ersten und letzten Fragen" – Woher kommen wir? Wohin gehen wir? Welchen Sinn hat unser Dasein? – bewegen immer noch die Herzen der Menschen, und es wäre verwunderlich, wenn nicht auch der eine oder andere Leser des vorliegenden Buches schon in diese Richtung vorgedacht hätte. Denn eines ist klar: Wenn wir von einem körperunabhängigen Bewußtsein ausgehen und die Existenz von feinerstofflichen, jenseitigen Schöpfungsbereichen als gegeben ansehen, wenn demnach unsere Seele – als Sitz des Ich-Bewußtseins – nach dem Abscheiden weiterlebt, dann stellt sich natürlich die Frage, in welchem Gesamtzusammenhang all diese Vorgänge zu sehen sind.

## Woher kommt die Seele?

Auf unserer Reise durch die Innenwelt wird es nun also Zeit, tiefere – beziehungsweise höhere – Sachverhalte zu ergründen.

Es gibt zu den erwähnten Fragen viele gedankliche Ansätze aus Philosophie und Religion, doch kommt dabei oft ein Punkt, bei dem es nicht mehr weitergeht und man enttäuscht erkennt, daß die ersehnte Gesamtschau doch nicht möglich ist.

Zum Beispiel in der Frage nach der Herkunft der Menschenseele: In der christlichen Theologie geht man heute im allgemeinen davon aus, die Seele würde gleichzeitig mit dem Erdenkörper zu sein beginnen, dann aber über dessen Tod hinaus fortbestehen. Das kann man nur glauben – schlüssig ist dieser Gedanke nicht. Denn es ist klar, daß aus etwas Vergänglichem (dem Körper) nicht von selbst etwas Unvergängliches (die Seele) entstehen kann. Dies würde allen bekannten Gesetzen der Natur widersprechen.

Angesichts dieser Unmöglichkeit behilft man sich mit dem Hinweis auf die „Allmacht Gottes“. Der Schöpfer, so lehrt der heute in der Theologie breite Anerkennung findende „Kreationismus“, schaffe jedem einzelnen Fötus im Mutterleib die Seele hinzu.

Aber wäre es wirklich so, daß Gott selbst den Zeugungsakt ergänzt und somit eine neue Menschenseele auf ihren Lebensweg schickt – dann wäre doch im Grunde Er verantwortlich dafür, daß Kinder körperlich verunstaltet oder tot zur Welt kommen, daß unschuldige Seelen in hoffnungslose Hungergebiete oder furchtbare Kriegswirren hineingeboren werden, daß es also die großen Unterschiede und „Ungerechtigkeiten“ bei den Geburten gibt!

Nun ja, wenden die Theologen sinngemäß ein, man dürfe dabei nicht das „Gottesreich“ vergessen. Im Jenseits würde jedem Gläubigen Ausgleich geboten für erlittenes Unrecht, schicksalhafte Krankheit oder Mühsal auf Erden.

Aber stellt sich dann nicht die Frage, wozu wir dann *überhaupt* auf Erden leben müssen und nicht sofort ein freies, erlöstes Sein im göttlichen Reich genießen dürfen? Nun ja … die „unerforschlichen Ratschlüsse Gottes“! Diese „Erklärung“ folgt immer

> Wenn Gott den Zeugungsakt ergänzt und dem Körper die Seele „hinzuschafft" – ist Er dann nicht verantwortlich für unser Schicksal?

an dem Punkt, wo es nicht mehr schlüssig weitergeht. Aber das ist meines Erachtens keine wirklich befriedigende Antwort für ein Geschöpf, das mit der Fähigkeit des logischen Nachdenkens ausgestattet ist …

Aber wo liegt die Lösung? Tatsächlich gibt es nur eine einzige brauchbare Grundlage, auf der alle Gedanken zum Thema Schicksal und Gerechtigkeit sinnvoll weiter aufbauen können – und zwar die Überzeugung, daß die immaterielle Seele eines jeden Menschen schon *vor* dem Werden seines Erdenkörpers bestand, daß sie sich diesem Körper also nur anschloß, in ihn eintrat, *inkarnierte.*[1] Und wenn ein solches Inkarnationsgeschehen möglich ist, also die Anbindung einer schon vor dem Erdenleben bestehenden Seele an den physischen Körper (im Gegensatz zum Sterbevorgang, bei dem diese Verbindung wieder aufgelöst wird), dann spricht wohl nichts gegen die Annahme, daß solche Anbindungen auch öfter als nur einmal stattfinden können.

## *Die Lehre von der Wiederverkörperung*

Der Gedanke, daß wir Menschen mehrmals auf Erden leben, mag in unserem Kulturkreis zwar nach wie vor etwas exotisch anmuten, aber er ist durchaus nicht neu. Geschichtlich läßt sich die Lehre von der Wiederverkörperung – wenn auch in unterschiedlichen Formen – bis in die vorchristliche Zeit zurückverfolgen, und es steht ohne Zweifel fest, daß sie den Menschen des Abendlandes schon im Altertum bekannt war. In Griechenland lehrten die berühmten Philosophen Pythagoras (um 550 v. Chr.), Plato (um 300 v. Chr.) und Plotin (um 250 v. Chr.) die „Reinkarnation" (= Wiederfleischwerdung), und die beiden letztgenannten Vordenker begründeten schon damals schicksalsmäßige Zusammenhänge durch wiederholte Erdenleben.

Auch im Alten Testament der Bibel gibt es einige Textstellen, die auf das Wissen um die Wiederverkörperung hinweisen. Im Buch Hesekiel – es entstand etwa 600 v. Chr. – wird beispielsweise die Wiederkunft König Davids angekündigt, der um etwa 1000 v. Chr. gelebt hatte.[2]

Desgleichen zeigen die Texte des Neuen Testaments, daß auch den Menschen zur Zeit Jesu der Gedanke an wiederholte Erdenleben vertraut war. So richteten jüdische Priester an Johannes den Täufer die Frage, ob er der wiedergekommene Prophet Elias[3] sei[4]. Auch in Christus vermutete das Volk einen der alten Propheten[5]. Und als die Jünger Jesu eines Tages von ihrem Meister wissen wollten, weshalb ein Mensch, den sie im Vorübergehen gesehen hatten, blind auf die Welt gekommen sei, fragten sie, *wer* denn gesündigt habe, „dieser oder seine Eltern, daß er blind geboren ist?“[6] Auch in dieser Fragestellung kommt doch deutlich zum Ausdruck, daß die Jünger von der *Möglichkeit* überzeugt waren, daß jemand *selbst* an einem solchen Geschick schuld sein könne. Jesus verneinte diese Vermutung für den konkreten Fall zwar, aber nichts in seiner Antwort läßt darauf schließen, daß er den Gedanken an sich für absurd gehalten hätte.

Tatsächlich findet man in der Bibel keine Hinweise, durch die man die Lehre von der Wiederverkörperung generell ausschließen müßte. Im Gegenteil: In der frühchristlichen Zeit, konkreter gesagt: in den ersten 500 Jahren nach Jesu Tod, fügte sich der Reinkarnations-Gedanke noch gut zum christlichen Glaubensgut. Der berühmte „Kirchenvater“ Origenes (185–254 n. Chr.) ging beispielsweise in seinen Schriften davon aus, daß jede in diese Welt kommende Seele „gestärkt von den Siegen oder geschwächt von den Niederlagen ihres früheren Lebens“ sei. Die Ursache für sein Lebensschicksal ruhe daher in jedem Menschen selbst:

*„Da die Vernunftgeschöpfe mit der Fähigkeit der freien Entscheidung beschenkt sind, regte die Willensfreiheit einen jeden entweder zum Fortschritt durch Nachahmung Gottes an oder zog ihn zum Abfall durch Nachlässigkeit. Dies wurde für die Vernunftwesen zur Ursache der Verschiedenheit; sie*

*hat ihren Ursprung also nicht im Willen des Schöpfers, sondern im eigenen freien Entschluß (...) Auf diese Weise wird der Schöpfer nicht ungerecht erscheinen, wenn er infolge vorausgehender Ursachen jedem nach Verdienst seine Stelle gibt; und man wird auch nicht glauben, Glück oder Unglück der Geburt und das besondere Geschick, das mit ihr gegeben ist, beruhten auf Zufall.*"[7]

Nun war Origenes, der dies lehrte, nicht irgend jemand, sondern der fruchtbarste und einflußreichste theologische Schriftsteller seiner Zeit. Im Jahre 553 jedoch, also mehr als ein halbes Jahrtausend nach dem Kreuzestod Christi und etwa 300 Jahre nach Origenes Abscheiden, verwarf man auf dem 5. Ökumenischen Konzil zu Konstantinopel aus politischen Gründen seine Lehre. Damit verschwand der Reinkarnationsgedanke aus dem kirchlichen Glaubensdogma; eine entscheidende Grundlage zum Verständnis göttlicher Gerechtigkeit war zertrümmert.

Natürlich gab es in der Folge immer wieder „ketzerische" Denker, für die das Naheliegendste eine Selbstverständlichkeit war. Bekannt ist diesbezüglich der italienische Philosoph Giordano Bruno. Er wurde von den Vertretern christlicher Nächstenliebe im Jahr 1600 in Rom verbrannt. Einige Jahre zuvor erklärte er vor dem Inquisitionsgericht mit Verweis auf die griechische Philosophie:

„*... ich habe (...) die Lehre (...) verteidigt, daß, da die Seele ohne den Körper bestehen und in einem Körper existieren kann, sie in der selben Weise, wie sie in einem Körper sein kann, auch in einen anderen Körper übergehen kann, was (...) doch wenigstens wahrscheinlich ist nach der Meinung des Pythagoras.*"[8]

Der Gedanke an wiederholte Erdenleben, jener fundamentale Ansatz zum Verständnis einer höheren Gerechtigkeit, findet sich bis heute in den meisten großen Weltreligionen. Nur die christlichen stehen ihm – aus den genannten Gründen – fern. Daß er über die Jahrhunderte dennoch auch in unserem Kulturkreis immer einen gewissen Stellenwert innehatte, dafür sorgten die Werke vieler bedeutender Dichter und Denker: Johann Wolfgang von Goethe, Johann Gottfried Herder, Arthur Schopenhauer, Novalis, Immanuel

Kant, Leo Tolstoi, C. G. Jung, Friedrich von Schiller, Johann Peter Hebel, Richard Wagner, Rainer Maria Rilke, Peter Rosegger usw. –

Wie man sieht, umfaßt diese Auflistung von Personen, die auf ihre Weise den Reinkarnations-Gedanken vertraten, einige der herausragendsten Persönlichkeiten unserer Kultur- und Geistesgeschichte. Christian Morgenstern faßte seine Überzeugung von der Wiederverkörperung in besonders schöne Worte:

*„Es leiht mir wunderbare Stärke*
*Die Zuversicht, daß nimmermehr ich sterbe,*
*Daß ungehemmt ich meine Werke*
*Vollbringe, ob auch oft mein Leib verderbe;*
*Es wirkt, daß ich mit ernster Ruhe*
*Von meiner Pläne Fehlschlag mich ermanne –*
*Ich weiß, was ich erstrebe, was ich tue*
*Ist nicht gebannt an eines Lebens Spanne!"*[9]

## Die fehlende Erinnerung

Mit der Wiederverkörperung – an die, den vorgeschriebenen Dogmen zum Trotz, schätzungsweise auch 25 Prozent aller Christen glauben[10] – finden wir einen plausiblen Erklärungsansatz für die schicksalsmäßigen Unterschiede bei den Geburten. Wenn wir in das neue Leben wirklich schon die selbst gesäte Ernte eines früheren mitbringen, dann wäre das, was uns vordergründig als ungerecht erscheint, vielleicht ja doch gerecht?!

Eine annehmbare Theorie, mag man sich da denken, noch dazu mit getragen von begnadeten Dichtern, außergewöhnlichen Denkern, großen Künstlerpersönlichkeiten. Aber wo sind die Beweise dafür, daß wir wirklich öfter als nur einmal auf Erden leben? Spricht nicht *ein* unwiderlegbares Argument klar *gegen* die Annahme der Reinkarnation: nämlich, daß wir uns an Vorleben nicht erinnern können? Und welchen Sinn hätte ein wiederholtes Erdendasein, wenn wir doch nichts davon wissen?

Das sind, zugegeben, Schlüsselfragen, die sich allerdings nicht so schwer beantworten lassen.

## Spricht nicht eine Tatsache klar gegen die Reinkarnation: Daß wir uns an frühere Leben nicht erinnern können?

Auf Grund der bisherigen Überlegungen wurde ja schon klar, daß unser erlebnisfähiges Bewußtsein immaterieller Natur ist. Es ist dem Körper nur *verbunden*, belebt und steuert ihn – was auch für das Gehirn gilt. Wir bedienen uns dieses Organs, und aus dem Zusammenspiel unseres eigentlichen (geistigen) Bewußtseins mit dem Gehirn entsteht das sogenannte Tag- oder Wachbewußtsein, wozu selbstverständlich auch das Gedächtnis gehört.

Doch ist es vonnöten, zwischen dem biochemischen Vorgang im Gehirn, den man als *Gedächtnis* beschreibt, und der eigentlichen *Erinnerung* klar zu unterscheiden: Man kann das Gedächtnis wohl am ehesten mit einem Datenspeicher vergleichen, der bestimmte Codes enthält, die im Bedarfsfall aktiviert werden und uns einen tagbewußten Zugang zu den Erinnerungen eröffnen. Wenn diese Codes verlorengehen, etwa durch eine Schädigung des Gehirns, Krankheit oder den körperlichen Alterungsprozeß, dann klagen wir über ein lückenhaftes Gedächtnis, oder wir vergessen bestimmte Ereignisse überhaupt ganz. Was aber ist das Wesen der Erinnerung?

### *Erdachtes und Erlebtes*

Für die Beantwortung dieser wichtigen Frage müssen wir grundlegend unterscheiden zwischen *Erdachtem* und *Erlebtem*. Ersteres umfaßt beispielsweise das typische „trockene Schulwissen", das man sich einhämmert, um die Prüfung abzuhaken, und das dann als Information aus dem Gedächtnis (hoffentlich) wieder abrufbar ist.

Die so gespeicherten Informationen aber sollte man eigentlich nicht als Erinnerung bezeichnen, denn Er*inner*ung ist das, was wir in unserem *Inneren* tragen – *Erlebnisse.*

Zum Beispiel habe ich im Gymnasium gelernt, daß das lateinische Wort für Bauer „agricola" ist. Das ist die aus dem Gedächtnis (erstaunlicherweise immer noch) abrufbare *Information.*

Woran ich mich aber *erinnern* kann, das sind die Szenen, mit denen uns der am Rande des Wahnsinns agierende Latein-Professor beeindruckte: Jeder Schüler, der während des Unterrichts eine lästige Fliege erschlug oder ihm ein Kompliment machte, bekam demonstrativ ein Plus eingetragen, das sich auf die Note auswirkte: „Herr Professor, Sie können doch nicht in Rente gehen, Sie sind doch noch so jung!" – „Plus!"

Wenn ich mich daran erinnere, *höre ich erneut* die Stimmen von damals.

„Verbeuge Dich vor den Lateinern!" Jeder Schüler einer unteren Schulstufe, dessen Dasein noch unbeschwert vom Lateinunterricht war, und der – etwa, um das Klassenbuch zu überbringen – unserem cäsarischen Professor gegenübertrat, mußte sich vor uns, die wir dem eigentlichen Leben dank bescheidener Lateinkenntnisse offenbar schon viel näherstanden, in gebührender Form verbeugen.

Wenn ich mich daran erinnere, *sehe ich erneut* die Bilder von damals.

Und dann der Tag meiner unvermeidlichen Schlußprüfung am Ende des Schuljahres. Die alles entscheidende Latein-Stunde. Die Frage, von der abhängt, ob ich während der Sommerferien würde pauken müssen – und ... die ich nicht beantworten kann! Endlose Sekunden des Bangens! Nach außen spiele ich den angestrengt Nachdenkenden, in Wirklichkeit schwirren mir im Angesicht Cäsars nur noch fruchtlose Gedanken im Kopf herum. Doch dann ... die Erlösung! Unseren Professor interessierte eine gegenüber dem Klassenzimmer errichtete Baustelle, bei der ein Riesenkran den alten, tonnenschweren Tank aus dem Erdreich eines abbruchreifen Geschäftslokales heben sollte. Diesen tragenden Moment wollte er sich nicht entgehen lassen. Daher hatte er am Fenster schon zu Beginn der Prüfungsstunde einen jungen Lateiner postiert, um von ihm ein Zeichen zu erhalten, wenn es soweit war. Und der schrie nun, gerade im richtigen Augenblick: „*Jetzt, Herr Professor!*“ Also stürmte alles ans Fenster und bestaunte die unbändige Kraft des Krans. Ich meinerseits nützte die Gunst des Augenblicks zum unauffälligen Schließen meiner Wissenslücke ... und bestand danach zum guten Glück.

Wenn ich mich daran erinnere, *erlebe ich die Situation von damals erneut* in mir!

Sich ein Ereignis lebensnah zurückrufen zu können, in Bild und Ton, ja, mit *allen* Sinnen nachvollziehbar – darin liegt das Wesen der *Erinnerung*. Sie gehört zu unserer Erlebnisfähigkeit, hat also mit dem eigentlichen geistigen Bewußtsein (und nicht nur mit dem körperverbundenen Tagbewußtsein) zu tun.

Im Hinblick auf das Gedächtnis dürfte sich damit der „himmelweite“ Unterschied zwischen Gedachtem und Erlebtem verdeutlichen: Im ersten Fall werden lediglich Informationen gespeichert, wobei das Gehirn einfach die Funktion eines „Datenträgers“ übernimmt – ein sachlicher Vorgang, der unsere Seele gar nicht streifen muß. Im zweiten Fall jedoch ist das menschliche Ich, sind *wir selbst* in unserer bewußten Lebendigkeit berührt. Was wir wirklich erlebt haben, das hat auch unsere Persönlichkeit geprägt! Die Erinnerung daran liegt in unserem Inneren, während die Aufzeichnungen, die „Zugangscodes“ im Gedächtnis nur dem Zweck dienen, uns den tagbewußten Rückblick zu ermöglichen.

Daraus wird klar, daß sich alle „trockenen Informationen“, mit denen wir zeitlebens unser Gehirn beschäftigen, nach dem Tod mit dem Körper in Staub verwandeln. Nichts davon bleibt übrig. Die lebendigen Erinnerungen hingegen werden erhalten. Sie sind *uns selbst* zu eigen.

Was bedeutet dies im Hinblick auf die Lehre von der Wiederverkörperung? Nun, ganz einfach: Wenn eine Menschenseele in einen physischen Körper inkarniert, dann trägt sie zwar alle Erfahrungen ihres bisherigen Daseins (also auch des vergangenen Erdenlebens) in sich – doch bekommt sie ja mit dem neuen Menschenkörper, dem sie sich anschließt, auch ein jungfräuliches Gedächtnis mit auf den Weg, und in diesem sind selbstverständlich

> Wie funktioniert Erinnerung? Ist sie nur eine Leistung des Gehirns oder eine Fähigkeit der Menschenseele?

keine Zugangscodes zu den seelischen Erinnerungen enthalten, die eine tagbewußte Rückschau auf Ereignisse einer Vorexistenz ermöglichten. Kein Wunder also, wenn wir uns nicht daran erinnern können, was wir in der Vergangenheit wo und in welcher Art angestellt haben!

Allerdings zeigt sich das, was wir bisher erfahren, durchleben und erkennen konnten, in anderer Weise: nämlich in unserer Persönlichkeit, in der Individualität jedes Menschen.

Medizinische Tests konnten belegen, daß bereits Säuglinge sich zum Beispiel in Stil und Temperament eindeutig voneinander unterscheiden. Schon zu einem Zeitpunkt, an dem von einer Prägung durch die Umwelt noch keine Rede sein kann, schimmert also bei jedem einzelnen eine bestimmte Persönlichkeit durch. Und der Schlüssel zum Geheimnis unserer Individualität liegt eben darin, daß wir die Essenz unseres gesamten bisherigen Seins mit auf die Welt bringen: Vorlieben und Neigungen, Stärken und Schwächen, Fähigkeiten und Eigenarten. Jeder von uns ist anders – weil er eine Vielzahl einzigartiger, eigener Erlebnisse als Erfahrungsschatz in sich trägt.

Daraus sieht man: Die „fehlende Erinnerung“, die so gern als „unbestreitbares Argument“ gegen die Wiederverkörperung vorgebracht wird, ist bei einiger Kenntnis unserer Innenwelt recht einfach erklärbar. Sie fehlt gar nicht, sondern zeigt sich in unserer ganzen Persönlichkeit. Sie ist nur dem momentanen Tagbewußtsein unzugänglich.

## *Der Segen des Vergessens*

Bei näherer Betrachtung ist es auch gar kein Dilemma, daß wir uns an Vorleben nicht tagbewußt erinnern können, sondern, ganz im Gegenteil, ein großer Segen.

Wir alle befinden uns ja auf einem Entwicklungsweg, der zu geistiger Regsamkeit führen sollte – mit diesen Zusammenhängen werden wir uns später noch eingehend beschäftigen. Noch aber haben wir die zu unserem Inneren eigentlich passende Bewegungsintensität nicht erreicht. Wir sind geistig zu träge und finden deshalb auch wenig Distanz zu unserer seelischen Befindlichkeit. Wir neigen dazu, uns verstandesmäßig und emotional sehr in die Dinge hineinzusteigern, und der „Staub“, den wir dabei aufwirbeln, trübt uns in der Folge selbst die Sicht. Wir sehen nur noch das Problem, nur noch unsere Sorgen, nur noch die große Schuld, ohne daß unser Geist in der Lage ist, sich einen klärenden Überblick zu bewahren.

Deshalb erleben wir alle immer wieder, wie wohltuend es sein kann, wenn man von einer Sache, wie man so schön sagt, „den nötigen Abstand“ gewinnt. Probleme lassen sich bekanntlich leichter lösen, wenn man sie „überschläft“, und Dinge kann man um so sachlicher beurteilen, je besser man dazu in der Lage ist, sie „von oben“ zu betrachten. Mit ein wenig (zeitlichem) Abstand kann sich der den Blick trübende Staubwirbel in Ruhe setzen und die Aussicht auf die Sonne des Lebens wieder freigeben. Erst der Abstand läßt Gesamtzusammenhänge erkennbar werden. Er löst den Blick vom einzelnen Punkt und erschließt ihm statt dessen das eigentlich Wichtige.

Die relative Unbeweglichkeit unseres Geistes hat noch eine weitere Folge: Wir fixieren, konservieren das einmal Erlebte oder Erkannte gerne, pflegen sorgsam die uns liebsten Bilder der Erinnerung, setzen alles Neue in Beziehung zum Altvertrauten, leben also vorzugsweise in der Vergangenheit anstatt in der Gegenwart.

Das alles wird noch begünstigt durch unseren „Diener“ Verstand, der seinerseits ja auf die Suche unmittelbarer Vorteile ausgerichtet ist und alle Schritte daher stets auf den bequemsten, am wenigsten Aufmerksamkeit erfordernden Weg leitet – und das ist natürlich der, den man bereits gut kennt. Je mehr aber die Routinen des Alltagslebens uns durch das Dasein navigieren, je weniger

Daß wir uns an vergangene Leben nicht tagbewußt erinnern können, ist kein Dilemma, sondern ein großer Segen.

also das geistige Bewußtsein steuert, um so mehr geraten wir in eine lähmende Passivität – der (manchmal schon recht früh auftretende) „Altersstarrsinn", bei dem verstandesmäßige Vorprägungen eine innere Öffnung gegenüber Neuem verhindern, ist ein bekanntes Beispiel dafür.

Nun stelle man sich vor diesem Hintergrund einmal vor, alle unsere Vorleben wären uns tatsächlich bewußt: Die erwähnten Eigenarten des Sich-selbst-Verstrickens und starren Konservierens müßten sich bis zum Überdruß – oder bis zu unserem geistigen Untergang – steigern. Wir würden bald nur noch Vergangenem nachhängen, alles Neue in bezug auf das Alte gedanklich zerpflücken. Wir könnten Menschen, die wir aus Vorleben kennen, nicht offen und frei begegnen – vor allem, wenn uns ja auch bewußt wäre, welche unliebsamen Ereignisse uns mit ihnen verbinden. Oder umgekehrt: Wir würden uns nur noch in den Taten vergangener Epochen sonnen und übersehen, daß das Leben längst neue Aufgaben für uns bereithält. Auch lebten viele wohl in steter Furcht von den Rückwirkungen früherer Fehlentscheidungen. Kurz: Die so nötige Distanz zum Vergangenen würde bald völlig fehlen, und ein spontanes, unmittelbares, tiefgehendes Erleben des Jetzt wäre nicht mehr möglich.

Genau das aber tut uns not! Und deswegen ist ein neuer Erdenkörper, beziehungsweise das jungfräuliche Gedächtnis, das uns mit ihm geschenkt wird, von so großer Bedeutung für unsere Entwicklung. Wir erhalten dadurch einen mächtigen Impuls, weitgehend unbeeinflußt von allem Bisherigen jene Ziele anzustreben, die uns durch unsere Fähigkeiten und Eigenschaften vorgegeben sind. Durch die „Binde", die uns den Blick in die Vergangenheit verwehrt, gewinnen wir jenen Abstand, den wir aus eigenem geistigen Antrieb noch nicht finden könnten.

## *Rückführungsexperimente*

Sich nicht tagbewußt an vergangene Leben erinnern zu können, muß man daher als große Gnade des Lebens werten, als Hilfe und Chance für unsere innere Entwicklung. Und aus diesem Grund ist es im allgemeinen auch nicht sinnvoll, sich mit Methoden zu beschäftigen, die es darauf anlegen, früher Erlebtes aus der Tiefe unserer Seele in das tagbewußte Gedächtnis zu zwingen.

Solche „Rückführungen" mit Hilfe von Hypnose oder angeblich „sanfteren" Hilfsmitteln, sind heute sehr beliebt; unzählige Therapeuten beschäftigen sich damit[11]. Der Erfolg scheint ihnen recht zu geben: Viele Menschen konnten durch gelungene Rückführungen schon erleben, wie ihr seelisches oder psychosomatisches Problem gelindert wurde, weil dadurch die „eigentlichen Wurzeln" der Angelegenheit freigelegt werden konnten.

Dennoch: Bestimmte therapeutische Erfolge sind allein noch kein Garant dafür, daß eine Methode grundlegend richtig ist. Auch Medikamente werden ja oft erfolgreich zur Behandlung bestimmter Symptome eingesetzt – und später zeigen sich schlimme Nebenwirkungen.

„Halt, halt, halt!" werden nun die Verfechter von Rückführungstherapien rufen. „Mit symptomatischer Medizin hat gerade unser Vorgehen überhaupt nichts zu tun! In der Rückführung beschäftigen wir uns doch nicht mit den Auswirkungen, sondern wir suchen nach den eigentlichen *Ursachen* für die Beschwerden und machen dem Patienten diese *bewußt!*"

Ist das wirklich so? Sind es die *Ursachen*, die gefunden werden, wenn jemand sich an ein Ereignis im Vorleben (oder in der Kindheit) erinnert? Aus meiner Sicht könnte hier ein Irrtum vorliegen. Denn jedes äußere Erlebnis, in das wir gestellt sind – ob in einer früheren Inkarnation oder jetzt in diesem Erdendasein – ergibt sich in der Regel als *Folge* unseres inneren Zustandes. Die seelische Befindlichkeit ist es, die uns – im Gesetz der Anziehung gleicher Art – bestimmten Erlebnissen zugeneigt macht und andere mehr oder minder ausschließt. Das heißt: Auch ein schicksalsmäßiges Ereignis, das in einem Menschen so tiefe Spuren hinterlassen hat, daß es ihn in einer späteren Inkarnation immer noch berührt, ist seinerseits nicht die eigentliche Ursache für die Probleme, sondern eine *Auswirkung*, das *Symptom* für einen bestimmten Seelenzustand. In der Tatsache, daß dieses Ereignis den Betroffenen immer noch so existentiell berührt, könnte sogar ein Hinweis darauf erkannt werden, daß etwas noch nicht *im Erleben* aufgearbeitet ist, daß die Geistesreife also noch nicht den nötigen Entwicklungsgrad erreicht hat.

Genau darum aber sollte es in erster Linie immer gehen: um die nachhaltige, tiefgreifende Änderung der Persönlichkeit des Menschen. Wer geistig erstarkt, entfernt sich damit in aller Natürlichkeit wie von selbst von dem ihn einst Belastenden. Zur Erstarkung aber eignet sich nicht so sehr der Blick zurück, sondern der nach vorn – die Ausrichtung auf sinnvolle Lebensziele, die den eigenen Fähigkeiten entsprechen und zugleich von größtmöglichem Nutzen für die Mitmenschen sind.

Die Aufarbeitung der Vergangenheit kann hier unter Umständen eine hilfreiche „Begleitmusik" sein, sollte sich aber im Regelfall auf das jetzige Erdenleben beschränken. Denn, wie gesagt: Es hat seinen guten Grund, daß uns der „Blick zurück" verwehrt ist. Und natürliche Grenzen zu durchbrechen, birgt immer Gefahren – um so mehr, als die Rückführungen in Seelenbereiche eingreifen, die der Therapeut nicht automatisch auch überschauen kann, was derartigen Sitzungen den Charakter von Experimenten verleiht.

Dr. Richard Steinpach (1917–1992), erfolgreicher Vortragsreisender und Buchautor, hat in einem Aufsatz zu diesem Thema („Das einst Erlebte") eindringlich vor den Gefahren von Rückführungen gewarnt und ein treffendes Gleichnis gefunden, um zu beschreiben, wie der Versuch unternommen wird, Reifeprozesse künstlich zu beschleunigen:

> *„Wenn man will, daß ein Apfel reift, muß man ihn am Baume belassen, bis er die nötige Reife erreicht hat, dann fällt er uns sogar von selbst in den Schoß. Weshalb beachten wir nicht diese natürliche Gesetzmäßigkeit, die wir doch überall beob-*

*achten können? Sogar im scherzhaften Wortspiel wird uns bewußt gemacht, daß man ein Kind nicht ‚großziehen' kann, man muß es wachsen lassen. Alles braucht seine Zeit. Auch der Versuch, Obst oder Gemüse vorzeitig zur Reife zu bringen, liefert uns zwar äußerlich ansehnliche Ergebnisse, aber die Früchte faulen rasch und haben nicht den rechten Geschmack. Es ist ein Scheinerfolg, der nicht den wahren Wert vermittelt."*[12]

Im übrigen liegt die Hauptfaszination, die von Rückführungsexperimenten ausgeht, meines Erachtens auch gar nicht im therapeutischen Bereich. In vielen Fällen ist es wohl einfach der Reiz, auf diese Art eine Bestätigung für die Tatsache wiederholter Erdenleben zu erhalten, die dazu veranlaßt, sich willig den Suggestionen eines Therapeuten hinzugeben.

Andererseits haben die zahlreichen Veröffentlichungen zu diesen Experimenten natürlich dazu beigetragen, daß die Möglichkeit der Wiederverkörperung auch wissenschaftlich diskutiert wird, denn die Angaben, die Menschen im rückgeführten Zustand machen, gelten als zumindest so glaubhaft, daß plumper Schwindel oder reine Effekthascherei auszuschließen sind.

## *Der Fall Jenny Cockell*

In seltenen Fällen kann es vorkommen, daß einem Menschen ohne fremde Mithilfe Ereignisse aus einem früheren Erdenleben bewußt werden. Einen besonders interessanten Fall, der vor einigen Jahren Aufsehen in der Öffentlichkeit erregte, möchte ich in der Chronologie der Ereignisse kurz wiedergeben:

Am 24. Oktober des Jahres 1933 erliegt Mary Sutton, eine 35 Jahre junge, irische Mutter, kurze Zeit nach der Geburt ihres achten Kindes im Rotunda-Hospital in Dublin ihren schweren Erkrankungen. Ihr Tod ergibt sich aus einer Reihe von Schwangerschafskomplikationen, denen die Ärzte nichts Wirksames entgegensetzen können. Mary Sutton stirbt und muß ihre acht Kinder ungeschützt zurücklassen – bei ihrem alkoholkranken, gewalttätigen Mann, der sein Geld gewöhnlich bis auf den letzten Penny verzecht.

21 Jahre später kommt in England das Mädchen Jenny zur Welt – als drittes Kind seiner Eltern und in einer Familie, die von ähnlichen Zerrüttungen geprägt ist wie ehedem die Suttons in Irland. Doch diese Parallele ist mehr als ein Zufall, denn von Beginn an ist das Leben der kleinen Jenny eng mit dem der irischen Mutter verknüpft, die 1933 verstorben war. Schon in der frühesten Kindheit tauchen in Jennys Innerem Bilder aus dem Leben einer jungen Frau auf, von der sie vorerst nur weiß, daß sie Mary heißt. Es sind einesteils glückliche Erinnerungen, andernteils auch höchst bedrohliche. So wird Jenny zum Beispiel die Todesstunde der Irin bewußt, das ohnmächtige Aufbäumen gegen das Schicksal des Abscheidenmüssens, die überwältigende Angst um ihre Kinder, auch das Schuldgefühl, aus einer schwierigen Lebenssituation selbst entkommen zu dürfen, die eigenen Kinder aber schutzlos zurücklassen zu müssen.

Viele existentielle Lebenserfahrungen der Mary Sutton werden in Jennys Innenwelt immer deutlicher; vage Erinnerungen verdichten sich zu konkreten Bildern, und die Ahnung, einst selbst eben diese Mary gewesen zu sein, wird bald zur sicheren Gewißheit.

Als erwachsene Frau macht Jenny Cockell sich dann auf eine ungewöhnliche Suche: Sie möchte ihre Kinder von damals wiederfinden, sehen, was aus ihnen geworden ist, sie wieder in die Arme schließen.

Eine aufwendige Recherchearbeit auf Basis der eigenen Erinnerungen an das frühere Erdenleben beginnt. Jenny dokumentiert penibel jede ihrer Schlußfolgerungen, jeden ihrer Schritte – und sie hat Erfolg: Sie findet jenes Haus wieder, in dem sie einst als Mary mit ihren Kindern gelebt hatte. Mittlerweile ist es zur Ruine verfallen, aber als Jenny es betritt, überwältigen sie ihre Empfindungen und Erinnerungen:

> *„Als ich zum allerersten Mal in der Ruine stand, konnte ich das ganze Haus sehen. Ganz genauso, wie es zu der Zeit war,*

*als es noch stand. Ich meine, ich wußte beim ersten Mal, wo alles war. Für einen Augenblick sah ich alles genauso um mich herum, wie es 1930 gewesen war. Das Ganze war äußerst traumatisch, unglaublich seltsam. Aufgewachsen in all diesen Erinnerungen – und nun endgültig zu wissen, daß sie wahr waren. So viele Leute hatten das immer wieder in Frage gestellt, ich selbst hatte an den Bildern meiner Erinnerung manchmal gezweifelt – und dann, nach so vielen Jahren, stand ich tatsächlich wieder dort, wo ich vor 50 Jahren zum letzten Mal gestanden war!"*[13]

Auch die Kinder, die sie als Mary zur Welt gebracht hatte, konnte Jenny Cockell tatsächlich wiederfinden. Sonny, ihr Erstgeborener von damals, den sie zuletzt als Dreizehnjährigen gesehen hatte, stand ihr nun, 58 Jahre später, als alter Mann gegenüber – ein für Jenny in höchstem Maße berührendes Ereignis:

*„Ich wollte ihn umarmen. Und es war alles so unglaublich seltsam, weil er dieselbe Person war! Der Junge, an den ich mich erinnerte. Ich wurde mir bewußt, daß er mich nicht so sehen würde, wie ich ihn sah, weil ich mich in einem anderen Körper befand. Und daß es seine Zeit brauchen würde. So war es dann auch. Die ersehnte Umarmung bekam ich – aber es brauchte seine Zeit!"*[13]

Diese ungewöhnliche Geschichte gehört zu jenen Fällen, in denen es gelang, verborgene Erinnerungen, die unmöglich aus dem jetzigen Erdenleben stammen können, zu verifizieren. Auch bei Rückführungsexperimenten ist dies manchmal – jedoch nicht sehr häufig – möglich. Freilich sind auch solche herausragenden Begebenheiten ungeeignet, um „gelernte Skeptiker" von der Reinkarnation zu überzeugen. Beweiskräftig im wissenschaftlichen Sinn können subjektive Erfahrungen ja nie sein. Wer sich allerdings sowieso schon mit der Gegebenheit vertraut machen konnte, daß wir Menschen öfter als nur einmal auf Erden leben, der wird aus dem Fall Jenny Cockell jedenfalls den Schluß ziehen, daß sich die Binde, die uns den Blick auf das vorgeburtliche Einst normalerweise verwehrt, in manchen Fällen doch ein wenig lockern kann.

Zwar sind klare „Durchblicke" wie die geschilderten seltene Ausnahmeerscheinungen (die für den Betroffenen gewiß auch sinnvoll sind), doch kann es fast jeder Mensch hin und wieder erleben, daß unerklärliche „Ahnungen von früher" in seinem Inneren aufsteigen. Man spricht zum Beispiel von „Déjà-vu-Erlebnissen", wenn man den Eindruck hat, etwas oder jemanden schon von irgendwoher zu kennen, wenn man einem Menschen gegenüber eine ganz besondere, eigenartige Vertrautheit verspürt oder auch eine unverhältnismäßige Ablehnung empfindet, die durch keine tagbewußte Erfahrung begründbar ist.

Im allgemeinen verbindet uns, wie gesagt, einfach die Art unserer Persönlichkeit mit dem eigenen Vorleben und nicht ein genaues Wissen um Begegnungen und Begebenheiten. Und das ist auch gut so. Es reicht beispielsweise, wenn sich jemand seiner ausgeprägten Affinität zur römischen Kultur wegen zum Lateinprofessor berufen fühlt. Die *tagbewußte* Erinnerung daran, daß er einst als machtvoller Centurio seine Legionäre geknechtet hat, würde indes der harmonischen Beziehung zu seinen Schülern (und seiner eigenen spirituellen Verfeinerung) nicht dienen.

Aber auch wenn uns also der „Blick zurück" verwehrt ist, können wir die Vorgänge bei der Reinkarnation auf Grund der in der ganzen Schöpfung wirkenden Gesetzmäßigkeiten verstehen. Und mit diesen wollen wir uns nun ausführlicher beschäftigen.

## *Die Gesetze der Reinkarnation*

Esoterisch ausgerichtete Menschen, die von wiederholten Erdenleben überzeugt sind, hegen manchmal etwas eigenartige Vorstellungen dahingehend, wie sich Inkarnationen vollziehen. Sie meinen beispielsweise, jeder einzelne könne sich seine Eltern ganz nach Belieben aussuchen, wobei diese „freie Wahl" an einen Besuch im Selbstbedienungs-Supermarkt erinnert, so, als ob jede jenseitige Seele sich aus dem „Familiensortiment" bedienen und eben in jenen Kindeskörper schlüpfen kann, der ihr gerade genehm ist.

Manchen Vorstellungen zufolge kann man sich seine eigenen Eltern aussuchen wie Nahrungsmittel im Supermarkt ...

Wäre es wirklich so, dann würden wohl alle Embryos, die in Hungergebieten oder Kriegszonen gezeugt werden, überwiegend unbeseelt bleiben.

Doch mit dem „Aussuchen“ von Mutter und Vater verhält es sich nicht so einfach. Jede Inkarnation folgt nämlich den *drei grundlegenden, in- und miteinander wirkenden Schöpfungsurgesetzen,* von denen bereits früher die Rede war.

Ausschlaggebend dafür, welche Eltern eine bestimmte Seele aus der feineren Stofflichkeit tatsächlich „empfangen“ können, wirkt vorerst einmal das *Gesetz der Anziehung gleicher Arten.* Es zwingt jeden auf die Welt kommenden Menschen hin zu Eltern, die die gleiche Geistesart in sich tragen – und zwar in stärkerem Ausmaß als er selbst, da innerhalb der Gleichart stets das Stärkere das Schwächere anzieht. Was bedeutet das nun in der Praxis?

Nehmen wir als Beispiel einen Menschen an, der eine ausgeprägte Herrschsucht in sich trägt und diese Eigenart auch rücksichtslos anderen gegenüber auslebt. Der einzige nachhaltig wirksame Ansporn für ihn, sich grundlegend zu ändern und diese Art abzulegen, ergibt sich aus dem eigenen *Erleben*, daß Herrschsucht verletzend wirkt sowie aus der daraus folgenden Sehnsucht nach Harmonie und rücksichtsvollem Umgang miteinander.

Doch wer ändert sich schon freiwillig, wenn er die Möglichkeit hat, seine Eigenarten an anderen auszuleben? Wer ist bereit zur Arbeit an sich selbst, wenn er sich dem Streben nach Macht verschrieben und das Streben nach Sinn vergessen hat?

Nehmen wir also an, daß dieser herrschsüchtige Mensch seine Eigenart bis zum körperlichen Tod beibehält und sie – als ausgeprägte seelische Eigenschaft – mit hinüber nimmt in die feinerstoffliche Welt.

Wenn diese Menschenseele sodann einer neuen Inkarnation zustrebt, so führt das Schöpfungsgesetz der Gleichart sie selbsttätig und unentrinnbar in Verhältnisse, wo ebenfalls die Herrschsucht regiert. Und sie wird in ihrem neuen Erdenleben in aller Natürlichkeit schon sehr bald erfahren müssen, was es bedeutet, ein Opfer dieser Art zu sein. Im Spiegel der Eltern erlebt sie ihre eigene Fehlausrichtung – aber jeder Blick in diesen Spiegel kann die Selbsterkenntnis fördern und den Wunsch nach einer Änderung auslösen.[14]

Ein weiteres kommt hinzu: Jede Gleichart hat immer auch einen bestimmten Dichtheitsgrad, weshalb bei den Inkarnationen das *Schöpfungsgesetz der Schwere* stets gemeinsam mit dem der Gleichart wirkt. Wenn nun jeder Mensch – was selbstverständlich die Regel ist – eine Vielzahl unterschiedlicher Neigungen, Stärken und Schwächen in sich trägt, so wirken für eine Inkarnation die Hauptmomente inneren Erlebens ausschlaggebend. Und vorherrschend, weil gröberen, dichteren, erdnäheren Gedankenformen verbunden, sind dabei oftmals die *Schwächen* eines Menschen. Deren Art verbindet sich also der inneren Gleichart der Mutter oder des Vaters. Wenn unser herrschsüchtiger Mensch also auch edlere Züge aufweisen sollte – etwa Großzügigkeit, Weitsichtigkeit, Empfindungstiefe – so wird seine intensive Herrschsucht (als Hauptmoment des Erlebens) doch ausschlaggebend für die „Elternwahl" sein. Aber auch in dieser Gesetzmäßigkeit liegt ein Segen – sind es doch gerade die Schwächen, an denen wir im Sinne unserer Entwicklung arbeiten sollen.

Dazu kommt, aus einem anderen Blickwinkel betrachtet, noch etwas Entscheidendes – und der hier einzuschiebende Exkurs soll auch die Frage beantworten, wie sich denn die Bevölkerungsexplosion mit der Wiederverkörperung vereinbaren läßt …

## *Das „Luzifer-Prinzip"*

Im vorangegangenen Kapitel konnten wir feststellen, daß es eine Vielzahl jenseitiger Schöpfungsebenen gibt – vom tiefsten Dunkel, in das ein Mensch auf Grund seiner Hänge oder seiner inneren Lichtferne gelangen kann, bis hin zu den hellstrahlendsten Lichtregionen, wo nur alles Edle lebt und wirkt. In diesem Gesamtspektrum von Ebenen sind nur ganz bestimmte Bereiche der grobstofflich-physischen Welt verbunden. Wenn man sich also vorstellt, daß überall in der jenseitigen Schöpfung Menschengeister leben – jeweils auf einer ihrer inneren Reife entsprechenden Stufe –, so ist durchaus nicht für sie alle die Möglichkeit einer Inkarnierung vorgesehen. Wer geistig bereits einen bestimmten Entwicklungsgrad erreicht hat, benötigt die physische Welt nicht mehr; und andererseits sollten Menschengeister aus den dunkelsten Jenseits-Regionen ebenfalls keinen Zugang zu diesem Erdenplan finden. Für sie ist das Aneinander-Ausleben von Hängen und böswilligen Neigungen die beste Schule; Schuld und Sühne gehen Hand in Hand – und aus der ununterbrochenen Intensität dieses Erlebens kann auch am ehesten der Wunsch nach Änderung, Besserung erwachsen, die Sehnsucht nach mehr Licht.

Nun hat auf unserer Erdenwelt aber ein weitreichendes Prinzip Fuß gefaßt, das seit Einführung der Psychoanalyse – und heute immer noch – als *die* Lebenshilfe dargeboten wird: innere „Befreiung“ durch das *Prinzip des Auslebens.*

Doch wovon befreit sich der Mensch damit wirklich? Vor allem sind es moralische „Zwänge“, Scham und schützende Tabus jeglicher Art. Die Übersexualisierung unserer Gesellschaft gibt davon Zeugnis. Was immer im Verborgenen der Seele angeschlagen wird – oft nur durch den Einfluß fremder Gedanken –, das fördert und pflegt man wahl- und kritiklos. Das nicht minder populäre *Prinzip des Ausprobierens* (man könnte auch sagen: das *Prinzip der Versuchung)* leistet dabei die beste Schützenhilfe.

In der Gralsbotschaft wird das Zusammenwirken der beiden Konzepte „Versuchung“ und „Ausleben“ als das „Luzifer-Prinzip“ schlechthin bezeichnet[15], denn es hat tatsächlich weitreichende Auswirkungen auf die geistige Entwicklung unserer ganzen Gesellschaft: Die damit einhergehende Zuwendung zum Niederen, Unwerten, den Egoismus Fördernden (noch nie wurde ja durch „Versuchung und Ausleben“ das lichtwärts Strebende begünstigt!) führte im Hinblick auf die Inkarnationen zu einer dramatischen Entwicklung: Der Seelenzustand der auf Erden lebenden Menschen erweiterte das Spektrum der für eine Geburt in Frage kommenden jenseitigen Geister beträchtlich nach unten hin! Nun hatten und haben also auch Seelen Gelegenheit zur Inkarnation, für deren Entwicklung es eigentlich besser wäre, sie würden bleiben, „wo der Pfeffer wächst“, sprich: in *den* Regionen, wo es immer „heiß hergeht“, wo das Aneinander-Reiben und -Aufreiben zum natürlichen Reifeprozeß gehört.

So aber richten solche „dunkle Seelen“ nun auf Erden weitreichenden Schaden an. Durch ihre dem Physischen verhafteten Vorlieben und Neigungen, die sie mit großer Energie ausleben, verstricken sie sich selbst in Schuld und hindern andere an ihrem geistigen Aufstieg. Das „Luzifer-Prinzip“ feiert große Erfolge, während der Erdenplan sich – geistig gesehen – immer weiter nach unten zu öffnen droht.

Wie wird das alles enden? Müßte man angesichts der Aussichtslosigkeit, daß etwas sich zum Besseren wendet, nicht schon auf eine Hilfe „von außen“ hoffen – aus dem Licht, aus einer Schöpfungsebene, die also nicht vom Wollen der Menschen regiert wird? Doch haben wir uns eine „Hebung“ der Erde überhaupt verdient? Jedenfalls ist aus geistiger Sicht *ein* Zusammenhang offenbar: Während von der Gesamtzahl der zu dieser grobstofflichen Erde gehörenden Menschengeister in früherer Zeit nur ein geringer Teil in der physischen Welt lebte und ein weitaus größerer Teil in jenseitigen Schöpfungsregionen reifte, verschiebt sich dieses Verhältnis zunehmend: Immer mehr Menschen – eben auch aus ursprünglich dem Erdenplan nicht verbundenen, dunkleren Jenseitsbereichen – streben nach einem Dasein im Stoff. Die Bevölkerungsexplosion, die unserem Planeten und seinem Klima zunehmend zu schaffen macht[16], spricht also nicht gegen die Wiederverkörperung, wie das manchmal vermutet wird, aber sie zeigt, daß etwas aus dem Lot geraten ist.

Alle hier dargelegten Zusammenhänge, die im wesentlichen Hinweise aus dem Werk „Im Lichte der Wahrheit“ zusammenfassen, haben natürlich weitreichende Folgen für unser Menschenbild.

**Die Kindesmutter kann wesentlich darüber mitentscheiden, welche Seele zur Inkarnation kommt.**

Zum Beispiel könnte bereits klar geworden sein, daß es so etwas wie eine „geistige Vererbung“ nicht gibt. Es sind seine eigenen Fähigkeiten, Bedürfnisse und Eigenschaften, die jeder Mensch aus seinen bisherigen Wanderungen durch das Dies- und Jenseits mitbringt, wenn er wieder „auf die Welt kommt“. Die Annahme einer Vererbung von Seelischem entstand lediglich aus der Beobachtung auffallender Gleicharten zwischen Eltern und Kindern, die ja, wie wir sehen konnten, gesetzmäßig bedingt sind.

Allerdings könnte und sollte auf die „Anziehung der Gleichart“ während der Zeit einer Schwangerschaft besser geachtet werden! Denn eine Kindesmutter kann wesentlich darüber mitbestimmen, welcher Geist tatsächlich angezogen wird. Einerseits ist natürlich ihre eigene innere Ausrichtung entscheidend, andererseits aber auch ihr Umgang mit anderen. Es ist nämlich möglich, daß irgendein Mensch, der sich viel in der Nähe der werdenden Mutter aufhält, durch seine ausgeprägte innere Eigenart letztlich darüber bestimmt, welche Seele zur Inkarnierung kommt. Auf diese Art wurde schon manches „schwarze Schaf“ geboren, das so gar nicht in die Familie zu passen schien.

Das Wissen dahingehend, daß jede Frau, die ein Kind erwartet, besonders sorgsam in allen ihren zwischenmenschlichen Kontakten sein sollte, war übrigens noch vor wenigen Generationen Allgemeingut in unserer Gesellschaft. Heute aber, in Zeiten einer verarmten Empfindungsfähigkeit, achtet auf solche vermeintlichen „Belanglosigkeiten“ leider niemand mehr. Nur eine radikal geänderte innere Einstellung zu diesen Dingen könnte dazu beitragen, die Tore von unserer Erdenwelt in dunkle Jenseitsbereiche wieder zu schließen – und größeres Familienglück zu erlangen.

Das Wissen um die Tatsache, daß kein Mensch unbelastet diese Welt betritt, daß es einzig und allein *sein* Leben ist, das er lebt und für das er verantwortlich zeichnet, hat natürlich auch zur Folge, daß kein Kind die Eltern für sein Dasein verantwortlich machen dürfte. *Der Schöpfer* hat uns allen das Leben geschenkt – niemand sonst. Vater und Mutter nehmen lediglich einen liebenswerten „Dauergast" bei sich auf und verpflichten sich mit ihrem Kindeswunsch dazu, für ihn zu sorgen. Und wenn dieser „Gast" später selbst diese Pflicht übernimmt und seinerseits dazu beiträgt, daß eine Seele auf dieser Welt leben und reifen darf, dann ist das auch eine Gegenleistung für das große Geschenk des Erdenlebens, das ihm zuvor selbst gewährt worden war.

Aus dieser Sicht sollte es keine selbstverständlichen Ansprüche geben, die ein Kind gegenüber seinen Eltern geltend macht – oder umgekehrt. Wir alle sind eigenständige Menschengeister, die einander allerdings hilfreich unterstützen sollen, während der Dank für das Daseindürfen einzig und allein nach oben zu richten ist. Und je mehr man über die Wiederverkörperung und die Herkunft seiner Seele weiß, je näher wir dem Ursprung unserer Innenwelt kommen, desto selbstverständlicher wird diese Geisteshaltung.

Neben den erwähnten Gesetzen der Gleichart und der Schwere wirkt natürlich auch das *Schöpfungsgesetz der Wechselwirkung* ausschlaggebend mit bei Inkarnationen. Nicht nur, daß jeder Mensch, seiner inneren Leichtigkeit entsprechend, wechselwirkend mit seiner Gleichart verbunden wird, sorgt das allumfassende Prinzip von Saat und Ernte auch für ein absolut gerechtes Schicksal. Was jeden einzelnen Menschen von Geburt an trifft, ist genau das, was ihm gerecht wird, was also unbedingt zu seinem inneren Zustand „paßt". Mit diesem wichtigen weltanschaulichen Schlüsselthema werden wir uns in der Folge noch ausführlich beschäftigen.

Vorerst aber soll das Wissen um die „Mechanismen" vertieft werden, die bei jeder irdischen Menschwerdung wirken: Wann und wie vollzieht sich die Inkarnierung? Was geschieht mit der Seele bei ihrer „Fleischwerdung"? Was erlebt die Mutter?

## *Der Weg in die physische Welt*

Aus dem irdischen Blickwinkel betrachtet stellen sich die Zusammenhänge recht einfach dar: Wir müssen lediglich davon ausgehen, daß sich bei der Menschwerdung irgendwann zwischen der Zeugung und der Geburt ein dritter wichtiger Prozeß ereignet: die Inkarnierung eines jenseitigen Geistes. Aus der Gralsbotschaft wird deutlich, daß das Ereignis des „*Eingesogenwerdens*" der Seele etwa in der Mitte einer Schwangerschaft erfolgt.[17] Ab diesem Zeitpunkt erlebt die werdende Mutter intensive Bewegungen des Kindeskörpers, und sie erfährt in ihrer Empfindung auch eine neue, besondere Beziehung zu „ihrem" Kind. Bis zum Zeitpunkt der Inkarnierung wurde der werdende Körper von äußeren Kräften gebildet und bewegt; nun übernimmt Zug um Zug die eingetretene Menschenseele das „Ruder", und sie muß ihren neuen Körper bis zur Geburt, dem nächsten einschneidenden Ereignis für ihr weiteres Erdensein, gut im Griff haben!

Wie aber erlebt die Seele dieses „Auf-die-Welt-Kommen"?

Nehmen wir an, unser Großindustrieller, dessen Hinübergehen im letzten Kapitel geschildert wurde, hat seinen Entwicklungsweg in der jenseitigen Welt fortgesetzt und dabei – wie viele andere neben ihm – Entscheidendes erkannt: daß das gesamte Menschsein ein umfassender Entwicklungsprozeß ist, der weit über ein einzelnes Erdenleben hinausreicht; daß es immer lichtvollere Schöpfungsräume zu durchschreiten gibt, denen zuzustreben sein innigster Herzenswunsch wäre – daß ihn aber noch viele Bindungen belasten, Karmafäden, die dort gelöst werden wollen, wo sie einst geknüpft wurden: in der grobstofflichen Welt.

Der Wunsch, wieder auf diesem physischen Erdenplan leben zu dürfen, wird übermächtig in ihm, und er verwendet seine ganze Kraft dazu, sich in größtmöglicher Erdnähe einem Menschenpaar zuzuneigen, bei dem er sich aufgehoben, innerlich „zu Hause" fühlen kann. Doch es ist kein berechnendes Suchen, eher ein Nachgeben, ein Sich-Einlassen auf vorgezeichnete Wege, die ihn nun an eine bestimmte Stelle drängen.

Kind zu sein bedeutet für die inkarnierte Seele, dem physischen Körper noch nicht ganz verbunden zu sein.

Viele andere warten auch auf die Möglichkeit einer Wiederinkarnierung. Sie alle wissen, daß letztlich nur einer von ihnen sich als der Geeignetste erweisen wird. Und sie alle hoffen, diese besondere Erdenzeit abermals erfahren zu dürfen. Wie oft haben sie schon gehofft!

Schließlich, als der Kindeskörper sich aus den zartesten Anfängen heraus zu entwickeln beginnt, wunderbar werdend aus dem Unsichtbaren, spinnen sich feinstoffliche Fäden zu der wartenden Seele. Und beglückt weiß unser Großindustrieller, daß es an ihm ist … daß das *sein* Körper sein wird, *seine* Mutter, *sein* Vater, *sein* Zuhause, daß er die Gelegenheit erhalten wird, seine Karmafäden, all die hemmenden Bindungen zu lösen. Und ergriffen, dankbar läßt sich die Seele fallen …

Sie ist längst kein Großindustrieller mehr – sie darf nun … *Kind werden!*

*Kind sein dürfen! Sich geborgen und aufgehoben fühlen dürfen!* Immer stärker empfindet die Menschenseele die Nähe der werdenden Mutter, während in dieser das Körperchen heranwächst. *Sein Körper!* Die Fäden, die ihn schon mit ihm verbinden, werden sich zur Brücke gestalten, die ihn hineingeleitet in die physische Welt – sobald die Form des Körpers ausreichend geprägt ist und in der Ausstrahlung sich mit der seinen verbinden kann. Der große Moment wird kommen, an dem er diesen stofflichen Mantel endlich ganz in Besitz nehmen darf![18]

Und schließlich geht die Seele hinüber und umhüllt sich; erfährt voller Freude das Geschenk des Kindseindürfens, und in ihrer reinen Dankbarkeit öffnet sie sich den Lichtstrahlen der Kindlichkeit, denen sie nun verbunden sein darf, die ihr Schutz gewähren und sie einen Hauch von Reinheit erfahren lassen.

Ein fernes Erahnen des Begriffes von „Gotteskindschaft“ beglückt die Seele.

Als nur noch das Jetzt zählt, schwindet das Vergangene. Ein neues Tagbewußtsein mag erwachen, und eines Tages liegt das Kind in den Armen seiner liebenden Mutter, die soeben ein Gottesgeschenk gebären durfte ...

Natürlich zeigt diese Schilderung des Weges einer Menschenseele in die physische Welt eine Art Idealzustand. Denn selbstverständlich gibt es heute auf Grund der geschilderten Fehlentwicklungen auch die Möglichkeit, daß undankbare, lichtferne Seelen auf die Erde drängen, die sich dem wunderbaren Geschenk des Lebendürfens in ihrer Selbstbezogenheit entfremdet haben. Solchen Kindern fehlt dann oft merkbar jene reine Kindlichkeit, die doch so selbstverständlich zum Kindsein gehören sollte, jene Verbindung zu lichteren Sphären, die der inkarnierten Menschenseele in besonderem Maße Hilfen zuteil werden läßt – man denke etwa an den sprichwörtlichen „Schutzengel für Kinder“.

Ja, man darf sich im Wissen um die Wiederverkörperung nicht etwa vormachen, die Inkarnation einer Menschenseele sei ein „Routine-Spaziergang“ vom Jenseits zum Diesseits. Auch wenn sich dieser Vorgang auf Erden in jeder Sekunde vielfach neu vollzieht, so wirken an jedem derartigen Ereignis doch viele Kräfte aus unterschiedlichen Schöpfungsbereichen mit, die vorbereitet, helfend und stützend eingreifen – ganz ähnlich, wie das auch beim Sterbevorgang der Fall ist, unserem Abscheiden von dieser Welt.

Für eine Seele, die an der Schwelle zum Diesseits steht, ist der Inkarnationsprozeß ein einschneidendes Erlebnis, dem sich weitreichende Hoffnungen verbinden. Und man kann sich vielleicht vorstellen, was ein Eingriff in dieses Geschehen mit sich bringt, welches Ertöten von Entwicklungsmöglichkeiten mit dem Töten des Embryos einhergeht. Nicht umsonst stellt eine sogenannte Schwangerschafts„unterbrechung“ (die ja eigentlich nicht *unter*brochen, sondern *ab*gebrochen wird) für jede noch halbwegs normal empfindende Frau eine so immense seelische Belastung dar.

Im Wissen darum, daß die Inkarnierung etwa zur Mitte der Schwangerschaft stattfindet, sollte also niemand dem gedanklichen Trugschluß verfallen, daß die Entwicklung des Kindeskörpers bis dahin als „rein sachliche Angelegenheit“ betrachtet werden kann, wie es diverse gesetzliche Bestimmungen suggerieren (die ihrerseits wohl aus einem fernen Ahnen um das Inkarnationsgeschehen geboren wurden).

## *Die Jahre der Kindheit*

Die Jahre der Kindheit dienen der inkarnierten Seele dazu, ihren neuen Körper immer feinfühliger in Besitz zu nehmen und zugleich ein Tagbewußtsein auszubilden, das den mitgebrachten Fähigkeiten und Eigenschaften gerecht wird. Dabei ist für jedes Kind der Bezug zur Natur und zu deren Kräften besonders wichtig. Es soll Gelegenheiten finden, eine gesunde, eigenständige Urteilskraft zu entwickeln[19] und im Wissen um die Notwendigkeit des Ausgleichs handeln lernen.

Kind zu sein bedeutet für die inkarnierte Seele, daß sie der physischen Welt noch nicht ganz verbunden ist. Bis der Erdenkörper richtig ausgebildet ist, fehlt ihr, wie es das Werk „Im Lichte der Wahrheit“ ausdrückt, eine entscheidende *Brücke:*

*„Durch die Umhüllung des grobstofflichen Körpers ist die Seele eines Menschen während aller Kinderjahre isoliert von den Strömungen, welche von* außen *her die Seele zu erreichen suchen. Alles Dunkle, Üble, was den Erdenplan belebt, findet seinen Weg zur Seele durch den grobstofflichen Erdenkörper abgeschnitten. Es kann dadurch auch keinen Einfluß auf das Kind gewinnen, kann ihm nicht Schaden bringen. Das Böse aber, das eine nochmals inkarnierte Seele von dem früheren Erleben mit sich brachte, bleibt ihr natürlich ebenso erhalten in der Kinderzeit.*

*Der Körper bildet diese Scheidewand, solange er noch unfertig und unreif ist. Es scheint, als ob die Seele sich in eine Burg zurückgezogen hätte, bei der die Zugbrücke emporgezogen ist. Eine unüberbrückbare Kluft besteht während dieser Jahre zwischen der Kinderseele und der feinstofflichen Schöp-*

*fung, in der die feinstofflichen Schwingungen von Schuld und Sühne leben.*

*So liegt die Seele geborgen in der irdischen Hülle, der Verantwortung entgegenreifend und des Augenblickes harrend, der das Herablassen der hochgezogenen Zugbrücke zu dem eigentlichen Leben in der Stofflichkeit bringt.*"[20]

Diese Brücke, die dem Geist zur vollwirkenden Betätigung in der physischen Welt während der Kindheitsjahre noch fehlt, bildet sich sodann zur Zeit der körperlichen Reife mit der sogenannten Sexualkraft.

„*Aus diesem Grunde ist das Erwachen der Sexualkraft in dem grobstofflichen Körper wie der Vorgang des Herablassens der Zugbrücke einer bisher verschlossenen Burg. Damit kann dann der Bewohner dieser Burg, also die Menschenseele, vollgerüstet streitbar hinaus, in gleichem Maße jedoch auch die diese Burg umlagernden Freunde oder Feinde zu ihm hinein. Diese Freunde oder Feinde sind in erster Linie feinstoffliche Strömungen guter oder übler Art ...*"[21]

Damit ist auch das Wesen der Pubertät beschrieben: Der *Geist* des Menschen, seine eigentliche Persönlichkeit, die sich in den Jahren der Kindheit hinter einem „Schutzwall" entwickeln und (hoffentlich!) erstarken konnte, bricht nun machtvoll durch. Und mit diesem Geschehen, wenn also die inkarnierte Seele vollends in der physischen Welt „erwacht", gehen dann auch jene verträumten, sehnsüchtigen, idealstrebenden Empfindungen einher, wie sie so typisch für Pubertierende sind. Die Ahnung eines tiefen Ernstes tritt an den (körperlich) jungen Menschen heran, und sie ist nicht unbegründet. Denn mit dem Erwachen der Sexualkraft und dem gleichzeitigen Durchbruch der Geisteskraft geht ein innerer Aufschwung einher, der die Kraft in sich birgt, Karma abzuschütteln:

„*Es würde sogar von selbst abfallen, wenn der Mensch das Wollen zu dem Guten beibehält, wozu es ihn in dieser Zeit unaufhörlich drängt. Dann könnte er, wie die Empfindungen ganz richtig andeuten, mühelos emporsteigen zu der Stufe, auf die er als Mensch gehört!*

*Sehet das Verträumtsein der unverdorbenen Jugend! Es ist nichts anderes als das Empfinden des Auftriebes, des Sich-losreißen-Wollens von allem Schmutz, die heiße Sehnsucht nach Idealem. Die treibende Unruhe aber ist das Zeichen, die Zeit nicht zu versäumen, sondern energisch das Karma abzuschütteln und mit dem Emporsteigen des Geistes* einzusetzen.

*Es ist etwas Herrliches, in dieser geschlossenen Kraft zu stehen,* darin *und* damit *zu wirken! Jedoch nur, solange die Richtung eine gute ist, die der Mensch erwählt. Es gibt aber auch nichts Erbärmlicheres, als diese Kräfte einseitig in blindem Sinnestaumel zu vergeuden und seinen Geist damit zu lähmen.*"[22]

Die Loslösung von allem Karma aus der ungetrübten „Kraft der Jugend" … Wenn man sich eine raffinierte „Strategie des Dunkels" ausdenken wollte, die einen solchen geistigen Aufschwung der Menschheit hin zum Licht gezielt vereiteln soll – was müßte man wohl unternehmen?

Vorzuschlagen wäre ein einfaches Drei-Punkte-Programm:

1. Man verhindere das richtungweisende Wirken des Geistes durch die möglichst frühzeitige Ablenkung der Sexualkraft auf die Gefühls- und Triebebene. Dies läßt sich visuell und akustisch zum Beispiel durch entsprechende Mode und Musik sowie mit Hilfe einer gefühlsbetont-deftigen Sprache leicht erreichen, sofern bei all dem mit triebfördernden sexuellen Reizsignalen nicht gegeizt wird.

2. Man bediene die Sinn- und Zielorientierung des erwachenden Geistes durch „leuchtende Vorbilder" – „Stars" genannt –, die vorzeigen, was Sache ist, zum Auskosten neuer Reize verführen und natürlich selbst das Prinzip des Auslebens verkörpern.

3. Man mache die „freie" Jugend dieser Prägung zum Idealbild der künftigen Gesellschaft und lasse den Dingen im übrigen einfach ihren Lauf.

Allerdings dürfte dieser Maßnahmenkatalog kaum noch Aufsehen erregen – er ist nämlich schon perfekt umgesetzt. Nur daß im Hinblick auf diese Entwicklungen natürlich niemand von einer „Strategie des Dunkels" ausgeht.

Jedenfalls wird die Kraft der Jugend heute durchweg weder erkannt noch genützt. Und der Mensch stürzt sich hinein in sein Erdenleben, knüpft neue Schicksalsfäden und lädt sich dabei oft mehr hemmendes Karma auf, als er zu lösen imstande ist. Nicht selten wird ein ganzes Erdenleben vergeudet.

## *Der Sinn des Lebens*

Aber was heißt eigentlich „vergeudet"? Was sollten wir Menschen denn tun? Was ist der Sinn des Lebens überhaupt?

Diese Fragen werden sich im Verlauf unserer weiteren Innenwelt-Expedition klären. Aber schon aus dem bisher Gesagten dürfte sich verdeutlicht haben, daß der Sinn unseres Daseins *einem* zentralen Begriff verbunden ist: *Entwicklung!*

Es geht für uns darum, als geistige Persönlichkeiten zu reifen, unser Bewußtsein von einer einfachen, „unscharfen" Seins-Wahrnehmung hin zu einem glühenden Sich-selbst-Bewußtsein weiterzuentwickeln, wobei dieser Begriff des „bewußten Seins" – das liegt schon im Wort selbst – immer auch das „wissende Sein" meint, also ein entsprechendes *Wissen* umfaßt.

Ein Mensch, der nur an sich selbst und an die Befriedigung seiner Wünsche denkt, hat zwangsläufig auch einen niedrigeren Bewußtseinsgrad als ein anderer, dem beispielsweise soziales Engagement ein großes Anliegen ist und der „über den eigenen Tellerrand" hinaus wirkt. Je höher das Bewußtsein, desto klarer ist auch das Wissen um unsere eigentliche Aufgabe in der Schöpfung, nämlich: aktiv beizutragen zu deren Entwicklung im Sinne ihres Schöpfers.

Aber wie erlangt man ein höheres Bewußtsein?

Das Geheimnis liegt in einem ganz einfachen Wort: Es geht um die *Tat!* Das Wesen jeder Entwicklung liegt in einer *zielorientierten Bewegung.* Und selbstverständlich müssen auch wir uns bewegen, also in bestimmter Weise entscheiden und handeln, wenn wir vorankommen wollen. Ein noch so intensives Über-sich-selbst-Nachgrübeln allein würde nicht weiterführen. Höheres Bewußtsein kann nicht durch bestimmte (ge-

> Wer nur den leichtesten, bequemsten Weg gehen will, stemmt sich damit seiner eigenen Entwicklung entgegen.

dankliche) Techniken erzwungen werden, sondern es ist etwas, das wir als „Ernte“ *empfangen* dürfen, so wir vorher „säen“, *geben*, also beispielsweise unseren Blick öffnen für die Bedürfnisse der Welt und das tun, was im Moment konkret sinnvoll und gut ist.

Eine hervorragende Basis dafür ist gelebte *Nächstenliebe*. Nicht von ungefähr stellte Jesus Christus gerade sie ins Zentrum seiner Lehre, mit der er ja Anregungen zum schnellstmöglichen seelischen Aufstieg geben wollte. Wer konsequent in ihrem Sinne handelt und sich des weiteren stets um neue Erkenntnisse bemüht, um die Erweiterung seines Wissens, der schafft schon ganz gute Voraussetzungen dafür, daß sein Bewußtsein tatsächlich wachsen kann!

Im übrigen drängt uns ja das Leben selbst unentwegt zur Weiterentwicklung. Alle unsere Willensentscheidungen und Handlungen führen zu entsprechenden Erlebnissen und Erfahrungen, die unser Inneres formen und prägen. Wir *können* gar nicht anders, als immerfort etwas zu *wollen* – dies liegt in unserem menschlichen Wesenskern. Daher geht es eigentlich nur darum, die *richtigen* Entscheidungen zu treffen. Man kann sich ruhig selbst ein wenig fordern, um sich zu fördern. Gerade die Mühe, die nötig ist, um den Willen wirklich zur Tat werden zu lassen, diese „Reibung mit dem Stoff“, bringt dem Geist erhöhte Wärme, befähigt ihn zur Entfaltung von Bewußtsein.

Im Grunde geschieht mit uns Menschen, wenn wir auf Erden inkarnieren, das gleiche wie mit einem Pflanzensamen, der in die Erde eingesetzt wird. Die Natur fördert ihn im Wechsel von Tag und Nacht, Sonnenschein und Regen, Hitze und Kälte. Sie bringt dadurch zum Erblühen, was keimhaft in diesem Samen ruht.

Bei uns geht es im Prinzip um den gleichen Vorgang: Auch wir Menschen tragen „keimhaft“ etwas in uns, das entwickelt werden will: geistiges Bewußtsein und, damit verbunden, unsere Erlebnis- und Empfindungsfähigkeit. Dabei dienen die vielen wechselhaften Einflüsse, denen wir ausgesetzt sind, die angenehmen und auch unangenehmen Erlebnisse – Sonne und Regen in *unserem* Sein –, ebenfalls dem Reifeprozeß. Und so, wie eine Pflanze immer mehr erstarkt und in natürlicher Art zum Licht strebt, so sollen auch wir zu innerer Festigkeit finden und in uns die Sehnsucht nach dem geistigen Licht wachsen lassen.

Wer aber im Leben immer nur den leichtesten, bequemsten Weg gehen will, der stemmt sich damit dem Prinzip der Entwicklung entgegen. Im schlimmsten Fall vergeudet er tatsächlich sein gesamtes Erdensein.

## Körperliche und geistige Pubertät

Wie im Gleichnis „Pflanzensame und Menschengeistkeim", so kommen überall im Schöpfungsgeschehen die grundlegenden Entwicklungsprinzipien zum Ausdruck, denen die Welt, in der wir leben, unterworfen ist. Beispielsweise spiegelt sich im Werden des embryonalen Kindeskörpers der gesamte Formungsprozeß des Lebens auf Erden wider. Und in den Jahren der Kindheit durchleben wir nochmals jene Entwicklungsphasen, die unser Bewußtsein bereits hinter sich gebracht hat – vom einfach-einfältigen Daseinsbewußtsein bis hin zum erwachenden Sichselbstbewußtsein.

Es ist wie in einer gut aufgebauten Unterrichtsstunde: Zuerst wird das Bisherige wiederholt und damit gefestigt, dann beginnt das Neue. Sobald der Mensch die Phase der Pubertät hinter sich gebracht hat, ausgerüstet mit allen nötigen Kräften, soll er – möglichst unbelastet – hinaustreten in die Welt und seinen Entwicklungsweg weiter gehen.

Dabei kann man die Menschwerdung auf Erden wiederum als Gleichnis für die geistige Menschwerdung betrachten: Auch in unserem inneren Entwicklungsprozeß gibt es eine Art „Pubertät", also einen Zeitpunkt, zu dem wir die Reife für das eigentliche Leben erlangt haben, zu dem wir unser stoffliches „Elternhaus und Schulgebäude" hinter uns lassen können, weil wir, gut vorbereitet, in Vollkraft unserer Fähigkeiten stehen und die große Lebensaufgabe antreten, zu der wir als Menschen bestimmt sind: fördernd in anderen Regionen der Schöpfung zu wirken.

Diese geistige Pubertät, das Loslösen von der stofflichen Welt, vollzieht sich, sobald für einen Menschen weitere Inkarnationen nicht mehr nötig sind.

Doch kann es lange dauern, viele Erdenleben in Anspruch nehmen, ehe die nötige Reife erreicht ist. Die meisten Menschen „pendeln" über Jahrtausende (soweit man in diesem Zusammenhang irdische Zeitangaben geltend machen darf, weil feinerstoffliche Welten ja ein anderes Raum-Zeit-Erleben bieten) zwischen Diesseits und Jenseits – und manchmal mag man sich die bange Frage stellen, wie lange dies überhaupt noch so weitergehen kann.

Eines steht fest: Die verbreitete Auffassung, daß wir durch die Reinkarnation sowieso „unendlich viel Zeit" hätten, ist falsch. *Jede* zielgerichtete Entwicklung im Irdischen geht einher mit einer zeitlichen Beschränkung, und wir müssen unbedingt annehmen, daß auch hier das große Geschehen gleichnishaft im Kleinen zu entdecken ist.

## Der geistige Tod

Betrachten wir also nochmals unseren Pflanzensamen: Wir wissen, daß die Erde im Laufe eines Jahres nur während einer ganz bestimmten Zeitspanne – der Pflanz- oder Aussaatzeit – dazu bereit ist, diese Art von Samen aufzunehmen, und daß außerdem nur eine ganz bestimmte Zeitspanne zur Verfügung steht, in welcher die Pflanze reif werden muß. Dann ist – unaufschiebbar, unausweichlich – „Erntezeit", und in der Folge geht das Verbliebene den Lauf des Vergänglichen, bis ein weiterer Entwicklungszyklus neues Werden ermöglicht.

Der gleiche Vorgang vollzieht sich nun im Großen mit der gesamten Stofflichkeit. So bot unser Heimatplanet Erde nur während einer bestimmten Zeitspanne die Voraussetzungen dafür, daß neue, der Entwicklung zustrebende „Menschengeistkeime" aufgenommen werden konnten. Diese „Aussaat-Zeit“ liegt bereits weit zurück, so daß noch ganz unentwickelte Keime längst nicht mehr inkarnieren können. Die „klimatischen Bedingungen“ passen für sie einfach nicht.

Wir alle, ob im Diesseits oder im Jenseits, befinden uns in einem fortgeschrittenen Zeitraum, der uns zum Reifwerden zur Verfügung steht, und wir nähern uns der „Erntezeit“. Bis dahin *müssen* wir uns als „reife Früchte“ vom „Baum der Stofflichkeit“ lösen. Andernfalls würden wir mit hineingezogen in deren „Zersetzung“ und müßten damit den sogenannten „zweiten Tod“ erleben, von dem die Bibel spricht, und vor dem auch die Gralsbotschaft eindringlich warnt:

*„Unaufhaltsam treibt der Kreislauf jeden Weltenkörper darauf zu, ohne Aufschub wird die Stunde des Zerfallens sich erfüllen, das wie bei allem in der Schöpfung in Wirklichkeit nur eine Wandlung, die Gelegenheit zu einer Fortentwicklung bedeutet. Dann ist die Stunde des ‚Entweder – Oder‘ da für jeden Menschen. Entweder er wird hochgehoben dem Lichte zu, wenn er dem Geistigen zustrebt, oder er bleibt an die Stofflichkeit gekettet, an der er hängt, wenn er aus Überzeugung nur Materielles für Wertvolles erklärt.*

*In solchem Falle kann er sich in der gesetzmäßigen Folge seines eigenen Wollens nicht von der Stofflichkeit erheben und wird mit ihr dann auf der letzten Strecke Weges in die Auflösung gezogen. Das ist dann der geistige Tod! Gleichbedeutend mit dem Auslöschen aus dem Buche des Lebens.*

*Dieser an sich ganz natürliche Vorgang wird auch mit der ewigen Verdammnis bezeichnet, weil der so in die Zersetzung mit Hineingezogene ‚aufhören muß, persönlich zu sein‘. Das Furchtbarste, was den Menschen treffen kann.“*[23]

Schon allein die Tatsache der Vergänglichkeit alles Stofflichen verdeutlicht also, daß Inkarnationen nicht bis in alle Zukunft möglich sind, und daß es für uns auch ein „Zu spät“ geben kann.

Doch wäre es ein Trugschluß zu meinen, daß wir mit unserer Entwicklung tatsächlich bis zur beginnenden Zersetzung der stofflichen Welt Zeit hätten. Nein, unsere Entscheidung zum Aufstieg, unsere Lösung von der Stofflichkeit muß schon viel früher erfolgen! Denn die belebenden Kräfte, die uns zur Reife drängen, stehen jedem Menschen nur bis zu einem bestimmten Zeitpunkt *vor* der beginnenden Zersetzung zur Verfügung – so, wie auch eine Pflanze nur bis zur Erntezeit wachsen und reifen wird, weil danach die Bedingungen für sie nicht mehr gegeben sind.

Aber wann wird für uns Menschen im großen Weltgeschehen diese Erntezeit anbrechen?

## *Wann ist „Erntezeit"?*

Wenn es überhaupt eine Möglichkeit gibt, diese brisante Frage zu beantworten und einen zeitlichen Rahmen zu nennen, dann mit Hilfe einer gleichnishaften Betrachtungsweise und auch nur in aller Vorsicht, die dabei geboten ist:

Wir konnten feststellen, daß jede Inkarnation eines Menschengeistes etwa zur Mitte der Schwangerschaft stattfindet. Bis dahin reift der Embryo ohne direkten Einfluß der Seele, und er macht dabei alle Phasen der Entwicklung des Lebens auf Erden nochmals durch. Erst wenn das Körperchen eine ausgeprägte Menschenform erreicht hat, kann die Seele eintreten und es fortan beleben. Bis zur Geburtsreife ist die Seele also ihrer Mutter für die Hälfte der gesamten Schwangerschaft verbunden.

Und nun dürfen wir nach dem Grundsatz der Entsprechung – wie unten, so oben; wie innen, so außen – annehmen, daß für die Entwicklungsvorgänge im Schoß von „Mutter Erde" die gleichen Prinzipien gelten wie bei der Schwangerschaft einer einzelnen Frau.

Das bedeutet im Hinblick auf unsere Menschwerdung: Auch im Rahmen der gesamten Evolution auf Erden können Menschengeister erst dann inkarnieren, wenn in der physischen Welt die Voraussetzungen für sie entwickelt sind. Über lange Zeit durchlief der Evolutionsprozeß also ohne uns den in groben Zügen heute ja bekannten Gang: Ausgehend von einer „Ursuppe" vor etwa 3,5 Milliarden Jahren, eroberten die Lebensformen vorerst das Meer, später das Land, ehe sich zuletzt Säugetiere und – als „Blüte der Evolution“ – menschenähnliche Körper bilden konnten. Dann erst kam „unsere“ Zeit: In die höchstentwickelten Tierformen inkarnierten in fernen Tagen erstmals Menschengeister und übernahmen das „Steuer“, gaben also jene inneren Impulse, die dazu führten, daß sich aus dem noch tierischen „Ur-Menschen“ über Jahrmillionen der „Homo sapiens sapiens“ entwickeln konnte.

Soweit – in aller Kürze – der äußere Vorgang. Nun fragt sich, ob wir daraus so etwas wie eine Zeitschiene ableiten und dabei eben auch die für unser künftiges Sein so entscheidende Erntezeit bestimmen können.

Dazu wäre zweierlei nötig: Zum einen müßten wir wissen, wann die ersten Menschengeister diesen Erdenplan betraten, denn dieser Inkarnationsprozeß würde die Mitte des gesuchten Gesamtzeitraumes beschreiben, in welchem „Mutter Erde“ mit uns Menschen „schwanger“ geht. Zum anderen müßten wir aber auch wissen, wann diese „Schwangerschaft“ begann. Wann erfolgte der „Zeugungsakt“ für die Entstehung der Menschenform? Ab wann arbeitete die Evolution konkret auf die Geburt des Menschen hin? In biblischen Begriffen könnte man auch fragen: Zu welcher Zeit begann der 6. Tag in der Schöpfungsgeschichte?

Im Wissen um diese beiden Zeitpunkte ließe sich sodann eine realistische „Erntezeit“ berechnen. Denn man müßte lediglich den entwicklungsgeschichtlichen Zeitraum zwischen „Zeugung“ und „Inkarnierung“ verdoppeln und wüßte damit, so dieses Gleichnis stimmt, wann wir von „Mutter Erde“ abgestoßen werden und also „geburtsreif“ sein sollen.

Die genannten Voraussetzungen, die für eine solche Berechnung nötig sind, zeigen aber, daß wir uns bei diesen Überlegungen auf extrem dünnes Eis begeben. Bereits bei der ersten Frage nach den Geschichtsdaten für „Adam und Eva“, wann also die ersten Menschen den Erdenplan betraten, tun wir uns sehr schwer. Ein Zeitpunkt läßt sich anhand heutiger Forschungsergebnisse und Zeittafeln, die im wesentlichen ja nur auf Knochenfunden und -datierungen beruhen, nicht wirklich konkretisieren. Unsere Vorstellungen von der Erd- und Menschheitsgeschichte erscheinen bei näherer Betrachtung allzu vage[24], und es ist im Grunde ein Agieren mit Hausnummern, wenn man irgendeine Anzahl von Jahrmillionen nennt. Wenn hier dennoch eine Annäherung an Zeiträume gewagt wird, dann vor allem einer mir wichtig erscheinenden Grundaussage wegen.

Gehen wir davon aus, daß die erste Inkarnierung von uns Menschengeistkeimen tatsächlich in jener Zeitspanne stattfand, die man heute dem „Urmenschen" zuschreibt, also vor einigen Millionen Jahren[25]. Wenn damals also die „Halbzeit" einer Gesamtentwicklungsdauer markiert wurde, wo ist dann der *Beginn* zu setzen, der uns ja die Berechnung der „Erntezeit" gestatten würde?

Nun wird es so richtig vage – den Spekulationen darüber, wann denn der „sechste Schöpfungstag" begann, sind kaum Grenzen gesetzt. Aber läßt sich ein solcher Zeitraum überhaupt vom übrigen Evolutionsgeschehen abgrenzen?

Betrachten wir die Entwicklung eines Embryos, so widerspiegelt die erste Hälfte seiner Reifezeit während der Schwangerschaft die *gesamte* Evolution bis hin zum Auftreten des Menschen – allerdings, und das ist nun entscheidend: *nicht in linearer Form!* Könnte man die etwa dreieinhalb Milliarden Jahre währende Geschichte des Erdenlebens im Verhältnis 1 : 1 auf die neunmonatige Entwicklungszeit eines Embryos übertragen, dann müßte sich die Menschenform erst ganz zuletzt bilden, genauer gesagt: in einem winzigen Bruchteil der allerletzten Schwangerschaftssekunde! So aber ist es nicht – und daher ist eine *lineare* zeitliche Gleichsetzung der embryonalen Entwicklung mit der Evolutionsgeschichte nicht sinnvoll.

In Wirklichkeit widerspiegeln die unscheinbarsten Momente in der Formung des im Mutterleib heranreifenden Kindeskörpers die verhältnismäßig längsten Zeitspannen der Evolution, während der überwiegende Zeitraum der embryonalen Entwicklung, welcher der Feinausbildung des bereits geformten Menschenkörpers

**Das Leben drängt uns unentwegt zur Weiterentwicklung. Wir können nicht anders, als immerfort etwas zu wollen.**

dient (also die gesamte 2. Hälfte der Schwangerschaft), einer verschwindend kurzen Zeitspanne in der gesamten Evolution entspricht. Daraus läßt sich nun aber eine Grundaussage ableiten: Was uns insgesamt für unsere Entwicklung zur Verfügung steht, ist ein Zeitrahmen im Bereich einiger Jahrmillionen! Und wenn wir vorhin festgestellt hatten, daß die Mitte der „Schwangerschaft von Mutter Erde“ ebenfalls bereits vor Millionen von Jahren anzusetzen ist, dann erscheint die uns noch zur Verfügung stehende Zeit als gar nicht mehr „unendlich“ lang. Die Erntezeit könnte durchaus ... *jetzt* schon sein!

Und spricht nicht auch das zu beobachtende Weltgeschehen für diese Deutung? Wenn man zum Beispiel in Betracht zieht, daß statistische Kurven, wie sie den Anstieg in der Erdbevölkerung aufzeigen, immer am *Ende* von Entwicklungszyklen stehen, dann mag man darin einen bestätigenden Hinweis darauf erkennen, daß es schon recht spät für uns geworden ist.

Derlei Gedanken sollen nun zwar nicht ängstigen, aber doch zur Tat drängen: Gehen wir – als Ansporn in eigener Sache – davon aus, daß wir *schon jetzt* reif sein müßten und unternehmen wir alle Anstrengungen, uns von karmisch-stofflichen Bindungen endgültig zu lösen!

Mißverstehen wir also die so unermeßlich weiten Zeiträume, mit denen die Entwicklung des Lebens auf der Erde gewöhnlich beschrieben wird, nicht dahingehend, daß uns bis zur endgültigen „Erntezeit“ vielleicht noch Jahrmilliarden zur Verfügung stehen. Es geht *mit großer Sicherheit* um eine weitaus begrenztere Zeitspanne![26] Unser eigentliches Ziel sollte ja auch nicht eine weitere Wiederverkörperung sein, sondern *die geistige Wiedergeburt*, das *innere Neugeborenwerden* hinein in die Welt unseres Ursprungs – ein Reifeprozeß, dem wir noch eingehend nachspüren werden.

Damit wir dieser stofflichen Welt einst tatsächlich ent-wickelt sind, müssen wir uns aus jenem selbstgewobenen karmischen Netz befreien, das uns immer wieder zurück auf diese Erde zwingt. Einige Anregungen und Lebenshilfen dazu – Stichwort: Zukunftsorientierung – haben wir im Verlauf unserer Innenwelt-Expedition bereits kennengelernt. Aber welcher Mensch ist sich der *Dimension* seiner Selbstverantwortung in der Gestaltung des persönlichen Schicksals – und damit auch seiner *Möglichkeiten* – wirklich bewußt? Wie oft bestehen auch (oder gerade?) bei Zeitgenossen, denen Gedanken über ein Leben nach dem Tod und auch über die Wiederverkörperung durchaus vertraut sind, haarsträubende Vorstellungen zum Thema Schicksal! Man hadert mit der Welt und mit Gott, fragt, weshalb Er das alles zuläßt und verstrickt sich gedanklich in einem dichten Dschungel aus Halb- und Unwahrheiten.

## *Das unsichtbare Netz des Schicksals*

Es scheint also nötig, daß wir uns mit dem Thema Schicksal, diesem „treuen Begleiter“ bei allen unseren Inkarnationen, eingehender befassen: Wo ist eine Gerechtigkeit bei den Geburten erkennbar? Warum erleiden manche Menschen schwere Krankheiten? Weshalb müssen mitunter schon Kinder sterben? Ist letztlich für jeden von uns alles vorherbestimmt – durch die Sterne, gar durch den Schöpfer selbst? Oder ist der Karma-Gedanke richtig, daß der Mensch an allem, was ihm geschieht, selbst schuld ist? Und wenn ja – auch dann, wenn jemand Unrecht durch andere erleidet, durch Mörderhand stirbt? Sind Übeltäter nur Erfüllungsgehilfen für das Karma? Und gibt es gut und böse gar nicht?

Fragezeichen über Fragezeichen, und alle Beantwortungsversuche lassen im Grunde nur zwei Möglichkeiten zu: Entweder es gibt gar keine tieferen Hintergründe für schicksalhafte Ereignisse – oder aber unser äußeres Geschick hängt in geheimnisvoller Weise doch von einem unsichtbaren Netz naturgesetzmäßig gewobener Schicksalsfäden ab …

Überzeugte Anhänger des Materialismus müßten es in dieser entscheidenden Frage eigentlich leicht haben, denn in ihrem Weltbild erledigt sich das Thema Schicksal von selbst: Wenn jemand an einer schweren Krankheit laboriert oder stirbt, dann eben der Erreger oder der versagenden Ärzte wegen. Und wo Menschen bei einem Flugzeugabsturz ums Leben kommen, durch ein Erdbeben verschüttet werden oder im Straßenverkehr sterben, nennt man technische Gebrechen, menschliches Versagen oder höhere Gewalt (sprich: Wind und Wetter) als Ursachen. Nach *tieferen* Zusammenhängen zu forschen, dafür hat jemand, der nur die physisch-grobstoffliche Welt anerkennt, keinen Grund. Wo sonst als im Irdischen könnte er geheimnisvolle Hintergründe auch finden wollen?

Die heute vorherrschende materialistische Weltanschauung geht also zwar davon aus, daß das äußere Geschehen sich gesetzmäßig im Wechselspiel von Ursache und Wirkung entwickelt – der Attentäter wirft eine Bombe, *daher* sterben Menschen, *daher* folgen kriegerische Gegenmaßnahmen usw. –, doch der von den Ereignissen betroffene Einzelmensch – das Bombenopfer oder der verwundete Soldat – ist in diesem Mechanismus nichts weiter als ein von Ereignis zu Ereignis geworfener Spielball. Wenn wir aber von unbeeinflußbaren Rahmenbedingungen abhängig sind, wie es diese Sichtweise nahelegt, dann folgt unser subjektives Schicksal einfach dem blinden Zufall.

Und doch ... Können wir Menschen mit dieser Schlußfolgerung wirklich zufrieden sein? Wir tun uns deshalb damit so schwer, weil es im Wesen unseres geistigen Bewußtseins liegt, sinn- und zielorientiert zu empfinden und zu denken. Würde unser Leben unbewußt verlaufen, dann spielten Begriffe wie Freude und Leid tatsächlich keine Rolle, und ebensowenig stellten wir uns die Frage nach tieferen Sinnzusammenhängen. Aber wir *leben* eben, streben stetig neuen Zielen zu, ringen um Freiheit und Erkenntnis – und daher lassen uns die Bahnen, in denen unser Leben verläuft, nicht gleichgültig. Wir fragen naturgemäß nach dem *tieferen* Grund unseres Schicksals. Aber gibt es ihn?

## Ist alles vorherbestimmt?

Das Erahnen größerer Zusammenhänge, vielleicht auch das Urvertrauen in die Gottgerechtigkeit, hat viele Menschen zur Überzeugung geführt, daß die äußeren Umstände ihres Erdenlebens nicht dem blinden Zufall, sondern einer höheren Bestimmung folgen. Aber was bedeutet „höhere Bestimmung“ konkret? Was ist warum für uns vorgesehen?

An dieser Frage scheiden sich die Geister. Viele sind auch heute noch der Meinung, daß für jeden Menschen sowieso alles bestimmt sei. In diesem Gedanken treffen sich die unterschiedlichsten Strömungen: Wer daran glaubt, daß sein Schicksal im Lauf der Gestirne vorgezeichnet ist oder daß Hellseher eine unabänderliche Zukunft in allen Details exakt schauen können, der geht im Grunde ebenso von einer Schicksals*abhängigkeit* aus wie zum Beispiel jene, die von der Akasha-Chronik[27] sprechen und meinen, daß in diesem „Weltgedächtnis“ nicht nur vergangene, sondern auch zukünftige Ereignisse gespeichert seien.

Aber steht unsere Zukunft wirklich fest? Ist der Mensch eine hilflose Marionette, mit der höhere Mächte spielen, die längst alles für ihn vorausbestimmt und festgehalten haben? Einige Esoteriker vermuten ja zum Beispiel, daß in Indien das gesamte Schicksal der Welt einst in die sogenannten „Palmblattbibliotheken“ Eingang fand (Palmblätter wurden dort früher wie Papyrus verwendet) und aufgeschrieben vorliegt.

Natürlich unterstützt der Glaube an ein vorbestimmtes Schicksal den Gedanken, für keine Entscheidung wirklich selbst verantwortlich zu sein. Aber läßt nicht genau das unsere Empfindung mit Unbehagen reagieren? Wir alle können ja jederzeit *erfahren*, daß wir einen freien Willen haben, also die Möglichkeit, uns im Leben für die Richtung unserer Wahl zu entschließen. Diese Fähigkeit zum Entschluß aber hat erstens *eigene Verantwortung* zur Folge – und zweitens die Tatsache, daß die Zukunft offen ist, daß sie also nicht durch höhere Mächte bereits festgelegt wurde, sondern sich *durch uns* gestaltet. Und so denken wir ja üblicherweise auch: Wir leben in der Gewißheit, daß jede unserer Entscheidungen, sei es im privaten, politischen oder wirtschaftlichen Bereich, bedeutungsvoll ist und zukunftsgestaltend wirkt.

Sind also alle Annahmen einer Vorherbestimmung des Schicksals Humbug? Was ist mit Prophezeiungen, Wahrträumen, Präkognition[28]? Und wie darf man all die Lebenserfahrungen einordnen, die zeigen, daß unser freier Wille gar nicht so frei ist, weil wir uns wie auf Schienen in bestimmten Verhaltensmustern bewegen, anscheinend aussichtslos gegen unsere Schwächen ankämpfen, spirituell nicht wirklich vom Fleck kommen? Zeigt sich darin nicht doch eine ziemliche Abhängigkeit?

## *Blicke in die Zukunft*

In Wirklichkeit schließen der freie Wille und die Abhängigkeit von „Schicksalsfäden" einander nicht aus. *Beides* ist für uns erlebbar, denn beides sind Teile eines ineinandergreifenden, wechselwirkenden Gesamtgeschehens!

Unser freier Wille liegt *im Entschluß*, doch den Folgen unserer Willensentscheidungen, den *Rückwirkungen*, bleiben wir unterworfen. Darin liegt das ganze Geheimnis. Die Rückwirkungen kann man als Schicksal oder Karma bezeichnen, und zwar übrigens durchaus sachlich, also unabhängig davon, ob es sich um Gutes oder Schlechtes handelt. Der Begriff „Karma" wird ja zu Unrecht oft nur im Sinne einer Schicksals*bürde* verwendet; selbstverständlich aber beinhaltet er ebenso alle Chancen.

Mit dem Schicksal trifft uns also das, was wir uns selbst „geschickt" haben, und zwar deshalb, weil ein universelles Schöpfungsprinzip, das schon genannte Gesetz der Wechselwirkung, dafür sorgt, daß alles, was wir an Empfindungen, Gedanken und Taten in die Welt „hinaussenden", im Ringschluß wieder zu seinem Ausgangspunkt – zu uns – zurückkehrt.

Was nun ein Blick in die Zukunft, sei er prophetischer, astrologischer oder sonst welcher Art, in erster Linie offenbaren kann, ist alles das, was uns auf Grund unserer eigenen Vergangenheit gesetzmäßig an Rückwirkungen schon erwartet oder was in groben Zügen auf ein Volk oder die Menschheit zukommen *muß*, weil dazu bereits der Ausschlag gegeben wurde.

Somit liegen bestimmte Ereignisse tatsächlich vorgezeichnet auf unserem Lebensweg, und wir müssen – ob uns das genehm ist oder nicht – zu gegebener Zeit in sie „eintauchen". Dennoch aber bleiben wir in unseren weiteren Entschlüssen frei. Es liegt ganz an uns, wie wir unseren Schicksalsteppich fortan knüpfen, was wir aus den Situationen machen, in die wir uns gestellt finden.

Wie aber paßt diese Vorstellung von einem selbstgewobenen persönlichen Schicksal zu der Beobachtung, daß das äußere Weltgeschehen sich doch auf Grund *eigener*, scheinbar gar nicht besonders tiefgründiger Gesetzmäßigkeiten vollzieht? Können sich die Kreise des äußeren irdischen Geschehens, das ja immer als eine in sich geschlossene Ursache-Wirkung-Kette beschreibbar ist, mit den subjektiven schicksalhaften Ringschlüssen im Leben des Einzelmenschen verbinden? Die gleiche Frage an einem konkreten Beispiel festgemacht: Wenn zwanzig Menschen bei einem Bombenattentat verletzt werden, so deshalb, weil jemand – aus welchen Gründen auch immer – den Entschluß gefaßt hat, einen Sprengkörper zu zünden. Äußerlich sind Ursache und Wirkung also klar: der Bombenleger trägt Schuld an dem Ereignis. Aber können wir *zugleich* annehmen, daß diese zwanzig Menschen dennoch nicht zufällig zu Opfern wurden, sondern daß dieses Ereignis zu ihrem ganz persönlichen Lebensweg paßte wie ein Schlüssel ins Schloß?

Die Antwort lautet: ja. Mit aller gebotenen Vorsicht lautet sie ja – denn hier muß noch einiges dazugesagt werden, um Mißverständnisse zu vermeiden; trifft man doch vor allem in esoterischen Kreisen manchmal einen leichtfertigen Karmafanatismus an, der sich gelegentlich in die Irrmeinung versteigt, jeder Mensch sei an dem, was ihm geschieht, ohnehin „selbst schuld" und der Übeltäter also nur ein Erfüllungsgehilfe für karmische Wechselwirkungen. Das ist Unsinn. Aber ehe wir auf diese bekannte Täter-Opfer-Problematik näher eingehen, sei hier ganz sachlich festgestellt, daß bei äußeren Ereignissen die darein verwobenen Menschen nur vermeintlich Marionetten des „Spielers Zufall“ sind. In Wirklichkeit paßt das, was wir schicksalhaft erfahren, sehr gut zu unserem inneren Zustand!

**Mit dem Schicksal trifft uns das, was wir uns selbst „geschickt" haben – durch unsere Willensentschlüsse.**

Die Frage, in welcher Art und zu welcher Zeit der einzelne nun von bestimmten Ereignissen berührt werden wird, hat die Menschheit naturgemäß schon immer beschäftigt. Wann werden wir ernten müssen, was wir gesät haben? Unter welchen Umständen werden die Kreise des persönlichen Schicksals die Kreise des allgemeinen Weltenlaufes berühren?

Die systematischste Antwort auf solche Fragen bietet die „königliche Kunst“, die Astrologie. Mit ihr ist es bis zu einem gewissen Grad – immer abhängig vom Können des Astrologen – möglich, den objektiven Lauf der Welt auf die subjektive Ebene des Einzelmenschen zu beziehen. Dies geschieht mit Hilfe eines Systems von Entsprechungen: Indem die Planeten unseres Sonnensystems, ihre Positionen und Winkelbeziehungen zueinander mit bestimmten Qualitäten assoziiert und auf das „Geburtsbild“[29] des einzelnen bezogen werden, ist es möglich, ein Persönlichkeitsprofil zu erarbeiten, also Chancen und Stärken aufzuzeigen, und außerdem können erfahrene Astrologen auch künftige Schicksalsphasen zeitlich eingrenzen.[30]

Ablesbar aus dem Lauf der Gestirne durchlebt also jeder Mensch bestimmte Zeitqualitäten; angenehm-harmonische wechseln sich mit anspruchsvoll-fordernden in natürlichem Rhythmus ab. Jedem einzelnen ist damit sein ganz besonderer, individueller „Schicksalstakt“ mit auf den Weg gegeben.

Muß hier dazugesagt werden, daß die Jahrmarkt-Astrologie, wie sie heute (meist in oberflächlicher Deutung des Sonnenstandes) betrieben wird, mit der eigentlichen „königlichen Kunst“ absolut nichts zu tun hat? Die Sterne *prägen* nicht unser Schicksal, wie das oft behauptet wird, sondern sie bilden lediglich „Strahlungskanäle“ für das einst von uns selbst verursachte und in der Folge auf uns zurückströmende Karma[31]: Bestimmte Konstellationen lösen immer entsprechende Geschehnisse aus. Gemäß dem Lauf der Gestirne hat jeder Mensch also ganz bestimmte Zeitqualitäten zu durchleben – doch bringt ihm der gerade offene „Karmakanal“ selbstverständlich nur dann etwas, wenn für ihn auch eine entsprechende Karma-Qualität „ansteht“.

## *Das „Prinzip Zufall"*

Betrachtet man all diese Zusammenhänge, stellt sich natürlich die Frage, ob es in unserem Leben so etwas wie Zufall überhaupt gibt.

Ja, es gibt ihn – sofern man unter diesem Begriff das versteht, was uns zu gegebener Zeit „zufallen“ *muß*, eben weil es für uns auf Grund vergangener Willensentschlüsse schon bereitliegt. „Blinder Zufall“ hingegen ist in der Schöpfung schon deshalb ausgeschlossen, weil diese vom gegenteiligen Prinzip regiert wird, von Gesetzmäßigkeiten eben.

Man könnte vielleicht auch formulieren: „Zufall“ ist eine Bezeichnung für die *inneren* Ursachen, die in das äußere, sichtbare Geschehen hineinwirken[32]. Und je besser es uns gelingt, den Blick vom Einzelgeschehen zu lösen und Gesamtzusammenhänge zu beobachten, desto deutlicher tritt hervor, daß gerade das vordergründig Zufällige von höheren, sinnvollen Gesetzmäßigkeiten gesteuert wird.

Betrachten wir zum Beispiel das Ereignis einer einzelnen Geburt, so könnte man allein über biologische Zusammenhänge schlüssig begründen, warum in dem einen Fall ein Junge und im anderen ein Mädchen das Licht der irdischen Welt erblickt. Tieferliegende Ursachen scheinen dabei keine Rolle zu spielen, und letztlich erscheint das Kindesgeschlecht aus dem Blickwinkel der Familie als zufallsbestimmt.

Sobald man sich aber nicht mehr nur das Einzelgeschehen ansieht, sondern alle Geburten insgesamt, zeigen sich plötzlich Gesetzmäßigkeiten im „Prinzip Zufall". Denn beispielsweise werden im Verhältnis immer gleich viele Mädchen wie Jungen geboren – 51 Prozent Menschen weiblichen Geschlechts stehen 49 Prozent männlichen Geschlechts gegenüber. Die weise Vorsehung, die in diesem statistisch erfaßbaren demographischen Gesetz zum Ausdruck kommt und die Entwicklung des menschlichen Lebens auf Erden bestmöglich fördert, ist leicht erkennbar – und sie steuert den „Zufall" bei den Geburten derart bestimmt, daß im Bedarfsfall sogar Anpassungsphänomene beobachtet werden können. So wurde dokumentiert, daß während der Jahre, die dem Ersten und dem Zweiten Weltkrieg folgten, der Anteil der Knabengeburten plötzlich deutlich anstieg. Dadurch waren die ungewöhnlich großen Verluste, die der männliche Bevölkerungsanteil durch die gefallenen Soldaten erlitten hatte, bald wieder ausgeglichen[33].

Ähnliche Zusammenhänge sind auch beim Sterben erkennbar: Betrachtet man nur den Einzelmenschen, so mag die Länge seines Erdenlebens recht „zufällig" erscheinen und allenfalls von körperlichen Faktoren – Lebensweise, Ernährung, Fitneß – abhängig sein. Doch insgesamt besehen offenbart sich auch hier ein weiser Wille, der das Wohl des Ganzen auf wunderbare Weise mit dem Geschick des einzelnen verknüpft: Beispielsweise zeigen Studien, daß der Anteil der Erwachsenen, also der tatkräftigsten Menschen, an der Gesamtbevölkerung relativ stabil bleibt, und man kann in vielen Ländern beobachten, daß eine Abnahme der Geburtenzahl selbsttätig mit einem durchschnittlich höheren Lebensalter ausgeglichen wird.

Schon bei Geburt und Tod zeigt sich also, daß sinnvolle, übergeordnete Gesetzmäßigkeiten den „Zufall" regieren, die jedoch erst bei Beachtung größerer Zusammenhänge erkennbar werden. Und genau darum geht es *immer*, wenn vom Thema Schicksal die Rede ist: Wir müssen, so gut es gelingt, unseren Blickwinkel weiten, den Bezugsrahmen vergrößern, mehr als nur das Einzelereignis in Betracht ziehen – dann können wir etwas von der weisen Vorsehung erahnen, die hinter und mit dem äußeren Geschehen wirkt. Dagegen zieht man leicht die falschen Schlüsse, wenn man nur das schicksalhafte Ereignis für sich allein betrachtet.

Dies kommt auch in einer bemerkenswerten Geschichte aus „Tausend und eine Nacht" zum Ausdruck:

*Der Eremit Omar saß auf seinem Berge und meditierte über den Lauf der Welt. Da sah er im Tal einen Reiter, der an einer Quelle Rast machte, einen Beutel, den er am Gürtel trug, neben sich auf die Erde legte und niederkniete, um aus der Quelle zu trinken. Er tränkte auch sein Pferd, schwang sich dann in den Sattel und ritt weiter; den Beutel am Boden vergaß er.*

*Kurz darauf kam ein anderer Reiter zu der Quelle, trank, sah den Beutel, nahm ihn mit und ritt davon.*

*Noch etwas später kam ein Holzfäller zur Quelle, legte seine Bürde ab, beugte sich über das Wasser und trank. In diesem Augenblick kam der erste Reiter zurück, um seinen vergessenen Beutel aufzunehmen. Als er ihn nicht fand, stellte er den Holzfäller zur Rede, nannte ihn einen Dieb, zog sein Schwert und tötete ihn.*

*All das sah Omar, der Eremit, und besann sich: „Wo ist da der Sinn des Geschehens? Der Dieb entkommt und das Schicksal ist mit ihm, während der unschuldige Holzfäller für den Diebstahl eines anderen büßen muß. Und der Reiter wird zum Mörder, weil er seinen Beutel vergaß … Wo, o Allah, bleibt da die Gerechtigkeit?"*

*Aber der Himmel blieb stumm.*

*Am folgenden Tage zog ein Weiser über das Gebirge, kehrte in Omars Klause ein und aß und trank mit ihm. Omar erzählte ihm, was am Vortage geschah, und fragte den Weisen, ob er einen Sinn in diesem Geschehen sehe. Der Weise lächelte und sprach: „Nichts, o Ungeduldiger, ist ohne Sinn. Alles, was geschieht, wird durch die steuernden Kräfte des Schicksals bestimmt und folgt den Gesetzen der Ordnung und Weisheit."*

*„Davon habe ich nichts gesehen", murrte der Eremit. „Du sahst nicht tief und weit genug", antwortete der Weise. „Du sahst nur das Ende einer langen Kette von Ereignissen, erblicktest letzte Auswirkungen dir unbekannter Ursachenketten. Du erkanntest den Zusammenhang nicht. So wirkte auf dich sinnlos, was sich in Wahrheit nach inneren Ordnungsgesetzen vollzog. Was deine Augen sahen, ist nur Schein."*

*„Wenn du mehr siehst als ich", entgegnete Omar, dann sage mir doch, was du siehst, damit ich es begreife! Du gibst mir damit den Frieden meiner Seele zurück."*

*„Du mußt selbst zur Erkenntnis finden", wies ihn der Weise zurück. „Aber da du ehrlich um den Sinn ringst, will ich dir die Augen öffnen." Und er schloß die Augen und verfiel in jenen Zustand tiefer Versenkung, in dem die Erwachten das Verborgene sehen, als wäre das Buch des Schicksals vor ihnen aufgetan.*

*Nach einer Weile öffnete er die Augen, blickte Omar an und sprach: „Höre und verstehe: Der Reiter, der den Beutel vergaß, war ein Räuber. Er hat den Beutel gestohlen. Doch er sollte sich seiner Beute nicht freuen. Der Mann, der den Beutel fand und davonritt, war des Bestohlenen Sohn, den der Räuber um sein Erbe gebracht hatte. Lange schon verfolgte er des Räubers Spur, ohne ihn einholen zu können. Da schenkte ihm Allahs Gnade das Geld zurück, das seinem Vater gehört."*

*„Aber warum mußte der unschuldige Holzfäller sterben?" fragte Omar. „Er hat doch mit dieser Sache nichts zu tun!"*

*„Nur mit dem Beutel nicht", antwortete der Weise, „aber sonst gehört er mit in den gleichen Schicksalszusammenhang: Vor Jahren erschlug er einen Reisenden im Walde. Nie hat ein irdischer Richter davon erfahren. Aber die himmlische Vergeltung traf ihn, als seine Stunde gekommen war. Der Reiter freilich wußte davon nicht, jetzt hetzt ihn die Stimme seines Gewissens, und das Schicksal läßt ihn nicht entkommen. Jetzt reitet er durch die Berge wie vom Bösen verfolgt …*

*Der Mann aber, der den Beutel aufnahm und den du für einen Dieb hieltest, hat seinem Vater das Geld gebracht, der seinerseits durch den Schrecken ob des Verlustes für seinen Geiz bestraft wurde. Jetzt freut er sich mit seinem Sohn und nimmt den Wink des Schicksals zum Anlaß, sich zu bessern. Er hat nicht mehr lange zu leben. Doch zur Umkehr ist es niemals zu spät.*[34]

## Hinter die Dinge schauen

Wir können uns gut vorstellen, wie befriedigt Omar nach diesen Erklärungen war. Die Dinge in ihren gesetzmäßigen Zusammenhängen zu begreifen und darin die umfassende Gerechtigkeit im großen Weltgeschehen zu erahnen, ist wohl für jeden Menschen beglückend.

Leider aber ist uns eine solche Gesamtsicht in bezug auf unser eigenes Schicksal oder auch das unserer Mitmenschen normalerweise nicht möglich. Und daher sind wir vom Gesetz von Ursache und Wirkung zwar überzeugt, solange es um Wechselwirkungen im Bereich der Physik oder Chemie geht, doch im Hinblick auf die Folgen unserer eigenen Willensentscheidungen bleiben wir skeptisch. Wer Übles tut, erlebt die Rückwirkung davon ja keineswegs unmittelbar, und oft scheinen gerade gute Menschen viel Leid ertragen zu müssen.

Der einzige Weg, der uns offensteht, um „hinter die Dinge zu schauen" oder „selbst zur Erkenntnis zu finden", wie der Weise es in unserer Geschichte gegenüber Omar ausgedrückt hat, führt über zwei Stufen: Erstens müssen wir – davon war schon die Rede – den Bezugsrahmen für unsere Überlegungen erweitern, und zweitens können wir uns nicht oft genug bewußtmachen, daß die Schöpfungsgesetze tatsächlich *uneingeschränkt überall* gelten. Auch das wurde bereits zum Ausdruck gebracht. Aber was bedeutet es konkret?

Die Größe des Bezugsrahmens zu verändern verlangt im Hinblick auf ein menschliches Schicksal jedenfalls, nicht nur die Jah-

> Weil wir keinen Einblick in frühere Erdenleben haben, sollten wir uns hüten, von ungerechtem Schicksal zu sprechen.

re des jetzigen Erdenlebens in Betracht zu ziehen, sondern das gesamte Sein, das, wie in diesem Kapitel bereits deutlich wurde, mehrere Inkarnationen umfaßt. Weil wir üblicherweise aber tagbewußt keinen Einblick in unsere Vorexistenzen oder in die eines Mitmenschen haben, sollten wir uns grundsätzlich davor hüten, von einem „ungerechten" oder „sinnlosen" Schicksal zu sprechen. Dies auch vor dem Hintergrund, daß ganz offensichtlich ja *alles* Geschehen in der Schöpfung zielgerichteten Gesetzmäßigkeiten unterliegt. Unser eigenes geistiges Bewußtsein erweist sich, wie wir schon feststellen konnten, als *zielorientiert*, und beispielsweise auch die Evolution des Lebens auf der Erde – von den einfachsten Anfängen heraus bis zur „Schöpfungskrone" Mensch – folgt offenbar einem zielorientierten Entwicklungsprinzip. Nirgendwo, weder in der Innen- noch in der Außenwelt, herrscht Willkür, jedes Ereignis folgt klaren Gesetzen.

Wenn aber alles von tiefer Sinnhaftigkeit durchwoben ist – weshalb sollte ausgerechnet das menschliche Schicksal davon ausgenommen sein? Es gibt keinen Grund, der eine solche Annahme rechtfertigen würde!

Sobald wir von mehreren Erdenleben ausgehen und wenn wir außerdem überzeugt sind, daß auch unsere Innenwelt dem Prinzip von Saat und Ernte unterliegt, weil alle Urgesetze des Lebens *umfassende* Gültigkeit haben, müssen wir doch schlußfolgern, daß eben diese Gesetze schicksalbestimmend wirken: Jeder Mensch erntet das, wozu einst sein eigener gestaltender Wille den Ausschlag gegeben hat.

*Saat und Ernte* – nicht von ungefähr wies schon Jesus von Nazareth eindringlich auf dieses karmaformende Prinzip hin; denn wir *müssen* ernten!

Wer die ihm geschenkte Kraft vor allem nur zum Ausleben irdischer Genüsse verwendet – ein heute bekanntlich durchaus „normal" zu nennendes Lebensprinzip –, sollte sich nicht wundern, wenn er geistig schwach und abhängig von Begierden wird, wodurch sein ursprünglich freier Wille sich bald als gebundener zeigt.

Umgekehrt bauen wir aber auch an unserer eigenen „Himmelsleiter", wenn wir uns um innere Veredelung, Selbstlosigkeit und Nächstenliebe bemühen.

## *Gut und böse*

Durch die Art der Entschlüsse sind wir also des eigenen Glükkes – oder Unglückes – Schmied. Dabei dürfen wir unseren gestaltenden Willen aber nicht unabhängig von jenem höheren, höchsten Willen sehen, der die gesamte Schöpfung regiert: dem *Gotteswillen.* Er zeigt sich in den Wirkungsprinzipien der Schöpfungsgesetze[35] und stellt für uns natürlich einen ganz entscheidenden „Schicksalsfaktor" dar:

Der Gotteswille läßt sich als *(lebens-)förderndes Prinzip* beschreiben. Denn alles Schöpfungskreisen wird getragen vom erhaltenden, aufbauenden, helfenden und belebenden Wirken der vollkommenen Gesetze Gottes. Wenn wir in der Natur beobachten, wie sich sogar unter den unwirtlichsten Bedingungen, wo immer es möglich ist, Lebensformen etablieren; wenn wir im Rückblick auf die Evolution erkennen, wie das Werden und Vergehen immer höhere Arten hervorbrachte; wenn also das Prinzip der Entwicklung erkennbar ist, dann zeigt dies deutlich die *aufbauende* Richtung des Gotteswillens, in welchem umfassende Liebe zum Ausdruck kommt.

Für uns Menschen geht es nun darum, den eigenen Willen freiwillig – frei und willig – dem *Schöpferwillen* anzupassen, jenem allumfassenden, fördernden Wirken also, aus dem sich ganz ohne intellektuelle Verrenkungen auch die Begriffe „gut" und „böse" ableiten lassen: In diesen liegt keinesfalls (wie oft aus einem Mißverstehen des Polaritätsprinzips geschlossen wird) eine notwendige Ergänzung. Das Gute braucht nichts Böses, sondern „gut“ ist einfach alles das, was dem fördernden Prinzip hilfreicher Liebe entspricht. Das Böse indessen stellt sich diesem aufbauenden Wirkungsstrom der Gottgesetze entgegen. Das heißt: Wer Gutes tut – und was das im Konkreten bedeutet, fühlt ohnehin jeder Mensch bis in seine Fingerspitzen –, wird Förderung ernten; wer hingegen Böses sät, wird selbst Hemmnisse auf seinem Weg erleben müssen.

Gut und Böse sind also nur bei (allzu) vordergründiger Betrachtung Gegenpole. Vom Ursprung her – und die ganze Schöpfung geht ja von Gott aus – gibt es überhaupt nur Gutes, weil *alles* seinem allumfassenden, fördernden Willen folgt. Wenn wir Menschen dieses Prinzip manchmal nicht erkennen, weil zum Beispiel der „böse Wolf“ im Wald oder die „schädliche Nacktschnecke“ im Garten *unseren* Begriffen von „gut“ und „fördernd“ nicht entsprechen, dann ist das eine Sache für sich. *Wirklich* böse, also dem lebensfördernden Prinzip entgegenstehend, kann nur etwas sein, das einem freien Willen entspringt. Denn *freier* Wille bedeutet auch eine gewisse Unabhängigkeit vom Gotteswillen – in dem Sinn, daß der Menschengeist die Möglichkeit hat, etwas dem Schöpferwillen Entgegenstehendes zu wollen; hemmende, lebensfeindliche, zerstörerische Impulse auszusenden und zur Tat werden zu lassen. Der so oft gesuchte Ursprung des Bösen liegt also in uns Menschen selbst, nirgendwo sonst.

Hier könnte man die kühne Frage stellen, weshalb Gott einen solchen „freien Willen“, der Böses gebären kann, in seiner Schöpfung überhaupt zuläßt. Schließlich kommen Pflanzen und Tiere auch ganz gut ohne die Möglichkeit des *freien* Entschlusses aus, und zweifellos böte der Planet Erde ohne „Homo sapiens sapiens“ ein friedlicheres, weitaus harmonischeres Bild.

Nun, der Blick auf Pflanzen und Tiere führt in dieser Frage auch schon zur Lösung: Es geht um unser Inneres, um jenen besonderen Bewußtseinsgrad, den man als „geistig“ bezeichnet und den zu ergründen wir ja zu unserer Innenwelt-Expedition aufgebrochen sind. Geistigkeit zu entwickeln bedeutet – in aller Zurückhaltung und Vorsicht ausgedrückt – gott*ähnlich* zu werden. „Ähnlich“ ist hier sehr bewußt kursiv gedruckt, und man denke sich den Wortteil dreimal rot unterstrichen: Es heißt *nicht*, daß wir selbst Göttliches in uns tragen, also „gottgleich“ oder „wie Gott“ sein können. Mit „ähnlich“ kommt zum Ausdruck, daß auch wir *willentlich gestaltend* in der Schöpfung wirken können. Der Schöpfer *schafft*, aus ihm kommt alle Kraft; wir aber können diese Kraft nachgestaltend lenken und *formen*.

Die Formungskraft, die unserem innersten Wesen zu eigen ist, zeigt sich in der physischen Welt, wo ja jeder Mensch ständig irgendwie gestalterisch tätig ist – und wenn diese Befähigung nur in der Wahl der Kleidung, der Einrichtung usw. zum Ausdruck kommt. Sie wirkt aber auch in der feinerstofflichen Welt, wo unsere Gedanken sofort Form annehmen.

Eben diese Bewußtseinsfähigkeit des willentlichen Gestaltens aber muß – wie jede Fähigkeit – erst entwickelt werden. Wir Menschen haben zu lernen, welchen Einfluß wir ausüben, was durch uns entstehen kann, wie wir *bewußt-gestaltend* (und nicht nur passiv-erlebend) die Entwicklung der Schöpfung fördern können. Dieses Erlernen ist aber nur durch Handeln möglich, also durch *Betätigung* des Willens. Betätigung bedeutet Bewegung, und dazu ist ein Freiraum nötig.

Wir brauchen die Freiheit unseres Willens also, um die Fähigkeit der willentlichen Gestaltung *entwickeln* zu können. Der freie Wille ist ein großes Gottesgeschenk, durch das wir zu geistigem Bewußtsein erst befähigt werden. Auf dem „Übungsfeld“ der Stofflichkeit sollen wir – durch alle Inkarnationen – erlernen, unseren Willen so zu betätigen, daß er in der Schöpfung fördernd wirkt. Das gehört ursächlich zum Sinn unseres Lebens, zur Entwicklung höheren Bewußtseins, von dem in diesem Kapitel bereits die Rede war.

Die „geistige Pubertät“ ist erreicht, wenn wir gelernt haben, unseren eigenen Willen in den Gotteswillen einzufügen. Haben wir

**Warum läßt Gott einen freien Willen, der Böses gebären kann, in seiner Schöpfung überhaupt zu?**

diese Reife erlangt, brauchen wir nicht mehr in einen Erdenkörper zu inkarnieren und können mit unserer eigentlichen Lebensaufgabe beginnen, nämlich *„persönlich bewußt mitzuwirken an der andauernden Schöpfungsentwicklung nach dem göttlichen Willen“*[36].

Um dahin zu kommen, ist uns nichts dienlicher als die eigenen Lebenserfahrungen: Wer an sich erlebt und in sich durchlebt hat, wie böse, also dem Schöpferwillen entgegenstehende Entschlüsse wirken und wohin sie führen, tut sich leicht damit, freiwillig gut zu wirken. Und daher dient so manches schwere Schicksal, das bei oberflächlicher Betrachtung nur als großes, sinnloses Leid erscheinen mag, in Wirklichkeit dem Seelenheil.

Unsere selbstgewählten Wege stehen dem fördernden Prinzip der Schöpfungsgesetze oft genug entgegen und dienen nicht der *Ent*wicklung, sondern im Gegenteil der *Ver*wicklung und Verstrickung unseres Inneren; sie führen nicht zur Entfaltung, sondern zur Lähmung unserer Fähigkeiten und Möglichkeiten, zum gedanken- und empfindungslosen Konsumkrüppel, und es sollte daher nicht überraschen, wenn wir – ob uns das im Moment genehm ist oder nicht – durch unliebsame Schicksalsschläge immer wieder zu einer Kurskorrektur angehalten werden.

## *Die Täter-Opfer-Problematik*

Unser Schicksal formt sich also aus dem Wirken der Schöpfungsgesetze und gleichzeitig als Folge unserer eigenen Willensentschlüsse. Wir alle müssen das ernten, was wir säen – und reifen dabei in der Schule des Lebens durch die angenehmen und auch unangenehmen Erfahrungen, die wir machen. Schicksal hat demnach nichts mit blindem Zufall zu tun, sondern vielmehr mit gerechter Wechselwirkung. Dies erklärt die Ungleichheit bei den Geburten ebenso wie Schicksalsschläge, die uns im Verlauf des Erdenlebens treffen. Aber wir müssen unser Blickfeld über das Materielle hinaus weiten, um solche Zusammenhänge im Spannungsfeld von *innerer* Ursache und Wirkung zu erkennen.

Dieses Wissen um das Grundprinzip des Schicksals, also die unbedingte Eigenverantwortung eines jeden Menschen, führt nun aber, wie schon angedeutet, bisweilen zu krassen Mißverständnissen, oft sogar zu Gedankenspielereien und Verhaltensweisen, die geradezu unmenschlich genannt werden müssen. Nach dem Motto: „Jeder ist ohnehin selbst an allem schuld" gehen „Wissende" an der Not ihrer Mitmenschen vorüber oder versteigen sich manchmal sogar in den Irrglauben, daß auch der abwegigste Übeltäter nur ein Erfüllungsgehilfe für unausweichliche Schicksalsfügungen sei. Daß eine solche Karmaverblendung jedem gesunden Empfinden spottet, wird dabei übersehen – oder man nimmt das aufkeimende Unbehagen zugunsten eines außergewöhnlichen Weltbildes bewußt in Kauf.

Wie aber kann man im Wissen, daß es „blinde Zufälle" nicht gibt, einen Übeltäter wirklich beurteilen? Wer sich mit dem Thema Schicksal beschäftigt, stößt früher oder später auf die berühmte Täter-Opfer-Problematik, die auch wir beleuchten wollen.

Kurz gesagt: Erstens ist es immer und ausnahmslos richtig, einem Mitmenschen helfend und notlindernd zur Seite zu stehen – alles andere hat mit dem fördernden Prinzip nichts zu tun. Und zweitens kann keine Untat mit dem Hinweis auf das „Karma" des Opfers entschuldigt werden. Wenn beispielsweise zwanzig Menschen durch eine Bombenexplosion verletzt werden, so macht sich – unser Gerechtigkeitsempfinden zeigt es deutlich! – der Bombenleger durch seine Tat schuldig. Denn *er* tut – ganz klar – *Unrecht*, daran führt kein Weg vorbei. Und er ist schon deshalb kein Erfüllungsgehilfe für das Karma der anderen, weil es niemand für seine geistige Entwicklung unabdingbar braucht, verletzt, beraubt oder ermordet zu werden – selbst dann nicht, wenn er früher einem Mitmenschen ähnliches angetan hätte.

Was wir alle indes wirklich zum geistigen Aufstieg benötigen – und um so mehr, wenn wir uns in Schuld verstrickt haben –, das ist die tiefgreifende *Erkenntnis* unseres falschen Strebens, verbunden mit dem *Wollen zur Änderung,* zu einer inneren Neuausrichtung. Und damit haben wir einen weiteren entscheidenden Punkt in der Schicksalsfrage berührt, der normalerweise in vielen Überlegungen zu diesem Thema unberücksichtigt bleibt: Die karmischen Wechselwirkungen zielen nicht primär auf irgendein äußeres Ereignis ab, sondern auf eine bestimmte *Art des Erlebens,* die der Art des Willensentschlusses genau entspricht. Wer zum Beispiel einen Rufmord begeht, der sich für sein Opfer schmerzvoll und hemmend auswirkt, wird durch schicksalhafte Konstellationen früher oder später in eine Situation geführt werden, die ihm das gleiche schmerzvolle, hemmende Erleben bringt. Doch zu diesem Zweck muß nicht unbedingt ein anderer Mensch an ihm einen Rufmord begehen.

Außerdem kann es aber auch sein, daß der Täter sich vor dem Eintreffen der karmischen Wechselwirkung innerlich durch bessere Erkenntnis derart gewandelt hat, daß ein schwerwiegender Schicksalsschlag gar nicht mehr nötig ist. In diesem Fall mag es dann nur noch darum gehen, daß er im Rahmen einer erneuten Begegnung die „Verbindungsfäden" zu seinem Opfer löst. Dies kann sich durch eine freundliche, hilfsbereite Geste vollziehen, die vom früheren Opfer offenen Herzens erwidert wird, wodurch es zur sogenannten *symbolischen Karmaauflösung* kommt.

Das Handeln des Täters und die persönliche Situation des Opfers müssen also immer voneinander getrennt betrachtet werden. Keine Untat läßt sich mit dem Hinweis auf das Karma des Opfers rechtfertigen, denn die Wechselwirkungen des Lebens zielen nie auf Rache ab, sondern allein auf Erkenntnis. Nicht jeder begangene Mord muß durch einen erlebten Mord gesühnt werden, sonst könnte die Kette der Untaten ja niemals enden.

Ein Übeltäter handelt demnach *immer* gegen das fördernde Prinzip des Schöpferwillens und schafft sich durch sein Empfinden, Denken und Handeln selbst Hemmnisse, die ihn wechselwirkend als Schicksal in bestimmter Form treffen müssen. Andererseits kann gerade auch im Erleben von Leid geistige Förderung liegen, ein notwendiger Entwicklungsanstoß also, bei dem das „Schicksalsopfer“ Gelegenheit erhält, geistige Kräfte zu entfalten, innerlich zu wachsen (weshalb die Bezeichnung „Opfer“ nicht wirklich angebracht ist). Es widerfährt uns – im großen Rahmen unseres gesamten Seins betrachtet – niemals Ungerechtigkeit.

Wir können auf Grund der Gesetzmäßigkeit in allem Geschehen davon ausgehen, daß die Art des Erlebens immer zur persönlichen Eigenart der davon betroffenen Person paßt. Unser geistiger Reifegrad bestimmt über die Bandbreite von Erlebnismöglichkeiten und Ereignissen, die uns „zufallen“ können.

Ein blind wütendes Schicksal gibt es nicht. Jede Inkarnierung folgt klaren Gesetzmäßigkeiten, wodurch die Eigenart jedes Menschen bis ins Detail berücksichtigt wird. Und auch die Anbahnung anderer einschneidender Ereignisse in unserem Sein vollzieht sich nicht unberechenbar: Je unbewußter, unaufmerksamer ein Mensch beispielsweise dahinlebt, desto gefährdeter ist er auch; je eigenwilliger und kopflastiger er sich gibt, desto weniger wird er sich einer inneren Führung öffnen können. Immer sorgen also wir selbst für die Rahmenbedingungen, in denen unser Lebensschicksal sich erfüllt. Zu jedem äußeren Ereignis haben wir eine gewisse innere Affinität, oder anders gesagt: unsere Geistesart „erlaubt“ ein bestimmtes Schicksal.

Damit sollte die besonders beliebte Frage, ob es nämlich – unabhängig vom selbstverursachten Karma – nicht doch auch unverdiente und damit ungerechte Schicksalsschläge geben kann, beantwortet sein. Diese Vermutung wird wohl deshalb so viel diskutiert, weil man eben gerne nach einer Hintertür sucht, durch die man sich der Selbstverantwortung für sein Leben entziehen kann. Aber von ungerecht darf man schon auf Grund der beschriebenen Chancen nicht sprechen – bei *keinem* Ereignis. Denn jedes einschneidende Geschehen kann dem seelischen Aufstieg dienen und innerlich weiterhelfen. Selbst der körperliche Tod.

**Die Art des Erlebens paßt immer zur persönlichen Eigenart der von diesem Erleben betroffenen Person.**

Denn er zwingt, so schmerzvoll das Abschiednehmenmüssen auch erlebt wird, in vieler Hinsicht zu einem Neubeginn, der letztlich immer mit Erfrischung, Erneuerung und einer Intensivierung des Erlebens zu tun hat. Deshalb gehört das Werden und Vergehen untrennbar zu unserer physischen Welt – und damit zu dem „vorpubertären" Abschnitt in der Entwicklung unseres geistigen Bewußtseins.

Selbst der frühe Tod eines Kindes bietet allen Beteiligten Chancen. Der inkarnierte Menschengeist erhält durch das Kindseindürfen weitere Impulse zur Stärkung seiner Lichtsehnsucht, und den Eltern ist Gelegenheit für selbstlose Liebe geboten. Abgesehen davon können mit jeder Inkarnierung auch karmische Bindungen verschiedenster Art aufgelöst werden.

Ebenso ist es, wenn den Eltern die Aufgabe gestellt ist, ein behindertes Kind zu betreuen. Das besondere Maß an Zuwendung, zu dem sie durch eine solche Inkarnierung angehalten sind, prägt und fördert sie wechselwirkend ebenso. Aber auch der Mensch, der eine Behinderung an sich selbst erleben muß, hat dadurch ganz bestimmte Entwicklungsmöglichkeiten – etwa das Erleben- und Schätzenlernen von Liebe, menschlicher Zuwendung und Geborgenheit.

Ungerecht kann ein Schicksal immer nur dann erscheinen, wenn man nicht das gesamte Sein des Menschen, sondern lediglich die Spanne eines Erdenlebens oder kurze Ausschnitte daraus isoliert für sich betrachtet. Natürlich kann ein Mensch von Ereignissen berührt werden, zu denen er auf Grund seines Seelenzustandes zwar eine gewisse Affinität hat, die er zu seinem Heil aber nicht unbedingt durchleben müßte. Doch auch in solchen Fällen herrscht letztlich nie Ungerechtigkeit, weil die Schöpfungsgesetze selbsttätig immer für gerechten Ausgleich sorgen.

## Das Lösen von Schicksalsfäden

Was immer uns trifft, ob es Freude bereitet oder Leid bringt – es ist das Ergebnis eines Entwicklungsprozesses, der sich – wie das Wachsen einer Pflanze – lange im Verborgenen vollzieht, zu ganz bestimmter Zeit aber zutage tritt, sichtbar wird im Schicksalsereignis. Und wie sich das Werden der Pflanze aus einer gesetzmäßigen Ansammlung von Stofflichkeit ergibt, so unterliegt auch das „Schicksalswerden" dem Prinzip der Verdichtung gleicher Art.

Das unsichtbare „Ausgangsmaterial" stammt von uns: Aus unserem *Wollen* entwickeln sich zahllose „Schicksalsfäden", die im allumfassenden Schöpfungsweben dann mit gleichartigen Wollensfäden anderer Menschen verbunden werden, ganze Zentralen bilden und jedenfalls auf die Urheber zurückwirken. Die immer größere Verdichtung führt sodann irgendwann unausbleiblich zu einem „grobstofflichen Niederschlag", also zu Handlungen und Ereignissen, die den Erzeuger in eine bestimmte, seinem Wollen entsprechende Lebenssituation versetzen. Es wirken also nicht erst unsere Taten schicksalsauslösend, sondern wir weben auch durch den Wollensausdruck in unseren Empfindungen und Gedanken unentwegt an unserem persönlichen Schicksalsnetz, dessen vielfältige Verknüpfungen an den grobstofflichen Ausläufern allein nicht zu erkennen sind.

Wenn wir das Weltgeschehen nur auf Grund der äußeren Ereignisse betrachten wollen, wird uns das Schicksal als Ergebnis eines blind wütenden Zufalls erscheinen müssen. Aber wie auch den Handlungen eines Menschen das Wollen *vorausgeht*, so *folgt* jedes äußere Geschehen einem vorbereitenden inneren Wirken. Darin liegt das Geheimnis jedes individuellen Ergehens.

Es stellt sich nun also noch die Frage: Wie kann der Mensch in dieses Schicksalsweben aktiv eingreifen? Was hat jemand zu tun, der schicksalsmäßige Bindungen hinter sich lassen will, der sich im Wissen, daß er *jetzt* die Saat für seine künftige Ernte legt, innerlich neu orientieren und schnellstmöglich spirituell aufsteigen möchte?

Das Werk „Im Lichte der Wahrheit" hält dazu – übrigens bereits im allerersten Vortrag, der es einleitet – eine knappe, aber klare Antwort bereit:

„*Wer in sich festes Wollen zu dem Guten trägt und sich bemüht, seinen Gedanken Reinheit zu verleihen,* der hat den Weg zum Höchsten schon gefunden! *Ihm wird dann alles andere zuteil. Dazu bedarf es weder Bücher noch geistiger Anstrengung, weder einer Askese noch Vereinsamung. Er wird gesund an Körper und an Seele, befreit von allem Druck krankhafter Grübelei; denn jede Übertreibung schadet.*"[37]

Ja, um das Wollen geht es immer wieder, wenn wir uns von Abhängigkeiten befreien möchten und entschlossen sind, mit dem inneren Aufstieg zu beginnen. Keine Psychoanalyse, keine Rückführungstherapie, keine noch so ausgeklügelte Seelengymnastik kann dieses einfachste und grundlegendste Lebenshilfe-Prinzip ersetzen: *das Wollen zum Guten!*

In diesem liegt übrigens auch der entscheidende Hebel im Hinblick auf die Überwindung von bereits bestehendem Karma. Wie in der Physik, wo man es als *Interferenz* bezeichnet, wenn zwei unterschiedliche Schwingungen aufeinandertreffen, die sich in dem Maße aufheben, wie Wellenberg und Wellental einander gegenüberstehen, so können auch üble karmische Rückwirkungen abgeschwächt oder aufgehoben werden, wenn sie auf die gegenläufige „Schwingung" des guten Wollens treffen, die von dem inzwischen geläuterten Menschen nun ausgeht.[38] Abd-ru-shin erklärte dies im Rahmen einer Fragenbeantwortung einmal mit den folgenden Worten:

„*Die Umgebung eines jeden Menschen ist durchtränkt von der Art seines* wirklichen *Empfindens, bildet also eine gleichartige feinstoffliche Schicht um ihn. (...) Hat nun ein Mensch ehrlich gutes Wollen in sich großgezogen, so wird auch die ihn umgebende Schicht von gleicher Art sein. Zurückkommende Wechselwirkungen übler Art von früher her werden nun von dieser ihnen entgegenstehenden Schicht aufgehalten und abge-*

*lenkt oder aufgesaugt und zersetzt, bevor sie den Menschen selbst zu treffen vermögen, und somit ganz beseitigt oder doch bedeutend abgeschwächt, so daß ihm damit durch sein ernstes gutes Wollen die Vergebung früherer Übel wurde.*"[39]

Mit ehrlich gutem Wollen gibt es keinen Grund, karmische Rückwirkungen zu fürchten. Denn damit verbinden wir unseren freien Willen dem Gotteswillen.

Einige Fragen, die den vorliegenden Buchabschnitt eingeleitet hatten, konnten wir im Hinblick auf mehrmalige Erdenleben bereits lösen. Die jetzige Inkarnation ist auch nicht der Beginn unserer großen Weltenwanderung, sondern nur eine – wenn auch höchst bedeutsame – Zwischenetappe darin.

Das Bewußtsein, daß unser ganzes Sein in einen viel größeren Rahmen eingebettet ist, mag an sich schon eine außerordentliche Lebenshilfe bieten, einen Anstoß zur Neuorientierung und Sinnfindung. Doch auch im Wissen um die wichtigsten Zusammenhänge von Leben, Tod und Wiederverkörperung blieben viele zentrale Fragen bislang noch unbeantwortet: Woher kommt unsere Seele – oder besser gesagt: ihr Kern, der Geist, ursprünglich? Wo waren wir *vor* der ersten Inkarnation? Wo liegen die allertiefsten Wurzeln des Menschseins? Wie und warum begann alles Leben für uns?

Mit diesen Fragen verlassen wir nun endgültig die stoffliche Welt, sowohl die Grobstofflichkeit des „Diesseits“ als auch die Feinstofflichkeit des „Jenseits“ …

## *Anmerkungen und Literaturempfehlungen*

*zu Kapitel 7*

*1* Das Wort „inkarnieren" hat – abgeleitet aus dem Lateinischen – die Bedeutung von „ins Fleisch eintreten".

*2* Unter Hes. 34, 23 heißt es: „Und ich will ihnen einen einigen Hirten erwecken, der sie weiden soll, meinen Knecht David."

*3* Der Prophet Elias lebte im 9. Jahrhundert v. Chr. und trat damals für die alleinige Verehrung Gottes ein.

*4* Vgl. „Neues Testament", Joh. 1, 21

*5* Vgl. „Neues Testament", Matth. 16, 14

*6* Vgl. „Neues Testament", Joh. 9, 2

*7* Zitiert aus: „De principiis II" 9, 5–6

*8* Giordano Bruno sprach diese Worte vor dem Inquisitionsgericht am 2. Juli 1592.

*9* Weitere Zeugnisse bedeutender Dichter und Denker sowie umfangreichere Überlegungen zum Thema Wiederverkörperung findet der interessierte Leser in meinem Taschenbuch „Weshalb wir nicht nur einmal leben – Wiederverkörperung: ein christlicher Gedanke", Verlag der Stiftung Gralsbotschaft, Stuttgart 2002

*10* Vgl. Richard Steinpach: „Irrwege", Verlag der Stiftung Gralsbotschaft, Stuttgart 1994 (S. 127, „Das einst Erlebte")

*11* Ein Pionier dieser Therapieform war der Münchner Psychologe Thorwald Detlefsen, der im Juni 1968 ein berühmt gewordenes Hypnose-Experiment durchführte, bei dem er erstmals eine Versuchsperson mittels hypnotischer Suggestion zuerst die Geburt und dann auch Szenen einer früheren Inkarnation durchleben ließ.

*12* Zitiert aus: Richard Steinpach: „Irrwege", Verlag der Stiftung Gralsbotschaft, Stuttgart 1994 (Band 3 der Werkausgabe „Sieh: Die Wahrheit liegt so nahe")

*13* Das Zitat stammt aus einem Interview mit Jenny Cockell, das in der Zeitschrift „GralsWelt" in zwei Teilen veröffentlicht wurde: Vgl. Hefte 13/1999 und 14/2000, Verlag der Stiftung Gralsbotschaft, Stuttgart. Ein weiteres Interview mit Jenny Cokkell ist in der GralsWelt-TV-Produktion „Schicksal und Reinkarnation“ zu sehen.

*14* Dieses Beispiel interpretiert inhaltlich Ausführungen der Gralsbotschaft von Abd-ru-shin (Vortrag „Die Sexualkraft und ihre Bedeutung zum geistigen Aufstiege“, Band 2).

*15* Abd-ru-shin: „Gralsbotschaft – Im Lichte der Wahrheit“, Verlag der Stiftung Gralsbotschaft, Stuttgart, 1998 (Band 1, „Das Geheimnis Luzifer“)

16 Zum Thema „Bevölkerungsexplosion und Klimawandel“ vgl. Siegfried Hagl: „Wieviel Mensch verträgt die Erde?“, erschienen in der Zeitschrift „GralsWelt“, Heft 43/2007, Verlag der Stiftung Gralsbotschaft, Stuttgart.

*17* Abd-ru-shin: „Gralsbotschaft – Im Lichte der Wahrheit“, Verlag der Stiftung Gralsbotschaft, Stuttgart, 1998 (Band 2, „Die Sexualkraft und ihre Bedeutung zum geistigen Aufstiege“)

*18* Die Grundlage für diese Beschreibungen bot mir ein Vortrag aus der Gralsbotschaft von Abd-ru-shin, vgl. „Das Recht des Kindes an die Eltern“ (Band 2).

*19* Mehr über diese Vorgänge findet der interessierte Leser bei Gertraud Schmitt: „Urteilskraft gewinnen“, erschienen in der Zeitschrift „GralsWelt“, Heft 25/2002, Verlag der Stiftung Gralsbotschaft, Stuttgart.

*20* Zitiert aus: Abd-ru-shin: „Gralsbotschaft – Im Lichte der Wahrheit“, Verlag der Stiftung Gralsbotschaft, Stuttgart, 1998 (Band 2, „Die Sexualkraft und ihre Bedeutung zum geistigen Aufstiege“)

*21* Zitiert aus: Abd-ru-shin: „Gralsbotschaft – Im Lichte der Wahrheit“, Verlag der Stiftung Gralsbotschaft, Stuttgart 1998 (Band 2, „Die Sexualkraft und ihre Bedeutung zum geistigen Aufstiege“)

*22* Zitiert aus: Abd-ru-shin: „Gralsbotschaft – Im Lichte der Wahrheit“, Verlag der Stiftung Gralsbotschaft, Stuttgart 1998 (Band 2, „Die Sexualkraft und ihre Bedeutung zum geistigen Aufstiege“)

*23* Zitiert aus: Abd-ru-shin: „Gralsbotschaft – Im Lichte der Wahrheit“, Verlag der Stiftung Gralsbotschaft, Stuttgart 1998 (Band 1, „Die Welt“)

*24* Einen Überblick zu den derzeitigen Vorstellungen auch zu den offenen Fragen im Hinblick auf die Weltgeschichte findet der interessierte Leser in meinem Beitrag: „Die großen Rätsel der Weltgeschichte“, erschienen in der Zeitschrift „GralsWelt“, Heft 22/2002, Verlag der Stiftung Gralsbotschaft, Stuttgart

*25* Man datiert das Übergangsfeld zwischen Tier und Mensch im Zeitraum vor ca. sechs bis zehn Millionen Jahren. Vor ca. drei bis sechs Millionen Jahren trat der „Ur-Mensch“ auf.

*26* In der Gralsbotschaft (Vortrag: „Vater, vergib ihnen; denn sie wissen nicht, was sie tun!“, Band 2) wird erwähnt, daß die Zeit, in der auf Erden die höchstentwickelten Tierkörper zur Inkarnierung für Menschengeister zur Verfügung standen, zur „Hälfte des Kreislaufes aller Stofflichkeit“ gegeben war. Diese Darlegung sollte nicht dahingehend mißverstanden werden, daß uns nun die gesamte „zweite Hälfte des Kreislaufes aller Stofflichkeit“ – dabei würde es sich nach heutigem Weltbild um Milliarden von Jahren handeln – noch für unsere Entwicklung zur Verfügung steht.

*27* Die „Akasha-Chronik“ dürfte ursprünglich als das „Buch des Lebens“ verstanden worden sein, in dem alle Gedanken und Taten als Bilder aufgezeichnet sind und von wo sie auf medialem Weg auch wieder abgerufen werden können.

*28* Präkognition = Erfahren eines künftigen Ereignisses

*29* Das „Geburtsbild“ zeigt in der Astrologie, wo zur Zeit der Geburt eines Menschen die Planeten unseres Sonnensystems standen und welche „Winkelbeziehungen“ sie untereinander hatten.

*30* Wer an einer Einführung in das Thema „Astrologie“ interessiert ist, dem sei eine siebenteilige Artikelserie empfohlen, die in der Zeitschrift „GralsWelt“ erschienen ist: „Die königliche Kunst“, Hefte 10/1999 bis 16/2000, Verlag der Stiftung Gralsbotschaft, Stuttgart

*31* Weitere Hinweise auf diese Zusammenhänge findet der interessierte Leser im Vortrag „Astrologie“, Band 2 der Gralsbotschaft von Abd-ru-shin, Verlag der Stiftung Gralsbotschaft, Stuttgart 1998.

*32* Sofern man das Wort „Zufall“ nicht einfach für die „Gleichzeitigkeit“ zweier unabhängig voneinander stattfindender Ereignisse verwendet. In diesem Fall müssen natürlich keine inneren Ursachen mitspielen.

*33* Christopher Vasey: „Die geistigen Hintergründe der Überbevölkerung“, erschienen in der Zeitschrift „GralsWelt“, Heft 25/2002, Verlag der Stiftung Gralsbotschaft, Stuttgart.

*34* Gekürzte Wiedergabe einer Erzählung aus „Tausend und eine Nacht“, Xenos Verlagsgesellschaft, Hamburg 1982

*35* Auf die Zusammenhänge zwischen Schöpfungsgesetzen und göttlichem Willen bin ich in meinem Buch „Die Wiederkehr Gottes – Ein neues Weltbild für das 21. Jahrhundert“ näher eingegangen: Verlag der Stiftung Gralsbotschaft, Stuttgart 2000

*36* Abd-ru-shin: „Fragenbeantwortungen 1924–1937“ (Frage Nr. 17), Verlag der Stiftung Gralsbotschaft, Stuttgart 1990

*37* Zitiert aus: Abd-ru-shin: „Gralsbotschaft – Im Lichte der Wahrheit“, Verlag der Stiftung Gralsbotschaft, Stuttgart 1998 (Band 1, „Was sucht Ihr?“)

*38* Dieses Gleichnis habe ich einem Vortrag von Dr. Richard Steinpach entnommen, der auch als Taschenbuch erhältlich ist und in dem der interessierte Leser weitere bemerkenswerte Überlegungen zum Thema Schicksal findet: „Weshalb Gott das alles zuläßt“, Edition GralsWelt, Verlag der Stiftung Gralsbotschaft, Stuttgart 2003

*39* Zitiert aus: Abd-ru-shin: „Fragenbeantwortungen 1924–1937“ (Frage Nr. 1), Verlag der Stiftung Gralsbotschaft, Stuttgart 1990

*Kapitel 8*

# *DIE WELTENWEITE WANDERUNG*

*Lesen Sie in diesem Kapitel:*

- *Von der Größe der Schöpfung*
- *Die Weisheit der Märchen*
- *Dem Geist auf der Spur*
- *Die Ausstoßung aus dem Paradies*
- *Wie entstehen die Geschlechter?*
- *Unsere Reise durch die Stofflichkeit*

»Die Menschenkinder verlassen ihre Heimat, sie verirren sich im „dunklen Wald“, sie naschen am „Lebkuchenhaus“ und geraten in Gefangenschaft des Bösen. Letztlich jedoch gelingt die Selbstbefreiung … Die Geschichte von „Hänsel und Gretel“ beschreibt, wie viele andere Märchen, die Wanderung des Menschengeistes. Unsere Wanderung.«

# Kapitel 8

# Die weltenweite Wanderung

Sollten Sie dieses Buch in der Buchhandlung erstanden haben, so ist es Ihnen vielleicht in einem Regal mit der Überschrift „Esoterik“ aufgefallen – womit Sie sich in einen Bereich begeben haben, der heute ein seltsames „Eigenleben“ führt: Weder wird er der Schublade „Religion“ zugeordnet noch weniger dem Bereich „Wissenschaft“. So, als ob man das, was in esoterischen Publikationen zu lesen steht, weder glauben soll noch wissen kann. Auch dürfte so mancher Buchverkäufer in Argumentationsnotstand geraten, wenn man ihn naiv danach befragt, was denn unter „Esoterik“ überhaupt verstanden werden sollte.

Zweifellos ist es ein unübersehbares Nebelgebiet, in dem sich die cyan-magentafarbenen Bücher inhaltlich bewegen. Wie die Modewelt wird es wellenartig durchflutet von Trends, Tendenzen und immer neuen Heilsaussichten, die sich aus Erkenntnissen oder Vermutungen über feinerstoffliche Zusammenhänge ergeben. Weniges davon bewährt sich nachhaltig.

Wenn man sich mit der Innen- oder Jenseitswelt beschäftigt, begegnet man fast zwangsläufig Menschen, die tiefere Wahrheiten zu kennen glauben oder über aufsehenerregende Außergewöhnlichkeiten zu berichten wissen. So erinnere ich mich – neben vielen, die *wirklich* außergewöhnliche Befähigungen hatten – an einen Bekannten, der einem fernöstlichen Meister huldigte, welcher angeblich das Karma seiner Schüler auf sich nehmen und auflösen konnte. Ein nächster zeigte sich beglückt vom Bewußtsein der ei-

Ohne Nachdenken und Prüfen führt ein Vordringen in Schöpfungsbereiche jenseits der physischen Welt leicht in die Irre.

genen „Göttlichkeit", die es ihm vermeintlich erlaubte, jegliche „Einengung" durch Gesetze und Gebote zu überwinden. Und ein übernächster kramte verbissen in der eigenen Vergangenheit – auf der Suche nach besonders tiefen Seelenkerben. Sie alle wirkten in ihren Gedanken weltfern und unzufrieden.

Aber natürlich sind gerade auch unter den Esoterikern viele Wahrheitssuchende, und der Hang zu Fanatismus und Ausschließlichkeit steckt in fast jedem Menschen, auch wenn er sich zu den profunden Materialisten zählt.

Der Begriff „Esoterik" geht auf die griechische Philosophie zurück, in der man zwischen exoterischen und esoterischen Lehren[1] unterschied, also zwischen solchen, die für die profane Öffentlichkeit bestimmt waren und den geheimen, die nur einem erleuchteten, jedenfalls aber erlauchten „inneren Personenkreis"[2] zugänglich waren. Eine solche Differenzierung zwischen Innen- und Außenverhältnis ist an sich auch gar nicht verwerflich – jeder Weise handelte sehr unweise, würde er mit seinen tiefsten Lebenserfahrungen just die oberflächlichsten Zeitgenossen zwangsbeglücken wollen und damit „Perlen vor die Säue werfen". Es gibt Wissen, auf das man vorbereitet, für das man reif sein muß.

Das Problem – und damit auch der Grund für diesen einleitenden Exkurs in die Esoterik – liegt anderswo: Wer immer sich abseits der geregelten Weltanschauungs-Hauptstraßen bewegt, betritt scheinbar unkontrollierbares Gelände. Auf dem Feld des Unfaßbaren, nicht Beweisbaren, kaum Tagbewußten läßt es sich geheimnisvoll und aufsehenerregend in Gedanken spielen – vermeintlich gibt es ja niemanden, der über die Bereiche jenseits der Stofflichkeit wirklich Bescheid wüßte. Die scharfe Grenze zwischen einem spirituell weiterführenden esoterischen Wissen und banalen Phantastereien müßte erst mühevoll wieder gesucht werden. Doch wer will diese anspruchsvolle Aufgabe erfüllen? Die meisten Menschen verzichten beim Konsum der feinerstofflichen Angebotsvielfalt auf den Versuch, die Spreu vom Weizen zu trennen[3]. Doch ohne tiefes, empfindungsgestütztes Nachdenken und sorgfältiges Prüfen führt ein Vordringen in Schöpfungsbereiche jenseits der physischen Welt sehr leicht in die Irre.

## Die Größe und Vielfalt der Schöpfung

Wie vielfältig und unermeßlich ist doch die Schöpfung, in der wir leben! Und wie furchtbar wenig ahnen wir von ihrer wahren Größe! Wo immer man genauer hinzusieht, tiefer nachdenkt, das eigene Blickfeld erweitern will, muß man seine bisherigen Erkenntnisse auch schon wieder in Frage stellen. Erlebte man beispielsweise, daß die kühl-kalkulierten Entscheidungen des Verstandes durchaus nicht immer den besten Weg vorgeben und man wohl lieber auf das „Gefühl aus dem Bauch" vertrauen sollte, so stellte sich bei der nächsten Gelegenheit heraus, daß bisweilen gerade das hochgelobte Gefühl in die Irre leitet. Denn Gefühl und Empfindung sind zweierlei, es gibt körperbezogene „innere Stimmen" und eine *innerste* Stimme des Gewissens, in der dann wirklich unser „höheres Selbst" zum Ausdruck kommt.

Dies nur als Beispiel – immer wieder haben wir während unserer Innenwelt-Expedition ja versucht, *genauer* hinzusehen, und wir konnten dadurch schon einige Einblicke in die Vielschichtigkeit unserer menschlichen Wesensart gewinnen. Eben diese Erfahrungen sollten uns aber auch schon gelehrt haben, die beiden größten Fehler, die man gerade in esoterischen Weltbetrachtungen häufig vorfindet, tunlichst zu vermeiden: erstens, die Größe der Schöpfung zu unterschätzen und zweitens, die Bedeutung des Menschen zu überschätzen.

Würde man die Erhabenheit des Schöpfers nur ein wenig deutlicher empfinden oder wenigstens die unermeßlichen Weiten höherer Schöpfungsregionen erahnen, so wären uns viele Irrmeinungen erspart geblieben – die unzähligen Berichte über medialmeditativen Verkehr mit Erzengeln oder Jesus Christus ebenso wie etwa die selbstgefällige (wenngleich eigentlich keinerlei Vorteile bietende) Annahme, wir Menschen würden im innersten Kern tatsächlich göttlicher Natur sein. –

## *Im Lichte der Wahrheit*

Wir hatten uns vorgenommen, in unserer Innenwelt-Erkundung bis zu den Wurzeln unseres „höheren Selbst" vorzudringen, die Herkunft der „innersten Stimme" zu ergründen, unser eigentliches Ich zu erfahren, den *Geist*, der nach Sinn verlangt und der sich darnach sehnt, zu seinem Ursprung zurückzukehren. Wenn wir nun also den Bereich der Stofflichkeit ganz hinter uns lassen, dabei aber esoterische Irrwege vermeiden wollen, dann wird es wichtiger denn je sein, einen verläßlichenWanderstab zur Hand zu nehmen, sich also einer Halt gewährenden, weisen Führung anzuvertrauen.

Zum guten Glück gibt es eine solche, und es wird den Leser nach den bisherigen Ausführungen nicht überraschen, wenn ich in diesem Zusammenhang einmal mehr auf das Werk „Im Lichte der Wahrheit – Gralsbotschaft" von Abd-ru-shin verweise. Ich schreibe dieses Buch zur menschlichen Innenwelt ja nicht zuletzt in Dankbarkeit dafür, daß ich das Werk „Im Lichte der Wahrheit" vor rund 25 Jahren für mich entdecken durfte – nachdem ich selbst auf esoterischen Irrwegen gewandert war, wobei ich mich durchaus bereits auf dem „Pfad der Wahrheit" wähnte und die mir von einem spirituellen Mitstreiter empfohlene Gralsbotschaft ursprünglich nur zu lesen begann, um das darin Gebotene kraft meines vermeintlich überragenden eigenen Wissens in Frage zu stellen.

Doch mein Vorhaben, Widersprüche aufzudecken, schlug fehl. Anfangs meinte ich zwar, einige gefunden zu haben, doch nach eingehenderem Studium stellte sich bald heraus, daß sich diese in meiner eigenen – allzu unklaren – Sicht der Dinge gründeten, und ich hatte mir einzugestehen, daß ich selbst zum Umdenken aufgefordert war. Mein persönliches Weltbild (das übrigens auf einer –

wohl allzu abendländischen – Interpretation des fernöstlichen Yin-Yang-Prinzips gegründet hatte), so erkannte ich nach und nach mit Bitternis, litt an einer Störung, wie sie typisch ist für sehr viele spirituelle Wege: Es war in sich stimmig, logisch, ja, unantastbar – doch leider hatte es „Systemgrenzen". Fragen, die außerhalb meines selbstgezimmerten Denkschemas lagen, wie etwa die nach der Herkunft der Seele und des Geistes oder gar nach dem Sinn der Schöpfung oder dem Sein Gottes, hatte ich in eine Grauzone verdrängt oder sogar tabuisiert, und nun mußte ich mir – durch die Gralsbotschaft zu genauem Hinsehen angeregt – eingestehen, daß es eine ganze Menge solcher Grauzonen gab und noch viel mehr zentrale Lebensfragen, die ich über Jahre kühn als unwichtig abgetan hatte.

**Wer esoterische Irrwege vermeiden will, braucht für seinen Pfad einen guten Wanderstab …**

Im Rückblick läßt es sich eigentlich recht einfach zusammenfassen: In meinem Weltbild fand alles das Platz, was mir persönlichen Gewinn in Aussicht stellte – gesunde vegetarische Ernährung beispielsweise oder eine durch entsprechende Übungen gestützte Entwicklung des eigenen Bewußtseins und der persönlichen Urteilsfähigkeit –, doch „verschwendete" ich kaum Gedanken an die wirklich naheliegenden Erfordernisse des Lebens. Mein gekünstelter „spiritueller Weg" führte mich im Grunde weg davon, die Bedürfnisse anderer zu erkennen, helfend und unterstützend einzugreifen, wo es Not tut oder gar Demut gegenüber der Größe Gottes zu entwickeln. Vor dem, was geistig tatsächlich unmittelbar nützt und innerlich veredelt, hatte ich mich verschlossen.

Heute tröste ich mich mit der Beobachtung, daß offenbar auch andere Menschen durch eine Lebensphase des spirituellen Fanatismus mit anschließender Kalt-Dusche die nötige Abklärung erfahren. Ich hüte mich zwar davor, zu behaupten, daß ich selbst diesen Weg unbedingt gebraucht habe – das wäre wohl eine zu einfache Entschuldigung für eigenes Fehlverhalten, geistige Trägheit und Denkfaulheit –, aber ich bin dankbar dafür, daß das Leben uns sonderbaren Geschöpfen in menschenüberragender Großzügigkeit Gelegenheit zum Lernen bietet, und daß die Gnade, neu beginnen zu können, immer wieder Wege öffnet.

Jedoch: Wenn man einen Fallstrick einmal erkannt und durchschaut hat, wird man sich künftig nach Kräften vor ihm hüten. Und das hieß für mich: Nie wieder lebensferne Ideologien, abgesteckte Lehrgebäude und Verhaltensregeln, neue „Systemgrenzen“, die die eigene Weltanschauung von der Wirklichkeit trennen! Statt dessen möglichst wach durchs Leben gehen, freien Sinnes, offen für neue Erfahrungen, die Schritt um Schritt weiterführen.

Ich gehe davon aus, daß jeder wahrheitssuchende Mensch ähnlich denkt und bin fest davon überzeugt, daß kein noch so ausgeklügeltes weltanschauliches Gedankenkonstrukt unsere Sehnsucht nach Erkenntnis erfüllen und unseren geistigen Wissensdurst stillen kann, sondern dazu in erster Linie das bewußte Erleben des eigenen Lebens nötig ist, der Blick auf das Wirken der Natur, die empfindungsvolle, vom Geist der Nächstenliebe getragene Verbindung mit allem Lebendigen.

Und dennoch empfehle ich nun die Gralsbotschaft? Abermals eine Lehre, ein weiteres Gedankengebäude, wieder ein abgepflockter religiöser Weg?

Glücklicherweise ist das Werk „Im Lichte der Wahrheit“ nichts von dem. Man kann es zwar als eine Lehre bezeichnen, doch sie unterscheidet sich in zwei wesentlichen Merkmalen von dem, was man üblicherweise unter diesem Begriff versteht:

Erstens greift und führt das Werk Abd-ru-shins unmittelbar hinein ins Leben, indem es keine abstrakten Theorien bietet, sondern auf den Gesetzmäßigkeiten der Schöpfung aufbaut, wie sie grundsätzlich für jedermann beobacht- und erkennbar sind. Und zweitens spricht die Gralsbotschaft – was mich übrigens auch nach mehr als 25jährigem Studium immer noch erstaunt – trotz ihrer stets allgemein gehaltenen Aussagen direkt jeden einzelnen an. Sie trifft ins Herz des Menschseins, weckt die Sehnsucht nach geistigem Licht, ermuntert die Stimme des Gewissens und fordert dazu auf, das zu leben und zu pflegen, was man im Grunde schon immer als das Richtige erkannt hat – auch wenn und gerade weil sich die Ideale der Gesellschaft heute längst nicht mehr an hohen Werten orientieren.

Daß dabei jeder Mensch seinen ganz persönlichen Weg zu gehen hat, eigenständig und nicht fremdbestimmt, kommt schon im Geleitwort der Gralsbotschaft – als Voraussetzung für alles Folgende – zum Ausdruck:

> *„Nur wer sich selbst bewegt, kann geistig vorwärts kommen. Der Tor, der sich dazu in Form fertiger Anschauungen fremder Hilfsmittel bedient, geht seinen Pfad nur wie auf Krücken, während die gesunden eignen Glieder dafür ausgeschaltet sind.“*[4]

Wer diese Empfehlung beherzigt und – auf der Basis seiner eigenen Fähigkeiten und Möglichkeiten – um Erkenntnis ringt, der findet nach meiner Überzeugung in der Gralsbotschaft mit Sicherheit den gesuchten verläßlichen Wanderstab für den geistigen Aufstieg. Nicht nur wegen der darin gebotenen Erklärungen über den Aufbau und die Größe der Schöpfung, sondern vor allem auch der Denkschulung wegen, die der Leser dieses Werkes unausgesprochen an sich erfährt.

Wer sich zum Beispiel daran gewöhnt, Auffassungen und Meinungen zu hinterfragen, indem er Umkehrschlüsse zieht (Beispiel: Wenn Jesus leiblich aufgefahren in den Himmel sein soll – warum ist er dann nicht auch auf diesem Weg herabgekommen?), indem er größere Zusammenhänge sucht und die Dinge auf den einfachsten Nenner bringt, indem er auch die Fähigkeit zu „vertikalem“, gleichnishaftem Denken entwickelt – wie oben, so unten; wie innen, so außen –, dem wird es schrittweise gut gelingen, sich von allerlei Fehlmeinungen zu befreien und die eigenen Vorstellungen an nichts anderem als der Wirklichkeit zu messen.

Zu *dieser* Freiheit führt die Gralsbotschaft. Sie zeichnet keinen beliebigen, abgegrenzten geistigen Weg vor, sondern unterstützt die ureigene Lebendigkeit jedes einzelnen Menschen. Und es ist eine beglückende Erfahrung, an sich selbst immer wieder neu das zu erleben, was Abd-ru-shin im dritten Band seines Werkes zum Ausdruck bringt:

*„Daß Ihr in meiner Botschaft auch das Wort der Wahrheit wirklich habt, könnt Ihr sofort erkennen, wenn Ihr wachend um Euch blickt; denn Euer ganzes bisheriges Erdenleben, sowie das Neuerleben jedes Augenblickes im Äußeren und Inneren wird Euch vollständig klar, sobald Ihr es von meiner Botschaft aus beleuchtet und betrachtet.*

*Nicht eine Frage bleibt Euch dabei ungelöst; großes Verstehen geht in Euch auf für das bis jetzt geheimnisvolle Walten eherner Gesetze in der Schöpfung, die Euch mit den Auswirkungen Eures Wollens führen, und als Krönung Eurer Mühe kommt das wundervolle Ahnen einer Weisheit, einer Allmacht, einer Liebe und Gerechtigkeit, welche nur* Gottes *sein kann, dessen Sein Ihr damit findet!“*[5]

## Eine erste Übersicht

Die bisherigen Überlegungen machten bereits mehrfach deutlich, daß jener Begriff, der diesem Buch seinen Titel gab – *Innenwelt* – im Grunde nur aus der physischen Sicht, also in unserem tagbewußten Erleben seine Berechtigung hat. Denn was für uns jetzt, also im inkarnierten, körperverbundenen Zustand, Innenwelt ist, das wird nach dem Ablegen der grobstofflichen Hülle unmittelbar zur Außenwelt. Im gesamten betrachtet gibt es keine Grenze, die das Außen von einem Innen trennt; was indes zu unterscheiden ist, sind die einzelnen Schöpfungs- oder, wie wir sie auch benannten, Bewegungsebenen:

Unseren physischen Körper mit all seinen Organen rechneten wir der *groben Grobstofflichkeit* zu, den sogenannten Astralkörper der *mittleren Grobstofflichkeit*[6]. Bei jeder Inkarnierung umkleidet sich die menschliche Seele sowohl mit einem Körper mittlerer als auch mit einem grober Grobstofflichkeit; bei jedem Erdentod läßt sie diese beiden zusammengehörigen Hüllen zurück.

Der Seelenkörper selbst besteht aus *feiner Grobstofflichkeit* oder, wie wir sie der Einfachheit halber auch benannt hatten, aus *Feinstofflichkeit*.

Im Sinne einer ersten Übersicht muß nun aber hinzugefügt werden, daß „feine Grobstofflichkeit" und „Feinstofflichkeit" durchaus nicht das gleiche ausdrückt. Beide Begriffe beschreiben zwar Bewegungsebenen, die der physischen Welt relativ nahe sind und die für einen Menschen nach seinem Abscheiden zur Außenwelt werden. Genauer besehen ist der Unterschied aber dennoch ein weltenweiter.

„Feine Grobstofflichkeit" weist ganz richtig darauf hin, daß diese Stofflichkeitsart untrennbar zur physischen Welt gehört. Es ist der „Stoff", aus dem unsere Gedanken geformt sind, und zugleich drückt dieser Begriff die gröbstmögliche Beschaffenheit unserer Seele aus. „Feinstofflichkeit" hingegen beschreibt eine grundlegend andere, der physischen Welt ferner liegende Ebene. Sie ist lichter, ätherisierter und zeichnet sich durch ungleich höhere Wärme- und Bewegungsgrade aus.

## Durch die feinstoffliche Welt

Wenn wir also das Wesen der Seele darin erkennen können, daß sie – wie auch der physische Körper – eine *Hülle* für den bewußten, innersten geistigen Kern des Menschen ist, so muß gleichzeitig hinzugefügt werden, daß „Seele" im Grunde ein Sammelbegriff für sehr unterschiedliche Seinszustände ist. Ein Mensch beispielsweise, der sehr an irdischen Genüssen oder Besitztümern hängt, also der Grobstofflichkeit noch eng verbunden ist, wird nach dem irdischen Tod die feinstoffliche Welt unter Umständen überhaupt nie erreichen, sondern mit seinem Seelenkörper aus feiner Grobstofflichkeit in einer dieser Art entsprechenden Schöpfungsebene weiterleben:

*„Ihr ahnt gar nicht, wie weit der Weg so mancher Seele schon ist, um nur erst in die Feinstofflichkeit zu gelangen! Vom Geistigen gar nicht zu sprechen. (…)*

*Es sind viele Seelen lange Zeit noch erdgebunden, weil sie an Fäden hängen, die dicht bei dieser schweren Grobstofflichkeit fest verankert sind. Die Seele kann erst davon loskommen, wenn sie sich darin freigelebt hat, das heißt, wenn sie in dem Durchwandernmüssen zur Erkenntnis kam, daß alle diese Dinge gar nicht den Wert oder die Wichtigkeit besitzen, die sie ihnen beigelegt hatte, und daß es nichtig und falsch gewesen war, für sie einst auf der Erde so viel Zeit zu verschwenden. Es dauert oft sehr lange, und es ist manchmal sehr bitter.*

*Viele Seelen werden unterdessen wieder aus der schweren Grobstofflichkeit angezogen, kommen abermals und immer wieder hier zur Erdeninkarnierung, ohne inzwischen in der Feinstofflichkeit gewesen zu sein. Sie mußten in der feinen Grobstofflichkeit bleiben, weil sie sich davon nicht so schnell lösen konnten. Die Fäden hielten sie zu fest darin. Und ein Hindurchschlüpfen in Schlauheit gibt es dabei nicht.*"[7]

Wenn man sich nun noch vor Augen führt, daß es auch in der Feinstofflichkeit – wie abbildhaft im Grobstofflichen – leichte, mittlere und schwere Bewegungsebenen gibt, dann kann man schon allein aus diesem einen Zitat erahnen, wie viele Stufen auf unserer weltenweiten Wanderung zur geistigen Entwicklung gründlich durchlebt werden wollen und welche unermeßlichen Weiten die Schöpfung jenseits der physischen Welt umfaßt.

Die Ebenen der Grob- und Feinstofflichkeit sowie deren Wechselbeziehungen bilden in ihrer Gesamtheit das immense Feld unseres menschlichen Wirkens und Formens, unseres Forschens und Strebens. Während die Naturwissenschaft derzeit nur die grobe Grobstofflichkeit – die Außenwelt vom Mikro- bis zum Makrokosmos – ergründet, sich also innerhalb der Grenze des sinnlich Erfahrbaren und/oder technisch Meßbaren bewegt, anerkennt man in ganzheitlicheren Weltanschauungen solche Beschränkungen nicht und versucht eben auch, in höhere Sphären des Seins vorzudringen, in die Welt des Astralen oder auch der Gedankenformen.

> Was in manchen Kreisen als „Kontakt zum Licht" bezeichnet wird, spielt sich nur in feinerstofflichen Bereichen ab.

Viele der heute – nicht nur im Bereich der Esoterik – angebotenen Lebenshilfen zielen darauf ab, die Kräfte in und aus feinerstofflichen Bereichen bewußter zu nützen. Das sogenannte „positive Denken" und bestimmte Motivations- oder Selbstfindungs-Techniken sind Beispiele dafür; auch verschiedene Methoden des „energetischen Heilens" beziehen ihre Kräfte aus Bereichen jenseits unserer körperlichen Sinneswahrnehmung.

Abgesehen davon dringen natürlich auch Psychoanalyse und -therapie in feinerstoffliche Gefilde vor. Zwar definiert man die Seele heute mit Vorliebe als Gehirnfunktion, und auch die meisten Behandlungen mit „Psycho"-Pharmaka zielen auf die körperliche Ebene, also die grobe Grobstofflichkeit ab, doch beeinflussen diese Medikamente gleichzeitig immer auch die Strahlungsbrücke zwischen Körper und Seele. Und sobald irgendwelche therapeutischen Couchgespräche im Spiel sind, greift die Behandlung ganz automatisch tiefer. Denn jede bewußt gesteuerte Gedankentätigkeit ist, wie wir gesehen haben, Formungsarbeit im Bereich der feinen Grobstofflichkeit.

Die gröberen Bereiche der Feinstofflichkeit bilden auch den Wirkungskreis für so manchen esoterischen oder okkulten „Meister". Was solche Menschen mehr oder weniger meisterlich beherrschen, ist, ganz allgemein gesagt, das Kanalisieren von feinerstofflichen Strömungen.

Ebenso führen praktisch alle medialen Jenseitskontake in diese Ebenen, wobei es maßgeblich vom eigenen Seelenzustand des jeweiligen Menschen abhängt, bis zu welcher Höhe und Feinheit er Verbindung aufzunehmen fähig ist. Denn auch diese Kommunikationsmöglichkeiten sind durch die Schöpfungsgesetze der Anziehung gleicher Arten und der Schwere zuverlässig geregelt. Wessen seelische Innenwelt nicht eine entsprechende Leichtigkeit erreicht hat, kann unmöglich mit leichten, lichten Höhen direkt Fühlung aufnehmen[8]. –

Doch all dies soll uns hier nicht mehr im Detail beschäftigen. Diese Zusammenhänge sind nur der Übersicht wegen erwähnt und mögen etwas Entscheidendes nochmals unterstreichen: Was in manchen Kreisen als Kontakt zum Licht, zu hohen geistigen Führern oder gar Erzengeln dargestellt wird – gar nicht unbedingt in böser Absicht, sondern einfach auf Grund der fehlenden Gesamtschau –, das spielt sich in Wirklichkeit durchweg im Bereich feinerstofflicher Jenseitswelten ab.

In Abd-ru-shins Gralsbotschaft findet man viele Schilderungen, die vor Augen führen, welche zeitlichen und räumlichen Weiten zur inneren Läuterung manchmal durchlebt werden müssen. Eine davon – sie beschreibt das sogenannte „Land der Dämmerung" – sei hier in einem längeren Zitat auszugsweise wiedergegeben: Momentaufnahmen aus dem tatsächlichen Leben in der feinstofflichen Welt, gegeben aus einer großartigen Schau von oben, die auch erkennen läßt, welche große Verantwortung gerade jene zu tragen haben, die als Lehrer in Glaubensfragen auftreten ...

> *„Laß Dich führen, Menschenseele, einen Schritt ins feinstoffliche Reich! (...)*
>
> Wir treten in die Ebene der Dämmerung! *Ein Flüstern dringt an unser Ohr, das ganz zum fahlen Dämmerscheine paßt, der uns umgibt und unklar Umrisse erkennen läßt von Hügeln, Wiesen, Sträuchern.* Alles *ist hier folgerichtig auf das* Dämmern *eingestellt, das ein Erwachen nach sich ziehen* kann. *Aber nur* kann, *nicht etwa muß!*
>
> *Kein freier, froher Laut, kein helles Schauen ist hier möglich. Nur ein Dämmern oder eingedämmt Verbleiben, dem Zustande der Seelen angemessen, die hier weilen. Sie alle haben schleppende Bewegung, müde gleitend, teilnahmslos bis auf ein unbestimmtes Drängen nach der einen Richtung zu, wo in der Ferne zartes Rosa aufzusteigen scheint, das lichtverkündend wie ein süßer Zauber auf die anscheinend so müden Seelen wirkt.*

Anscheinend *müde Seelen nur; denn sie sind* träge *in dem Geiste,* deshalb *sind ihre feinstofflichen Körper* schwach. –

*Der rosa Schimmer in der weiten Ferne winkt verheißungsvoll! Hoffnungerweckend spornt er an zu regerer Bewegung. Mit dem Wunsche, diesen Schimmer zu erreichen, straffen sich die feinstofflichen Körper mehr und mehr, in ihre Augen tritt der Ausdruck stärkeren Bewußtwerdens, und immer sicherer gehen sie dieser einen Richtung zu. – (...)*

*Wir schwingen uns über das Ringen von Millionen Seelen schnell hinweg und sehen, daß vor ihnen starr und kalt ein Hindernis für Weiterschreiten steht, an das sie sich vergebens werfen, das sie nutzlos mit den Tränen netzen.*

*Große, starke, dichtstehende Stäbe bieten ihrem Vorwärtsdrängen unerbittlich Halt! –*

*Und stärker glüht der Rosaschimmer in der Ferne auf, verlangender erweitern sich die Augen derer, die sich ihn zum Ziele nahmen. Flehend sind die Hände ausgestreckt, die krampfhaft noch Gebetsschnüre umklammern und eine Kugel nach der anderen mit Stammeln durch die Finger gleiten lassen! Die Stäbe aber stehen unerschütterlich, starr, trennend von dem schönen Ziel!*

*Wir gehen an den dichten Reihen hin. Es ist, als ob sie endlos wären. Nicht Hunderttausende, nein Millionen! Alles solche, die sich ernsthaft ‚gläubig' auf der Erde dachten. Wie anders hatten sie sich alles vorgestellt! Sie glaubten sich freudig erwartet, achtungsvoll bewillkommnet.*

*Ruft ihnen zu: ‚Was nützt Euch, Gläubige, Euer Gebet, wenn Ihr das Wort des Herrn nicht* in Euch selbst *zur Tat, zur Selbstverständlichkeit erstehen ließet!*

*Der Rosaschimmer in der Ferne ist die Sehnsucht nach dem Reiche Gottes, welche in Euch glüht! Die Sehnsucht darnach tragt Ihr in Euch, aber Ihr verbautet Euch den Weg dazu mit starren Formen falscher Anschauungen, die Ihr nun als Stäbe wie ein Gitter hindernd vor Euch seht! Laßt fallen, was Ihr in der Erdenzeit an falschen Anschauungen aufgenommen habt, was Ihr Euch selbst dazu erbautet! Werft alles fort und wagt, den Fuß frei zu erheben für die Wahrheit,* wie sie ist *in ihrer großen, einfachen Natürlichkeit! Dann seid Ihr frei für das Ziel Eurer Sehnsucht!*

*Aber seht, Ihr wagt es nicht, in steter Furcht, es könnte vielleicht falsch sein, was Ihr damit tut, weil Ihr bisher anders dachtet! Ihr hemmt Euch damit selbst und müßt verharren, wo Ihr seid, bis es zu spät zum Weiterschreiten wird und Ihr der Vernichtung anheimfallen müßt! Es kann Euch darin nicht geholfen sein, wenn* Ihr *nicht selbst beginnt, das Falsche hinter Euch zu lassen!‘*

*Ruft nur! Ruft diesen Seelen den Weg zur Errettung zu! Ihr werdet sehen, daß es ganz vergebens ist; denn stärker nur schwillt das Geräusch der unaufhörlichen Gebete an, und es läßt* ungehört *von diesen Betenden ein jedes Wort, welches sie vorwärts schreiten lassen könnte, dem Rosascheine und dem Licht entgegen. So müssen sie trotz manchen guten Wollens nun verloren sein als Opfer ihrer Trägheit, welche sie nicht* mehr *erkennen ließ, nicht* mehr *aufnehmen ließ als die* Äußerlichkeiten *ihrer Kirchen, Tempel und Moscheen. –*

*Betrübt wollen wir weiterziehen. – Doch da ist vor uns eine Frauenseele, über deren Antlitz legt sich plötzlich friedevolle Ruhe, ein neuer Glanz kommt in die Augen, welche bisher grübelnd und in bangem Sinnen blickten; bewußter werdend strafft sie sich, wird lichter … starkes Wollen reinsten Hoffens läßt den Fuß sich heben … und aufatmend steht sie* vor *den Stäben! Für diese Frauenseele waren diese Stäbe gar kein Hemmnis mehr, da sie in tiefem Sinnen fein empfindend zu der Überzeugung kam, daß das von ihr bisher Gedachte falsch sein mußte, und sie furchtlos in dem frohen Glauben an die Gottesliebe dieses Falsche von sich warf.*

*Staunend sieht sie nun, wie leicht es war. Dankend erhebt sie ihre Arme; ein unsagbares Glücksempfinden will sich in Jauchzen lösen, doch es ist zu groß, zu machtvoll über sie gekommen, die Lippen bleiben stumm, mit leichtem Zittern neigt ihr Kopf sich nieder, die Augen schließen sich, und langsam rollen schwere Tränen über ihre Wangen, während sich die Hände zum Gebete finden. Zu* anderem *Gebete als bisher! Zu einem Dank! Zu einer großen Fürbitte für alle die, welche noch hinter diesen harten Stäben sich befinden! Um eigener Anschauung willen, die sie nicht als falsch aufgeben wollen!*

*Ein Seufzer tiefen Mitempfindens hebt die Brust, und damit fällt es wie ein letzter Reif von ihr. Sie ist nun frei, frei für den Weg zu ihrem innerlich ersehnten Ziel!*

*Aufblickend sieht sie vor sich einen Führer, und freudig folgt sie seinen Schritten in das neue, unbekannte Land, dem immer stärker werdenden rosigen Schein entgegen! –*

*So löst sich manche Seele noch aus diesen Massen, welche hinter Stäben falscher Anschauungen ihrer eigenen Entscheidung harren müssen, ihres eigenen Entschlusses, der sie weiterführen kann oder zurückhält bis zur Stunde der Vernichtung alles dessen, was sich nicht aufraffen kann, das falsche Alte abzulegen. Nur wenige werden sich noch aus der Umklammerung der falschen Anschauungen retten! Sie sind zu sehr verstrickt darin. So starr wie ihr Festhalten daran sind auch diese Stäbe, welche ihnen einen Fortgang zu dem Aufstieg wehren. Ein Handreichen zum Überwinden dieses Hindernisses ist unmöglich, da unbedingt der Seelen* eigener *Entschluß dazu gehört. Das* eigene *Insicherleben, das ihren Gliedern die Bewegung gibt.*

*So fällt ein schwerer Fluch auf alle die, welche die Menschen falsche Vorstellungen lehren über den Gotteswillen in der Schöpfung, der in dem Wort des Heilandes damals zu finden war, nicht aber rein erhalten blieb im Bibelwort, noch weniger in irdischen Erklärungen.*

*(...)*

*Wir gehen weiter in dem Land der Dämmerung. Endlos erscheint das Bollwerk dieser Stäbe; unübersehbar drängen sich dahinter die davon Zurückgehaltenen. –*

*Doch es sind andere. Gruppen, die statt der Rosenkränze Bibeln in den Händen halten und verzweiflungsvoll darinnen suchen. Sie sammeln sich um einige der Seelen, welche belehrend Auskunft geben wollen, indem sie immer wieder Stellen aus der Bibel lesen. Fordernd strecken hier und da verschiedene der Seelen ihre Bibel vor, kniend werden sie oft wie im Gebet emporgehalten … doch die Stäbe bleiben stehen, wehren ihnen, weiter vorzudringen.*

*Viele Seelen pochen auf ihr Bibelwissen, manche auf ihr Recht zum Gang ins Himmelreich! Die Stäbe aber wanken nicht!*

*Da drängt sich eine Mannesseele lächelnd durch die Reihen. Sieghaft winkt er mit der Hand.*

*‚Ihr Toren', ruft er, ‚warum wolltet Ihr nicht hören? Die Hälfte meiner Erdenzeit habe ich schon dazu verwandt, das Jenseits, also nun für uns das Diesseits, zu studieren. Die Stäbe, die Ihr vor Euch seht, verschwinden schnell durch einen Willensakt, sie sind durch Einbildung geschaffen. Folgt mir nur, ich führe Euch! Mir ist das alles schon vertraut!'*

*Die Seelen um ihn geben Raum. Er schreitet den Stäben zu, als wären sie nicht da. Mit einem Schmerzensschrei jedoch taumelt er jäh zurück. Der Anprall war zu hart und überzeugt ihn sehr schnell von dem Vorhandensein der Stäbe. Mit beiden Händen hält er seine Stirn. Die Stäbe vor ihm stehen unerschütterlich. Mit einem Wutausbruch umfaßt er sie und rüttelt scharf an ihnen. Ingrimmig schreit er auf:*

*‚Dann bin ich von dem Medium irregeführt worden! Und Jahr um Jahr hab' ich darauf verwendet!'*

*Er denkt nicht daran, daß* er *die Irrtümer geboren und in Wort und Schrift verbreitet hatte, nachdem er Bilder, welche ihm vom Medium gegeben wurden, nach* seinen *Anschauungen deutete, ohne die Gottgesetze in der Schöpfung vorher zu studieren.*

*Sucht nicht, dem Mann zu helfen, oder anderen; denn alle sind von sich so eingenommen, daß sie anderes als eigenes Empfinden gar nicht hören wollen. Sie müssen dessen zuerst müde sein, die Aussichtslosigkeit erkennen oder einsehen, worin allein die Möglichkeit verankert ist, dieser Verstrickung falscher Überzeugungen nach langem Irren in dem Land der Dämmerung noch zu entrinnen.*

*Es sind dies keine schlechten Menschen, sondern solche, die sich lediglich bei ihrem Suchen in falsche Anschauung verbissen haben, oder selbst zu träge waren, gründlich über alles nachzudenken, statt in sorgfältigstem Durchempfinden nachzuprüfen, ob das Aufgenommene als richtig angesehen werden kann, oder ob es Lücken birgt, die dem gesunden Nachempfinden nicht mehr als natürlich seiend standzuhalten fähig sind. Laßt deshalb leere Äußerlichkeiten fallen!*"[9]

## *Sehnsucht nach dem Licht*

Diese Schilderung aus der Gralsbotschaft will gut durchempfunden sein. Sie bringt, wiewohl Abd-ru-shin betont, mit seinen Darlegungen in dem zitierten Vortrag „nur einen ganz kleinen Teil" aus dem weiten „Land der Dämmerung" zu erklären, etwas sehr Grundlegendes zum Ausdruck: Unsere Sehnsucht nach dem Licht ist es, die uns überall in der Schöpfung vorantreibt, weiterstreben läßt, die Hoffnung und Zuversicht vermittelt und das Leben so lebenswert macht.

In unserer modernen grobstofflichen Welt vergessen wir die überragende Bedeutung des Lichtes sehr leicht. Seit dem Siegeszug der Elektrizität scheint es uns ja zu jeder Tages- und Nachtzeit wetterunabhängig verfügbar, und wir nehmen unsere eigene Abhängigkeit von diesem wichtigsten Lebenselixier kaum wahr. Wer es nicht an sich selbst erlebt hat, wie schon nach wenigen Stunden in Dunkelheit – zum Beispiel bei der Erforschung einer Höhle – das Zeitgefühl getrübt und die Wahrnehmung eingeschränkt wird, wie man sich mehr und mehr nach der Lebenswärme des Tageslichtes sehnt und zuletzt alles Streben nur diesem Ziel dient, wird sich die absolute, unbedingte Abhängigkeit des Menschen vom Licht kaum in der ganzen Tragweite bewußt ma-

In unserer Zeit vergessen wir oft die überragende Bedeutung des „Lebenselixiers Licht" für unser Leben.

chen können. Längst sind wir in unserer „aufgeklärten" Gesellschaft ja darüber hinweg, die Bedeutung der Sonne noch zu empfinden. Wir erahnen gar nicht mehr, warum dieses Zentralgestirn in so mancher Kultur als Gottheit verehrt wurde. Von seiner Wichtigkeit wissen wir bestenfalls noch durch die schulische Bildung – verstandesmäßig, doch ohne innere Anteilnahme.

Dennoch: die aufkeimende Morgenröte, der strahlende Sonnenaufgang, der sich dem nach Osten gerichteten Blick bietet, und besonders auch ungewöhnliche Ereignisse – wie etwa eine Sonnenfinsternis – bewegen jedes Menschen Gemüt, auch heute noch, in unserer fahlen Neonröhrenwunderwelt. Denn im tiefsten Herzen kennen wir unser Ziel: dem Licht des Lebens in der eigenen Entwicklung möglichst nahe zu kommen, dem geistigen Licht, ohne dessen irdischen Abglanz auch hier in der gröbsten Stofflichkeit kein Dasein möglich wäre.

Tatsächlich gilt unsere Sehnsucht, das sehnende Suchen des lebendigen menschlichen Wesenskerns, diesem einen Ziel: *mehr Licht!*[10] Deshalb drängt es in der feinstofflichen Welt alle Seelen nach dem fernen rosigen Schein, der in niederen Ebenen nur wie ein matter, kaum wahrnehmbarer Schimmer wirkt, in höheren Bewegungsbereichen aber immer stärker erstrahlt und die dort Weilenden mit wunderbarer, Glückseligkeit vermittelnder Lebenswärme durchglüht.

Licht ermöglicht es uns, die Dinge zu erkennen – und zwar nicht nur in der Außenwelt. Wie man an sich selbst bisweilen erfährt, kann einem auch innerlich das „Licht aufgehen". Und mit diesen Worten ist ein wesentlicher Zusammenhang treffend beschrieben: Die treibende Lichtsehnsucht, dieser mächtige Lebensmotor unseres Inneren, drängt den Menschen beständig dazu, sein Wissen zu erweitern und in allen Dingen die Klarheit der Wahrheit zu suchen. Das Bestreben, forschend und erkennend die Welt zu durchwandern, gehört untrennbar zu unserer sinn- und zielorientierten Geistesart.

Wo aber in der Weltanschauung eines Menschen naturferne Widersprüche bestehen, müssen sich aus solchen Gedanken selbsttätig jene feinstofflichen Stäbe formen, die ein seelisches Fortschreiten in lichtdurchflutetere Gefilde verwehren – so lange, bis der Betroffene zu besserer Einsicht gelangt.

Damit verdeutlicht sich, weshalb *Wissen* die wichtigste aller Lebenshilfen ist – Erkenntniswissen freilich, das nicht nur angelernt, sondern erlebt oder mit wachem Geiste gründlich durchempfunden wurde. Solches Wissen zu erwerben, tief zu erleben, wach zu erfahren, dazu will die Gralsbotschaft anregen:

> *„Beginne rechtzeitig mit dem Erwachen, dem Alles-in-sich-selbst-Erleben, was gleichbedeutend ist mit bewußt durchempfinden, auch was Du liest und hörst, damit Du nicht im Land der Dämmerung verbleiben mußt …“*[11]

## *Dem Geist auf der Spur*

Unser Weg durch die feinstofflichen Bewegungsebenen sollte zu immer strahlenderem Licht und, damit einhergehend, größerer Erkenntnis führen. Dabei müßten viele hemmende Stäbe gar nicht erst entstehen und den Weg zu lichteren Höhen versperren, würden wir bewußt erkennen, daß das „Material“, aus dem sie gebaut sind, unser Eigendünkel ist, also die falsche Vor-Stellung von der eigenen Bedeutung, verbunden mit einer Ahnungslosigkeit von der Größe der Schöpfung.

Wenn hier also bestimmte esoterische Vorstellungen und vor allem persönliche oder mediale Kontakte zu „höchsten Höhen“ in Frage gestellt werden – als Gegenthese etwa zum ausufernden Engelkult unserer Tage[12] –, dann nicht, um irgendwelche Persönlichkeiten, Gruppierungen oder Bestrebungen schlechtzumachen. Vielmehr soll auf die große Gefahr hingewiesen sein, die in derlei

Irrtümern lauert. Falsche Weltbilder und Glaubensüberzeugungen können den irdischen Tod überdauern und den Weg einer Menschenseele durch die feinstoffliche Welt nachhaltig hemmen – schlimmstenfalls sogar so lange, bis es zu spät ist.

Und es *gibt* ein „Zu spät"! Denn die *gesamte* Stofflichkeit – also auch alle seelischen Lebensbereiche – sind dem Kreislauf des Werden-und-Vergehens unterworfen; sie werden sich einst wieder auflösen. Bis dahin müssen wir uns von allem Weltlichen gelöst und zurück zu unserem geistigen Ursprung gefunden haben. Andernfalls, wenn wir mit unserem Wollen und Streben oder durch selbstgestrickte Bindungen am Stofflichen hängen, droht uns etwas, vor dem schon biblische Schilderungen eindringlich warnten: der geistige Tod!

Bei diesem geht es dann allerdings nicht mehr nur um das Ablegen einer stofflichen Hülle wie beim Abscheiden aus der physischen Welt. Was wir im Falle des geistigen Todes als dem Stofflichen verhaftet „zurücklassen" müßten, das ist unsere Ich-Persönlichkeit; *wir selbst* würden uns verlorengehen, all das, was wir uns im Laufe der bisherigen Weltenwanderung durch die Inkarnationen an Fähigkeiten, Eigenarten, Stärken und Schwächen angeeignet haben, was uns zu genau *dem* Menschen macht, der wir sind. Fürchterlicheres ist nicht vorstellbar, zumal diese Zersetzung des Ich-Bewußtseins noch dazu ein *bewußter* Vorgang ist, demgegenüber jedes andere denkbare Leid verblaßt. Nicht von ungefähr spricht man in diesem Zusammenhang von „ewiger Qual" oder „ewiger Verdammnis", die ein Menschengeist erleben muß, wenn er aus eigener Schuld in das Vergehen der Stofflichkeit – und damit in die Auflösung irdischer Raum- und Zeitverhältnisse – mit hineingezogen wird.

Aber von derlei vermeintlich fernen Dingen hören wir nicht gern. Lieber ordnet man solche Gedanken dem Bereich zweifelhafter religiöser Vorstellungen zu. Und doch dringen die Ahnungen vor dem Allerschlimmsten auch auf Umwegen immer wieder in unser Bewußtsein, beispielsweise über sogenannte Fantasy- oder Science-Fiction-Literatur oder -Filme. Deren Handlungen

Beim „geistigen Tod" geht es nicht um das Ablegen einer Hülle. Wir selbst würden uns dabei verlorengehen.

drehen sich häufig um den Bewußtseins- oder Persönlichkeitsverlust, die Zerstörung des Ichs oder die Auflösung der menschlichen Identität durch irgendwelche Bedrohungen. Man mag darin ein deutliches Zeitzeichen sehen und kann sich im Wissen um die eigentlichen Zusammenhänge jedenfalls erklären, woher die mulmigen Gefühle rühren, die durch solche Themen ausgelöst werden.

Was von einem Menschen, der den geistigen Tod erleben muß, übrigbleibt und wieder zu seinem Ursprung zurückkehrt, ist nur das sich seiner selbst unbewußte „Geistsamenkorn", so unpersönlich und ursprünglich, wie es einst ausgegangen ist, um sich zu entwickeln. Der anzustrebende Normalfall wäre demgegenüber allerdings, daß wir Menschen *bewußt* in das Reich unserer Herkunft zurückkehren – als gereifte Menschengeister, reich an Erfahrung und frei von weltlichen Bindungen.

Wie passend dieser Begriff „weltlich" ist, ergibt sich aus der Schöpfungsübersicht der Gralsbotschaft: Alle Bereiche der Grob- und Feinstofflichkeit, mit denen wir uns bisher beschäftigt haben, können demnach mit dem Begriff „die Welt" zusammengefaßt werden. Das *Weltliche* umschließt alles Physisch- Körperliche wie auch alles Feinerstofflich-Seelische. Allerdings drückt dieser Begriff deshalb nichts Allumfassendes aus. Im Gegenteil: Das, was gemeinhin als „die Welt" oder auch – eine religiöse Gesinnung vorausgesetzt – als „die Schöpfung" bezeichnet wird, erstand in Wirklichkeit gar nicht direkt aus der Hand des Schöpfers! Sie ist nur – und dieser Ausblick mag uns Menschen den Atem stocken lassen – ein Abbild, eine Nachbildung der *eigentlichen* Schöpfung, von der bislang noch gar nicht die Rede war.

Deshalb wird die Welt der groben und feinen Stofflichkeiten von Abd-ru-shin auch als „Nachschöpfung" bezeichnet. Diese ist in sich selbst gar nicht lebendig, sondern muß „durchglüht", belebt und geformt werden durch Kräfte aus der wirklichen Schöpfung, die ihrerseits dem Ursprung alles Seins beträchtlich näher liegt.

In dieser „über allen (stofflichen) Welten" gelegenen „himmlischen" Seinsebene, dem geistigen Reich, oft auch „Paradies" genannt, liegt nun auch unser eigentlicher Ursprung und Ausgangspunkt. *Hierin gründet sich das Wesen des Menschseins,* unsere *Geistigkeit*, und wir werden uns im folgenden damit zu beschäftigen haben, wie der große Schritt von der Nachschöpfung aufwärts zu der eigentlichen Schöpfung gelingen kann; welche Kräfte, Hilfen und Möglichkeiten uns dafür zur Verfügung stehen und wie wir uns schon jetzt „fit" machen können, damit das Überwinden der Welt einst gelingen möge.

Auch werden wir uns bei dieser Reise durch die Innenwelt der größten aller großen Lebensfragen widmen: wie und warum die Schöpfung überhaupt erstand. Auch darauf findet man im Offenbarungswissen der Gralsbotschaft schlüssige Antworten.

Aber bevor wir uns mit dem weiteren geistigen Weg zurück in das Paradies und mit dem Licht über uns beschäftigen, wollen wir noch ein wenig an der Grenze zur stofflichen Welt verweilen und dabei einen Blick zurück auf unsere bisherige Entwicklung werfen. Wie begann unser seelisches Dasein? Wo nahm unsere weltenweite Wanderung ihren Anfang? Was ging vor sich, als wir erstmals in die feinen Stofflichkeiten eintauchten – lange noch vor den Erdinkarnationen?

Nun glauben Sie nur nicht, daß man darüber nichts wissen kann! Von allem, was wir bislang durchlebten, bis zurück zu den ersten Anfängen, hat sich der Menschheit eine ferne Ahnung immer noch erhalten – und zwar durchaus nicht nur in den verborgensten Winkeln unserer Innenwelt. Der Schatz geistigen Erfahrungswissens ruht auch versteckt in dem, was wir als „Märchen" kennen und ob unserer Gemütsferne – leider – als letztlich unbedeutend erachten. Doch die vermeintlich so harmlosen „Kindergeschichten" haben es in sich! Sofern es gelingt, sie vom Zeitkolorit vergangener Jahrhunderte zu befreien, tritt uraltes, durch die

Volksüberlieferung bewahrtes Wissen zutage, das einst wohl von besonders befähigten Menschheitshelfern geistig empfangen und gekündet wurde; Gleichnisse werden erkennbar, die früher gewiß nicht (nur) Kinder, sondern den erwachsenen Menschengeist ansprechen mußten – solange, bis die alte Mär zum niedlichen Märchen wurde, weil man die Wahrheit darin nicht mehr erkannte.

## Die Weisheit der Märchen

Nehmen wir als Beispiel die Geschichte von „Hänsel und Gretel". In ihr widerspiegelt sich bei näherer Betrachtung nichts anderes als die weltenweite Wanderung des Geistes: Die „Menschenkinder" verlassen ihre Heimat (mit der geistigen Bedeutung dieses Vorganges, der „Ausstoßung aus dem Paradies", werden wir uns noch beschäftigen), sie verirren sich im „dunklen Wald" (der stofflichen Welt), sie „naschen am Lebkuchenhaus" (erliegen also dem Prinzip der Versuchung; das Lebkuchenhaus entspricht dem „verbotenen Baum" in der Bibel) und geraten daraufhin in die Gefangenschaft des Bösen. Letztlich gelingt jedoch die Selbstbefreiung und glückliche Überwindung alles Üblen, und Hänsel und Gretel kehren heim, zurück zu ihrem Ausgangspunkt.[13]

Viele Märchen geben entscheidende Hinweise darauf, *wie* die innere Befreiung glücken kann: nämlich indem wir uns auf den geistigen Kompaß besinnen, der uns zu eigen ist, und ihm – der Stimme unserer Empfindung – folgen. Berechnende Verstandesklügelei oder gefühlsgebundene Entscheidungen führen dagegen nicht zum Ziel. Dies kommt unter anderem in den vielen sogenannten „Dummling-Märchen"[14] zum Ausdruck. Dabei stehen meist drei Brüder im Mittelpunkt, von denen zwei die falschen, verstandesdiktierten Wege symbolisieren; sie sind auf puren Eigennutzen ausgerichtet. Der dritte jedoch – der in seiner kindlichen Einfalt vorerst als „Dummling" abgetan und unterdrückt wird – bringt zuletzt die ersehnte Lösung.

So könnte man den Märchen also entscheidendes Wissen entnehmen. Doch offenbaren sich diese Zusammenhänge wohl erst dann, wenn man die eigentlichen Schöpfungstatsachen erahnt und sie den Überlieferungen zugrunde legt.[15] Eben das wollen wir nun – wieder auf Grundlage der Gralsbotschaft – im Hinblick auf die ersten Phasen unserer Menschwerdung unternehmen. Dabei werden wir sehen, welche tiefe Bedeutung das bekannte Märchenbild von den gütigen „Feen" hat, von denen das „Kind in der Wiege" Geschenke erhält …

Führen wir uns aber vorerst noch einmal zusammenfassend vor Augen: Wir haben die in sich selbst lebendige geistige Welt, also die eigentliche Schöpfung, von der stofflichen „Nachschöpfung" unterschieden, die über keine eigene Lebenswärme verfügt und dem Kreislauf des Werden-und-Vergehens unterworfen ist. Dieses grobe Gesamtbild muß jetzt, zum Verständnis der folgenden Darlegungen, durch zwei wichtige Beifügungen ergänzt werden:

Erstens haben wir zur Kenntnis zu nehmen, daß unser Ursprung zwar in der geistigen Welt liegt, hier aber an deren unterstem, bewußtseinsschwächstem „Rand". Anders gesagt: Wir tragen zwar alles das, was ursächlich zum geistigen Menschentum gehört, in uns – jedoch nicht in fertig ausgeprägter, entwickelter Form, sondern lediglich als Anlage.

Im Geistigen selbst gibt es der Gralsbotschaft zufolge zwei große Bereiche, nämlich das *Geschaffene* und das *Entwickelte*. Ersteres erstand durch den Schöpfungsakt unmittelbar, zweiteres muß infolge seiner weiteren Entfernung vom „Urlicht" einen Entwicklungsprozeß durchlaufen.

Wir Erdenmenschen gehören allerdings *keiner* dieser beiden Abteilungen der eigentlichen Schöpfung an. Denn was immer sich *innerhalb* des Geistigen zur Vollreife entwickelt – es vollzieht sich selbsttätig, aus eigener Lebenskraft heraus. Wir dagegen brauchen *äußere* Anstöße, die „Reibung" mit der stofflichen Welt, damit wir unser geistiges Bewußtsein heranbilden können.

Der Ursprung des Menschen kann demnach als „Niederschlag" des Geistigen bezeichnet werden. In unserem innersten

> **Wir tragen zwar alles, was ursächlich zum geistigen Menschentum gehört, in uns, aber nicht fertig entwickelt.**

Wesenskern sind wir entwicklungsfähige „Geistsamenkörner“ oder „Geistkeime“, die durch die Stofflichkeit wandern müssen, um *außerhalb* der geistigen Schöpfung die nötige Bewußtseins-Reife zu erlangen. –

Die zweite wichtige Ergänzung zur bisher dargestellten Übersicht betrifft den großen Raum zwischen der eigentlichen geistigen Schöpfung (mitsamt ihrem „Niederschlag“, also unserem Ausgangspunkt) und der stofflichen Nachschöpfung. Hier spricht die Gralsbotschaft von einem sogenannten „Ring des Wesenhaften“[16], der die Stofflichkeiten umschließt und der Belebung sowie Entwicklung der Nachschöpfung dient.

Was immer sich an Nicht-Geistigem in der stofflichen Welt befindet und in sie hineinwirkt – Tiere[17] oder Naturwesen[18] –, hat seinen Ursprung in diesem wesenhaften „Ring“.[19] Doch das nur nebenbei. Wichtig für das Gesamtbild unseres menschlichen Entwicklungsweges ist vorerst einmal die grundlegende Kenntnis vom Bestehen des „Wesenhaften“. Denn dieser Schöpfungsbereich wurde uns zur ersten Heimat, nachdem wir jenen weltenweiten Entwicklungsweg beginnen durften, der uns vom Unbewußten zum Bewußten führen, vom Geistkeim zum vollreifen Menschengeist wachsen lassen soll, der damit zugleich den Sinn unseres Lebens beschreibt – den wir im Trubel des irdischen Alltags doch so oft vergessen …

## *Die Ausstoßung aus dem Paradies*

Unser menschengeistiger Ursprung liegt also am untersten Rand der Schöpfung, die – im Gegensatz zur Nachschöpfung – nicht dem Werden und Vergehen unterworfen, sondern *ewig* ist. Und unsere Weltenwanderung begann mit einem Ereignis, das man als „Ausstoßung aus dem Paradies“ bezeichnen kann. Die Gralsbotschaft beschreibt dies als einen gesetzmäßigen Vorgang, der sich aus der inneren Lebendigkeit der zunächst noch unbewußten Geistkeime ergeben muß:

„*In diesen Keimen nun liegt aber Leben, und das Leben in der ganzen Schöpfung drängt dem göttlichen Willen entsprechend nach der Entwicklung. Nach der Entwicklung zum Bewußtwerden. Es ist dies ein ganz natürlicher, gesunder Vorgang.*

*Bewußtwerden aber kann aus dem Unbewußtsein nur durch Erfahrungen hervorgehen, und dieser Drang zur weiteren Entwicklung durch Erfahrung stößt zuletzt derartig reifende oder drängende Keime des Unbewußt-Geistig-Wesenhaften selbsttätig ab, oder aus, wie man es nennen will, hinaus über die Grenze des Geistig-Wesenhaften*[20]*. Da das Aus- oder Abstoßen eines Keimes nicht nach oben zu erfolgen kann, so muß er den ihm freibleibenden Weg nach unten zu nehmen.*

Und das ist die natürliche, für nach Bewußtwerden drängende Geistkeime notwendige Ausstoßung aus dem Paradiese, aus dem Geistig-Wesenhaften!

*Bildlich ist es ganz richtig wiedergegeben, wenn gesagt wird: Im Schweiße Deines Angesichtes sollst Du Dein Brot essen. Das heißt, im Gedränge der Erfahrungen mit der dabei entstehenden Notwendigkeit der Verteidigung und des Erkämpfens gegenüber den auf ihn eindringenden Einflüssen der niederen Umgebung, in die er als Fremdling dringt.*

Diese *Ausstoßung, Abstoßung oder Austreibung aus dem Paradiese ist durchaus keine Strafe, sondern eine absolute, natürliche und selbsttätige Notwendigkeit bei Herannahen einer bestimmten Reife jedes Geistkeimes durch den Drang zur Entwicklung des Sichbewußtwerdens. Es ist die Geburt aus dem Unbewußt-Geistig-Wesenhaften in das Wesenhafte und dann Stoffliche zum Zwecke der Entwicklung. Also ein* Fortschritt, *nicht etwa ein Rückschritt!*“[21]

Ausgehend vom ewigen Reich seines Ursprunges sinkt der Geistkeim, der zu diesem frühen Zeitpunkt noch kein menschliches

Aussehen hat, sondern lediglich die *Anlagen* für die geistige Gesamtheit von Form und Bewußtsein in sich trägt, hinab in den Ring des Wesenhaften – unbewußt, erfüllt nur von einem noch unbestimmten Drängen, wach, wissend, *sich seiner selbst bewußt* zu werden.

## An der Wiege des Erdenmenschen

Was in diesem wesenhaften Bereich und später, unmittelbar nach dem Eintritt in die feinstoffliche Schöpfung, geschieht, schildert die Gralsbotschaft in einzigartiger Weise anhand konkreter Vorgänge, die auch die Tätigkeit einiger *Helferinnen* verdeutlichen, die unser frühestes Sein unterstützen. Diese begleiten jeden Geistkeim von der Wiege hinab zum „Kindergarten" des Geistes, und sie sind es auch, von denen die Märchen-Überlieferungen künden, wenn sie von „guten Feen" berichten, die dem Menschenkinde mit ihren Geschenken zu Diensten sind – womit sie dem Geistkeim die Voraussetzungen für seinen größten und ursprünglichsten Lebenswunsch bieten, nämlich im und durch den „Stoff" bewußt werden zu können:

*„In diesem wesenhaften Ring, in den der Geistkeim sinkt, sind Wesenheiten sehr verschiedener Arten, nicht ineinander vermischt, sondern wieder in einzelnen Ebenen untereinander stehend, je nach Art der Betätigung, in der sie schwingen.*

*Da finden wir, aus dem Geistigen kommend, an oberster Stelle des Ringes wunderbar zarte weibliche Wesenheiten, die, in dem Strahl der Liebe und der Reinheit schwingend, die Geistkeime entgegennehmen, sie in mütterlicher Fürsorge mit einem wesenhaften Mantel umhüllen und die also umhüllten Geistkeime, welche noch völlig unbewußt schlummern, in die Hände anderer weiblichen Wesenheiten leiten, welche der feinen Stofflichkeit näher stehen.*

*Diese wieder legen dem Keime eine zweite Hülle um, die wieder anderer Art ist,* der *Umgebung entsprechend, in der sie selbst sich befinden, und geleiten die dadurch wieder etwas schwerer gewordenen Keime abwärts zur obersten Schicht der Feinstofflichkeit.*

*Alle diese zarten weiblichen Wesenheiten* unterstützen *helfend die gesetzmäßigen, selbsttätigen Vorgänge. Sie sind von vollendeter Schönheit und waren in früheren Zeiten bereits vielen Menschen bekannt, denen sie sich hier und da einmal zeigen konnten. Sie wurden gütige Feen genannt, die um die sich entwickelnden Menschenseelen fördernd bemüht sind.*

*An der Grenze der Feinstofflichkeit harren wieder andere weibliche Wesenheiten der herabkommenden Geistkeime, um sie in Güte zu* betreuen. *Zum* Schutze *sind außerdem hier Wesenheiten männlicher Art zur Stelle, die nicht in Betreuung wirken, sondern positiver*[22] *handeln.*

*So ist der Geistkeim umhegt und gepflegt von wesenhaften Helfern, während er noch unbewußt seinem Drange zum Sichbewußtwerdenkönnen folgend immer weiter sich bewegt, bis er auf eine Dichte in der Feinstofflichkeit stößt, die ihn nicht mehr unbewußt drängend weiterziehen läßt, wodurch sein Herabgleiten zum Stocken kommt. Er muß verweilen, um zur Entwickelung zu erwachen, bevor er weiterziehen kann.*"[23]

## Im Kindergarten des Geistes

Wenn also der Geistkeim im umsorgten Hinabgleiten durch den Ring des Wesenhaften die feinsten Ausläufer der stofflichen Schöpfung erreicht, ist seinem noch allzu unbewußten Dahinziehen durch deren Dichtheit bald Einhalt geboten. Will er an diesem großen Wendepunkt für sein künftiges Menschsein weiter, kann er das nur durch *eigenes Wollen.*

Einen Willen zu entwickeln bedingt allerdings, daß der Geistkeim zu einem ersten Daseinsbewußtsein erwachen muß. Und genau dazu verhelfen ihm die feinstofflichen Strömungen im „Kindergarten des Geistes":

„*Es ist gerade* diese *Schicht eine bedeutende Grenzebene im Sein des Menschengeistes. (…)*

*Sie erscheint dem Menschengeiste bei dem Aufstiege*[24] *schon unermeßlich hoch und wunderbar in ihrer Schönheit. Von mildem Lichte übergossen, liegt sie vor den Blicken, von einem Lichte, welches mild erscheint und doch viel heller ist als unser Sonnenschein hier auf der Erde. Die Strahlen sind erweckend, fördernd, stärkend.*

*Die Ebene scheint eine einzige, endlose Gartenanlage zu sein. Ein blühender Garten reiht sich bis in unabsehbare Fernen an den anderen, erfüllt von schönen Blumen aller Größen und auch vieler Farben, betreut von zarten Wesenheiten, behütet und bewacht von ernsten, männlichen Gestalten, die ordnend, wachend, sichtend durch die Reihen schreiten.*

*Blühende Lauben stehen ringsumher, zur Ruhe und Erholung ladend und … zum stillen, dankbaren Insichgehen.*

*Die dichtere Masse, die den Boden bildet, ist die Feinstofflichkeit, die die Geistkeime festgehalten hat, in der sie steckengeblieben sind auf ihrem Zuge.*

*Und dann geschieht das Wunderbare: Der wesenhafte Mantel, in den die zarten weiblichen Wesenheiten jeden der Geistkeime gehüllt hatten bei deren Austritt aus dem geistigen Reiche, entwickelt sich unter den Strahlungen auf dieser Ebene, verankert in den feinstofflichen Boden und betreut von wesenhaften Gärtnerinnen, zur herrlichen Blume, in deren Kelch der Geistkeim ruhend schläft und mehr und mehr erstarkt.*

*Durch die trotz aller Zartheit dieser Ebene dem geistigen Reiche gegenüber doch gröbere Art der Wirkungen und durch das stärkere Tönen aller Bewegung im Geschehen aufgerüttelt, kann der Geistkeim bei einer ganz bestimmten Reife dann im Aufspringen der Knospe gleichzeitig erwachen zum allmählichen Bewußtwerden. (…)*

*… das Aufbrechen jeder Knospe wird durch die Reife des Geistkeimes in natürlicher, selbsttätiger Auswirkung hervorgerufen, und der Knall des Aufbrechens erweckt gleichzeitig den Geistkeim zum Daseins-Bewußtsein. (…)*

*Die Blume, in deren Kelch der Geistkeim reifte, hat nur einen Teil der wesenhaften Hülle des Geistkeimes nötig gehabt, während der andere Teil um den Geistkeim verblieb und in dem Erwachen zum Bewußtsein menschliche Kindesform annahm. Es liegt also beim Sprengen der Knospe in dem Kelch der Blume ein Kind in Menschenform.*"[25]

Da diese Schilderung aus der Gralsbotschaft, die unsere allererste Geburt beschreibt, hier nur auszugsweise und abgetrennt vom Gesamtwerk Abd-ru-shins wiedergegeben werden kann (indes natürlich eine Anregung sein will, das Werk zu lesen!), erscheinen mir ergänzende Anmerkungen nötig.

Zunächst: Das „Daseins-Bewußtsein", zu dem der junge Geistkeim erwacht, hat noch nichts mit dem Sichselbstbewußtsein eines gereiften Geistes zu tun. Bis dieses erreicht ist, werden noch viele weitere „Erweckungserlebnisse" nötig sein. Immerhin aber wird das Daseins-Bewußtsein den werdenden Menschen dazu befähigen, in der feinstofflichen Welt weiterzuwandern.

Außerdem muß berücksichtigt werden, daß die Menschenform, die im „Blumen-Kindergarten" der feinen Stofflichkeit erstmals sichtbar wird, nicht den Geistkeim selbst betrifft, sondern nur seine wesenhafte Hülle – jenen ersten zarten „Mantel", den er nach seinem Austritt aus dem geistigen Reich von der „Fee" als Lebensgeschenk erhielt. Zur Formung dieses allerfeinsten Körpers (der freilich auch jetzt noch zu unserer Innenwelt gehört) reicht die Art der vom Geistkeim unbewußt ausgehenden Strahlungen, die diese Hülle durchglühen. Ehe allerdings der Geistkeim selbst die eigentliche, strahlende Menschenform annehmen kann, wie sie dem Reich seiner Herkunft entspricht und wozu eine ungleich stärkere Formungskraft nötig ist, muß er sein Bewußtsein entwickeln. Und jeder Willensakt auf diesem Entwicklungsweg hinterläßt seine Spuren, beeinflußt sowohl die Formbildung des Geistes selbst wie auch die seiner Hüllen. Ein wirklich „unmenschlicher" Mensch kann zum Beispiel im wahrsten Sinn des Wortes kein schönes Inneres haben; üble Absichten, die sich dem physischen Körper vielleicht erst im Alter oder auch gar nicht aufprägen, zeigen sich an den feineren Hüllen und am Geist selbst deutlich und klar als Verdunkelung und Verunstaltung der menschlichen Idealform.

Und noch auf ein weiteres soll in bezug auf das obige Zitat hingewiesen sein: Wenn aus dieser Schilderung hervorgeht, daß die zweite, feinstoffliche Hülle, die der Geistkeim von den „Feen“ erhielt, sich unter den erweckenden Strahlungen dieser Region zur schützenden Blumenknospe entwickelt, in der dann beim Erwachen ein kleiner Körper in Menschengestalt liegt, so darf man dieses Bild keineswegs als für sich stehendes Sonderereignis einstufen. Vielmehr kommt in diesem Geschehen ein Grundprinzip zum Ausdruck, das wir auch in der *physischen* Natur ohne weiteres wiederfinden. Man mag dabei an einen Schmetterling denken, der sich unter dem Schutz seiner Puppenhülle entwickelt, bis diese aufbricht, sobald er reif geworden ist – oder einfach ... an unsere eigene Erdengeburt, in der sich ebenfalls ein grobes Abbild des zuvor geschilderten *ursprünglichen* Hineingeborenwerdens in die stoffliche Schöpfung zeigt. Bei jeder Inkarnierung erhalten wir ja – durch unsere Erdenmutter – ebenfalls zwei Hüllen: Einerseits den Kindeskörper selbst, welcher langsam die Menschenform annimmt, und andererseits ist bis zu einem gewissen Grad der Entwicklung auch die schützende und fördernde Fruchtblase von entscheidender Bedeutung, die den Embryo umgibt. Und so, wie die aufspringende Blumenknospe zu einem bestimmten Zeitpunkt den erwachenden Geistkeim weiterziehen läßt in gröbere Stofflichkeiten, folgt dem Platzen der Fruchtblase im Mutterleib die Geburt.

Und weshalb ist es eine *Garten*anlage, in der die jungen Erdenmenschenkinder heranreifen? Nun: Die feste Verwurzelung im Boden der Stofflichkeit und zugleich der stets zum Licht strebende und sich der Kraft des Lichtes öffnende Blütenkelch ... könnte es eine natürlichere Form geben, die dieses Ideal unserer menschlichen Befähigung besser zum Ausdruck bringt als eine Blume? Und hat das ferne Ahnen des wirklichen Bestehens eines „*Kinder*-Gartens“ vielleicht dazu beigetragen, daß dieser so treffende deutsche Begriff praktisch unübersetzt auch ins Englische Eingang fand?

## *Die Wahl des Geschlechts*

Auf unserem Weg hinab zur grobstofflichen Schöpfungsebene, deren Dichte und „Reibung“ wir zum Bewußtwerden benötigen, erfahren wir noch eine weitere entscheidende Prägung, nämlich unser *Geschlecht*. Für jede Seele – so darf der Geistkeim nun genannt werden, nachdem er von wesenhaften und feinstofflichen Hüllen umkleidet ist –, entscheidet sich nämlich bereits *vor* der allerersten Erdinkarnation, ob sie fortan männlicher oder weiblicher Natur sein wird.

Dies mag überraschen und in einer Zeit der androgynen Ideale, in der die Frauen ihre „männliche“ und die Männer ihre „weibliche Seite“ betonen, Widersprüche provozieren, und es scheint angebracht, jene Vorgänge etwas genauer zu beleuchten, die zur endgültigen Wahl des Geschlechtes führen.

Ursprünglich, bei seinem Ausgange aus dem geistigen Reich, ist jedes menschliche Geistsamenkorn noch geschlechtslos. Es ist einfach nur *geistig* und ergänzt in dieser Art innerhalb der Schöpfungsgesamtheit (wo ja überall das Prinzip der Polarität zum Ausdruck kommt), die Art des „Wesenhaften“. Dieses wirkt spendend, gebend; das Geistige indes anziehend, empfangend. Der allem Geistigen also naturgemäß zu eigene *Magnetismus*, wie man die Anziehungskraft auch nennen kann, hängt übrigens eng mit der für uns so zentralen Fähigkeit des freien Willens zusammen. Denn unser Wollen ist nichts weiter als das Steuer, mit dem wir unseren geistigen Magnetismus lenken.

Es mag im Hinblick auf den „Geschlechterkampf“ klärend wirken, von der ursprünglichen Geschlechtslosigkeit jedes Geistsamenkorns zu hören. Doch muß man hierbei auch noch die weiteren Entwicklungen berücksichtigen. Was also geschieht mit dem geschlechtslosen Geistkeim? Wie erhält er sein Geschlecht? Ja – was ist Geschlecht überhaupt?

Jedenfalls kann die männliche oder weibliche Ausrichtung einer Menschenseele nicht direkt mit den körperlichen Fortpflan-

> Unser freier Wille ist nichts anderes als das Steuer, mit dem wir den geistigen „Magnetismus" lenken.

zungsorganen zu tun haben, die es in dieser Art ja nur in der physischen Welt gibt. Aber wodurch definiert sich Geschlechtlichkeit? Warum konnte bereits im Zusammenhang mit dem „Ring des Wesenhaften" von männlichen und weiblichen Helfergestalten die Rede sein – in einem Schöpfungsbereich, der *über* allen stofflichen Welten liegt?

Des Rätsels Lösung ist gar nicht so schwer: Das sogenannte Geschlecht zeigt nichts weiter an als die *Art des Wirkens* in der Schöpfung. Die männliche oder weibliche Ausprägung eines Körpers oder einer Hülle formt sich jeweils nach der inneren Art – und bietet dieser ein geeignetes Werkzeug zur Betätigung.

Die aktive, nach außen gerichtete, gröbere, positive Art des Wirkens entspricht dem Männlichen, die passive, nach innen gerichtete, feinere, negative Art hingegen dem Weiblichen. Und wie im gesamten großen Werk der Schöpfung (und der Nachschöpfung) die Pole einander harmonisch ergänzen, so sollen auch bei uns Menschen das männliche und das weibliche Geisteswirken gemeinsam ein größeres Ganzes ermöglichen.

Das Geschlecht zeigt also eine bestimmte Art des Wirkens an, eine grundlegende innere Ausrichtung, die der menschliche Geistkeim allerdings noch nicht von vornherein besitzt – daher haben wir ihn als „geschlechtslos" bezeichnet –, sondern für die er sich erst „entscheiden" muß. „Entscheiden" ist hier vorsichtig unter Gänsefüßchen gesetzt, weil wir diesen Begriff normalerweise ja benützen, um eine ausgeprägte Bewußtseinsfähigkeit zu beschreiben. Der Geistkeim aber verfügt noch über keinerlei Sichselbstbewußtsein, sondern erwacht erst langsam dazu.

Immerhin aber hat er in der feinstofflichen Welt bereits jenen Grad an Daseinsbewußtsein erreicht, der es ihm erlaubt, aus eigenem Wollen der dichten Grobstofflichkeit weiter entgegenzueilen. Er verfügt also bereits über eine gewisse Willenskraft oder

Entschlußfähigkeit, wodurch er Wege seiner Wahl beschreiten und kraft seines geistigen Magnetismus darüber bestimmen kann, in welche Richtung er sich entwickeln möchte.

Drängt es den Geistkeim nun grundsätzlich zu einer zarteren Art der Betätigung, dann hat er sich damit für das weibliche „Seelengeschlecht" entschieden und umgekehrt für das männliche, sofern er der gröberen Wirkungsart zuneigt. Entsprechend inkarnieren in der Folge auch weibliche Seelen in weibliche Erdenkörper, und männliche Seelen in die ihrer Art näher kommenden männlichen Hüllen, wobei Mann und Frau einander harmonisch ergänzen könnten und sollten.

Nun könnte man vielleicht annehmen, daß wir unsere Art der Betätigung ja immer wieder einmal ändern können und damit von weiblichen zu männlichen Seelen mutieren oder umgekehrt. Das ist aber nicht möglich. Denn der schon vor der ersten Inkarnierung getroffene Entschluß zu einer bestimmten Art des Wirkens (und damit des Geschlechtes) hat weitreichende, unumkehrbare Folgen für die gesamte weitere Entwicklung: Den männlichen Seelen gehen durch ihre gröbere, schroffere Betätigungsweise gewisse Empfindungsfähigkeiten verloren, die sich sodann feinstofflich tatsächlich – und für immer – von ihnen abspalten und der Weiblichkeit beigesellen. Daher rührt übrigens auch das biblische Bild von der „Abspaltung des Weibes". Die weiblichen Seelen bleiben indessen durch ihre feine, empfindsame Art in besonderer Weise dem geistigen Ursprung verpflichtet. Daher trägt die Frau auch die ausgeprägte Fähigkeit in sich, Liebe und Lichtsehnsucht zu vermitteln oder naturverbunden zu wirken. Goethe fand zu Recht, daß „das Ewig-Weibliche hinanzieht" …

## *Unsere Reise durch die grobe Stofflichkeit*

Die großen Geheimnisse der Menschwerdung: Das, was uns innerlich zu Menschen macht, ereignete sich in den geistigen, wesenhaften und feinstofflichen Schöpfungsbereichen. Hier erwachten wir langsam zum ersten Daseinsbewußtsein, unsere Empfindungsfähigkeit begann sich auszubilden, die Entschlußkraft, der freie Wille, auch unser Geschlecht.

In der grobstofflichen Erdenwelt entwickelten sich indessen ohne unser Bewußtsein die physischen Körper – von einfachen Formen angefangen bis hin zum hochentwickelten Tier, das äußerlich der Menschenform zuletzt sehr nahe kam. Alle diese Tiere wurden über lange Zeitspannen ausschließlich von Seelen belebt, die dem wesenhaften Schöpfungsbereich entstammen.

Irgendwann aber war der große Moment gekommen: In die höchstentwickelten Tierkörper inkarnierten erstmals Menschengeister! Und diese hatten damit das Ziel ihres weltenweiten Absinkens durch die Bewegungsebenen der Nachschöpfung endlich erreicht: Hier, in der grobstofflichen Welt, in diesem Schmelztiegel intensivster Strömungen und Erlebnismöglichkeiten, zu dem sie sich machtvoll hingezogen fühlten, sollten sie die für sie nötige „Reibung" erfahren und zum so ersehnten Sichselbstbewußtsein erwachen! Jeder einzelne in seiner persönlichen Eigenart, wie sie sich durch eine Vielzahl von Willensentschlüssen ergeben mußte, und ein jeder auch in seiner geschlechtlichen Grundart, zu der er sich entschlossen hatte.

Es könnte alles recht einfach sein. Aber wir Menschen haben in unserer weiteren Entwicklung manches verwirrt. Denn wir hatten die grobstoffliche Nachschöpfung zwar erreicht, aber infolge des Sündenfalles[26] *wollten* wir bald gar nicht mehr zurück zu unserem Ursprung. Wir ergaben uns dem Tagbewußtsein und vergaßen unsere Geistigkeit, warfen damit den Stolz des Menschseins, die Selbstachtung, weitgehend über Bord und lebten innerlich leer dahin – zunehmend geplagt durch die Probleme unserer vernachlässigten Seelenwelt, die wir weder lösen noch zuordnen konnten.

Habe ich gut daran getan, dies alles in einer Vergangenheitsform zu formulieren?

Immer noch besteht ja die Hoffnung, daß es sich mit uns Erdenbürgern doch noch zum Guten wenden könnte!

Das, was uns innerlich zu Menschen macht, ereignete sich in den geistigen, wesenhaften und feinstofflichen Ebenen.

Ohne ein gründliches Umdenken in allen Bereichen wird es jedoch nicht gehen. Einige Anregungen dazu hoffe ich mit diesem Buch bereits gegeben zu haben. Und auch im Bereich der heute immer zahlreicher werdenden geschlechtlichen Verirrungen könnte das Wissen um die Geheimnisse der Menschwerdung neue Wege weisen.

## *Geschlechtliche Verirrungen*

Wenn jemand die unbeirrbare Überzeugung in sich trägt, in einem falschen Körper zu stecken, wenn er vielleicht sogar die schmerzvollen und weitreichenden Begleiterscheinungen einer chirurgischen Geschlechtsumwandlung auf sich nimmt, um endlich mit sich selbst eins sein zu können, und wenn andererseits in unserer Gesellschaft auch homosexuelle Neigungen immer stärker zutagetreten – woran liegt das alles? Was sind die Hintergründe für solche Probleme?

Lassen wir hier einmal die Übersexualisierung unserer Gesellschaft außer acht – davon war an anderer Stelle ja schon ausführlich die Rede. Wir finden auch in der Tatsache, daß bereits die *Seele* ein bestimmtes Geschlecht hat, einen wichtigen Erklärungsansatz sowohl für die Transsexualität[27] als auch für die Homosexualität. Denn es kann unter bestimmten Bedingungen tatsächlich vorkommen, daß eine weibliche Menschenseele in einen männlichen Körper inkarniert oder umgekehrt.

Man stelle sich beispielsweise eine Frau vor, die extrem männlichen Verhaltens- und Betätigungsweisen zuneigt. So etwas soll es ja geben – ohne damit die regierende Boxweltmeisterin oder Rekord-Gewichtheberin konkret anzusprechen. Wenn es sich bei einem solchen Menschen also tatsächlich um eine weibliche Seele handelt (was ja auf Grund des physischen Körpers nicht immer ohne weiteres feststellbar ist), so nimmt diese ihre Neigung zu männlicher Betätigung bei einem Erdentod jedenfalls mit hinüber in die jenseitige Welt, und wenn sich auch die Grundausrichtung ihrer Seele nicht mehr ändern kann, so mag sie auf Grund ihrer Neigung bei ihrer nächsten Inkarnation tatsächlich in einem Männerkörper „landen".

Und nun kann Verschiedenes geschehen: Entweder es geht mit dieser „verbogenen Seele"[28] einfach ein allzu weichlich wirkender „Mann" durchs Erdenleben, der seine Ergänzung wahrscheinlich in einer männlich wirkenden „Frau" findet (weil bei der zwischenmenschlichen Anziehung hier die Gleichart einer geschlechtlichen „Verbogenheit" zum Tragen kommen kann). Oder der betreffende „Mann" fühlt sich überhaupt vom (vermeintlich) gleichen Geschlecht angezogen, wobei jedoch Enttäuschungen die Regel sein werden, weil sich ein *wirklicher* (seelisch und körperlich männlich-aktiv ausgerichteter) Mann nicht als Ergänzung finden wird, aber auch ein „unechter Mann" keinen geeigneten Partner abgibt. Schließlich gibt es auch die Möglichkeit, daß die „verbogene" Frauenseele ihren Männerkörper irgendwann tatsächlich nicht mehr ausstehen kann, weil sie völlig uneins mit sich selbst ist – und alles unternimmt, um auch nach außen hin als Frau in Erscheinung zu treten. Ganz verleugnen laßt sich die seelische Grundausrichtung eines Menschen, der in einen andersgeschlechtlichen Körper inkarniert ist, nie.

Die Schwierigkeiten, Enttäuschungen und seelischen Belastungen, die so jemand erfährt, können natürlich maßgeblich dazu beitragen, daß sich seine „verbogene" seelische Ausrichtung wieder begradigt. Die wechselweise Inkarnierung eines Geistes in männliche und weibliche Erdenkörper kann in diesem Sinne also wohl seiner Entwicklung dienen – aber erstrebenswert sind solche Umwege nicht. Ganz im Gegenteil, wird hier letztlich doch immer das Seelenleid zum Lehrmeister!

Wie aber sollte nun jemand damit umgehen, wenn er allzu deutlich erlebt, daß mit seiner geschlechtlichen Ausrichtung etwas nicht stimmt? Daß er sich Menschen des gleichen Geschlechtes zugezogen fühlt oder sich selbst überhaupt lieber in einem andersgeschlechtlichen Körper erleben will?

In dieser Frage gibt es aus meiner Sicht keine verbindlichen Allgemeinregeln. Was indes im Hinblick auf die geschilderten seelisch-geistigen Hintergründe vorerst in jedem Fall angeraten erscheint, ist ein ehrlicher und schonungsloser Selbstfindungsprozeß – sowohl bei Homosexualität als auch bei Transsexualität.

Die beiden Bereiche sollten nun eigentlich zwar nicht in einem Atemzug genannt werden, da es für die Betroffenen um ganz unterschiedliche Befindlichkeiten und Wünsche geht, doch eines sollte eben hier wie dort geklärt werden: Welcher seelischen Ausrichtung fühle ich mich *wirklich* verbunden? Der männlich-aktiven oder der weiblich-passiven? Was ist im Hinblick auf meine persönlichen Vorlieben und Verhaltensweisen mein *seelisches* Geschlecht, die Art des Wirkens, zu der ich mich im Grunde meines Herzens entschieden habe? Diese Form der Selbstfindung wäre in jedem Fall ein erster Schritt zur Klärung des persönlichen Lebensweges.

Ist es möglich, diese wichtigste Frage zuverlässig zu beantworten (was naturgemäß gerade bei „verbogenen Seelen" eine überaus heikle Aufgabe sein wird und in der Praxis unter Umständen einen langwierigen Erkenntnisprozeß erfordert), dann können vielleicht weitere klärende Entscheidungen getroffen werden. Denn wenn beispielsweise ein Mann mit homosexuellen Neigungen erkennt, daß er wirklich – seelisch – ganz und gar ein Mann ist, dann wird er sich im Bewußtsein über die geistigen Folgen hüten wollen, seine Neigung, die sich ursprünglich vielleicht aus fehlgeleiteter sexueller Motivation entwickelte, weiter auszuleben.

In jedem Fall aber mag für den Betroffenen das Wissen darum, daß unser eigentliches Geschlecht keine Frage von Körperorganen ist, sondern sich durch die seelische Ausrichtung definiert, als Verständnishilfe und Anstoß zur inneren Neuorientierung von Bedeutung sein.

## *Im Schweiße Deines Angesichts ...*

Unzählige Ab- und Irrwege gibt es, auf die wir während unserer weltenweiten Wanderung geraten können und aus denen wir unter widrigen Umständen nicht mehr so leicht wieder herausfinden. Denn so, wie wir sind, sind wir höchst angreifbar, gefährdet, verletzlich. Den sicheren Schutz, der uns durch die stete geistige Verbindung mit dem Reich unserer Herkunft begleitet hätte, haben wir verloren. Wie Rotkäppchen im Wald ließen wir uns vom „bösen Wolf" dazu verleiten, neugierig in „verbotenen Bereichen" tätig zu werden, und haben dadurch andere und uns selbst in Gefahr gebracht. Wir wollten mehr wissen, als das Gewissen uns erlaubte – der auch heute noch immer wieder neu begangene Sündenfall! Es scheint hoch an der Zeit, daß wir uns nun „im Schweiße unseres Angesichts" darum bemühen, die Bindungen an die stoffliche Welt zu überwinden.

Nachdem wir den Weg von unserem Ursprung hinab in die stoffliche Welt nachgezeichnet haben, kennen wir auch den Weg zurück, denn es ist – in umgekehrter Richtung – genau der gleiche. Eine Umhüllung nach der anderen müssen wir ablegen, bis wir als Geist – vollreif, bewußt und in strahlender Menschenform – wieder eingehen können in die eigentliche Schöpfung, das Paradies.

Was wir tun können, um diese Entwicklung möglichst zu beschleunigen und was uns in den *„lichten Höhen des bewußten, freudevollen Schaffens"*[29], von denen das Werk „Im Lichte der Wahrheit" spricht, letztlich erwartet, das sind die nächsten Fragen auf unserer Innenwelt-Expedition.

Abermals wird uns dabei das Offenbarungswissen der Gralsbotschaft treuer Wegbegleiter sein – und ich hoffe, daß es mir schon bisher gelungen ist, Ihnen etwas von meiner persönlichen Begeisterung für dieses überragende Wissen zu vermitteln, das sich so wohltuend von allem abhebt, was sich in der Esoterik-Ecke zunächst als geistiges Brot präsentiert – sich danach aber als unverdaulicher Stein erweist.

## *Anmerkungen und Literaturempfehlungen*

*zu Kapitel 8*

*1* griech.: logoi esoterikoi und exoterikoi

*2* griech.: „esoterikos“ = „zum inneren Kreis gehörig“

*3* Siegfried Hagl bietet dafür in seinem Buch: „Spreu und Weizen – Im Dschungel der Esoterik“ eine gute Grundlage (Gralsverlag, Purgstall 2003).

*4* Zitiert aus: Abd-ru-shin: „Im Lichte der Wahrheit – Gralsbotschaft“, Verlag der Stiftung Gralsbotschaft, Stuttgart 1998 (Band 1, „Zum Geleite!“)

*5* Zitiert aus: Abd-ru-shin: „Im Lichte der Wahrheit – Gralsbotschaft“, Verlag der Stiftung Gralsbotschaft, Stuttgart 1998 (Band 3, „Schöpfungsübersicht“)

*6* Die Gralsbotschaft spricht im Zusammenhang mit der Astralebene an einigen Stellen von „feiner(er) Grobstofflichkeit“ und an anderen von „mittlerer Grobstofflichkeit“. Dies ist kein Widerspruch, sondern hängt mit dem Aufbau des Werkes „Im Lichte der Wahrheit“ zusammen, das dem Leser eine Führung bietet. Der Aufbau schreitet von der einfachen Darstellung eines Begriffes oder Sachverhaltes fort zu immer mehr erweiterten Erklärungen. So wird vorerst nur zwischen grob- und feinstofflich unterschieden, während diese Bereiche später weiter unterteilt werden. Die Übersicht in diesem Kapitel folgt im wesentlichen den differenzierteren Darlegungen im 3. Band der Gralsbotschaft.

*7* Zitiert aus: Abd-ru-shin: „Im Lichte der Wahrheit – Gralsbotschaft“, Verlag der Stiftung Gralsbotschaft, Stuttgart 1998 (Band 3, „Die kleinen Wesenhaften“)

*8* Möglich ist allerdings, daß einem Medium über bestimmte Mittler Bilder von höheren Ebenen gezeigt werden, die es dann kaum von eigenen Erlebnissen unterscheiden kann.

*9* Zitiert aus: Abd-ru-shin: „Im Lichte der Wahrheit – Gralsbotschaft“, Verlag der Stiftung Gralsbotschaft, Stuttgart 1998 (Band 3, „Im Lande der Dämmerung“). Dieser Vortrag leitet den dritten Band der Gralsbotschaft ein.

*10* Mehr zu diesem Thema findet der interessierte Leser im Rahmen eines Themenschwerpunktes („Faszination Licht") in der Zeitschrift „GralsWelt", Verlag der Stiftung Gralsbotschaft, Stuttgart. U. a.: Gerd Harms: „Licht als Lebensspender", Heft 14/2000; Erich Filler: „Die Welt – ein Lichtspiel?", Heft 15/2000.

*11* Zitiert aus: Abd-ru-shin: „Im Lichte der Wahrheit – Gralsbotschaft", Verlag der Stiftung Gralsbotschaft, Stuttgart 1998 (Band 3, „Im Lande der Dämmerung")

*12* Mehr zum Thema „Engel und Engelkontakte" bei Dr. Monika Schulze: „Bewohner des Himmels", erschienen in der Zeitschrift „GralsWelt", Heft 26/2003, Verlag der Stiftung Gralsbotschaft, Stuttgart.

*13* Eine detailliertere Deutung dieses Märchens findet der interessierte Leser bei Corinna Hübener: „Hänsel, Gretel und Frau Holle", erschienen in der Zeitschrift „GralsWelt", Heft 22/2002, Verlag der Stiftung Gralsbotschaft, Stuttgart.

*14* Dazu zählen u. a. „Der starke Hans", „Die drei Brüder", „Die drei Federn" oder „Das Wasser des Lebens".

*15* Corinna Hübener hat das im Rahmen einer Beitragsserie für die Zeitschrift „GralsWelt" getan: „Die Weisheit der Märchen", nachzulesen in den Heften 21/2001 bis 25/2002, Verlag der Stiftung Gralsbotschaft, Stuttgart.

*16* Abd-ru-shin: „Im Lichte der Wahrheit – Gralsbotschaft", Verlag der Stiftung Gralsbotschaft, Stuttgart, 1998 (Band 3, „Der Ring des Wesenhaften")

*17* Mehr zu diesem Thema findet der interessierte Leser im GralsWelt Themenheft „Vom Wesen der Tiere", Themenheft 10/2002, Verlag der Stiftung Gralsbotschaft, Stuttgart.

*18* Auch dazu bietet ein GralsWelt Themenheft mehr Information: „Naturwesen", Themenheft 9/2002, Verlag der Stiftung Gralsbotschaft, Stuttgart.

*19* Abgesehen natürlich von höheren Inkarnationen – man denke an Jesus von Nazareth –, die zu besonderen Entwicklungszwecken in die Stofflichkeit geboren werden. Hier liegt der Bewußtseins-Ursprung weit über dem „Ring des Wesenhaften".

*20* Mit „geistig-wesenhaft“ ist die geistige Schöpfung gemeint. Die Beifügung „wesenhaft“ wird als allgemeine Unterscheidung zum Begriff des „Wesenlosen“ gebraucht, der Gott von allem übrigen Geschaffenen oder Entwickelten unterscheidet.

*21* Zitiert aus: Abd-ru-shin: „Im Lichte der Wahrheit – Gralsbotschaft“, Verlag der Stiftung Gralsbotschaft, Stuttgart, 1998 (Band 2, „Schöpfungsentwicklung“)

*22* Der Begriff „positiv“ wird in der Gralsbotschaft für „männlich-aktiv“ im Gegensatz zu „weiblich-passiv“ benützt. „Positiv“ und „negativ“ ergänzen in diesem Sinne einander; diese Begriffe sind wertneutral, ähnlich wie das Plus und das Minus in der elektrischen Spannung.

*23* Zitiert aus: Abd-ru-shin: „Im Lichte der Wahrheit – Gralsbotschaft“, Verlag der Stiftung Gralsbotschaft, Stuttgart 1998 (Band 3, „Geistkeime“)

*24* Alle Schöpfungsebenen, die wir zu Beginn unserer menschengeistigen Entwicklung nach unten hin durchwandern, finden wir auf unserem Weg nach oben, zurück ins geistige Reich, wieder.

*25* Zitiert aus: Abd-ru-shin: „Im Lichte der Wahrheit – Gralsbotschaft“, Verlag der Stiftung Gralsbotschaft, Stuttgart, 1998 (Band 3, „Geistkeime“)

*26* „Expedition Innenwelt“, Band 1, Kapitel 2

*27* Mit *Transsexualität* wird das dominierende Gefühl eines Menschen beschrieben, dem anderen Geschlecht zuzugehören.

*28* Der Ausdruck „verbogene Seele“ wurde in Anlehnung an einen entsprechenden Vortrag der Gralsbotschaft von Abd-ru-shin benützt.

*29* Abd-ru-shin: „Im Lichte der Wahrheit – Gralsbotschaft“, Verlag der Stiftung Gralsbotschaft, Stuttgart, 1998 (Band 3, „Siehe, Mensch, wie Du zu wandeln hast durch diese Schöpfung, damit nicht Schicksalsfäden Deinen Aufstieg hemmen, sondern fördern!“)

*Kapitel 9*

# *RÜCKKEHR ZUM URSPRUNG*

*Lesen Sie in diesem Kapitel:*

- *Die Formung des Menschen*
- *Der Wert von Freundschaften*
- *Der leuchtende Menschengeist*
- *Natürlicher Schönheitssinn*
- *Die Geheimnisse der Sprache*
- *Gedanken- und Gefühlsveredelung*

»Es ist eine Eigenschaft
des Lebens, strahlend
zu leuchten. Was in sich
selbst lebendig ist, verbreitet
einen überirdischen Glanz,
der in unserer materiellen
Welt keine Entsprechung
findet.
Es ist die Sehnsucht nach
diesem Licht, die jeder
Menschengeist in sich
verspürt, weil er selbst aus
der Art dieses Lichts
sich formt.«

## Kapitel 9

# Rückkehr zum Ursprung

Da steht er, der „verständige Mensch" des 21. Jahrhunderts: Homo sapiens sapiens. Stolz blickt er zurück auf seine eigene Entwicklungsgeschichte, die vor sechs bis zehn Millionen Jahren auf diesem Planeten begonnen haben mochte und die wie ein einziger Triumphzug erscheint: die Herstellung von Steinwerkzeugen vor einer Million Jahren, die gezielte Verwendung des Feuers vor 400.000 Jahren, dann der Bau der großen Pyramiden vor etwa viereinhalbtausend Jahren, die Luftfahrt im 19. Jahrhundert, die Spaltung des Atoms und die erste Raumfahrt im 20. Jahrhundert – und jetzt eröffnet die gezielte Arbeit mit den kleinsten Bausteinen der Materie durch die Methoden der Nanotechnologie[1] ganz neue Möglichkeiten in der Gestaltung der materiellen Welt.

Wir waren tatsächlich sehr erfolgreich im Bemühen, uns die Erde untertan zu machen. Und doch könnte ein überlegenes Siegerlächeln bald jäh gefrieren. Denn die unkontrollierbare Entwicklungs-Explosion, die wir auf diesem Planeten durch unsere intellektuelle Überlegenheit und ohne Rücksicht auf natürliche Kreisläufe in Gang gesetzt haben, bleibt nicht ohne Folgen: Tag für Tag sterben Dutzende Tier- und Pflanzenarten aus, allein in den letzten hundert Jahren haben wir Menschen ein Drittel der insgesamt bekannten, nicht erneuerbaren Ressourcen und Energieträger dieser Erde verbraucht, und die Ausmaße der Klimaveränderung, wie sie Schadstoff-Emissionen verursachen, sind noch gar nicht absehbar. Werden wir am Ende eine verwüstete Erde zurücklassen, die keine brauchbare Lebensgrundlage mehr bieten kann?

## *Die not-wendige Wende*

Zaghaft werden heute dort und da Rufe laut, die eine „nachhaltige Lebensweise" fordern, ein Umdenken und Andershandeln, das die Natur nicht mehr rücksichtslos ausbeutet und die bereits angerichteten Schäden schrittweise wieder repariert. Von „Re-Naturierung" spricht man zum Beispiel.

Aber selbst hinter diesen so weise und wichtig erscheinenden Ansätzen verbirgt sich bei näherer Betrachtung oft die gleiche fatale Grundhaltung, die unsere Probleme erst erstehen ließ: der menschliche Machbarkeitswahn – als Folge eines zutiefst materialistischen Weltbildes – wiederum als Folge der Überbewertung unseres körperlichen Erkenntnisinstrumentes „Verstand".

Denn wie denken wir im allgemeinen über die Entstehung der Welt, und wie sehen wir unsere Position in ihr?

In der modernen Kosmogonie[2] geht man davon aus, daß das Universum vor vielleicht zehn Milliarden Jahren aus dem Nichts entstanden ist.[3] Zufällig hat sich dann nach und nach das entwikkelt, was wir heute als sternenübersäten Weltraum kennen. Zufällig bildeten sich auf der Erde vor 3,5 Milliarden Jahren in einer sogenannten Ursuppe die ersten Lebensformen, aus denen im Erdaltertum[4] die Urformen heutiger Lebewesen hervorgingen und Meer und Land besiedelten. In weiterer Folge dieser Zufälle traten in der Erdneuzeit dann auch Primaten und, vor zirka vier bis sechs Millionen Jahren, die Ur-Menschen auf, aus denen sich zuletzt der „Homo erectus"[5], der „Homo sapiens"[6] und, vor etwa 150.000 Jahren, der so erfolgreiche „Homo sapiens sapiens" mit seinem auffälligen Großhirn entwickelte.[7] Den Vorstellungen der Entwicklungsbiologie zufolge sind wir Menschen also letztlich nichts weiter als ein Produkt glücklicher Zufälle.

Wer aber daran glaubt, daß im großen Weltgeschehen der „blinde Zufall" Regie führt, der kann freilich auch der Idee huldigen, daß der Mensch Ordnung in dieses „Chaos" bringen soll, daß es uns also gegeben ist, das sinn- und absichtslose Wirken der Natur in den Dienst eigener Ziele zu stellen. Zwar ist es ein durchaus fraglicher Gedankengang, angesichts der Gesetzmäßigkeiten, die ja überall im Weltgeschehen zu beobachten sind, dem „Prinzip Zufall“ eine so überragende Bedeutung beizumessen, aber wen kümmert das? Die heute übliche „wissenschaftlich fundierte“ Auffassung unterstreicht die herausragende Sonderstellung des Menschen und sein Recht, nach Belieben in alle Lebensabläufe einzugreifen. Und wenn sich wirklich einmal etwas falsch entwickelt hat – na, dann reparieren wir es eben wieder! Haben wir in der Geschichte nicht oft genug bewiesen, siegreich über allem zu stehen?

**In der unseligen Allianz von Zufallsgläubigkeit und Selbstüberschätzung gründet sich unser Machbarkeitswahn.**

In dieser unseligen Allianz – Zufallsgläubigkeit und Selbstüberschätzung – liegt nach meiner Überzeugung die Wurzel unseres Machbarkeitswahns. Und die stärkste Antriebskraft für die Festzementierung dieses materialistischen Weltbildes und unsere Unfähigkeit, Höheres zu begreifen, bildet der erd*gebundene* – weil der Erde entstammende – Verstand.

Das Gehirn sollte uns als Erkenntnisorgan während der Reise durch die grobstoffliche Welt dienen – aber wir ließen es herrschen, auch über uns selbst. Die lockende Aussicht, hier in der physischen Welt sein zu können wie Gott – als höchste Macht schaffend, gestaltend, über das „Prinzip Zufall“ gebietend –, war uns wichtiger, als den geistigen Impulsen unserer Empfindung zu folgen. Über den menschlichen Sündenfall war in diesem Buch ja bereits ausführlich die Rede[8] – er ist keine Erfindung einfältiger Bibel-Autoren, sondern traurige Wirklichkeit. Wer strebt heute noch danach, sich innerlich so zu entwickeln, daß er zurückkehren kann in das Reich seines Ursprungs – sich seiner selbst voll bewußt geworden? Wer *kennt* seinen Ursprung überhaupt noch?

Bezeichnenderweise geht der „verständige Mensch“ des 21. Jahrhunderts über die wirklich entscheidenden Lebensfragen, die sein materialistisches Weltbild gefährden, achselzuckend hinweg. Der Homo sapiens sapiens will glauben, daß das Leben eine Funktion der Materie ist; er bestreitet die Existenz der Seele, weil er sie nicht wissenschaftlich beweisen kann – und damit auch das Weiterleben nach dem Tod; er steht hilflos vor dem offensichtlichen Unterschied im Ursprung zwischen Mensch und Tier, der durch keine Evolutionstheorie erklärbar ist; er setzt die Begriffe „Geist“ und „Verstand“ als eines und begreift auch seelische Hilfe als einen letztlich rein körperlichen Vorgang; er bezweifelt das Vorhandensein einer immateriellen Empfindung und begnügt sich damit, überall dort, wo sich in dieser tristen Weltauffassung zwangsläufig Lücken auftun, den Zufall als „Erklärung“ heranzuziehen, weil er höhere Einflüsse von vornherein ausschließen will.[9]

Man hat wahrscheinlich wenig Chancen, einen überzeugten Materialisten mit Sachargumenten für eine erweiterte Weltsicht zu gewinnen. Aber Argumente, Beweise und experimentelle Studien sind dafür auch der falsche Ansatz. Was wohl am ehesten Aussicht auf Erfolg hat, ist … das Thema dieses Buches: das Bewußtwerden über die eigene Innenwelt. Denn die Macht der Gedanken und Empfindungen ist *erlebbar*, die Lichtsehnsucht, Hoffnungen und Träume sind *erfahrbar*, und der Wille, ein sinnerfülltes Leben zu führen, erweist sich unbestreitbar als die tiefste Antriebskraft für jeden Menschen.

Wer wachsam in sich selbst hört und schaut, dem müßte doch unmittelbar bewußt werden, daß sich nur dort, in den immateriellen Herzensgründen unseres Bewußtseins, das eigentliche Leben ereignet. Und wie erfüllend ist es doch, die vielen Vorgänge in unserer seelisch-geistigen Innenwelt, die unseren Entschlüssen und Handlungen zugrundeliegen, klar zuordnen zu können, sie steuern und nutzbringend anwenden zu lernen; zu erfahren, daß wir tatsächlich höheren Welten verbunden sind, daß die physische Hülle nur ein grobstoffliches Kleid ist und unser gesamtes Sein einem hohen Ziel dient: Bewußtsein zu entwickeln! Wie anregend und befreiend wirkt es auch, um diesen Sinn des Lebens zu wissen und bis in die Fingerspitzen zu spüren, als Kreatur Mensch in

Gottes Schöpfung geborgen zu sein, sich vertrauensvoll einem weisen, höheren Willen fügen zu können. Und wie unmenschlich-kalt und zugleich unsachlich-dumm erweist sich demgegenüber die hohle Weltauffassung des Materialismus, die nicht Demut, sondern Hochmut zur Folge hat und uns unbemerkt der Selbstzerstörung entgegentreibt, dem geistigen Tod.

Im Hinblick auf das eigene geistige Ziel, das wieder klar erkennbar wird mit dem Wissen um die Schöpfungsebenen, denen wir im Inneren verbunden sind, müßte die im wahrsten Wortsinn „not-wendige" Wende in unserem Denken und Handeln doch eigentlich leicht und mit großer Schwungkraft zu vollziehen sein. Die Not, die große Gefahr unseres geistigen Untergangs, wendet sich von uns, sobald wir unseren „Wollen-Kompaß" ganz auf die Veredelung und Entwicklung der eigenen Persönlichkeit ausrichten, also dem Geist der Nächstenliebe in uns Raum gewähren.

## *Die Formung des Menschen*

Der Begriff „Veredelung" darf dabei im Hinblick auf den menschlichen Geist durchaus wörtlich genommen werden, denn unser Wesenskern erfährt bei entsprechend lichtverbundener Ausrichtung tatsächlich eine weitreichende Veränderung und Verfeinerung in seiner Gestalt und Beschaffenheit.

Wie wir erfahren haben, kann man das Geistige als eine in sich selbst lebendige, höhere Bewegungsebene der Schöpfung beschreiben, die über der stofflichen Welt, der sogenannten „Nachschöpfung", liegt und den Kreislauf des Werden-und-Vergehens nicht mit vollzieht. Dieses geistige Reich oder „Paradies" ist die Heimat aller Geschöpfe, die zu einem Sich-selbst-Bewußtsein befähigt sind, der eigentliche Ursprung des Menschen also.

Vor diesem Hintergrund lassen sich nun auch die Begriffe „Mensch" und „Menschentum" neu definieren. Üblicherweise beschreiben wir uns ja, unabhängig vom Zustand der Innenwelt, einfach auf Grund unserer äußeren Körperart sowie unserer intellektuellen Fähigkeiten als Menschen, wiewohl uns bewußt sein mag,

> „Mensch" ist nicht, wer einen menschlichen Körper, sondern wer einen bestimmten Grad an Bewußtsein erreicht hat.

daß viele Zeitgenossen überaus unmenschlich handeln oder sich in ihrer unkontrollierten Hingabe an triebhafte Gelüste seelisch vielleicht sogar noch unter jedes Tier stellen. Im geistigen Sinne aber zählt die innerste Wirklichkeit. Hier kann von „Mensch" erst ab einem ganz bestimmten Grad der Bewußtseinsentwicklung gesprochen werden. Bis dahin sind und bleiben wir Geistkeime. Wir durchglühen unsere wesenhaften, fein- und grobstofflichen Hüllen zwar in der Art des Geistigen und geben den gestaltenden Kräften in der Schöpfung dadurch die nötigen Impulse zur Bildung menschengemäßer Hüllen; unser Wesenskern selbst jedoch muß die menschengeistige Form durchaus noch nicht angenommen haben.

Dem Werk „Im Lichte der Wahrheit" zufolge ist die Menschenform der natürliche Ausdruck des Sich-Bewußten in der Schöpfung. Was sich seiner selbst bewußt sein kann, formt sich zum „Ebenbild des Schöpfers", weil dieser selbst das (allerdings wesenlose) höchste Bewußtsein ist:

> *„Ich weise nochmals darauf hin, daß alles* Leben *in der Schöpfung aus zwei Gattungen besteht. Dem Sichbewußten und dem Unbewußten. Erst mit dem Bewußtwerden formt sich auch das Ebenbild des Schöpfers*[10]*, das wir unter Menschenform verstehen. Die Formung geht gleichmäßig Hand in Hand mit dem Bewußtwerden."*[11]

Die „Bildung" eines Geistkeimes zur eigentlichen Menschenform vollzieht sich also erst im Laufe seiner Bewußtseinsentwicklung. Bis dahin dürfte von „Mensch" demnach gar nicht gesprochen werden. Wenn aber jemand dem Sinn seines Lebens gerecht wird und sein Inneres entwickelt, dann vollzieht sich dadurch nicht nur selbsttätig die Formung seines Wesenskernes, sondern dieser durchglüht von innen her auch immer strahlender seine wesenhaften und stofflichen Hüllen.

## *Das leuchtende Ich*

Es ist eine Eigenschaft des Lebens, strahlend zu *leuchten*. Was in sich selbst lebendig ist, verbreitet einen überirdischen Glanz, der in unserer materiellen Welt keine Entsprechung findet. Das gesamte geistige Reich unserer Heimat ruht ewig leuchtend über der Nachschöpfung, und es ist die Sehnsucht nach diesem Licht, die jeder Geistkeim in sich verspürt, weil er selbst aus der Gleichart dieses Lichts sich formt.

Mit jedem Gedanken, jedem Willensentschluß verbinden wir uns im Wallen und Weben der Schöpfung diesem leuchtenden Ziel – oder aber wir entfernen uns weiter von ihm:

> „*Versucht dabei zu sehen, wie ein jedes üble Denken oder Wollen schattenartig durch das Weben läuft, mehr oder weniger das Klare trübend und die Schönheit hier und da zerstörend, während reines, gutes Denken oder Wollen leuchtend durch die Fäden zieht, Schönheit und Glanz verbreitend auf den Wegen, die es geht.*"[12]

Wenn nun ein Mensch in Freude an dem Reinen und Hohen das Gute pflegt und sich innerlich veredelt, so muß dabei auch das Leuchten seines geistigen Wesenskerns, seines Ichs, immer stärker nach außen dringen – bis er sich seiner selbst endlich voll bewußt geworden ist und alle Umhüllungen wieder ablegen kann, die er zu seiner weltenweiten Wanderung erhalten hat:

> „*Sein feinstofflicher Körper wird, durchdrungen von diesem Empfinden, feiner und immer weniger dicht werden, so daß das Leuchten des geistig-wesenhaften Kernes immer strahlender durchbricht, und zuletzt auch die letzten Stäubchen dieses feinstofflichen Körpers wie in Flammen aufgehend abfallen, wodurch dann der somit vollendete und bewußte, persönlich gewordene Menschengeist in vollkommen geistig-wesenhafter Art die Grenze in das Geistig-Wesenhafte überschreiten kann.*"[13]

Was die Gralsbotschaft hier als letztes Geschehen vor dem Eintritt des entwickelten Menschen in die eigentliche Schöpfung beschreibt, kann sich freilich in jeder Phase unseres Seins vorberei-

Es ist eine Eigenschaft des Lebens, strahlend zu leuchten. Es verbreitet einen überirdischen Glanz.

ten: Hier in der physischen Welt mag das Licht des geistigen Kernes vorerst nur aus den „Fenstern der Seele“ strahlen und sich im kindlichen Leuchten der Augen eines mit sich selbst ins reine gekommenen Menschen zeigen. Und wie wir die grobstoffliche Hülle ablegen, wenn sie für uns zu alt und schwer geworden ist, so streift der lebendig strahlende Geist nach und nach auch alle feinerstofflichen Kleider ab, sobald sie seiner zunehmenden Bewegungsfähigkeit zum Hemmnis werden.

Zuletzt aber finden wir uns in der Schöpfungsebene des Wesenhaften wieder, wo wir einst die „Geschenke der Feen“ empfingen, die ersten, zartesten Umhüllungen des Geistkeimes. Was sich dort ereignet, schildert die Gralsbotschaft wie folgt:

*„Und diese Ebene, die Euch das Kommen in die Welt vermittelt und ermöglicht, die also einen Grundstein Eures Eigenseins als Mensch gewährt, sie ist auch wichtig für den reifen Geist, der sich im Sinn des Gotteswillens recht entwickelt hat und aufzusteigen fähig wird.*

*Wie hier die erste Hülle in menschlicher Form erblüht, so legt der reife Geist die gleiche Hülle wieder ab auf dieser Ebene, die erste Hülle, welche dann beim Aufsteigen im Ablegen die letzte ist!*

*Sie bleibt auf dieser Ebene zurück, um wieder sich zu lösen, zu zersetzen, aufzugehen in der gleichen Art, aus welcher sie zuerst erstand in dem Geschenk der Fee.*

*Doch bringt die Hülle eines reifen Geistes neue Kräfte mit sich und erfrischt und stärkt die gleiche Art, weil sie von dem im rechten, aufsteigenden Sinn sichselbstbewußten Geiste stark durchglüht gewesen ist und dieses Glühen in sich trägt!*

*Dadurch wird diese Hüllenart im Ring des Wesenhaften um die Stofflichkeiten um so kraftvoller und kann dem neuen*

*Werden und Erwachen vieler Menschengeistkeime noch stärker helfen.*

*Nach Ablegen der letzten Hülle zarter Wesenheit geht dann der Geist als solcher sichbewußtseiend aus dieser Ebene der Gärten wieder ein in das geistige Reich, das er als unbewußter Geistkeim einst verließ, nur seinem unbestimmten Drange nach Entwickelung nachgebend, den die Sehnsucht nach Bewußtwerden erzeugt.*

*Strebet darnach, Ihr Erdenmenschen, vollreif eingehen zu können in das Reich des Geistes! Ihr werdet damit dann vereint mit* denen, *die sich in dem Geistigen entwickeln konnten, ohne in die Stofflichkeiten erst tauchen zu müssen.*

*Ihr seid dann auch nicht minder stark als diese; denn Ihr habt viel Hindernisse überwunden, und im Mühen dieser Überwindung wurdet Ihr zur Flamme! Freude wird dann herrschen über Euch, wie es schon in dem Gleichnis des ‚verlorenen Sohnes' angedeutet ist."*[14]

Ein schönes Ziel – aber wie wird man nun diesem Ruf der Gralsbotschaft gerecht? Was bedeutet das „Streben nach dem Reich des Geistes" konkret?

Wie erlangen wir – hier und jetzt – Geistesreife und überwinden die Launen unserer „Pubertät", in der wir seelisch immer noch feststecken?

Die folgenden zehn „Aufstiegshilfen" fassen wichtige Aspekte aus den bisherigen Kapiteln dieses Buches zusammen, ergänzt durch einige Gedanken, die mir persönlich besonders wichtig erscheinen, wenn es um die Praxis eines dem *Geiste* dienenden Weges geht.

Aber ich schicke voraus: Diese Auflistung kann in ihrer Unvollständigkeit lediglich Anregungen bieten, sie versteht sich nicht als „Patentrezept"-Sammlung der Marke „Wie man in den Himmel kommt" – was es ja auch überhaupt nicht geben kann, da der individuelle geistige Weg eines jeden Menschen anders verlaufen muß.

## Einsteigen statt aussteigen

Jedoch wird auffallen, daß die folgenden Gedanken recht wenig mit dem zu tun haben, was heute im allgemeinen unter spiritueller Lebenshilfe gehandelt wird. Ja, man mag den Eindruck gewinnen, daß gerade die wirklich bedeutsamen Gelegenheiten, im irdischen Alltag das Geistige zu stärken und die Persönlichkeit zu entwickeln, mißachtet und zum Teil sogar bewußt gemieden werden.

Wenn man sich umsieht, womit das seelisch-geistige Vorankommen gefördert werden soll, dann findet man derzeit allerlei Meditations-Techniken, feinerstoffliche Therapie-Ansätze, spiritistisch-okkulte Praktiken oder gezielte Trainings zur „Selbsterfahrung“ und „Selbstfindung“. Auch nach besonders Skurrilem braucht man nicht lange zu suchen: Vor mir liegt eine ältere Ausgabe einer Esoterik-Zeitschrift. Ihr Titelthema: „Erleuchtung durch die Steckdose“ – und im Blattinneren erfährt man:

> *„Noch im letzten Jahrhundert galt in der Therapie- und alternativen Heilszene das Dogma, daß jede Veränderung im Menschen nur durch aktive Beteiligung der Psyche erreicht werden kann. Den Beginn des 21. Jahrhunderts kennzeichnet eine bedeutsame Trendwende: Der mühsame Fußmarsch der Psyche hat sich erledigt, denn nun gibt es Fahrzeuge, die einen schneller zum Ziel bringen.“*[15]

Im Anschluß daran werden diese „Fahrzeuge“ dann vorgestellt: Geräte, deren Technik direkt auf „Körper und Psyche“ einwirken. Wer es bequem liebt, also nicht durch aktive Arbeit an sich selbst reifen, sondern gereift werden will, wird den „Aufzug zum Himmel“ (oder wohin die „Erleuchtung aus der Steckdose“ auch immer führen mag) wahrscheinlich gern einmal versuchen.

Jedenfalls zeigt sich an diesem Beispiel: das aus der christlichen Glaubenstradition altbewährte Konzept „Allein durch den Glauben“ kann sich – ein wenig aufgepeppt durch „New-Age-Terminologie“ – auch im 21. Jahrhundert noch ohne weiteres sehen lassen.

> Das „Aussteigen" aus Gesellschaft und Alltag führt nicht auch zu mehr Herzlichkeit, Natürlichkeit und Menschlichkeit.

So manches aus der spirituellen Trickkiste dient bei näherer Betrachtung nicht dem Geist, sondern dem Verstandes-Ego, das sich im Bewußtsein sonnen darf, etwas Besonderes zu praktizieren. Ich habe Menschen kennengelernt, die sich monatelang einem japanischen „Tempel-Training" unterzogen, wo sie in meditativen Übungen frierend und Schmerzen ertragend gegen ihre eigene Gedankenwelt ankämpften, um sich zuletzt etwas „kleiner" zu fühlen; andere wieder verstiegen sich in die Idee, über spiritistische Hilfsmittel Kontakte zu Jenseitigen zu pflegen, bei denen sie „das Wissen der Welt" vermuteten – und wieder andere ließen sich regelmäßig von ihrem charismatischen Guru beglücken, der vorzeigte, wie man lebenslustig und in kindischer Sorglosigkeit über seelische Untiefen hinwegbalancieren kann, ohne sich vom eigenen Gewissen „beengen" zu lassen.

Leider aber kann ich von keinem Fall berichten, wo ein wie auch immer gearteter „Ausstieg aus dem Alltag" zu einer nachhaltigen Veränderung der Persönlichkeit geführt hätte in dem Sinne, daß der/die Betroffene seiner/ihrer Mitwelt fortan mit mehr Natürlichkeit, Herzlichkeit, Menschlichkeit begegnet wäre.

In der Tat erscheinen viele spirituelle Wege, die durch ganz bestimmte Maßnahmen abgepflockt sind, eher wie Anleitungen zum „Brodeln im eigenen Saft": die Beobachtung und Bekämpfung persönlicher Schwächen; der Reiz, in das Mystisch-Geheimnisvolle vorzudringen; die Aussicht, verborgene Seiten der eigenen Persönlichkeit ausleben zu können usw. – stets bleibt der Blick des Menschen dabei auf sich selbst gerichtet. Und das ist es auch, was ich vorhin mit der Formulierung „Ausstieg aus dem Alltag" ansprechen wollte: Während das werktätige Leben uns – im Beruf oder auch in der Familie – dazu zwingt, bestimmte Aufgaben zu erfüllen, wobei eben nicht wir selbst im Vordergrund stehen, sondern unsere Tätigkeit, sucht man sich für seinen „geistigen Weg“ mit Vorliebe etwas abseits des Alltags. Doch sei hier die Frage gestattet: Bringt das etwas?

Mit argumentativen Steinwürfen als Antwort auf eine solche Frage muß man rechnen: Was sollte denn falsch daran sein, einmal „etwas für sich selbst zu tun“? Der quirligen Hetze im Beruf zu entfliehen? Sich einen befriedigenden Ausgleich für Streß, Mobbing, Groll und Frust zu suchen?

Nichts ist daran falsch – aber eine wirkliche Befreiung aus unliebsamen Gegebenheiten ist allein durch die ausgleichende Konzentration auf liebsame Gegebenheiten meines Erachtens nicht erreichbar. Mit einem geistigen Weg abseits des Alltags kann man sich zwar ablenken, auch Kraft schöpfen, aber man verändert noch nichts. Unsere Aufgabe liegt darin, mitten im Geschehen eine Lösung zu erringen!

Es kann nicht deutlich genug unterstrichen werden: Das Hier und Jetzt, unsere persönliche Lebenssituation, die angenehmen und unangenehmen Mitmenschen in der Familie oder bei der Arbeit, all das, womit der Alltag uns konfrontiert – das sind sozusagen *Fragen, die das Leben an uns stellt*: Und durch unser Verhalten *antworten* wir darauf, ob uns das gelegen kommt oder nicht. In unseren Entscheidungen, Gedanken und Handlungen zeigt sich, wes Geistes Kind wir selbst sind, und eben darin liegt zugleich die alles andere überragende Gelegenheit für unseren spirituellen Fortschritt: Wie reagieren wir auf „besonders provokative Mitmenschen“? Wie lösen wir Konflikte mit denen, die „so grundlegend anders“ sind als wir selbst? Was tun wir, um mit eben jenen „unsäglich nervenaufreibenden Zeitgenossen“, mit denen wir zwangsläufig konfrontiert sind, die ersehnte Harmonie zu erreichen?

Ja, was tut man? Für den Beginn mag man sich selbstkritisch überlegen, warum etwas so besonders „provokativ“ wirkt; welche verdrängten eigenen Verhaltensmuster sich im störenden, „so grundlegend Anderen“ entdecken lassen; welche Fehler man noch in sich selbst trägt, die im Spiegel des Nächsten so „unsäglich nervenaufreibend“ wirken.

> Die herrschenden Gegebenheiten als Möglichkeiten des Lernens zu nützen, darin liegt der kürzeste Weg zur eigenen Entwicklung.

Wer dann erkennen kann, daß er ja nur sich selbst ändern muß, um Harmonie zu erwirken, wer die herrschenden Gegebenheiten als Möglichkeiten des Lernens willkommen heißt und sie nicht als Belastung versteht, der ist zweifellos auf einem guten Weg. Es ist der kürzeste und zugleich anspruchsvollste. Doch die meisten Menschen glauben sehr gern an die tausend „guten Gründe", warum gerade in ihrem Fall andere, günstigere Umstände alles erleichtern würden.

Nichts bietet uns bessere Gelegenheiten zum geistigen Aufstieg als das Leben, so, wie es sich im Moment darstellt. Daher lautet ein wichtiger Grundsatz: *Nicht aussteigen, sondern einsteigen!* Sich einlassen auf die Aufgaben, wie sie sich uns im Alltag ja von selbst stellen; den „Fragen des Lebens" bestmöglich antworten. Eine solche Haltung fördert das Einswerden mit sich selbst.

Auch religiös-spirituell orientierte Menschen leben ja manchmal in einem unbefriedigenden Zwiespalt: Einerseits stellen sie sich die bange Frage, wie sie denn ein geistiges Leben führen können, was ihre Aufgabe ist, wie sie dem Schöpfer bestmöglich dienen – andererseits übersehen sie gerade im steten Ausschauhalten nach dem fernen Besonderen das Naheliegend-Natürliche: die einfache, der Erfüllung harrende Alltags-Aufgabe, die in ihrer unspektakulären Selbstverständlichkeit aber ohne weiteres als „Ruf des Lebens" verstanden werden darf.

Offenbar sind wir so sehr daran gewöhnt, alles Geistige vom Irdischen abzutrennen, daß wir es gar nicht mehr für möglich halten, der Wille Gottes könnte uns über das Weben der Schöpfung *unmittelbar* fordern, hier und jetzt, inmitten unseres eigenen, wohlvertrauten Lebens. Doch *gerade* da – und nirgendwo sonst – sollen wir mit dem aufbauenden Denken und Handeln

**Das Leuchten seines Geistes kann nur zum Vorschein bringen, wer weltzugewandt denkt und handelt.**

ansetzen, hemmende Bindungen lösen, ein Leben im Sinne der Nächstenliebe führen. Und es geht dabei tatsächlich um alle uns *Nächsten* – nicht etwa um einige wenige zuvor sorgfältig auserwählte „Übernächste"! Das Leuchten seines Geistes kann nur zum Vorschein bringen, wer welt*zugewandt* lebt – nicht aber, wer sein inneres Glück in weltfremden Vorstellungen über feinerstoffliche Wirklichkeiten sucht.

Bei diesem „Einstieg ins Leben", den wir im Sinne einer natürlichen geistigen Entwicklung mit allen verfügbaren Kräften wagen sollten, kommt es auch nicht so sehr darauf an, was wir tun; *wie* wir es tun, ist entscheidend.

Natürlich gibt es dabei Grenzen. Kein normal denkender Mensch wird sich sein Brot als Bombenbastler für ein Terror-Netzwerk verdienen wollen. Aber darum geht es natürlich nicht; was kurz angesprochen werden soll, ist die Sorge so vieler Menschen, mit dem eigenen Tun – vielleicht sogar wider Willen – eine insgesamt falsche Entwicklung zu unterstützen. Darf man angesichts der Klimasituation überhaupt noch mit dem Auto fahren? In einem Betrieb arbeiten, der Produkte zweifelhafter Herkunft verkauft? Müßte man nicht aus so vielem radikal und kompromißlos aussteigen?

Natürlich wäre es nicht sinnvoll, sich Gegebenheiten, die offensichtlich in die falsche Richtung führen, einfach in sorglosem Nicht-weiter-darüber-Nachdenken zu fügen. Im Gegenteil, wir *müssen* den Idealzustand sogar aktiv anstreben. Doch ohne Rücksicht auf die Lebensumstände oder die Mitmenschen zu handeln, wäre nicht kompromißlos, sondern nur ein Ausdruck von Sturheit und Starrheit. Kompromißlosigkeit im Hinblick auf ein wertvolles *Ziel* – ja, unbedingt. Doch was den *Weg* anbelangt, ist es ebenso unbedingt geboten, die herrschenden Gegebenheiten umsichtig miteinzubeziehen. Sonst handelt man nicht kompromißlos richtig, sondern schlicht und einfach falsch.

Aus meiner persönlichen Erfahrung gilt für jedes praxisorientierte Idealstreben grundsätzlich das folgende Prinzip: Sofern man sich darum bemüht, den Umständen entsprechend *bestmöglich* zu handeln (was oft neue Freiräume schafft), und wenn man vor allem *wachsam* bereit ist, die sich (durch die neuen Freiräume) bietenden Gelegenheiten und Möglichkeiten zu nützen, um die erstrebten Änderungen voranzutreiben, so tut man damit das Nötige, um seiner persönlichen Verantwortung gerecht zu werden. Man muß durchaus nicht immer sofort die große äußere Veränderung herbeizwingen.

Vielleicht ein kleines Beispiel: Nehmen wir an, jemand arbeitet in einem Forschungslabor, in dem mit Hilfe von Tierversuchen Kosmetika getestet werden. Er ist nun zu der Einsicht gelangt, daß das, was sich hier in seiner Alltagsroutine abspielt, eigentlich nicht zu verantworten ist. Sein Gewissen mahnt ihn, etwas zu unternehmen – und aus gutem Grund!

Nun hat der Betroffene aber eine Familie zu ernähren und befindet sich in finanzieller Abhängigkeit von seinem Beruf, ohne daß eine Aussicht für ihn bestunde, sich problemlos verändern zu können. Was tun?

Es wäre selbstredend verantwortungslos, so einem Menschen zu raten, ohne Rücksicht auf Verluste möglichst schnell alles hinzuwerfen und einfach auszusteigen. Ein solcher Schritt hätte wahrscheinlich schlimme Folgen. Wozu sich der Betroffene indes unbedingt durchringen sollte, um seinem inneren Drängen nach Veränderung Rechnung zu tragen, ist zweierlei:

Zum einen muß der Gedanke, die berufliche Routine zu verlassen, fest und unbeirrbar in ihm Fuß fassen. Damit öffnet er sich für neue Wege, und diese innere Ausrichtung bildet auch überhaupt erst die Grundlage dafür, daß sich sinnvolle Änderungen anbahnen können. Zum anderen muß er alle sich bietenden Gelegenheiten dann aber auch unbedingt „am Schopf packen". Vielleicht sind es vorerst nur kleine Schritte, Chancen, betriebsintern etwas zum Besseren zu wenden – und irgendwann wird plötzlich klar: jetzt erlauben, erfordern, erzwingen die Umstände eine größere Veränderung!

Dieses Prinzip, mit einer überzeugten inneren Haltung sein *Ziel* zu verfolgen, ohne dabei allzu starre Vorstellungen über den *Weg* dorthin zu entwickeln, gilt im Grunde für alle inneren oder äußeren Änderungen, die man ersehnt. Und gerade in geistigen Belangen ist es wichtig, lebensnah und umsichtig, nicht aber fanatisch und klotzköpfig zu agieren. Kein Mensch ist der unfällbare Reibebaum, an dem die übrige Welt sich richten wird. Niemand sollte je darauf vergessen, daß über die Wogen des Lebens ein Höherer gebietet. Wenn wir aber stets *mit* dem Leben gehen, *das* zum Besseren ändern wollen, was sich uns momentan als Aufgabe zeigt; wenn wir also *einsteigen statt aussteigen,* dann liegen wir gewiß nicht so falsch.

## *Das hehre Weib, der edle Herr*

Was nun der „Königsweg" für den Umgang mit der Außenwelt ist – das bewußte Sich-Einlassen auf die jeweiligen Gegebenheiten –, das gilt erst recht für unsere seelische Innenwelt. Denn die naheliegendsten „Aufstiegshilfen" für den geistigen Weg sind immer die Fähigkeiten und Eigenschaften, die man in sich trägt. Auf alle diese *inneren* Gegebenheiten sollen wir uns ebenfalls bewußt einlassen, sie also erkennen und sinnvoll nützen.

Aber bei allen speziellen Anlagen, die zur individuellen Persönlichkeit eines Menschen gehören und uns voneinander unterscheiden, gibt es eine *grundlegende* Befähigung, auf der ein jeder Mensch aufbauen kann, nämlich das Geschlecht, zu dem er sich in der ersten Zeit seiner weltenweiten Wanderung ein für allemal entschieden hat. Die seelische Basisausrichtung, die entweder aktiv-männlicher oder passiv-weiblicher Natur sein kann, ist das Fundament für jeden geistigen Aufbau, denn jede Verbindung zu den eigenen Wurzeln spendet Kraft. Für die Praxis ergibt das einen denkbar einfachen Ansatz:

Eine Frau soll ihre Weiblichkeit pflegen, ein Mann seine Männlichkeit zum Ausdruck bringen – beide gleichberechtigt und in ihren Aufgaben einander ergänzend.

Aber, ach! Gibt es eine schwierigere Sache für eine Frau als zu erkennen, was eigentlich im Begriff „Weiblichkeit" liegt? Und für einen Mann, was „Männlichkeit" bedeutet? Unzählige verworrene Vorstellungen prägen diese seit Jahrzehnten „brandheiße" Thematik, das Allernatürlichste wurde zum Allerschwierigsten, und wer immer sich heute dazu äußert, der findet seine Argumente schon einer bestimmten Schublade zugeordnet, noch ehe er die Gelegenheit hatte, seine Sicht der Dinge zu erläutern. Wobei die Vorurteile durchaus „geschlechtsspezifisch" ausfallen werden.

Sprach zum Beispiel die moderne, emanzipierte Frau:

„*Männlich-aktiv und weiblich-passiv?* Doch bitte nicht wieder dieses verstaubte Macho-Gehabe des Mannes, der sein Heimchen am Herd haben will!"

„*Gleichberechtigung?* Nun ja, bis die 50-Prozent-Quote bei allen wichtigen Jobs erfüllt sein wird, ist es noch ein weiter Weg!"

„*Mann und Frau nebeneinander?* Da ist ja nichts gegen zu sagen. Aber die Männer sollen uns Frauen auch nicht aufhalten! Schließlich weiß man ja, daß die Jungen schon in der Schule begriffsstutziger sind, und alle Statistiken bringen klare Fakten: Jungen sind viel häufiger ‚geistig' behindert, dreimal soviele von ihnen sind Bettnässer, dreimal soviele Männer wie Frauen begehen Selbstmord. Und Männer sterben im Schnitt auch sieben Jahre früher als Frauen. Wenn Sie mich fragen: Es ist längst klar, wer da wirklich das schwache Geschlecht ist."

Sprach der etwas unsicher gewordene moderne Mann, weniger angriffslustig:

„*Männlich-aktiv und weiblich passiv?* Das mag ja grundsätzlich richtig sein – aber es stimmt schon, daß es auch sehr aktive und erfolgreiche Frauen gibt."

„*Gleichberechtigung?* Dagegen ist nichts einzuwenden. Wenn Frauen in einem Job die gleiche Leistung bringen wie wir Männer, dann sollen sie auch den gleichen Lohn erhalten!"

„*Mann und Frau nebeneinander?* Ist doch klar! Ich helfe auch mal gerne im Haushalt und kümmere mich um die Kinder. Schließlich will ja niemand mehr den Pascha spielen. Diese Zeiten sind vorbei!“

Frau und Mann ... wie steht es um den „Krieg der Geschlechter“ heute wirklich? Und wie wird er enden? Es ist interessant zu verfolgen, was sich während der vergangenen Jahrzehnte an seiner vordersten Front zugetragen hat:

Zunächst stand die Frau auf, weil sie endlich gegen vielfältige gesellschaftliche Benachteiligungen antreten wollte und auch die tradierte Rolle als hübscher Aufputz ihres Gebieters, als *seine* „bessere Hälfte“, als stumme Dienerin und schwächliches Geschlecht gründlich über hatte. Indes hatte der Mann ihrem Ansinnen nach Gleichberechtigung kaum etwas Brauchbares entgegenzusetzen, das Recht war nicht auf seiner Seite, und so drang die Frau nach und nach in fast alle ehemaligen Männerdomänen vor – nicht einmal der Boxsport oder die Wiener Philharmoniker blieben ausgenommen.

Bald jedoch zeigte sich für die Frau, daß es gar nicht unbedingt von Vorteil sein muß, den Mann in seinen angestammten Bereichen einzuholen, zumal sich daraus so manche Doppel- und Dreifachbelastung – Beruf, Familie, Haushalt – ergab, während der Mann meist noble Zurückhaltung übte, wenn er seinerseits in die Fußstapfen angestammt weiblicher Zuständigkeiten treten sollte.

Viele Emanzipations-Ideen erwiesen sich also für die nach einer neuen Position strebende Frau nicht wirklich als der Weisheit letzter Schluß. Und so war zuletzt eine gewisse Gegenbewegung zur klassischen Emanzipation zu beobachten – aber eher derart, daß die Frau ihre „naturgegebene Führungsrolle“ endlich durchkämpfen will. Der Mann mußte jedenfalls viele seiner angestammten „Reviere“ abgeben und scheint nun eher auf der Strecke zu bleiben.

Wie gesagt, es ist die „vorderste Front“ einer Auseinandersetzung, die sich dem Beobachter in groben Zügen so darstellen mag. Letztlich gibt es aber gar nicht so viele aktive SoldatInnen (man verzeihe mir das archetypische „Binnen-I" an dieser Stelle; ich weiß, daß es nach den Regeln der Rechtschreibung falsch und auch inhaltlich unsinnig ist); die große Mehrheit der Bevölkerung dürfte den emanzipatorischen Grabenkämpfen distanziert gegenüberstehen.

> Die Tendenzen in der Geschlechter-Rollenverteilung sind klar: Die Frau ist Heldin, der Mann trottelt ihr hinterher.

Zweifellos aber erlebt unsere Gesellschaft in bezug auf das Selbstverständnis von Mann und Frau eine weitreichende Veränderung. Wenn man die Filmkunst oder die Werbebranche als Indikatoren für das heutige „Ideal" der Geschlechter-Rollenverteilung heranzieht, dann sind die Tendenzen klar: Die Frau ist die Heldin, der Mann trottelt ihr hinterher. Das Strickmuster aktueller Fernsehserien zeigt in den Hauptrollen mehrheitlich dominante Frauen[16], die zeigen, wo es langgeht, die es sich „richten", wie sie es gerade brauchen – und sei es unter Einsatz ihrer körperlichen Reize. Die Männer treten dagegen zunehmend als Weicheier, Warmduscher und Schattenparker auf, „gefühlig und ein bißchen doof", wie es eine Fernseh-Fachzeitschrift einmal analysierte:

> *„Das war's für den armen Kerl, er fliegt raus. ‚Geh doch zurück zu deinen Höhlenkumpeln, ihr habt euch doch sowieso nicht verändert in den letzten 2000 Jahren', schimpft die Frau und versperrt die Tür: sie, die Zeitgemäße, allen Anforderungen gewachsen. Und er? Steht verloren auf der Straße, (...) weiß nicht wohin und fühlt sich bestraft dafür, ein Mann zu sein.*
>
> *Was die Schauspielerin Esther Schweins da inszeniert hat, ist zwar nur eine Szene aus einem Theaterstück[17] (...), doch es entspricht dem Bild vom Mann, wie es die Medien heute zeichnen: hilflos und zuweilen ein bißchen lächerlich, unterbuttert von dominanten Frauen, der Verlierer im Geschlechterkampf."*[18]

Wie reagiert man als Vertreter des „starken Geschlechtes" darauf, daß es offenbar überall nur Hampelmänner gibt, aber keine Hampelfrauen? Wollten wir „Höhlenkumpel" bisher einfach nicht wahrhaben, daß Frauen in Wirklichkeit die besseren Menschen sind? Haben wir sie deshalb so lange unterdrückt? Und sollten wir dieser Tatsache nicht endlich mit einem letzten Aufwallen männlicher Kühnheit ins Auge sehen?

Wahrscheinlich würde kaum ein Mann ernsthaft so denken. Schon wenn einer sich zaghaft *für* die Gleichberechtigung der Frau engagiert (wie ich es gelegentlich bei einer Radio-Telefon-kontaktsendung zu hören bekam), mutet das etwas seltsam an. Ein männlicher Emanze – das erinnert doch irgendwie gleich an den charakterschwachen Überläufer ...

Aber warum eigentlich? Und weshalb haben auch Frauen auffallend wenig Interesse daran, die von den Speerspitzen der Emanzipationsbewegung idealisierte Überrundung des Mannes in die Praxis umzusetzen? Warum stehen so viele Menschen im Tiefsten ihres Herzens der vollständigen „Neu-Positionierung" von Mann und Frau so zwiespältig und unschlüssig gegenüber – obwohl die meisten doch modern sein wollen? Sollte es so schwer sein, mit traditionellen Vorstellungen zu brechen? Oder liegen die Ursachen für die Vorbehalte doch tiefer?

Ist es vielleicht das bange Ahnen, daß hier eine Entwicklung ihren Höhepunkt finden und festzementiert werden soll, die in Wirklichkeit von Grund auf falsch ist?

Nach meiner Überzeugung ist das der Fall. Aber nicht, daß nun die Emanzipations-Bewegung als Wurzel alles Übels entdeckt werden soll! Nein, denn sie war ihrerseits nur eine Folge der *eigentlichen* Fehlentwicklung, keineswegs die Ursache.

Worum also geht es? Die Frage ist nur dann einfach und klar zu beantworten, wenn man nicht die gesellschaftlich-irdischen, sondern die seelisch-geistigen Zusammenhänge betrachtet.

Wir hatten im Hinblick auf die frühe Entwicklung des Geistkeimes schon festgestellt, daß der Begriff *Geschlecht* sich im Seelisch-Geistigen durch die Unterscheidung der männlich-aktiven von der weiblich-passiven Art des Wirkens definiert. Aus dieser Artspaltung des Menschengeistigen, die letztlich aber zu einem harmonischen *Zusammenwirken* führen soll (wozu es Mann und Frau ja im Grunde immer drängt), ergeben sich nun auch ganz natürlich bestimmte Zuständigkeiten, die hier in aller Kürze skizziert seien:

Der Mann ist durch seine nach außen gerichtete, gröbere Art eher dem Irdisch-Materiellen zugetan. Dem wird nicht nur der muskulösere, stärkere männliche Körper oder seine tiefere Stimme gerecht. Auch die Möglichkeiten seines Denkens, wie sie durch die inzwischen hinreichend erforschte, typisch männliche Ausprägung des Gehirns gegeben sind, entsprechen dem „Aktivitätsprinzip": Theoretische Gedankenkonstrukte oder Planungen beispielsweise „liegen" dem Mann einfach – sowohl als Hilfe, um praktische Lösungen vorzubereiten, aber solche Denkvorgänge sind auch „an sich" seine Sache.

Die Frau dagegen ist durch ihre nach innen orientierte, feinere Art auf das Geistige ausgerichtet und besonders naturverbunden. Selbstverständlich kommt die seelische Grundhaltung bei ihr ebenfalls nicht nur in der Gestaltung des Körpers zum Ausdruck, der im Vergleich zum Mann zweifellos schöner, zarter geformt ist, sondern eben auch in der typisch weiblichen Ausprägung aller Gedankengänge. Die Naturverbundenheit ihres Wesens zeigt sich zum Beispiel in einem vergleichsweise *unmittelbaren, „naheliegenden"* Denken und Verhalten, das stark dem *Erleben* verbunden ist. Komplizierte Pläne und theoretische Formeln sind ihre Sache nicht – es sei denn, sie dienen einer erkennbaren, idealerweise dem Menschen dienenden *Nutzanwendung*. Lehrer machen deshalb beispielsweise immer wieder die Erfahrung, daß es nur dann relativ leicht ist, Mädchen für Chemie oder Physik zu begeistern, wenn sie einen konkreten praktischen Zweck für das, was sie lernen, erkennen können. Für die Schönheit der Formel an sich, die perfekte Abrundung einer trockenen Theorie, haben Männer eine „Ader", der Frau dienen gedankliche Abstraktionen bestenfalls als Mittel zum Zweck. Ihr direkteres, unmittelbareres Wesen zeigt sich üblicherweise auch in einer weniger berechnenden, eher undiplomatischen Art (weshalb Frauen einander bisweilen auch leicht „in die Haare geraten").

Das aktive, nach außen gerichtete, „positive" Wesen des Mannes und das nach innen orientierte, „negative" Wesen der Frau werden im übrigen auch in der Ausbildung der körperlichen Geschlechtsorgane erkennbar – Form und Inhalt sind in der Natur ja stets eins. Vor allem aber legt die jeweilige seelisch-geistige Grundart von Mann und Frau eine Aufgabenteilung nahe. Ganz allgemein kann man sagen: Der Wirkungsbereich des Mannes ist die physische, materielle Außenwelt, jener der Frau hingegen die seelisch-geistige Innenwelt.

Wenn wir also an die weltenweite Wanderung des Menschen denken, dessen großes persönliches Entwicklungsziel darin liegt, zum höchstmöglichen Sichselbstbewußtsein heranzureifen, dann steht der Mann dafür, daß in der stofflichen Welt jene *äußeren* Verhältnisse geschaffen werden, die ein inneres Wachstum in einem sicheren, geschützten Bereich ermöglichen. Die Frau indes hat die ebenso wichtige Aufgabe, dafür zu sorgen, daß trotz der irdischen Mühsal „im Schweiße des Angesichts" die Sehnsucht nach *geistigem* Licht wach bleibt. In ihrem Empfindungsreichtum und der Befähigung, Schönheit zu vermitteln, ist sie sozusagen die Hüterin der lebendigen Flamme, die in jedes Menschen Wesenskern lodert und zu einer Rückkehr in die eigentliche Schöpfung drängt. „Das Ewig-Weibliche zieht uns hinan" – man kann es nicht schöner ausdrücken als Goethe in seinem „Faust", diesem schier unausschöpflichen Werk über das menschliche Streben.

Das also wäre, im Überblick betrachtet, die grundlegende Aufgabenteilung zwischen Mann und Frau aus seelisch-geistiger Sicht. Das Dilemma ist nun aber, daß wir Menschen zwar die nach außen gerichtete, männliche Art des Wirkens in unserer Gesellschaft idealisieren – um Geld, Job und materiellen Wohlstand dreht sich praktisch alles –, zugleich aber den Wert der nach innen gerichteten, weiblichen Wirkungsart geringschätzen. Es interessiert bestenfalls am Rande, wenn eine Frau darum bemüht ist, in ihrem häuslichen oder beruflichen Umfeld Schönheit zum Ausdruck zu bringen, es „heimatlich" zu gestalten, so daß im Empfinden ein Ahnen dessen anklingt, *geistig* „daheim" zu sein, zurückgekehrt

> Das Dilemma ist, daß wir die männliche Art des Wirkens idealisieren, die weibliche Art aber geringschätzen.

zum Ausgangspunkt, umsorgt, aufgenommen, geborgen in der Schöpfung Gottes.

Doch *solche* Ideale haben wir vergessen, und von dem Gedanken, daß alles äußere Wirken und Handeln, dem wir Menschen uns in der stofflichen Welt „mit Haut und Haaren" widmen, überhaupt nur dem Zweck dient, unsere Lichtsehnsucht zu entfachen, sind wir heute denkbar weit entfernt. Die Frau hat ihr eigenes Wirkungsgebiet weitgehend verloren oder aufgegeben – und bringt sich nun mit zunehmendem Engagement auf dem männlichen ein.

Darin liegt bei vordergründiger Betrachtung zwar ein Sieg – über generationenlanges Unrecht und gesellschaftliche Benachteiligung –, aber es ist kein Sieg ausgleichender Gerechtigkeit, sondern nur ein weiterer Triumph des materialistischen Denkens, einer Gesinnung, die jedes empfindungsorientierte Idealstreben, jeden Ausdruck geistiger Lichtsehnsucht in Frage stellt, als minderwertig bezeichnet, aus dem öffentlichen Leben verbannen will.

Wenn die Frau endgültig der „bessere Mann" geworden ist, weil sie eben in alle alten Domänen des „starken Geschlechts" jenes „gewisse Etwas" einzubringen vermag, das dem Mann von vornherein fehlt, dann kann sie das nur unter gleichzeitigem Hintanstellen ihrer eigentlichen weiblichen Aufgaben vollbracht haben. Anzunehmen, die Frau könne *grundsätzlich* den Mann ersetzen und *zugleich* ihrem Frau-Sein voll und ganz gerecht werden, ist nur eine dumme, undurchdachte Illusion. Könnte ein Geschlecht allein wirklich alle Bereiche des Menschseins abdecken, brauchte es die Artspaltung in männlich und weiblich ja gar nicht zu geben.

Was wir derzeit erleben, ist kein Sieg der Weiblichkeit, sondern der Gipfel einer Fehlentwicklung, die ihren Ursprung streng genommen schon im Sündenfall der Menschheit hat. Das „Naschen vom Baum der Erkenntnis", von dem die biblische Analo-

> Anzunehmen, die Frau könnte den Mann ersetzen und zugleich ihrem Frausein voll gerecht werden, ist nur eine Illusion.

gie berichtet, steht nämlich auch für die *gewollte* Dominanz des männlichen Aktivitätsprinzips.

Dies sollte vielleicht erläutert werden: Als „männlich“ kann man – im Sinne der *aktiven* Art des Wirkens in der Schöpfung – auch unsere Bemühungen verstehen, nach Wissen zu *streben*. Gerade für das Leben in der stofflichen Welt ist es ja unerläßlich wichtig, Zusammenhänge zu erforschen, um das irdische „Getriebe“ zu verstehen und sinnvoll zu nützen. Gleichzeitig darf dieses aktive Streben nach Wissen aber nicht insofern überhand nehmen, als es die *passive* Art des Wirkens in der Schöpfung in den Hintergrund drängt – das Sich-Öffnen dem Licht der Wahrheit gegenüber. Denn die höchsten, man müßte sogar formulieren: die *eigentlichen* Erkenntnisse können wir Menschen nur auf dem passiven Weg erlangen – durch eine von Lichtsehnsucht, Demut und Vertrauen getragene Empfangsbereitschaft.

Dieser Weg der Erkenntnis, den zu hüten Angelegenheit der Menschenweiblichkeit war und ist, muß *inmitten* all des tätigen Strebens nach Wissen stets *offen* bleiben. *Deshalb* die Warnung, nicht nach den Früchten *dieses* zentralen „Baumes der Erkenntnis“ zu greifen. Denn ist unsere innere Anbindung an das Licht erst einmal gekappt, hegen und pflegen wir folglich nur noch materieverhaftetes Gedankengut, dann droht uns in dieser Entfremdung von Gott (die einer Selbstvergöttlichung gleichkommt) zuletzt tatsächlich der geistige Tod.

Leider aber ist – wie es das biblische Gleichnis eindrucksvoll darlegt – genau das geschehen, was nie sein sollte: Die Frau hat dem Mann die „verbotene Frucht“ gereicht. Das besagt: Sie hat ihr ureigenstes weibliches Wirkungsfeld dem männlichen Aktivitätsprinzip überantwortet. Rastloses Streben nach Wissen im Dienste des lockenden Zieles, selbst sein zu können wie Gott, verdrängte alles Geistige, verdunkelte unsere Fähigkeit, Erkenntnisse zu *empfangen* und raubte der Lichtsehnsucht den ihr zustehenden zentralen Raum in unserem Tagbewußtsein. Gottferner Materialismus *mußte* die Folge sein.

Dieser „Ur-Frevel", der alle weiteren Fehlentwicklungen nach sich zog, kommt übrigens nicht nur in der biblischen Sündenfall-Erzählung zum Ausdruck, sondern in anderen gleichnishaften Schilderungen ebenfalls. So zum Beispiel in Richard Wagners „Ring des Nibelungen"[19]: Auch in dieser Geschichte erfährt man zu Beginn vom Versagen der Weiblichkeit – in Gestalt der drei „Rheintöchter" –, die den wertvollsten Schatz der Welt, das Rheingold, zu bewahren haben. Würde dieses Gold geraubt, könnte es zu „maßloser Macht" mißbraucht werden. Doch eben dieses schlimmste Szenario ereignet sich: Die Rheintöchter verraten, was „traulich und treu nur in der Tiefe" wirken soll und geben den größten Schatz „unwürdigen Männerhänden" preis. Und sowohl hier als auch im Sündenfall-Gleichnis zeigt sich eine naheliegende Begleiterscheinung dieser Dramatik: Die Weiblichkeit, deren hohe geistige Aufgabe sie eigentlich zur *Führerin* der Menschheit bestimmt, wird zur *Verführerin*. Wagners Rheintöchter geizen nicht mit ihren Reizen; und wenn Eva ihren „Apfel" darbietet, spricht das eine ebenso deutliche Sprache.

In diesen – literarisch freilich nur symbolhaft angedeuteten – Ereignissen darf man also die eigentlichen Hintergründe dafür vermuten, daß das Wirkungsfeld der Frau heute kaum noch Achtung erfährt, und zugleich ein Kampf beider Geschlechter um das verbliebene Wirkungsfeld des Mannes entbrannt ist. Jedoch bringt dieses Wissen um seelisch-geistige Aspekte allein noch keine Lösung.

Was also müßte sich konkret ändern? Zunächst einmal unsere Einstellung. Vor dem Hintergrund der geschilderten Entwicklung sollte die Frau meines Erachtens von Schuldzuweisungen jedweder Art absehen, denn sie ist ganz und gar nicht unbeteiligt daran, daß die Ideale unserer Gesellschaft sich verkehrt haben.

Das genau Gleiche gilt allerdings für den Mann: Auch er kann sich nicht in die bequeme Opferrolle flüchten in der Irrmeinung, der heute vorherrschende Materialismus habe nur eine Mutter, aber keinen Vater. So ist es nicht. Denn die Gedanken und Absichten des Mannes beeinflussen weitreichend das Verhalten der Frau: Ihre feinere Empfindungsfähigkeit ist den sie umgebenden feinerstofflichen Einflüssen ja in besonderer Weise geöffnet, und damals wie heute wird die Frau sehr leicht auch zum Spiegelbild männlicher Wünsche. Bekanntlich hat der Mann die ihm dargereichte „verbotene Frucht" mit Genuß *angenommen*, er hat also *Ja* zu diesem Weg gesagt und stand demnach in zustimmendem Einklang mit dem Tun der Frau.

Wenn wir uns also darauf geeinigt haben, daß gegenseitige Schuldzuweisungen letztlich sinnlos sind und lieber vor der eigenen Tür gekehrt werden sollte, dann steht einer weiteren grundlegenden Änderung unserer Einstellung nichts mehr im Wege: Die anzustrebende *Versöhnung der Geschlechter* bedingt, daß die nach außen gerichtete, männliche Art Hand in Hand mit der nach innen gerichteten, weiblichen Art wirkt. Ohne Benachteiligung der einen oder anderen Seite, ohne Bevorzugung, ohne Gleichmacherei, ohne Quotenregelung.

Für die heutige und künftige Zeit bedingt das selbstverständlich in erster Linie die Wiederentdeckung und maßgebliche Aufwertung des weiblichen Wirkungsfeldes (und *dazu* – nicht zu den oft fragwürdigen Emanzipations-Bestrebungen – kann und soll auch der Mann aktiv beitragen!), zugleich aber auch ein neues Überdenken dessen, worin sich *Männlichkeit* eigentlich zeigt. Denn diese Frage ist ebenso „heiß" wie jene nach dem „typisch Weiblichen", und man kann sie allein mit dem Hinweis auf Äußerlichkeiten nicht befriedigend beantworten.

Man würde weder dem Wesen eines Mannes noch dem einer Frau gerecht werden, wollte man auf bestimmte Berufe oder Bekleidungsideale hinweisen, etwa nach dem altpatriarchalen Motto: die Frau möge einen Kittel anziehen und sich daheim an den Herd stellen – dann wird sich das Weibliche in ihr schon zeigen!

So funktioniert das nicht, und ebensowenig könnte der Mann seine „wahre Männlichkeit“ beweisen, indem er sich auf seine Muskeln besinnt und in Ledersandalen zu neuen Abenteuern hinauszieht in den Großstadt-Dschungel.

Bestimmte Berufe oder Bekleidungsideale machen weder das Wesen der Frau aus noch das des Mannes.

Freilich ist es hilfreich, wenn Mann und Frau auf Grund ihrer *seelischen* Geschlechtlichkeit auch die entsprechenden typisch männlichen beziehungsweise typisch weiblichen Betätigungen pflegen, eine zu ihrer inneren Art passende Kleidung tragen usw. Primär wird sich die geschlechtsspezifische Art aber weniger im „Was“ als vielmehr im „Wie“ zeigen. *Wie* wird eine berufliche Aufgabe gestaltet, behandelt, gelöst? *Wie* reagieren Frau und Mann ihren Mitmenschen gegenüber? *Wie* beurteilen sie die Wichtigkeit bestimmter Handlungen? Und vor allem auch: Wie gehen sie *miteinander* um?

Die zuletzt gestellte Frage führt uns nun zum Hauptanliegen dieses Buchkapitels, nämlich hilfreiche Möglichkeiten aufzuzeigen, die uns die bewußte Rückkehr zum menschengeistigen Ursprung erleichtern.

Wenn wir unsere ureigene seelische Ausrichtung hin zum Männlich-Aktiven oder zum Weiblich-Passiven *entwickeln* und damit als spirituelle Aufstiegshilfe benützen wollen, dann kann das in der Praxis nur gelingen, wenn Mann und Frau einander nach Kräften fördern. Aber wie? Daß die üblichen „frommen Wünsche“ an die Adresse des anderen Geschlechtes – „Du als Mann/Frau könntest/solltest/müßtest doch …“ – wenig fruchten, weil sie nur mit ähnlich lautenden Forderungen an das eigene Geschlecht beantwortet werden, ist hinlänglich bekannt. Es kann also – wie immer im Leben – für jeden Menschen nur darum gehen, die *eigene* Einstellung zu ändern, und zwar unabhängig von irgendwelchen äußeren Bedingungen, egal also, ob der andere (die

Um- und Mitwelt) sich ebenfalls verändert oder – was wahrscheinlicher ist – ob vorerst noch alles so bleibt, wie es ist.

Die Gralsbotschaft erweist sich auch im Hinblick auf das natürliche, ergänzende Zusammenwirken der Geschlechter als ein wertvoller Wegweiser, der im Leser nochmals das tiefe Wissen um die seelisch-geistigen Aspekte anklingen läßt, die heute ja vollends in Vergessenheit zu geraten drohen:

*„Daß die Frau (…) über Feinheiten verfügt, die der Mann nicht mehr in sich trägt und auch bei der Art seiner Betätigung nicht in sich tragen kann, da sie ihn sonst von manchen groben Dingen abhalten würden, die doch sein müssen, das empfindet der Mann unbewußt. Er wird sich zwar nicht genau darüber klar, oder doch nur sehr selten, aber er empfindet darin einen Schatz, welcher* gehütet *werden will. Es drängt ihn dazu, diesen unsichtbaren Schatz in der Grobstofflichkeit zu* schützen, *weil er sich als der irdisch, also grobstofflich* Stärkere *fühlt.*

*Es gibt nur wenig Männer, die das nicht empfinden. Solche sind aber auf jeden Fall verroht und nicht als Männer im wahren Sinne zu rechnen.*

*Das unausgesprochene, weil nur unbewußt empfundene Bedürfnis zu schützen hat nun den Mann dazu gebracht, mit der Zeit in der Weiblichkeit irrtümlich das* schwächere *Geschlecht zu sehen, das seines Schutzes bedarf. Es entspringt diese Bezeichnung also nicht etwa einem üblen Wollen oder einer abfälligen Beurteilung, sondern nur einem Nichtwissen des wahren Grundes seiner eigenen Empfindungen. (…)*

*In Wirklichkeit ist der Mann nicht das* stärkere *Geschlecht, sondern nur das* gröbere, *also grobstofflichere und dadurch dichtere, die Weiblichkeit aber nicht das schwächere Geschlecht, sondern das* zartere, *gelockertere, was mit Schwächen nichts zu tun hat.“*[20]

Für die „Aufgabenverteilung“ zwischen Mann und Frau zeichnet die Gralsbotschaft daher das folgende grundlegende Gesamtbild:

*„Der Mann steht in der Schöpfung mit der Front nach außen, um zu kämpfen, das Weib jedoch hält, ihm den Rücken*

*deckend, die Verbindung mit dem Licht und bildet so den Kern, die Kraftzufuhr und Stärkung. Wo aber Fäulnis in den Kern sich schleichen kann, ist auch die Front verloren! Das haltet Euch vor Augen jederzeit. Dann nützt es nichts mehr, wenn die Frau sich an die Front neben den Mann zu stellen sucht, wohin sie nicht gehört. In solchem Kampf verhärtet nur ihr Zartempfinden, versiegt damit die höchste Fähigkeit und Kraft, die ihr zu eigen einst gegeben ward, und alles muß in Trümmer gehen!*

*Es ist jedoch jedermann bekannt, daß Männer, auch in abgelegensten Gebieten dieser Erde, sich sofort besser zusammenraffen, sogar gesitteter sich zu benehmen suchen, sobald nur ein weibliches Wesen in die Nähe kommt, mit dem sie nicht einmal ein Wort zu wechseln brauchen.*

*Allein das Sein und das Erscheinen eines Weibes bringt die Wirkung schon hervor! Darin zeigt sich ganz deutlich, wenn auch nur verkümmert noch, das Weibgeheimnis und die Macht, der Halt, der von ihr ausgeht nach den Gesetzen in der Schöpfung, welche mit der Fortpflanzung auf Erden nichts unmittelbar zu tun haben.“*[21]

Im Hinblick auf dieses „Weibgeheimnis“ wird dem „gröberen Geschlecht“ an anderer Stelle eindringlich zugerufen:

*„Und Du, Mann, sieh nun endlich in dem Weibe jene große Hilfe, die Du brauchst und nie entbehren kannst, wenn Du in den Gesetzen Gottes schwingen willst. Und ehre in dem Weibe das, wozu es Gott bestimmte! Die Art Deines Empfindens zu dem Weibe wird für Dich das Tor zum Licht. Vergiß das nie.*

*Auch zeigt sich wirklich starke, echte Männlichkeit nie anders als in zarter Rücksicht der echten Weiblichkeit gegenüber, was mit steigenden geistigen Werten immer deutlicher zum Ausdruck kommt.“*[22]

Faßt man diese Zitate inhaltlich zusammen, so ist für uns Männer damit meines Erachtens der wichtigste Ansatzpunkt umrissen:

Wir sollten durch eine bewußte, achtungsvolle Haltung gegenüber der Frau Sorge tragen, daß, wo immer es möglich ist, ein „geschützter Bereich“ sich bildet, in dem die Weiblichkeit

Selbstachtung und Würde – in diesen Begriffen liegt das unausgesprochene Geheimnis zwischen Mann und Frau.

erblühen kann, ein Freiraum, der ihrer fein empfindenden Art gerecht wird.

Dies mag nun im Hinblick auf unsere heutige Gesellschaft ein wenig weltfremd anmuten – aber nur, solange man es nicht probiert hat: Wenn ein Mann sich nämlich darum bemüht, die Frau in möglichst jeder Lebenssituation wieder als *Frau* zu behandeln – gedanklich, aber auch durch sein Verhalten –, dann ändert sich das Verhältnis zwischen den Geschlechtern wie von selbst, und es wird sofort wieder etwas von jenem ergänzenden Miteinander spürbar, das zwischen Mann und Frau eigentlich eine Selbstverständlichkeit sein sollte. Dies beginnt schon bei Kleinigkeiten: Wenn ein Mann der Frau in den Mantel hilft, ihr die Tür öffnet, beim Tragen schwerer Lasten zur Verfügung steht, oder wenn er gar noch einige der heute als antiquiert geltenden alten Benimm-Regeln pflegt – dazu mag beispielsweise gehören, beim gemeinsamen Stadtspaziergang die „gefährlichere", der Straße zugewandte Gehsteigseite zu wählen; „sicherheitshalber" ins Lokal voranzugehen usw. – dann sind das kleine Gesten, in denen jedoch Großes zum Ausdruck kommt: das zutiefst männliche Bedürfnis nämlich, das seelisch-geistig so wertvolle Weibliche zu schützen.

Auffallend ist, daß auf ein solches Verhalten, sofern es einer natürlichen, ehrlichen Haltung entspringt, im allgemeinen auch abgebrühte „Selbst-ist-die-Frau-Typen" wohlwollend reagieren, daß sie sich plötzlich anders, entspannter geben, weil unausgesprochen im Raum steht, daß es ja gar nicht nötig ist, zu konkurrieren.

Damit ist ein neuer Freiraum für weibliches Verhalten entstanden, der von jeder Frau, die tatsächlich *sich selbst* (und nicht irgendein männliches Idealbild) verwirklichen will, dankbar genützt werden wird.

Und vielleicht faßt auf Seiten der Frau mit der Zeit dort und da auch wieder etwas Fuß, das die eitel erotisierten Heldinnen von heute in ihrer selbstvergessenen Raserei nicht im Ansatz zum Ausdruck bringen können, für das es in unseren Tagen auch keinen rechen Begriff mehr gibt, dessen hoher geistiger Wert aber hoffentlich noch erahnt werden kann … *Anmut!*

*Frauenwürde* könnte andererseits selbsttätig auch das verstärken, was jeder Mann als „Lebenselixier" für sich zu pflegen hat:

> „*Es ist dies* Selbstachtung, *die jeden wahren Mann zum Mann erst macht! Selbstachtung, nicht Selbsteinbildung. Selbstachtung aber kann der Mann allein im Aufblick zu der* Frauenwürde *haben, die zu schützen ihm die Achtung vor sich selber gibt und auch erhält!*
>
> Das *ist das große, bisher noch nicht ausgesprochene Geheimnis zwischen Frau und Mann, das ihn zu großen, reinen Taten hier auf Erden anzuspornen fähig ist, das alles Denken reinigend durchglüht und damit über das gesamte Erdensein heiligen Schimmer hoher Lichtsehnsucht verbreitet.*"[23]

Mir ist natürlich bewußt, daß wir hier von Idealen sprechen, die unserer heutigen Gesellschaft kaum noch etwas zu bedeuten haben, denen man sich weitestgehend entfremdet hat, in der Meinung, ganz gut ohne sie auskommen zu können. Und doch: Es geht hier meines Erachtens nicht um irgendeine verstaubte Tugendhaftigkeit aus Urgroßmutters Zeiten, sondern um einen unerkannten, aber um so wertvolleren Schlüssel für den geistigen Aufstieg.

Wir können den unschätzbaren Wert männlicher Selbstachtung und weiblicher Frauenwürde für das Zusammenwirken der Geschlechter (und damit auch das Gemeinwohl) vielleicht nicht mehr ohne weiteres erkennen. Jedoch zeigt ein kritischer Blick auf die *heutige* Situation ganz deutlich: So, wie einerseits jede Würde verloren gehen muß, wenn die Frau zum Anhängsel oder Aufputz des Mannes oder zum Sexualobjekt degradiert wird (respektive sich selbst dazu hergibt), so richten sich andererseits die Kriegspfeile der Emanzipation zielgenau gegen die

> Eine Gesetzmäßigkeit: Das, was besudelt, verhöhnt und erniedrigt wird, umfaßt sicher die entscheidenden Werte!

Selbstachtung des Mannes: „Geh doch zurück zu deinen Höhlenkumpeln ...“ Und in allem zeigt sich eine klare Gesetzmäßigkeit: das, was in einer Fehlentwicklung die größten Angriffsflächen bietet, was besudelt, verhöhnt und erniedrigt wird, gerade das umfaßt mit Sicherheit die *entscheidenden* Werte.

„Weib“ ist heute bestenfalls noch ein Schimpfwort. In Wirklichkeit sollte es ein Ehrenname sein, der die *hohen geistigen Aufgaben* des weiblich-passiven Menschenwirkens zum Ausdruck bringt, ohne deren Erfüllung uns Menschen eine Rückkehr zu unserem Ursprung nicht möglich sein wird. Es sind Aufgaben, die weit über das Hausfrau-und-Mutter-Sein hinausgehen.

Es ist die Frau, die in ihrer Naturverbundenheit für jede Menschwerdung die Brücke zur feinstofflichen und wesenhaften Welt herstellt und neue Inkarnationen ermöglicht, und selbstverständlich kann es nur *ihr* Körper sein, der in seiner aufnehmenden, empfangsbereiten Art jeder neuen stofflichen Hülle in dieser physischen Welt zur ersten Heimat wird. Doch das *eigentlich* weibliche Wirken geht, wie die Gralsbotschaft zeigt, weit darüber hinaus:

> *„Die höchste Aufgabe im Sein der Weiblichkeit auf Erden ist dieselbe, wie sie in den höheren Regionen immer schon besteht: Veredelung ihrer Umgebung und stete Zufuhr aus dem Licht, die nur die Weiblichkeit in ihrer Zartheit der Empfindung vermitteln kann! Veredelung aber bringt unbedingten Aufstieg nach den lichten Höhen! Das ist Geistesgesetz! Deshalb bedingt allein das Sein der* echten *Weiblichkeit ganz unverrückbar auch den Aufstieg, die Veredelung und Reinhaltung der ganzen Schöpfung.*“[24]

Ob solche Gedanken je in das Wertebewußtsein unserer Gesellschaft Eingang finden werden? Ob das „hehre Weib“ einerseits und der um innere Ritterlichkeit bemühte „edle Herr“ andererseits jemals wieder Achtung gebietende Ideale verkörpern werden, die das seelisch-geistige *Wesen* des weiblichen beziehungsweise männlichen Wirkens durch ihre Haltung zum Ausdruck bringen?

Wer sich solche Verhältnisse ersehnt, möge damit beginnen, sie zu leben!

## Freundschaften

Gerade als ich mit der Schreibarbeit zu diesem Thema beginnen wollte, fand ich in einer Zeitschrift für Brauchtum, Kultur und Heimatpflege die folgenden Worte der Chefredakteurin:

> *„Einen wahren Freund in seiner Nähe zu haben, ist eines der schönsten Geschenke, das wir besitzen können. Es ist allerdings auch ein Geschenk, das man hegen und pflegen muß wie eine Pflanze. Dann gedeiht sie und wird mit den Jahren immer schöner, wertvoller und kostbarer. Freundschaft gehört zum Notwendigsten in unserem Leben …“*[25]

Dieser Formulierung ist nichts hinzuzufügen, sie ist buchstäblich wahr. Wir Menschen sind soziale Wesen, wir brauchen das Miteinander, den Austausch; wir würden innerlich verkümmern, erlebten wir nicht das Gegenüber anderer Menschen.

Freundschaft ist Ausdruck einer besonderen, herzlichen Beziehung zu einem Mitmenschen, die über sachlich-geschäftliche Aspekte weit hinausreicht und in der Werte wie Aufrichtigkeit, Verläßlichkeit oder Hilfsbereitschaft auf der Basis von Freude und Zuneigung in selbstverständlicher Form gepflegt werden.

Freundschaften lassen uns freiwillig so denken und handeln, wie es der Mensch idealerweise immer tun sollte, sie sind eine Quelle der Kraft, wecken und fördern die schönsten Seiten in uns. Daher gehören sie auch zu den wichtigsten Säulen für unsere seelische Entwicklung, für den geistigen Aufstieg. Wer keine Freunde sein eigen nennen darf, hat einen öden, steinigen Weg zu gehen; manchmal fordert das Leben dies von uns – doch den Pfad der

Einsamkeit, der Menschen- und Gesellschaftsferne bewußt anzustreben, kann sich bitter rächen.

Nicht von ungefähr drängt es schon ein jedes Kind darnach, Freundschaften zu pflegen. Spätestens zur Zeit der Pubertät, wenn also der eigene Geist machtvoll ins Tagbewußtsein durchbricht, wird das freundschaftliche Miteinander zu einem der wichtigsten Anliegen. Das eigene Ich kann sich nur im Du finden. Auch den Eltern sollte es gelingen, sich im Leben ihrer Kinder als Freunde zu etablieren – so lassen sich viele Generationskonflikte vermeiden.

Aber so sehr jeder Mensch Freundschaften braucht – leider wird dieser Schlüssel zum seelischen Wohlergehen, gerade weil die Sehnsucht nach Freundschaft so groß ist, oft in einer problematischen Art benützt.

So ist es heute üblich, in bestimmten Gemeinschaften, Arbeitsgruppen oder Vereinen engere Beziehungen von Mensch zu Mensch dadurch zu konstruieren, daß man einander von vornherein mit „Du" anspricht – nur weil man der gleichen politischen Gruppe, esoterischen Bewegung oder Bauchtanz-Vereinigung angehört. In Schweden gibt es die Sie-Anrede seit einigen Jahren überhaupt nicht mehr, und auch in unseren Breiten scheint sich das Du als „selbstverständliche" Umgangsform durchzusetzen. In den Universitäten wird es quer durch die Studenten- und Professorenreihen immer stärker gepflegt und in manchen Betrieben ist es als „Corporate Identity"[26] sogar vorgeschrieben.

Wer das „Du-Wort" oft und gerne als Brücke zu anderen Menschen nützt, mag sich nun wundern, weshalb ich dagegen anschreibe. Nun, nach meinen persönlichen Erfahrungen fördert ein zu rasch ausgeworfener „Du-Anker" echte Freundschaften nicht wirklich. Die können sich nämlich nur auf der Grundlage innerer Gleicharten entwickeln, und sie tun das meist langsam, als zartes Pflänzchen beginnend, das sorgsam und rücksichtsvoll gehegt werden will.

Ich habe in offenen Gesprächen zu diesem Thema auch immer wieder gehört, daß der vordergründig so lockere „Du"-Um-

Der vordergründig so lockere „Du"-Umgangston sorgt in Wirklichkeit oft für seelische Verkrampfungen.

gangston in Wirklichkeit für seelische Verkrampfungen sorgt. Häufig empfinden es Menschen als unangenehm, einander in einer Gruppe duzen zu sollen, aber sie beugen sich dem Zwang des dort Üblichen – wer will schon als arrogant oder sonderbar gelten?

Selbst habe ich ähnliche Erfahrungen gemacht: Als ich beispielsweise vor etwa 25 Jahren in einem Naturkostladen arbeitete, wurde dort allgemein die Du-Anrede gepflegt; Körndlessen verbindet offenbar. Nun war mir nicht wirklich wohl dabei, als knapp der Pubertät Entwachsener auch der völlig unbekannten Omi, die ihr Müsli zur Kasse brachte, das Du überzustülpen. Aber es war dort peinlicherweise so üblich und ich nicht Manns genug, diesen Unsinn in Frage zu stellen.

Später, als Politik-Redakteur einer Tageszeitung, erstaunte mich dann die wundersame Geschwindigkeit, mit der sich manche Abgeordnete per „Du" zu Freunden machen wollten. Für „gute Kontakte" bringt man wohl so manches Opfer …

Aber was ist eigentlich so schlimm daran, wenn man sich auf möglichst breiter Basis duzt? Vereinfacht diese Anrede nicht tatsächlich vieles?

Vordergründig ja, denn das *DU* verbindet. Man könnte sagen: Es ist von seiner begrifflichen Schwingung her „*D*as *U*nd", *das Verbindende an sich.* Die besondere Wortfamilie um das deutsche Du gibt unserem Bedürfnis Ausdruck, einander über alle inneren Unterschiede hinweg näherzukommen, sie baut unsichtbare Brücken zum Mitmenschen und öffnet ihm die inneren Tore.

Die Frage ist aber – und darin sollte jeder Mensch die Freiheit der Entscheidung behalten dürfen – ob man solche näheren Bindungen auch *wirklich will.*

Meines Wissens hat Inflation den Wert einer Sache noch nie erhöht. Für bestimmte Beziehungen, etwa Partnerschaften, in denen Menschen einander wirklich innig verbunden sind, ist natürlich auch eine besondere, intimere Umgangsform angezeigt. Das Du paßt dafür in der deutschen Sprache ideal. Wenn man es aber routinemäßig bei jeder Gelegenheit verwendet, entwertet man damit meines Erachtens die wirklich herausragenden Verbindungen seines Lebens.

Dazu kommt, daß Bindungen zu Mitmenschen nicht nur Vorteile mit sich bringen, sondern auch Gefahren bergen, die in der verständlichen Sehnsucht nach einem offenen Miteinander oft übersehen werden.

Die gesunde Empfindung, vorsichtig mit dem Du umzugehen, läßt uns schon ahnen, daß die damit geknüpften Bindungen unangenehme Folgen haben können. Was sich bei dieser Umgangsform in feinerstofflichen Bereichen wirklich vollzieht, beschreibt die Gralsbotschaft wie folgt:

> *„Mit diesem deutschen ‚Du', das einen ganz besonderen Begriff verkörpert, geht jede Seele eine Bindung ein, welche über das Erdengrab hinauszureichen fähig ist!*
>
> *Es schließen sich mit diesem ‚Du' sofort bestimmte Fäden von dem einen zu dem anderen, welche durchaus nicht harmlos sind. Fäden, die Geister niederhalten können, auch solche, die zum Aufstieg fähig sein würden. Denn selten nur wird es geschehen, daß zwei Geister sich damit verbinden, die in allen Dingen gleiche Reife in sich tragen, also wirklich geistig auf der gleichen Stufe stehen.*
>
> *Und wo zwei ungleich sind, die sich verbinden, wird der Höhere nach dem Gesetz* herabgezogen, *niemals aber steigt der Niedere hinauf! (...)*
>
> *Darin liegt eine Tatsache, mit deren Furchtbarkeit der Erdenmensch noch nie gerechnet hat!"*[27]

Wir Menschen *brauchen* Bindungen, Beziehungen und Freundschaften, aber eine offene, dem Mitmenschen zugewandte Gesinnung, die auch der beiderseitigen geistigen Förderung dient, muß nicht gleich zur spirituellen Blutsbrüderschaft führen.

Wie hieß es in der oben zitierten Zeitschrift? Eine Freundschaft sollte man hegen und pflegen „wie eine Pflanze. Dann gedeiht sie und wird mit den Jahren immer schöner, wertvoller und kostbarer."

Jede Pflanze benötigt einen bestimmten Lebensraum, der zu ihr paßt, und in dem sie sich entwickeln kann. Auch unsere Freundschaften gedeihen letztlich nur auf passenden – also vom Gesetz der Gleichart getragenen – Verhältnissen.

Heute verwendet man gerne Kunstdünger, um Pflanzen auch unter unnatürlichen Bedingungen hochzupäppeln. Für den dadurch erzielten äußeren Schein nimmt man innere Schwächen in Kauf – mangelnde Widerstandskraft gegenüber ungünstigen Verhältnissen zum Beispiel.

Das heute so gern ins Spiel gebrachte „Du-Wort" ist für das Pflänzchen einer zwischenmenschlichen Beziehung oft ein solcher Kunstdünger – und führt zu ähnlichen Nebenwirkungen. Der Schein einer Freundschaft überdeckt die inneren Schwächen der Beziehung, und die erste Belastungsprobe reicht oft, damit die von Mensch zu Mensch gesponnenen Fäden zur Brücke für Niederträchtigkeiten werden.

Wer seine Beziehungen indes „naturnah" pflegen will, der verwende zur Entwicklung von Freundschaften jenes unersetzbare „Lebenselixier", das stützt und fördert und auf das auch in schwierigen Zeiten Verlaß ist: die Nächstenliebe!

## *Liebe und Selbstlosigkeit*

Aber was ist Liebe überhaupt? Kaum ein Begriff begeistert, inspiriert und motiviert stärker als das alles durchdringende, stofflich nicht faßbare, indes intensivstem Erleben verbundene Etwas, das wir mit den fünf Buchstaben *Liebe* beschreiben, besingen und … das wir manchmal auch mißverstehen.

*Lieben* hängt mit dem *Leben* zusammen. Je bewußter das Geschenk des Lebendürfens wahrgenommen werden kann, desto stärker kann auch die Liebe als *Wesenszug des Lebens* erfah-

> Lieben hängt mit dem Leben zusammen. Unsere tiefsten Lebenserfahrungen sind Liebeserfahrungen.

ren werden. Unsere tiefsten Lebenserfahrungen sind Liebeserfahrungen: Der Anblick eines neugeborenen Kindes; die empfindungsvolle Beziehung zu einem Mitmenschen; die Lichterfahrung beim Hinübergehen von dieser Welt in die nächste – immer wieder erleben wir Momente ursprünglichster Geborgenheit, tiefen Vertrauens, seelischer Leichtigkeit. Liebe umfaßt, verbindet und durchflutet die Schöpfung als aufbauender, fördernder Strom, und wir Menschen sind durch unsere Empfindung dazu befähigt, diesen lichtvollen Fluß, der dem Leben selbst entströmt, *bewußt* erleben zu können – Liebe erfahren zu dürfen.

Wobei uns – man denke an die ungezählten Rührstücke in Film oder Musik – vor allem die begehrende *„Liebe" des Grobstofflichen* vertraut ist. Dieser Drang hat seinen Ursprung in der körperlichen Sexualkraft sowie im Sexualtrieb und verfolgt die Absicht, einen Mitmenschen durch mehr oder minder feine Methoden für sich zu gewinnen. Dabei steht, ohne Beschönigung betrachtet, die Erfüllung des eigenen Begehrens im Vordergrund, weshalb man hier im Grunde nicht von „Liebe" sprechen sollte.

Ungleich edler, schöner und empfindungsreicher zeigt sich die Liebe, wenn neben der körperliche Sexualkraft auch die Kraft des Geistes mit im „Spiel" ist. Nicht Triebe oder Gefühle spielen dann die tragende Rolle, sondern die ideal-sehnsüchtigen Empfindungen unseres Wesenskernes. Dem seelisch Liebenden geht es nicht nur darum, den anderen *für sich* zu gewinnen, sondern er denkt an dessen Wohl. Er freut sich mit ihm, bangt um ihn, stellt die eigenen Wünsche gerne zurück und versucht rücksichtsvoll, *ihm* gerecht zu werden.

Noch umfassender zeigt sich das Wesen der Liebe, wenn sie nicht nur einer bestimmten Person, sondern dem Leben selbst mit allen seinen Erscheinungsformen gelten kann. Sie ist dann vom Geist getragen, wirkt frei und unabhängig von stofflichen Einflüssen und wächst, je offener, bescheidener und dankbarer man den Wundern der Schöpfung begegnen kann.

Entscheidend ist, sich um eine selbstlose Liebe zu bemühen, also den Blick *weg* von eigenen Wünschen und Begehrlichkeiten zu lenken. In diesem selbstlosen „Weg" – hin zum Nächsten – liegt der Schlüssel zur Überwindung jeglicher Hemmnisse:

> *„Deshalb weist auch Christus immer wieder auf die Allgewalt der Liebe hin! Nur diese überwindet alles, vermag alles. Aber immer nur vorausgesetzt, daß es nicht die nur irdisch begehrende Liebe ist, die die Eifersucht und ihr verwandte Laster in sich trägt.*
>
> *Der Schöpfer hat in seiner Weisheit damit einen Rettungsring in die Schöpfung geworfen, der nicht nur einmal im Erdenleben an* jeden *Menschen anstößt, daß er sich daran halte und emporschwinge!*
>
> *Es ist diese Hilfe für alle da. Sie macht keinen Unterschied, weder im Alter noch im Geschlecht, weder bei arm noch reich, nicht bei vornehm oder gering. Deshalb ist die Liebe auch das größte Geschenk Gottes! Wer es erfaßt, der ist der Rettung aus jeder Not und jeder Tiefe sicher! Er macht sich frei, erhält damit am schnellsten und am leichtesten einen ungetrübten, freien Willen wieder, der ihn nach oben führt.*
>
> *Und wenn er in einer Tiefe läge, die ihn zur Verzweiflung bringen muß, die Liebe ist fähig, ihn mit Sturmesgewalt emporzureißen zu dem Licht, zu Gott, der selbst die Liebe ist. Sobald in einem Menschen durch irgendeinen Anstoß die reine Liebe rege wird, hat er auch die direkteste Verbindung mit Gott, dem Urquell aller Liebe, und somit auch die stärkste Hilfe. Wenn aber ein Mensch alles besäße und hätte der Liebe* nicht, *so wäre er doch nur ein tönend Erz oder eine klingende Schelle, also ohne Wärme, ohne Leben …nichts!*
>
> *Findet er jedoch zu irgendeinem seiner Nächsten die wahre Liebe, die nur darnach strebt, dem anderen geliebten Menschen Licht und Freude zu bringen, ihn nicht durch unsinniges Begeh-*

*ren herabzuzerren, sondern schützend emporzuheben,* so dient *er ihm, ohne sich dabei des eigentlichen Dienens bewußt zu werden, da er sich dadurch mehr zu einem selbstlosen Geber und Schenker macht. Und dieses Dienen ringt ihn frei!*"[28]

Doch wie erfährt man die wahre Liebe, von der in diesem Zitat aus der Gralsbotschaft die Rede ist? Jeder Mensch liebt es, geliebt zu werden. Und wieviele sehnen sich darnach, jemanden zu finden, den sie aus ganzem Herzen lieben *können!* Aber wie erreicht man so ein Glück? Ist es uns Menschen überhaupt gegeben, diesbezüglich lenkend in unser Schicksal einzugreifen?

Wie wir gesehen haben, ist der Begriff des „Schicksals" im direkten Zusammenhang mit dem Schöpfungsgesetz der Wechselwirkung zu betrachten. Es sind Rückwirkungen unserer eigenen Willensentschlüsse, die wir schicksalsmäßig erleben. Und daher gilt die alte fernöstliche Weisheit: *„Willst Du geliebt werden, so mußt Du lieben!"* Zuerst kommt das Geben – erst dadurch öffnet man jene Tore des Herzens, durch die man selbst empfangen kann.

Ein liebenswürdiger Mensch wird freilich niemand von heute auf morgen. Sich in irgendwelche Schwärmereien oder Gefühlsduseleien zu versteigen, führt nicht weiter. Indes kann man gut dafür sorgen, daß die Liebe im eigenen Herzen (die ja ein ursprünglicher Teil des menschengeistigen Wesenskerns ist) Freiraum zum Wachsen findet. Oft müssen dazu tiefsitzende Widerstände abgebaut werden, Vorstellungen und Vorurteile beispielsweise, die daran hindern, den Nebenmenschen oder bestimmte seiner „unbegreiflichen" Eigenheiten zu verstehen, zu achten, zu schätzen … und zuletzt vielleicht sogar zu lieben.

Um Verständnis, Achtung und Wertschätzung kann sich jeder Mensch bemühen. Die dabei entstehenden Gedankenformen wirken dann fördernd und aufbauend, und bisweilen erweisen sie sich als Vorboten echter Liebe.

Hingegen wollen falscher Ehrgeiz, Eitelkeit und Eigendünkel erkannt und beseitigt werden, wenn die Liebe größeren Raum gewinnen soll. Wer nach dem Ideal der Vervollkommnung strebt, sollte sich selbst trotzdem so annehmen können, wie er momentan ist, alle Fehler und Schwächen miteingeschlossen. Dies fördert die offene, großherzige Einstellung anderen gegenüber, jenes Verständnis für die Probleme und Nöte des Nächsten, das zur Liebe gehört.

Nächstenliebe hat nichts mit sanfter Schwärmerei zu tun. Sie verlangt vielmehr Erkenntnis und Selbstüberwindung.

Nächstenliebe hat nichts mit sanfter Schwärmerei zu tun. Sie verlangt vielmehr Erkenntnis und Selbstüberwindung. Doch diese Arbeit an der eigenen Persönlichkeit liegt eben nicht im Blick auf sich selbst, sondern in der Ausrichtung auf den anderen. Das Geheimnis der Liebe wird lebendig im Geben. Wie das Lieben mit dem Leben, so klingt das Leben mit dem Geben zusammen.

Die Macht der Liebe wirkt deshalb so befreiend, erhebend, erlösend, weil unser Bewußtsein nicht mehr nur um das kleine, verstandesmäßig fixierte Ich kreist, sondern sich Hohem, Edlem, Idealem verbindet. Je größer die Selbstlosigkeit, desto reiner, erhabener, machtvoller wirkt die Liebe, desto eher wird sie auch *dem* verpflichtet sein, was dem geliebten Nächsten *geistig* nützt.

Dazu gehört, im Mitmenschen nicht vorrangig die Wunden und Fehler, sondern die schönen, wohlklingenden Saiten seiner Seele zu sehen und diese zu fördern. Darin liegt ein großartiger Ansporn, denn jeder Mensch strebt – bewußt oder unbewußt – darnach, das, was er anderen bedeutet, auch vor sich selbst sein zu können.

Echte Liebe führt dazu, sich von seiner eigenen Befindlichkeit zu distanzieren, verborgene geistige Kräfte zu wecken, sich aufzuraffen, emporzuringen. Diese „Selbstdistanzierung" ist eines der wichtigsten und verläßlichsten Hilfsmittel für seelische Krisen vielfältiger Art[29]. Sie schlägt unseren menschlichen Wesenskern an und läßt Lebensfreude erblühen.

Sich in die Situation des anderen hineinfühlen, sinnvolle Aufgaben erkennen und erfüllen, und in allem stets auch über sich selbst ein wenig schmunzeln können[30] – das sind wesentliche „Zutaten" für ein erfülltes, gesundes, gegen Erstarrung gefeites Innenleben.

## *Gedanken- und Gefühlsveredelung*

Eine weitere wichtige geistige „Aufstiegshilfe", an die hier erinnert werden soll, ist das Streben nach Reinheit in den Gedanken. So, wie aktiver Umweltschutz für jeden halbwegs vernünftigen Menschen eine Selbstverständlichkeit ist, sollte auch aktiver „Innenweltschutz" zum normalen Alltagsleben gehören.

Heute erscheint das wichtiger denn je. Denn längst sind die Zeiten vorbei, da nur Mensch und Natur, also die unmittelbaren grobstofflichen Gegebenheiten, für gewichtige Eindrücke in unserem Leben gesorgt haben. Im 21. Jahrhundert spielen künstliche Welten eine ebenso große Rolle für unsere Gedanken- und Gefühlswelt: die unzähligen Werbeplakate, mit denen wir tagtäglich konfrontiert sind, die Fernseh- und Radiosendungen, die Kinofilme, Zeitungen und Zeitschriften, die Internet-Sites und virtuellen Wirklichkeiten – all das sorgt für massive sinnliche Eindrücke, von denen niemand unberührt bleibt, der kein Einsiedlerdasein führen mag.

Alles, was die heutige Multimediawelt so bietet, lädt dazu ein, sich ganz bestimmten feinstofflichen Ebenen und Gedankenzentralen anzuschließen. Und bei vielen Kunstwelt-Kreationen ist auch offensichtlich, wohin sich die Fenster öffnen: in die dunkelsten Welten des Seins, die das feinere Empfinden schnell übertönen und latenten Hängen Nahrung bieten. Glücklicherweise aber steht uns ja die Entscheidung frei, ob wir der lockenden Einladung folgen oder uns mit bestimmten Welten gedanklich lieber nicht verbinden.

Jedenfalls scheint ein gehöriges Maß an Wachsamkeit und gegebenenfalls auch sittlicher Scheu mehr denn je angebracht. Denn innere Harmonie und geistige Freiheit erfordern, daß immer ein gesunder „Druckausgleich“ durchgeführt werden kann, daß der Mensch also fähig bleibt, allen Eindrücken von außen mit dem gleichen inneren Gegendruck beizukommen, um nie in Abhängigkeit zu geraten. –

Liebe bedeutet, am Mitmenschen nicht vorrangig die Fehler, sondern die schönen Seiten seiner Seele zu sehen.

Im Bemühen um eine Veredelung der Gedanken- und Gefühlswelt geht es um eine lautere *Grundgesinnung*, nicht etwa um den Kampf mit, gegen oder in Gedanken. Unsere feinstofflichen Emanationen[31] *folgen* den geistigen Zielen. Wenn diese klar und eindeutig sind, dann bewegen sich alle seine Gedanken selbsttätig in diese Richtung. Wer heiter, lebensfroh, mit Mut und Zuversicht seines Weges geht, dem Drang zum Edlen, Guten in sich Raum gewährt, wird nicht so leicht über Anfechtungen stolpern, sondern ihnen recht unberührt entgegensehen. Er wird sie – gegebenenfalls mit einer Prise Humor – parieren oder im Wissen um lauernde Gefahren sich selbst auch einmal einen ganz unheldenhaften Umweg zugestehen.

Natürlich erfordert eine stete Wachsamkeit und Reaktionsfähigkeit, die schon einsetzt, *ehe* sich unerwünschte Gedankengänge breitmachen, viel Disziplin. Auch ist eine gewisse Übung in der Selbstdistanzierung nötig, ein Bewußtsein dahingehend, daß wir selbst nicht unsere Gedanken *sind*, sondern daß wir sie nur *denken*, also formen, bilden. Als Geistwesen stehen wir *über* unseren feinstofflichen Werken, so wie wir letztlich auch nicht abhängig von unseren grobstofflichen Werken sind (oder sein sollten).

Der Königsweg zur Gedanken- und Gefühlsveredelung liegt also darin, schon die Grundlage des Denkens rein zu halten, also sein geistiges Wollen, getragen von der Sehnsucht nach Licht, auf *überpersönliche, hohe Ziele* auszurichten. Es ist dies der einfachste Weg, seinen Geist zum Leuchten zu bringen –

frei und unabhängig von irgendwelchen speziellen Methoden und Therapien.

Viele spirituelle Bestrebungen lenken den Blick des Menschen auf sich selbst, und es gibt immer neue Ansätze, den eigenen Zustand zu verbessern: Man gönnt *sich* „mehr Freiheit im Leben, um endlich glücklicher zu sein"; man kauft biologische Lebensmittel, um *sich* gesund zu ernähren; man meditiert oder sucht „gewinnbringende Kontakte zu Engeln", um *sich* spirituell voranzubringen; man versucht auf der Gedankenebene „positiv" zu wirken oder „gegen *sich*" anzukämpfen.

All das mag mehr oder weniger förderlich sein, aber es hat mit dem einfachen und für jeden geistigen Aufstieg so grundlegenden Prinzip der Nächstenliebe oder mit dem Bemühen, die eigene Empfindung reinzuhalten, noch nichts zu tun.

Natürlich ist gegen einen kritischen Blick auf sich selbst nichts einzuwenden; er trägt ebenso zu einer bewußteren Lebensführung bei wie gezielte Maßnahmen zur Stärkung der Gesundheit auch. Doch wer in seiner Grundgesinnung *nur* die eigene Person im Visier hat und mit dieser Ich-Fixierung vielleicht auch noch einen besonderen geistigen Weg verbindet, der muß meines Erachtens nahezu zwangsläufig Probleme bekommen, denn er schneidet sich selbst von fördernden Kräften ab, die uns im Leben wechselwirkend zuströmen, sobald wir zu *geben* bereit sind. Wer nicht ausatmet, kann nicht einatmen!

Man kann sich wochenlang von gesunder Pflanzenkost ernähren, selbstgesteckte diätetische Hürden überwinden und zuletzt befriedigt feststellen, daß man irgendetwas „geschafft" hat. Wer indessen spontan einer alten Frau beim Tragen ihrer schweren Einkaufstasche behilflich ist, wird in den wenigen Minuten Zeit, die er dabei investiert, mit größter Wahrscheinlichkeit eine beflügelndere seelische Leichtigkeit erfahren.

Gelebte Nächstenliebe bringt spürbaren Fortschritt. Und der innere Aufstieg muß wahrnehmbar sein, sonst findet er nicht statt.

> **Der innere Aufstieg muß wahrnehmbar sein. Ist er das nicht, findet er auch nicht statt.**

Jedem Menschen, der sich nicht bewußt abschottet, bieten sich täglich viele Möglichkeiten, um Selbstlosigkeit zu üben, sinnvolle Dinge für andere zu tun, ohne dabei an den eigenen Vorteil zu denken. Die Grundgesinnung der Nächstenliebe und der Ausrichtung auf überpersönliche, hohe Ziele kann damit immer stärker gefestigt und verfeinert werden.

Eine edle Gesinnung führt zu edlen Gedanken und in der Folge zu ebensolchen Gefühlen und Handlungen. Die Wechselwirkung davon kann nur die seelisch-geistige Hebung sein.

## *Der Sinn für Schönheit*

Damit kommen wir nun einer weiteren Aufstiegshilfe auf die Spur: dem menschlichen Schönheitssinn.

Wir konnten bei früherer Gelegenheit schon feststellen, daß eine innere Entwicklung das Streben nach der *Veredelung* aller Lebensbereiche umfaßt. Die Grundlage dafür ist natürlich, daß es in uns einen Sinn für das Schöne, Harmonische gibt. Dieser Sinn für Schönheit gehört nicht zum Verstand oder Gefühl, sondern ist unserem Wesenskern, dem Geist, zu eigen. Der Schönheitssinn könnte uns als verläßliche Orientierungshilfe dienen, die uns in allen Lebenslagen zeigt, ob etwas aufbauender oder disharmonischer Art ist, ob es also der Vollkommenheit zuneigt oder dem aufbauenden Wirken der Schöpfungsgesetze entgegensteht. Denn der Schönheitssinn ist

*„... verbunden mit den Schöpfungsurgesetzen, ist der Ausdruck eines noch versteckten Wissens von Vollkommenheit, ein untrüglicher Wegweiser für jeden* Geist, *da alles* Geistige *allein in dieser Nachschöpfung die Fähigkeit besitzt, bei einer ganz bestimmten Reife voll bewußt wirkliche Schönheit zu erkennen!“*[32]

> Die auf Schönheit und Harmonie gerichtete Wahrnehmung bringt Bewußtsein für Schönheit und Harmonie.

Das Bedürfnis nach Schönheit und Harmonie – beide Begriffe gehören zusammen – prägt unser Leben, es drängt uns, die Umwelt und auch unser eigenes Aussehen zu gestalten. Der Schönheitssinn ist ein Anker, durch den wir unserer geistigen Heimat verbunden sind. Je näher dem vollkommenen Ursprung alles Seins eine Schöpfungsebene liegt, desto lichtvoller erstrahlt sie in Schönheit, und unser Sinn für Schönheit ist das noch versteckte Wissen des Geistes um Vollkommenheit.

Allerdings ist Schönheit heute in der Kunst, Architektur oder Mode oft keine Kategorie mehr. Es reicht, wenn Kreationen neu, ungewöhnlich oder aufsehenerregend sind. Und leider scheint auch das Bewußtsein über die Bedeutung des Schönheitssinnes weitgehend zu fehlen. Der Mensch mag zwar beurteilen können, was ihm selbst gefällt – es spricht uns von der Außenwelt immer das an, was in Gleichart zur eigenen Innenwelt steht –, doch was über subjektive Neigungen hinaus wirklich als schön und wertvoll zu bezeichnen ist, dafür fehlt vielen das Feinempfinden.

Wenn nun aber unser Sinn für das Edle, Harmonische, lichtwärts Führende eine so entscheidende seelisch-geistige Aufstiegshilfe ist – wie können wir ihn dann wieder wecken?

Kein Sinnen des Geistes ist eine Fertigkeit, die man auf Knopfdruck ins Tagbewußtsein zwingen kann. Das Licht der Erkenntnis läßt sich nicht so ohne weiteres anknipsen. Was wir allerdings unternehmen können, ist, dem Schönheitssinn einladende Rahmenbedingungen zu schaffen, die es ihm erlauben, sich wieder zu entfalten. Es lohnt beispielsweise, die Dinge, die uns im Alltag umgeben, bewußter zu betrachten, zu überlegen, wo und wie sich etwas harmonischer oder passender gestalten ließe. Die auf Schönheit und Harmonie gerichtete Wahrnehmung bringt Bewußtsein für Schönheit und Harmonie! Wenn ich mein häusliches Umfeld, meine Kleidung, den Arbeitsplatz, die Art zu speisen oder mit anderen Menschen umzugehen genau betrachte: Womit kann ich wirklich zufrieden sein – und was ließe sich verbessern?

Auch Momente des Innehaltens und In-sich-Gehens oder des Naturerlebens können helfen, dem Schönheitsempfinden eine neue Basis zu schaffen, einen ruhigen Seelenraum, in dem eine ferne, doch unmittelbar vertraute Stimme wieder erklingen kann.

Da sind keine Bilder, die sich schreierisch aufdrängen oder in den Vordergrund spielen würden; das Erfahren von Schönheit und Harmonie, das Erahnen von Vollkommenheit befriedigt unaufdringlich in stiller, zeitloser Art.

Möge es uns gelingen, den Schönheitssinn als Maßstab zur Beurteilung in allen Lebensbereichen wieder besser zur Geltung zu bringen!

## *Die ewigen Werte der Kunst*

Mit dem menschlichen Schönheitssinn hängt eine weitere Thematik zusammen, die in vielen spirituellen Bestrebungen eine nur untergeordnete oder gar keine Rolle spielt, aber doch eine wertvolle Orientierungshilfe bietet: die Kunst!

Es gibt kein menschliches Schaffen, bei dem der lebendige Geist, die Empfindung – und eben nicht der Verstand –, so tonangebend wirken kann wie in den verschiedenen Künsten, in denen der Mensch ja auf vielfältige Weise seine Innenwelt zum Ausdruck bringt.

Im besten Falle speist sich seine Kreativität aus der Lichtsehnsucht, und der Künstler erweist sich als Künder höherer Schöpfungswirklichkeiten. Im anderen Falle wird er zum Handlanger dunkler feinstofflicher Ebenen, die nach irdischer Verwirklichung drängen. In jedem Fall aber widerspiegelt die Kunst große Zeitströmungen, nichtstoffliche Gegebenheiten, die unseren Weg im Zusammenklang mit der physischen Wirklichkeit begleiten und beeinflussen.

In zahlreichen Werken der Kunst schimmern Ewigkeitswerte durch. Solche Werke überdauern die Epochen und Völker, sie faszinieren – traditionsunabhängig – immer wieder neu und bleiben lebendig in ihrer Wirkung, weil sie das Lebendige im Betrachter anregen, den Geist! Es kann daher nur zum Vorteil gereichen, horizonterweiternd und geistesfördernd wirken, wenn man sich solchen Werken widmet.

Doch auch die „Ader" für die Kunst, die in jedem von uns pulst, will entwickelt werden. Das geschieht aber schwer, wenn jemand nur sich selbst oder seine momentane Befindlichkeit zum Maßstab der Kunst erhebt, nach dem Motto: Was mich innerlich anspricht, das ist wahre Kunst – und alles andere sind nur Versuche, etwas Minderwertiges als „Kunst" zu verkaufen. Leider hört man Argumente dieser Art häufig.

Natürlich ist es angebracht, auf das eigene Empfinden zu achten und in der Begegnung mit den Künsten auf den Schönheitssinn besonders zu achten. Denn das Märchen von des Kaisers neuen Kleidern wird auf den Bühnen, in den Konzertsälen und Museen immer noch gern gegeben; oft wagt tatsächlich kaum jemand zu äußern, daß hier doch nichts erwähnenswert Künstlerisches geboten wird (oder aber des Kaisers Nacktheit gefällt allgemein – aber das ist ein anderes Problem).

Trotz – oder gerade wegen – der notwendigen Konzentration auf die eigene Urteilsfähigkeit kann es jedoch angebracht sein, sich auf einen Künstler oder ein Kunstwerk erst einmal einzulassen, sich mit ihm zu beschäftigen, es auf sich wirken zu lassen. In der Folge könnten sich dann nämlich auch neue Welten auftun, die faszinieren und beglücken, eine Erlebnistiefe, von der man sich selbst dummerweise ausgeschlossen hatte.

Mir selbst erging es wiederholt so – im besonderen, was einzelne Künstler anlangt, die mich plötzlich zu begeistern begannen, aber auch im allgemeinen, als ich zum Beispiel die Welt der Oper für mich entdeckte, die mir zuvor rein gar nichts bedeutet hatte. Immer aber ging der erwachenden Faszination ein eigenes

Mühen um Verständnis voraus, ein Stück Arbeit. Doch die Ernte würde ich nicht mehr missen wollen. Denn das vertiefte Kunsterleben führte auch zu einer erweiterten Weltsicht, nicht nur was Ausdrucksformen und -möglichkeiten anbelangt, sondern auch dahingehend, wieviele gewinnbringende Wege es gibt, tiefer in die Geheimnisse des Lebens einzudringen, und welche großartigen Erkenntnismomente bisweilen hinter einer künstlerischen Verdichtung offenbar werden.

> Es gibt kein menschliches Schaffen, bei dem der lebendige Geist so tonangebend wirken kann wie in den Künsten.

Kunst gehört untrennbar zur menschlichen Kultur. Kunst ist Ausdruck unseres Menschentums, in welchem sich ja mehrere Schöpfungsebenen miteinander verbinden. Doch sollte es sich dabei um kein abgehobenes gesellschaftliches Sonderrevier handeln, zu dem nur einige wenige Zutritt finden und das womöglich gerade spirituell ausgerichtete Menschen abstößt, weil sie die Erstarrung im Künstlichen fürchten.

In der Kunst geht es nicht um das Elitäre, sondern um das Erhebende, das jeden Menschen berühren kann. Und Kunst wirkt um so stärker, je mehr Raum wir ihr bieten – nicht nur passiv, als dankbare Konsumenten, sondern möglichst auch aktiv in der Pflege eigener Fähigkeiten, im Rahmen unserer persönlichen Möglichkeiten.

## *Die allergröbste Umhüllung*

Eine andere Ausdrucksform, die dem täglichen Leben unmittelbarer verbunden ist als die Kunst, die aber oft dennoch als nicht wirklich von Belang für den seelisch-geistigen Fortschritt eingestuft wird, ist die Kleidung.

> Unsere Kleidung ist nicht nur Schutz vor Wind und Wetter, sie wirkt auch auf die feineren Schwingungen, die uns umgeben.

Weil spirituelles Wachstum häufig als Abwendung von allen materiellen Gegebenheiten und gesellschaftlichen Konventionen mißverstanden wird, während man eine Befreiung von allen „einengenden Sachzwängen“ anstrebt, spielt bei idealistisch ausgerichteten Menschen die „allergröbste Umhüllung“ oft nur eine eher bedeutungslose Nebenrolle. Das ist bedauerlich, denn dadurch bleibt eine wertvolle Hilfe für den Geistesaufstieg unbeachtet.

Was wir am Körper tragen, dient ja nicht nur dem Schutz vor Wind und Wetter, sondern es wirkt zugleich hinein in das Netz feinerer Schwingungen, die uns umgeben. Unsere Bekleidung löst Gedanken und Empfindungen bei anderen aus, die wiederum auf uns zurückfluten; sie fördert oder hemmt durch entsprechende Farb- und Formgebung ganz bestimmte seelische Eigenheiten; sie wirkt von außen auf unsere innere Entwicklung ein, auch wenn uns das kaum einmal bewußt wird.

Zu Beginn dieses Kapitels kam zum Ausdruck, wie die schrittweise Bildung des Geistkeimes zur Menschenform sich auf die Leuchtkraft und die Gestaltung seiner Hüllen auswirkt. Selbst der grobstoffliche Körper bringt noch manches von unserer innersten Beschaffenheit zum Vorschein – in der Gebärden- und Körpersprache, aber auch in der Physiognomie.

Ebenso ist es bei der Kleidung, die wir – bewußt oder unbewußt – für uns wählen. Sie ist ein Spiegel unseres Inneren. Nicht des tiefsten Inneren vielleicht, aber doch jener feinerstofflichen Strömungen, denen wir uns gerne verbinden.

Zum einen sagen die Farben manches über ihren Träger und/oder dessen Befindlichkeit aus. Die diesbezügliche Symbolik wird auch therapeutisch genützt, indem man mit bestimmten Farben gezielt bestimmte Gemütszustände stärkt[33]:

Rot, die Farbe des Blutes, steht beispielsweise für Kraft, Dynamik, Aktivität und Wachsamkeit.

Im Grün kommt der Bezug zur Natur zum Ausdruck, die Erneuerung des Lebens, Schutz und Geborgenheit in der Schöpfung.

Schwarz symbolisiert Abgrenzung.

Blau, die Farbe des Himmels, vermittelt Ruhe, Weite, Entspannung, Ausgeglichenheit usw.

Von ebensolcher Bedeutung wie die Farben – und deren (hoffentlich harmonische) Kombination – sind die Formen dessen, was wir tragen: So unterstreicht ein wallendes, wogendes Kleid zum Beispiel das naturverbundene Schwingen der Frau, seine Falten „bergen" das weibliche Prinzip des Beschirmens und Schützens; das Kleid ist auch das ideale Ausdrucksmittel weiblicher Anmut.

Bis hin zu den sogenannten „Accessoires" erstreckt sich die Symbolik der Bekleidung: So hat ein Hut zum Beispiel mit dem seelischen Bedürfnis zu tun, „behütet" zu sein; der Gürtel wiederum für äußere wie für innere Festigkeit, er galt lange Zeit als Symbol weiblicher Tugendhaftigkeit.

Auch gibt es Zusammenhänge zwischen Alter, Temperament und Farbenwahl, und natürlich haben die verwendeten Materialien ebenfalls ihre Bedeutung.[34]

Aber welchen Stellenwert mögen alle diese Zusammenhänge in einer Zeit genießen, in der die einen sich gar nichts aus der Bekleidung machen und viele andere nur der jeweils vorgeschriebenen Mode folgen? In der die Kleidung kaum noch „kleiden" – im Sinne von *veredeln* – will?

Wer sich um die vermeintliche „Äußerlichkeit Kleidung" nicht kümmern mag, läßt jedenfalls ein wertvolles Werkzeug unbenützt. Denn ob wir es uns bewußt machen oder nicht: *Bekleidung wirkt!* Ein Mann, der es beispielsweise wagt, dort, wo auf Kleidung angeblich kein Wert gelegt wird, plötzlich mit gepflegtem Anzug und Krawatte zu erscheinen, wird die Wirkung rasch erkennen: Seine Absicht, aus der Mittelmäßigkeit herauszuragen, wird wahrscheinlich umgehend mit spitzen Bemerkungen quittiert – so, als ob das ein schweres Vergehen wäre.

Nun geht es freilich nicht darum, provokativ zu wirken. Aber weil das, womit wir uns kleiden, *immer* wirkt – ob es uns nun angenehm ist oder nicht –, sollten wir die Bekleidung meines Erachtens sorgfältig und bewußt wählen – als Unterstützung für unseren geistigen Weg, der die Veredelung des eigenen Äußeren mit umfaßt.

Idealerweise geht es darum, einen geschmackvollen eigenen Stil zu entwickeln; Farben, Schnitte und Materialien zu benützen, die dem Schönheitsempfinden gerecht werden.

Das mag eine anspruchsvolle Aufgabe sein, weil Bekleidungsgeschäfte speziell für Frauen oft wenig individuell Ansprechendes bieten, doch es ist gut, sich von dem zu verabschieden, was sich modemäßig „so ergibt". Das alles kommt ja nicht durch blinden Zufall zustande, sondern es ist immer ein deutlicher Ausdruck ganz bestimmter Zeitströmungen.

Vordergründig geht es bei der Mode natürlich um Geschäftsinteressen, aber das eigentlich Bemerkenswerte sind die „Töne", die im Dienste des Umsatzes auf dem „Klavier im Hintergrund" gespielt werden ...

Wollte man kurz zusammenfassen, woran unsere heutige, materialistisch orientierte Gesellschaft, geistig betrachtet, am meisten krankt, käme man nicht umhin, zwei herausragende Gegebenheiten zu nennen: Zum einen ist erkennbar, daß die Individualität des Menschen verkümmert. Die so oft beklagte Gleichschaltung der Masse hat auf vielen Ebenen ein besorgniserregendes Ausmaß erreicht. Zum anderen zeigt sich – Stichwort: Übersexualisierung[35] –, wie der Materialismus auch unsere Gefühlswelt dominiert und ein vom Lustprinzip beherrschtes Denken geistiges Streben unterdrückt.

Eben diese beiden Strömungen zeigen sich nun auch deutlich in der Mode, sie werden von dieser unterstützt und gefördert. Oft signalisiert das, was „top-modisch" ist, in geradezu peinlicher Deutlichkeit die Entwertung des Individuellen. Und zwar nicht nur, weil alle das Gleiche anziehen wollen, sondern auch, weil dabei die Symbolik der gewählten „Uniform“ eine so klare Sprache spricht.

Oft signalisiert das, was „top modisch“ ist, in geradezu peinlicher Deutlichkeit die Entwertung des Menschen.

Jeans beispielsweise, wie sie seit ein paar Jahrzehnten von Mann und Frau unisono geschätzt werden, dienten lange Zeit der Zuwendung zum Groben, Erdnahen, Schmutzigen. Ursprünglich waren die berühmten blauen Hosen ja nichts weiter als eine einfache Arbeiterkleidung (und zum Zweck handfester Tätigkeiten eignen sie sich nach wie vor sehr gut!). Nach vollbrachter Tat zog man sie aus.

Inzwischen trägt man Jeans bekanntlich auch außerhalb der Lehmgrube. Darin liegt natürlich kein „Weltuntergang“ – ich selbst bekenne mich gerne als gelegentlicher Freizeit-Jeans-Träger –, aber andererseits ist es gewiß kein Merkmal für die Weiterentwicklung einer Gesellschaft im Sinne der Veredelung, wenn die Bekleidung tendenziell gröber wird.

Vielfach werden Jeans getragen, um damit einen unkomplizierten, jugendlichen, legeren Eindruck zu vermitteln oder, in der Diktion der jungen Generation, „cool“ auszusehen. Dieser Begriff (den man nur ja nicht mit dem entzaubernd-klaren deutschen Eigenschaftswort „kalt“ übersetze!) paßt wirklich treffend zum „Jeans-Flair“: Besonders cool ist es unter den „Kids“ (und „ewig jungen“ Erwachsenen), ausgewaschene („stone washed“), ausgefranste, ausgebleichte, vielleicht sogar künstlich geflickte Hosen zu tragen. Der „used look“ ist „in“.

Natürlich, das sind „Modegags“, klar. Aber woher beziehen sie ihre Attraktivität, das Potential, sich weltweit zu verbreiten? Liegt es nicht nahe, daß Modeströmungen einfach bestimmte gesellschaftliche Befindlichkeiten auf den Punkt bringen und feinstoffliche Wirklichkeiten aus-drücken?

Wenn Kleidung signalisiert: „Hier wird grob zugepackt!", dann paßt das gut zu einer materialistischen Gesellschaft.

Wenn die Kleidung signalisiert: „Hier wird grob zugepackt, keine Scheu, keine Zurückhaltung!", dann paßt dies gut zu einer auf Materielles und auf Sinnesfreuden ausgerichteten Gesellschaft. Sollte eine Frau indes Feinempfindung und Anmut zum Ausdruck bringen wollen oder nach einer Kleidung suchen, die ihre Zartheit und Scham nicht verletzt, würde ich keine „used-look"-Jeans empfehlen.

Die durch Modeströmungen zur Schau getragene Abwertung der feineren Persönlichkeitsanteile geht oft einher mit der Sexualisierung des Körperlichen, vor allem in der Frauenmode. Und das geschieht nicht nur vordergründig durch eine direkte Betonung der weiblichen Körperformen, sondern oft auf sehr subtile Art. Dazu zwei Beispiele:

Hochhackige Schuhe erfreuen sich heute einiger Beliebtheit. Aber nicht nur, weil sie die Körpergröße der Frau verändern, sondern auch, weil sie allgemein als „attraktiv" gelten. Kaum jemand macht sich allerdings Gedanken darüber, warum das so ist.

Eine Antwort auf diese Frage bieten Forschungen über die Bewegungsabläufe beim Menschen, in denen man zu folgenden Ergebnissen kam:

*„Damit sie wegen des vorgeschobenen Körperschwerpunktes nicht vornüberfällt, muß die Frau auf hochhackigen Schuhen die Kniegelenke des Standbeines etwas beugen. So wird der Schwerpunkt nach hinten verschoben. Das Becken kippt nach vorn, und der Oberkörper steuert dieser Bewegung durch die S-förmige Ausbildung der Lendenwirbelsäule (Lordose/Hohlkreuz) gegen. Die Konturen des Frauenkörpers werden damit sowohl in Gesäß-, als auch in Brustregion plastischer (...) Hochhackige Schuhe zwingen zu einer Haltung, die sexuell wichtige Körperregionen (Beine/Brust/Gesäß) betont."*[36]

Die Absätze hoher Schuhe verstärken also indirekt sexuelle Reizsignale des Körpers. Andererseits verursachen sie aber auch ein überaus labiles Gleichgewicht, das, wie man aus der Verhaltensforschung weiß, Hilflosigkeit signalisiert – und den stützenden männlichen Arm als geradezu unentbehrlich erscheinen läßt ...

Jedenfalls sollte sich keine Frau darüber wundern, wenn die Signale hochhackiger Schuhe besser ankommen, als ihr vielleicht lieb ist.

Übrigens ist der Stöckelschuh in seiner Funktion zur Überbetonung weiblicher Körperlichkeit und gebrechlicher Zartheit nur ein schwacher Abklatsch dessen, was früher in China als besonders erotisch erachtet wurde: Unter „Goldenem Lotus" verstand man einen winzigen, hufartigen Frauenfuß, der künstlich verkürzt wurde. Diese äußerst schmerzhafte Prozedur begann bei Mädchen schon im Alter von sieben Jahren, wobei mit Hilfe einer speziellen Bandage die Zehen unter den Fuß gebogen wurden; nur der große Zeh blieb frei. Durch immer stärkeres Wickeln wurde der Fußballen nahe an die Ferse gezogen, bis nach mehreren Behandlungsjahren die Füße für immer deformiert blieben und als „kleine Hufe" in winzige, kunstvoll bestickte Schuhe paßten, die nur wenige Zentimeter lang waren – und zugleich ein Zeichen für Damen von hohem Stand, die (nun auch tatsächlich!) keine körperliche Arbeit verrichten konnten. Diese Sitte des Fußbindens, also einer gewollten Verkrüppelung überdauerte nahezu 1000 Jahre und wurde in China erst im 20. Jahrhundert als Akt der Barbarei verboten.[37]

Ein anderes Beispiel für eine eher hintergründige Möglichkeit der Sexualisierung des weiblichen Körpers liegt in der Betonung der Taille.

Untersuchungen haben gezeigt, daß das Verhältnis des Taillen-Maßes zum Hüft-Maß ein sexuelles „Schlüsselsignal" ist. Der bekannte englische Verhaltensforscher Desmond Morris schreibt zu diesem Thema:

*„Bei einem kleinen Mädchen gibt es kaum einen Unterschied zwischen den beiden Maßen, und später, im Alter, wird wieder nur ein geringer Unterschied bestehen. Das Alter, in dem er am größten ist – eine sehr schmale Taille im Gegensatz zu breiten Hüften – ist (...), wenn die Frau die Zwanzig gerade überschritten hat. Das ideale Verhältnis für Frauen ist 0,7 (Verhältnis der Hüften zur Taille)[38] im Vergleich zu 0,9 bei den Männern. Dieses Verhältnis hat universelle Anziehungskraft, eine Tatsache, die sich mit einem einfachen Experiment überprüfen läßt. Wenn man eine Reihe von lebensgroßen, ausgeschnittenen weiblichen Silhouetten an einem öffentlichen Platz, beispielsweise in einem Einkaufszentrum, in einer Reihe aufstellt, kann man Passanten bitten, das für sie attraktivste Verhältnis von Taille und Hüften zu nennen. Als dieser Test im Einkaufszentrum einer englischen Stadt durchgeführt wurde, wo viele Touristen und auch Ortsansässige unterwegs waren, verfügte man über Probanden der unterschiedlichsten kulturellen Herkunft. Dennoch gab es eine allgemeine Übereinstimmung, und eine bestimmte Silhouette wurde von fast allen bevorzugt: Es war das magische Verhältnis von 0,7.*

*Dieses Ergebnis überrascht eigentlich nicht weiter, wenn man die Ergebnisse einer anderen Untersuchung in Betracht zieht. Man entdeckte, daß Frauen mit einem geringeren Unterschied zwischen Taille und Hüften mit geringerer Wahrscheinlichkeit schwanger wurden, wenn sie sich einer Fruchtbarkeitsbehandlung unterzogen. Die Chance nahm um 30 Prozent ab, wenn sich das Verhältnis von Taille und Hüften nur um 10 Prozent verringerte. Das heißt, bei einer Frau mit einem Verhältnis von 0,7 war die Wahrscheinlichkeit, schwanger zu werden, um ein Drittel geringer, als bei einer Frau mit einem Verhältnis von 0,8. Wenn man dies bedenkt, wird leichter verständlich, warum Männer unbewußt stärker auf eine Wespentaille reagieren als auf eine Frau mit geraden Körperformen. Und es erklärt auch, warum Frauen diesen Kontrast von Taille und Hüften dann am stärksten aufweisen, wenn sie genau im richtigen Alter für die Fortpflanzung sind.*"[39]

Nach diesem kurzen Ausflug in die Verhaltensforschung können wir nun einen in die nächstgelegene Boutique wagen. Und dort finden wir beispielsweise als beliebtes modisches Accessoire den Hüftgürtel, gefertigt aus unterschiedlichen Materialien, und vor allem von pubertierenden Mädchen gerne getragen. Sie finden so etwas attraktiv, einfach „lässig".

Aber es sieht eben nicht nur „hip" aus, es passiert auch etwas: Das Becken wird optisch betont, das Verhältnis zwischen Hüften und Taille jenem Idealmaß näher gebracht, das eine Vierzehnjährige noch nicht zu bieten hat, aber eben gerne bieten will.

Aber will sie eigentlich wirklich? Einem durchschnittlichen pubertierenden Mädchen, das keine höheren Ideale kennt (oder kennen will), darf man wohl keine bewußte Absicht unterstellen; es will einfach „dabei sein" und läßt sich mittreiben von Strömungen und Trends, die gerade als „geil" gelten.

Wie lächerlich selbstentwertend manche Ideale sind, wie dramatisch gegen die Lichtsehnsucht des Geistes sie erscheinen, kann es nicht erkennen.

Das eigentliche Dilemma liegt daher wohl darin, daß die Erwachsenen nicht in der Lage sind, hilfreiche Aufklärungsarbeit zu leisten. Zwar meldet sich bei den Eltern oft ein mulmiges Empfinden, wenn sie miterleben, wie ihr Nachwuchs sich plötzlich aufreizend kleidet und schminkt oder sich provozierende Edelpickel ins Gesicht piercт, aber es fehlt ihnen an Worten, ihre Bedenken so zu artikulieren, daß sie vom lieben Nachwuchs auch als Hilfe – und nicht als Angriff auf ihre (vermeintlich) selbstbestimmte Lebensweise – gewertet werden.

Manchmal ist es wohl auch richtiger, bestimmte Eigenheiten der Söhne und Töchter nachsichtig zu akzeptieren statt Moralpredigten zu halten, denn dadurch kann ein gewisses Vertrauensverhältnis gewahrt bleiben.

## *Das Geheimnis des Menschenwortes*

Jesus von Nazareth brachte einmal folgendes Gleichnis, das seinen Jüngern vorerst unverständlich blieb:

> *„Da ist nichts, was von außerhalb des Menschen in denselben eingeht, das ihn verunreinigen kann, sondern was von ihm ausgeht, das ist es, was den Menschen verunreinigt.“*[40]

In seinen folgenden Erklärungen sprach Jesus dann all die schlechten Gedanken und „bösen Dinge“ an, die „aus dem Herzen der Menschen“ hervorgehen und sie selbst verunreinigen: Ehebruch, Hurerei, Mord, Bosheit, List, Ausschweifung, Lästerung, Hochmut oder Diebstahl – kurzum: alle willentlichen Absichten, vor denen auch die Zehn Gebote warnen, weil sie nicht dem aufbauenden Schöpferwillen folgen, sondern hemmend und zerstörend wirken. Sie verunreinigen den bösartig denkenden und handelnden Menschen deshalb, weil seine Entschlüsse ihn rückwirkend selbst belasten müssen. Jesus sprach damit das Schöpfungsgesetz der Wechselwirkung an.

Zudem kann uns nichts von außen Kommendes verunreinigen, weil wir über seelische Abwehrmechanismen verfügen und entscheiden können, welchen Strömungen wir Einlaß in unser Inneres gewähren – so, wie auch der gesunde Körper nur jene Stoffe aufnimmt, die er braucht.

Der geistige Fortschritt liegt also in der bewußten Führung alles dessen, was von uns *ausgeht*. Daher enthält die in diesem Buchkapitel versuchte Zusammenfassung wichtiger „Aufstiegshilfen“ auch keine Hinweise auf therapeutische Wege, ganzheitliche Medizin, gesunde Ernährung, geklärte Familienverhältnisse, hilfreiche Körperübungen und was es an Möglichkeiten noch so alles gibt, um von außen her auf die eigene Befindlichkeit einzuwirken. Einiges davon wurde bei früherer Gelegenheit ja angesprochen[41]. Worum es nun jedoch in erster Linie geht, ist alles das, was – ganz im Sinne des Christus-Gleichnisses – von uns ausgeht und auf der Grundlage der eigenen Fähigkeiten und Möglichkeiten veredelt werden soll: unsere Einstellungen, Handlungen, Gedanken, Gefühle und Empfindungen. Auf allen diesen Ebenen wirken wir Menschen, ob wir das wollen oder nicht. Wir können nicht *nicht* wirken; durch unseren freien Willen haben wir lediglich die Wahl, *wie* wir uns in das große Schöpfungsganze einbringen – und in welcher Art die Rückwirkungen sein werden, die uns auf Grund der eigenen Entschlüsse früher oder später treffen müssen.

> Unser freier Wille entscheidet, *wie* wir wirken. Aber wir Menschen können nicht *nicht* wirken.

Ein einfaches Leben im Sinne der Nächstenliebe, das Bemühen um einen reinen Gedankenherd, die Pflege von Freundschaften, der Sinn für Schönheit und Kunst oder das Bemühen, die persönliche Erscheinung – von der Kleidung bis zum Benehmen – zu veredeln … all dies sollte beispielhaft zeigen, wie eine nachhaltig sinnvolle *Arbeit an sich selbst* aussehen kann. Wer auf diese Weise einsteigt ins Leben, kann die Leuchtkraft seines Geistes steigern, wodurch zuletzt die Rückkehr in das geistige Reich gelingen sollte, das unbewußt so sehr ersehnte *ewige Leben*.

Diese Änderung des Inneren geht nicht ruckartig vor sich, sondern eher unmerklich, Schritt um Schritt. Es ist ein Neugeborenwerden, das seine ganze Dimension erst im Rückblick auf das eigene Leben zeigt, etwa in der Verwunderung darüber, wo man selbst einst doch stand, mit welchen Problemen man zu kämpfen hatte, welche selbstgeprägten Irrtümer den freien Blick nach oben trübten.

Die in diesem Kapitel genannten Beispiele waren, wie ich hoffe, als Wegweisung deutlich genug, so daß es sich erübrigt, auf alle Möglichkeiten im Detail einzugehen, die als Aufstiegshilfen dienen können, sobald wir um die Veredelung des von uns Ausgehenden bemüht sind.

Ein konkretes Thema jedoch darf nicht ausgespart bleiben, weil es sich dabei um die wichtigste spezifisch menschliche Ausdrucksmöglichkeit handelt: unsere Fähigkeit, Worte und Sprache zu bilden! In ihr wohnt – ähnlich wie in den Gedanken – eine Kraft, die weitreichende Empfindungen, intensive Gefühle und auch heftige Reaktionen auslösen kann, die aber kaum jemals bewußt genützt wird.

Die geheimnisvolle Kraft, die im Sprechen zum Aus-Druck kommt, kann man immer wieder beobachten. Begabte Demagogen beispielsweise zeigen (über)deutlich, wie machtvoll das Menschenwort wirken kann. Doch wie bei allem, was von uns ausgeht, folgt auch dieser Wirkung eine Rückwirkung, die den Sprechenden selbst trifft.

Aus diesem Grund „blüht" der Rhetorikmarkt. Kurse, Seminare und Bücher versprechen eine fachmännische Schulung im sprachlichen Umgang, aber zugleich auch eine erstaunliche Persönlichkeitsveränderung! Denn wer an der Kunst seiner Rede und verbalen Ausdrucksfähigkeit feilt, so hat man erkannt, der bearbeitet damit auch sich selbst. Durchsetzungsvermögen, Entscheidungskraft und auch Eigeninitiative wachsen parallel zur sprachlichen und stimmlichen Ausdruckskraft. Auch die Wahrnehmungsfähigkeit und das klare Denkvermögen werden geschärft. Aber warum ist das so? Woher kommt die Macht der Sprache?

Eine befriedigende Antwort auf diese Frage findet man aus meiner Sicht nur dann, wenn man nicht-materielle Gegebenheiten mit in Betracht zieht.

Wie wir sehen konnten, besteht die Schöpfung aus unterschiedlichen Bewegungsebenen, die man sich, ihrer Lichtnähe oder Leichtigkeit entsprechend, als übereinander angeordnet vorstellen kann: Unter der in sich selbst lebendigen, eigentlichen Schöpfung, dem leuchtenden geistigen Reich, aus welchem wir Menschen stammen, breiten sich die Ebenen der sogenannten Nachschöpfung aus, die wir zu unserer Bewußtseinsbildung durchwandern: der weite Ring des Wesenhaften und danach auch all die stofflichen Welten – von der feinsten Feinstofflichkeit bis hinab zur gröbsten Stofflichkeit. Dabei kann die übergeordnete, bewegtere Ebene die unter ihr liegende maßgeblich beeinflussen. Wie wir Menschen durch unser *Denken* Kraftströmungen in Bewegung setzen, die in die grobstofflich-physische Welt hineinwirken, so setzen wir auch durch das *Wortformen* ganz bestimmte feinerstoffliche Kräfte in Bewegung, die das Irdische entscheidend prägen. Und es sind durchaus keine unwesentlichen Kräfte, die damit angeschlagen werden.

In unserer Fähigkeit, Worte zu formen, liegt ein Abglanz des schöpferischen Gotteswortes.

„*Im Anfang war das Wort*", schildert die biblische Schöpfungsgeschichte. Dem Wort ent-*sprech*-end formte sich alles Bestehende. Und eben dieses Prinzip des Bildens bestimmter Verhältnisse durch die Formungskraft des Wortes begleitet auch unser menschliches Sprechvermögen. In ihm ruht ein Abglanz des schaffenden Gotteswortes, aus dem die Schöpfung hervorging.

Das ist das eigentliche, große Geheimnis der Sprache und ihrer Macht.

In der Gralsbotschaft, die dem Menschenwort einen eigenen Vortrag widmet, liest man dazu unter anderem:

„*Euch Menschen wurde von dem Schöpfer als eine große Gnade für Euer Reifen in der groben Stofflichkeit die Fähigkeit des Wortformens geschenkt! Ihr habt den wahren Wert der hohen Gabe nie erkannt, weil Ihr Euch nicht darum bemühtet, und seid leichtfertig damit umgegangen. (…)*

*Die Worte, die Ihr formt, die Sätze, bilden Euer äußeres Geschick auf dieser Erde. Sie sind wie Saat in einen Garten, den Ihr um Euch baut; denn jedes Menschenwort gehört zu dem Lebendigsten, was* Ihr *in dieser Schöpfung für Euch wirken könnt. (…)*

*Das Menschenwort vermag zwar seine Wirkung nur bis in die Ebenen der feinen Grobstofflichkeit zu versenden, aber das genügt, um Menschen- und auch Völkerschicksale in Rückwirkung zu formen* hier auf Erden! *(...)*

*Achtet* deshalb *aller Worte; denn sie bergen für Euch Freude oder Leid, sie bauen auf oder zersetzen, sie bringen Klarheit, können aber auch verwirren, je nach der Art,* wie *sie gesprochen sind und angewendet werden.*"[42]

Die psychologische Sprachforschung unserer Tage führt zu ähnlichen Erkenntnissen. So sagt zum Beispiel Mechthild R. von Scheurl-Defersdorf, die Gründerin des „Instituts für Pädagogik und Bewußte Sprache":

*„Die ganze Schöpfung ist Schwingung in unterschiedlicher Konsistenz. Wenn das Wort ganz am Anfang der Schöpfung steht, dann ist jedes Wort gleichsam eine Bestellkarte ans Universum. Kein Wort, das wir sagen, kommt leer wieder. Jedes Wort hat eine Wirkung und schafft Wirklichkeit. Mein Wortschatz und die Themen, von denen ich spreche, haben eine direkte Auswirkung auf mein Leben.*"[43]

Die Forscherin hat in ihrer pädagogischen Arbeit Bezüge zwischen dem Vokabular, das ein Mensch verwendet, und seinen Lebensumständen entdeckt. So widerspiegelt sich das aggressive Verhalten eines Kindes unbedingt in der Wortwahl, die in seiner Familie üblich ist: „Es war eine *Mords*gaudi!" – „*Schieß'* mal los!" – „*Schlag'* Dir Deine Zeit um die Ohren!" usw.

Auch zwischen Krankheitssymptomen, also der „Organsprache" des Körpers, und dem Wort-Vokabular gibt es offenbar Verbindungen. Rheumatiker formulieren beispielsweise gerne: „Ich *stelle fest* ..."

Mechthild R. von Scheurl-Defersdorf empfiehlt daher einen sorgsamen, zunehmend bewußten Umgang mit Sprache und hat dazu auch viele konkrete Tips parat. Zum Beispiel: Füllwörter – und damit eine Wischiwaschi-Sprache („Eigentlich könnte ich Ihnen gelegentlich mal so einiges davon erzählen ...") kann man getrost weglassen – ebenso wie (vermeintliche) Höflichkeitsfloskeln („Ich würde mich freuen, wenn Sie vielleicht die Freundlichkeit hätten ..."). Klare Formulierungen fördern die innere Klarheit.

Ebenso hilfreich für die geistige Entwicklung ist eine Wortwahl, mit der Tugenden und hohe Werte angesprochen werden: „Wollen wir uns in *Güte* einigen ...“[44]

Doch auch dieses so einfache Instrument der Selbstbildung durch Sprachbildung wird heute leider kaum benützt. So viele Menschen brabbeln, quasseln, schwätzen im Alltag gedankenlos dahin, ohne noch der Empfindung fähig zu sein, daß jedes benützte Wort nur dann harmonisch schwingt und in Vollkraft wirkt, wenn es in genau dem Sinne benützt wird, den es schon von vornherein in sich trägt.

Die Buchstaben, Worte und Satzbildungen unserer Sprachen entstanden ja nicht zufällig, sondern naturgesetzmäßig. Sie sind ein lebendiger Ausdruck unserer Bewußtseinsentwicklung und bergen tiefe Sinngehalte. Besonders in der deutschen Hochsprache, der „Sprache der Dichter und Denker“, gibt es dafür zahlreiche berührende Beispiele. Eines davon, den Zusammenklang der Begriffe „lieben“, „leben“ und „geben“, habe ich in diesem Kapitel bei anderer Gelegenheit erwähnt.[45]

Zu den Gesetzmäßigkeiten in der Bildung einer Sprache gehört nun aber leider auch, daß sie an Ausdruckskraft einbüßt und an Wert verliert, wenn sie von der Geistesart der Menschen nicht mehr „getragen“ wird. Sie kann dann nicht mehr weiter verfeinert und veredelt werden, sondern entwickelt sich zurück, verflacht.

Das geschieht im Moment unübersehbar mit der deutschen Sprache, die von ihrem Wesen her stets naturnah, geistes- und gemütsbetont war und in dieser Art zu den materialistischen, empfindungskalten, technikbetonten Zeitströmungen des 21. Jahrhunderts nicht mehr so recht passen mag. Es ist kein Zufall, daß die so beliebten Anglizismen immer mehr deutsche Wörter verdrängen.

Englisch wird bei uns ja durchaus nicht nur verwendet, weil es die Weltsprache ist, internationale Abkommen es verlangen oder man in dieser Sprache gerade in der Wirtschaft so vieles kurz und prägnant auf den Punkt bringen kann. Nein, Englisch ist ein Liebkind (vor allem der Jugend), weil man damit so treffend das Ambiente des Zeit(un)geistes lautmalen kann. Einige Beispiele fanden im Zusammenhang mit der Mode ja bereits Erwähnung. Man denke aber auch an die inflationären Gefühlsdusel-Texte in der Popmusik, die ihren Reiz meist vollends verlieren, sobald man sie ins Deutsche übersetzt. Oder man erinnere sich an das Zustandekommen der technokratisch-coolen Bezeichnung „Handy“: Dieses Wort gibt es im Englischen oder Amerikanischen überhaupt nicht – man spricht dort von „mobile(phone)“. Es ist tatsächlich eine „rein-deutsche“ Erfindung!

Weil man sich derzeit lieber im schummrigen Zwielicht einer Kunstwelt ergeht und von der Klarheit eines dem Leben verpflichteten Sprachbildes wenig hält, werden wohl bis auf weiteres auch alle Bemühungen der Sprachwahrer, das „Covergirl“ wieder zum biederen „Heftumschlagmädchen“, den „Shootingstar“ zur gefährlichen „Blitzberühmtheit“ oder den „Airbag“ zum einfachen „Luftsack“ zurechtzubilden, erfolglos bleiben: „Bis auf weiteres“ will meinen: bis die Sehnsucht nach einer neuen Geistigkeit wieder nach wahrem *Sein* strebt – und nicht mehr, wie jetzt, so vieles dem *Schein* verpflichtet ist.

Aber natürlich geht es bei der Abwärtsentwicklung der deutschen Sprache nicht nur um neckische Anglizismen. Wohl noch weitreichender ist der Schaden, der unserem Deutsch dadurch erwächst, daß kaum ein Sprecherzieher, Lehrer, Schauspieler oder Fernsehsprecher sich noch um die geistigen Gehalte der Sprache bemüht, um die Ursprünglichkeit und Reinheit ihrer Laute, um die feinen Nuancen, die sich erst aus dem Erfassen ihrer Klangbilder verdeutlichen.

Gute Vorbilder für das gesprochene Wort sind Mangelware, und auch das geschriebene Wort leidet – nicht nur, weil so vieles durch das computergesteuerte „Zwischennetz“ rutscht. Wenn heute in publikumsnah geschriebenen Bestsellern, Zeitschriften oder Werbetexten eine Sprache „gepflegt“ wird, deren Sätze und Absätze immer kürzer werden, damit man den Leser überhaupt noch erreicht, weil immer weniger Lese-Bereitschaft vorhanden

> Durch den allgemeinen Sprachverlust wird bald auch der Bezug zu vielen Kulturgütern verlorengehen.

ist, dann läßt das doch weitreichende Schlüsse auf das allgemeine Sprachniveau zu. Man mag sich allenfalls damit trösten, daß die Talsohle demnächst erreicht sein muß. Denn weniger als „Asthmatikersätze" („Ruf! Mich! An!") hat das geschriebene Wort nicht zu bieten. (Zur Erklärung: Normalerweise atmen wir beim Lesen [unbewußt] bei jedem Punkt ein, schöpfen dadurch also neue Energie. „Langatmige" Sätze mit vielen Kommas erfordern demnach eine hohe geistige Aufnahmebereitschaft. Ist diese – wie offenbar beim heutigen Durchschnittsleser – nicht vorhanden, müssen die Sätze kürzer werden. Und zu schlechter Letzt kommt der „Energie-Impuls", verstärkt durch ein Ausrufungszeichen, schon nach jedem Wort, um den Leser wenigstens durch die Anregung zum Hyperventilieren bei der Stange zu halten.)

Wenn unsere Sprache verflacht, so geschieht dies nicht zufällig. Es ist ein bestimmter, allgemein idealisierter Lebensstil, der hier richtungweisend auf Wort und Klang einwirkt. Die Tendenz zur Vermassung, Gleichschaltung und Nivellierung aller Unterschiede zeigt sich eben nicht nur in der Mode, sondern ebenso in unserer Sprache.

Die Gefahr ist groß, daß in wenigen Generationen, vielleicht sogar schon in wenigen Jahren, durch den allgemeinen Sprachverlust auch der Bezug zu vielen Kulturgütern weitgehend verlorengeht. Wer wird die Werke großer deutscher Dichter noch verstehen, wenn Pflichtschulabsolventen heute schon Mühe haben, relativ einfache schriftliche Darlegungen zu „enträtseln"? Wer wird die Gralsbotschaft Abd-ru-shins noch erfassen können, die in ihrer reichen Bildhaftigkeit zwar einfach ist, dem Leser aber doch Regsamkeit abverlangt und die Fähigkeit voraussetzt, das geschriebene Wort auch lebendig werden zu lassen?

Forscher vermuten, daß die Hälfte der heute auf Erden gesprochenen Sprachen das 21. Jahrhundert nicht mehr überdauern wird. In jedem Monat versiegen irgendwo ein oder zwei Sprachtraditionen.

Wie lange wird es das Deutsch noch geben?

Wir sind drauf und dran, das wertvollste kulturelle Erbe, das wir besitzen, achtlos verludern zu lassen, es der Utopie einer technokratischen Kommunikationsgesellschaft zu opfern.

Aber wollen wir ein geist- und sprachloses Ende wirklich?

Wenn wir uns daran gewöhnen könnten, unsere deutsche Sprache wieder unverbogen zu benützen – jedes Wort nur in dem ihm gemäßen Sinn, jeden Satz nur dann, wenn er angebracht ist –, dann diente die Sprache unmittelbar wieder der Entwicklung unserer Persönlichkeit. Aus gutem Grund bemühen sich verantwortungsbewußte Eltern im Erahnen der großen Bedeutung von Sprache, ihren Kindern gegenüber um eine besonders gepflegte Ausdrucksweise. Gönnen wir diese ruhig allen Mitmenschen! Wir beschenken uns damit auch selbst!

## Das erste Gebot

In diesem Buchkapitel ging es um einige konkrete „Entwicklungshilfen“ für unseren geistigen Weg. Wir haben uns dabei vor allem mit dem beschäftigt, was von uns Menschen *ausgeht,* und am Rande wurden auch die „Zehn Gebote Gottes“ erwähnt.

Wer sich nun diese zeitlosen Ratschläge für ein spirituell orientiertes Leben genauer ansieht, kann erkennen, daß zwar sieben der zehn Gebote das gedeihliche Miteinander zwischen uns Menschen zum Inhalt haben, die ersten drei Richtlinien aber ausschließlich unser Verhältnis zu Gott berühren.

Vom Schöpfer und den höchsten Ebenen des Lichtes war im Laufe unserer Innenwelt-Expedition bisher noch kaum die Rede. Und doch: Wie arm wären wir Menschen ohne unsere stille Sehnsucht nach Gotterkenntnis, nach dem Ursprung alles Lebens, nach dem Quell von Liebe, der Reinheit und Gerechtigkeit!

Aus gutem Grund stellt das erste Gebot – „*Ich bin der Herr, Dein Gott! Du sollst nicht andere Götter haben neben mir!*" – die innere Ausrichtung auf den Schöpfer über alles andere im Leben. Unser Bezug zum Licht; die Fähigkeit, beten zu können; das Urvertrauen, geborgen zu sein in dieser unermeßlich großen Schöpfung – das alles kann in der Hinwendung zur Gottheit zum stärksten Fundament unserer Innenwelt werden.

Wie aber dieser Bau in einer Zeit absoluter Wissenschaftsgläubigkeit und menschlicher Selbstherrlichkeit gelingen kann, damit werden wir uns im nächsten Kapitel beschäftigen.

Ich bin davon überzeugt: Fast jeder Mensch ahnt in der Tiefe seines Herzens, daß er ein *Geschöpf* ist und immer bleiben wird, unendlich klein vor seinem Schöpfer, und daß wir trotz unserer fabelhaften Wissenschaften erst wenig über all die Welten wissen, in denen wir leben und reifen dürfen.

Möge dieses verdrängte Ahnen des Herzens jener „verständigen" Kreatur, die sich selbst den Namen Homo sapiens sapiens gab, bald als Gewißheit auch ins Tagbewußtsein dringen!

## *Anmerkungen und Literaturempfehlungen*

*zu Kapitel 9*

*1* Das Wort „nano" stammt aus dem Griechischen und bedeutet eine Maßeinheit von $10^{-9}$ (Milliardstel). Ein Nanometer ist daher ein Milliardstel Meter oder der Millionste Teil eines Millimeters und daher mit dem Lichtmikroskop nicht mehr zu erkennen. Der Begriff „Nanotechnologie" umfaßt Techniken, die mit kleinsten Materieeinheiten operieren. So läßt man zum Beispiel aus Miniatur-Kristallen, die nur noch aus einigen wenigen Atomlagen bestehen, verformbare Keramiken wachsen oder stellt Legierungen von metallischen Elementen her, die sich – wie etwa Eisen und Silber – bisher nicht verbinden ließen.

*2* Kosmogonie = Lehre von der Entstehung der Welt

*3* Mehr zur „Geburt des Weltalls" aus ganzheitlicher Sicht erfährt der interessierte Leser bei Siegfried Hagl/Werner Huemer: „Die Geburt des Weltalls – Wie und warum entstand das Universum?", erschienen in der Zeitschrift „GralsWelt", Heft 24/2002, Verlag der Stiftung Gralsbotschaft, Stuttgart.

*4* Als Erdaltertum (Paläozoikum) bezeichnet man die Zeit vor ca. 570 – 250 Millionen Jahren, als Erdmittelalter (Mesozoikum) die Zeit vor ca. 250 – 65 Millionen Jahren, als Erdneuzeit (Känozoikum) die Zeit vor ca. 65 Millionen Jahren bis heute.

*5* Der „Homo erectus" war die erste Menschenart, die in mehreren Erdteilen verbreitet war. Er lebte vor ca. 1,8 Millionen – 300.000 Jahren.

*6* Der „Homo sapiens" gilt als Vorläufer des Menschen der Jetztzeit. Er entwickelte sich aus dem „Homo erectus", wobei der Stammbaum sich dann spaltete: Einerseits entstand der „Neandertaler" (vor ca. 220.000 bis 27.000 Jahren), andererseits der „Homo sapiens sapiens".

*7* Mehr zu den Eckdaten der Weltgeschichte erfährt der interessierte Leser im Beitrag „Die großen Rätsel der Weltgeschichte", erschienen in der Zeitschrift „GralsWelt", Heft 22/2002, Verlag der Stiftung Gralsbotschaft, Stuttgart.

*8* „Expedition Innenwelt“, Band 1, Kapitel 2

*9* Mehr zum „Prinzip Zufall“ vgl. Kapitel 2

*10* In der Gralsbotschaft ist an anderer Stelle detaillierter ausgeführt, daß jeder entwickelte Menschengeist eigentlich nur ein Abbild des Ebenbildes ist. Nur geschaffene Geister, die keinen Entwicklungsweg durchlaufen müssen, kann man streng genommen als „Ebenbilder“ bezeichnen.

*11* Zitiert aus: Abd-ru-shin: „Im Lichte der Wahrheit – Gralsbotschaft“, Verlag der Stiftung Gralsbotschaft, Stuttgart 1998 (Band 2, Vortrag „Die Sexualkraft in ihrer Bedeutung zum geistigen Aufstiege“).

*12* Zitiert aus: Abd-ru-shin: „Im Lichte der Wahrheit – Gralsbotschaft“, Verlag der Stiftung Gralsbotschaft, Stuttgart 1998 (Band 3, Vortrag „Lichtfäden über Euch!“)

*13* Zitiert aus: Abd-ru-shin: „Im Lichte der Wahrheit – Gralsbotschaft“, Verlag der Stiftung Gralsbotschaft, Stuttgart 1998 (Band 2, Vortrag „Die Regionen des Lichtes und das Paradies“)

*14* Zitiert aus: Abd-ru-shin: „Im Lichte der Wahrheit – Gralsbotschaft“, Verlag der Stiftung Gralsbotschaft, Stuttgart 1998 (Band 3, Vortrag „Geistkeime“)

*15* Zitiert aus: „Erleuchtung durch die Steckdose? – Neue Energien ermöglichen Harmonie für Körper und Psyche“, erschienen in der Zeitschrift „Esotera“, Nr. 10/Oktober 2002, Verlag Dr. Heide + Partner GmbH

*16* Beispiele sind Fernsehserien wie „Wilde Engel“, „Alias“, „Dark Angel“, „Sex in the City“, „Nikita“, „Xena“, „Kommissar Rex“ oder „Drei Engel für Charlie“.

*17* Angesprochen ist das Theaterstück „Caveman“ (Höhlenmensch), das in Deutschland jahrelang mit großem Erfolg lief.

*18* Zitiert aus: Walter Karpf „Männer? Kannst du vergessen!“, erschienen als Titelbeitrag im deutschen Fernseh-Magazin „Hörzu aktuell“, Oktober 2002

*19* Wagners Tetralogie „Der Ring des Nibelungen“ gilt als das größte Opern-Bühnenwerk. Es entstand im Laufe von mehr als zwei Jahrzehnten und umfaßt vier Opern.

*20* Zitiert aus: Abd-ru-shin: „Im Lichte der Wahrheit – Gralsbotschaft“, Verlag der Stiftung Gralsbotschaft, Stuttgart 1998 (Band 3, Vortrag „Das schwache Geschlecht“)

*21* Zitiert aus: Abd-ru-shin: „Im Lichte der Wahrheit – Gralsbotschaft“, Verlag der Stiftung Gralsbotschaft, Stuttgart 1998 (Band 3, Vortrag „Die Aufgabe der Menschenweiblichkeit“)

*22* Zitiert aus: Abd-ru-shin: „Im Lichte der Wahrheit – Gralsbotschaft“, Verlag der Stiftung Gralsbotschaft, Stuttgart 1998 (Band 3, Vortrag „Weib und Mann“)

*23* Zitiert aus: Abd-ru-shin: „Im Lichte der Wahrheit – Gralsbotschaft“, Verlag der Stiftung Gralsbotschaft, Stuttgart 1998 (Band 3, Vortrag „Die zerstörte Brücke“)

*24* Zitiert aus: Abd-ru-shin: „Im Lichte der Wahrheit – Gralsbotschaft“, Verlag der Stiftung Gralsbotschaft, Stuttgart 1998 (Band 3, Vortrag „Die Aufgabe der Menschenweiblichkeit“)

*25* Zitiert aus: Andrea Kiechle, Editorial in: „Das schöne Allgäu – Die Zeitschrift für Brauchtum, Kultur, Heimatpflege, Freizeit und Umwelt“ Ausgabe 10/2002, AVA-Verlag Allgäu GmbH

*26* Unter dem Begriff „Corporate Identity“ (CI) faßt man in der Wirtschaft alle Maßnahmen zusammen, die das Erscheinungsbild eines Unternehmens prägen – vom Firmenlogo bis hin zum vorbestimmten Verhalten der Mitarbeiter. Mit gezielten CI-Strategien soll dem Unternehmen eine künstliche „Identität“ gegeben werden, nachdem es prägende Unternehmerpersönlichkeiten kaum noch gibt.

*27* Zitiert aus: Abd-ru-shin: „Im Lichte der Wahrheit – Gralsbotschaft“, Verlag der Stiftung Gralsbotschaft, Stuttgart 1998 (Band 3, Vortrag „Ein neu Gesetz“)

*28* Zitiert aus: Abd-ru-shin: „Im Lichte der Wahrheit – Gralsbotschaft“, Verlag der Stiftung Gralsbotschaft, Stuttgart 1998 (Band 2, Vortrag „Der Mensch und sein freier Wille“)

*29* „Expedition Innenwelt“, Band 1, Kapitel 5

*30* Gerd Harms: „Die Macht des Lachens“, erschienen in der Zeitschrift „GralsWelt“, Heft 27/2003, Verlag der Stiftung Gralsbotschaft, Stuttgart

*31* Emanation = lat. „Ausfluß“ – hier verwendet im Sinne des Hervorgehens bestimmter Gestaltungen der feinstofflichen Schöpfungsart aus dem Wirken der geistigen Schöpfungsart.

*32* Zitiert aus: Abd-ru-shin: „Im Lichte der Wahrheit – Gralsbotschaft“, Verlag der Stiftung Gralsbotschaft, Stuttgart 1998 (Band 3, Vortrag „Schönheit der Völker“)

*33* Vgl. Angelika Schwinger: „Die heilende Kraft der Farben“, erschienen in der Zeitschrift „GralsWelt“, Heft 12/1999, Verlag der Stiftung Gralsbotschaft, Stuttgart.

*34* Mehr zum Thema Kleidung findet der interessierte Leser im Rahmen einer mehrteiligen Artikelserie in der Zeitschrift „GralsWelt“: „Kleider machen Leute“, Hefte 29/2003 bis 34/2005, Verlag der Stiftung Gralsbotschaft, Stuttgart

*35* „Expedition Innenwelt“, Band 1, Kapitel 3

*36* Zitiert aus: Barbara Tietze: „Was passiert beim Gehen auf hochhackigen Schuhen?“, erschienen in der Zeitschrift „Mensch und Kleidung“, Heft 38/1989, Verlag Siegfried Traub, Winterbach-Manolzweiler

*37* Vgl. Desmond Morris: „Mars und Venus – Das Liebesleben der Menschen“, Wilhelm Heyne Verlag, München, 1997

*38* Im Original ist von einem „Verhältnis von 0,7“ die Rede; wahrscheinlich ist damit 1 : 0,7 gemeint, also das jeweils Verhältnis von Hüfte zur Taille. Dies gilt auch für die nachfolgend genannten Verhältniszahlen.

*39* Zitiert aus: Desmond Morris: „Mars und Venus – Das Liebesleben der Menschen“, Wilhelm Heyne Verlag, München, 1997 (Originaltitel: „The Human Sexes. A Natural History Of Man and Woman“, 1997)

*40* Vgl. „Neues Testament“, Mark. 7, 15

*41* „Expedition Innenwelt“, Band 1, Kapitel 4 und 5

*42* Zitiert aus: Abd-ru-shin: „Im Lichte der Wahrheit – Gralsbotschaft“, Verlag der Stiftung Gralsbotschaft, Stuttgart 1998 (Band 1, Vortrag „Das Menschenwort“)

*43* Zitiert aus: Roswitha Defersdorf „Frischer Wind in der Partnerschaft“, Herder, Freiburg 2003

*44* Mehr zu diesem Thema findet der interessierte Leser in der Reportage „Die heilende Kraft im Wort", erschienen in der Zeitschrift GralsWelt, Heft 27/2003, Verlag der Stiftung Gralsbotschaft, Stuttgart.

*45* Wer Näheres zu diesem Thema erfahren will, findet viele Anregungen in einem „GralsWelt"-Themenheft: „Die deutsche Sprache – Entstehung, Bedeutung und unerkannte Macht", Verlag der Stiftung Gralsbotschaft, Stuttgart 2000

*Kapitel 10*

# *... UND ÜBER UNS DAS LICHT!*

*Lesen Sie in diesem Kapitel:*

- *Die natürliche Religiosität des Menschen*
- *Die Stufen der Gotterkenntnis*
- *Die Grenzen unseres geistigen Ahnungsvermögens*
- *Der Himmel über dem Paradies*
- *Wie kann man sich Gott vorstellen?*
- *Warum die Schöpfung erstand*

»Die stille Überzeugung vom Sein der Gottheit kann zwar verdrängt werden, doch sie gehört untrennbar zu unserem Menschsein. Spätestens, wenn wir dem profanen Alltag fern und dem Leben nah sind – etwa beim Abscheiden eines geliebten Angehörigen –, besinnen wir uns darauf, wie wichtig jener seelische Halt wäre, der in einem lebendigen Glauben liegt, im *Wissen* um das Sein und Wirken des Lichtes über uns.«

## Kapitel 10

# … und über uns das Licht!

Gott … Gehört der Glaube an den Schöpfer, an eine weise über allem waltende Gottheit untrennbar zum Menschsein? Ist die Sehnsucht nach einer überirdischen Wirklichkeit, dem geistigen Licht, etwas ganz Natürliches, das unserem Wesen ebenso arteigen ist wie etwa das Streben nach Sinn, Liebe, Kultur? Oder ist all das, was man heute der Schublade „Religion" zuordnet, doch nur eine Sache der Erziehung, mit der es jede Gesellschaft ein wenig anders hält – eine traditionsverpflichtete Vorstellung eben, die für unser Leben nicht wirklich von Belang ist?

Wahrscheinlich wurden solche Fragen in früheren Generationen seltener als heute gestellt. Der Glaube an eine oder mehrere Gottheiten prägte alle bedeutenden Hochkulturen, religiöses Gedankengut gehörte immer unmittelbar zum Menschsein. Es war stets eine Quelle der Hoffnung, der Kraft und Zuversicht – ebenso aber auch der Ausgangspunkt fürchterlichen Leides, fanatischer Menschenverachtung und tiefgreifender Selbsttäuschung.

Erst dem 20. Jahrhundert war es vorbehalten, in der Geistesgeschichte des Homo sapiens sapiens eine Epoche des Atheismus einzuleiten. „Die Menschen haben Gott vergessen" – das bezeichnete Alexander Solschenizyn vor etwa 25 Jahren als das wesentlichste Charakteristikum unserer gesellschaftlichen Entwicklung in jüngerer Zeit. Wir glauben, auch ohne einen Schöpfer ganz gut auskommen zu können. Wissenschaft und Forschung – unsere *eigenen* Bemühungen also – scheinen für die Erklärung der Welt und zur Bewältigung des Lebens zu genügen. Eine höhere Macht will der moderne Mensch nicht mehr brauchen.

Wie also verhält es sich mit religiös-spirituellen Gedanken und Empfindungen? Gehören sie naturgemäß zum Menschsein – oder haben wir uns vom Schöpferglauben glücklich emanzipiert, nachdem die weltfremden Dogmen engstirniger Kirchendiener ihren überragenden Stellenwert in einer mündigen Gesellschaft endlich verloren haben?

Wenn ich mich an meine eigene Kindheit erinnere, so gehörte – wohl schon im Volksschulalter – eine Hinwendung zum Schöpfer stets zum Selbstverständlichsten in meinem Leben. Im täglichen Gebet trug ich meine kleinen Sorgen vor ihn, bat um die Erfüllung so mancher Hoffnungen und Wünsche und haderte auch mit meiner eigenen Unzulänglichkeit, wenn ich glaubte, etwas Falsches getan zu haben, das womöglich nicht im Sinne Gottes gewesen war.

Natürlich erscheint mir meine religiöse Vorstellungswelt von damals heute in mancher Hinsicht allzu kindlich-naiv; aber wichtig waren wohl auch gar nicht die konkreten Gedankensätze, die ich im Gebet formulierte, sondern meine Empfindungen gegenüber dem Schöpfer. Gott war fest verknüpft mit meinem eigenen Gewissen. Ihm verband ich mein tiefstes Inneres, ihm offenbarte ich, was sonst kein Mensch hätte erfahren dürfen. In der Hinwendung an ihn empfand ich – wenn auch nur halb bewußt – Geborgenheit, eine Art Grundvertrauen in das Leben, in den Sinn des Daseins.

Diese Beziehung zum Schöpfer war meine ureigene, ganz persönliche Angelegenheit. Sie war – so sehr das Psychologen vielleicht in Frage stellen mögen – nicht erzieherisch vorgeprägt. In meinem Elternhaus kamen konfessionelle Dinge nie zur Sprache, in der Schule interessierte mich der Unterrichtsgegenstand Religion nur am Rande, und schon gar nicht hegte ich den Wunsch, im Schoß der Kirche zu landen. Mit bestimmten Glaubenstraditionen hatte meine persönliche Überzeugung im Grunde nichts zu tun.

> **Ist die Sehnsucht nach einer überirdischen Wirklichkeit etwas ganz Natürliches, das unserem Wesen arteigen ist?**

Aber natürlich gerieten meine Empfindungen in den Bannkreis der üblichen Kulte und Symbole. Das christliche Leidenskreuz war beispielsweise ein wichtiger äußerer Bezugspunkt für meine Hinwendung zum Schöpfer, und auch die Beichte, zu der wir Schüler gelegentlich vorgeführt wurden, hatte zur Volksschulzeit einen gewissen Stellenwert für mein Seelenleben. Es war mir – wie wohl auch allen meinen Mitschülern – zwar äußerst unangenehm, gegenüber einem fremden, geheimnisvoll im Halbdunkel horchenden Mann meine vermeintlichen Sünden zu bekennen, letztlich aber war mir die Beichte doch eher eine Art Gebet, ein Öffnen nach oben, dem Vorsatz verbunden, manches im Leben zu verbessern. Das versteckte Beichtstuhl-Gegenüber und die mir von ihm auferlegten Bußverse blieben Nebensache.

Mit zunehmendem Alter wurden mir die katholisch-kirchlichen Glaubenstraditionen allerdings immer unverständlicher. Ich kann zum Beispiel bis heute nicht die seltsame Bewußtseinsveränderung nachvollziehen, die offenbar in vielen Menschen vor sich geht, sobald sie einem sogenannten „Gottesdienst" beiwohnen. Scheint es nicht, als würden sie beim Überschreiten der Kirchenschwelle plötzlich in eine völlig unkritische Passivität verfallen und in der Folge ohne jeden eigenen tiefen Gedanken zur Kenntnis nehmen, was die wehmütig leiernde Pfarrerstimme hören und singen läßt? Zeigt sich *so* der wahre Gottesglaube?

## *Verfall des konfessionellen Glaubens*

Zweifellos ist die Tradition überall in unserer Gesellschaft ein maßgeblicher, unverzichtbarer Faktor – und erst recht in der kirchlichen Welt. Doch sollte es nicht verwundern, wenn die Generationen des späten 20. und des 21. Jahrhunderts, denen alle

## Der traditionelle christliche Glaube kirchlicher Prägung wird immer bedeutungsloser. Was kommt statt dessen?

Möglichkeiten zur Entwicklung ihrer Individualität und zur freien Gestaltung ihres Lebens schon von Kind auf geboten werden, hohle Kulte und konfessionellen Dogmatismus schnell durchschauen und immer weniger Wert darauf legen ... es sei denn, es geht um traditionelle Zeremonien wie Taufe, Firmung oder Hochzeit.

Daß der traditionelle christliche Glaube kirchlicher Prägung in unserer Gesellschaft wirklich immer bedeutungsloser wird, läßt sich aus entsprechenden Statistiken ablesen. Zwar können Zahlen die Frage, wie „lebendig" der Kirchenglaube heute noch ist, nur unzureichend beantworten, weil sie Entwicklungen immer nur grob quantitativ widerspiegeln, doch die Richtung, in die der Zug der Kirchen sich bewegt, wird trotzdem erkennbar.

Freilich ist das Christentum weltweit immer noch die verbreitetste Religion (etwa 33 Prozent der Weltbevölkerung sind christlich, 22 Prozent bekennen sich zum Islam, 15 Prozent zum Hinduismus und sechs Prozent zum Buddhismus, während nur 14 Prozent aller Menschen als „nicht religiös" gelten), aber was sagen solche Zahlen *qualitativ* aus?

Nur wenig. Schon wenn man verschiedene Statistiken miteinander vergleicht, relativiert sich das Bild.

In Deutschland gelten derzeit zum Beispiel zwei Drittel aller Menschen als christlich[1], doch nur etwa die Hälfte davon sind – nach eigener Angabe – auch „*innerlich* Christen". Ähnlich stellt sich die Situation in Österreich dar: Hier gelten auf dem geduldigen Papier der amtlichen Volkszählung rund 80 Prozent als katholisch, aber nur etwa ein Drittel der Gesamtbevölkerung fühlt sich auch im seelischen Inneren christlich[2].

In anderen Ländern, wie etwa Großbritannien oder Frankreich, gibt es in der Gesellschaft ein „christliches Drittel" längst nicht mehr.

Europaweit ist Polen ein einsamer Vorreiter des Katholizismus. 90 Prozent der Gesamtbevölkerung bekennen sich nach außen zu der päpstlichen Kirche Roms, und immerhin 70 Prozent betrachten sich auch selbst als „wirkliche Christen". Das Schlußlicht in der Statistik bilden demgegenüber die Niederländer und die Tschechen – in diesen Ländern gibt es selbst auf dem Papier nur noch etwa ein Drittel Christen.

Aber vielleicht sind die Holländer auch nur weniger scheinheilig als andere Europäer. Denn wenn man sich nicht die Kirchenzugehörigkeits-, sondern die -besuchsstatistiken ansieht, relativiert sich die Bedeutung der Konfessionen in unserer Gesellschaft nochmals. In Österreich beispielsweise besuchen derzeit nur noch etwa 14 Prozent der Gesamtbevölkerung die Sonntagsmesse[3] – 1946 waren es noch 32,1 Prozent.

Doch nicht nur die leeren Kirchenbänke zeugen von einem gesellschaftlichen Umbruch, der weg vom traditionell-konfessionellen Glauben führt. Man findet dafür Beispiele auch in der aktuellen Tagespolitik: So wurde Anfang 2003 in Österreich darüber beraten, einen Bezug zu Gott in der Bundesverfassung zu verankern. Während dieser Diskussion wurde eine Umfrage durchgeführt – mit dem ernüchternden Ergebnis, daß 71 Prozent der Gesamtbevölkerung diese Idee definitiv für „weniger gut" hielten, hingegen nur 18 Prozent für „gut" (11 Prozent machten keine Angaben).[4]

Es scheint, als verdanke die Kirche ihren gesellschaftlichen Stellenwert bald endgültig nur noch dem Bedürfnis nach traditionellen Ritualen wie Taufe oder Trauung, hingegen kaum noch dem Wunsch, das Zusammenleben nach christlichen Idealen auszurichten.

Das große Gesamtbild vom Verfall des konfessionellen Glaubens wird auch durch die Zahl der Personen „ohne Bekenntnis" bestätigt, die während weniger Jahrzehnte dramatisch anstieg: In Österreich waren im Jahre 1934, also vor ungefähr 70 Jahren, nur 1,6 Prozent der Bevölkerung ohne Bekenntnis; 1991 lag der Prozentsatz bei 8,6; und bei der Volkszählung im Jahr 2001 waren es bereits 12 Prozent – fast eine Million Menschen! –, die keiner an-

**Viele Menschen verspüren den Wunsch nach spiritueller Ausrichtung außerhalb der Kirche und basteln sich „ihre" Religion.**

erkannten Glaubensgemeinschaft angehörten. Aber was bedeutet schon „ohne Bekenntnis"? In Wirklichkeit doch nur, daß jemand sich nicht zu einer *Kirchengemeinschaft* bekennen will; mit seiner persönlichen Religiosität darf diese Einordnung nicht unbedingt gleichgesetzt werden. Denn der Anteil der „bekennenden Atheisten", also der Menschen, die vorgeben, definitiv nicht an Gott zu glauben, dürfte Schätzungen zufolge bei nur etwa sieben Prozent der Gesamtbevölkerung liegen.

Außerdem sprechen Zukunftsforscher sogar von einem „Megatrend der unorganisierten Respiritualisierung", der seit einem Jahrzehnt erkennbar ist. Das bedeutet, daß immer mehr Menschen den Wunsch nach einer spirituellen Ausrichtung verspüren, sich aber lieber ihre Privatreligion basteln, anstatt einer Organisation anzuhängen. Der Pastoraltheologe und Werteforscher Paul Zulehner sagt dazu:

> *„Seit Mitte der neunziger Jahre ist zu bemerken, daß die Menschen wieder ein religiöses Dach über ihrer kosmisch streunenden Seele suchen. (...) Die konfessionsfreien Menschen sind im Grunde oft Menschen, die auf einer religiösen Baustelle leben, wir nennen sie Religionskomponisten."*[5]

Dieser Trend wäre auch in Ordnung, denn jeder Mensch muß ja seinen eigenen spirituellen Weg gehen, und eine Kirchenzugehörigkeit bringt niemandem automatisch Gewinn. Doch leider führt auch ein religiöses Weltbild der Marke Eigenbau nicht zwangsläufig zu geistigem Fortschritt. Jedenfalls aber bestätigt diese Entwicklung doch, daß es so etwas wie eine „natürliche Religiosität" geben muß, die zu den Grundbedürfnissen des Menschen zählt – auch dann, wenn in einer Gesellschaft vorwiegend materialistische Ideale gepflegt werden und die traditionellen „Vertreter Gottes" mit ihren Vorstellungen auf Ablehnung stoßen.

## *Die natürliche Religiosität*

Es ist auch meine persönliche Erfahrung: Unter jener Alltags-Oberfläche, auf der man das Thema „Glauben" gedanklich meist mit traditionell-konfessionellen Bildern verknüpft, gibt es noch etwas anderes, Lebendiges, Entscheidendes: Wir Menschen tragen tief in unseren Herzen das Empfindungswissen um die Existenz von etwas Höherem, Unfaßbaren, Allmächtigen. Unser Urvertrauen in das Leben, der grundlegende Halt unserer Seele, verbindet sich der Ahnung, daß unser Sein gewollt, geführt und gestützt wird durch eine bewußte Kraft, die hoch erhaben über allem wirkt – wie auch immer wir sie nennen mögen.

Diese natürliche Religiosität, die stille Überzeugung vom Sein der Gottheit, kann zwar durch verkopft-materialistische Weltanschauungen vorübergehend ins Unbewußte verdrängt werden, doch sie gehört untrennbar zu unserem Menschsein. Und spätestens dann, wenn wir dem profanen Alltag fern und dem Leben nah sind – etwa beim Abscheiden eines geliebten Angehörigen –, besinnen wir uns darauf, wie wichtig jener seelische Halt wäre, der in einem lebendigen Glauben liegt, im *Wissen* um das Sein und Wirken des Lichtes über uns.

Auf Grund meiner eigenen Erfahrung und vieler Gespräche bin ich auch davon überzeugt, daß uns Menschen die tiefe Sehnsucht eingewurzelt ist, Den zu erkennen, der uns das Leben geschenkt hat. „Glaube" im religiös-spirituellen Sinn ist für mich daher nicht nur ein Etwas-für-wahr-Halten, ein unzulänglicher Ersatz für das Wissen oder das dumpfe Hinnehmen von Unbeweisbarem, sondern es verbindet sich damit ein persönlicher, aktiver Erkenntnis- und Erfahrungsweg. „Glaube" ist denn auch keine Angelegenheit „nur für Kinder" oder für intellektuell zurückgebliebene Erwachsene, sondern spricht die tiefste Dimension des Menschseins an, den lebendigen *Geist*. Es geht uns im Leben etwas Entscheidendes, Demut Gebietendes, aber auch Urvertrauen und Zuversicht Spendendes verloren, wenn wir diese natürliche Religiosität in uns verdrängen oder verleugnen wollen.

Leider aber werden heute zumeist weder die Erzieher noch die traditionellen Kirchen dieser großen menschlichen Sehnsucht nach Gotterkenntnis gerecht. Es mangelt am nötigen Wissen, um die richtigen Wege weisen zu können. Und so findet der geistige Aufschwung, wie er sich üblicherweise im pubertären Alter zu zeigen beginnt, keinerlei wohlwollende Unterstützung oder Führung. Wenn die großen Sinnfragen an die Seele rühren und der junge Mensch das Bedürfnis entwickelt, hohen Zielen und Idealen nachzustreben, bleibt er dabei meist auf sich allein gestellt.

Auch in meinen Jugendjahren kam eine Zeit, in der ich mich – mehr innerlich als äußerlich – als „Aussteiger" betätigte und mich von allen überlebten Glaubenstraditionen, die mir ohnehin nie viel gesagt hatten, bewußt distanzierte. Ich könnte nicht mehr schildern, was letztlich den entscheidenden Ausschlag gab, jedenfalls aber begann ich mich für Lebenswege zu begeistern, die Entwicklungsmöglichkeiten versprachen – körperlich und seelisch: gesunde Ernährung, Bewußtseinsübungen, Meditationstechniken und so weiter.

Dabei kam ich mit allerlei esoterischem Gedankengut, vor allem östlicher Prägung, in Berührung: Da waren Lehren über Karma und Wiederverkörperung, die stufenweise Entwicklung menschlicher Urteilsfähigkeit und geistigen Bewußtseins oder über kosmische Gesetze, denen wir unterworfen sind.

Vieles saugte ich in jenen Tagen wie ein Schwamm in mich auf – las Bücher, hörte Vorträge oder besuchte Seminare. Und bald sonnte ich mich in der Ansicht, die für das Leben wichtigsten Zusammenhänge voll und ganz erfaßt zu haben – wobei ich mein „umfassendes Wissen" dann auch noch möglichst vielen anderen überstülpen wollte. *Eigendünkel* nennt man das unbeschönigt mit einem heute fast vergessenen Begriff, und der verträgt sich leider gut mit dem unseligen Drang zu missionieren – läßt sich die eigene Unsicherheit bekanntlich recht gut verdrängen, wenn man möglichst viele Gleichdenkende an seiner Seite weiß ...

Wie ich heute zugeben muß, verwehrte mir meine Scheuklappen-Sicht der Dinge nicht nur die richtige Selbsteinschätzung, sondern ich sah – ohne daß ich mir das eingestanden hätte – auch über viele Graubereiche hinweg, wie sie symptomatisch für jedes Halbwissen sind. Weder hatte ich ein deutliches Bild über die menschliche Innenwelt oder die einzelnen Schöpfungsebenen gewonnen, noch war mir auch nur ansatzweise klar, welchen Stellenwert Gott in meiner esoterisch gefärbten Welt- und Selbstsicht innehatte. Die höchste eigene Bewußtseinsstufe ... wäre das die göttliche? Wenn das „kleine Ego“ mit seinen Wünschen und Begierden einst überwunden ist und eine umfassende Liebe Platz greift, wenn die „Erleuchtung“ erreicht und das kleine Alltagsbewußtsein abgestreift sein wird – ist damit dann der eigene „göttliche Kern“ gefunden? So mußte es wohl irgendwie sein ...

Mit einem „Irgendwie“ gab ich mich in vielen Bereichen zufrieden. Die im Rückblick aber vielleicht einschneidendste Fehlentwicklung – die mir damals natürlich ebenfalls nicht zu Bewußtsein kam – zeigte sich in der Tatsache, daß ich die Religiosität meiner Kindheit, jenes einfache Gott-zugewandt-Sein, nach und nach verlor. Bald war da kein Bedürfnis mehr, den Tag mit einem Gebet zu beenden oder mich in irgendeiner Angelegenheit an den Schöpfer zu wenden. Denn meine Sicht der Dinge unterstellte ja, daß ich – bei entsprechender Entwicklung – ohne weiteres Kraft aus mir selbst schöpfen könne. Gott hatte im Grunde keine Bedeutung mehr ...

## Ein neues Offenbarungswissen

Tatsächlich ist es kein Kunststück, in irgendeinem Spezialgebiet durch entsprechende Schulung oder Übung eine bestimmte Höhe zu erreichen und dann nachsichtig lächelnd beispielsweise auf die „einfältigen Kirchengläubigen“ hinabzublicken, die aktiv nichts zu ihrer eigenen spirituellen Entwicklung beizutragen scheinen und womöglich glauben, im Hersagen von Gebetsversen und sonntäglichen Pflichtübungen genug des Guten zu tun ...

Die Gefahr des Sich-anderen-überlegen-Dünkens geht mit praktisch allen Selbsthilfe-Bemühungen einher, ob es sich nun um eine bestimmte Ernährungsform oder ein spezielles Sprachtraining handelt, ob beispielsweise um das sogenannte „positive Denken", um bestimmte Heilmethoden oder etwa um spiritistische Jenseitskontakte. Die eigene „hohe Warte", von der aus man andere sieht und beurteilt, verzerrt aber immer einseitig den Blick auf die Wirklichkeit und steht dem Geist der Nächstenliebe oft hinderlich im Weg. Die wahren geistigen Werte eines Menschen – zum Beispiel seine Nächstenliebe, sein Scham- und Feinempfinden, die Tugendhaftigkeit oder das Idealstreben – zeigen sich nur im Leben selbst, im *ganzen* Leben, nicht in irgendwelchen speziellen Künsten. Sie lassen sich niemals in ein bestimmtes Schema pressen.

Leider aber beziehen die meisten spirituell-esoterischen Richtungen heute ihre Attraktivität eben aus dem Bewußtsein des einzelnen, nun den „Königsweg" zu kennen und damit herausgehoben zu sein aus der Masse der „Unwissenden".

Jedenfalls wundere ich mich heute noch, daß jemand wie ich, der felsenfest glaubte, die „Wahrheit" bereits gefunden zu haben, sich dann doch noch eines Besseren belehren lassen konnte.

Das Bessere, ja Unvergleichliche, trat vor etwa 25 Jahren in Form des Werkes „Im Lichte der Wahrheit – Gralsbotschaft" in mein Leben. Damals machte mich ein Bekannter auf dieses Buch aufmerksam. In berauschendem Wortschwall erzählte er viel Geheimnisvolles über dessen Verfasser und deutete noch mehr Geheimnisvolles an.

Im Grunde war seine Art, für dieses Werk zu werben, abstoßend (und seine Schwärmerei erwies sich auch bald als rasch verglimmendes Strohfeuer), aber immerhin begann ich im Werk Abd-ru-shins zu lesen – wenn auch, wie an anderer Stelle schon erzählt, vorerst nur, um Widersprüche und Unstimmigkeiten darin aufzudecken.

Statt dessen fand ich in der Gralsbotschaft eine umfassende Erklärung der Schöpfung, die keine Grauzonen mehr hinterließ, die

**Leider werden die traditionellen Kirchen der großen menschlichen Sehnsucht nach Gotterkenntnis nicht gerecht.**

überreich meine Wissenslücken füllte, manches – im nachhinein betrachtet: das allermeiste – in meinen früheren Anschauungen mit guten Argumenten zurechtrückte und mir noch dazu völlig neue Ausblikke eröffnete. So erkannte ich, daß spirituelle Entwicklung keine launige Freizeitbeschäftigung sein kann, sondern als grundlegende Notwendigkeit für das Leben betrachtet werden muß. Denn wir können unser Leben – unser geistiges Leben, unsere Persönlichkeit, unser Ich – auch verlieren. Der geistige Tod droht, und wir sind ihm schon gefährlich nahe!

Das für mich Wertvollste war aber weder die in der Gralsbotschaft vermittelte Schöpfungserklärung noch das Erahnen, daß hier ein neues Offenbarungswerk vorliegt, dessen Bringer aus höchsten Höhen kommen muß, weil er diesen so einzigartig lebendigen Überblick sonst niemals hätte vermitteln können. Nein – was sich für mich persönlich mit der Vertiefung in die Gralsbotschaft innerlich ereignete, das beschreibt vielleicht am besten ein Satz, den Abd-ru-shin an den Beginn seines Vortrages „Allweisheit" stellte:

> *„Ich führe Euch mit meinem Wort zu Gott zurück, von dem Ihr Euch entfremden ließet nach und nach durch alle jene, die ihr Menschenwissenwollen über Gottes Weisheit stellten."*[6]

Mit der Gralsbotschaft fand ich den Glauben meiner Kindheit wieder, die einfache, direkte Hinwendung zum Schöpfer. Meine Religiosität hatte einen Ankergrund gefunden. Ich fühlte mich geistig „zu Hause", im Innersten angesprochen – beglückt, aber auch aufgewühlt, denn allzu deutlich bringt dieses Werk zum Ausdruck, daß es für alle Menschen hohe Zeit ist, ernsthaft und mit allen verfügbaren Kräften an ihrem geistigen Aufstieg zu arbeiten.

Nachdem ich nun also, angeregt durch die Gralsbotschaft, meinen eigenen Erkenntnisweg begonnen hatte, wurde mir auch be-

Der vielleicht größte Irrtum in bezug auf die Gottheit dürfte im Wunderglauben liegen.

wußt, welchen nachhaltigen Schaden falsche Vorstellungen anrichten können, die man sich einmal „in den Kopf gesetzt“ hat, und die dann – oft unbewußt – weiterwirken und ein klares Begreifen von Zusammenhängen sowie eine wirksame geistige Entwicklung wesentlich erschweren. Manche „Weisheit“, die ich in meiner Jugend unkritisch übernommen hatte, überdauerte in großer Hartnäckigkeit viele Jahre, ehe mir endlich ihr Unwert bewußt wurde. Und gerade unserer unbefangenen, innigen Hinwendung zum Licht stehen erfahrungsgemäß viele falsche Vorstellungen von Gott und seinem Wirken entgegen – traditionelle Bilder und Ideen, die oft von Generation zu Generation weitergegeben, mit zunehmendem Alter aber nicht auch schlüssiger wurden.

## *Der Schöpfer und sein Werk*

Der vielleicht größte Irrtum in bezug auf die Gottheit dürfte im Wunderglauben liegen. Heute wie zu Christi Zeiten meint man ja durchweg, daß Göttliches sich vor allem in der Fähigkeit zeige, Naturgesetze nach Belieben außer Kraft setzen und also Wunder wirken zu können. Doch es ist eine trügerische „Größe“, die wir dem Schöpfer damit unterstellen. Dazu ein einfacher Gedankengang:

Wir gehen doch – ganz zu Recht! – davon aus, daß der Schöpfer *vollkommen* ist. Vollkommen aber bedeutet *ewig-unveränderlich;* der Gedanke einer Änderung oder Nachbesserung steht diesem Begriff ja entgegen. Was aber gibt es Unveränderliches in dieser veränderlichen, vielfältigen Entwicklungsprozessen unterworfenen Welt, in der wir leben? Ganz klar: unveränderlich sind die *Gesetze* der Schöpfung, die jeder Bewegung zugrundeliegen. Mit den Naturgesetzen haben wir in Wirklichkeit also nichts anderes als den vollkommenen Willen Gottes entdeckt, unmittelbare Auswirkungen davon. Es ist nur eine Frage des Sprachgebrauches, ob wir in religiöser Art von einem „ewig-unveränderlichen Gotteswillen" sprechen oder in wissenschaftlicher Diktion von einem „Naturgesetz".

Wenn man die Allmacht des Schöpfers nun aber in *dieser* Größe und Bedeutung zu erahnen beginnt, in *der* Form also, daß sie in gesetzmäßiger Vollkommenheit tatsächlich „alles macht", so muß man doch völlig ausschließen, daß Naturgesetze veränderbar oder außer Kraft zu setzen sind. Denn wie könnte Gott jemals etwas wollen, das seinem eigenen Willen entgegensteht?

Dem traditionellen Wunderglauben hängen wir wahrscheinlich deshalb so gerne an, weil er etwas zum Ausdruck bringt, das wir Menschen uns zu können wünschen. Vorstellungen von Macht und Überlegenheit stärken diesen Glauben seit jeher und bestärken so viele in ihrer Annahme, der Schöpfer würde wunderwirkend auch in ihr Leben eingreifen, wenn die Gebete nur lang genug, der „Sold" also entsprechend hoch ist.

Doch in dem allen liegt ein Irrtum, der die Gottheit verkleinert und vermenschlicht und nicht zuletzt auch seinen Teil zum Atheismus in unserer Gesellschaft beiträgt. Denn an einen Schöpfer, der willfähriger Diener bestimmter Menschen sein soll, können und wollen viele nicht mehr länger glauben.

Am Rande sei zu diesem Thema noch angemerkt, daß es freilich auch Ereignisse gibt, die uns als wunderbar erscheinen, sich aber doch im Rahmen der Schöpfungsgesetze vollziehen. In diesen Bereich gehören zum Beispiel die im Neuen Testament überlieferten Heilungen und Totenerweckungen Jesu. Letztere konnten sich trotz der besonderen Kraft des Gottessohnes nur ereignen, weil Leib und Seele der Abgeschiedenen noch durch die „silberne Schnur"[7] miteinander verbunden waren.

Es handelte sich nach meiner Überzeugung auch hier um kein „Wunder", bei dem die Schöpfungsgesetze plötzlich außer Kraft gesetzt worden wären.

Auch andere Vorstellungen, die wir uns von der Gottheit üblicherweise machen, tragen bei näherer Betrachtung allzu menschliche Züge. Damit spreche ich gar nicht in erster Linie die Tatsache an, daß auch im 21. Jahrhundert noch das Bild vom alten Mann mit Bart und Priesterkleid gepflegt wird, sondern das „Verhalten", das man dem Schöpfer traditionell zuschreibt[8]: Man meint, er würde jeden einzelnen Menschen beobachten, um alle unsere Gedankenregungen und geheimen Wünsche wissend; er hätte seinen eigenen Sohn zur Erde gesandt, um uns durch dessen Kreuzestod von den Sünden zu befreien; und seine große Liebe, vor der alle Geschöpfe gleich sind, gewährte allen (Kirchen-)Gläubigen letztlich Eingang in das Reich des Lichtes.

Mit anderen Worten: Wir glauben nicht nur an einen ins Weltgeschehen aktiv eingreifenden Gott, dessen Allweisheit im Alles-Wissen-und-Beobachten liegt, sondern muten ihm auch noch zu, seinen unschuldigen Sohn – einen Teil seiner selbst! – „für unsere Sünden", also *an unserer Stelle* leiden und büßen zu lassen. Und wir glauben an eine alles verzeihende Gottesliebe, die Gnade vor Recht ergehen läßt; klarer gesagt: die zwar gnädig, aber ungerecht ist.

Müssen wir also in ständiger Furcht vor einem übernatürlichen Beobachter leben?

Oder brauchen wir uns im Gegenteil überhaupt nicht um ein gottgefälliges Leben zu kümmern, wenn wir uns letztlich doch allein durch unseren Glauben eine sichere Fahrkarte zum Aufstieg in himmlische Gefilde lösen können?

War Judas Ischariot, der den Gottessohn verriet, nicht in Wirklichkeit ein wichtiger Erfüllungsgehilfe des Lichtes, um das Erlösungswerk Gottes, den Kreuzestod Jesu, zu vollenden?

Widersprüchlichkeiten, Unsicherheiten, Fragen über Fragen, auf die von seiten der Kirche wenig befriedigende Antworten gefunden wurden. Und meines Erachtens auch nicht gefunden werden *können* – einfach, weil die Grundgedanken falsch sind. Doch hält man seit Jahrhunderten unbeirrt an den einmal formulierten Glaubensdogmen fest und verweist bei Argumentationsnotstand auf die „unerforschlichen Ratschlüsse Gottes", die zu überblicken

> **Auch im 21. Jahrhundert wird noch das alte Gottesbild vom „Mann mit Bart und Priesterkleid“ gepflegt.**

uns Menschen nicht gegeben sei.

Doch es ist gewiß ein Irrweg, den Schöpfer einfach als „Übermenschen“ begreifen zu wollen, bei dem „kein Ding unmöglich“ ist. Wenn wir das Wirken Gottes schon nach menschlichen Begriffen beschreiben – weil wir uns ja auch gar nichts anderes vorstellen können –, so muß als Grundlage dafür doch unbedingt der Gedanke gelten, daß im Schöpfer das *Höchste, Edelste, Idealste* verankert ist, das wir mit unserem Begriffsvermögen je erfassen können.

Nur *diese* Richtung führt unsere Empfindung zum Erahnen des Erhabenen.

Indes: Ein Menschenvater, der – was ohnehin undenkbar scheint – seinen unschuldigen Sohn stellvertretend für andere hinrichten ließe, würde nach normalen Maßstäben nicht als edelmütig und gerecht, sondern als verrückt bezeichnet werden. Und niemand empfindet es als ideale, erstrebenswerte „Liebe“, wenn ein Verhalten in mildtätiger Nachsicht und bedingungsloser Gleichmacherei das Üble geradezu fördert! Warum also muten wir derlei Unnatürliches ausgerechnet unserem Schöpfer zu – der doch der *Ursprung* alles Natürlichen ist?

Letztlich wohl nur deshalb, weil dieser Glaube bequem ist. Er verwehrt es uns ja von vornherein, tiefer über Zusammenhänge nachzudenken, denn da ist nichts, bei dem Logik und Folgerichtigkeit einhaken könnten. Und er verlangt uns auch keinerlei geistige Regsamkeit oder Selbstüberwindung ab.

In kirchlichen Kreisen steht denn auch der Gedanke, daß jeder Mensch durch *eigenes* Bemühen zu seiner Erlösung beizutragen habe, an der Grenze zur Gotteslästerung. Wir wurden doch von Jesus erlöst! Daran – und nicht an die Selbsterlösung – sollten wir nach geistlicher Meinung fest und unbeirrt glauben …

Das Wirken des Schöpfers gestaltet sich jedoch anders. Es ist in jeder Minute unseres Lebens leicht erkennbar, wenn man sich von starren Gedankenkonstrukten ab- und dafür dem Leben zuwendet:

Gott wirkt in dieser Schöpfung überhaupt nur durch seine Gesetze! Und in den Auswirkungen dieser Gesetze können wir gleichzeitig Seinen urewigen, vollkommenen *Willen* für diese Welt erkennen. Was dieser bedingt, läßt sich zum Beispiel anhand der Evolution der Lebensformen gut ersehen: Der Schöpferwille zeigt steten *Aufbau und Entwicklung!* Darin liegt die Essenz des Werdens und Vergehens in der Stofflichkeit, und darin liegt auch der Sinn jedes Menschenlebens.

Unsere Alltagserfahrungen legen ebenfalls nahe, daß Gott nicht willkürlich in das Weltgeschehen eingreift.

Doch die Tatsache, daß der Schöpfer nur durch seine vollkommenen Gesetze wirkt, sollte nun nicht insofern mißverstanden werden, daß die Welt (und mit ihr auch wir Menschen) ganz sich selbst überlassen wäre, ohne Hilfe und Unterstützung aus lichteren Schöpfungsebenen. Dem ist gewiß nicht so. Im Gegenteil: Immer wieder erfuhr die Menschheit in der Geschichte konkrete „Entwicklungshilfen" für ihr geistiges Voranschreiten. Aber worum es sich dabei auch handelte – ob um die „Zehn Gebote", die Moses einst empfangen durfte oder um die Inkarnierung berufener Propheten, Wahrheitsbringer, Wegbereiter: stets war es das Ziel, die Menschen zum *Weg des Aufbaus* im Sinne des Gotteswillens zu führen oder einfach gesagt: ihr Bewußtsein auf das *Gute* hin zu lenken[9].

## *Jesus von Nazareth*

Auch die Mission Jesu diente diesem Zweck. Die Inkarnation der Gottesliebe sollte ein wichtiger Impuls zur geistigen Entwicklung der Menschheit sein – in einer Zeit, in der selbst das berufene Volk der Juden, das einst ja zum Glauben an den Einen Gott gefunden hatte, weit vom Erfassen des einfachen Schöpferwillens entfernt und in komplizierten theologischen Interpretationen gefangen war.

**In der Kreuzigung Christi lag nichts anderes als der Mord an einem gefährlich erscheinenden Wahrheitsbringer.**

Jesus Christus kam, um seine Botschaft zu bringen, nicht aber, um sich von verblendeten Menschen kreuzigen zu lassen. Er zog predigend, mahnend und verkündend durch die Lande, um allen, die ihm nachfolgen wollten, den Weg zum Reich Gottes zu weisen. Er hätte das gewiß nicht getan, wäre er nur gekommen, um eine qualvolle Marter auf sich zu nehmen und die Menschheit durch seinen Tod zu erlösen. In der Kreuzigung Christi lag nichts anderes als ein Mord, die Hinrichtung eines gefährlich erscheinenden, Unruhe stiftenden Wahrheitsbringers.

Erst im nachhinein wurde der martervolle Kreuzestod Jesu in Verkennung oder Entstellung der Ereignisse als das eigentliche Erlösungswerk interpretiert.

Tatsache ist: Wenn wir Menschen uns nicht *selbst* um unseren geistigen Aufstieg bemühen, so findet er nicht statt! Die gern gehörte kirchliche Botschaft, wir würden „allein durch den Glauben" ins Himmelreich gelangen, ist falsch und gefährlich. Sie kann einen Menschen auf seinem Weg in den geistigen Tod noch unterstützen!

Die bedingungslos alles verzeihende und alle gleichmachende Liebe Gottes, die der Gerechtigkeit entgegensteht – sie ist eine Erfindung, es gibt sie nicht.

Warum wohl ermahnte Jesus die Menschen mit aufrüttelnden Worten, *„durch die engen Pforten"* (der *tätigen* Nächstenliebe) zu gehen?

> *„Denn die Pforte ist weit, und der Weg ist breit, der zur Verdammnis führt. Und ihr seid viele, die darauf wandeln. Und die Pforte ist eng, und der Weg ist schmal, der zum Leben führet. Und wenige sind ihrer, die ihn finden."*[10]

**Aus den biblischen Texten läßt sich das traditionelle Bild vom weichlich-sanften Jesus nicht ableiten. Im Gegenteil!**

Aus den überlieferten Texten des Neuen Testamentes läßt sich übrigens das seit Generationen gepflegte und heute noch vermittelte Bild des weichlich-sanften Jesus nicht ableiten. Im Gegenteil: Bei aller Güte und Nächstenliebe wirken seine Reden kompromißlos, streng und hart. Und wie sonst als in kühler Klarheit könnte das Wort der Wahrheit je zum Ausdruck kommen?

Wer sich auf Grund der biblischen Überlieferungen nicht nur die Sprache, sondern auch das Auftreten und den inhaltlichen Kern der Botschaft des Gottessohnes vergegenwärtigt – unbeeinflußt von den üblichen Interpretationen –, kommt wahrscheinlich nicht umhin, das Christus-Bild der Kirchen als mindestens ebenso weltfremd einzustufen wie die verbreiteten Vorstellungen vom Sein und Wirken Gottes. Vermittelt das gebräuchliche „Kunst-Bild" doch bisweilen den Eindruck, in Jesus sei gar kein richtiger Mann am Werk gewesen, der mit beiden Beinen fest am Boden steht, der das Leben kennt und weiß, wie er die Menschen „packen" und geistig führen muß, sondern eher ein weltfremder Träumer.

Vielleicht trug diese Unsinnigkeit, dieses abstoßend verzerrte Christusbild mit dazu bei, daß in jüngster Zeit durch unzählige einschlägige Publikationen hartnäckig versucht wird, den „Mythos Jesus" 2000 Jahre nach seinem Erdenleben endgültig zu „entzaubern".

Die göttliche Herkunft des „Rabbis aus Nazareth" wird dabei sowieso in Frage gestellt, darüber hinaus aber auch die Einzigartigkeit seiner Lehren sowie die Lauterkeit seiner Absichten. Einer von vielen jüdischen Wanderpredigern mit guten, aber teilweise auch zweifelhaften Idealen – das ist, kurz zusammengefaßt, das gängige Bild vom „historischen Jesus" außerhalb der Amtskirchen.

Und hier, jenseits der Zuständigkeit des Klerus, nicken Geschichtsforscher und Esoteriker einander in großer Einigkeit zu, sobald es um die Profanisierung der Person Jesu geht. Denn auch in den meisten modernen spirituellen Lehren spielt der besondere Begriff eines „Gottessohnes“ keine Rolle mehr. Göttlich – das ist ein Bewußtseinszustand, den man eher in sich selbst sucht, und daher können wir Menschen uns theoretisch alle zu „Gottessöhnen“ entwickeln. Abgesehen davon gab es viele große Gurus in der Geschichte. Jesus war nach Meinung vieler Esoteriker nur einer von ihnen ...

## *Vom Wert des Gebetes*

Mit dem Gedanken an den gottgesandten Sohn, an den wir uns im Gebet wenden, dem wir danken und um dessen Kraft wir bitten können, weiß man auch in jenen spirituellen Richtungen wenig anzufangen, in denen „mechanistische Gottesbilder“ gepflegt werden. Ich meine damit jene unscharfen Vorstellungen, die den Schöpfer nur als eine Art Energie betrachten – übernatürlich zwar, doch ohne Bewußtsein, am ehesten vergleichbar dem elektrischen Strom: Wir können uns die Kraft der Gottheit dienlich machen, sind ihr aber nicht verantwortlich.

Solche Vorstellungen sind meines Erachtens falsch und wertlos. Denn Hinwendung an Gott kann doch nur bedeuten: Kontaktnahme mit dem *höchsten* Bewußsein – getragen von Liebe und Dankbarkeit sowie der Bereitschaft, offenen Herzens Wegweisungen aus lichtvollen Ebenen zu empfangen. Die bedingungslos ehrliche Innigkeit gegenüber dem Höchsten macht ja erst den Wert des Gebetes und des Glaubens aus.

Daher sind aus meiner Sicht zwei wichtige Schritte zu tun, damit die natürliche Religiosität in uns wieder durchbrechen kann: Zum einen müssen traditionelle Fehlvorstellungen über das Wirken des Schöpfers überwunden werden, denn sie verkleinern, vermenschlichen den Gottesbegriff[11] und lenken unsere religiösen Empfindungen auf falsche Bahnen. Zum anderen müssen wir aber auch die Art, wie wir uns Gott im Gebet nähern, überdenken.

Die wichtigste Voraussetzung für unsere Hinwendung zum Schöpfer ist das Wissen: Gott wirkt in der Schöpfung immer nur *durch seine Gesetze!* Seine Allmacht, seine Weisheit und Vorsehung, seine Liebe und Gerechtigkeit – alles ist verankert im Wirken des ewig-unveränderlichen, vollkommenen Willens, der in den Schöpfungsgesetzen zum Ausdruck kommt. Das sollte uns bewußt sein, und daher ist jedes Gebet, das um die Erfüllung irdischer Wünsche buhlt, sinnlos: „Herr, mach bitte, daß ich im Lotto gewinne – ich werde dann auch einen großen Teil der Caritas spenden ..." – Wer in dieser Art einen „Kuhhandel mit dem Schöpfer" treiben will, sollte sich nicht darüber wundern, wenn sein Gesuch ins Leere geht. Die Gottheit war noch nie ein willfähriger Geschäftspartner des Menschen.

Aber gibt es denn überhaupt Gebete, die konkrete Hilfe bringen und etwas bewirken?

Ja! Das Gebet kann sogar die wirksamste Lebenshilfe überhaupt sein! Es stärkt und fördert selbst in aussichtslos scheinenden Situationen, auch dann, wenn die Not übermächtig geworden ist und keine andere Hilfe mehr in Aussicht steht.

Doch damit das Gebet unser Inneres in dieser Art wirklich erfüllen kann, muß die seelische Grundhaltung stimmen, das heißt, wir müssen bereit dazu sein, jene Aufgabe gut zu erfüllen, die uns das Leben gerade gestellt hat – auch wenn sie schwer oder sogar kaum zu bewältigen erscheint. Für den einen mag es darum gehen, einen schlimmen Verlust zu verschmerzen, der andere hat eine bittere Enttäuschung zu verkraften, der Dritte wiederum erkennt, daß er sein Leben in bestimmten Bereichen völlig neu ausrichten muß, wenn es noch weitergehen soll. Aber worum es sich auch handelt – entscheidend ist die Bereitschaft, die gestellte Lebensaufgabe *aktiv* nach besten Kräften zu erfüllen. Und wer sich in dieser Absicht im Gebet nach oben wendet und um *Hilfe* bittet, wird Hilfe erhalten. Er spürt vielleicht unmittelbar Kraft und Zuversicht, entdeckt einen neuen Weg oder erlebt sich gedanklich von aufbauenden Ideen durchströmt, kurz: seine Innenwelt gerät in beglückende Bewegung!

Eine ehrliche Bitte um Kraft durch das Gebet wirkt unmittelbar und belebt die Innenwelt.

Leider aber liegt den meisten Menschen heute der Gedanke fern, ihr Schicksal als konkrete Aufgabe zu betrachten, die das Leben stellt. Lieber hadern viele mit dem Schöpfer und fühlen sich als unschuldige Opfer seines unergründlichen Willens.

Wer indes erkannt hat, daß wir alle unseren Schicksalsteppich selbst weben, der müßte auch bereit sein, ohne Zaudern die Teppichknoten zu durchwandern, die gerade jetzt seinen Weg gestalten. Das Wirken der Schöpfungsgesetze, der Wille Gottes, führt uns unausweichlich die Ernte unserer eigenen Saat zu – und treibt zugleich unsere täglich neue Saat weiterer Entwicklung entgegen. Dieses Wirken Gottes in seiner Einfachheit und Größe zu erkennen und sich dazu auch vorbehaltlos zu *be*kennen, gehört zum Ausweis eines reif gewordenen Menschengeistes. In dieser Einstellung liegt jene Demut, die auch im „Vaterunser" zum Ausdruck kommt, wo es heißt: *„Dein Wille geschehe!"*

Diese Worte bergen mehr, als man bei gedankenlosem Hersagen der Gebetsverse vermuten würde. Sie bekunden die Bereitschaft, *aktiv* alle Aufgaben des Lebens anzunehmen und sie zu erfüllen. Das aber ist genau das Gegenteil der passiv-trotzigen Schicksalsergebenheit, die man gemeinhin mit diesem Satz verbindet: „Wenn es im Leben schon nicht so läuft, wie ich mir das selbst wünsche, dann muß ich mich wohl in Deinen Willen fügen …"

Trotz, Resignation oder Fatalismus sind schlechte Begleiter für jedes Bemühen, im Gebet beseligende Nähe des Lichtes zu erfahren. Die beste Brücke, auf der unsere Empfindungen ihren Weg

> **Die beste Brücke, auf der unsere Empfindungen den Weg nach oben finden, ist die Liebe zum Schöpfer.**

nach oben finden können, ist die Liebe zum Schöpfer – jene tiefe Liebe des Geistes, in der sich unsere Dankbarkeit zeigt für das Geschenk, leben zu dürfen, bewußt sein zu dürfen; eine Liebe, in der sich auch das bedingungslose Urvertrauen spiegelt, wie es ein Kind seinen Eltern entgegenbringt.

Und nur diese Liebe, die wohl auch das herausragendste Merkmal der natürlichen Religiosität des Menschengeistes ist, erfüllt die innigen Worte mit Leben, die traditionell am Beginn eines Gebetes stehen: *„Herr!“* – *„Vater unser ...“*

Mit dieser Ansprache mag sich heute so mancher Mensch vielleicht nicht mehr anfreunden, weil er darin das alte, patriarchale Glaubensmodell des männlichen All-Herrschers vermutet und nach einem anderen, neutraleren Gegenüber sucht, dem er sich innerlich zuwenden kann. Doch auch hier muß man – wie immer in religiösen Fragen – die eigene Empfindungswelt von traditionellen Deutungen trennen, um nicht „das Kind mit dem Bade auszuschütten“.

Natürlich ist die Gottheit kein Mann, weil das Licht nicht in die übliche Geschlechts-Polarität eingeteilt werden kann, die es nur innerhalb, nicht aber außerhalb oder über der Schöpfung gibt. Und das Wirken Gottes hat gewiß auch nichts mit dem unter uns Menschen sattsam bekannten Streben nach Macht und Einfluß zu tun. Die *Allmacht* des Schöpfers ist in buchstäblichem Wortsinn das All(es)-Machende, und seine *Allgewalt* zeigt sich in einem weisen, vollkommenen Walten.

Menschliche Kategorien versagen immer, wenn es um die Beschreibung des erhabenen Gotteswirkens geht. Doch können die vertrauten Begriffe unserer Sprache einen Weg zum Licht weisen. Darin liegt auch der hohe Wert der Ansprache „Vater unser ...“.

Und gerade wer seinen spirituellen Weg freien Geistes und unbeengt von überlebten Traditionen gehen will, könnte diesen Wert neu für sich entdecken.

In der Hinwendung zum Schöpfer können wir um Hilfe bitten und auch Hilfe empfangen. Der edelste Anlaß für ein Gebet liegt jedoch nicht in der Bitte, sondern im Dank, in einem Gebenwollen. Die Gralsbotschaft sagt dazu:

> „*Gebet Euch im Gebet! (…)* Gebt *Euch dem Herrn in Eurem Gebet, gebt Euch ihm ganz und ohne Vorbehalt! Es soll Euch das Gebet ein Ausbreiten Eueres Geistes sein zu Gottes Füßen, in Ehrfurcht, Lob und Dank für alles, was Er Euch gewährt in seiner großen Liebe.*
>
> *Es ist so unerschöpflich viel. Ihr habt es nur bisher noch nicht verstanden, habt den Weg verloren, der es Euch genießen lassen kann im Vollbewußtsein aller Fähigkeiten Eures Geistes!*“[12]

Gebet ist ehrliche, ungetrübte, demutsvolle Hinwendung zum Schöpfer. Dabei ist die seelische Ausrichtung von entscheidender Bedeutung, weniger die Wahl der Worte. Auch diesbezüglich bietet die Gralsbotschaft in mehreren Vorträgen wertvolle Hinweise:

> „*Für das Gebet ist es nicht nötig, daß Ihr Worte dabei formt. Die Worte sind* für Euch, *um* Euch *den Halt Eurer Empfindung zu gewähren, damit sie festgeschlossener verbleibt und nicht in vielen Arten sich verliert. (…)*
>
> *Dabei müssen die geformten Worte erst lebendig gemacht werden in Euch selbst, das heißt,* die Worte *müssen* die Art der Empfindung *in Euch auslösen, die sie in ihrer Form bezeichnen. (…)*
>
> *Werdet in dem Gebet deshalb* natürlich, *Menschen, werdet ungezwungen, ungekünstelt! Das Eingelernte wird zu leicht zum Hersagen. Ihr macht es Euch damit nur schwer. (…)*
>
> *Ein kurzer Augenblick ehrlichen Dankempfindens ist viel besser als ein stundenlanges eingelerntes Beten, dem Ihr mit Euerer Empfindung doch nicht folgen könntet. Außer-*

*dem raubt solches äußerliche Beten Euch nur Zeit für das wahrhafte Danken in freudiger Tat.“*[13]

*„Wenn der Mensch beides nicht vereinen kann, das Wort mit seinem Wollen, wenn er zu sehr an rechte Formung seiner Worte* denken *muß, so ist es besser, nur zu beten und zu danken oder bitten mit Empfindung* ohne *Worte! Dann ist es sicher ungetrübt! Das festgeformte Wort trübt viel zu leicht und engt jedes Empfinden ein.*

*Viel schöner ist es und auch stärker, wenn Ihr Eure Worte dabei fallenlassen könnt und Euch an deren Stelle* nur ein Bild *geistig erstehen laßt, in das Ihr das Empfinden groß und rein ergießen könnt! Ihr müßt versuchen, was Euch leichter ist und was Euch nicht beengt.*

*Es ist dann Eure* Seele, *welche spricht, sobald Ihr die irdischen Worte fallenlassen könnt. Die Seele, wie sie sprechen wird, wenn sie von dieser Erde und auch aus allen Ebenen der Grobstofflichkeit abgeschieden ist; denn dann bleibt das geformte Wort* zurück.“[14]

Und an anderer Stelle heißt es in der Gralsbotschaft:

*„In Eurem Innern steht ein Altar, der zur Verehrung Eures Gottes dienen soll. Dieser Altar ist Euere Empfindungsfähigkeit. Ist diese rein, hat sie direkt Verbindung mit dem Geistigen und dadurch mit dem Paradiese! Dann gibt es Augenblikke, in denen auch Ihr die Nähe Eures Gottes voll empfinden könnt, wie es im tiefsten Schmerz und höchster Freude oft geschieht! (…)*

*Die starke Vibration durch das Aufwühlen der großen Freude wie des tiefen Schmerzes drängt alles Irdisch-Niedere sekundenlang weit in den Hintergrund, und dadurch wird die Reinheit der Empfindung frei, sie gibt damit sofort die Brücke zu der gleichartigen Reinheit, die das Paradies belebt!*

*Das ist das höchste Glück des Menschengeistes. (…) Es bringt die herrliche Gewißheit des Geborgenseins. (…)*

*Es ist ganz richtig, wenn gesagt wird, daß der Erdenmensch in weihevollen Augenblicken die Nähe seines Gottes spürt.*

*Zum Frevel aber wird es, will man aus dieser wundervollen Brücke des Bewußtwerdens göttlicher Nähe heraus die Behauptung aufstellen, selbst einen Funken Gottheit in sich zu haben.“*[15]

## Lichtfäden

Ein tief empfundenes Gebet ist wie ein leuchtender Faden, der mit dem Licht verbindet und uns dabei die *Allgegenwart* des Schöpfers erleben läßt – nicht im Sinne des verbreiteten Mißverständnisses, daß Gott in jedem Wassertropfen, jeder Blume, jedem Felsen persönlich anwesend wäre, sondern im Erfahren seiner steten Erreichbarkeit.

Das Gesamtbild der Schöpfung, wie es durch die Gralsbotschaft erfaßbar wird, zeigt ein wundervolles In- und Miteinanderwirken der einzelnen Ebenen, vom Licht abwärts bis in die gröbste Stofflichkeit und wieder zurück, wobei jede Bewegung darin der Förderung und Stärkung dient.

Auch hier in der physischen Welt sind wir Menschen eingebettet in ein lebendiges Weben, das jede Regung unseres Wollens, Denkens, Redens und Handelns aufnimmt. Dadurch kann sich um uns her leuchtende Schönheit und Glanz verbreiten, was nicht nur andere Kreaturen fördert, sondern rückwirkend auch uns selbst dient. Sind die Wollensregungen jedoch *nicht* aufbauender Art – was bei uns Menschen heute leider eher die Regel als die Ausnahme sein dürfte –, so läuft eine schattenartige Trübung durch dieses irdisch unsichtbare Weben, und ein Anschluß an die lichten Fäden aus höheren Schöpfungsebenen ist nicht möglich.

In einem Vortrag mit dem Titel „Lichtfäden über Euch!“ schildert die Gralsbotschaft die Möglichkeiten, die uns in diesem „unteren Getriebe der Grobstofflichkeit“ offenstehen, sobald wir uns in einer wirklich reinen Art nach oben wenden. Spürbar können wir dann Anschluß an helfende Lichtfäden finden, die machtvoll dazu beitragen, die Innenwelt von trüberen Strömungen zu befreien:

*„Glimmt in dem unteren Getriebe irgendwo ein kleines Fünkchen auf, das eine Sehnsucht, eine Bitte oder starken Wunsch erstehen läßt, so strecken sich sofort die Fäden einer Gleichart diesem Fünkchen zu, verbinden sich magnetartig mit ihm und stärken es, daß es lichter und heller werden kann und dadurch um sich her schnell alles Dunklere und Trübere verdrängt. Und wenn es hoch entflammt, versengt es alle Stellen, die* den *Strang mit Dunklem oder Üblem noch verbinden, an dem sich dieser Funke zu entwickeln suchte. Dadurch wird dieser Strang sehr schnell befreit von allem Niederhaltenden.*

*Aber nur lichte, reine Wünsche oder Bitten können die Verbindungen erlangen mit den lichten Fäden, die andauernd über dem Getriebe hängen, welches eine Menschenseele oder einen Erdenmenschen stets umgibt. Dunkles Wünschen findet niemals daran einen Halt, weil es keine Verbindung dazu schaffen kann. (…)*

*Die Fäden sind so vielseitig, daß es nichts gibt, worin der Erdenmensch und auch die von der Erde schon entfernte Seele nicht Hilfe, Stärkung, Trost und Stütze finden und erhalten könnte in dem Augenblicke, wo sein Sehnen oder Bitten darnach eine ganz bestimmte Stärke in dem wahren Wollen hat. Nicht früher; denn geformte Worte reichen allein niemals dazu aus, um die Verbindung herzustellen. Auch kein flüchtiger Gedanke.*

*Heißes, echtes, wahres Sehnen oder Wünschen muß es sein, ohne gedankliche Berechnung, ohne Lohnerwartung, ohne irgend etwas Eingelerntes, das doch nie so recht von Herzen oder aus der Seele kommen kann …“*[16]

Das Gebet ist deshalb eine so unvergleichliche Lebens-Hilfe, weil es der im Grunde einzig wahren Hilfe zum Leben, die es gibt: *dem Licht,* die Hand reicht.

Die sogenannten „Lichtfäden“ sind die Ausstrahlungen vieler Mittler, die sich in gehobeneren, lichtnäheren Schöpfungsebenen befinden und strahlungsmäßig in ihrer Art das weitergeben, was sie an Lichtfäden selbst aus der nächsthöheren Ebene empfangen können. Alle diese Strahlungen wirken in vielfältiger Art stärkend und fördernd. Zu ihnen gehört auch das, was wir als *Tugenden* bezeichnen – ein Sammelbegriff für seelische Qualitäten, die den Menschen in besonderer Weise auszeichnen, veredeln oder befähigen: Treue, Fleiß, Anmut, Bescheidenheit, Wahrhaftigkeit, aber auch Kraft, Mut, Unerschrockenheit oder Gewandtheit.

Das Gebet reicht der einzig wahren Lebenshilfe, die es gibt, die Hand: dem Licht!

Wer sich nun entschlossen darum bemüht, bestimmte Tugenden in sich zu entwickeln, erhält durch dieses Sehnen Anschluß an die Mittler der entsprechenden Strahlungen, eine lebendige Verbindung, die der eigenen Persönlichkeitsentwicklung wesentliche Impulse gibt.

Diese Möglichkeit wurde in früherer Zeit offenbar häufiger genutzt. Die Menschen hatten eine innere Verbindung zu den Mittlern und wandten sich an ihre „Götter“, wenn sie eine Kräftigung im Sinne einer bestimmten Tugend erhalten wollten.

Diese sogenannten „Götter“ waren (und sind) besonders hohe Wesen innerhalb der Mittlerkette, und der Hinwendung an sie dürfte kein blinder Glaube, sondern Erfahrungswissen zugrunde gelegen haben.[17].

Letztlich aber können auch die „Götter“ in ihrer Art nur das spenden, was sie selbst empfangen. Der höchste Ausgangspunkt aller Strahlungen liegt im Licht selbst, im Einen Gott.

## *Die Stufen der Gotterkenntnis*

Mit unserer Innenwelt-Expedition haben wir uns schrittweise die einzelnen Ebenen der Schöpfung bewußter gemacht, denen wir seelisch und geistig verbunden sind. Es wird deutlich gewor-

Den Schöpfer in seinen Gesetzen erkennen: Dazu gehört nicht nur Verstandeswissen, sondern bewußtes Erleben!

den sein, wie vielfältig allein die grob- und feinstofflichen Bereiche sind, die man gemeinhin als „Diesseits" und „Jenseits" bezeichnet, wobei die zusammengehörende stoffliche Welt insgesamt nur die „Nachschöpfung" ist, eine in sich selbst gar nicht lebendige, sondern nur von außen *belebte* Nachbildung der eigentlichen Schöpfung.[18]

Zur Belebung der Nachschöpfung dient ein Ring wesenhafter Kräfte, der die Stofflichkeit umgibt. Dieser gewährleistet die stete Entwicklung und Formenbildung hier auf Erden. In ihm gründen sich viele der sogenannten Geheimnisse des Lebens. Und diese helfenden und stützenden Kräfte sorgen auch dafür, daß wir Menschengeistkeime in die stofflichen Welten überhaupt vordringen können, um unsere Anlagen hier in der „Reibung mit dem Groben" zur Entfaltung zu bringen.

Unser Ursprung liegt im geistigen Reich, also in der *eigentlichen* Schöpfung, die ihrerseits nicht dem Werden und Vergehen unterliegt, wie dies für die Nachschöpfung zum Zwecke der steten Erneuerung vorgesehen ist.

Vom Gottesreich des Geistes gingen wir einst unbewußt aus – und dorthin, in das sogenannte „Paradies", sollen wir nach unserer weltenweiten Wanderung bewußt, reif, menschlich geworden, geistig erwacht zurückkehren. Die Empfindung, die Stimme des menschengeistigen Kernes, kann uns dazu auch im inkarnierten Zustand, die stofflichen Hüllen von innen her durchdringend, den richtigen Weg weisen, und das Bedürfnis nach Licht und Gotterkenntnis drängt uns fortwährend zu weiterer Entwicklung.

In dieser unstillbaren Sehnsucht liegt das Wesen unserer natürlichen Religiosität. Es drängt den Geist nach einer Rück-Verbindung (lat.: re-ligare) zum Ursprung des Lebens.

Aus dem Gesamtbild der vielfältigen Schöpfungsebenen, die gleichzeitig unsere Innenwelt in unterschiedlichster Art beeinflussen, dürfte nun auch deutlich werden, daß die wahre Gotterkenntnis nicht ohne weiteres zu erringen ist. Zumindest nicht, solange wir Menschen so sehr dem Intellektuellen verhaftet bleiben, wie dies heute noch die Regel ist – als Höhepunkt einer Fehlentwicklung, die im sogenannten Sündenfall ihren Ursprung hat.

Wenn der Schöpfer für alle Welten nur durch seine Gesetze wirkt, so ist er für uns selbstverständlich auch nur *in* diesen Gesetzen zu erkennen. Dieses „Erkennen“ aber erschöpft sich nicht etwa in einem gelehrigen Aufzählenkönnen: Gesetze der Schwere, der Wechselwirkung, der Gleichart usw. – Verstandesklugheit mag wichtig für das Erdenleben sein, zur Gotterkenntnis führt sie nicht. Dazu verhilft nur das Erleben.

Aber was bedeutet es, die Schöpfungsgesetze, diese „Sprache des Herrn“, *erlebend* zu begreifen?

Nun, es geht dabei vorerst um einen Prozeß des Bewußtwerdens, um das Erkennen, wie wir – bei entsprechender innerer Haltung – durch die Auswirkungen dieser Gesetze gefördert werden. Einige Beispiele dafür:

Da erlebt ein Mensch vielleicht, daß er sich bedrückt und „am Boden zerstört“ fühlt. Nachdem er sich jedoch dazu aufgerafft hat, ein neues Ziel im Leben anzustreben, etwas zu tun, wovor er bisher immer zurückgeschreckt ist, erlebt er plötzlich, daß er wieder erleichtert aufatmen kann und beschwingt die Sonne des Lebens sieht. Hierbei wird für ihn doch nichts anderes spürbar als die Auswirkungen des *Gesetzes der Schwere,* in welches jeder Willensentschluß eingebettet ist!

Oder: Jemand erkennt im Gespräch plötzlich überrascht, daß sein Gegenüber ähnliche Gedanken hegt wie er selbst, die gleichen Ideale anstrebt, auch etwa dieselben Vorbehalte hat. Er bemerkt, daß er mit dem anderen „auf einer Wellenlänge liegt“, und neue Pläne für gemeinsame Unternehmungen werden geschmiedet. Was aber läßt ein solches Erlebnis zur Freude werden? Nur die Auswirkungen des *Gesetzes der Gleichart!* Aus Harmonie

> **Die Gotterkenntnis des Menschen könnte sich, beginnend im Erleben der Naturkräfte, Stufe um Stufe entwickeln.**

und Gleichklang folgt weiterer Aufbau.

Und auch die fördernden Schwingungen des *Gesetzes der Wechselwirkung* sind immer wieder erlebbar, zum Beispiel, wenn wir einem bedürftigen Menschen aus einer schwierigen Situation geholfen haben oder ihm einen Rat geben konnten – und nun Dank ernten oder einfach beglückt empfinden, daß unser Entschluß gut und das Bemühen richtig war.

Die Reihe einfacher Alltagsbeispiele, die verdeutlichen, wie unser ganzes Seelenleben von grundlegenden Schöpfungsprinzipien gesteuert wird, ließe sich fortsetzen. Das Wesentliche dabei dürfte jedoch bereits klar sein: Die Gesetze des Lebens wirken nicht nur in der materiellen Außenwelt, wo sich Physik und Chemie mit deren Auswirkungen beschäftigen, sondern auch im feinstofflichen Bereich unserer Innenwelt.[19] Und jede Seelenheilkunde muß auf diesen Fundamenten des Seins aufbauen, wenn sie auf Dauer Hilfe bieten will.

Wer sich der fördernden Wirkungsprinzipien bewußt wird, in die wir Menschen – wie auch jede andere Kreatur – auf allen Ebenen unseres Daseins eingebettet sind, der beginnt damit wohl auch die Liebe, Allmacht und Vollkommenheit des Schöpfers zu erahnen.

Doch es geht nicht nur um dieses Bewußtsein. Gott *in* den Gesetzen erkennen – das setzt auch voraus, daß wir Menschen *selbst in* diesen Schöpfungsprinzipien wirken, daß unsere eigenen Willensentscheidungen also ebenso nützlich, aufbauend, *gut* sind. Dieses „Einschwingen" in den fördernden, belebenden Strom des Gotteswillens treibt uns geistig Stufe um Stufe höher und läßt die überwältigende Größe des Schöpfers unmittelbarer erahnen.

Aber nicht allein eine entsprechende Ausrichtung der feinstofflich-seelischen Innenwelt fördert die Gotterkenntnis, sondern auch jeder gelassene Blick in die Natur. Mit „gelassen“ meine ich, sich nicht auf irgend etwas Besonderes im Naturgeschehen zu konzentrieren, sondern die Wahrnehmung einfach so weit wie möglich zu öffnen, alles *durch*blickend, den Gesamteindruck erfassend. Dann kann man sich plötzlich nicht mehr nur am lieblichen Vogelgezwitscher erfreuen oder am emsigen Eichhörnchen, das über den Baumstamm huscht, sondern zugleich vielleicht die sprudelnde Lebensfreude und die rege Wachsamkeit empfinden, die den ganzen Wald durchwirkt und auch erahnen läßt, wie viele unsichtbare Wesenheiten hinter der sichtbaren Natur in emsiger Tätigkeit dem Gotteswillen dienen.

Die unvergleichliche, sich stetig verändernde Farben- und Formenpracht, das perfekte Ineinandergreifen aller Kräfte zur umfassenden Belebung und Bewegung, die immer wieder Neues gebärenden, indes nichts ungenützt lassenden Kreisläufe ... durchweht vom Hauch der Harmonie, erfüllt das Kleinste wie das Größte den ihm eigenen Sinn, dient der Entwicklung, treibt das Ganze der Vervollkommnung entgegen.

Heute wie ehedem können die Geheimnisse und Kräfte der Natur unser Gemüt machtvoll anrühren, und aus gutem Grund bildeten die sogenannten „Naturgottheiten“ früher eine wichtige Grundlage für die menschliche Religiosität. Der Wunsch nach Kontakten zu höheren Welten, der unserer Geistigkeit arteigen ist, führte auf diesem Weg bei manchen Völkern bis zur Wahrnehmung großer wesenhafter Kraft-Vermittler.

Nach und nach könnten sich aus den ursprünglichen Naturreligionen höhere Einsichten ergeben, die alle Ebenen der Schöpfung umfassen und zuletzt den hinter und über allem wirkenden Schöpfer erahnen lassen. Die Gotterkenntnis könnte sich in dieser Art, beginnend im Erleben der Naturkräfte, stufenweise entwickeln – damals wie auch heute noch.

Doch die Menschheitsgeschichte zeigt leider ein anderes Bild. Was immer mit Religion zu tun hatte, war zu allen Zeiten heiß umkämpft, wild umstritten. Haltlose Schwärmerei, radikaler Fanatismus, Fundamentalismus und nur zu oft auch verbrecherische Missionsbestrebungen, die anderen Menschen rücksichtslos einen Glauben überstülpten, mit dem sie nichts anfangen konnten – das alles führte meist zu hohlen, lebensfernen Kulten und Praktiken. Dabei fehlt das Fundament einer wirklichen Überzeugung, wie es sich nur aus dem Erleben der Schöpfung bilden könnte. Statt dessen begleitet den „Glauben" des Menschen bis heute ein phantasiereiches Gemisch aus echter Lichtsehnsucht und weltfremder Einbildung. All das braucht aber niemanden davon abzuhalten, für sich selbst den geraden Weg hin zur Gotterkenntnis zu finden. Er führt über das Erleben des Gotteswillens in allen Bereichen unserer Innenwelt und des Schöpfungsganzen.[20]

## Das Leben im geistigen Reich

Unsere Innenwelt-Expedition hat durch die Ebenen der Nachschöpfung hinan bis zu unserem Ursprung geführt, dem Ausgangspunkt alles Geistigen. Wir haben dabei vielfältige Möglichkeiten gefunden, die uns jetzt schon, in der gröbsten Stofflichkeit, zur Verfügung stehen, um bewußt den Weg dorthin zu bewältigen. Das innere Erwachen und der Aufstieg zum ewigen Reich des Geistes geht für jeden Menschen mit der Formung und Veredelung seiner körperlichen Hüllen einher, verbunden mit einer natürlichen Stärkung der Leuchtkraft seiner Persönlichkeit.

Was das in sich lebendige, geistige Schöpfungsreich, in welchem die Nähe Gottes dauernd spürbar ist, an Erlebnisreichtum bietet, können wir vorerst nur erahnen. Denn:

> *„So wenig ein Maler in einem Bilde die Qualen des wirklichen Lebens der dunklen Regionen wiedergeben könnte, ebensowenig vermag er das Entzücken zu schildern, das in dem Leben der Regionen des Lichtes liegt (...)*
>
> *Jede Schilderung und jeder Versuch, das Leben bildhaft wiederzugeben, würde unbedingt eine Verkleinerung bedeuten, die der Menschenseele deshalb statt Nutzen nur Schaden bringen müßte."*[21]

Solche Schäden wurden in der Vergangenheit – trotz guten Wollens vieler Künstler – oft genug angerichtet. Man denke zum Beispiel an die vollschlanken, harfenspielenden Engelsgestalten, die den heutigen Menschen an langweilig-eintönige „himmlische Freuden" denken lassen, die nicht erstrebenswert, sondern eher lächerlich anmuten.

Weil sich das lebendige geistige Reich einer Beschreibung durch Worte aus unserer grobstofflichen Welt ebenso entzieht, gibt auch die Gralsbotschaft lediglich allgemeine Hinweise zu jener unermeßlichen, ewigen Schöpfung Gottes, die aus seinem vollkommenen Willen hervorgegangen ist. Doch unsere Lichtsehnsucht findet darin wertvolle Nahrung:

*„Weit über dem ewigen Kreislaufe der Schöpfung schwebt wie eine Krone in der Mitte eine ‚Blaue Insel', die Gefilde der Seligen, der gereinigten Geister, die schon in den Gebieten des Lichtes weilen dürfen! Diese Insel ist von der Welt getrennt. Sie macht den Kreislauf deshalb auch nicht mit, sondern bildet trotz ihrer Höhe über der kreisenden Schöpfung den Halt und den Mittelpunkt der ausgehenden geistigen Kräfte. Es ist das Eiland, das auf seiner Höhe die viel gerühmte Stadt der goldenen Gassen trägt. Hier ist nichts mehr der Veränderung unterworfen. Kein ‚Jüngstes Gericht' mehr zu befürchten. Die dort weilen können, sind in der ‚Heimat'".*[22]

## Die Grenzen unseres Ahnungsvermögens

Was aber noch höher, also *über* unserer Heimat liegt, entzieht sich unserem geistigen Begriffs-, ja, wohl auch unserem Ahnungsvermögen. Und doch sind es unermeßliche Weiten, die sich als „Himmel" über das Paradies breiten.

Der Gralsbotschaft zufolge besteht über der geistigen Schöpfung und der stofflichen Nachschöpfung die sogenannte „Urschöpfung", das „urgeistige" oder „reingeistige" Reich.[23] Allerdings können und sollen auch diese Begriffe lediglich eine Richtung andeuten.

Sind wir die „Krone der Schöpfung"? Oder ist uns die Krone – Symbol für geistiges Leuchten – abhanden gekommen?

Die Bewußtseinshöhe und die Art des bewußten Seins, die diesen Welten – auch hier soll es mehrere Stufen geben – zu eigen ist, können wir Menschen ebensowenig begreifen, wie eine Ameise sich in Gedanken ausmalen könnte, was es bedeutet, von *geistiger* Art, also Mensch zu sein.

Nur was die stoffliche Welt anbelangt, können wir Menschen uns zu Recht als die „Krone der Schöpfung" fühlen. Allerdings stellt sich im Wissen um unser bisheriges Versagen und die Lichtferne des „Homo sapiens sapiens" die bange Frage, ob uns die „Krone" – als Begriff für ein geistiges (Voran-)Leuchten – nicht längst abhanden gekommen ist und jenen Kreaturen gebührt, die fördernd und rein im Gotteswillen schwingen …

## *Die Himmel über dem Paradies*

Die Größe der gesamten Schöpfung erscheint, wenn man den Schilderungen der Gralsbotschaft folgt, überwältigend, und wir müssen uns damit zufrieden geben, einen kleinen Teil dieses Gotteswerkes erfahren und bewußt durchwandern zu können. Doch umfassen die uns zur Verfügung stehenden Ebenen unausschöpfliche Wege und Welten, die wir in steigender Lebensfreude erkennen und auch willentlich mitgestalten dürfen – darin liegt für jeden Menschen Aufgabe und Glück in einem.

Es wäre schön, wenn nur ein Bruchteil des Schöpfungswissens aus der Gralsbotschaft heute allgemeiner bekannt wäre – wenigstens in Kreisen, die sich mit jenseitigen Welten beschäftigen. Dann würden alle Mutmaßungen darüber, ob der Mensch einen göttlichen Kern besitzt, ebenso verstummen wie die in manchen spiritistischen Zirkeln geäußerte Auffassung, ein Medium könne ohne weiteres mit höchsten Geistern oder direkt mit dem Licht in

Kontakt treten, um Botschaften zu empfangen. In Wirklichkeit haben die „Lichtgestalten“, die sich dabei – vielleicht durchaus wohlwollend und hilfsbereit – zu Wort melden, selbst keinen Schöpfungsüberblick, sondern vermitteln im besten Fall die ihnen zugängliche Weisheit.[24]

Doch dies hier nur am Rande. Wenden wir unseren Blick wieder nach oben, zu den Himmeln *über* unserer Heimat, die von der Gralsbotschaft als „urgeistige Ebenen“ bezeichnet werden. Hier haben wir noch ein großes Geheimnis des Schöpfungswerdens zu ergründen, aus dem heraus sich die oft gestellte Frage erklärt, warum unsere Welt sich so unvollkommen zeigt, wo sie doch aus der Vollkommenheit Gottes hervorgegangen ist.

Die Antwort liegt in der Tatsache, daß die Nachschöpfung eben nicht direkt dem Willen Gottes entstammt, sondern erst mittelbar aus der Urschöpfung hervorging. Die Gralsbotschaft erklärt dazu:

> *„Die Nachschöpfung entstand durch das Wollen der Urgeschaffenen und unterliegt dem Einfluß der sich entwickelnden Menschengeister, deren Entwicklungsweg durch diese Nachschöpfung führt. Aus diesem Grunde auch die Unvollkommenheit darin, die in der Urschöpfung nicht zu finden ist, welche dem unmittelbaren Einflusse des Göttlichen Heiligen Geistes geöffnet ist.“*[25]

Die Welt, in der wir leben und uns entwickeln dürfen, entstand also durch das Wollen der Urgeschaffenen, und unser menschengeistiger Wille beeinflußt die weitere Formung und Entwicklung der Grob- und Feinstofflichkeit. Leider nicht immer in förderlichem Sinn.

Nun bleibt allerdings die Frage, warum die Nachschöpfung entstehen konnte – mit Geschöpfen wie uns Menschengeistern, deren freier Wille auch Böses in die Welt setzen und zerstörerisch wirken kann.

Natürlich liegt eine solche Fragestellung an der Grenze zur Anmaßung, und man mag dabei ein etwas mulmiges Empfinden verspüren. Doch wollen wir voraussetzen, daß sie keinen

Vorwurf an den Schöpfer enthält – „Herr, warum hast Du mich nicht gleich so erschaffen, daß ich von vornherein nichts Übles wollen kann!" –, sondern einfach dem Wunsch entspringt, alle für unser geistiges Leben maßgeblichen Zusammenhänge zu erfassen.

## *Warum die Schöpfung erstand*

Die Frage, *warum* die Nachschöpfung sich aus dem Wollen der Urgeschaffenen bildete, hängt natürlich eng mit der Frage zusammen, weshalb die Schöpfung als solche entstand. Weshalb gibt es überhaupt irgend etwas?

Um die nun folgenden Gedankengänge nachvollziehen zu können, muß man vorerst wissen, daß das Licht, das zugleich das Leben ist – Gott – unabhängig und erhaben *über* aller Schöpfung steht.

Die Gralsbotschaft bezeichnet dieses Unbeschreibbare, Heilige als „wesenlos" – im Unterschied zu allem Geschaffenen oder Entwickelten, das geformt und also wesen*haft* ist.

Bildhaft ausgedrückt zeigt sich das Wesenlose, die Gottheit, „von einem Mantel umhüllt", der alles je Bestehende, Geformte umfaßt. Diese Umhüllung ist jedoch nichts anderes als die unvermeidbare Ausstrahlung des lebendigen Lichtes –

> *„... eine für das Licht selbstverständliche Wirkung. Und diese Wirkung war* immer *da, von Ewigkeit an."*[26]

Die Wesenlosigkeit, das Leben selbst, *bedingt* also das Wesenhafte. Oder anders gesagt: *Die Ausstrahlung des Lichtes zeigt sich als Form und Bewußtsein.* Das gehört zu den wenigen „Eigenschaften" des Schöpfers, die wir begrifflich mit unserer Sprache ansatzweise erfassen können.

Mit dieser „Ausstrahlung" ist nun allerdings noch längst nicht die Schöpfung, also das Werk Gottes, beschrieben, sondern der unmittelbar *göttliche* Bereich, der ohne Anfang und Ende ist und daher auch *vor* dem schaffenden Wort „Es werde Licht!" bereits bestand, weil er zeitlos – ewig – ist.

## Warum gibt es die Schöpfung – mit Geschöpfen wie uns Menschen, deren freier Wille auch Böses bewirken kann?

Die Gralsbotschaft spricht dabei von dem „Göttlich-Wesenhaften". Hier, also im Lebensnächsten, Reinsten, existieren unter anderem jene Wesen, die in biblischen Offenbarungen mit dem Begriff „Erzengel" beschrieben wurden.

Die unmittelbare Ausstrahlung des wesenlosen Urlichtes formt sich also zu Wesenheiten, die dadurch für sich das bewußte Sein genießen können.

Neben ihnen, abseits von allem, was sich im urewigen Göttlich-Wesenhaften zu Form und Bewußtsein gestaltete, bestehen jedoch auch noch „Strahlungsreste". Diese bergen zwar ebenfalls Lebenspotential, das heißt, sie *könnten* zu bewußten, geformten Kreaturen erstehen, doch verwehrt ihnen dies eine Gegebenheit: der immense *Lichtdruck* der Gottesnähe.

Als Analogie zum Verständnis dieses Begriffes können zum Beispiel Planeten dienen, die ihre Bahnen in großer Sonnennähe ziehen, wodurch auf ihnen aber die Entwicklung von Lebensformen unmöglich ist. Oder man denkt an die Ausstrahlung einer überaus willensstarken Persönlichkeit, die wie von selbst im Mittelpunkt steht. Durch den „Druck", den sie auf andere ausübt, finden schwache Menschen kaum „Luft zum Atmen" ... sie benötigen *Abstand*, um ihr persönliches Bewußtsein frei und unbeeinflußt entwickeln zu können.

Und um eben einen Abstand vom urgewaltigen Lichtdruck ging es auch im großen Gesamtgeschehen: Mit seinem Schöpfungswerk gab Gott den Strahlungsresten im Göttlich-Wesenhaften *Raum und Zeit* – für ihr Entstehen und ihre Entwicklung.

Wir können das schaffende Wort *„Es werde Licht!"*, durch das in der Folge uns allen das Leben geschenkt wurde, wohl am besten als den Ausdruck einer ewig spendenden, fördernden Liebe begreifen. Im Licht, im *Leben*, liegt das *Geben*!

Für alle Erlebnismöglichkeiten, die sich uns bieten, können wir dem Schöpfer letztlich nur dankbar sein.

Gottes schaffender Wille ermöglichte es, daß in der Urschöpfung eigenständige Kreaturen erwachen konnten. Manche unter ihnen erstanden der Gralsbotschaft zufolge sofort als „Geschaffene", andere mußten in noch lichtferneren Ebenen ihre Anlagen erst zur Entwicklung bringen.

Das geistige Reich, unsere eigentliche Heimat, bildete sich wiederum aus jenen „Strahlungsresten", die im Urgeistigen nicht mehr zu Bewußtsein und Form gelangen konnten und einer noch stärkeren Abkühlung und größeren Lichtferne bedurften. Wir Erdenmenschen zählen dabei jedoch nur zu den „geistigen Keimen" dieser Schöpfungsebene. Das heißt, wir können unser Bewußtsein und – damit verbunden – die Menschenform auch im geistigen Reich nicht entwickeln, sondern benötigen einen noch größeren Abstand von der vollkommenen Ausstrahlung Gottes – die stoffliche Nachschöpfung.

Aus diesen Zusammenhängen wird klar: Alles hat zwar seinen Ursprung im Licht, in Gott, doch das Geschenk des Lebens, das uns Menschen ein persönlich bewußtes Sein gewährt, bietet *Eigenständigkeit*, ein Ich-Bewußtsein. Und eben *wegen* der uns gewährten *geistigen Individualität* können wir uns nicht als Teil Gottes bezeichnen.

Uns Menschen ist zwar die Fähigkeit mitgegeben, die Stofflichkeit nach unserem Willen zu *formen*, aber wir können nichts *erschaffen*. Wir sind keine Ausgangspunkte, sondern nur Lenker von Schöpfungskräften, die uns durchfließen.

Der freie Wille, der es uns auch ermöglicht, *nicht* im Sinne des Gotteswillens tätig zu sein, also die Schöpfungsharmonie zu stören, unheilvoll und destruktiv zu wirken, diese Entschlußfähigkeit gehört untrennbar zu unserer Geistigkeit. Die

Bildung und Entwicklung unseres Bewußtseins *braucht* die Möglichkeit, frei und unbeeinflußt entscheiden zu können. Ohne den freien Willen könnten wir nicht durch Erfahrung reifen.

Die Nachschöpfung ist somit auch das Schulfeld, auf dem wir den richtigen Umgang mit unserem freien Willen erlernen sollen. Es ist uns dabei durchaus gewährt, Fehler zu machen – doch wir müssen eben auch die Verantwortung für alle unsere Entscheidungen tragen, das heißt, die schicksalhaften Rückwirkungen davon.

Für alle Erlebnismöglichkeiten, die sich uns bieten, können wir dem Schöpfer letztlich nur dankbar sein. Es gibt keinen Grund dafür, Gott – direkt oder indirekt – für das Übel in der Welt verantwortlich zu machen.

In der Erkenntnis der großartigen Wirkungsmöglichkeiten, die uns zur Mitgestaltung der Schöpfung geschenkt sind und im Hinblick auf das große Entwicklungsziel des Menschseins, nämlich reif zu werden für ein bewußtes, ewiges Leben im geistigen Reich, sollte es doch möglich sein, daß wir nach einer bereits Jahrtausende währenden, selbstverschuldeten Fehlentwicklung, die unseren inneren Wesenskern dem körperlichen Verstand versklavte, nun einen geistigen Auferstehungsmorgen feiern. Damit könnten wir uns im letzten Moment vor dem drohenden geistigen Tod retten, der Vernichtung unserer Persönlichkeit, die sich unvermeidbar mit dem Vergehen der stofflichen Welt ereignen müßte, wenn wir dem Materiellen in unseren Absichten, Gedanken und Gefühlen zu sehr anhängen.

## *Im Lichte der Gralsbotschaft*

Die in heutiger Zeit auffallend zunehmenden seelischen Krisen sind ein Alarmsignal dafür, daß unsere Gesellschaft sich auf einem gefährlichen Irrweg befindet. Doch manche der propagierten Lebenshilfen, die Auswege bieten wollen, sind für den Geist aus meiner Sicht eher *Sterbe*hilfen – vor allem dann, wenn sie die Prinzipien des Ausprobierens und Auslebens fördern, zur Überwindung des vermeintlich überholten Schamgefühles anregen oder nur auf die Vergangenheitsbewältigung abzielen, ohne dem Wesenskern des Menschen ein neues, erstrebenswertes Ziel zu geben.

Die Kenntnis der vielen Ebenen unserer Innenwelt, vor allem auch die Erfahrung der geistigen Dimension und das Wissen über unseren Daseinszweck sind wichtige Voraussetzungen für jede seelische Neuausrichtung. Die wirkungsvollste Lebenshilfe aber liegt in der bewußten Hinwendung unserer Empfindungen, Gefühle und Gedanken zu dem Licht, das über uns strahlt.

Wenn Ihnen diese „Innenwelt-Expedition" einige Erkenntnisse und gedankliche Anregungen vermittelt und eventuell auch dazu beigetragen hat, die Sehnsucht nach diesem Licht zu erwecken, so freut es mich. Jedenfalls aber soll sie kein theoretisches Abenteuer bleiben, das sich nur im Kopf des Lesers ereignet, sondern möge überall dort, wo es nötig ist, sinnvolle Änderungen anregen.

Ich kann nicht ausschließen, daß einige der in diesem Buch behandelten Themen bei manchen Lesern mehr neue Fragen aufgeworfen als alte beantwortet haben. Es ist bei einer inhaltlich so umfassenden Arbeit nicht möglich, alle denkbaren Einwände oder Vorbehalte vorherzusehen oder für jeden in Frage kommenden Blickwinkel brauchbare Bilder bereitzuhalten.

Sollte also an tiefer-, weiter- oder höhergreifenden Erklärungen Bedarf bestehen, so rate ich dem Leser, am besten direkt zu jenem Werk zu greifen, das für mich die wichtigste Wissensgrundlage dieser Arbeit bildete: „Im Lichte der Wahrheit – Gralsbotschaft". Sie beschreibt die Gesamtheit der Schöpfung – und auch des Lichtes über uns – in einer lebendigen, die Empfindung direkt berührenden und für den Geist unausschöpfbaren Art. Sie bietet umfassende Einblicke in alle Bereiche unseres Lebens – und mit der gleichen Selbstverständlichkeit auch völlig neue Ausblikke ... bis hin zu jenem Gipfel aller Schöpfung, wo in der strahlenden Nähe Gottes ein Tempel des Lichtes, die *Gralsburg,* steht. Und darin, in einem besonders ätherisierten Raum, befindet sich das Symbol der reinsten Liebe sowie der Ausgangspunkt göttlicher Kraft, die sich im Pulsschlag des Lebens strahlend in die Sphären ergießt: der Heilige Gral, der „Brunnen des lebendigen Wassers", an dem das Bestehen der ganzen Schöpfung hängt.[27]

Diese hohe Warte gab der Botschaft aus dem Gral ihren Namen.

Wer hat nicht schon erlebt, welche Zugkraft bei einer Bergwanderung das in der Ferne sichtbare Gipfelkreuz auslöst?

Für unseren geistigen Weg und unsere innere Orientierung gibt es ebenfalls ein Kreuz, das von höchsten Höhen strahlt: das leuchtende *Kreuz der Wahrheit*. Für mich selbst habe ich diese Orientierungshilfe und zugleich den Ansporn für meinen künftigen geistigen Weg in der Gralsbotschaft erkannt. Wenn die „Expedition Innenwelt" auch manchen anderen Leser dieser Erkenntnis des Lebens ein Stück näher führt, so hat diese Arbeit ihren Zweck erfüllt.

## *Anmerkungen und Literaturempfehlungen*

*zu Kapitel 10*

*1* Etwa 35 Prozent der Gesamtbevölkerung Deutschlands ist katholisch, nochmals rund 35 Prozent protestantisch.

*2* Vgl. „Woran Österreich glaubt", Titelbeitrag des Nachrichtenmagazins „Profil", Ausgabe 44/2002, Verlagsgruppe News GmbH, Wien

*3* Dies ergab im Jahr 2001 eine Umfrage des Linzer Meinungsforschungsinstitutes IMAS.

*4* Quelle: OGM-Umfrage, publiziert im Nachrichtenmagazin Format, Ausgabe 6/2003, Verlagsgruppe News GmbH, Wien

*5* Zitiert aus: „Verlangen nach Ritualen", Interview mit Paul Zulehner, erschienen im Nachrichtenmagazin „Profil", Ausgabe 44/2002, Verlagsgruppe News GmbH, Wien

*6* Zitiert aus: Abd-ru-shin: „Im Lichte der Wahrheit – Gralsbotschaft", Verlag der Stiftung Gralsbotschaft, Stuttgart 1998 (Band 3, „Allweisheit")

*7* Vgl. Kapitel 6

*8* Auf diese Zusammenhänge bin ich in meinem Buch „Die Wiederkehr Gottes – Ein neues Weltbild für das 21. Jahrhundert", Verlag der Stiftung Gralsbotschaft, Stuttgart, 2000, ausführlich eingegangen.

*9* Wer sich mit dem Leben einzelner Wegbereiter und Wahrheitsbringer beschäftigen möchte, findet dazu in der „Wegbereiter Buchreihe" (Verlag der Stiftung Gralsbotschaft, Stuttgart) Schilderungen, die geistig empfangen wurden.

*10* Zitiert aus: „Neues Testament", Matth. 7, 13–14

*11* Ausführlicheres zu diesem Thema findet der interessierte Leser in meinem Buch: „Die Wiederkehr Gottes – Ein neues Weltbild für das 21. Jahrhundert", Verlag der Stiftung Gralsbotschaft, Stuttgart 2000

*12* Zitiert aus: Abd-ru-shin: „Im Lichte der Wahrheit – Gralsbotschaft", Verlag der Stiftung Gralsbotschaft, Stuttgart 1998 (Band 3, „Bittet, so wird Euch gegeben!")

*13* Zitiert aus: Abd-ru-shin: „Im Lichte der Wahrheit – Gralsbotschaft“, Verlag der Stiftung Gralsbotschaft, Stuttgart 1998 (Band 3, „Bittet, so wird Euch gegeben!“)

*14* Zitiert aus: Abd-ru-shin: „Im Lichte der Wahrheit – Gralsbotschaft“, Verlag der Stiftung Gralsbotschaft, Stuttgart 1998 (Band 3, „Lichtfäden über Euch!“)

*15* Zitiert aus: Abd-ru-shin: „Im Lichte der Wahrheit – Gralsbotschaft“, Verlag der Stiftung Gralsbotschaft, Stuttgart 1998 (Band 1, „Was trennt so viele Menschen heute von dem Licht?“)

*16* Zitiert aus: Abd-ru-shin: „Im Lichte der Wahrheit – Gralsbotschaft“, Verlag der Stiftung Gralsbotschaft, Stuttgart 1998 (Band 3, „Lichtfäden über Euch!“)

*17* Vgl. Christopher Vasey: „Gnome, Götter, Gottesdiener“, Verlag der Stiftung Gralsbotschaft, Stuttgart 2003

*18* Zum Thema Schöpfungsebenen vgl. „Die Ebenen der Schöpfung – Das Außerirdische und das Überirdische“, erschienen in der Zeitschrift „GralsWelt“, Heft 30/2004, Verlag der Stiftung Gralsbotschaft, Stuttgart.

*19* Vgl. Kapitel 6

*20* Mehr zum Thema Gotterkenntnis findet der interessierte Leser in der Zeitschrift „GralsWelt“, Heft 40/2006 (Beiträge „Auf der Suche nach Gott“; „Beweise für die Existenz Gottes“; „Ein konstruiertes Universum“; „Ein Weg zur Gotterkenntnis“).

*21* Zitiert aus: Abd-ru-shin: „Im Lichte der Wahrheit – Gralsbotschaft“, Verlag der Stiftung Gralsbotschaft, Stuttgart 1998 (Band 2, „Die Regionen des Lichtes und das Paradies“)

*22* Zitiert aus: Abd-ru-shin: „Im Lichte der Wahrheit – Gralsbotschaft“, Verlag der Stiftung Gralsbotschaft, Stuttgart 1998 (Band 1, „Die Welt“)

*23* Eine Übersicht bietet Abd-ru-shin in der Gralsbotschaft im Vortrag „Schöpfungsentwicklung“ (Band 3).

*24* Zu diesen Zusammenhängen siehe auch Kapitel 6

*25* Zitiert aus: Abd-ru-shin: „Im Lichte der Wahrheit – Gralsbotschaft“, Verlag der Stiftung Gralsbotschaft, Stuttgart 1998 (Band 2, „Im Reiche der Dämonen und Phantome“)

*26* Zitiert aus: Abd-ru-shin: „Im Lichte der Wahrheit – Gralsbotschaft“, Verlag der Stiftung Gralsbotschaft, Stuttgart 1998 (Band 2, „Das Leben“)

*27* Vgl. Abd-ru-shin: „Im Lichte der Wahrheit – Gralsbotschaft“, Verlag der Stiftung Gralsbotschaft, Stuttgart 1998 (Band 2, „Der Heilige Gral“)

# Die Zehn Gebote Gottes
# Das Vaterunser

*ABD-RU-SHINS*
*richtungweisende*
*Deutung der*
*Zehn Gebote Gottes*
*und des Vaterunsers.*
***Leinen mit Umschlag***
*13 x 19,5 cm*
*68 Seiten*
*ISBN 3-87860-063-1*

Werner Huemer

# Expedition Innenwelt

Band 1

*Werner Huemer*

# EXPEDITION INNENWELT

*Band 1*

*Gedanken, Gefühle und Empfindungen begreifen und nützen lernen*

Verlag der Stiftung Gralsbotschaft
Stuttgart

Die Deutsche Bibliothek – CIP-Einheitsaufnahme

Huemer, Werner:
»Expedition Innenwelt«, Band 1 / Werner Huemer. –
Stuttgart: Verlag der Stiftung Gralsbotschaft, 2007
ISBN 978-3-87860-371-9


In Lizenz herausgegeben vom
Verlag der Stiftung Gralsbotschaft, Stuttgart
1. Auflage 2007

# Vorwort

*Innenwelt* – das ist der wohl faszinierendste Begriff in unserem Menschsein. Wer oder was ist das „Ich“, unser eigentlicher Wesenskern? Woher kommen die Gedanken, Gefühle, Empfindungen – all das in unserem Inneren, was unser Leben in Wirklichkeit erst lebenswert macht?

Solche Fragen liegen nahe, wenn ein Wesen, dem es gegeben ist, über sich selbst nachzudenken, das auch wirklich tut. Sie umschreiben aber zugleich den wundesten Punkt in der überwiegend materialistischen Weltauffassung dieser Tage: uns selbst. Im Blickfeld unserer wägenden, messenden, analysierenden Naturwissenschaft ist das menschliche Ich ja immer noch die größte Unbekannte. Nach wie vor rätseln wir darüber, ob der Mensch im wesentlichen eine hochkomplizierte biologische Maschine ist oder ein geheimnisvolles, willensbegabtes Geistwesen, dessen Natur sich nicht in der äußeren Physis erschöpft.

Unsere beträchtlichen naturwissenschaftlichen Fortschritte in der Anthropologie, also der Wissenschaft von der Abstammung des Menschen, und auch in der Medizin bieten keine befriedigenden Antworten. Sie beschränken sich in ihrem Verständnis vom Menschen auf Körperfunktionen, genetische Bausteine oder biologische Entwicklungsschritte. Sobald es aber um das Wunder der Innenwelt geht, weicht fundiertes Wissen oft sehr rasch vagen Vermutungen oder Theorien.

Was unsere innere Natur anbelangt – den freien Willen, das Ich-Bewußtsein, unseren Geist – begnügen wir uns im Regelfall mit der Dokumentation von Auswirkungen. Denn vom *Wesen* unserer Innenwelt wissen wir nur wenig. Und eine entscheidende

Frage lautet: Können wir hier überhaupt auf Erkenntnisfortschritte hoffen, solange wir nur an eine physisch-materielle Welt glauben wollen?

Wäre der Mensch nichts weiter als ein intelligenter physischer Körper, vergleichbar einem Roboter, der von ausgeklügelten Computerprogrammen gesteuert wird, dann könnte so etwas wie eine Innenwelt wohl gar nicht entstehen. Es gäbe keine Gedankenbilder und inneren Stimmen, keine Träume in der Nacht, kein Bewußtsein am Tag, keine Willens- und Erlebnisfähigkeit.

Somit stellt ausgerechnet unser eigenes Inneres, unsere Ideen-, Gedanken- und Empfindungswelt, jede stur-materialistische Sicht der Dinge vehement in Frage.

Die Unsicherheit darüber, was wir in unserem Kern nun wirklich sind, bleibt natürlich auch für unser tägliches Leben nicht ohne Folgen. Denn wie oft scheitern Menschen dabei, mit ihren eigenen Gedanken, Gefühlen, Trieben oder Empfindungen sinnvoll umzugehen? Ein geklärter Blick auf die Fähigkeiten und Möglichkeiten, die uns als Menschen auszeichnen, könnte indes viel zu einem glücklichen und erfüllten Leben beitragen.

Daher möchte ich Sie, geschätzte Leserinnen und Leser, mit diesem Buch auf eine Entdeckungsreise zum eigenen Selbst einladen. Sie werden bei unserer „Expedition Innenwelt" viele wirkungsvolle Lebenshilfen finden, die sich aus dem bewußten Umgang mit Gedanken, Gefühlen und Empfindungen wie von allein ergeben – ohne daß irgendwelche besonderen „Psycho-Techniken" angewandt werden müssen. Denn jeder Mensch kann in aller Natürlichkeit die ihm geschenkten Fähigkeiten für ein freies, bewußtes Leben nützen.

Durch die folgenden Kapitel dieses Buches werden uns zahlreiche wertvolle Erkenntnisse um die menschliche Innenwelt begleiten, die aus unterschiedlichen Richtungen stammen. Ein zentraler „roter Faden" allerdings, an den ich öfter anknüpfen werde, wenn es um das Gesamtbild unseres Menschseins geht, ist das herausragen-

de weltanschauliche Werk „Im Lichte der Wahrheit“, das Oskar Ernst Bernhardt (1875–1941) unter dem Pseudonym Abd-ru-shin vor bereits rund 80 Jahren schrieb. Denn dieses Werk bewährt sich nach meiner persönlichen Erfahrung als verläßlicher Wegweiser im heutigen Durcheinander der Begriffe und Definitionen.

Wenn unsere Innenwelt wieder gesunden soll – daß sie tiefgreifend erkrankt ist, zeigt sich nicht zuletzt am Zustand der Außenwelt –, dann ist dafür eine geistige Neuorientierung unumgänglich. Es geht darum, die eigentliche Bedeutung unseres Menschseins zu erkennen und selbstgezogene Grenzen zu überwinden – im eigenen Weltbild oder Begriffsvermögen wie auch in zahllosen „antrainierten“ Verhaltensmustern.

Jedes der folgenden Buchkapitel möge anregend und horizonterweiternd wirken, versteht sich grundsätzlich aber nur als stiller Weggefährte für eine Entdeckungsreise, auf die jeder Mensch in und für sich selbst gehen muß.

Auf dieser Reise werden wir unter anderem das Wunderwerk unseres „Erkenntnisorgans“ Gehirn kennenlernen, das für uns ebenso gewinnbringend wie gefährlich sein kann; wir werden uns in das Labyrinth der Triebe und Gefühle hineinwagen und zum Beispiel die umfassende Bedeutung der Sexualkraft kennenlernen; wir werden im Hinterfragen von Todesnähe-Erlebnissen an die Grenzen des Seelischen rühren – und wir werden dabei immer wieder auf sogenannte „jenseitige Dinge“ stoßen.

Wenn wir auf unserer Erkenntnisreise also die inneren Dimensionen des Menschseins ausloten wollen, dann werden wir allerdings nicht umhinkommen, auch einige Abgründe und Sumpflandschaften zu durchstreifen, um die Gefahren für unser Seelenleben bewußter zu erfassen: Egoismen und Eitelkeiten, Süchte und Abhängigkeiten, Ängste, Depressionen und vieles mehr – wobei sich aus dem Wissen um die Zusammenhänge erfreulicherweise immer auch Ansätze zur Befreiung aus solchen unliebsamen Befindlichkeiten folgern lassen.

Die „Expedition Innenwelt" wurde in zwei Bände gegliedert. Der vorliegende Band 1 beschäftigt sich vor allem mit Gedanken, Gefühlen oder Trieben, also mit Bereichen unseres Seelenlebens, die mehr oder weniger dem physischen Körper verbunden sind. Der darauf aufbauende Band 2 führt dann noch tiefer zu den Wurzeln unseres Menschseins.

Ich hoffe, mit der vorliegenden Arbeit hilfreiche Anregungen zur Ausleuchtung des menschlichen Seelengrundes bieten und bisweilen auch eine Brücke zwischen medizinisch-psychologischen Erkenntnissen und spirituellen Erfahrungen schlagen zu können. Jedenfalls sollte deutlich werden, daß eine Reise in das eigene Selbst eben keine Angelegenheit ist, die einem erlauchten Kreis von Naturwissenschaftlern, Philosophen oder Mystikern vorbehalten bleiben und also unter Ausschluß der breiten Öffentlichkeit stattfinden muß.

Die „Expedition Innenwelt" kann jeder Mensch unternehmen. Sie ist ein Ausdruck unserer Fähigkeit, Fragen über unser Dasein zu stellen und ... im eigenen Forschen auch Antworten zu finden.

*Werner Huemer*
*Hart-Purgstall, im Herbst 2007*

# EXPEDITION INNENWELT

Band 1

Faszination Innenwelt

Die Macht der Gedanken

Im Netz der Triebe und Gefühle

Zwischen Leib und Seele

Der Ruf nach uns selbst

# Inhaltsverzeichnis

## Expedition Innenwelt, Band 1

## *Expedition Innenwelt, Band 2*

Kapitel 1

# FASZINATION INNENWELT

*Lesen Sie in diesem Kapitel:*

- *Besinnung auf das eigene Innere*
- *Nachdenken über sich selbst*
- *Was bedeutet „Bei sich selbst sein"?*
- *Was bekannte Philosophen über das menschliche Ich dachten*
- *Ist das Ich dem Körper übergeordnet?*
- *Das alte „Leib-Seele-Problem"*

»Seelische Krisen gelten als lästige Störungen im gewohnten Alltagsgetriebe, als Hemmnis, das sich unseren eigenen Zielen und Wunschvorstellungen entgegenstellt.
Natürlich sind sie das.
Aber sie sind vor allem auch ein kräftiger Anstoß zum Überdenken der eigenen Lebenssituation.«

## Kapitel 1

# Faszination Innenwelt

Einer der jüngsten Weltgesundheitstage stand im Zeichen seelischer Erkrankungen. Dabei wurde zu mehr Toleranz gegenüber psychisch gestörten Mitmenschen aufgerufen. Integration statt Ausgrenzung sei gefragt, und es müsse auch darum gehen, Berührungsängste im Hinblick auf die Psychiatrie und deren Behandlungsmethoden abzubauen.

Der Hintergrund für diese Appelle lag in einer anhaltend dramatischen Entwicklung: Internationalen Schätzungen zufolge leiden weltweit rund 400 Millionen Menschen an seelischen Störungen. Jeder zehnte Mitteleuropäer hat bereits mit einer mehr oder weniger ausgeprägten Form von Depression zu kämpfen, wovon jeder zweite Fall als behandlungsbedürftig angesehen wird. Dieser Anteil ist in den USA noch höher. Geschätzte 140 Millionen Menschen sind alkoholabhängig; die Zahl der weltweit in irgendeiner Form Suchtgefährdeten geht in die Hunderte Millionen. Und rund 45 Millionen Menschen sind an sogenannter Schizophrenie erkrankt, leiden also, oft isoliert von der übrigen Gesellschaft, unter einer Form von „Bewußtseinsspaltung".

Dabei zeigen solche Statistiken nur die Spitze eines Eisberges, denn die Zahl derer, die gefährdet sind, seelisch zu erkranken, ist ungleich höher.

Was tun? Ungeachtet aller Maßnahmen, die auf therapeutischer und gesellschaftlicher Ebene angezeigt erscheinen, sollte meines Erachtens auch eine Grundfrage nachdenklich stimmen:

Wissen wir bislang nicht viel zu wenig über jenen geheimnisvollen Bereich des Menschseins, in dem all diese seelischen Störungen keimen? Was ist die „Psyche“, also die Seele überhaupt? Des Menschen innerstes „Ich“? Sein Bewußtsein?

Diese Grundfragen werden in unserem Alltagsleben – aber auch in der Wissenschaft – gerne ausgeklammert. Selbst die Psychiatrie kann das Wesen dessen, was sie behandelt, nicht wirklich klar beschreiben; man kennt seelische Auswirkungen, nicht aber die Seele selbst.

Das also ist unsere Ausgangslage im 21. Jahrhundert: Wir leben in einer hochtechnisierten Welt mit beeindruckenden zivilisatorischen Errungenschaften, in einer Gesellschaft, die zum Mars fliegt und Gene manipuliert, künstliche Welten erschafft und Köpfe transplantiert[1], aber deren Innenwelt krank und unbekannt ist. Über uns selbst wissen wir immer noch so gut wie nichts. Fragen nach dem Ich werden als eine Angelegenheit für Therapeuten oder Philosophen betrachtet. Und Gedanken zum eigenen Bewußtsein mögen zwar als Farbtupfer im intellektuellen Alltagsgrau willkommen sein, gelten im übrigen aber eher als Spielwiese für hintersinnige Theoretiker, sei's drum auch für Theologen.

## *Besinnung auf das eigene Innere*

Dabei müßte man angesichts der heutigen seelischen Gesamtbefindlichkeit unserer Gesellschaft annehmen, daß dem Menschen nichts wichtiger wäre, als sich selbst zu verstehen. Denn – einmal abgesehen von den Statistiken, die seelische Erkrankungen ja schon fast epidemiehaft beschreiben: wer spürt in unserer techniknahen, aber lebensfernen Gesellschaft nicht die Gefahr, zum passiv dahintölpelnden, kritikunfähigen Mitläufer zu degenerieren? Die Schwierigkeit, den zunehmenden Druck von außen nicht mehr durch einen entsprechenden inneren Gegendruck ausgleichen zu können? Wie weit verbreitet sind Persönlichkeitsstörungen, Ich-Schwächen, Gefühle innerer Unzulänglichkeit!

**In der Selbst-Erkenntnis liegt die wunderbarste, einfachste und natürlichste Lebenshilfe, die man sich wünschen kann.**

Sollte die Erforschung und Förderung unserer Innenwelt nicht das vornehmste aller Ziele sein? Eine edle Kunst, welche die persönliche Lebensqualität ja ebenso beeinflußt wie letztlich die Gesamtbefindlichkeit der Menschheit?

Leider aber ist in unserer lustbewußten Konsum- und Unterhaltungsgesellschaft kaum etwas zu entdecken, das unserem Inneren wirklich förderlich wäre. Im Streben nach Geld und Gut, Einfluß und Macht dümpelt man ohne höhere Zielsetzungen dahin und beäugt jedes sinnorientierte Ideal mit Skepsis – als wäre es ein exotisches Übrigbleibsel aus längst verwehten Zeiten.

Das seelische Ödland, das wir heute durchwandern, läßt sich künstlich nicht beleben: Auch wenn Hunderte Fernsehsender, ungezählte Radiostationen, Freizeitparks oder Shopping-Paradiese rund um die Uhr für grellbunte Bilderwelten sorgen, die uns animieren, berauschen, befriedigen und vor allzu ernstem Nachdenken bewahren sollen, macht sich in immer mehr Menschen eine bodenlose Traurigkeit breit. Die Kluft zwischen dem lautstarken Treiben der Außenwelt und den verdrängten Bedürfnissen der Innenwelt ist kaum noch überbrückbar, und die verbreiteten „seelischen Verstimmungen" führen zunehmend zum Griff nach Psychopharmaka.

Diese Entwicklung macht leider auch vor Kindern nicht halt. Weil bei immer mehr Schülern Aufmerksamkeits- beziehungsweise Verhaltensstörungen diagnostiziert werden – es dürften bereits zehn bis zwölf Prozent aller Buben im Alter zwischen 6 und 14 betroffen sein –, werden Psychodrogen immer häufiger eingesetzt. Man rechnet damit, daß in Deutschland jährlich etwa zehn Millionen Tagesdosen an Kinder und Jugendliche bis 18 verabreicht werden!

Seelische Krisen gelten als lästige Störungen im gewohnten Alltagsgetriebe, als Hemmnis, das sich unseren eigenen Zielen und Wunschvorstellungen entgegenstellt. Natürlich sind sie das. Aber sie sind vor allem auch ein kräftiger Anstoß zum Überdenken der eigenen Lebenssituation. Denn ahnen wir nicht alle, daß wir unseres eigenen Glückes Schmied sein könnten, wenn wir uns richtig verhielten, wenn wir auf unserem Ritt durch das Leben nicht die Zügel aus den Händen verloren hätten?

Seelisch schwierige Situationen sind immer eine Anregung dafür, nachzudenken über sich selbst, nach Änderungsmöglichkeiten zu suchen, sich der Hilfen zu besinnen, die in unseren eigenen Gedanken, Gefühlen und Empfindungen liegen. Denn aus der „Selbst-Erkenntnis" – im umfassenden Sinn dieses Wortes –, also dem Bewußtwerden über unsere menschlichen Fähigkeiten und Möglichkeiten, ergibt sich die wunderbarste, einfachste und natürlichste Lebenshilfe, die man sich nur wünschen kann, eine Chance zur Neugestaltung des eigenen Schicksals, das – wie wir noch sehen werden – ganz zu Unrecht als vorherbestimmt oder willkürlich waltend gilt.[2]

Natürlich kann es in schwierigen seelischen Krisensituationen notwendig sein, therapeutische Hilfe in Anspruch zu nehmen, denn nicht jedes Problem kann man alleine meistern. Maßgeblich aber bleibt der Wille, das eigene Leben wieder in die Hand zu nehmen und nicht von äußeren Umständen und dem Können anderer abhängig zu machen. Gerade die eigene Passivität fördert ja jenen Leidenszustand, den man als schicksalhaft beklagt. Ohne bewußte Selbstverantwortung ist kein seelisch-geistiger Fortschritt möglich. Es reicht nicht, das eigene „Lebensprogramm" automatengleich abzuspulen, ohne Ader für Selbstreflexion oder Sinnfindung. Denn das Wesen unseres Menschseins *verlangt* nach bewußtem Handeln. Durch alles, was wir denken und tun, wirken wir ja machtvoll hinein in die Welt – und die Welt wirkt auch wieder auf uns zurück, beglückend oder belastend. Diesem Wechselspiel sind wir unentrinnbar unterworfen, und nur durch *bewußtes* Handeln können wir es zu unseren Gunsten lenken.

Bewußtsein hängt indes mit Wissen zusammen, mit dem Erkennen von Zusammenhängen und Möglichkeiten. Unsere unsichtbare Innenwelt birgt alle Schlüssel für ein freies, glückliches Leben – doch müssen wir sie finden und benützen lernen.

Stürzen wir uns also hinein in die faszinierenden Grundfragen des Menschseins: Warum gibt es überhaupt eine Innenwelt? Woher kommen die Gedankenbilder in uns, die oft im Widerstreit liegenden „inneren Stimmen" – hier die edelmütig um Selbstüberwindung bemühte, dort die nach Lust und Vorteil strebende? Woher stammen die Ahnungen, Hoffnungen und Empfindungen, die Sehnsüchte und Enttäuschungen, die unseren Alltag überhaupt erst mit Leben erfüllen?

## *Nachdenken über sich selbst*

Vielleicht kennen Sie sich selbst aus „verträumten" Momenten als stillen Beobachter der Welt: Man befindet sich irgendwo am Rande einer angeregt schwatzenden Menschenmenge, beispielsweise in einem Gasthaus, sieht und hört den mit Feuereifer geführten Diskussionen zu, erlebt sich selbst aber als deutlich vom Geschehen abgetrenntes Etwas – als bewußtes Ich, das staunend beobachtet, was um es herum geschieht, das aber auch um seine eigene Erlebnisfähigkeit weiß.

Woher stammt dieses Ich-Bewußtsein? Woher kommt das unbegreifliche Etwas, das uns die Welt – und auch uns selbst – erleben läßt? Das Ich, das sich einerseits Tag für Tag zu verändern scheint – und andererseits in seinem sonderbaren Eigenleben doch unberührt verbleibt von den Wachstums- und Alterungsprozessen des Körpers?

Wohl jeder Mensch hegt dann und wann den Wunsch, Antworten auf die großen Ur-Fragen des Menschseins zu finden, aber eine solche Suche wird meist von Beginn an überschattet vom Gedanken, darauf ließen sich ja doch keine schlüssigen Antworten finden. Haben nicht schon so viele Gelehrte erfolglos darüber

nachgegrübelt? Mündet nicht gerade das verkrampfte Denken und Nachgrübeln in eine Sackgasse?

Die Bereitschaft, über sich selbst nachzudenken, ist natürlich eine unverzichtbare Voraussetzung auf dem Weg zur Selbsterkenntnis. Aber neben dieser noblen Verstandestätigkeit, die ja immer ein bißchen zum Abgehoben-Theoretischen neigt, sollten wir noch ein weiteres Erkenntnisfundament benützen, das dem Ich noch unmittelbarer verbunden ist: unsere Erlebnisfähigkeit.

## *Bei sich selbst sein*

Vielleicht erinnern Sie sich an Situationen in Ihrem eigenen Leben, in denen Sie sich noch weiter aus den Alltagsgegebenheiten herausgehoben gefühlt und Ihr eigenes Ich dabei noch tiefer erlebt haben als in Momenten gedanklicher Selbstbesinnung. Mit *herausgehoben* meine ich dabei keinen ins Weltfremde entrückten oder in spirituellen Fanatismus verstiegenen Zustand, keine Irritation durch besondere emotionale Erlebnisse und auch keinen Sinnenrausch, wie er sich kurzfristig einstellen mag, wenn man dem Trieb- und Lustprinzip keine Grenze setzt. Nein, *herausgehoben* in einer ganz unspektakulären, doch um so bewußteren Art und Weise: die Gedanken ... in einfachen, klaren Bahnen; die Gefühle ... in ruhiger, gesunder Harmonie; die Empfindungen ... ja, der wunderschöne, leider schon fast vergessene Begriff drückt es treffend aus: *rein!*

Wahrscheinlich erlebt jeder Mensch Momente oder Zeitspannen, die ihn die Tiefe seiner selbst erfahren oder doch wenigstens erahnen lassen, die Tatsache also, daß da jenseits des kleinen Alltags-Egos etwas Umfassenderes ist; glückliche Augenblicke der Verinnerlichung, ihm die Gewißheit schenkend, einer unergründlichen Quelle stiller, erhabener Kraft verbunden zu sein, einem lebensdurchpulsten, friedvollen, heimatlichen Urgrund des Ichs.

Die meisten solcher Erfahrungen aus einem seelischen Durchatmen verklingen rasch im betäubenden Lärm der Außenwelt,

und für viele mag davon nichts weiter zurückbleiben als ein kleiner Lichtblick in der Lebenserinnerung, ein Sehnsuchtsfünkchen, das dann und wann das Gemüt durchglüht, über das man sich im Regelfall jedoch in Schweigen hüllt, denn derlei Themen sind allgemein nur sehr beschränkt gesellschaftstauglich. Zu leicht werden sie als romantische Wallung, wenn nicht gar als Krankheitsbild mißdeutet.

**Die wertvollen Erfahrungen des Bei-sich-selbst-Seins bleiben als Lichtblicke in der Lebenserinnerung.**

Dabei sind diese bewußten Erfahrungen eines Bei-sich-selbst-Seins so wertvoll! Es geht ja nicht nur darum, forschend über Zusammenhänge *nachzudenken*. Die Fragen „Was ist Geist? Bewußtsein? Was ist das Ich?“ berühren ja auch unsere Erlebnisfähigkeit. Der zart leuchtende Regenbogen, der das durchfeuchtete Land mit neuer Sonne verbindet, der nächtliche Sternschnuppenregen oder die schneebedeckten, in üppigen Morgenfarben glühenden Alpengipfel – was immer uns seelisch anrührt und aufwühlt, es hängt an starken Gefühlen und Empfindungen, nicht etwa nur an nüchternen Gedanken.

Wir Menschen können viel mehr als über uns selbst nachzudenken. Wir haben die beglückende Fähigkeit, das Dasein bewußt zu erleben – die Schönheiten der Natur, die Liebe zu einem Mitmenschen, die Kraft eines künstlerischen Meisterwerks … Unsere *Erlebnisfähigkeit* macht das Leben so lebenswert, und ihr ist auch unser Bewußtsein verbunden. Sie zu verlieren, also als bewußte Persönlichkeit nicht mehr zu sein – in diesem Gedanken wurzelt unsere Todesangst, ihn fürchten, verdrängen, tabuisieren wir.

Die Suche nach dem Ich, nach unserem Wesenskern führt also geradewegs zur tiefsten Existenzfrage überhaupt: Leben wir als Persönlichkeit nach dem körperlichen Tod weiter? Und wie entstand das bewußte Ich? Woher kommen wir – geistig betrachtet? An diesen Fragen wird unsere „Expedition Innenwelt“ nicht vorbeiführen.

> Die Suche nach dem Ich führt zur tiefsten Existenzfrage: Leben wir als Persönlichkeit nach dem körperlichen Tod weiter?

Halten wir aber vorerst nochmals fest: Das menschliche Bewußtsein ist geprägt durch die Fähigkeiten des Erlebens und des Nachdenkens darüber. Beides spielt zusammen, berührt letztlich aber, wie wir später sehen werden, unterschiedliche Ebenen unseres Menschseins.

Spontane Lebenserfahrungen bewegen sich – soviel sei an dieser Stelle vorweggenommen – in einem viel weiteren, ja, immateriellen Rahmen. Denkprozesse dagegen bleiben physisch eher faßbar. Sie sind Gegenstand der Hirnforschung. Selbsterfahrungs-Erlebnisse dagegen werden üblicherweise eher dem Bereich des Religiös-Mystischen zugeordnet, obwohl sie eigentlich nichts anderes als empfindungsstarke Höhepunkte unserer allgemeinen Erlebnisfähigkeit sind.

## *Unterschiedliche Begriffswelten*

Apropos *Zuordnung*: Seit langem bemühen sich die gegensätzlichsten Disziplinen um die Erforschung unserer Innenwelt. Es gibt philosophische, religiöse, psychoanalytische oder esoterische[3] Ansätze, aber sie alle markieren nicht nur getrennte Wege in unterschiedlichen Begriffswelten, sondern fußen auch auf uneinheitlichen Fundamenten. Die Erfahrungen, Erkenntnisse und Sinnzusammenhänge können dementsprechend schwer miteinander in Einklang gebracht werden.

In der etablierten Naturwissenschaft, aber auch in der Philosophie, neigt man derzeit dazu, das menschliche Ich als etwas Materielles, Körperliches zu definieren, das schlicht und einfach auf Gehirnfunktionen zurückzuführen ist. Auch alle menschlich-ideellen Werte wären demnach nur Phänomene, die aus der Tätigkeit der grauen Zellen unter unserer Schädeldecke resultieren. Ein Bewußtsein ohne physischen Körper gibt es aus dieser Sicht nicht,

ebensowenig eine nichtstoffliche Seele; selbst unsere spirituelle Sehnsucht wäre stofflich bedingt: Etwa in der gleichen Funktionalität, wie die Niere Urin produziert, sorge „ein Gehirnlappen, der auch Epilepsie erzeugt", für religiöse Gedanken.[4]

Dieser ebenso unmenschlichen wie gottlosen Sichtweise können die Religionen derzeit im allgemeinen nur wenig entgegensetzen. Denn deren Erklärungsansätze zur Existenz einer Seele bewegen sich meist im subjektiv-unscharfen Bereich des Glaubens, so daß sie eine Handreichung zur objektivierungshungrigen Wissenschaft ausschließen. Und so wird unsere Innenwelt kaum als das erkannt, was sie eigentlich ist: der im Grunde überzeugendste und unmittelbarste Hinweis auf nichtphysische Wirklichkeiten.

Wollen wir diese Situation überwinden und uns einen Überblick zu den Dimensionen des Menschseins erarbeiten, dann müssen wir Grenzen überwinden, vertraute Sichtweisen hinterfragen, enge Blickwinkel weiten. Das mag wie eine Binsenweisheit klingen, aber erfahrungsgemäß sind nur wenige Menschen dazu bereit, einen als zielführend erkannten Weg zugunsten neuer Erkenntnisse aufzugeben. Lieber macht man auf vertrautem Terrain weiter und verteidigt es notfalls mit Zähnen und Klauen gegen unliebsame Eindringlinge. So gibt es auf dieser Welt viele ewige Mystiker, sture Analytiker oder unverbesserliche Philosophen …

Wir indes wollen auf unserer Reise durch die Innenwelt vermeiden, konfessionelle oder weltanschauliche Häfen endgültig anzulaufen, sondern wollen mit *freiem* Geist vorankommen. Wobei Kurzaufenthalte in der einen oder anderen Ankerstätte natürlich vorgesehen sind, um das Leben dort ein wenig kennenzulernen und eigenen Erfahrungen neue Impulse zu gönnen.

Rufen wir uns also gleich zu Beginn unserer Expedition die unterschiedlichen gedanklichen Ansätze zum Ich-Bewußtsein des Menschen in Erinnerung. In der Gegenüberstellung verdeutlichen sie nämlich recht eindrucksvoll, wie viele „Wahrheiten" dem Thema Innenwelt gerecht werden wollen, und sie geben uns auch einen guten Einblick in das damit verbundene *Weltbild*.

Nun mag der Begriff *Weltbild* für manchen Leser vielleicht sehr theoretisch klingen, fürchterlich trocken und abgehoben, aber aus diesem Begriff – der ja nur die vielen einzelnen Mosaiksteinchen aus einer bestimmten Gedankenwelt zu einer sinnvollen Gesamtschau zusammenfassen will – resultieren die grundlegendsten Überzeugungen für das persönliche Leben. Wir beantworten ja nicht nur die Urfragen des Seins jeweils aufgrund unserer Weltanschauung ganz unterschiedlich, sondern diese ist zugleich auch ein Filter für die Lebenshilfen, dic uns zur Vcrfügung stehen. Wer beispielsweise in seinem Bild von der Welt für den Schöpfer keinen Platz hat, wird sich nie darum bemühen, aus dem Gebet Kraft zu schöpfen; wer für sich zum Schluß kam, daß Gedanken nichts weiter als folgenlose Hirnfunktionen sind, für den wird das „positive Denken“ kein Thema sein usw.

Wir wollen uns im folgenden kurzen Überblick zur Frage, welche Theorien zur menschlichen Innenwelt in den letzten 500 Jahren geäußert wurden, also nicht in vergleichenden Studien verlieren (mit denen man ja nicht unbedingt der Wahrheit näherkommt, sondern allenfalls sein Wissen erweitert), sondern nur einzelne herausragende Gedankengebäude kritisch betrachten.

## René Descartes und das „denkende Ich“

Wohl seit der Mensch sich selbst und die Umwelt als denkendes, fühlendes und empfindendes Wesen bewußt erlebt, ist er darum bemüht, seine Innenwelt kraft des Verstandes zu erfassen – und in der Folge auch mit den Möglichkeiten seiner Sprache zu beschreiben. Ein Ansinnen, das oft genug in philosophischen Labyrinthen endete – oder einfach auch zugunsten praktischerer Überlegungen aufgegeben wurde: man muß nicht unbedingt wissen, was die Seele *ist*, um sie behandeln zu können. Dennoch gab es in unserer Geistesgeschichte immer wieder herausragende Denker, die davon überzeugt waren, dem Wesen des so rätselhaften menschlichen Ichs wenigstens teilweise auf die Spur gekommen zu sein. Deren Erkenntnisse üben auf unser Weltbild bis heute einen gewissen Einfluß aus.

**Werden religiöse Gedanken von unserem Gehirn produziert – in einer Funktionalität, wie die Niere Urin ausscheidet?**

Berühmt geworden ist etwa ein Kernsatz aus der Lehre des französischen Philosophen René Descartes[5] (1596–1650), der in seinen Überlegungen ganz auf die menschliche Vernunft vertraute. Er strebte danach, durch die Besinnung auf einfache Einsichten Klarheit zu gewinnen und gedankliche Irrwege zu vermeiden. Und so formulierte Descartes seinen Satz: „Cogito, ergo sum" (dt. = Ich denke, also bin ich). Damit beschrieb er das menschliche Denkvermögen als unbestreitbarstes Zeugnis für die Existenz des Ichs.

Aber können wir die Tatsache, daß wir denken können, wirklich als wichtigsten Beleg für unser bewußtes Leben und unsere Individualität gelten lassen? Beweist unser Denkvermögen wirklich schon die Existenz des Ichs? Können heute nicht auch Maschinen schon schlußfolgern, kombinieren, entscheiden? Beschreibt der Begriff „Ich" nicht etwas ungleich Lebendigeres, das gar nicht so richtig faßbar ist?

## *David Hume und das „veränderliche Ich"*

David Hume (1711–1776), ein schottischer Philosoph[6], war ein Jahrhundert nach Descartes dieser Gegebenheit auf der Spur. Er meinte, daß unser Ich überhaupt nichts klar Abgegrenztes sei, sondern sich aus vielfältigen Einzeleindrücken zusammensetze, daß es sich dabei um ein „Bündel verschiedener Bewußtseinsinhalte" handle, die „beständig in Fluß und Bewegung" seien, nicht aber um etwas Feststehendes, Unveränderliches.

Und ist es nicht wirklich so, daß alles in uns sich ständig wandelt? Heute machen wir Fehler, morgen sind wir durch Erfahrung klüger, übermorgen stolpern wir in ein ähnliches Vergehen wie heute, lernen abermals daraus und ... gewinnen irgendwann den nötigen Weitblick, erkennen den gesetzmäßigen Schlüssel im

Hintergrund, der zu beiden – und vielleicht auch zu vielen anderen Fehlern – geführt hat.

Heute reagieren wir anders als gestern, unsere Ziele und Vorlieben ändern sich, unser Temperament, das Verhalten anderen gegenüber, unser Bezug zum eigenen Körper – alles ist in stetem Fluß. Kann man angesichts dessen also wirklich von einem klar abgegrenzten „Ich" sprechen, das sich als Fels in der Brandung erweist?

„Angesichts dessen", also „von außen betrachtet", muß die Antwort tatsächlich lauten: nein. Es gibt in unserem Menschsein nichts zu beobachten, das als „unveränderlich" beschreibbar wäre. Und doch erleben wir *in uns* genau das Gegenteil, nämlich ein klares, stetiges „Ich". Denn wir können *ja bei uns selbst sein* – und dieses „Selbst" sind immer wieder *wir*. Unser Ich mag verändert und geprägt werden durch die vielfältigen Lebenserfahrungen, doch immer bleibt es ein und dasselbe vertraute Ich, niemals sind wir selbst uns fremd.[7] Unser Ich reift, es wird – eben wie ein Fels in den Stürmen des Meeres – abgeschliffen und geformt durch seine Erlebnisse, aber es bleibt dabei stets das Ich, dieselbe willensfähige, sich ihrer selbst bewußte Persönlichkeit.

In unserem *Erleben* erfahren wir uns also in aller Selbstverständlichkeit als eine Einheit, als klares Subjekt – aber es gibt offenbar keine Möglichkeit, dieses Ich verstandesmäßig dingfest zu machen, es also zweifelsfrei und unwiderlegbar zu analysieren. Sind also die großen Philosophen, Bewußtseinsforscher und Vordenker an den Fragen „Wer und warum bin ich? Und wie kann ich sicher sein, daß ich bin?" einfach deshalb gescheitert, weil das Rätsel „Ich" auf der Ebene des Verstandes gar nicht zu lösen *ist*?

Vielleicht konnte David Hume die Einheit unseres Selbst deshalb so gründlich in Frage stellen, weil der Verstand an eine natürliche *Systemgrenze* gebunden ist, die ihn zwar Einzelaspekte, nie aber die Gesamtheit erkennen läßt. So, wie auch das lernfähigste Computerprogramm niemals die Absichten und Ziele seines Programmierers „verstehen" wird, kann der Verstand nicht über seine Grenze hinaus, also das ihn benützende Ich begreifen und analysieren.

Um dieses Gleichnis auf den Punkt zu bringen: Das menschliche Ich ist etwas *über* dem Verstand Stehendes, ihm gewissermaßen Artfremdes, sagen wir ruhig: etwas Nichtphysisches, Immaterielles – und darin liegt der Grund, warum es bisher niemandem gelungen ist, sich eine klare Vorstellung vom Ich zu „erdenken".

## *Angelus Silesius und das „mystische Ich"*

Dem Gedanken, daß unser bewußter Wesenskern etwas Überirdisches ist, folgt man auch in der Mystik. Angelus Silesius[8] (1624–1677), ein bekannter christlicher Dichter, formulierte einmal:

> *„Das Tröpflein wird das Meer, wenn es ins Meer gekommen,*
> *die Seele Gott, wenn sie in Gott ist aufgenommen."*

Damit brachte er einen Grundgedanken der Mystik zum Ausdruck: das Streben nach einer „Einheit mit der Weltseele" beziehungsweise mit ... Gott. Dieses Streben zeigte sich ursprünglich wohl eher als Selbstaufgabe, also als Sich-in-den-Gotteswillen-Einfügen. Hingegen neigen moderne Mystiker dazu, das Göttliche im Menschen entdecken zu wollen. Wer einen Weg der Läuterung geht und/oder meditative Übungen pflegt, kann demnach einst aufgehen in der „Allnatur", sich in Gott „verlieren", sein kleines, persönliches Ich zugunsten eines umfassenden „All-Bewußtseins" ablegen.

Solche Formulierungen mögen im ersten Augenblick aufhorchen lassen, weil sie unserer Sehnsucht nach Entwicklung und Bewußtwerdung Raum geben und vielleicht auch als Einladung zu entrücktem Schwelgen willkommen sind. Allerdings enden solche Weltbilder bei näherer Betrachtung in einem merkwürdigen, kaum zu durchlichtenden Graubereich. Denn *wie* das bedeutungsschwere „Sich-in-Gott-Verlieren" vonstatten gehen, wie eine in jeder Hinsicht abhängige Kreatur selbst zum Schöpfer mutieren oder welche entscheidenden Veränderungen diese überhöhte Selbsteinschätzung mit sich bringen soll, das objektiv darzulegen, gelingt nicht. Also bewegt sich Mystik dieser Art oft auf dem Parkett subjektiver Interpretationen, in einem Nebel aus

Wunschdenken und Wohlgefühl und führt nicht selten zu fragwürdigen Anschauungen – etwa zu der, daß der Schöpfer überall anwesend, also tatsächlich in der Welt zugegen sei (man spricht dabei von „Pantheismus" = Allgottlehre) – beziehungsweise daß er *nur* hier in der Welt – und sonst nirgendwo – existiere. Für einen *über* allen Welten thronenden Schöpfer ist daher in der Anschauung von Menschen, die Gott in sich selbst zu entdecken vermeinen, zumeist kein Platz.

Allerdings bauen solche dem Mystischen verhafteten Vorstellungen auf einer sehr realen Gegebenheit auf, die bereits Erwähnung fand: Jeder Mensch kann ja – auch wenn er weit davon entfernt ist, dafür schwärmerische Formulierungen wie „Erleuchtung", „Vereinigung mit Gott", „Aufgehen in der Weltseele" oder ähnliches zu verwenden – tatsächlich erleben, daß sein eigentliches „Ich" ungleich erhabener ist als die egozentrische Alltagspersönlichkeit; daß sein Inneres kaum zu begreifende Dimensionen umfaßt; daß da also tatsächlich *mehr* in uns ist …

Aber was ist dieses Mehr nun wirklich, welches erahnbar wird, sobald wir „bei uns selbst" sind – und das sich der verstandesmäßigen Analyse so nachhaltig entzieht?

## Freud und das „psychoanalytische Ich"

René Descartes ging, wie viele großen Philosophen vor und nach ihm, davon aus, daß der Mensch nicht nur der stoffliche Körper ist, sondern als Gesamtheit der Physis und einer immateriellen Seele betrachtet werden muß, wobei er das Bewußtsein als eine „Eigenschaft der Seele"[9] definierte. Auch die Existenz Gottes als Urbild der Vollkommenheit und Erschaffer der menschlichen Seele war für ihn eine gegebene Tatsache.

Doch die Zeiten änderten sich, neue Einsichten prägten neue Weltbilder; der – von Descartes ja mitbegründete – Materialismus und der durchschlagende Erfolg der Naturwissenschaften führten nach und nach zu einer immer tiefer greifenden Skepsis gegenüber religiösen Vorstellungen. Leider, denn das Streben des Men-

schen, sich über ein blindgläubiges Zur-Kenntnis-Nehmen konfessioneller Dogmen hinauszuentwikkeln und die Wahrheit weniger in hundertfach interpretierten Überlieferungen als einfach in den Gesetzen der Natur zu erkennen, hätte dazu führen können, daß die Wissenschaft sich als spiritueller Wegweiser etabliert.[10]

> Unser Ich ändert sich durch die Lebenserfahrungen – aber dennoch bleibt es immer ein und dasselbe vertraute Ich …

So aber begann die sachliche, auf das Materielle beschränkte Logik der Naturwissenschaft ein immer ausufernderes Eigenleben zu führen, dem die Kirchen zuerst mit Feuer und Schwert gegenübertraten und später nichts Sinnvoll-Ideelles entgegenzusetzen hatten. Sie steckten in Traditionen und erstarrten Wahrheits-Interpretationen fest. Die sachlich-kühle Wissenschaftlichkeit aber, die zu nicht-materiellen Wirklichkeiten zunehmend auf Distanz ging, trat ihren Siegeszug an: Bald galt sie nicht nur als kompetent für die Beantwortung aller großen Fragen zur physischen Außenwelt – von der Entstehung des Universums bis zu den Geheimnissen des Mikrokosmos –, sondern sie eroberte sich auch ihre Zuständigkeit für die menschliche Innenwelt. Diese wollte man nun ebenfalls als „Sache“ behandeln.

Als ein Vater dieses Leitgedankens gilt der Erfinder der sogenannten Psychoanalyse[11], Sigmund Freud[12] (1856–1939), der die „Maschine Menschenseele“ durchschau- und handhabbar machen wollte. Durch seine Beobachtungen kam der Wiener Arzt dabei zum – grundsätzlich ja durchaus zutreffenden – Schluß, daß unser Bewußtsein jedenfalls vielschichtiger ist als jede eindimensionale Vorstellung vom „Ich“.

Freuds Lehre zufolge ist jeder Mensch, wenn er auf die Welt kommt und unreflektiert nur seinen momentanen Trieben und Lüsten folgt, vorerst einmal ein *Es*. Dieses Es bleibt uns ein Leben lang erhalten. Nach und nach aber lernen wir, uns unter Kontrolle zu haben und unserer Umgebung angepaßt zu leben. Das

> Die Psychoanalyse bewies: Es ist mehr „Land" im Menschen zu entdecken als nur das vertraute (?) Tagbewußtsein …

„Lustprinzip“ wird demnach irgendwann mit dem „Realitätsprinzip“ in Übereinstimmung gebracht. Und diese Abstimmung, diese Regulation übernimmt das inzwischen aufgebaute *Ich*. Außerdem wollte Freud auf Grund der moralischen Erwartungen in der Gesellschaft noch ein kontrollierendes *Über-Ich* erkennen, das man mit dem Begriff *Gewissen* assoziieren kann.

Kurz und gut: Auch aus der gewiß nicht esoterisch-abgehobenen, sondern dem Materialismus verpflichteten Lehre Freuds wird deutlich, daß sich unsere Innenwelt aus dem Zusammenwirken unterschiedlicher Einflußbereiche ergibt, daß da also tatsächlich mehr „Land“ in uns zu entdecken ist als das vertraute (?) Tagbewußtsein.

Mit dem Gedanken an eine – gar unsterbliche – Seele beschäftigt sich die Psychoanalyse allerdings nicht; die Frage nach dem Wesen unseres Inneren bleibt meist überhaupt ausgeklammert. Und so kann man, wie gesagt, bis heute nicht mit klaren Worten beschreiben, was denn die analysierte und mehr oder minder kunstvoll behandelte menschliche Psyche eigentlich ist.

Als wahrscheinlich gilt die Annahme, daß es sich dabei um das spezielle Zusammenwirken der berühmten grauen Zellen handelt, und die Hoffnungen der Wissenschaft, durch das zunehmende Verständnis der Hirnaktivitäten auch einen Zugang zum menschlichen Ich gefunden zu haben, sind noch längst nicht ausgeträumt. Im Gegenteil: Man forscht in dieser Richtung emsig weiter und schiebt unzufriedene (innere) Stimmen, die zum Ausdruck bringen, daß die Natur des Menschseins ja wohl noch andere Dimensionen umfaßt als nur die physisch-körperliche, ins Reich des Glaubens ab. Die Zeit muß erst kommen, in der sich erweisen wird, daß es ein viel kühnerer Glaube war, unsere Innenwelt ma-

terialistisch definieren zu können. Jedenfalls widersetzt sich die menschliche Seele seit jeher allen Versuchen, sie ins gewohnte naturwissenschaftliche Schema – meßbar, durchschaubar, letztlich auch künstlich nachbildbar – einzufügen.

## *Daniel C. Dennett und das „maschinelle Ich"*

Gerade dieser Weg wird heute aber von maßgeblichen Bewußtseinsforschern mit großer Vehemenz beschritten. Zu ihnen gehört beispielsweise der Philosoph und Maschinenkonstrukteur Daniel C. Dennett, der seine materielle Gesinnung klipp und klar zum Ausdruck bringt, wenn er behauptet, daß wir Menschen nichts anderes seien als intelligente Maschinen, und zur Frage nach der Seele in uns meint:

> *„Ja, wir haben eine Seele, aber sie besteht aus lauter winzigen Robotern!"*[13]

Spirituell orientierte Menschen mögen sich über solche Ansichten empören, jedoch können wir wohl davon ausgehen, daß keine üble Gesinnung die Forscher – von denen Daniel C. Dennett ja nur einer unter vielen ist – zu solchen Äußerungen verleitet. Sie sind vielmehr die logische Folge gewisser Grundannahmen. Zwei Beispiele:

1. Man geht davon aus, daß Bewußtsein sich durch äußere Merkmale beschreiben läßt. Auf der Basis dieser Annahme werden sodann „Bewußtseinstests" wie zum Beispiel der sogenannte *Turingtest* für Computerprogramme entwickelt. Dabei wird, vereinfacht ausgedrückt, untersucht, inwieweit eine Software dazu in der Lage ist, das Verhalten eines Menschen nachzuahmen. Wenn man mit einem Computer kommuniziert und dabei auf Grund seiner Reaktionen nicht mehr erkennen kann, daß man eine Maschine vor sich hat, so hat das Programm den Test bestanden. Oder mit anderen Worten: man schreibt dem Computer Bewußtsein zu – nur weil er dazu in der Lage ist, rein rechnerisch Informationen zu verarbeiten.

2. Man geht davon aus, daß unser Gehirn das erzeugt, was wir als Ich-Bewußtsein erleben – und glaubt, diese Theorie durch Be-

Ist das „Ich-Bewußtsein" eine simple Illusion, die darauf beruht, daß das Gehirn alle Gedanken einem „Selbstmodell" zuschreibt?

obachtungen in der Hirnforschung bestätigt zu finden. Zum Beispiel gibt es Untersuchungen an sogenannten Split-Brain-Patienten[14], in deren Kopf die Verbindung zwischen der bildorientierten rechten und der sprachorientierten linken Großhirnhälfte getrennt ist. Der Neurobiologe und Autor Franz Mechsner schreibt über Experimente mit solchen Personen:

*„Zeigt man der wenig sprachbegabten rechten Hemisphäre ein obszönes Bild, beginnt der Patient vielleicht zu grinsen. Gefragt, warum er grinse, gibt er jedoch nicht den wahren Grund an, sondern sagt etwas wie: ‚Ihr Hemd sitzt so komisch'.*

*Die sprachbegabte linke Hemisphäre, die wegen der gekappten Verbindung zur rechten nichts von dem Bild weiß, fabuliert sich einfach eine Geschichte zurecht."*[15]

Aus solchen Beobachtungen zieht man den weitreichenden Schluß, daß ein chirurgischer Schnitt genüge, damit plötzlich zwei „Personen" in einem Schädel sitzen: Die eine grinst, weil ihr das Bild gezeigt wurde, die andere *„merkt, daß gelacht wird und bildet sich in bestem Glauben einen völlig anderen, in diesem Augenblick frei erfundenen Grund ein."*[16]

Die Forscher leiten daraus ab, daß unser Gehirn offensichtlich „sich selbst etwas vormacht" (Mechsner), also die objektive Wirklichkeit zu einer *subjektiven* verformt – und sich auf diese Art in letzter Konsequenz auch den Eindruck von einem „Ich" verschafft. Demnach wäre unser „Ich-Bewußtsein" nichts weiter als das Ergebnis der Fähigkeit unseres Gehirns zu fabulieren und zu phantasieren; das Ich würde also nicht – wie Descartes es noch vermutete – *selbst* willentlich denken, sondern vom Hirn *erdacht* werden. Das heißt: Unser Eindruck von uns selbst, von unserer geistigen Unabhängigkeit und Willensfreiheit wäre nichts als eine simple Illusion, die darauf beruht, daß das Gehirn alle Gedanken,

Worte und Handlungen einem „Selbstmodell“ zuschreibt – und zwar einfach, „*um seine Aktivitäten zu organisieren*“ (Dennett).

Diese beiden Beispiele beschreiben zwar Extrempositionen, die bei weitem nicht alle heutigen Bewußtseinsforscher teilen[17], aber sie zeigen sehr gut, wie man gedanklich im Kreis laufen kann und Forschungsergebnisse letztlich nur ein Ausdruck der zuvor abgepflockten Rahmenbedingungen sind. Die Annahme: „Es gibt nur das Materielle“ wird allen Überlegungen als Voraussetzung zugrunde gelegt – und scheint in der Folge, wie eine sich selbst erfüllende Prophezeiung, immer wieder neue Bestätigung zu finden.

## *Immaterielle Fähigkeiten*

Tatsächlich würde man zu ganz anderen Schlüssen finden, würde man das Ich – entsprechend allen menschlichen Lebenserfahrungen – als etwas dem Materiellen *Übergeordnetes* erkennen und das körperliche Gehirn als eine Art Allzweck-Werkzeug verstehen, das unserem seelischen Kern zu Diensten ist.

Unter diesen Voraussetzungen könnte man nun – um auf das erste der genannten Beispiele zurückzukommen – ebenfalls ganz schlaue, „menschennahe“ Computer- oder Roboterprogramme entwickeln. Aber man würde, auch wenn der Blechtrottel jeden noch so einfältigen „Bewußtseinstest“ besteht – oder (was auf Grund des Koordinationsaufwandes viel schwieriger wäre) sogar Holz hacken kann[18] –, niemals von menschlichem Bewußtsein sprechen. Denn dieses läßt sich – allen Machbarkeitsträumen, Frankenstein-Ideen und Science-fiction-Filmen zum Trotz – weder künstlich erzeugen noch im Labor reproduzieren.

Im übrigen ist es natürlich eine Umkehrung der Tatsachen, wenn man meint, daß aus der Fähigkeit, Informationen zu verarbeiten, Bewußtsein resultiert. Das Gegenteil ist der Fall: Nur dort, wo Bewußtsein besteht, können auch Informationen verarbeitet, also Wertigkeiten erkannt und Schlußfolgerungen gezogen werden. Daher programmiert ja bekanntlich immer der Mensch den Computer – nicht umgekehrt.

Auch in der Hirnforschung würden wohl ganz andere Schlußfolgerungen gezogen, wenn man ein übergeordnetes Ich annimmt. Zwar könnte man die Tatsache, daß unser einzigartiges „Königsorgan“ ausgeklügelte Bildgeschichten erfindet, eine subjektive Wirklichkeit prägt und der Formung des Bewußtseins dienlich ist, durchaus zur Kenntnis nehmen – wir werden später noch sehen, warum das so ist[19] –, doch auf den abwegigen Gedanken, daß unser Gehirn sich das Ich-Bewußtsein insgesamt erdenkt, würde man nicht kommen.

Auch die Experimente mit den zuvor beschriebenen Personen, deren Großhirn durchtrennt ist, oder die Entdeckung, daß bestimmte Hirnfunktionen entsprechenden Bewußtseinsprozessen zugeordnet sind, widerlegen nicht, daß das Gehirn nur ein *Werkzeug* für das (immaterielle) Ich ist. Es braucht ja gar nicht weiter zu verwundern, daß die Kommunikation zwischen dem inneren Wesenskern des Menschen und der physischen Außenwelt sich bei Split-Brain-Patienten auf unzusammenhängenden „Parallelschienen“ bewegt, wo doch das zuständige Kommunikationsorgan selbst gespalten ist und also seine Vermittlungsaufgabe nicht mehr sinnvoll erfüllen kann.

Der Standpunkt, daß unser Gehirn nur ein Werkzeug ist, während das bewußte Ich von keiner „Mechanik“ abhängt, hat zudem ein gewichtiges Argument an seiner Seite: Nur unter der Voraussetzung, daß unser Ich frei und willensfähig ist, erklärt sich die bis in die Fingerspitzen spürbare Bedeutung von Gewissensfragen, moralischen Werten, ethischen Zielen oder religiösen Geboten.

Wenn die Materialisten recht hätten, gäbe es letztlich ja keine Grundlage für derlei innere Werte. Ob und wie sich Bewußtsein entwickelte – irgendwann würde doch alle Welt vergehen, wie sie einst auch nur durch Zufall entstand. Insofern könnte man nicht einmal einem Massenmörder den Prozeß machen. Mit welchen Argumenten auch? Wenn es das Ich-Bewußtsein nur als Gehirn-Projektion, also gar nicht wirklich gibt, dann kann es auch keine persönliche Verantwortung geben …

Die materialistische Weltsicht läßt sich schlicht und einfach durch unser Menschsein ad absurdum führen.

Im ganzen Materialismus liegt bei näherer Betrachtung eine abgrundtiefe Trostlosigkeit. Dennoch scheinen es manche Forscher nicht nur als notwendig, sondern gleichermaßen auch als mutig anzusehen, sich dieser bodenlosen Weltsicht zu verpflichten, die ohne Sinn und Schöpfungszweck auszukommen vermeint. Aber vielleicht spielt dabei gar nicht der Mut die Rolle, sondern, im Gegenteil, eine versteckte Feigheit. Denn natürlich ist es auch recht bequem, einer Anschauungsweise zu huldigen, die es erlaubt, verantwortungslos dahinzuleben.

Ob sich also hinter den maschinistischen Interpretationen zur Entstehung unseres Bewußtseins vielleicht manchmal auch der Wunsch verbirgt, seine „biologisch bedingte" Selbstsucht hemmungslos ausleben zu können? Ich möchte diese Vermutung lieber nicht vertiefen und sie jedenfalls keiner hier genannten Forscherpersönlichkeit unterstellen.

Aus meiner Sicht läßt sich das herrschende materialistische Weltbild schlicht und einfach durch unser Menschsein ad absurdum führen – und zwar aus mehreren Gründen.

Zum einen: Wenn wir in dieser Welt aufbauend wirken wollen, Lebensziele verfolgen, wenn es also Sinn und Ziel *an sich* gibt, dann steht schon diese Tatsache allein der Vermutung entgegen, es wäre doch alles nur ein Spiel von Sinnlosigkeit und Zufall. Zudem könnte sich übrigens ein jeder, der die Wahrscheinlichkeitsrechnung beherrscht, auch rein mathematisch davon überzeugen, daß das Leben auf Erden nicht durch Zufall entstanden sein kann, sondern daß die bekannte Evolution einem zielgerichteten Willen folgen mußte, um in der zur Verfügung stehenden Zeit *die* Welt hervorzubringen, in der wir uns heute bewegen können.[20]

Aber das Menschsein führt den Materialismus eben auch durch unsere eigentümliche innere Lebendigkeit ins Abseits; ist es

> Intellektuelle Leistungen berühren nur einen kleinen Teil unserer großartigen inneren Erlebnis- und Gemütswelt.

für uns alle doch jederzeit erfahrbar, daß unser Leben im wesentlichen durch immaterielle Gegebenheiten geprägt wird. Wir besitzen die Fähigkeit, bewußt über uns nachzudenken, Ideen und Weltbilder zu entwickeln. Und außerdem zeichnet das Ich des Menschen noch etwas Entscheidendes aus; etwas, das unmittelbar mit unserer Erlebnisfähigkeit zu tun hat und zugleich die *Natur* des Menschseins beschreibt. Es ist das, was wir im Begriff *Menschlichkeit* zusammenfassen: Empfindungskraft und Gewissenhaftigkeit, unsere Fähigkeit zu Liebe und Gerechtigkeit, das Mitgefühl; in weiterem Sinn auch unser Verantwortungs- und Wertbewußtsein, unser Streben nach Ausdruck oder die Sehnsucht nach Eindrücken, unser Bedürfnis nach Kunst, Kultur, bleibenden Werten, der natürliche Schönheitssinn – und so weiter!

Alles das also, was unser Menschsein auszeichnet, hat mit intellektuellen Leistungen nur sehr bedingt zu tun. Diese berühren nur einen kleinen Teil unserer großartigen inneren Erlebnis- und Gemütswelt. Unsere eigentliche Natur, die uns dazu befähigt, so wunderbar lebensdurchflutete Empfindungen wie Liebe, Schönheit, Anmut, Treue oder Lebensfreude bewußt zu erleben, ist in ihrem Wesen immateriell. Daher sollte es auch nicht verwundern, wenn die Veränderungen unseres physischen Körpers – der Wachstums- und Alterungsprozeß – sich nicht direkt auf unser Innenleben auswirken. Dieses steht tatsächlich für sich; es folgt seinem eigenen Reife- und Entwicklungsgang.

## *Das alte „Leib-Seele-Problem"*

Wenn wir uns also auf Grund all dieser Überlegungen mit der Gewißheit zu beschäftigen haben, daß wir tatsächlich – wie der Wissenschaftspublizist Hoimar von Ditfurth eines seiner Bücher

betitelte – „nicht nur von dieser Welt“ sind, so tun sich damit freilich weitreichende andere Fragen auf, die im Sinne der angestrebten Selbsterkenntnis gründlich durchdacht werden wollen.

Zum Beispiel: Wie stehen Körper und Seele in Verbindung? Wie kann unser inneres Wollen in seiner nicht-physischen Eigenart etwas Physisches bewegen? Wie wirkt der Körper auf die Seele – und umgekehrt?

Dieses alte „Leib-Seele-Problem“, dieser „Weltknoten“, wie Arthur Schopenhauer[21] derlei Fragestellungen nannte, beschäftigt die Denker schon seit Hunderten von Jahren, und es wurden dazu verschiedene Theorien[22] entwickelt – nicht zuletzt wohl deshalb, weil sich dieses Problem auch innerhalb einer rein biologischen Betrachtungsweise stellt. Denn was immer das Wesen oder der Ursprung unseres Ich-Bewußtseins sein mag – Tatsache bleibt, daß diese Fähigkeit zu innerem Erleben sich im Laufe der Evolution eingestellt hat und uns Menschen seither einen beträchtlichen Vorteil gegenüber anderen Arten verschafft. Dieser Vorteil aber kann de facto nur bestehen, wenn das Bewußtsein auf den materiellen Körper einwirken, ihn mobilisieren kann. Daher: Wie macht das die Seele? Wie nimmt sie ihre physische Hülle in Besitz? Und woher, wenn nicht aus der Großhirnrinde, stammt sie?

Aber noch weitere grundlegende Fragen wollen gelöst werden: Wie spielen Gedanken, Gefühle und Empfindungen zusammen? Welche Aufgaben und Funktionen erfüllen sie in unserer Innenwelt? Und was ist ihre eigentliche Natur? Ist alles einfach „Geist“? Oder gibt es noch weitere – erlebbare – Abstufungen?

Diesen und vielen ähnlichen Themen sind die folgenden Buchkapitel gewidmet – und immer wieder werden wir dabei hart an die Grenze des verstandesmäßig Faßbaren herankommen und jedenfalls Tatsachen berühren, die jenseits der Möglichkeit einer wissenschaftlichen Beweisführung liegen.

Ein besonders behutsames Vorgehen ist daher angesagt, um den Boden der Wirklichkeit nicht zu verlassen. Zwangsläufig werden wir uns ja in Bereiche vorwagen, die man heute gemein-

hin der Esoterik zuschreibt – und die genießt bekanntlich keinen uneingeschränkt guten Ruf. Das liegt jedoch meines Erachtens nicht an den immateriellen Themen, mit denen sie sich beschäftigt – auch unsere Innenwelt gehört ja dazu –, sondern der Grund für die steigende Skepsis findet sich wohl in der Art, wie manche Esoteriker ihr „Geheimwissen“ vermitteln: nämlich offensichtlich im Glauben, sich in einem Bereich zu bewegen, in dem es auf Logik und Folgerichtigkeit nicht so sehr ankommt, in dem man alles behaupten oder bezweifeln kann, sofern es nur einigermaßen spektakulär und kosmisch klingt.

## *Leuchte und Stab*

Dieser Weg soll unsere Sache nicht sein, und es gibt zum guten Glück eine Alternative zu Halbwissen und Geheimniskrämerei in bezug auf Innenwelt-Ebenen, die jenseits unserer fünf Sinne liegen. Die Leuchte, die uns im folgenden den Weg erhellen wird, ist das Werk *„Im Lichte der Wahrheit – Gralsbotschaft“*[23] von Abd-ru-shin. Die Erklärungen in diesem Buch mit seinem für heutige Verhältnisse eher ungewöhnlichen Titel zeichnen sich dadurch aus, daß sie auf Schöpfungsgesetzen basieren, die der Leser erkennen und vor allem im eigenen Leben wiedererkennen kann. Der Verfasser verdeutlichte, daß die gesamte Schöpfung, also die Außen- und Innenwelt, von einheitlichen Gesetzmäßigkeiten durchzogen ist. Man kann sein Werk denn auch, wie es ein Wissenschaftler einmal ausdrückte, als „Physikbuch der feineren Stofflichkeiten“[24] beschreiben (wobei man allerdings keine trocken naturwissenschaftliche Sprache erwarten darf).

Der Verfasser der Gralsbotschaft hieß mit bürgerlichem Namen Oskar Ernst Bernhardt (1875–1941), stammte aus dem ostdeutschen Ort Bischofswerda nahe Dresden und betätigte sich vorerst als Kaufmann sowie als Bühnen- und Reiseschriftsteller, ehe er sich nach dem Ersten Weltkrieg ganz dem widmete, was er als seine eigentliche Aufgabe erkannte: eine wirkungsvolle Lebenshilfe durch die Erklärung von Schöpfungszusammenhängen zu bieten.

## *Der Weg zum Überblick*

Somit haben wir nun eigentlich alles im Gepäck, was wir für unsere Erkenntnis-Reise durch die Innenwelt benötigen. Die Grundlagen, die in uns selbst bereitet sein sollen, wurden angesprochen: Es müssen immer *eigene* Erlebnisse und Denkprozesse sein, etwas anderes wird nicht weiterführen. Auch philosophische Lehren, religiöse Überzeugungen oder wissenschaftliche Weltanschauungen können bestenfalls als Krücken auf dem ureigenen Erkenntnisweg eines jeden Menschen dienen. Ebenso ist klar, daß dieser Weg ohne die stete Bereitschaft, Grenzen zu überwinden, nicht gangbar ist. Denn das Thema Innenwelt ist kein naturwissenschaftliches oder philosophisches, kein mystisches oder religiöses, kein esoterisches oder spirituelles; es ist ein *menschliches*, so umfassend, wie es die Natur unseres Ichs eben ist, es berührt alle Bereiche, gehört aber keinem an und läßt sich mit vorgefaßten Meinungen gewiß nicht profund behandeln.

Außerdem sollte durch dieses erste Buchkapitel schon ein grober Überblick deutlich geworden sein, und ich möchte also in Erinnerung rufen, welchen „Reiseproviant" wir uns für unseren Weg zum Gipfel, also zum Überblick über die gesamte menschliche Innenwelt, zur umfassenden Selbsterkenntnis, bereits vorbereitet haben. Als Zusammenfassung beziehungsweise Schlußfolgerungen lassen sich aufgrund des bisher Gesagten fünf wichtige Punkte formulieren:

1. Unsere Innenwelt bietet uns die Möglichkeit, über die Welt und auch über uns selbst nachzudenken. Doch sie erschöpft sich bei weitem nicht in dieser Fähigkeit. Wir können auch fühlen und empfinden, alle Aspekte der *Menschlichkeit* leben.

2. Der *Verstand* ist ein wichtiger Teil der Innenwelt; er steht in engem Zusammenhang mit unserem Bewußtsein und formt ein subjektives Bild aus der objektiven Wirklichkeit. Ohne das Gehirn als „Brücke" ist menschliches Bewußtsein im physischen Körper undenkbar.

3. Der Kern unseres Inneren, um den sich letztlich alles dreht, ist das bewußte, erlebnisfähige *Ich*. Es ist immaterieller Natur und wird üblicherweise mit dem Begriff der *Seele* in Verbindung gebracht. Diese Seele hält eine enge Verbindung zum Körper und benützt den Verstand als Werkzeug.

4. Das bewußte Ich ist verstandesmäßig nicht abgrenzbar; es verändert sich stetig auf Grund seiner Lebenserfahrungen, bleibt aber unverändert in seinem Wesen als *Subjekt*, das die Fähigkeit hat, freie Entscheidungen zu treffen und dafür auch die geistige Verantwortung tragen muß.

5. In unserer Innenwelt treffen sich mehrere Ebenen beziehungsweise Einflußbereiche, zu denen auch Unbewußtes gehört. Wir können unterschiedliche Bewußtseinszustände erleben, die vom eher passiven Seinszustand, in dem der Mensch leicht zum Mitläufer wird, bis zum tiefen Selbsterfahrungs-Erlebnis reichen. Das Bewußtwerden läßt sich also als *Entwicklungsweg* begreifen, der aber nicht mit den Veränderungen des physischen Körpers in Zusammenhang steht.

Mit diesen Erkenntnissen befinden wir uns nun sozusagen im Basislager unserer Expedition. Nun müssen wir uns – die vielen hier im einleitenden Kapitel aufgeworfenen Fragen im Hinterkopf – mit der weiteren Reiseplanung beschäftigen. Also: Welcher Weg führt am schnellsten und ohne Ver(w)irrung zum Ziel?

Jedenfalls ein möglichst *bewußter!* Gedankliche Oberflächlichkeit verleitet dagegen zu Trugschlüssen, Fehlmeinungen und zweifelhaften Konsequenzen.

Inhaltlich wird unser Weg vorerst einmal hin zum menschlichen Gehirn und seinem wichtigsten Produkt, dem Verstand, führen. Wir werden uns mit dessen Arbeit und Zielsetzungen vertraut machen, mit der zentralen Bedeutung, die unser Erkenntnisorgan innehat. In weiterer Folge werden wir uns aber auch der geheimen Macht unserer *Gedanken* zuwenden, denn diese sind nur vermeintlich ein Produkt belangloser Gehirnströme. In der Gedankenkontrolle und zielorientierten Nut-

zung dieser Macht liegt, wie wir sehen werden, eine erste wertvolle Lebenshilfe.

In unserer Innenwelt treffen sich mehrere Ebenen und Einflußbereiche, zu denen auch Unbewußtes gehört.

Doch unsere Innenwelt ist, wie bereits deutlich wurde, nicht nur Gedanke. Eine wesentliche weitere Grundlage für das bewußte Erlebenkönnen der Welt, die aber ebenfalls noch sehr dem Körperlich-Gedanklichen verbunden ist, sind die *Gefühle.* Ihnen gilt das nachfolgende Wegstück unserer Expedition: Wir werden uns unter anderem mit Lust und Lebenshunger beschäftigen, und dabei eine zweite wertvolle Hilfe kennenlernen: nämlich die Sexualkraft.

Dann sollten wir bald jenen Punkt erreicht haben, der uns einen Überblick über das Zusammenspiel von Gedanken, Gefühlen und Körperkräften ermöglicht. Hier werden wir auch zahlreiche Lebenshilfen erkennen, die sich aus der bewußten Stärkung dieser Verbindung des Physischen mit der Psyche ergeben. Mithin sollten wir an diesem Überblickspunkt auch schon in der Lage sein, sogenannte „seelische Störungen" differenzierter zu beurteilen.

Aber worin liegt die *Natur* der Seele – eines Begriffes, der heute ja schon fast inflationär, jedenfalls aber für alles mögliche verwendet wird: von der „seelisch bedingten" Störung bis hin zur Kunstgattung des „Seelendramas"? Diese Frage flankiert das gesamte Wegstück unserer Expedition bis hin zu jenem „Zwischencamp" an der Grenze von Raum und Zeit, an dem der erste Band dieses Buches endet.

Jedoch werden wir schon erahnen können, daß der Weg noch weiter nach oben, noch näher zu unserem eigenen Ursprung führt. Wenn wir uns klar geworden sind über die Welt der Gedanken und Gefühle, über unsere Körper- und Seelenhüllen, dann wird uns auch aufgegangen sein, daß es da *noch* etwas gibt, jenseits aller Hüllen, tiefer und zugleich höher, nämlich – die strah-

lende, lebensdurchflutete geistige Wesenheit unseres innersten Kerns; das Ich. Uns selbst.

Zu diesem letzten Ziel unserer Expedition will der zweite Band dieses Buches begleiten. Dabei soll der dargelegte Weg in allen Abschnitten vor allem auch der praktischen Nutzanwendung dienlich sein. Denn sobald man die sinn- und entwicklungsorientierte Natur des menschlichen Geistes (wieder)erkennt, wird man die damit verbundenen Fähigkeiten und Möglichkeiten auch einsetzen wollen.

Ich hoffe, geschätzte Leserinnen und Leser, daß dieser „Reiseplan“ Ihr Wohlwollen findet, und vor allem auch, daß die *Faszination Innenwelt*, jedes bewußte Streben nach Selbsterkenntnis, auch unmittelbar vom Antrieb begleitet ist, die spirituelle, sprich: geistige Entwicklung aktiv voranzutreiben. Und das tut, wer die erkannten Lebenshilfen für sich nützt!

Das Streben nach Erkenntnis und Entwicklung gehört zu den urmenschlichen Eigenschaften. Die Sehnsucht nach geistigen Höhen drängt deshalb in uns, weil wir ein Stück dieser Höhen im Herzen tragen, einen Geistfunken, der hell lodern könnte, eine Flamme, die wir aber leider in dem passiv-dumpfen Dahinbrüten, das wir „bequemes Leben“ nennen, nahezu verkümmern ließen. Und so gipfelt das „Erkenntnisstreben“ des Konsummenschen im Enträtseln des jeweils neuesten Computerspiels oder in der Beobachtung der Alltags-Banalitäten im „Reality-TV“. Aber unser Leben ist nicht deshalb so wunderschön und lebenswert, weil wir eine schmucke Villa mit Plasma-Fernseher besitzen oder viele gute Freunde haben, sondern entscheidend ist, daß wir das alles *bewußt* erleben können. Und um dieses Bewußtsein sollten wir uns kümmern, sonst verkümmert es uns.

Über das, was uns am wichtigsten sein sollte, unsere Innenwelt nämlich, wissen wir am allerwenigsten. Aber die Nachlässigkeit, als Mensch keinen wirklichen Bezug zum Menschsein zu haben, kann lebensbedrohlich werden. Denn ohne Ziele und Ideale, gei-

stig gefangen in einem dummen, materialistischen Weltbild, werden sehr leicht gewissenlose, folgenschwere, ja, kaum wieder gutzumachende Entscheidungen getroffen. Und selbst dort, wo vermeintlich eine Hilfe geboten wird, ist es möglich, daß man in Wirklichkeit Schaden verursacht – eben, weil der nötige Überblick fehlt.

Die Sehnsucht nach geistigen Höhen drängt deshalb in uns, weil wir ein Stück dieser Höhen im Herzen tragen.

Es wäre falsch, jemandem einen bequemen Rollstuhl zu besorgen, wenn er zu seinem Heil eigentlich laufen lernen, Selbstüberwindung üben sollte.

## *Neues Wissen tut not!*

Neues Wissen um die Innenwelt tut also wirklich not. Wer heute in einem gängigen Nachschlagewerk in der Hoffnung blättert, etwas Klärendes zu Geist, Seele oder Bewußtsein erfahren zu können, wird bitter enttäuscht.

Mit dem Wort *Geist* wird üblicherweise die Verstandestätigkeit ebenso bezeichnet wie das nächtliche Spukgespenst; mit dem Begriff *Seele* beschreibt man, laut Duden, unter anderem das, was *„das Fühlen, Empfinden, Denken eines Menschen ausmacht"*[25]; und *Bewußtsein* wird, wie wir gesehen haben, abermals mit unserem Denkvermögen beziehungsweise mit anderen „psychischen Vorgängen" in Verbindung gebracht. Kurz: man dreht sich im Kreis.

Durch die nachfolgenden Kapitel sollte es eigentlich gelingen, dieser unseligen Rotation zu entkommen,[26] durch Innehalten und bewußte Selbsterfahrung Klarheit zu gewinnen. Und wenn der Nebel sich lichtet, werden auch die Lebenshilfe-Möglichkeiten, die uns allen zur Verfügung stehen, viel deutlicher zutage treten.

Sicher werden wir in absehbarer Zukunft wieder von Weltgesundheitstagen hören, die im Zeichen seelischer Erkrankungen

stehen. Doch ob wir die Zeit erleben, in der im Hinblick auf solche Störungen nicht mehr zu Toleranz und Integration aufgerufen werden muß, weil unsere Gesellschaft bereits gelernt hat, damit sinnvoll umzugehen? In der auch die Psychiatrie kein solches Tabu mehr ist, weil man den Ärzten, sobald sie um das Wesen dessen, was sie behandeln, Bescheid wissen, auch mehr Vertrauen schenken wird?

Werden wir die Zeit erleben, in der vor allem auch die Statistiken andere Zahlen aufweisen, weil die Menschheit geistig mündig geworden ist?

Unser Geist hat die Freiheit, sich seine Zukunft selbst zu gestalten. Im Wissen liegt die Macht, notwendige Änderungen anzubahnen.

# *Anmerkungen und Literaturempfehlungen*

*zu Kapitel 1*

*1* Die Transplantation menschlicher Köpfe wird von Chirurgen bereits als „machbar" bezeichnet, Versuche mit Affen verliefen erfolgversprechend, und es gibt Ärzte, die einen solchen Eingriff, wäre er „gesellschaftsfähig", bedenkenlos durchführen würden.

*2* Zum Thema „Schicksal" vgl.: „Expedition Innenwelt", Band 2, Kapitel 7

*3* Der Begriff „Esoterik" stammt aus dem Griechischen. „Esoterikos" heißt „zum inneren Kreis gehörig" und bezeichnete geheime Lehren, die nicht für die Allgemeinheit bestimmt waren – im Gegensatz zu den „Logoi exoterikoi", den für die Öffentlichkeit bestimmten Lehren. Im heutigen Sprachgebrauch ist „Esoterik" aber zum Modewort verkommen und beschreibt ein manchmal abgehobenes, hochtönendes Halbwissen, das mit einer Geheimlehre, die geistig fortgeschrittenen Menschen vorbehalten wäre, wenig zu tun hat.

*4* Der Naturwissenschaftler und Philosoph Karl Büchner tat im 19. Jahrhundert den gewichtigen Ausspruch: „Das Gehirn produziert Gedanken wie die Niere Urin." Seine Meinung ist im 21. Jahrhundert immer noch aktuell. Heute nehmen Gehirnforscher an, daß „Religion das Produkt eines Gehirnlappens ist, der auch die Epilepsie erzeugt" (Prof. Andrew Newberg, Prof. Eugene D'Aquili, Universität Pennsylvania, 2001).

*5* René Descartes (Renatus Cartesius) war französischer Philosoph, Mathematiker und Naturforscher. Er bemühte sich darum, ein geschlossenes mechanistisches Weltsystem zu errichten, in welchem der Philosophie die Rolle zukam, Prinzipien zu erklären und Erkenntniskriterien zu bestimmen. Descartes' Philosophie ist bis heute geachtet; seine Physik geriet durch die Arbeit Isaac Newtons in Vergessenheit.

*6* David Hume war Philosoph, Historiker und Sozialökonom. Er gilt als einer der größten Denker des 18. Jahrhunderts und war ein Vorläufer Kants.

*7* Auf die Schilderung von Ausnahmen wird in diesem Zusammenhang verzichtet. Es gibt natürlich Störungen, durch die der Mensch sich selbst sehr wohl „fremd“ werden kann.

*8* Angelus Silesius (= „der schlesische Bote“) hieß Johann Scheffler, stammte aus Breslau und war ein barocker Dichter, auch Arzt und Priester. Seine Lieder fanden Eingang sowohl in die katholischen als auch in die evangelischen Gesangsbücher. Er gilt heute als Mystiker. Die Mystiker des Hochmittelalters öffneten den dogmatischen Raum der Kirche für ein neues, empfindsameres, zum Teil aber auch ins Schwärmerische abgleitendes Verständnis von Gott, Welt und Mensch. Sie entfernten sich damit von den ordnenden, vernunftbestimmten Denk-Kategorien der vorangegangenen Scholastik. Wenn die Mystiker auch auf breiter Basis Zuspruch fanden, so genossen nicht alle das Vertrauen der Kirche. Meister Eckart, der Große unter der Mystikern des 13./14. Jahrhunderts, sollte zum Beispiel als Ketzer verurteilt werden, weil ihm die Kirche vorwarf, den Gedanken der Gott-Gleichheit der Menschenseele zu verkünden. Gegen diese Anklage (die nach seinem Tod aufgehoben wurde) trat Eckart mit entschiedenen Erklärungen an. Die von ihm als religiöses Erleben angestrebte „unio mystica“ setze eine demutsvolle Haltung voraus, die nach der Angleichung (= Anpassung) der Menschenseele an das Göttliche eine Vorwegnahme des Zustandes „ewiger Seligkeit“ erreichen will. Für Eckart bedeutete dies jedoch nicht den Wandel der Menschennatur zur Gott-Natur.

*9* Allerdings glaubte René Descartes, daß nur der Mensch eine bewußte Seele besitzt, nicht aber das Tier (wofür ihm als Beweis das einzigartige Sprachvermögen des Menschen diente), und er setzte auch „Bewußtsein“ mit „Intelligenz“ gleich – ein Schluß, der heute nicht mehr zu halten ist und im übrigen auch dem Materialismus gehörigen Vorschub leistete.

*10* Ich habe diesen Gedanken in meinem Buch „Die Wiederkehr Gottes“ ausführlich dargelegt: Verlag der Stiftung Gralsbotschaft, Stuttgart, 2000.

*11* Der Begriff „Psychoanalyse“ bedeutet zu Deutsch sinngemäß „Seelen-Zergliederung“.

*12* Dr. med. Sigmund Freud wirkte vor allem in Österreich. Um 1917 baute er seine Behandlungsmethode der „Psychokatharsis“ zur „Bewußtmachung und Abreaktion verdrängter und unbewußt gewordener seelischer Inhalte“ zur „Psychoanalyse“ aus.

*13* Zitiert aus: „Denn das sind wir: intelligente Maschinen“, in: GEO 2/1998, Verlag Gruner + Jahr, Hamburg

*14* Engl. „split brain“ = geteiltes Gehirn. Zu diesem Zustand kommt es, wenn bei einem chirurgischen Eingriff die Verbindung zwischen den beiden Großhirnhälften durchtrennt wird.

*15* Zitiert aus: „Die Suche nach dem Ich“, in: GEO 2/1998, Verlag Gruner + Jahr, Hamburg

*16* Zitiert aus: Franz Mechsner: „… also bin ich ein phänomenaler Zustand?“, in: „GEO Wissen; Intelligenz und Bewußtsein“, Verlag Gruner + Jahr, Hamburg, 1994

*17* Die Annahme, daß sich Bewußtsein auf bestimmte äußere Merkmale reduzieren läßt, ist ebenso heftig umstritten wie die Meinung, daß sich unser Bewußtsein tatsächlich nur auf Gehirnfunktionen zurückführen läßt.

*18* Zu diesem Thema vgl. Siegfried Hagl: „Was ist Intelligenz?“ in: „GralsWelt“, Heft 6/1998, Verlag der Stiftung Gralsbotschaft, Stuttgart

*19* Vgl.: Kapitel 2

*20* Vgl. Gerd Harms: „Von den Geheimnissen des Lebens“, Verlag der Stiftung Gralsbotschaft, Stuttgart, 2001; vgl. auch: „Die Wahrscheinlichkeit Gottes“, in: „Schöpfer und Mensch“, Grals-Welt-Themenheft 8, Verlag der Stiftung Gralsbotschaft, Stuttgart, 2001

*21* Arthur Schopenhauer (1788–1860) war deutscher Philosoph und Zeitgenosse Johann Wolfgang von Goethes. Seinem Werk „Die Welt als Wille und Vorstellung“ zufolge ist die äußere Welt an sich „Wille“, das heißt ein Lebenstrieb, der sich im Leib manifestiert.

*22* Dabei kann man zwischen „dualistischen“ und „monistischen Theorien“ unterscheiden. Im Dualismus gelten Körper und Geist als zwei unterschiedliche „Arten“, von denen man

entweder annimmt, daß sie aktiv aufeinander wirken (Interaktionismus); nebeneinander, aber nicht aufeinander wirken (Parallelismus); oder daß nur der Körper auf den Geist wirkt (Epiphänomenalismus). Im Monismus geht man dagegen von der Annahme aus, daß Geist und Materie aus ein und derselben „Substanz" bestehen, wobei es ebenfalls unterschiedliche Betrachtungsweisen beziehungsweise Theorien gibt. Ist das, was uns geistig erscheint, in Wirklichkeit Materie (Identitätstheorie)? Oder ist alles, was uns materiell erscheint, in Wirklichkeit Geist? (Panpsychismus)

*23* Abd-ru-shin: „Im Lichte der Wahrheit – Gralsbotschaft", Verlag der Stiftung Gralsbotschaft, Stuttgart, 1998. Das Gesamtwerk faßt 168 Einzelvorträge in drei Bänden zusammen, die dem Leser, sofern er sie in der gegebenen Reihenfolge liest, einen schrittweisen Aufbau bieten.

*24* Vgl. Dr. Friedbert Karger: „Folgen nicht-materieller Umweltverschmutzung", in: „GralsWelt – Zeitschrift für Geisteskultur und ganzheitliche Zusammenhänge", Heft 17/2000, Verlag der Stiftung Gralsbotschaft, Stuttgart

*25* Zitiert aus: „DUDEN – Deutsches Universal-Wörterbuch", Mannheim/Wien/Zürich, 1989

*26* Ich bitte dabei um Nachsicht, wenn ich mich in der Durchlichtung des herrschenden Begriffsdschungels auf unseren westlichen Kulturkreis beziehungsweise die deutsche Sprache beschränke. Mir ist bekannt, daß vor allem in der Weisheit Asiens Sinngehalte zum Ausdruck gebracht werden, die inhaltlich zum Teil etwas Ähnliches beschreiben wie die hier in der Folge klar abgegrenzten Begriffe. Es bleibe diesbezüglich dem Leser überlassen, entsprechende Brücken zu schlagen.

*Kapitel 2*

# *DIE MACHT DER GEDANKEN*

*Lesen Sie in diesem Kapitel:*

- *Forschungen am menschlichen Gehirn*
- *Widerstreitende innere Stimmen*
- *Bewußtsein und Tagbewußtsein*
- *Die Entstehung von Gedankenformen*
- *Die Erblast des Sündenfalls*
- *Lebenshilfe durch gute Gedanken*

»Jedem Menschen steht durch die Macht, Gedanken zu bilden, ein äußerst wirkungsvoller „Innenwelt-Speer“ zur Verfügung, dessen Spitze ihm einen Weg durch die Außenwelt bahnt.
Aus Gedanken werden Pläne und Taten, Gedanken beeinflussen unsere Gefühle und können den Körper in Wallung versetzen. Aber welche Kräfte wirken hier? Weshalb sind Gedanken so stark spürbar?«

## Kapitel 2

# Das Sein in Gedanken

Als Nobelpreisträger Albert Einstein (1879–1955), dessen Gedanken die Physik des 20. Jahrhunderts bekanntlich fundamental veränderten, in der Nacht zum 18. April 1955 im Krankenhaus der Princeton University (USA) 76jährig starb, begann angeblich eine abenteuerliche Geschichte rund um das Gehirn des genialen Denkers: Thomas Harvey, damals der Chefpathologe des Spitals, der die Obduktion durchführte, um Einsteins Todesursache festzustellen (es erwies sich, daß eine sackförmig erweiterte Arterie geplatzt war), entnahm dem Schädel des Toten auch das Gehirn, fotografierte es, zerschnitt es in 240 Teile, legte diese in eine Formaldehydlösung und dokumentierte alles mit Sorgfalt. Hintergrund dieses Vorgehens: Der Pathologe wollte über die grauen Zellen des Nobelpreisträgers einen Bericht schreiben. Dieser wurde aber nie veröffentlicht.

Schließlich mußte Thomas Harvey seine Kündigung zur Kenntnis nehmen und zog von Princeton fort. Das Gehirn Einsteins hatte er dabei – und damit etwas, das bald zum Kultobjekt werden sollte. Denn in der Folge gab es eine wachsende Fan-Gemeinde aus Wissenschaftlern, Privatforschern oder sonstigen Einstein-Verehrern, die sich bei Harvey um einen konservierten Gehirnteil bemühten. Manche von ihnen behaupteten auch, etwas davon abbekommen und bei eigenen Untersuchungen eigentümliche Besonderheiten darin entdeckt zu haben.

Gehirn und Intelligenz haben es unserer Gesellschaft angetan. Der Verstand regiert unumstritten als Herrscher.

Eine immer unüberblickbarere Geschichte über fragwürdige Forschungsergebnisse oder angebliche persönliche Bekanntschaften mit dem sagenumwobenen Gehirn nahm ihren Lauf, und auch den Medien war Einsteins unfreiwillige Hinterlassenschaft immer wieder mal einen launigen Bericht wert. Ein Journalist, der Thomas Harvey vor Jahren besuchte und dessen obskurem Besitztum besonders nahe sein durfte, geriet in einer daraufhin erschienenen Reportage in erdferne Entzückung. Er schrieb:

> *„Sein Hirn zu berühren ist, wie wenn man die Weißen Zwerge, die Schwarzen Löcher, den Urknall und die Geisterwellen berührt. Es ist, als reite man auf einem Lichtstrahl.“*[1]

Ob sich hinter solchen Worten nun weltentrückte Euphorie oder blanker Zynismus verbirgt, sei dahingestellt. Jedenfalls verdeutlicht die Geschichte um Albert Einsteins Gehirn – karikaturhaft überzeichnet –, welchen Stellenwert das menschliche Denkorgan in unserer Gesellschaft genießt: nämlich den höchsten. Es ist ja wirklich nichts erkennbar, das uns wichtiger wäre als ein toller Verstand.

So kann jemand sich heute eigentlich fast alles erlauben, selbst abscheuliche Untaten – sofern sie nur schlau eingefädelt sind und er also ein hohes Maß an Intelligenz beweist, genießt auch der Übeltäter eine gewisse Sympathie. Man liest in den Zeitungen dann nicht mehr vom verbrecherischen Dieb und Betrüger, vom menschenverachtenden Hochstapler und Rufmörder, sondern findet augenzwinkernde Beschreibungen wie „ausgekochtes Schlitzohr“, „Meisterdieb“ usw.

Gehirn und Intelligenz haben es unserer Gesellschaft angetan. Das ist es, was man mit dem Menschsein in erster Linie in Verbindung bringt. Der Verstand regiert als unumstrittener Herrscher über unsere soziale Ordnung, die Gesetzgebung, unsere Lebens-

träume und -ziele. Daß der Mensch noch andere Qualitäten besitzt, daß seine Innenwelt sich nicht im Denkvermögen erschöpft, scheinen wir vergessen zu haben.

Kein Wunder also, wenn man sich für das Gehirn eines Genies so sehr interessiert. Allerdings haben die Untersuchungen von Albert Einsteins Hirn bis vor wenigen Jahren keine wirklich aussagekräftigen Ergebnisse gebracht. Mit 1320 Gramm zeigte es ein durchschnittliches Gesamtgewicht, und man mußte also zur Kenntnis nehmen, daß viel Gehirnmasse allein noch kein Ausweis für ein brillantes Denkvermögen ist.

Erst vor einigen Jahren, als Thomas Harvey einige Einsteinsche Gehirnteile der McMaster University in Hamilton, Ontario (Kanada), zur Verfügung stellte – hier werden seit vielen Jahren sorgfältige Vergleichsstudien betrieben –, zeigten sich dann doch Besonderheiten. Demnach besaß der Nobelpreisträger, der selbst übrigens einmal behauptete, daß bei ihm „besonders starke Denkkraft (...) nicht beziehungsweise nur in bescheidenem Ausmaß vorhanden" sei, ein um 15 Prozent breiteres Gehirn, bei dem in beiden Hemisphären die Scheitellappen größer als üblich gewachsen waren. Außerdem sind diese Scheitellappen (Lobus parietalis) normalerweise ungleich groß;[2] bei Einstein jedoch war deren Größe identisch. Und zuletzt zeigte sich auch noch, daß dem Gehirn des Nobelpreisträgers etwas fehlte: nämlich das sogenannte Operculum parietale, das sonst den Scheitellappen bedeckt.

Nun stellt sich natürlich die Frage, wie aussagekräftig solche Vergleiche sind, welche Schlüsse man daraus ziehen kann. Sagt die Gehirnstruktur wirklich etwas über die Qualität des Menschen aus? Welche Bedeutung hat für das Ich dieses Wunderwerk unter unserer Schädeldecke?

## Forschungen am Gehirn

Ja, ein Wunderwerk der Natur ist das menschliche Gehirn tatsächlich! Und je mehr wir darüber erfahren, desto faszinierender wird das Thema Hirnforschung.

Daß die schwabbelige rosarote Masse in unserem Kopf eine ganz besondere Aufgabe hat, die unmittelbar mit unserem bewußten Erlebenkönnen in Verbindung steht, war dem Menschen schon lange klar. Allein: Es gab keine vernünftige Möglichkeit, dem geheimnisvollen, in unserem Körper an oberster Stelle angesiedelten Etwas auf den Grund gehen zu können. Einer Leiche das Gehirn zu entnehmen, brachte im allgemeinen keinen wirklichen Erkenntnisgewinn, und in einen lebenden Menschen konnte man nicht hineinschauen. Denkvorgänge wirklich zu beobachten war nicht möglich. Also blieb man auf Theorien und Vermutungen angewiesen – was die Forscher freilich nicht daran hinderte, aus ihren Annahmen phantasiereiche Lehrgebäude aufzubauen.

Vor allem versuchte man über lange Zeit, der Seele einen Platz im Kopf zuzuweisen. René Descartes vermutete ihren Sitz in der Zirbeldrüse; später stellte man sich mehrere Hirnkammern vor, die ihr Platz boten. Zu Beginn des 20. Jahrhunderts wurden sogar Hirnkarten publiziert, aus denen zum Beispiel ersichtlich werden sollte, welcher Bereich der Gewissenhaftigkeit dient, welcher der Moral oder der Selbstvervollkommnung.

Heute ist klar, daß alle diese Vorstellungen purer Unsinn waren. Denn unser Wissen über das „Königsorgan" des Menschen hat sich gegen Ende des 20. Jahrhunderts durch den Einsatz moderner Technologien dramatisch erweitert. In den Gehirnlabors benutzt man seit einigen Jahren Mikroelektroden und vor allem computerunterstützte Bildgebungsverfahren auf der Basis von sogenannten Magnetresonanz- und Positronenemissionstomographen, durch die nun sogar bereits die Möglichkeit besteht, die Tätigkeit des Gehirns am lebenden Menschen zu beobachten, ohne daß dabei sein Schädel geöffnet werden muß.

Wir brauchen uns mit diesen Forschungen hier nicht im Detail zu beschäftigen. Die grundlegendsten Erkenntnisse zu unserem Kosmos im Kopf verdeutlichen schon eindrucksvoll genug, welches Wunderwerk wir in unserem Leben tagtäglich benutzen, ohne darüber einen Gedanken zu verlieren:

**Unser Wissen über das Gehirn hat sich durch den Einsatz von modernen Technologien dramatisch erweitert.**

• Das eineinhalb Kilo schwere menschliche Gehirn trägt zwar im Durchschnitt nur rund 2 Prozent zum Körpergewicht bei, aber es benötigt für seine Arbeit 25 Prozent des Sauerstoffs und 70 Prozent des vom Körper insgesamt verbrauchten Zuckers.[3]

• Unser Gehirn besteht aus einer Anhäufung von ungefähr 100–120 Milliarden Zellen, den sogenannten *Neuronen*[4]. Damit man sich über diese Menge überhaupt ein Bild machen kann, wählte der Genfer Heilpraktiker und Buchautor Christopher Vasey in seinem Buch „Menschsein" folgende Vergleiche:

> *„Wenn jede Gehirnzelle so groß wie ein Sandkorn wäre (sie ist natürlich viel kleiner), würde man einen ganzen Lastwagen brauchen, um sie alle zu fassen. In einem Kubikmillimeter Gehirn – das Gehirn hat 1.400 Kubikzentimeter – beträgt das Netz der Verlängerungen der Neuronen fünf Kilometer. Würden alle Zellen des Gehirnes mit ihren Fortsätzen aneinander gereiht, so gäbe dies eine lange Kette, die zwanzigtausendmal den Äquator der Erde umschließen könnte."*[5]

• Faszinierend an unserem Gehirn ist aber nicht nur die Menge der Neuronen, sondern vor allem auch deren Funktionsweise. Jede der 120 Milliarden Zellen kann ihrerseits nämlich Signale von vielen anderen Neuronen erhalten und damit jene Verbindungen herstellen, die nach heutiger Erkenntnis für die Gehirntätigkeit entscheidend sind. Vasey:

> *„Die Gesamtzahl der möglichen Verbindungen und Anschlüsse – was der Arbeitsmöglichkeit des Gehirns entspricht – ist so hoch, daß es unser Vorstellungsvermögen übersteigt. Man schätzt, daß man, um sie alle zu zählen, eine pro Sekunde, 32 Millionen Jahre dafür brauchen würde."*[5]

• Allein im Großhirn dürften bis zu 28 Milliarden Nervenzellen für den Informationsfluß sorgen. Die Zahl der Schaltstellen

wird auf 2,8 Billionen geschätzt – und diese sogenannten *Synapsen* dürften wiederum noch viel mehr neuronale Entladungen bewirken. Damit also ist jenes kopfinterne Feuerwerk in Gang gesetzt, das sich mit den heutigen bildgebenden Verfahren, durch die sich die Forscher gewissermaßen ein Fenster ins Gehirn öffnen konnten, beobachten läßt.

• Der Blick durch dieses Fenster zeigt, daß bei bestimmten Tätigkeiten beziehungsweise Denkprozessen tatsächlich auch bestimmte Regionen des Gehirns aktiv sind. So hat man im Großhirn jeweils die Zentren entdeckt, die mit den fünf körperlichen Sinnen in Zusammenhang stehen, und man kennt auch viele andere Regionen, die zum Beispiel bei Gefühlen anspringen und bewußten oder unbewußten Fähigkeiten (Lesen, Rechnen, Sprechen, Atmen etc.) dienen. Aber diese Zentren sind nicht immer klar abgegrenzt. So werden beim Verstehen und Produzieren von Sprache große Teile des ganzen Gehirns aktiv[6], und man hat auch erkannt, daß Männer und Frauen ihre grauen Zellen unterschiedlich benützen.

• Über das Funktionieren des Gedächtnisses weiß man heute ebenfalls bereits gut Bescheid: Erinnerungen sind nicht – wie man es lange Zeit vermutete – deshalb abrufbar, weil im Gehirn auf Grund jedes Ereignisses in unserem Leben Proteine gebildet und eingelagert werden (sonst würde uns das Gedächtnis durch sein Gewicht irgendwann niederdrücken!), sondern weil zwischen den einzelnen Zellen *Verbindungen* entstehen.[7] Und immer wenn ein Gedächtnisinhalt in Erinnerung gerufen wird, verstärken sich diese Verbindungen. Überdies hat man entdeckt, daß im sogenannten *Hippocampus* (einer Hirnregion, die beim Lernen beziehungsweise für die Gedächtnisbildung wichtig ist) auch neue Nervenzellen nachwachsen können. Lange Zeit hielt man das für unmöglich. Das Gehirn reagiert also mit größtmöglicher Flexibilität auf alle Anforderungen, die ihm gestellt werden.

• Aus der Zusammenfassung von Gedächtnisinhalten und der gleichzeitigen Verarbeitung äußerer Eindrücke vermittelt uns das Gehirn ein Bild von der Wirklichkeit. Wir erleben die Welt immer durch den „Filter“ unseres Gehirns – also subjektiv, nicht objektiv.

**Unsere gesamte Wahrnehmung ist auf einen Drei-Sekunden-Takt des Gehirns abgestimmt. Dieser Takt regiert auch alle Gespräche.**

• Wie man außerdem entdeckt hat, entsteht dieses eigenpersönliche Abbild der Wirklichkeit nicht in Form eines kontinuierlichen Stroms, sondern in einem Takt von ungefähr drei Sekunden. In diesem Rhythmus entwickelt das Gehirn jeweils eine neue „Insel der Gegenwart", wie es der deutsche Bewußtseinsforscher Prof. Ernst Pöppel[8] ausdrückt: Es sammelt alle unmittelbar verfügbaren Informationen, setzt sie miteinander in Beziehung und formt daraus einen „subjektiven Moment"[9]. Auf diesen Drei-Sekunden-Takt des Gehirns ist unsere gesamte Wahrnehmung abgestimmt – und daher auch alles, was harmonisch unser Inneres erreichen will. Man hat festgestellt, daß alle Verszeilen in der Lyrik, egal aus welchem Land, ebenso in diesem Rhythmus schwingen wie die Werke berühmter Komponisten. Auch in jedem Gespräch versuchen wir unbewußt, diesem Takt gerecht zu werden und setzen, sobald wir etwas sagen, im 3-Sekunden-Rhythmus kurze Pausen, die üblicherweise allerdings kaum bemerkbar sind. Bewußt wird uns die Notwendigkeit dieses Taktes allenfalls, wenn jemand, um ihn einzuhalten, allzu viele „Äähs", „Ööhs" oder „Mmms" in seine Rede einfügt – oder überhaupt den Rhythmus vergißt. Das geschieht zum Beispiel, wenn ein Sprecher einen Text vom Blatt liest. Bei solchen „taktlosen" Vorträgen, denen man nur schwer folgen kann, suchen die Zuhörer unter Garantie bald das Weite – entweder physisch oder indem sie einschlafen.

• Neuere Forschungen zeigen auch, daß die Bedeutung des Kleinhirns bisher unterschätzt wurde. Man wußte zwar, daß es eine übergeordnete Funktion erfüllt, nämlich die Bewegungskoordination, konnte es aber ansonsten mit keinen bedeutenden Prozessen in Verbindung bringen und erachtete es daher als eher unwichtig. Nun aber fanden Forscher des Research Imaging Center (RIC) an der Universität von Texas in San Antonio (USA) her-

aus, daß im Kleinhirn mehr Neuronen feuern als im gesamten Rest des Gehirns.[10] Neuere Untersuchungen zeigen außerdem, daß die Funktionen dieses Gehirnteils allgemein auch viel mit unserer Wahrnehmung zu tun haben.[11] Dies läßt auf eine zentrale Bedeutung des Kleinhirns für unser Bewußtsein schließen.

In ähnlicher Art könnte noch über viele weitere interessante wissenschaftliche Erkenntnisse zum menschlichen Gehirn berichtet werden, und man darf außerdem annehmen, daß dieser Forschungsbereich künftig weiterhin zu den wichtigsten überhaupt zählen wird. Denn angesichts dessen, was Wissenschaftler über *„das Faszinierendste, was die Evolution hervorgebracht hat"* (Nobelpreisträger Eric Kandel über das menschliche Gehirn) in den letzten Jahren erkennen konnten, stehen bereits weitreichende medizinische Möglichkeiten in Aussicht – etwa in der Behandlung von Alzheimer, Altersdemenz oder Depressionen.

Wir wollen an dieser Stelle den Laborbereich jedoch verlassen. Das für unser Thema Entscheidende wurde durch die geschilderten Ergebnisse der Gehirnforschung bereits klar: In unserem Kopf findet offensichtlich alles seinen Widerhall, was so untrennbar zu unserem Menschsein gehört: Gedanken, Gefühle, Fähigkeiten; im Gehirn werden Eindrücke verarbeitet, bewertet, zwischengespeichert, erinnert oder vergessen, und die grauen Zellen steuern auch unsere Ausdrucksmöglichkeiten: Körperbewegungen, Sprache, Mimik.

Es sollte also nicht verwundern, wenn viele Forscher das Gehirn zum Zentrum des Menschseins erheben und es zugleich als Inbegriff unserer Lebendigkeit ansehen. So gilt jemand heute medizinisch bekanntlich als tot, sobald Gehirnfunktionen nicht mehr nachweisbar sind.[12] Und wenn Chirurgen von der Utopie sprechen, einen menschlichen Kopf zu verpflanzen, dann bezeichnen sie so etwas nicht etwa als Hirn- oder Kopftransplantationen, sondern sie sprechen von „Ganzkörpertransplantation". Denn was sonst als das „Königsorgan" gilt es zu erhalten?[13]

Kurzum: Die bisherigen Einblicke in das Wunderwerk Gehirn, von dessen umfassender Tätigkeit uns überdies nur ein klei-

ner Teil bewußt ist, hat den Begriff einer menschlichen Seele in der Forschung weiter denn je ins Abseits gedrängt; schließlich hat man im Kopf nichts derlei gefunden!

Nun kann man zwar argumentieren, daß dies nicht weiter verwunderlich ist – denn wie um alles in der Welt sollte man etwas Immaterielles messen oder beobachten können? –, aber die zentrale Frage bleibt: Ist die Annahme einer Seele im 21. Jahrhundert nicht endgültig überholt? Umfaßt die Gesamtheit der Gehirntätigkeit nicht tatsächlich schon alles, was zu unserem Ich gehört?

Man darf diese Frage getrost mit Nein beantworten – und zwar aufgrund jenes Wortes, das diesem Buch den Titel gab: Innenwelt. Denn so faszinierend der Blick ins Kopfinnere auch sein mag: das perfekte Zusammenspiel der sogenannten Axonen[14], Dendriten[15] und Synapsen[16] hat letztlich nichts mit unserer wunderbaren Erlebnisfähigkeit zu tun. Unter der menschlichen Schädeldecke findet man eine puddingartige Masse von Materie – aber keine ergreifenden Bilder, Töne, Gerüche und Geschmäcker; eine unvorstellbare Anzahl von Neuronen, die sich bilden, zusammenschließen und in ihren Verbindungen gegenseitig verstärken – aber nicht Lebensfreude, Gemütlichkeit, Sehnsucht.

Wir haben schon erörtert, daß es falsch wäre, die beobachtbare Gehirntätigkeit, die Summe der Fähigkeiten unseres Zentralorgans, als Bewußtsein zu bezeichnen. Denn auch dieses phantastische Organ gehört, wie jedes andere Körperorgan auch und wie letztlich alles Physische, zur *Außenwelt*.

Wie aber entsteht die Innenwelt?

## *Die „Schnittstelle" zur Innenwelt*

Außenwelt ist, um es in dieser Weise einmal auf den Punkt zu bringen, die meßbare physikalische Wirklichkeit, naturgesetzliche Dynamik, eine endlose Kette von Wechselwirkungen, und es lassen sich – rein physikalisch betrachtet – weder im Gehirn noch irgendwo sonst im äußeren Weltall Punkte als Zentren definieren oder vor anderen hervorheben.

*Wir* aber erleben eine Schöpfung der heimatlichen Wiesen und geheimnisvollen Wälder, der majestätischen Berge und einladenden Täler – und uns selbst als Zentrum von alledem. Dieses *Erleben* stammt aus unserer Innenwelt. Aber wie kommt es zustande?

Nun kann uns der äußere Blick auf das Gehirn nicht mehr weiterhelfen.

Wir können nur feststellen, daß dieses Innenwelt-Erlebnis untrennbar zu unserem *subjektiven* Bewußtsein gehört – und daß es daneben, wie die Naturwissenschaften bewiesen haben, noch eine *objektive* Realität gibt. Allerdings wäre es ein Fehlschluß zu meinen, daß nur die physikalische Welt der atomaren und subatomaren Teilchen, der Wellen und Strahlen – oder wie immer man das Wesen der Stofflichkeit beschreiben mag – wirklich sei. Im Gegenteil: Für uns Menschen geht es im Grunde *nur* um die subjektive *Wirk*lichkeit, um das, was für uns *wirk*end und *wirk*ungsvoll ist, es geht also um *unsere* Art, die Welt zu erleben, denn nur diese Art entspricht dem menschlichen Ich-Bewußtsein.

Ich möchte nun einen schon im ersten Kapitel wiederholt geäußerten Gedanken in Erinnerung rufen: daß unser innerster menschlicher Wesenskern *immateriell* ist, also aus einer Ebene jenseits der physikalisch faßbaren Wirklichkeit stammt. Formulieren wir, auf diesem Gedanken aufbauend, nun einmal eine erste wichtige Grundaussage:

Nehmen wir an, daß unser Ich seine subjektive Art, die Schöpfung zu erleben, *von seinem Ursprung her mitbringt*, daß es also in *unserem* ureigensten Wesen liegt, lichtüberflutete Seen, grünende Wiesen – oder allgemein ausgedrückt: die Schönheit der Schöpfung *bewußt* genießen zu können.

Wenn wir nun aus einem konkreten Grund, über den noch zu sprechen sein wird[17], hier in dieser physischen Welt existieren, dann werden wir diese Welt natürlich immer nur so erleben, wie es in unserer immateriellen Eigenart liegt. Daraus folgt, daß ein und dieselbe äußere Situation – der Weg durch einen Park, die Betrachtung einer Blume, der Ritt auf einem Pferd – von jedem Menschen subjek-

tiv anders erlebt wird. Objektiv mag Blau immer blau sein, der Ton C stets die gleiche Schwingung haben und 1 Minute immer exakt meßbare 60 Sekunden dauern; subjektiv aber erlebt jeder Mensch seine eigene Welt aus Farben, Tönen und Zeitspannen.

**Unter der Schädeldecke findet man puddingartige Materie – aber keine ergreifenden Bilder und Töne. Wie also entsteht Innenwelt?**

Darin liegt gar kein besonderes Geheimnis, denn jeder weiß aus Erfahrung, daß im subjektiven Erleben eine Minute sehr lang (wenn der Zahnarzt bohrt) oder extrem kurz sein kann (wenn man einem geliebten Menschen zugeneigt ist); daß man ein und denselben morgendlichen Sonnenaufgang, je nach Stimmung, ganz unterschiedlich erleben kann.

Das immaterielle Ich, unser menschlicher Wesenskern, steht also als geheimnisvolles *Subjekt* in der äußeren Welt und erlebt diese ganz nach seiner *inneren* Eigenart. Und *erleben* heißt: sieht, hört, riecht, fühlt usw. Nicht unsere Augen, Ohren und Finger tun das, nicht die Nerven und auch nicht das Gehirn, sondern *wir selbst* erleben. Das Wunderwerk des Körpers dient uns nur zur *Vermittlung* der Eindrücke.

Aber natürlich ist dieses subjektive Erleben der Welt keine „Einbahnstraße"; wir erleben sie nicht nur, sondern wir *wollen* die Welt erleben. Das heißt, wir bringen unsere Entschlüsse und Entscheidungen zum Ausdruck, um eben etwas *Bestimmtes* erleben zu können, wir lenken unser Bewußtsein in diese bestimmte Richtung, und das Gehirn ist uns dabei als zentrale Koordinationsstelle für alle physischen Vorgänge zu Diensten: die Sinnesorgane bringen uns all das nahe, wonach unser inneres Sinnen drängt und strebt, und der materielle Körper bietet die nötigen Werkzeuge zur Formung von Gedanken, Worten und Taten, um unser inneres Wollen in der äußeren Welt zu verankern.

Wenn also klar ist, daß die bewußte Erlebnisfähigkeit des Menschen einzig und allein aus seinem immateriellen Kern resul-

> Jeder erlebt anders – aber es liegt in unserem Wesen, die Schönheit der Welt bewußt genießen zu können.

tiert, also zur geistigen Eigenart des Ichs gehört, dann läßt sich aus dieser Sicht auch die zentrale Aufgabe des Gehirns beschreiben: es erfüllt die entscheidende *Schnittstellen-Funktion* zwischen der physischen Außenwelt und unserer Innenwelt. Um die Wertigkeiten klarer zu verdeutlichen, könnte man auch sagen: Der Verstand ist unser *Diener*, und er führt uns durch eine Welt, die uns im Grunde wesensfremd ist: die physische Außenwelt.

## *Ein Herr und sein Diener*

Es muß nun also darum gehen, die Prinzipien in diesem Zusammenwirken zwischen dem bewußten Ich, also dem Wesenskern des Menschen, und seinem Werkzeug zu durchschauen, denn erst dann wird uns die Funktionsweise des Gehirns wie in der Folge auch unsere Gedankenwelt klarer werden. Und das war es ja, was wir mit dem ersten Wegstück auf unserer Innenwelt-Expedition erreichen wollten.

Auf diesem Weg soll uns nun eine Parabel begleiten, die das Gleichnis vom Verstand als unserem Diener zum Ausdruck bringt und gleichzeitig – aus gutem Grund – uns selbst zum Hauptdarsteller erhebt.

Nehmen wir also an, wir leben in einem paradiesisch schönen Königreich voller Frieden, Harmonie und freudiger Tätigkeit. Das Reich wird von einem gütigen König regiert, einem edelmütigen Herrscher, der um das Wohl aller bemüht ist. Es geht uns gut in diesem lichten Reich, das uns Heimat ist, seit wir denken können – und doch verspüren wir einen seltsamen Drang in uns, es zu verlassen, hinauszuziehen in die Welt, Neues kennenzulernen. Das Erleben lockt.

Mit diesem Wunsch wenden wir uns an den König. Dieser kennt unseren jugendlichen Erlebnisdrang. Er weiß, daß wir die Erhabenheit seines lichten Reiches noch nie so recht begriffen haben und daß wir gerade die Erfahrungen fern der Heimat für unsere Entwicklung nötig haben. Daher entläßt er uns auf jene große Reise, die alle jungen Menschenkinder antreten dürfen: die Fahrt der tausend Wochen.

Tausend Wochen dürfen wir unterwegs sein, und wir erhalten für unsere Fahrt alles, was wir benötigen. Im Ausgleich dafür ist es unser Auftrag, draußen in der Welt vom Reich unserer Herkunft zu künden und das vertraute Leben in Frieden und Harmonie auch in den Niederungen zu verankern.

Ja, es sind Niederungen, in die wir hinausziehen werden, gibt uns der König warnend zu bedenken, es ist eine kalte, vergängliche und auch gefährliche Welt, in der Kampf zum Lebensgesetz gehört. Und deshalb weist unser Herrscher uns einen Begleiter zu, einen aus eben dieser Welt stammenden Diener, der uns auf allen Wegen voranhelfen und beschützen soll. Wobei es für unseren gemeinsamen Weg eine Bedingung gibt: Stets muß dieser Diener, so gewitzt und weltgewandt er auch ist, *uns* folgen, nie dürfen wir seine Wege wandeln. Außerdem wird uns noch ein Rat erteilt, ein Gebot: Wir sollen Buch führen über unsere Reise, Rückschau halten auf jede Woche des Erlebens – und niemals vergessen, daß wir nach Ablauf der gewährten Spanne Zeit wieder zurück in unserer Heimat sein müssen. Andernfalls, so warnt uns der König, könnten wir qualvoll sterben ...

Unseren Auftrag im Herzen, das königliche Gesetz in Erinnerung, sein Gebot vor Augen und getrieben von brennendem Erlebnishunger, ziehen wir also hinaus in jene fernen Lande, denen unser Diener entstammt. Dieser weiß sehr genau, wie man hier überlebt, drohenden Gefahren begegnet und sich jederzeit die bestmöglichen Vorteile verschafft. Er erweist sich als außerordentlich schlau, aber ... er ist kein gemütvoller Zeitgenosse, kennt weder moralische Werte noch hohe Ziele, hat auch kein Gewissen. Er weiß nichts von dem Auftrag, den wir von unserem König er-

halten haben; für übergeordnete Zusammenhänge hätte er auch keinen Sinn. Aber er arbeitet schlau und effektiv, unermüdlich, lebt nur seiner Aufgabe. Er weist uns zuverlässig auf alles hin, was uns auf unserer Fahrt schützen oder zum Vorteil gereichen könnte, er entwickelt immer wieder erstaunliche Strategien, wenn es darum geht, die gewünschten Ziele zu erreichen, und er führt sogar viele seiner Aufgaben selbsttätig durch, ohne daß wir uns eigens darum kümmern müßten.

Kein Zweifel: Es ist ein angenehmes Leben, das unser Diener uns bereitet ... –

An dieser Stelle sei die Geschichte unterbrochen; wir werden sie später weiterverfolgen. Das, was für unser Thema, also zum Verständnis des Zusammenwirkens zwischen dem immateriellen Ich und dem Verstand, vorerst einmal wichtig scheint, ist folgendes:

Der Diener, der uns durch das rauhe, dunkle Land begleitet, also durch die physische Stofflichkeit, ist unser Gehirn beziehungsweise der Verstand. Dieser kennt von sich aus tatsächlich keine Ethik oder Moral, keine hohen Lebensziele und kein Gewissen, denn all das kann ja nur die Sache eines bewußten, sinn- und zielorientierten Ichs sein. Es ist *unsere* Aufgabe, durch entsprechende Willensentschlüsse aufbauend, fördernd und erhaltend zu wirken, nicht die unseres Dieners. Denn der entstammt ja der unbewußten Stofflichkeit. Er verfügt allerdings über alle entscheidenden Fähigkeiten, die zum Überleben in der physischen Welt nötig sind: Klugheit, Berechnung, Anpassungsfähigkeit usw.

Wenn wir nun die Funktionsweise des Gehirns näher betrachten, dann finden wir darin alle beschriebenen Eigenschaften unseres Dieners wieder:

• Das Gehirn sorgt für vieles selbsttätig, ohne daß uns dies bewußt wird. Es koordiniert die Körperfunktionen, steuert beispielsweise die Atmung, verarbeitet Einzelheiten aus der Außenwelt zu einem Gesamteindruck usw.

• Das Gehirn versetzt uns über den Körper automatisch in Alarmstimmung, wenn Gefahr droht. Es aktiviert uns, wenn sich

ein bedeutend erscheinendes Lebewesen nähert, und je näher uns eine mögliche Gefahr ist, desto hellwacher sind wir.

Diese Tatsache macht sich beispielsweise auch die Werbepsychologie zunutze, indem sie bestimmte aktivierende Bilder verwendet. Man weiß etwa, daß Fotos, die Lebewesen zeigen, immer stärker als Sachaufnahmen wirken; Menschen wiederum noch stärker als Tiere (die entscheidende Lebensgrundlage für den Berufsstand der Fotomodelle!). Und je näher ein Mensch uns ist, desto stärker aktiviert er. Von Angesicht zu Angesicht droht die größte Gefahr, deshalb wirken auch Bilder, die nur Gesichter oder ein Augenpaar zeigen, viel eindringlicher auf uns als Aufnahmen von weiter entfernten Menschen.

Daneben hat man auch noch viele andere Aktivierungsprinzipien entdeckt: Warme Farben (Rottöne) wirken stärker als kalte, denn Wärme ist Nähe; runde Formen stärker als eckige, denn Lebewesen sind bekanntlich niemals eckig; schräggestellte Schriftbalken im Prospekt stärker als nicht geneigte; denn vom „herabstürzenden Balken" droht Gefahr usw.[18]

Interessant dabei ist, daß alle diese Aktivierungsabstufungen nicht willentlich beeinflußt werden können, daß sie also unbewußt verlaufen. Wenn jemandem zum Beispiel bei einem entsprechenden Versuch zwei nebeneinanderliegende Bilder gezeigt werden – auf dem ersten ein menschliches Gesicht, auf dem zweiten eine Naturaufnahme – und man legt ihm diese Bilder nur für den Bruchteil einer Sekunde vor, so kurz, daß er nur die Gelegenheit hat, *eines* davon wahrzunehmen, dann fällt der Blick jedes Menschen ausnahmslos auf das stärker aktivierende Bild. Das heißt, unser Gehirn lenkt in bestimmten Fällen ohne willentliches Zutun unsere Aufmerksamkeit, weil unter Umständen Gefahr im Anzug ist. Anders ausgedrückt: Es tut seinen Dienst!

• Eine weitere Eigenart unseres Dieners, die stärker in den *bewußten* Verstandes-Bereich hineinwirkt, liegt darin, uns *Vorteile* zum Bewußtsein zu bringen, also unsere Aufmerksamkeit auf all das zu lenken, was nützen könnte. Sobald irgendwo mögliche Vorteile erkennbar werden, sind wir sofort aktiviert, denn auch

das gehört zu der unserem Körper eingepflanzten Überlebensstrategie.

Eine Tatsache, die sich die Werbeindustrie – unschwer erkennbar – ebenfalls geschickt zunutze macht: Allerorts locken Sonderangebote, Gratis-Geschenke oder Gewinnspiele; die Geschäfte sind gefüllt mit Vorteils- und Vorzugsangeboten, und wenn schon der Preis keine lockende Besonderheit bieten kann, dann vielleicht die Produktmarke. Es kommt unserem Verstand auch gar nicht darauf an, ob ein Vorteil echt ist oder uns wirklich dient. Etwas ethisch oder moralisch zu bewerten, ist seine Sache nicht, und wenn wir ihm im Vorteilsstreben freien Lauf lassen, dann bedient er sich auch Strategien, die wir in unserer bewußten Wahrnehmung als Lüge, List und Tücke beschreiben würden. Aber der Verstand an sich agiert eben nicht bewußt; er sucht nur nach Strategien, Möglichkeiten, Wegen für uns.

Glücklicherweise aber sind wir frei darin, einem Ratschlag unseres Dieners zu folgen oder nicht, denn niemand *muß* eine „günstige Gelegenheit" zum Diebstahl nützen oder zwangsläufig das nächstbeste Sonderangebot kaufen. Nein, unser Ich kann willentlich entscheiden, ob wir uns einem (vermeintlichen) Vorteil hingeben oder lieber die Finger davon lassen. Unser Diener ebnet immer nur die Wege.

• Das zeigt sich beispielsweise auch im Prinzip der sogenannten *Gedächtnisordnungen*: In unserem Gehirn werden die Bezüge zu Erfahrungen und Erlebnissen nicht etwa wahllos, sondern nach einem klaren Ordnungsprinzip gespeichert. Was uns wichtig ist, hat im Gedächtnis Vorrang, und was Vorrang hat, bildet die Grundlage für die Aktivierung bei weiteren Erfahrungen.

Wenn jemand zum Beispiel ein eifriger Sammler von Musikkonserven ist, wird ihm das Erlebnis, vor Verkaufsregalen mit Hunderten hübscher CDs zu stehen, sie anzusehen, anzufassen usw. eine entsprechend intensive Erinnerung bescheren, die im Gedächtnis ihren Widerhall findet – und zwar auf Grund des Ordnungsprinzips derart, daß er beim nächsten Mal, wenn er wieder vor einem passenden Geschäftslokal steht, dazu angeregt

wird, es zu besuchen. Wenn die Prägung des Themas „Musikkonserve“ im Gedächtnis noch stärker ist, wird er vielleicht sogar in jeder neuen Stadt, die er kennenlernt, bewußt nach passenden Geschäften Ausschau halten usw.

> Die Werbewirtschaft macht sich die Funktionsweise unseres Gehirns ganz gezielt zunutze.

Ich habe dieses etwas banale Beispiel gewählt, um zu verdeutlichen, daß Gedächtnisordnungen[19] *immer und überall* unser Verhalten beeinflussen. Sie filtern die Wirklichkeit, lenken unser Augenmerk entsprechend dem ursprünglichen Wollen.

Plakativere Beispiele für die menschliche Eigenart, sich auf Grund von Erfahrungen eine höchst subjektive Weltsicht zu formen, mag sich der Leser selbst vorstellen – man denke etwa an den eifersüchtigen Liebhaber, der in jeder harmlosen Bekanntschaft seiner Frau eine drohende Konkurrenz vermutet …

In dieser Art könnte man nun noch über weitere Details der Gehirntätigkeit sprechen, die das Arbeitsprinzip unseres Dieners verdeutlichen, doch wir wollen es bei den angeführten Punkten belassen. Das Entscheidende kam ja bereits zum Ausdruck: Der Verstand *dient* dem menschlichen Ich, durch seine Tätigkeit erhalten wir als Geistwesen Verbindung zur physischen Welt. Aber der Verstand bedarf einer bewußten Führung.

## *Die Glieder einer Kette*

Unsere innere Erlebnis- und Empfindungsfähigkeit bedarf also einer Schnittstelle zur Außenwelt – diese Funktion erfüllt das „Haupt-Organ“ Gehirn.

Dabei vollzieht sich die Zusammenarbeit zwischen dem immateriellen Geist und dem materiellen Gehirn in mehreren Abstufungen. Abd-ru-shin beschreibt in seinem Werk „Im Lichte der Wahr-

heit“ einen Kommunikationsweg, der auf der körperlichen Ebene beim Sonnengeflecht beginnt und sich weiter über das Klein- und Großhirn fortsetzt. In Kenntnis dieser Zusammenhänge ist es nicht verwunderlich, wenn man die Bedeutung des Kleinhirns für unsere bewußte Wahrnehmung entdeckt – oder auch die des Sonnengeflechts. Dieses Nervenzentrum in der Bauchgegend dient dem Geist als Brücke, über die wir unser Wollen in Form von Kraftwellen an den physischen Körper weiterleiten:

> *„Die Tätigkeit des Menschengeistes ruft in dem Sonnengeflecht die Empfindung hervor und beeindruckt dadurch gleichzeitig das kleine Gehirn. Die* Auswirkung *des Geistes. Also eine Kraftwelle, die von dem Geiste* ausgeht. *Diese Welle empfindet der Mensch natürlich dort, wo der Geist in der Seele mit dem Körper in Verbindung steht, in dem Zentrum des sogenannten Sonnengeflechts, das die Bewegung weitergibt nach dem kleinen Gehirn, welches davon beeindruckt wird.*
>
> *Dieses kleine Gehirn formt je nach der bestimmten Art der verschiedenartigen Beeindruckung einer photographischen Platte gleich das Bild des Vorganges, den der Geist gewollt hat, oder den der Geist in seiner starken Kraft durch sein Wollen formte.* Ein Bild ohne Worte! *Das Vorderhirn nimmt nun dieses Bild auf und sucht es in Worten zu beschreiben, wodurch die Zeugung der Gedanken vor sich geht, die in der Sprache dann zum Ausdruck kommen. (...)*
>
> *Wie ineinandergreifende Glieder einer Kette arbeiten die Instrumente in dem Menschenkörper, die dem Geiste zur Benützung zur Verfügung stehen.“*[20]

Damit dieses Ineinandergreifen reibungslos vor sich gehen kann, ist es natürlich nötig, daß alle Glieder der Kette einwandfrei funktionieren. Gibt es auf diesem Kommunikationsweg zwischen Innenwelt und Außenwelt Störungen, dann kann es schnell zu sonderbaren Bewußtseinszuständen kommen, die richtig zu beurteilen wir uns oft sehr schwer tun.

• Zum Beispiel müßten manche sogenannte „geistige" Behinderungen im Wissen um die „Kettenglieder" zwischen Seele und Körper neu bewertet werden. Denn wer davon ausgeht, daß nicht der immaterielle Kern des Menschen, sondern nur sein Werkzeug gestört ist, der wird – wie bei jeder anderen körperlichen Erkrankung auch – den durch die Störung behinderten Menschen in dessen Eigenpersönlichkeit achten können und fördern wollen. Außerdem lassen sich in manchen Fällen solcher Behinderungen durch gezielte Einflußnahme auf die körperliche Ebene sogar Linderungen herbeiführen, vor allem dadurch, daß den Kraftwellen des Geistes die Möglichkeit gegeben wird, machtvoller auf den physischen Körper einzuwirken. Ein Schlüssel dazu liegt Abd-ru-shin zufolge in der Änderung der Blutausstrahlung[21], was sich beispielsweise durch entsprechende Ernährung erzielen läßt:

> *„Das Hemmnis für die Seele oder, besser gesagt, für den Geist wird immer nur die mangelhafte oder falsche Ausstrahlung des Blutes sein, wenn es nicht eine Krankheit des Gehirnes zwangsweise bedingt."*[22]

• Das gilt natürlich ebenso für manche „Geisteskrankheiten" oder „psychischen Störungen", bei denen ebenfalls unter anderem auf der körperlichen Ebene angesetzt werden kann, um Hemmungen oder unliebsame Einflüsse zu beseitigen und die Qualität des Blutes – und damit die Blutausstrahlung – nachhaltig zu verändern. Der Genfer Heilpraktiker Christopher Vasey bringt dazu in seinem Buch „Menschsein" eine Reihe von Beispielen:

> *„Jede Veränderung der Blutzusammensetzung beeinflußt die Blutausstrahlung. Dies bringt gleichzeitig eine Veränderung der Art mit sich, wie wir die Wirklichkeit wahrnehmen. (...) Ein einfacher Mangel an Zucker, etwa bei einer Hypoglykämiekrise, kann einem Menschen die Lebensfreude rauben und ihm das Leben als schwierig, kompliziert und über seine Kräfte gehend erscheinen lassen. Die Anti-Depressiv-Therapie mit Lithium – hat sie nicht die dauerhafte Stabilisierung der Blutzusammensetzung in einem dem psychischen Zustand des Kranken vorteilhaften Sinne zum Ziel?"*[23]

**Im Zustand des Wachkomas kann das Gehirn das Wollen des Geistes nicht mehr zu Gedanken, Worten und Handlungen formen.**

• Auch komatöse Zustände könnten aus ganzheitlicher Sicht neu bewertet werden. Ein Wachkoma entsteht – etwa infolge eines Unfalles oder einer Gewalteinwirkung auf das Gehirn – dadurch, daß eine zentrale Bündelungs- und Verteilerstelle der Nervenbahnen im Gehirn außer Kraft gesetzt ist. Dadurch wirkt nun der immaterielle Geist, der „belebende Kern", zwar weiterhin auf den Körper, und vegetative Funktionen wie Atmung und Herzschlag bleiben intakt, aber das Großhirn kann das Wollen des Geistes nicht mehr zu Gedanken, Worten und Taten werden lassen, weil der Kommunikationsweg unterbrochen ist. Auch Sinneseindrücke werden nicht mehr vollbewußt verarbeitet, wenngleich man weiß, daß auch im Wachkoma-Zustand eine gewisse Wahrnehmung vorhanden ist.[24] Mediziner sprechen sehr treffend davon, daß solche Patienten „steckengeblieben" sind, also nicht mehr zum normalen Tagbewußtsein erwachen können, wobei aber immer wieder Fälle bekanntwerden, bei denen eine Lösung der Gehirnblockade gelang. Dazu ist unter anderem allerdings ein Impuls von innen nötig, zu dem der Komapatient veranlaßt werden muß. Im Rahmen einschlägiger Therapien versucht man deshalb, den Geist hinter der inneren Barrikade wieder hervorzulocken. Dies gelingt vor allem durch menschliche Zuwendung, aber auch durch gezielte Stimulation, etwa indem man Wachkoma-Patienten in Alltagshandlungen (Essen, Waschen, Rasieren usw.) miteinbezieht.

• Wenn durch die Schädigung entsprechender Gehirnregionen zum Beispiel das Gedächtnis verlorengeht, die Ausdrucksfähigkeit beeinträchtigt wird,[25] oder wenn – wie bei den schon erwähnten „Split-Brain-Patienten" – der Eindruck entsteht, es würden sich plötzlich durch die Veränderungen im Gehirn zwei Persönlichkeiten zeigen, so geht es in all diesen Fällen um Kommunikationsprobleme in den Kettengliedern zwischen Geist und

Verstand. Man sollte aber nicht den Schluß ziehen, daß Bewußtsein *im* Gehirn entsteht, nur weil es *durch* das Hirn in seinen Ein- und Ausdrucksmöglichkeiten gestört werden kann.

• Die Betrachtungsweise, daß unser geistiges Bewußtsein etwas Für-sich-Stehendes und dem physischen Körper also nur Angeschlossenes ist, wäre übrigens auch zur Festlegung des sogenannten Todeskriteriums von großer Bedeutung, also in der Frage, ab wann ein Mensch für tot erklärt werden kann. In der Medizin gilt heute ja bekanntlich das „Hirntodkriterium"; jemand wird demnach als tot angesehen, sobald Gehirnfunktionen nicht mehr nachweisbar sind. Auch hier setzt man also Bewußtsein und Lebendigkeit zu Unrecht mit der Gehirntätigkeit gleich – obwohl aus der Praxis Fälle bekannt sind, in denen mit gehirntoten Patienten noch kommuniziert werden konnte. Von einem solchen Erlebnis berichtet zum Beispiel der Theologe Dieter Emmerling, dessen Frau Liselotte mit der Diagnose „hirntot" im Krankenhaus lag. Von dem Abend, als er sie besuchte, um Abschied zu nehmen, schrieb er später:

*„Lilo lag auf der Intensivstation. Im Mund der Schlauch für die künstliche Beatmung. Infusionsleitungen, Urinauffang neben dem Bett. Der Takt des Beatmungsgerätes bestimmte den Raum. Unregelmäßig hob er die Brust, kein friedliches Bild. Langsam gewöhnte ich mich an die Geräusche. Der Herzschlag, die Frequenz, wurde auf einem Monitor aufgezeichnet, der links vom Bett stand. Zwei Kurven. Schön gleichmäßig – in der Mitte des Bildes.*

*Den Tag verbrachte ich auf der Intensivstation. Was mag meine Frau empfinden, wahrnehmen? Ist es, wie mir der Stationsarzt gesagt hatte: Ihre Frau liegt da, sie hört nichts, merkt nichts, empfindet nichts?*

*Gegen 18:30 Uhr abends war ich müde, wollte mich zu Hause etwas hinlegen. Zu der Zeit meinte ich noch, meine Frau merke ja sowieso nicht, daß ich im Zimmer sei. – So zog ich meinen Mantel an, blieb einige Zeit an der Tür stehen, blickte ruhig auf die Beatmete, sah den Monitor mit dem gleichmäßi-*

*gen Bild der Herzfrequenzen. Da sagte ich: ‚Lilo, ich gehe jetzt nach Hause.'*

*Wie ich diese Worte halblaut aussprach: ‚Ich gehe jetzt', machten beide Kurven auf dem Monitor einen plötzlichen Ausschlag nach oben und nach unten zu – bis an die Ränder des Bildschirms. Das kam mir vor wie ein Schrei: Du kannst mich doch jetzt nicht allein lassen!!! Ein stummer Schrei der Angst in einem Körper, der nichts mehr bewegen konnte – aber ein Schrei, der das Herz bewegte, der die elektrischen Ströme veränderte, der aus der Seele auf den Bildschirm schnellte. Da hatte nicht ein Apparat geschrien, da hatte meine Liselotte geschrien.*

*Natürlich blieb ich die ganze Nacht auf der Intensivstation, mal neben dem Bett sitzend, mal am Fenster stehend. Wir waren nur wenige Wochen vor unserer silbernen Hochzeit. Jetzt hatte ich Stunde um Stunde, um mit leiser Stimme zu sagen: Was war gut in diesen 25 Jahren? Was war danebengegangen? Und um Verzeihung zu bitten oder Versprechen zu machen. Es war keine Monotonie, es war wie eine Art ungesteuerter Dialog. Der Bildschirm gab mir die Antworten. Immer mal wieder schlug die Frequenzaufzeichnung höher und niedriger. Es war, als wenn bei besonders existentiellen Punkten unseres gemeinsamen Lebens Lilos Herz zuckte!"*[26]

Dieses berührende Beispiel verdeutlicht, daß zur Bestimmung des Todeszeitpunktes weiterreichende Aspekte als nur der Hirntod in Betracht gezogen werden müßten.[27] Dieser wurde als Todeskriterium ja auch deshalb festgelegt, um die Organe sterbender Menschenkörper im Bedarfsfall ohne rechtliche Bedenken explantieren zu können. Wer sich die angeblich toten (in Wirklichkeit aber *sterbenden*) Patienten betrachtet, die zur Organentnahme vorbereitet werden, findet jedoch nichts Leichentypisches: ihr Körper ist durchblutet, der Brustkorb hebt und senkt sich, ja, sie rühren sich mitunter sogar. Medizinische Lehrbücher beschreiben 17 Bewegungen, zum Beispiel des Bauches, der Arme oder der Beine, die von diesen „Leichen" ausgeführt werden kön-

nen – bis hin zum Umarmen einer Krankenschwester. Und abgesehen von diesem sogenannten „Lazarus-Syndrom“ weiß man auch, daß während der Organentnahme (bei der die „Toten“ meist narkotisiert werden!) Blutdruck und Herzfrequenz signifikant ansteigen. All das führt man kühn – und ohne einen Beweis dafür zu haben – auf Nerven- bzw. Muskelreflexe zurück.[28] Eben diese Reflexe galten noch vor wenigen Jahren, als die Organtransplantation kein so florierender Wirtschaftszweig war, als typische Lebenszeichen.

Und das sind sie auch. Denn unser menschliches Leben läßt sich eben nicht auf die Gehirntätigkeit reduzieren.

Wenn nun also – auch durch die Betrachtung diverser Störungen – in groben Zügen klar geworden ist, wie in uns der Kommunikationspfad zwischen Innenwelt und Außenwelt verläuft und welche entscheidenden Rollen im Zusammenwirken der einzelnen „Kettenglieder“ das Gehirn und der Verstand beziehungsweise die einzelnen Gehirnteile spielen, so können wir auf dieser Basis nun einen Schritt weitergehen und uns um eine differenziertere Betrachtung des bewußten menschlichen Denkvermögens bemühen. Dabei werden wir – was vorerst überraschend klingen mag – auch im „normalen“ Gehirn des heutigen Menschen eine grundlegende „Fehlfunktion“ beobachten können.

Doch greifen wir an dieser Stelle vorerst wieder den Handlungsfaden unserer Parabel auf:

## *Widerstreitende innere Stimmen*

Gemeinsam mit unserem Diener haben wir uns mittlerweile in dem dunklen, rauhen Land eingelebt, und wir haben auch gut zu kämpfen gelernt. Alle Bedrohungen konnten wir durch die schlaue Hilfe dieses Dieners meistern.

Viele, viele Wochen sind wir schon unterwegs, und bisher haben wir auch sorgfältig Buch geführt über unser Erleben. Wie lange wir wohl schon hier sind? Gezählt haben wir die Tage längst

nicht mehr. Aber noch drängt uns auch nichts zurück, denn wir fühlen uns wohl in dieser Welt und geben uns voll dem Genuß ihres vibrierenden Lebens hin.

Aber ist das eigentlich gut? War das besonnene, freudig tätige Sein im lichten Reich unserer Herkunft nicht erstrebenswerter, erhabener, lebensnäher? Wäre es jetzt nicht an der Zeit, unsere Rückkehr vorzubereiten, um die gewährte Frist der tausend Wochen nur ja nicht zu versäumen? Andererseits, wo doch das Leben hier so bequem und angenehm geworden ist ...

Noch warten wir ab, weitere Wochen vergehen. Da gibt uns eines Tages eine lockende Stimme, die um unseren Zwiespalt zu wissen scheint, einen verführerischen Rat: Für uns, so schmeichelt sie, sei nun die Zeit des Kämpfens zu Ende. Wir seien reif dafür, fortan selbst als Könige zu herrschen; das Land hier sei ausreichend groß, und wir könnten, erstarkt und mächtig wie wir sind, auch alle Gesetze und Regeln festlegen, die wir für unser Leben benötigen. Eine einzige Bedingung nur sei uns gestellt: Wir dürften unseren Diener nicht mehr länger als solchen behandeln. Hier in dieser Welt, die ja immer seine Heimat war, müßten wir künftig auch bereitwillig seinen Wegweisungen folgen. Dann würden wir in Glück und Allmacht herrschen immerdar.

Wir überlegen: Die Stimme durfte wohl recht haben, es scheint tatsächlich eine neue Zeit für uns angebrochen zu sein, denn längst sind wir keinem nennenswerten Feind mehr gegenübergetreten, längst erscheint uns das Land hier nicht mehr so dunkel und rauh wie zu Beginn. Und unserem Diener, mit dem wir doch fast schon Freund geworden sind, einen anderen Stellenwert zu geben, kann doch so falsch nicht sein!

Doch plötzlich halten wir in unseren Gedanken inne und erinnern uns, nur noch vage zwar und undeutlich, an das königliche Gesetz, demzufolge immer *wir* den Weg vorzuzeichnen hätten. Wie viel Zeit in unserer Fahrt der tausend Wochen wohl schon verstrichen war? Aber andererseits: Wenn sich hier in diesem Land ungeahnte neue Möglichkeiten auftun – warum sollten wir die Gelegenheit nicht nützen?

Wir zweifeln. Was tun? Warum eigentlich nicht voll und ganz auf unseren vertrauten Diener bauen? Er besitzt doch alles Wissen dieser Welt! Und hat er uns nicht immer gut beraten? Uns alle Fährnisse überwinden, in allen Kämpfen siegen, ein angenehmes Leben anbrechen lassen?

**Jeder Mensch erlebt in sich widerstreitende Stimmen, die unterschiedliche Ziele verfolgen. Woher kommen sie?**

Wäre es nicht wirklich an der Zeit, ihn aus seiner Knechtschaft zu entlassen?

Wir entschließen uns dazu – und siehe: die Welt wandelt sich. Sie strebt nun zwar nicht mehr in Frieden und Harmonie nach höheren Werten, aber wir erhaschen – und sei es zum Preis erneuten Kampfes – alle denkbaren Vorteile. In kürzester Zeit erlangen wir dank unseres nun wegweisenden Dieners ein ungeahntes Maß an Wohlstand und Macht, und es gelingt uns blendend, das Dunkel dieser Welt durch künstliches Licht zu überstrahlen. Kaum jemand merkt den Unterschied, und die letzten mahnenden Stimmen werden in mächtigem Chor verlacht.

Ob sich unser alter König etwa getäuscht hat? Mitnichten sterben wir hier qualvoll! Im Gegenteil, wir leben so intensiv wie nie zuvor! Aber an wen überhaupt denken wir da soeben? König? Sind das nicht wir selbst?

Der führende Freund an unserer Seite, groß und mächtig geworden, nickt zustimmend.

An dieser Stelle wollen wir wieder unterbrechen. Übrigens gebe ich gerne zu, daß in diese Geschichte zarte Anklänge an den biblischen Mythos vom Sündenfall hineinverwoben sind. Das kommt nicht von ungefähr, denn da wie dort geht es um eine wichtige, ja, für unser physisches Leben grundlegende Entscheidung: Folgen wir in all unseren Entschlüssen der inneren Stimme, unserem Gewissen, das stets dem geistigen *Sein* dienen will – oder aber ziehen

wir einen bequemeren Weg vor, weil es denn verlockend ist, zu *haben*, zu herrschen und dem Lebens-Leitmotiv *„Ich lieg' und besitz'“*[29] zu folgen?

In unserer Geschichte ist gleichnishaft etwas vorweggenommen, mit dem wir uns später, im zweiten Band dieses Buches, noch eingehender beschäftigen werden: der geistige Weg, den wir als Menschen zu durchwandern haben. Er führt uns tatsächlich aus dem lichten Reich unseres Ursprungs hinein in die „dunkle“, physische, stoffliche Welt – aus der wir nach bestimmter Zeit und sobald die nötigen Erfahrungen gesammelt sind, geistig erstarkt und gereift zurückkehren sollen. *In* dieser Welt allerdings ist der Verstand für uns das wichtigste Erkenntnisinstrument, ein hilfreicher Diener eben, für dessen Handhabung es nur eine – allerdings entscheidende – Regel gibt: *er darf nicht führend in den Vordergrund treten!* Warum das so ist, erklärt sich aus seiner Eigenart: Er dient dem Ich. Und sobald *dieses* Ziel für den Lebensweg *entscheidend* wird, sobald das Vorteilsstreben nicht mehr Mittel zum Zweck, sondern Selbstzweck geworden ist, verkümmert der Mensch zum Egoisten, und er verliert zuletzt die Sehnsucht nach dem geistigen Reich seiner Herkunft, wodurch er gleichzeitig Gefahr läuft, innerlich zu ersterben.

Also: Folgen wir unserer *geistigen* Bestimmung, die stets Höheres im Sinn hat und uns beispielsweise dazu drängt, hilfreich, aufbauend und veredelnd in der Schöpfung zu wirken – oder lassen wir es zu, daß selbstsüchtige Gedanken unsere Entscheidungen bestimmen? Mit dieser Frage haben wir einen zentralen Punkt unserer gedanklichen Innenwelt berührt. Denn jeder Mensch erlebt in sich tatsächlich widerstreitende Stimmen, grob gesagt: eine „gute“, edle, gewissenhafte einerseits – und andererseits eine „böse“, verführende, dem Müßiggang und Laster zuneigende.

Woher kommen diese Stimmen?

Vorerst sollten wir uns bewußt machen, daß die so unterschiedlichen Gedankenrichtungen in uns ein weiterer eindrucksvoller Beleg für die immaterielle Lebendigkeit unserer Innenwelt sind.

Denn wären wir Menschen wirklich nur so etwas wie biologische Maschinen, die irgendeinem beliebigen Zweck dienen, ähnlich also einem Computerprogramm, das eine Aufgabe zu lösen hat, dann wären interne Richtungsstreits der gewünschten klaren, einfachen Zielorientierung wohl nur hinderlich. Kein Mensch würde eine Software programmieren, die sich selbst in Frage stellt oder gar im Weg steht.

Aber unser Bewußtsein ist eben kein Computerprogramm, und es gibt diese widerstreitenden Stimmen beziehungsweise Gedanken in uns. Worum handelt es sich dabei also? Woher kommen sie? Und warum sind sie so oft nicht einer Meinung?

Die Antwort darauf liegt gleichnishaft in der Geschichte, die uns durch dieses Kapitel begleitet: Unser eigentlicher Wesenskern, das immaterielle Ich, soll führend wirken, der Verstand indessen nur als „Diener seines Herrn". Die *wahre* innere Stimme, die uns durch Gedanken bewußt wird, ist also die richtungweisende Wirkung unseres geistigen Kerns, der sich als Stimme des Gewissens[30] zum Beispiel dann recht deutlich vernehmen läßt, wenn die Richtung in unserem Leben nicht mehr stimmt. Das ist die eine, die gute Seite.

Die andere Gedankenrichtung, die wir in uns spüren können, folgt einfach den Zielen des Verstandes. Dieser ist, wie wir aus der Gehirnforschung wissen, naturgemäß ständig auf Vorteilssuche, und daraus folgt unter anderem, daß er stets zum bequemeren, kräftesparenden Weg neigt – und zwar, wie wir gesehen haben, ohne moralische Bedenken, ohne ethische Werte, ohne ideelle Grundsätze. Vorteil bleibt für ihn Vorteil; es geht um die begehrenswerte Frau/den begehrenswerten Mann, die berufliche Spitzenposition, die gewinnbringende Geldanlage. Und die Stimme des Verstandes beschreibt einfach den Weg dorthin – ohne sich um übergeordnete Zusammenhänge, drohende Wechselwirkungen oder Gewissensfragen zu kümmern. Der Ursprung der in uns so oft widerstreitenden Stimmen liegt also einerseits im immateriellen Ich, und andererseits im Verstand. Uns obliegt die Entscheidung, welcher Stimme wir folgen wollen.

## *Die Erblast des Sündenfalls*

Nun stehen aber weitere Fragen im Raum: Wenn der Verstand wirklich nur unser Diener ist und wir das Sagen haben, warum hören *wir* dann überhaupt *zwei* Stimmen? Warum können wir auf unserem Weg durchs Leben nicht einfach völlig frei in unseren Entscheidungen sein – ohne erst lange zwischen widerstreitenden Gedanken abwägen zu müssen? Und überhaupt: Wenn der Verstand nur ein Instrument für uns darstellt, warum, um alles in der Welt, ist dann ausgerechnet *seine* Stimme so laut? Weshalb *führt* sie überall? Ja, unsere Gesellschaft legte doch ein deutliches Zeugnis von gewissenlosem Vorteilsstreben ab, von unmenschlichem Konkurrenzdenken und bedenkenlosem Drang nach Bequemlichkeit!

Warum also gibt diese Stimme des Verstandes so übermächtig den Ton an?

Es erscheint mir wichtig, daß wir in diesem Fragenkomplex endgültig und umfassend Klarheit gewinnen, denn damit schaffen wir zugleich eine entscheidende Basis für den hilfreichen Umgang mit den eigenen Gedanken.

Leider finden die ideellen Ziele unseres geistigen Wesenskerns heute tatsächlich kaum noch Verwirklichung; sie sind uns durchweg auch gar nicht mehr bewußt. Und die Stimme des Verstandes dröhnt deshalb so laut und richtungweisend in uns, weil wir ihm die Entscheidung über den Weg überlassen haben. Indem wir das „königliche Gesetz" mißachteten, ist unser Diener mächtiger geworden als er sollte. Und damit wurde aus dem notwendigen Dienst am Selbst die Selbst-Sucht, weil nun alle Gedanken *nur* noch um das „liebe Ich" zu kreisen begannen.

Diese Entwicklung, die ja auch in unserer gleichnishaften Geschichte zum Ausdruck kommt, wenn der ehemalige Diener und nunmehrige Freund „unvorstellbar groß und mächtig" wird, hat nun jedoch einen handfesten biologischen Hintergrund, der nach meiner Auffassung auch die Kernaussage des biblischen Sünden-

> **Wären wir Menschen wirklich so etwas wie „biologische Maschinen" – welchen Sinn hätten dann innere Richtungsstreits?**

fall-Gleichnisses darstellt. Ich habe die nun folgenden Gedanken aber bereits ausführlich in meinem Buch „Die Wiederkehr Gottes"[31] abgehandelt und will mich daher auf eine kurze Zusammenfassung beschränken: Die Tatsache, daß wir dem Verstandeswirken unkontrolliert „freien Lauf" ließen und es also nicht mehr in den Dienst unseres geistigen Weges stellten, führte in der Evolution – wie bei jedem Körperorgan, das gehörig strapaziert wird – zu einem unverhältnismäßigen Wachstum des Vorderhirns. Diese Erblast müssen wir nun mit uns herumschleppen, und das Gehirn sendet seit dem Sündenfall der Überbewertung des Verstandesmäßigen eben auch weitaus lautstärker seine vorteilsorientierten, dem Prinzip von Lust und Unlust verpflichteten Gedanken, als das eigentlich gesund für unser Menschsein wäre.

Wir haben es also auf Grund der nun entwickelten Gehirnstruktur schwerer, der eigenen inneren Stimme zu folgen und Entscheidungen zum Wohl der Schöpfung zu treffen, als dies bei einer ausgeglichenen, harmonischen Entwicklung der Fall wäre. Noch deutlicher gesagt: Durch das rücksichtslose Vorteilsstreben, dem wir uns so gern verpflichten, sind wir diesem Planeten – und uns selbst – zur Gefahr geworden.

Daß sich beim Menschen ausgerechnet sein Königsorgan Gehirn zur großen Hürde entwickelt hat, vermutet man auch in der Biologie. Arthur Koestler etwa, ein bedeutender Kulturphilosoph des 20. Jahrhunderts, stellte fest, daß das Wachstum des Großhirns *„mit einer geradezu explosionsartigen Geschwindigkeit, die in der Geschichte der Evolution ohnegleichen ist"* vor sich ging und in der Folge eine *„unausgeglichene Spezies"* entstehen ließ, die sich selbst und der ganzen Erde zur großen Gefahr werden kann. Koestler bezeichnete den Menschen daher als einen *„Irrläufer der Evolution"*.[32]

## *Bewußtsein und Tagbewußtsein*

Nun, in die Irre gelaufen ist die Menschheit auf Grund ihres eigenen Verhaltens. Denn wir selbst haben uns dazu entschlossen, unserem Diener eine Leitungskompetenz zuzugestehen, die ihm nicht gebührt. Das biblische Gleichnis vom Sündenfall stellt diesen folgenschweren Fehltritt im Bild des „Naschens vom Baum der Erkenntnis" (tatsächlich erinnert die Form des menschlichen Großhirns an einen verästelten Baum) sehr einleuchtend dar. Das eitle Selbst-wie-Gott-sein-Wollen – oder, wie es in unserer Geschichte hieß, das Selbst-König-sein-Wollen – ist natürlich ein wesentlicher Antrieb für diese falsche Entwicklung.

So gesehen läßt sich durch das Sündenfall-Gleichnis recht gut erklären, warum die dem Egoismus verpflichtete Stimme des Verstandes heute ausschlaggebend für die meisten Entscheidungen ist, die eigentliche innere Stimme dagegen kaum Beachtung findet.

Allerdings ist nun immer noch die Frage offen, warum es – rein „technisch" gesehen – überhaupt möglich ist, daß wir *zwei* Stimmen in uns hören, wo doch *nur* das immaterielle Ich des Menschen bewußtseins-, äußerungs- und lebensfähig ist, während der Verstand als ein Produkt toter Materie betrachtet werden muß, also über keinerlei Bewußtseins- oder Entscheidungsfähigkeit verfügt.

Weshalb vernehmen *wir*, die wir doch selbst das einzige Ich sind, die Stimme des Verstandes – und daneben, auf der gleichen Ebene, aber nur wie einen Widerhall, auch noch unsere eigene Stimme?

Diese Frage ist natürlich von entscheidender Bedeutung, und wir sollten vorerst nochmals kurz all das betrachten, was sich bisher aus den Beobachtungen unserer Innenwelt ergeben hat. Fassen wir zusammen:

1. Das Ich-Bewußtsein des Menschen ist ein Ausdruck seiner immateriellen Beschaffenheit. Es ist immer dieses bewußte Ich, welches sieht, hört, fühlt und auch denkt. Nichts anderes als das

ureigene Ich hat in uns Bewußtsein. Mit anderen Worten: Nur *wir selbst* sind bewußt!

2. Das Gehirn ist ein Wunderwerk für sich, aber vom Prinzip her ein physisches Körperorgan wie alle anderen Organe auch. Es kann selbst keinerlei eigenes Bewußtsein entwickeln. Jedoch dient das Gehirn unserem immateriellen Kern, indem es ihm Eindrücke aus der Außenwelt vermittelt und gleichzeitig alle Möglichkeiten bietet, damit unser inneres Wollen in Gedanken, Worten und Handlungen umgesetzt werden kann: Es steuert die Körper- und Sinnesorgane und produziert auch den Verstand.

Der Verstand ist also ein Produkt des Gehirns. In ihm fließen Gedanken aus zwei unterschiedlichen Richtungen zusammen: Einerseits drückt sich unser innerstes Wollen, die Stimme des Geistes, also des Ichs, in Gedanken aus, andererseits produziert das Gehirn auch *eigene* Gedanken. In diesen finden sich alle unmittelbaren Bedürfnisse des Körpers – zum Beispiel Hunger, Durst, Schlaf, der Drang nach Blasen- oder Darmentleerung –, des weiteren die Gefühle (auf dieses umfangreiche Gebiet gehen wir im nächsten Kapitel näher ein), und zuletzt bilden sich die reinen „Gehirngedanken“ eben auch aus Verstandesprinzipien wie dem erwähnten Vorteilsstreben oder der Gedächtnisordnung.

Aus dieser Sicht stellt sich unsere Situation wie folgt dar: Das einzig Bewußte inmitten all der genannten Zusammenhänge ist das immaterielle Ich des Menschen, sind *wir selbst.* Wenn wir aber – wie im physischen Leben – einem Körper verbunden sind, dann befinden wir uns gewissermaßen in einer Ausnahmesituation: in einem Netz von Gedanken nämlich, in welchem sich nicht mehr nur unser eigenes Wollen widerspiegelt, sondern ebenso die vom Gehirn vermittelten körperverbundenen Äußerungen.[33] Dazu gehören auch selbstbezogene Gedanken, die unserem Ich im Irdischen eigentlich zum Überleben dienen sollen, aber durch die übergroße Bedeutung, die wir ihnen beimaßen, allzu mächtig geworden sind.

Diese außergewöhnliche Bewußtseins-Situation, in der wir also nicht unmittelbar „bei uns selbst“ sind, sondern mit einer

> Wenn unser Bewußtsein einem Körper – und damit einem Gehirn – verbunden ist, entsteht das sogenannte Tagbewußtsein.

Vielzahl weiterer Einflüsse zurechtzukommen haben, während wir die eigene Stimme nur als eine Art Echo hören, kann man mit einem zentralen Begriff beschreiben, der uns in der Folge noch näher beschäftigen wird: *Tagbewußtsein*. Denn sobald der physische Körper wach und aktiv ist, also das stets geschäftige „Räderwerk" unseres Gehirns anspringt, erleben wir uns selbst – und die physische Welt um uns herum – durch ein verstandesgewobenes Gedankennetz (das wir aber wiederum nur infolge unserer eigenen inneren Lebendigkeit *bewußt* erleben).

Wir dürfen natürlich voraussetzen, daß das alles einen Sinn hat: Denn diese dem Physischen verbundene Lebenssituation, zu der auch noch viele andere Einflüsse und „Reibungen" gehören, fordert uns zweifellos – aber sie *fördert* uns damit gleichzeitig auch, denn inmitten der vielfältigen Einflüsse und der ununterbrochenen Notwendigkeit zur Entscheidung erstarkt unser Wollen, reifen wir als Persönlichkeit.

War es nicht das, was der weise König unseres lichten Heimatreiches für uns erhoffte, als er unserem Drängen nachgab, in die ferne, dunkle Welt hinausziehen zu wollen?

Jedenfalls sollte uns klar sein, daß wir es im körperverbundenen Zustand mit besonderen Bedingungen für die Entfaltung unseres Bewußtseins zu tun haben. Das aus dem Alltag vertraute Tagbewußtsein ist nicht gleichzusetzen mit unserem freien, eigentlichen Ich-Bewußtsein.

Aus dieser Tatsache erklären sich nicht nur die widerstreitenden Stimmen, die im tagbewußten Zustand in uns ertönen, sondern auch eine weitere, eingangs beschriebene Gegebenheit verdeutlicht sich: daß es nämlich *herausragende* Erlebnisse sind, wenn man sich ausnahmsweise wirklich bei sich selbst fühlt. Sol-

che Momente ragen im wahrsten Sinn aus dem Tagbewußtsein heraus, weil wir das eigene Innere dann eben nicht mehr nur als ein fernes Echo hören. Diese Selbsterfahrungserlebnisse haben aber gewiß nichts mit einer psychischen Störung oder ähnlichem zu tun.

Wir werden uns später noch ausführlich mit unserem *eigentlichen* geistigen Bewußtsein beschäftigen, wenn es sich also nicht mit seinem Diener Gehirn/Verstand in dem „fernen, dunklen" physischen Land bewegt, sondern sich seiner selbst – und auch dem Sinn seiner Lebensreise – bewußt ist.

Vorerst aber müssen wir mit der *tagbewußten* Situation richtig umgehen – und damit nähern wir uns nun einer durchaus praktischen Frage. Denn wer erkannt hat, wo die widerstreitenden Stimmen seiner Innenwelt ihren Ursprung haben und welche Ziele sie verfolgen, der wird sich natürlich nach Kräften darum bemühen wollen, die *eigene* innere Stimme wieder deutlich hören zu können, andere gedankliche Strömungen dagegen im Zaum zu halten. Aber wie geht das?

## *Die innere Stimme erkennen*

Es ist gar nicht immer so einfach, die wirkliche innere Stimme zu erkennen, denn oft genug wird das der Bequemlichkeit zuneigende Gedankenorgan Verstand, das noch dazu eng den körperlichen Gefühlen verbunden ist[34], als „Intuition" oder „Empfindung" mißverstanden, die „mir sagt, was mir gut tut". Wie viele Menschen hören „bewußt auf die Stimme des Gefühles", tun „bewußt das, was das Innere sagt" – und folgen dabei doch nur der Stimme ihres Verstandes, die nicht unbedingt dem Aufbau und der Entwicklung dient.

Muß man also ständig skeptisch gegenüber sich selbst sein?

Ganz gewiß wäre das einem harmonischen Innenleben nicht dienlich und würde nur die Unzufriedenheit schüren. Der richtige Weg verläuft anders, ein grüblerisches Sich-selbst-Beobachten führt nicht zum Ziel. Indes soll der „Freundschaftspakt" mit dem

Verstand gekündigt werden, dieser darf wieder der Diener sein, wir aber müssen die Zügel in die Hand nehmen. Aber wie?

Prinzipiell sind aus meiner Sicht drei Gedanken von entscheidender Bedeutung: Erstens müssen wir uns wieder auf unsere *geistige Aufgabe* besinnen, also den Sinn des Lebens und damit unser Ziel kennen. Zweitens die *Fähigkeiten und Möglichkeiten,* die in unserer Innenwelt ruhen, richtig einschätzen sowie nützen. Und drittens wird es schlicht und einfach auf das gute *Wollen* ankommen, Selbstüberwindung mit eingeschlossen. Da kann es zum Beispiel um das Aufgeben allzu lieber Gewohnheiten gehen, aber etwa auch um die Besinnung auf schlummernde eigene Fähigkeiten. Jedenfalls aber wird ein *Handeln* erforderlich sein, denn den geistigen Weg, der nur aus unscharfem Nachdenken und frommen Wünschen besteht, gibt es nicht.

Bei der nötigen inneren Neuorientierung soll uns außerdem ein wichtiger Leitsatz begleiten, nämlich das *Prinzip des Aufbaus.* Demzufolge braucht niemand krampfhaft gegen Fehler anzukämpfen oder nur in der Vergangenheit nach dem letzten Urgrund und Ausgangspunkt irgendwelcher Probleme zu stöbern, sondern wir wollen ein *zukunftsorientiertes* inneres Neuwerden anstreben, einen Weg, den Abd-ru-shin in seiner Gralsbotschaft mit folgenden Worten skizziert hat:

> *„Für den wahren Seelenarzt ist kein Niederreißen nötig. Dieser erkennt schlummernde, gute Fähigkeiten, weckt sie und baut dann weiter auf.“*[35]

Der wichtigste Seelenarzt sind wir für uns freilich immer selbst – weshalb dieser Satz natürlich auch die Grundlage für die eigene innere Neuorientierung bilden muß. Und wenn wir um diesen Weg nicht nur wissen, sondern uns auf ihm auch *aktiv aufwärts* bewegen, dann wird es zunehmend leichter fallen, die wahre innere Stimme zu erkennen und sie von verstandesmäßigen Impulsen zu unterscheiden.

Bis dies gelingt, wird es angesichts der Großhirnlast, die heute auf uns drückt, wohl kein Fehler sein, sich in der Bewertung wider-

> **Handeln ist nötig. Einen geistigen Weg, der nur aus unscharfem Nachdenken und frommen Wünschen besteht, gibt es nicht.**

streitender Gedankenströme im Zweifelsfall an den Grundsatz zu halten, daß die Stimme des Ge(istigen)wissens uns aus einschläfernder Passivität und zunehmender innerer Erstarrung befreien will. Sie wird daher meist diejenige sein, die uns einen Ruck geben, zur Selbstüberwindung aufrufen, zu selbstlosem Handeln anregen will.

Zudem gibt es noch eine erlernbare Unterscheidungsmöglichkeit, die aus dem Wissen um den „technischen Ablauf" in der Entstehung und Entwicklung unserer Gedanken resultiert:

Wenn wir üblicherweise den Begriff „Gedanken" verwenden, dann beschreiben wir damit in erster Linie eine Art innere Sprache, wir meinen damit *lautlose Wörter*, die wir zu uns selbst sprechen und normalerweise in unserer Muttersprache formen. Diese stille Gedankensprache benützen wir, wenn wir für uns selbst ein Buch lesen, eine Rechnung im Kopf lösen oder über irgend etwas nachgrübeln. Man kann übrigens auch in Fremdsprachen denken; dies geschieht sogar automatisch, wenn man sich eine Zeitlang in einem anderen Land aufhält und nur die dort übliche Sprache verwendet.

Aber unsere Gedankenwelt besteht nicht nur aus solchen lautlosen Wörtern, sondern auch aus Bildern. Wenn wir uns zum Beispiel ein Erlebnis in Erinnerung rufen, das uns innerlich stark berührt hat, das vielleicht auch mit innigen Empfindungen verbunden war, dann steigen sofort ganze Szenen aus Farben und Formen in uns auf. Auch bei tiefem Nachdenken, beim Schmieden wichtiger Pläne, kurz: immer dann, wenn unser Inneres regen Anteil an den Gedanken hat, formen sich Bilder, manchmal sogar begleitet von Tönen oder Gerüchen. Die stille Gedankensprache ist bei solchen Gedankenformen dann nur noch Beiwerk.

Daraus wird folgendes klar: Alles, was gedanklich über „kalte“ Informationsverarbeitungsprozesse hinausgeht, was also nicht nur Ausdruck unserer Gehirntätigkeit ist, sondern „lebenswarm“ unser *Inneres* berührt, formt sich zu Bildern – wobei es sich nicht um zweidimensionale Abbildungen handelt, sondern um regelrechte *Formen*, die wir jedenfalls als innere Wirklichkeit erleben können.

Wir haben ja schon bei früherer Gelegenheit festgestellt, daß unser subjektiver Blick auf die Welt immer ein bewußtes Erleben von Farben, Formen usw. ist.[36] Man kann sagen: Unser Ich erlebt bildhaft. Daher ist alles, was – über den beschriebenen Weg Sonnengeflecht–Kleinhirn–Großhirn – als Kraftwelle aus unserem Inneren ins Tagbewußtsein dringt, zuerst als *lebendiges Bild* erkennbar, ehe es zu Wort-Gedanken und also als innere Stimme gedanklich hörbar wird.

Umgekehrt ist es bei der Stimme des Verstandes: Hier entstehen auf Grund des Ursprungs im Großhirn *zuerst* lautlose Wörter, die sich erst in der Folge zu Bildern formen. Bei diesem Prozeß spielen natürlich auch die Gefühle eine bedeutende Rolle, die ja aus einer Wechselwirkung zwischen gedanklichen Vorgängen und Nervenreizen aus dem Körper entstehen.[37] Die so produzierten *Verstandesbilder* bezeichnet man üblicherweise als Phantasie.

Aus dieser Sicht kann man im Hinblick auf die innere Stimme also klar zwischen Gefühl und Empfindung unterscheiden. *Gefühle* sind körperlichen Ursprungs, sie entstammen dem „Wollen des Verstandes“[38] und formen sich erst im Laufe der gedanklichen Verarbeitung zu Bildern. Die *Empfindung* dagegen entstammt dem geistigen Kern des Menschen, wird als Druck im Sonnengeflecht spürbar und unmittelbar als Bild in uns sichtbar, noch ehe sie sich zu Wortgedanken formt. Sie ist *die wahre innere Stimme* aus dem Ich, wirkt wegweisend und will uns geistig emp(or)finden lassen. Daher kann es wichtig sein, den Werdegang der in uns auftauchenden Gedankenformen genauer zu verfolgen, um Gefühle und Empfindungen beziehungsweise Phantasie- und Geistesbilder voneinander zu trennen – auch wenn der beschriebene Wand-

**Im Hinblick auf die innere Stimme sollten wir zwischen Gefühl und Empfindung unterscheiden. Das Gefühl stammt aus dem Körper.**

lungsprozeß immer nur eine Angelegenheit von Sekundenbruchteilen ist.

Aber diese trockene Differenzierungsmöglichkeit allein ist für die Praxis vielleicht gar nicht das wirklich Ausschlaggebende. Denn alle hier gebrachten Erklärungen zu den Wirkungsmechanismen in unserer Innenwelt sollen letztlich ja dem Zweck einer Lebenshilfe dienen. Und vor diesem Hintergrund stellt sich vorab noch eine sehr grundlegende Frage: Warum nämlich können uns Gedankenbilder innerlich überhaupt anrühren, also aktivieren, motivieren, beflügeln, zu Taten drängen?

Ein Gewohnheitsdieb mag ja zwar genau erkennen, daß es die Stimme seines Gewissens ist, die ihm ein edleres Bild von sich selbst vor Augen hält, aber was hilft's, wenn die nächste günstige Gelegenheit ihn abermals zur Untat „verführt", wenn er also ohnmächtig gegenüber dem Gefühl ist, „unbedingt wieder zugreifen zu müssen"?

Warum können uns Gedanken so sehr beeinflussen?

## *Die Macht der Gedankenformen*

Zur Beantwortung dieser Frage müssen wir uns näher mit dem Wesen und der Qualität unserer Gedanken beschäftigen.

Wir konnten bereits eine wichtige Unterscheidung treffen: Wir haben einerseits von „kalten" Informationsverarbeitungs-Gedanken gesprochen, die aus einer Art mathematisch-sachlicher Verstandestätigkeit resultieren – andererseits aber auch von „lebenswarmen", uns innerlich berührenden Gedankenbildern oder -formen.

Die „kalten" können wir bei den folgenden Überlegungen außer acht lassen; es handelt sich dabei um belanglose Verstandesprodukte unseres Gehirns, um Prozesse, die sich teilweise sogar

**Unser geistiges Wollen entscheidet über die Kraft, die den Phantasiebildern und den Gefühlen zufließt.**

ohne Beteiligung unseres Bewußtseins abspielen. Die „warmen“ Gedanken indessen, die Bilder und Formen aus dem Inneren, prägen uns entscheidend. Denn bei ihnen handelt es sich nicht mehr nur um „maschinelle“ Informationsverarbeitungsvorgänge, wie sie in ähnlicher Form auch in Computerprogrammen ablaufen können, sondern ihre „Lebenswärme“ verleiht ihnen eine besondere Kraft und Macht, die sogar über die persönliche Sphäre hinausreicht.

Diese Behauptung muß nun wohl näher begründet werden, denn wir haben ja die Auffassung, daß Gedanken „zollfrei“ sind. In Gedanken, so meinen wir, sei alles erlaubt, denn sie blieben ja beschränkt auf kurze Momente und auf unser eigenes Gehirn.

Doch damit machen wir es uns allzu einfach. Heute weiß man sogar schon aus naturwissenschaftlichen Experimenten, daß Gedankenkräfte sehr wohl über die persönliche Sphäre des Einzelmenschen hinausreichen. Mit Gedanken lassen sich zum Beispiel Zufallsgeneratoren beeinflussen. Bestimmte Großereignisse, wie etwa die Terroranschläge vom 11. September 2001, die viele Menschen innerlich berühren, hinterlassen tatsächlich eindeutig meßbare „Gedankenspuren“. Dies konnte mit Hilfe eines weltumspannenden Netzes von etwa 50 Computern und Zufallsgeneratoren eindrucksvoll dokumentiert werden.

Auch andere erfolgreiche Experimente, die sich mit Gedankenübertragungen oder beispielsweise mit der Wirkung von Gedanken auf das Element Wasser befassen, zeigen, daß wir Menschen mit unserer Gedankentätigkeit tatsächlich etwas „exportieren“, das die Grenzen unserer eigenen Persönlichkeit überschreitet und in die Welt hineinwirkt.[39]

Aber ist dieser unsichtbare „Export“ auch wirklich „zollfrei“? Ist es tatsächlich gleichgültig, welche Gedanken von uns ausgehen und in die Welt hineinwirken?

Die Gralsbotschaft bietet zu dieser Frage entscheidende Hinweise, die gleichzeitig den Begriff *Innenwelt* wesentlich vertiefen: *Der Grund, warum wir überhaupt eine ganze Welt der Farben, Formen und Töne in uns erfahren, weshalb wir diese gedankliche Innenwelt erleben können, liegt einfach darin, daß es diese Welt tatsächlich gibt!* Nicht als physische Realität natürlich, sehr wohl aber als *feinstoffliche Wirklichkeit.*

Den Erklärungen der Gralsbotschaft zufolge gibt es nicht nur die „grobstoffliche" Außenwelt, die wir durch die körperlichen Sinne erfahren, sondern auch noch andere Schöpfungsebenen, von denen die sogenannte *Feinstofflichkeit* unmittelbar mit unserem Leben in Verbindung steht. Und so, wie wir Menschen durch die Arbeit unserer Hände formend auf die irdische Welt einwirken, so formen wir durch unsere Gedankenarbeit die feinstoffliche Welt (die man in religiöser Ausdrucksweise auch als *jenseitige* Welt bezeichnen könnte, weil sie jenseits unserer sinnlichen Faßbarkeit liegt):

> *„Die lebendige Schöpfungskraft, die die Menschen durchflutet, rafft durch den geschlossenen Willen eines fertigen Gedankens Feinstoffliches zusammen und schließt es bindend zu einer Form, die dem Willen dieses Gedankens Ausdruck gibt."*[40]

Auf diese Weise formt sich feinstofflich das, was wir üblicherweise als die *Seelenwelt* bezeichnen und in uns erleben. Eine eigene, höchstpersönliche Welt, die der Individualität jedes Menschen zugrunde liegt, an der wir ständig bauen und die wir immer wieder neu gestalten.

Die gedanklichen Werke prägen und formen rückwirkend aber auch uns. Denn der Richtung unseres Denkens genau entsprechend fließen uns ständig neue Gedanken zu. Darin liegt einerseits das Wesen der Inspiration, die uns neue Ideen und Entwicklungsmöglichkeiten bietet, andererseits aber auch eine Gefahr: Wenn es nämlich keine edlen Gedanken sind, die geformt werden, dann strömen gleichartig unschöne Formen auf den Urheber zurück, Haß- oder Neidgedanken beispielsweise, die nicht der geistigen Vervollkommnung dienen, sondern letztlich nur belasten.

## *Kraftzentralen aus Gedanken*

Wir haben demnach also doch einen „Preis" für das zu bezahlen, was gedanklich von uns ausgeht. Wir sind voll verantwortlich dafür – und zwar nicht nur im Hinblick auf uns selbst! Denn was uns die Naturwissenschaft über die sichtbare, materielle Welt gelehrt hat, daß hier nämlich alles mit allem in wechselwirkender Beziehung steht, gilt der Gralsbotschaft zufolge auch für die unsichtbare, „jenseitige" Welt.

Wie im Materiellen durch das Zusammenwirken vieler Menschen zum Beispiel Häuser und Städte gebildet werden, so entstehen im Feinstofflichen durch den Zusammenschluß gleichartiger Gedankenformen regelrechte Kraftzentralen, die Einfluß auf alle Menschen ausüben, die ihnen durch die Art ihrer eigenen Gedanken verbunden sind:

> *„Ganze Zentralen haben sich durch die gegenseitige Anziehungskraft gebildet, von denen durch ihre gesammelte Kraft Beeinflussungen ausströmen auf die Menschen.*
>
> *In erster Linie immer auf die, die für die Gleichart geneigt sind, die also Ähnliches in sich tragen. Diese werden dadurch gestärkt in ihrem entsprechenden Willen und zu immer erneuter Zeugung ähnlicher Gebilde angeregt, die gleichartig wirkend in die Welt der Gedankenformen treten.*
>
> *Aber auch andere Menschen, die diese Eigenarten nicht in sich tragen, können davon belästigt und nach und nach dazu herangezogen werden, wenn diese Zentralen durch dauernd neuen Zustrom ungeahnte Kraft erhalten. Geschützt davor sind nur die, die Andersartiges in größerer Stärke besitzen, wodurch eine Verbindung mit Nichtähnlichem unmöglich wird.*
>
> *Nun sind es aber leider Haß, Neid, Mißgunst, Lüsternheit, Geiz und alle anderen Übel, die durch ihre größere Zahl der Anhänger die stärksten Kraftzentralen in der Welt der Gedankenformen haben. Weniger die Reinheit und die Liebe. Aus diesem Grunde nimmt das Übel mit unheimlicher Schnelligkeit an Ausdehnung zu."*[41]

Dies erklärt auch, weshalb man sich regelrecht „in Gedanken verstricken“ oder „von Gedanken getrieben“ werden kann, warum also Gedankenkräfte in unserem Leben so machtvoll wirken: Die Ursache liegt darin, daß wir alle mehr oder weniger stark bestimmten feinstofflichen Kraftzentralen verbunden sind.

> Der Grund, warum wir eine gedankliche Innenwelt erleben können, liegt darin, daß es diese Welt tatsächlich gibt.

Das bietet nun einerseits die Gewähr, daß jeder, der seinen Mitmenschen gegenüber hilfreiche, wohlwollende Gedanken hegt, innerlich selbst von einem Strom aus aufbauenden Kräften getragen wird. Andererseits aber können sich auch zerstörerische Gedankenzentralen in die physische Welt entladen, wenn Menschen sich solchen Strömungen zum Beispiel durch intensive eigene Haß- oder Mordgedanken öffnen. Dann kann es durch den sich aufschaukelnden Zufluß von Gedankenkräften zu abscheulichen Untaten, ja, zu Krieg und Völkermord kommen.[42]

Zu bestimmten Gedankenzentralen Anschluß zu finden und mit den dortigen feinstofflichen Kräften gezielt zu arbeiten, gehört übrigens auch zum Geschäft vieler sogenannter Magier oder „okkulter Meister“. Für diese geht es zum Beispiel darum, die unsichtbaren Kräfte zu kanalisieren, sie bestimmten Personen zuzutreiben und sie jedenfalls in den Dienst der eigenen Sache zu stellen. Daß darin oft ein Mißbrauch von Schöpfungskräften liegt, muß hier nicht weiter vertieft werden.

Außerdem wird im Hinblick auf die Realität feinstofflicher Gedankenformen klar: Wer – durch welche Methode auch immer – in die Innenwelt des Menschen vordringen, also seine Psyche ergründen oder behandeln will, der betritt damit ein *tatsächlich bestehendes Land.*

Gedanken sind kein bedeutungsloses Nichts, und man sollte sie auch nicht als Spielzeug ansehen, mit dem man sorglos nach

Belieben Phantasiebilder erzeugen kann. Gedanken bilden vielmehr eine äußerst wirksame Realität. Es sind feinstoffliche Werke, die dazu drängen, sich auch grobstofflich zu manifestieren: Ideen wollen ja verwirklicht, Inspirationen genützt, Pläne in die Tat umgesetzt werden. Unsere unsichtbare Innenwelt drängt machtvoll dazu, sichtbare Außenwelt zu werden! Gedanken beeinflussen unsere Gefühle und versetzen den Körper „in Wallung", sie können rasend zur Rache anfeuern oder im hohen Dienst der Liebe stehen.

Dabei wirken unsere Gedanken um so stärker, je mehr sie von Empfindungskraft durchglüht sind. Denn der „Herd" in unserem Inneren ist es, der ihnen das belebende Feuer spendet. Unser Wollen entscheidet darüber, ob der Gedanke zu einer machtvollen Form anwächst und in der Folge magnetartig ähnliche Gedanken herbeizieht – oder sich bald wieder kraftlos auflöst.

Um ein plakatives Beispiel zu nennen: Liest jemand ein Buch mit erotischem Inhalt, dann wird ihn der Text immer nur soweit zu Phantasien anregen, wie er sich diese gedanklich ausmalen *will.* Unsere Gedanken sind abhängig von der Kraft, die wir ihnen schenken. Unser Wollen führt den „Gedanken-Speer", dessen Spitze den Weg von der Innenwelt in die Außenwelt bahnt.

## Lebenshilfe durch Gedanken

Im Wissen um die Macht der Gedanken stellt sich für uns nun die Frage, welche Möglichkeiten zur Lebenshilfe sich daraus ergeben.

Bekannt sind ja beispielsweise die Ansätze zum „positiven Denken"[43], wo man sich darum bemüht, aufbauende gedankliche Ziele zu pflegen – etwa nur das Gute im Mitmenschen zu sehen oder in der jeweiligen Lebenssituation immer die Chancen zu suchen. Ein solches Bemühen hilft sehr gut dabei, eingetretene Gedankenpfade zu verlassen, sich also von bestimmten feinstofflichen Kraftzentralen zu lösen. Dadurch kann man Verhaltensmustern wie Intoleranz oder Kritiksucht mit Gedankenformen begegnen, die in eine andere Richtung weisen.

**Unsere Gedanken sind abhängig von der Kraft, die wir ihnen schenken. Unser Wollen führt den „Gedanken-Speer".**

Das Bemühen um aufbauende, liebevolle, hoffnungsfrohe Gedanken hilft im Grunde auch in allen seelischen Krisensituationen und ist die Basis für jede innere Neuorientierung. Aber entscheidend sind eben nicht nur die Gedanken an sich, sondern unsere *Bemühungen*, also das geistige Wollen, das die Entstehung der Gedanken durchglüht.

Sich selbst *nur* durch die Arbeit auf der gedanklichen Ebene ändern zu wollen, wäre indes nicht erfolgversprechend und endete lediglich in einem grüblerischen Dauerstreit mit sich selbst. Man kann sich zwar selbst gedanklich einreden, dies oder jenes Problem zu überwinden, aber wenn es um wirklich *eingefleischte* Verbindungen zu gedanklichen Kraftzentralen geht, dann ist es nicht sehr aussichtsreich, einen solchen inneren Krieg zu gewinnen.

Jede Gedankenform ist, wie gesagt, immer so stark und mächtig, wie wir sie geistig beleben. Je mehr Aufmerksamkeit wir also einem Gedanken schenken – egal, ob wir ihn nun hegen und pflegen oder im Gegenteil massiv gegen ihn ankämpfen –, desto ausgeprägter wird seine Form und um so fester die Verbindung zu den entsprechenden feinstofflichen Zentralen sein. Die in Politik, Wirtschaft und Gesellschaft so beliebte Strategie, einer Gewalt mit noch größerer Gewalt entgegenzuwirken, muß auf der gedanklichen Ebene also fast zwangsläufig scheitern.

Wir müssen eine andere Lösung suchen – und wir finden sie auch, wenn wir uns bewußtmachen, daß wir Menschen über unseren Gedanken stehen (woraus sich übrigens auch erklärt, daß wir *über* unsere Gedanken nachdenken können).

Tatsächlich neigen wir ja dazu, uns über Gebühr mit unserer Gedankenwelt zu identifizieren. Wie leicht fühlt sich jemand, wenn zum Beispiel seine Pläne oder Ideen kritisiert werden, dadurch persönlich in Frage gestellt – obwohl die Kritik tatsächlich

> Wir Menschen neigen dazu, uns selbst über Gebühr mit unserer Gedankenwelt zu identifizieren.

ganz sachlich gemeint war und nur bestimmte Gedanken betraf. Wäre unser Ich-Bewußtsein nicht in so übertriebener Weise mit seinem Diener Verstand verschmolzen, dann könnte so mancher Streit vermieden werden, weil es jeder Partei einfach immer um die Sache ginge, und nicht um Personen.

Mit größter Wahrscheinlichkeit wäre in einer weniger verstandeslastigen Welt auch das Gehirn Albert Einsteins niemals zum heißbegehrten Jagdobjekt so vieler geworden. Man hätte längst begriffen, daß Geist und Verstand zweierlei sind; der immaterielle Kern des Menschen und sein physisches Erkenntnisorgan werden sprachlich völlig zu Unrecht gleichgesetzt.

Aber wir leiden eben unter den Folgen des Sündenfalls, und es bedarf einiger Mühe, sich zu einem wirklich neuen, *geist*erfüllten Denken durchzuringen, bei dem der Verstand allein den Zielen des Geistes dient.

Ein solch *tiefes, klares, sinnorientiertes* Denken anstelle der heute verbreiteten Denkfaulheit käme aber einer Selbstbefreiung gleich. Denn das übliche flache, unscharfe Mitläuferdenken ist nur der Ausdruck eines geschwächten Menschengeistes, der seine Führungsrolle leichtfertig aufgegeben hat und dadurch in eine – von ihm selbst oft gar nicht bemerkte – Abhängigkeit von allen möglichen fremden Gedankenformen geschlittert ist.

In der Gralsbotschaft findet sich daher der gute Rat:

*„Hüte Dich vor verworrenen Gedanken, vor aller Flachheit in dem Denken. Flüchtigkeit rächt sich bitter; denn es wird Dich schnell zu einem Tummelplatz fremder Einflüsse erniedrigen, wodurch Du sehr leicht mürrisch, launenhaft und ungerecht zu Deiner näheren Umgebung wirst."*[44]

Aber wie kann man nun wirklich eine neue Gedankenwelt in sich formen und belastende, vielleicht sogar längst ungeliebte Denkschemen und feinstoffliche Bindungen glücklich überwinden?

Den Schlüssel dazu *bieten reine, ungetrübte Empfindungen.* Das, was unsere Gedanken belebt und anfeuert, muß in die richtige Richtung weisen, zum Guten drängen, wodurch von vornherein alle neu entstehenden Gedanken einen lebensbejahenden, freudigen „Grundton" bekommen.

Ein Kernsatz der Gralsbotschaft lautet daher:

*„Haltet den Herd Eurer Gedanken rein, Ihr stiftet damit Frieden und seid glücklich!"*[45]

Jedoch setzt dieser vielleicht wichtigste Rat aus dem Werk Abd-ru-shins einen Begriff voraus, der vielleicht einer näheren Erläuterung bedarf. Denn was bedeutet innere Reinheit? Heute, im 21. Jahrhundert, wo das möglichst unbeeinflußte Sichausleben als großes Ideal gilt, wird darin unter Umständen eher das Befolgen bestimmter Glaubenssätze, gesellschaftlicher Normen oder konfessioneller Dogmen vermutet.

Doch der Begriff *Reinheit* gründet sich nicht in irgendwelchen Äußerlichkeiten; vielmehr handelt es sich um das hohe Ideal für eine seelische Befindlichkeit, das wir Menschen wahrscheinlich nur anstreben, aber in Vollendung gar nie erreichen können.

Reinheit empfindet man am ehesten in den klaren Momenten des Eins-Seins mit sich selbst, wenn kein Eigendünkel, kein Hochmut oder falscher Stolz den freien Blick trübt, wenn schlichte, dankbare Freude aus den Augen leuchtet, wenn man mit sich selbst „im Reinen" ist, wenn man sich im Gebet vorbehaltlos, ehrlich, in kindlicher Demut öffnen kann, wenn es für eine Spanne Zeit gelang, dem großen Jesus-Wort zu folgen und „wie die Kinder" zu werden.

Und gewiß sind alle diese Beschreibungsversuche nur grobe Annäherungen an das, was Reinheit wirklich ist. Jedenfalls aber sollte man meines Erachtens um einen neuen, lebensnahen Zugang zu diesem Begriff ringen. Denn Reinheit ist die einzige seelische Befindlichkeit, die uns in aller Natürlichkeit höheren Wirk-

lichkeiten öffnet, die uns neues Gottvertrauen und starke Zuversicht schenkt – und zwar ohne daß wir uns an irgendwelche Glaubensvorstellungen klammern müßten.

Nebenbei – ich bin davon überzeugt: Nur weil uns der Begriff von innerer Reinheit weitgehend abhanden kam, weil wir schlicht nicht mehr erleben konnten, was Reinheit ist, nur deshalb war es in der Menschheitsgeschichte möglich, daß gerade unter dem Deckmantel des Glaubens aus religiösem Eifer so viel Unrecht geschah. Andernfalls, bei reiner, freier Empfindungsfähigkeit, hätten Dogmatiker und Fanatiker niemals Macht über die Menschen bekommen.

Um nun der reinen Empfindung den Weg zu bahnen, rät die Gralsbotschaft zur Gedankenleere:

> „*Macht Euch gedankenleer und laßt den Drang zu Edlem, Gutem in Euch frei, dann habt Ihr* die *Grundlage zu dem Denken, die vom Wollen Eures* Geistes *stammt, und was* daraus *ersteht, könnt Ihr in Ruhe der Verstandesarbeit dann zur Ausführung in der dichtesten Grobstofflichkeit überlassen. Es kann nie Unrechtes sich formen.*
>
> *Werft alles Quälen durch Gedanken weit von Euch, vertraut dafür auf Euren* Geist, *der sich den Weg schon richtig bahnen wird, wenn Ihr diesen nicht selbst vermauert. Werdet* frei im Geiste *heißt nichts anderes, als* laßt dem Geiste in Euch seinen Weg! *Er* kann *dann gar nicht anders, als der Höhe zuzuwandeln; denn es zieht ihn seine Art ja selbst mit Sicherheit hinauf.*“[46]

Natürlich läßt sich diese Gedankenleere nicht *gedanklich* erzwingen. Auch wird hier nicht zu irgendwelchen speziellen Meditationstechniken aufgerufen. Vielmehr geht es schlicht und einfach um ein Bewußtwerden im Alltag. Wir sollen uns auf unsere *Geistigkeit* besinnen: Wir denken; wir können beobachten, wie auf Grund von Gefühlen oder Sinneseindrücken Gedanken in uns aufsteigen, die wir beleben oder auch wieder ziehen lassen. Wir *müssen* uns nicht auf bestimmte Inhalte konzentrieren und diese durch unsere Aufmerksamkeit fördern, sondern wir können

uns eben auch gedankenleer machen.

> Gedankenleere läßt sich nicht gedanklich erzwingen. Wir müssen uns dazu auf unsere Geistigkeit besinnen.

Freilich wird eine solche Besinnung auf sich selbst – und nur darum handelt es sich – nicht von einer Minute auf die andere zur Alltags-Selbstverständlichkeit; aber man findet darin eine wertvolle Hilfe zur Persönlichkeitsentwicklung.

## *Der erste Schritt*

Wenn wir uns in der Folge auch noch mit anderen natürlichen Hilfen zur Gesundung unserer Innenwelt beschäftigen, so wird die anzustrebende *Gedankenreinheit* immer der zentrale erste Schritt bleiben.

Ohne das Bemühen darum ist ein wirklicher innerer Fortschritt nämlich nicht möglich.

Mit dem Blick auf die Funktionsweise unseres Gehirns, den daraus hervorgehenden Verstand und die geheime Macht der Gedanken, die wir mit unserem Wollen formen und leiten, haben wir nun auch das erste Wegstück auf unserer Expedition zu den Wurzeln des menschlichen Ichs zurückgelegt.

Als zentrale Erkenntnisse lassen sich nun vielleicht folgende Punkte zusammenfassen:

1. Verstand und Geist sind also zweierlei, wobei der Verstand Diener des Geistes sein soll. Nur der Geist ist erlebnis- und bewußtseinsfähig und verfügt über einen freien Willen. Aus der Verbindung des Geistes mit dem Körper resultiert *Tagbewußtsein.*

2. In diesem Tagbewußtsein fließen Gedanken des Geistes – als Ausdruck unseres eigentlichen Wollens – und auch körperbedingte, trieb- und gefühlsbestimmte Gedanken zusammen. *Empfindung* und *Gefühl* sind also durch ihren unterschiedlichen Ursprung *zweierlei.*

3. Immer aber sind *wir* es, die alles Gedachte erleben und beleben – also mit der „Kraft des Geistes“ erfüllen. Dadurch entstehen feinstoffliche Gedankenformen, die einerseits auf den Urheber zurückströmen, andererseits – über den Weg von Kraftzentralen, die sich auf Grund der Anziehung gleicher Arten bilden – auch über unsere eigene Persönlichkeitssphäre hinaus auf andere Menschen wirken, die ähnliche Gedanken hegen.

4. Wir selbst stehen *über* den Gedanken und müssen uns durchaus nicht zwangsläufig mit ihnen identifizieren.

5. Infolge einer Überbewertung des Verstandesmäßig-Intellektuellen neigt der heutige Mensch im allgemeinen zu egoistischen, triebhaften und gefühlsbestimmten Gedanken, die seinen ursprünglich freien geistigen Willen einengen. Der Weg aus dieser Fehlentwicklung liegt in der Arbeit an sich selbst, die mit der Gedankenreinheit beginnt.

Wie unsere Innenwelt gestaltet wäre, wenn es den Sündenfall nie gegeben hätte, und was uns alles bewußt sein könnte, wenn wir näher „bei uns“ wären, wenn die Stimme des Verstandes leiser und die Lebensziele klarer wären, das können wir nur vermuten.

Und wir können auch nur mutmaßen, welches Ende die Parabel finden wird, die uns durch dieses Kapitel begleitet hat. Seien wir optimistisch, was den weiteren Verlauf betrifft …

Der weise Herrscher unserer lichten Heimatwelt hatte uns den Rat gegeben, sorgfältig Buch zu führen über unsere Fahrt der tausend Wochen. Damit wollte uns der König an unsere Herkunft gemahnen und davor bewahren, daß wir unser Inneres allzu sehr mit jenen fremden Landen verbinden. Er begrenzte die Dauer unserer Reise, weil er wußte, daß die Welt, in die wir ziehen sollten, um Erfahrungen zu sammeln, nicht ewig bestehen kann wie sein eigenes lichtes Reich, sondern einem Kreislauf des Werdens und Vergehens unterworfen ist. Und unser weiser Herrscher wußte auch, daß, wer sich jener schweren, fernen Welt allzu eng verbindet, Gefahr läuft, einst *mit* ihr zu vergehen, also qualvoll sterbend

das Bewußtsein zu verlieren. Daher hatte er uns dazu ermahnt, niemals unsere Herkunft sowie unseren Auftrag zu vergessen.

Nun aber war geschehen, was nie hätte geschehen dürfen: Wir hatten allen guten Rat mißachtet und uns selbst zum Herrscher gemacht. Der weise König bemerkte das wohl und wurde darob sehr traurig, denn er liebte uns, wollte uns stützen und fördern. Auch sah er, daß nur noch wenig Zeit war, bis jene dunkle Welt vergehen muß, und er unternahm einen letzten Rettungsversuch. In der Hoffnung, daß noch ein Fünkchen Sehnsucht in uns wohnen möge, eine verborgene Erinnerung an unsere wahre Heimat, sandte er einen Boten, der uns den Weg zurückweisen soll.

Nun steht dieser Bote vor uns – aber wie aussichtsreich ist sein Auftrag?

Ist es möglich, eine selbstgefällige Menschheit zu erretten, die sich wohl und glücklich fühlt in ihrer schillernden Welt aller denkbaren Freuden und Genüsse? In der sie selbstgerecht und königgleich herrschen kann, auch ohne an geistige Ziele zu denken? In der die Annehmlichkeiten, bereitet durch eine Heerschar hilfreicher Diener, mahnende Empfindungen unterdrücken?

Besteht unter solchen Umständen noch Aussicht auf ein Umdenken?

Nehmen wir einmal hoffnungsfroh an: ja!

## Anmerkungen und Literaturempfehlungen

*zu Kapitel 2*

*1* Das Zitat dieses (namentlich nicht genannten) Journalisten stammt aus einem Bericht von Klaus Kamolz: „Einsteins Hirn", erschienen im Magazin „Format" 26/1999, Verlagsgruppe NEWS GmbH, Tulln. Dieser Beitrag lieferte mir auch die Fakten zur Einleitung des vorliegenden Kapitels.

*2* Normalerweise ist der linke, für mathematische und andere logische Fähigkeiten zuständige Scheitellappen kleiner als der rechte.

*3* Vgl. Gottfried Derka, Herbert Hacker: „Der Kosmos im Kopf", in: „Format", 42/2000, Verlagsgruppe NEWS GmbH, Tulln

*4* Die Neuronen wurden im 19. Jahrhundert als Grundelement der Gehirnsubstanz erkannt. Erst nach und nach erhielt man eine konkrete Vorstellung über die Nervenzellen, deren Zellkörper und die Verlängerungen, den sogenannten „Protoplasmafortsatz".

*5* Zitiert aus: Christopher Vasey: „Menschsein – Geist, Seele und Körper im Zusammenklang", Verlag der Stiftung Gralsbotschaft, Stuttgart, 2001

*6* Vgl. „Geheimnis Gehirn – wie wir beim Sprechen denken", in: Bild der Wissenschaft 11/1994, Deutsche Verlags-Anstalt GmbH, Stuttgart

*7* Der 1929 in Wien geborene amerikanische Gehirnforscher Eric Kandel erhielt im Jahr 2000 für seine Arbeiten über das Gedächtnis den Nobelpreis für Medizin.

*8* Vgl. Michael Kneissler: „In drei Sekunden sind Sie ein anderer Mensch!", in: P.M. 7/1997, Verlag Gruner + Jahr, München

*9* Dieser „subjektive Moment" kann auch sichtbar gemacht werden; er tritt als sogenannte Oszillation in Erscheinung: Alle beteiligten Nervenzellen „feuern" eine Zehntelsekunde lang im selben Rhythmus, wobei sich im Gehirn eine Art dreidimensionales Wellenmuster bildet, das die Informationen aus Tausenden weiter entfernten Nervenzellen synchronisiert, ehe es „in der Ver-

gangenheit“ untergeht und ein neues „Fenster der Gleichzeitigkeit“ aufgestoßen wird.

*10* Vgl. Gottfried Derka, Herbert Hacker: „Der Kosmos im Kopf“, in: „Format“, 42/2000, Verlagsgruppe NEWS GmbH, Tulln

*11* Vgl. Detlef Heck & Fahad Sultan: „Das unterschätzte Kleinhirn“, in: Spektrum der Wissenschaft, Oktober 2001

*12* Dieses sogenannte *Hirntodkriterium* ist allerdings nicht unumstritten. Mehr zu diesem Thema findet der interessierte Leser im Themenheft 1/1998 der Zeitschrift „GralsWelt“: „Willst du dein Herz mir schenken – Organtransplantation auf dem Prüfstand“, sowie in „GralsWelt“ Heft 22/2002, Verlag der Stiftung Gralsbotschaft, Stuttgart.

*13* Vom Begriff „Ganzkörpertransplantation“ sprach zum Beispiel der österreichische Transplantations-Chirurg Raimund Margreiter in einem Interview (vgl.: „Format“ 11/2000; Verlagsgruppe NEWS GmbH, Tulln).

*14* Axone leiten Signale von Nervenzellen im Gehirn an andere Neuronen, Muskeln und Drüsen. Sie werden bis zu einem Meter lang.

*15* Dendriten sind fadenartige Abzweigungen aus dem Zelleib.

*16* Synapsen sind Schnittstellen im Gehirn. Hier sorgen sogenannte Neurotransmitter für die Übertragung von Informationen.

*17* Ich gehe darauf im zweiten Band dieser Arbeit näher ein.

*18* Mehr zu diesem Thema findet der interessierte Leser in meinem Beitrag „Die Psychotricks der Werbewelt“, erschienen in der Zeitschrift „GralsWelt“, Heft 18/2001, Verlag der Stiftung Gralsbotschaft, Stuttgart.

*19* Vgl. Dr. Gerd Harms: „Die gefilterte Wirklichkeit“, erschienen in der Zeitschrift „GralsWelt“, Heft 7/1998, Verlag der Stiftung Gralsbotschaft, Stuttgart: Grundsätzlich gibt es bekanntlich Menschen, die ihre Entscheidungen vorrangig auf der Basis von Lust und Unlust fällen – ein Prinzip, das eigentlich nur bei Kindern wirksam sein sollte, aber von vielen Zeitgenossen offensichtlich nie überwunden wird –, aber auch andere, die ideellen

und sittlichen Werten folgen. Entsprechend wird natürlich immer auch ihre Gedächtnisordnung gestaltet sein.

*20* Zitiert aus: Abd-ru-shin: „Im Lichte der Wahrheit – Gralsbotschaft“, Verlag der Stiftung Gralsbotschaft, Stuttgart, 1998 (Band 2, „Empfindung“)

*21* Vgl. Kapitel 4

*22* Zitiert aus: Abd-ru-shin: „Im Lichte der Wahrheit – Gralsbotschaft“, Verlag der Stiftung Gralsbotschaft, Stuttgart, 1998 (Band 3, „Das Blutgeheimnis“)

*23* Zitiert aus Christopher Vasey: „Menschsein – Geist, Seele und Körper im Zusammenklang“, Verlag der Stiftung Gralsbotschaft, Stuttgart, 2001

*24* Wachkoma-Patienten, die wieder aufgewacht sind, berichten, daß sie im Zustand ihres Komas zum Teil hören und fühlen konnten. Vgl. Andreas Séché: „Was ein Mensch im Koma alles erlebt“, erschienen in: P. M. 4/1998, Verlag Gruner + Jahr, München. Mehr dazu findet der interessierte Leser auch im „GralsWelt“-Themenheft 19/2007, „In Würde sterben“ sowie in der gleichnamigen GralsWelt-TV-Produktion, Verlag der Stiftung Gralsbotschaft, Stuttgart.

*25* Bemerkenswerte diesbezügliche Beispiele findet der interessierte Leser bei: Jürgen Neffe: „Hirnverletzungen – Der Schatten der Erkenntnis“, erschienen in: „GEO Wissen – Intelligenz und Bewußtsein“, Heft 20/1994, Verlag Gruner + Jahr, Hamburg.

*26* Zitiert aus: Gisela Lermann (Hrsg.): „Ungeteilt sterben – Kritische Stimmen zur Organtransplantation“ (Gekürzte Wiedergabe), Lermann-Verlag, Mainz, 1996

*27* Ich habe mich mit dem Vorgang des Todes ausführlich in meinem Buch „Warum wir durch den Tod nicht sterben“ beschäftigt: Verlag der Stiftung Gralsbotschaft, Stuttgart, 2002.

*28* Vgl. Bettina Recktor: „Der herzlose Tod“, erschienen in: „GralsWelt“, Heft 22/2002, Verlag der Stiftung Gralsbotschaft, Stuttgart. Mehr zum Thema Transplantationsmedizin findet der interessierte Leser in: A. Bergmann/U. Baureithel: „Herzloser Tod – Das Dilemma der Organspende“, Klett-Cotta-Verlag, Stuttgart, 1999

*29* Der Satz stammt aus Richard Wagners Libretto zur Oper „Siegfried“ und beschreibt die Lebenseinstellung eines habgierigen Riesen, der im nächsten Augenblick allerdings vom Titelhelden des Werkes erlegt wird. Ein Sinnbild für das Schicksal unserer „Spaß-Gesellschaft“?

*30* Die sogenannte innere Stimme unterliegt auch noch anderen Einflüssen, auf die an dieser Stelle nicht eingegangen wird.

*31* Vgl. Werner Huemer: „Die Wiederkehr Gottes – ein neues Weltbild für das 21. Jahrhundert“, Verlag der Stiftung Gralsbotschaft, Stuttgart, 2000

*32* Vgl. Arthur Koestler: „Der Mensch – Irrläufer der Evolution“, Goldmann, Bern/München, 1981

*33* Zum hier so bezeichneten „Gedankennetz“ gehören auch noch weitere Einflüsse durch Gedankenformen, auf deren Schilderung an dieser Stelle der besseren Übersicht halber verzichtet wird.

*34* Vgl. Kapitel 3

*35* Zitiert aus Abd-ru-shin: „Im Lichte der Wahrheit – Gralsbotschaft“, Verlag der Stiftung Gralsbotschaft, Stuttgart, 1998 (Band 2, „Das Geheimnis Luzifer“)

*36* Vgl. Kapitel 1

*37* Mit dieser Wechselwirkung beschäftige ich mich eingehender im Kapitel 3.

*38* Der hier verwendete Begriff „Verstandeswollen“ darf insofern nicht mißverstanden werden, als hätte unser körperlicher Verstand ein eigenes, willensfähiges Bewußtsein. Das ist nicht der Fall; Bewußtsein ist allein eine Eigenschaft unseres geistigen Kerns.

*39* Vgl. Martin Schott: „Die Erforschung der Gedanken“, erschienen in der Zeitschrift „GralsWelt“, Heft 33/2004, Verlag der Stiftung Gralsbotschaft, Stuttgart

*40* Zitiert aus: Abd-ru-shin: „Im Lichte der Wahrheit – Gralsbotschaft“, Verlag der Stiftung Gralsbotschaft, Stuttgart, 1998 (Band 2, „Gedankenformen“)

*41* Zitiert aus: Abd-ru-shin: „Im Lichte der Wahrheit – Gralsbotschaft“, Verlag der Stiftung Gralsbotschaft, Stuttgart, 1998 (Band 2, „Gedankenformen“)

*42* Vgl. Martin Schott: „Die geheimnisvolle Macht der Gedanken – Segen oder Verderben?“, Verlag der Stiftung Gralsbotschaft, Stuttgart, 2006

*43* Streng genommen ist der Begriff „positiv“ in diesem Zusammenhang falsch verwendet, denn *positiv* und *negativ* sind Ausdrücke des Schöpfungsprinzips der Dualität, wie männlich/weiblich oder aktiv/passiv. Positiv/negativ hat aber, entgegen dem umgangssprachlichen Gebrauch, nichts mit gut/schlecht zu tun, denn das ganze Dualitätsprinzip wirkt insgesamt – sofern es unberührt von menschlichem Wollen bleibt – *gut*, also aufbauend, fördernd, erhaltend.

*44* Zitiert aus: Abd-ru-shin: „Im Lichte der Wahrheit – Gralsbotschaft“, Verlag der Stiftung Gralsbotschaft, Stuttgart, 1998 (Band 1, „Das Schweigen“)

*45* Zitiert aus: Abd-ru-shin: „Im Lichte der Wahrheit – Gralsbotschaft“, Verlag der Stiftung Gralsbotschaft, Stuttgart, 1998 (Band 1, „Erwachet!“)

*46* Zitiert aus: Abd-ru-shin: „Im Lichte der Wahrheit – Gralsbotschaft“, Verlag der Stiftung Gralsbotschaft, Stuttgart, 1998 (Band 1, „Der erste Schritt“)

*Kapitel 3*

# *IM NETZ DER TRIEBE UND GEFÜHLE*

*Lesen Sie in diesem Kapitel:*

- *Die Übersexualisierung der Gesellschaft*
- *Geschlechtstrieb und Sexualkraft*
- *Das natürliche Schamgefühl*
- *Natürliche, gesunde Sexualität*
- *Der freie und der gebundene Wille*
- *Wie wir Suchtverhalten erkennen und überwinden lernen*

»Wenn der Rausch der Gefühle das geistige Sehnen verdrängt, dann verkümmern Gewissensbedenken rasch zu kraft- und belanglosen Gedanken.
Und der getreue Diener des menschlichen Vorteilsstrebens, der Verstand, findet flugs alle denkbaren Argumente, um von der „Harmlosigkeit“ des verlockenden Weges zu überzeugen.«

# Kapitel 3

# Im Netz der Triebe und Gefühle

Der junge Mann im Wiener „Swinger Club" ist sich seiner Sache sicher: Hier, wo man sich im Kreise Gleichgesinnter hüllen-, schranken- und bedenkenlos ausleben kann, wurzelt der sexuelle Fortschritt. Er selbst, plaudert der Befragte in die ORF-Fernsehkamera, habe „schon eine entsprechende Bewußtseinsstufe erreicht". Seine Freundin brauche da vielleicht noch ein wenig Zeit – bis auch sie alle inneren Hemmungen endgültig überwunden und es als Selbstverständlichkeit begriffen haben wird, daß ideenreiche „Spielvarianten" oder fallweise ein Partnerwechsel dem Sexualleben erst den richtigen „Kick" geben ...

Ein kleiner Fernseh-Blick durchs Schlüsselloch, eine Momentaufnahme aus einer Gesellschaft, in der seit Mitte des 20. Jahrhunderts unter dem Titel der „sexuellen Revolution" gezielt Tabus gebrochen sowie sittliche Traditionen über Bord geworfen werden und das Prinzip des Auslebens – ein Großversuch freilich, dessen Folgen noch nicht absehbar sind – als Königsweg empfohlen wird ...

Natürlich ist nicht jeder schon „so weit" wie jener junge Mann, der munter in aller Öffentlichkeit über seine Neigungen plauderte. Die meisten Menschen pflegen noch einen gewissen Intimbereich, und der Geschlechtstrieb vibriert um so stärker, je anonymer das Umfeld ist, in dem er sich austoben kann. Aber längst geht es nicht mehr nur um einzelne, für die der Begriff „Scham" zum Fremdwort geworden ist: Sogenannte Erotik-

Talkshows gehören zu den Erfolgsprogrammen vieler TV-Sender und erzielen hohe Einschaltquoten, „Erotik- und Lifestyle-Messen“ finden ob des großen Zustroms immer häufiger statt, und der einschlägige Fachhandel verdient sich durch Selbstbedienungsshops und vor allem im Postversand „goldene Nasen“.[1]

## *Die Macht der Triebe und Gefühle*

Aber wie sind wir eigentlich in dieses Programm geraten? Warum geht es hier plötzlich um Sexualität und Sinnenrausch?

Nun, alles, was mit Trieben und Gefühlen zu tun hat, gehört ohne Frage zu den mächtigsten „Impulsgebern“ unserer Innenwelt. Wenn wir uns bisher mit dem Wesen und Wirken unserer Gedanken beschäftigt haben, also mit Arbeits- und Steuerprinzipien des Gehirns, aber auch mit der Wirklichkeit feinstofflicher Gedankenformen; wenn wir des weiteren feststellen konnten, daß unser Ich den Verstand *führen* muß, seinem Diener also nicht untertan sein darf, so ließ dieser erste Blick über Zusammenhänge in unserem Seelenleben doch etwas Entscheidendes unberücksichtigt: die Macht der Triebe und Gefühle, die unser Menschsein ja in unzähligen Situationen entscheidend mitbestimmt und prägt. Ein heißes Thema, im Rahmen dessen die Sexualität natürlich eine zentrale Rolle spielt. –

Doch vorerst stehen grundsätzliche Fragen um das *Wesen* unserer Triebe und Gefühle im Raum, denen wir uns wenigstens überblicksmäßig widmen wollen: Woher stammen und wie entstehen sie? Sind wir abhängig vom Einfluß der Triebe und Gefühle – oder kann der menschliche Geist sich frei über sie erheben?

Solche Fragen stellt man sich gewiß nicht ohne Grund. Denn wie oft helfen gerade starke Gefühle den uns eigenen Erlebnishunger zu stillen! Ohne sie würde unser irdisches Dasein farb- und klanglos, öde und leer sein – sofern unser Leben ohne Gefühle überhaupt vorstellbar ist. Aber sosehr wir Menschen unsere Gefühle brauchen, so mag uns doch etwas mulmig zumute werden, wenn wir erkennen, wie abhängig wir bisweilen von ihnen sind.

Es regt sich etwas in uns gegen allzu starke „Wallungen“; wir befürchten vielleicht sogar, uns im Netz der Gefühle zu verstrikken. Warum das so ist, läßt sich auf Grund dessen, was im vorangegangenen Kapitel zur „inneren Stimme“ gesagt wurde, vielleicht schon erahnen: Gefühle sind *körperlichen* Ursprungs, sie gehen aus einer Wechselwirkung zwischen Nervenreizen und Gehirntätigkeit hervor. *Wir* aber, unser Geist ist *immaterieller* Natur; er ist dem Körperlichen im Erdenleben zwar aufs engste verbunden, selbst jedoch von einer anderen Wesensart. Gefühle sind – im Gegensatz zu Empfindungen – immer körperbezogen, sie hängen, wie das Wort schon zeigt, mit dem *Fühlen* zusammen, und sie können von uns naturgemäß um so intensiver erlebt werden, je stärker wir uns der Bindung an das Physische hingeben. Gleichzeitig aber drängt es unseren Geist auf Grund seiner eigenen, nicht-physischen Wesensart nach Freiheit und Unabhängigkeit: Wir wollen die Erdenwelt also mit all ihren intensiven Schwingungen erleben und auskosten, ja, wir brauchen Gefühlsgipfel wie Lust und Schmerz sogar, doch wir wollen uns nicht an sie binden.

Gefühle erfüllen wichtige Funktionen und dienen der Gesunderhaltung unseres Körpers.

*Daher* die Zwiespältigkeit gegenüber der körpergebundenen – und zugleich an den Körper bindenden – Macht der Gefühle, die so manch sensibler Mensch in sich verspürt! Wobei er mit diesem Feinempfinden meist auf sich selbst gestellt bleibt, denn in unserer Gesellschaft sind Vorbehalte gegenüber einem allzu gefühlsbetonten Leben derzeit kein Thema. Der heutige Zeit-Ungeist drängt stetig nach neuen „Gefühls-Kicks“ und verbreitet unbeirrbar Jubel, Trubel, Heiterkeit – allenfalls mit einigen Stunden Programmunterbrechung, wenn Schreckensmeldungen über Katastrophen, Krieg und Terror ein Innehalten gebieten. Und selbst Zeitgenossen, denen ihre geistige Entwicklung ein Anliegen ist, verschreiben sich manchmal einem „überirdischen“ Schwelgen in Wohlgefühlen. Gerade esote-

risch-spirituell ausgerichtete Menschen neigen oft dazu, sich in Wolken aus Tönen und Düften hineinfallen zu lassen, ohne zu wissen, daß das körperverbundene Gefühl nicht mit der geistigen Empfindung gleichzusetzen ist. Wer sich seinen Gefühlen hingibt, folgt damit längst nicht immer der inneren Stimme!

Es geht hier aber nicht darum, Entwicklungen oder Bemühungen zu verurteilen. Wenn jemand seine Gefühlswelt harmonisieren und pflegen will, kann das durchaus in Ordnung sein. Nur sollte die Beschäftigung mit den vielfältigen körpereigenen Reizfluten nicht zum Selbstzweck werden. Vielmehr ist es nötig, dem Menschsein in seiner ganzen Vielfältigkeit gerecht zu werden: Von unserem Wesen her sind wir *geistig* – und damit natürlich unabhängig von den Trieben und Gefühlen des Körpers. In der physischen Realität aber sind wir ihnen sehr wohl verbunden, und zwar untrennbar. An dieser Tatsache vorbeileben zu wollen, hieße sich dem entgegenzustellen, was uns als Natur mit in die Wiege gelegt ist.

Zum physischen Menschsein gehört nun einmal, daß wir es mit zahlreichen natürlichen Gefühlen und Trieben zu tun haben, also mit ganz bestimmten, biologisch vorgegebenen „Auslösern“, die einen Drang beziehungsweise ein entsprechendes Verhalten bewirken. Man denke in diesem Zusammenhang zum Beispiel an die Bedeutung des Schmerzes, eines besonders starken – und gleichermaßen unbeliebten – Gefühles, das uns eindringlich Störungen im Körperhaushalt zu Bewußtsein kommen läßt.

Wie bedeutend das Schmerzgefühl für den Menschen ist, zeigt sich bei Patienten, die von Geburt an „schmerzblind“ sind, also Verletzungen oder Entzündungen nicht spüren können. Der bekannte Gehirnforscher Prof. Ernst Pöppel beschrieb diese Krankheit in seinem Buch „Lust und Schmerz“ anhand eines Fallbeispiels:

> „*Nehmen wir als Beispiel einen wohldokumentierten Fall einer Arzttochter, für die Schmerz ein unbekanntes Gefühl war. Dieses Mädchen biß sich ihre Zungenspitze ab, ohne es zu fühlen. Sie zog sich häufig Verbrennungen am Herd zu, ohne*

*darunter zu leiden. Sie konnte ihre Hände längere Zeit in Eiswasser oder in heißes Wasser halten, ohne dabei etwas zu spüren. In Experimenten mit elektrischen Reizen konnte sie Stromstärken aushalten, die jeden Menschen, der über normale Schmerzempfindung verfügt, in Panik versetzen würden. (...) Aufgrund dieser Schmerzblindheit stellten sich bei ihr schließlich ernsthafte medizinische Probleme ein. Besonders auffallend waren krankhafte Veränderungen an den Knien. Da sie keine Schmerzen spürte, blieb sie immer in der gleichen Stellung stehen, so daß ihre Gelenke einseitig belastet wurden. Durch Gewichtsverlagerungen, die automatisch ausgelöst werden, wenn die Knie zu schmerzen beginnen, vermeidet der Gesunde solche einseitigen Belastungen und dadurch Gelenkentzündungen. Es ist anzunehmen, daß das Fehlen von Schmerz für dieses Mädchen der Grund war, daß es relativ jung starb, da massive Infektionen schließlich von den Ärzten nicht mehr unter Kontrolle gebracht werden konnten.*"[2]

Die körperlichen Gefühle erfüllen also wichtige Funktionen und dienen damit der *Gesunderhaltung* unserer physischen Hülle. Wobei in diesem Zusammenhang durchaus nicht nur der Schmerz eine Rolle spielt. Gleichermaßen lebenswichtig sind alle angenehmen, wohltuenden Gefühle.

Im direkten Zusammenhang mit Gesundheit und Wohlergehen und dem primären Ziel des Überlebens sind auch die natürlichen *Triebe* unseres Körpers zu sehen. Dieser verlangt nach Ruhe und Schlaf, aber auch nach Bewegung und Aktivität; nach Flüssigkeits- und Nahrungsaufnahme, wie nach Blasen- und Darmentleerung. All diese körperlichen Triebe führen zu entsprechenden Gefühlen und Gedanken, die sich uns ins Bewußtsein drängen – und lösen Handlungen aus, die den Trieb befriedigen.

Man könnte hier in gewissem Sinne also tatsächlich von einer *Abhängigkeit* des Geistes sprechen, die allerdings einfach in der Natur der Sache liegt: Wenn wir in der physischen Welt leben, dann sind wir deren Notwendigkeiten unterworfen – was uns jedoch kein Opfer abverlangt, denn die Befriedigung jedes körper-

lichen Triebes wird bekanntlich als angenehm empfunden, und der Mensch leistet diesen süßen „Tribut an die Natur" im allgemeinen recht gern. Zudem hat diese „Abhängigkeit" klare Grenzen. Sie werden deutlich, sobald man bei der Entwicklung von Gefühlen das bewußte, entscheidungsfähige menschliche Ich mit in Betracht zieht:

Alle primären körperlichen Triebe lassen, vom Verstand gelenkt, machtvolle Gefühle entstehen, die wiederum entsprechende Gedanken auslösen. Bis hierhin handelt es sich um rein physische Vorgänge, die uns die „Maschinerie" des Tagbewußtseins übermittelt. Dann jedoch liegt es an uns, mit den triebhaften Gedanken entsprechend unserer *Geistesart* umzugehen. Beispielsweise kann man den natürlichen Drang zur Nahrungsaufnahme in kultivierter Art durch eine gepflegte Form des Speisens befriedigen und ihn dadurch veredeln. Das körperliche Gefühl arbeitet in diesem Fall der dem Schönheitssinn verpflichteten geistigen Empfindung als *Werkzeug* zu.

Wenn man hingegen den Drang zur Nahrungsaufnahme ohne geistige Steuerung zur bloßen Gier verkommen läßt, kann sich das Natürlich-Angenehme einer Triebbefriedigung mit der Zeit zum handfesten „Hang" steigern, zu einer lustvollen, aber eben auch den freien Geist versklavenden Abhängigkeit, die jede Empfindung verdrängt. Von dieser Gefahr wird noch die Rede sein.

## *Geschlechtstrieb und Sexualkraft*

Schalten wir vorerst aber nochmals zurück zum „Swinger Club", wo man „ein wenig Spaß miteinander haben", die Sexualität auskosten und den Trieb im Überschwang der Gefühle ausleben will. Hat jemand gegen derlei Ansinnen etwas einzuwenden? Will der Geschlechtstrieb nicht befriedigt werden wie alle anderen körperlichen Triebe auch? Und ist es nicht ganz natürlich, ein Ausdruck menschlicher Kreativität gewissermaßen, wenn man verschiedenste „Spielarten" des geschlechtlichen Verkehrs kultiviert? Setzen wir uns im Bereich der Sexualität nicht völlig zu Unrecht An-

standsgrenzen, während das Ausleben dieses Triebs doch so natürlich ist wie zu essen und zu trinken?

> Triebe lassen machtvolle Gefühle und Gedanken entstehen. Dann jedoch liegt es an uns, damit nach Geistesart umzugehen.

Die Beantwortung dieser Fragen hängt freilich nicht nur vom konkreten Wissen um die seelischen Zusammenhänge, sondern ganz entscheidend auch von unserem Weltbild ab. Ohne den Sinn und die Aufgaben zu kennen, die mit unserem Menschsein verbunden sind, ist eine gültige Bewertung gesellschaftlicher Bestrebungen nicht möglich, und alle ethisch-moralischen Diskussionen drehen sich im Kreis. Wo das Ziel nicht in Sicht ist, läßt sich endlos über Möglichkeiten, Richtungen und Wege streiten. Wir werden daher auch unsere Betrachtungen über den Geschlechtstrieb nicht losgelöst von den übergeordneten geistigen Aspekten anstellen können. –

Was unseren Körper anbelangt, so gibt es natürlich eine Gleichart, die den Geschlechtstrieb mit anderen Reizauslösern verbindet. Hier wie dort steht eine Forderung der Natur im Raum, die zum Leben in der physischen Welt gehört und erfüllt werden will. Zwar dient der geschlechtliche Verkehr nicht, wie Speise und Trank, unmittelbar dem persönlichen Überleben, immerhin aber der Erhaltung unserer Art.

Über diesen Unterschied dürfen wir allerdings nicht achtlos hinwegsehen. Er ist wesentlich, denn er berührt auch unsere Möglichkeiten, mit dem Geschlechtstrieb umzugehen. Während nämlich alle primären, körpererhaltenden Triebe *direkt* als Gefühle und Gedanken in unser Bewußtsein und nach Befriedigung drängen, ist es beim Geschlechtstrieb anders. Hier lösen erst unsere *Gedanken* die diesbezüglichen Gefühlswallungen aus.

Konkret: Jeder reife Körper entwickelt ein durchaus gesundes Verlangen nach geschlechtlicher Betätigung, einen ausgeprägten Trieb, der allerdings immer erst durch entsprechende Gedanken

angeschlagen wird, also *durch unser Wollen* zur Auswirkung kommt. Dabei stellt sich dann leicht der bekannte Aufschaukelungseffekt ein: die Gedanken wirken auf die Nerven, erzeugen intensive Gefühle, diese regen rückwirkend zu erhöhter Gedankentätigkeit an – Phantasien blühen auf, steigern ihrerseits wiederum das Verlangen usw.

Jedenfalls sind wir dem Geschlechtstrieb unseres Körpers keineswegs von vornherein macht- und verantwortungslos ausgeliefert, sondern haben die Möglichkeit, kontrollierend und richtungweisend auf ihn einzuwirken.

Und noch ein weiteres unterscheidet den Geschlechtstrieb von den anderen körperlichen Trieben: es ist ein ganz besonderer „Stoff", durch den er seine Befriedigung findet – angesprochen ist die *Sexualkraft.*

An diesem Punkt müssen wir unsere Betrachtungen allerdings über das Körperliche hinaus erweitern und uns einmal mehr vergegenwärtigen, daß unser Menschsein sowohl physische als auch nichtphysische Wirklichkeiten umfaßt. Wie aber stehen diese unterschiedlichen Ebenen miteinander in Verbindung?

Es liegt nahe, daß es verschiedener „Brücken" bedarf, um die unterschiedlichen „Ufer" der geistigen und der physischen Welt miteinander zu verbinden. Man könnte vielleicht auch von *Katalysatoren* sprechen, die eine Kontaktwirkung ermöglichen, oder von *Strahlungsbrücken*, wie Abd-ru-shin in seiner Gralsbotschaft.

Deren Erklärungen zufolge bildet die Sexualkraft im Erdenleben die wichtigste Strahlungsbrücke, die es unserem Geist ermöglicht, sich bewußt und richtungweisend im physischen Körper zu betätigen. Sie schmiedet uns zur unteilbaren Einheit von Geist, Seele und Körper und stellt uns mit allen Fasern unserer Persönlichkeit hinein in das pulsierende Leben dieser Welt.

Voll und ganz in dieser umfassenden „Lebenskraft" zu stehen und aus ihr heraus zu wirken – ein Zustand, der einhergeht mit freier Entschlußmöglichkeit, aber auch mit uneingeschränkter Selbstverantwortung –, das unterscheidet demnach den erwachse-

nen Menschen vom unmündigen Kind. Und langsam Kontakt zu dieser gewaltigen Kraft zu finden – darin liegt das Wesen der Pubertät, die jeder Mensch durchläuft, sobald sein Körper dazu reif und fähig ist, diese Strahlungsbrücke zu produzieren.

> *„Ein Mensch auf Erden, der geistig hoch und edel wäre und der deshalb mit hoher, geistiger Liebe zu seinen Mitmenschen käme, würde diesen fremd bleiben, innerlich nicht nahekommen können, sobald seine Sexualkraft ausgeschaltet wäre. Es würde dadurch zum Verstehen und seelischen Nachempfinden eine Brücke fehlen, demnach eine Kluft sein."*[3]

Die *Sexualkraft* im Sinne der Gralsbotschaft gewährleistet also zwar eine innige Verbindungsmöglichkeit zwischen uns Menschen, jedoch in *ganzheitlicher* Art; sie hat indes nur bedingt mit dem Geschlechtstrieb zu tun. Dieser erwacht im Körper ebenfalls während der Pubertät, und er findet dann auch seine Befriedigung in einer *Konzentration* des intensiven Erlebens, das die Sexualkraft ermöglicht. Allerdings erlischt der Geschlechtstrieb normalerweise im höheren Alter, während die Sexualkraft dem Menschen bis zum Lebensende ihre Dienste leistet. Selbst ein Greis kann bekanntlich noch agil und aktiv sein, voll im Leben stehen, während geschlechtliche Bedürfnisse für ihn längst keine Rolle mehr spielen.

Die Trennung zwischen den beiden Begriffen Sexualkraft und Geschlechtstrieb wurde hier jedoch nicht herausgearbeitet, um eine Unterscheidung im Sinne von „guter" Sexualkraft und „üblem" Geschlechtstrieb zu treffen. Das wäre Unsinn, denn beides hat seine Berechtigung und ist von Natur aus förderlich.

## Vom „Auskosten" der Sexualität

Haben also die Vorantreiber der „sexuellen Revolution" recht, wenn sie das möglichst uneingeschränkte Auskosten und Ausleben propagieren? Denn warum soll diese Entwicklung eigentlich schlecht sein? Haben wir Menschen noch nicht genug unter dem Joch falscher Moralvorstellungen und einer Verteufelung des Ge-

## Haben die Vorreiter der „sexuellen Revolution" recht, wenn sie das uneingeschränkte Auskosten und Ausleben propagieren?

schlechtstriebs gelitten? Wurden durch welt- und lebensfremde religiöse Gebote nicht generationenlang sinnlose Gewissenskonflikte provoziert, indem sexuelle Lustgefühle zur Sünde erklärt oder als Irrweg eingestuft wurden, der zwangsläufig weg vom Schöpfer führen muß? Sollten wir uns nicht ein für allemal und nach Kräften allen engstirnigen, körperfeindlichen Ansichten entgegenstellen?

Tatsächlich stehen sich in der großen Frage nach dem richtigen Umgang mit dem Geschlechtstrieb seit langem zwei ziemlich verfehdete Lager gegenüber: Hier die lautstarke Angriffsfront jener, die für noch mehr Freizügigkeit in Pornofilmen antreten, die Prostitution als notwendiges Ventil für triebgeplagte Zeitgenossen begrüßen oder andere, wenn diese für Anstand und Sitte eintreten, kurzerhand der Verklemmtheit oder Doppelmoral bezichtigen. Und auf der Verteidigungsseite finden sich alle, die bei bestem Willen nicht begreifen können, wie man das gezielte Beiseiteräumen von Scham als Fortschritt feiern und sich ohne Röte im Gesicht mit Haut und Haaren dem Lustprinzip verschreiben kann; wie eine hemmungslose Übersexualisierung sich der gesamten Gesellschaft bemächtigt.

Zwischen den Fronten aber steht – wie zumeist in solchen Fällen – die unentschlossene, schweigende Mehrheit: Man verurteilt zwar halbherzig so manche Entwicklung und schüttelt zuweilen auch in plakativem Engagement die Köpfe, wenn sich einer der professionellen Tabubrecher mit seinen Ansichten oder Aktionen zu weit aus dem Fenster lehnt; man ahnt auch noch von ungefähr, was Schamgefühl ist – aber man konsumiert selbst alles, was Spaß macht.

Das Ausleben des Lustprinzips ist ohnehin schon mehr oder weniger gesellschaftsfähig geworden und spielt sich allenfalls halbheimlich ab: Da wird der Briefträger vielleicht besonders reich mit

Trinkgeld bedacht, wenn er den absenderlos verschickten, diskret braunen Versandkarton aus dem Beate-Uhse-Lager zustellt, oder das Gespräch im Kiosk verlagert sich leidenschaftlich auf das freundliche Wetter, während die Verkäuferin das „Playboy"-Heft in die Tüte steckt. Mehr scheint zur Befriedung der Scham nicht nötig. Man konsumiert – weshalb auch nicht? Ja, warum eigentlich sollen wir die Möglichkeiten eines konzentrierten Genusses von Sexualkraft nicht uneingeschränkt auskosten?

Aus einer Sicht, die nicht nur Sinnesfreuden im Auge hat, sondern vor allem auch geistige Ziele, gibt es auf diese Frage eine recht einfache und kurze Antwort: Sich bedingungslos Gefühlswallungen zu verschreiben – was, wie wir noch sehen werden, sehr schnell zu Abhängigkeiten führt – verträgt sich nicht mit der Bestimmung unseres Menschseins, die zur inneren Entwicklung, Veredelung und Freiheit führen will.

Freilich wird man mit einer solchen Argumentation Gefahr laufen, als ewig-gestriger Moralapostel an die Wand gestellt zu werden. Aber es geht nicht darum, irgendeine erzkonservative Meinung zu vertreten, sondern schlicht und einfach das, was in der Natur des Menschseins liegt. Und hier zeigt sich neben der Sexualkraft und dem Geschlechtstrieb noch ein dritter Begleiter im Bunde, dem wir Rechnung zu tragen haben: das natürliche *Schamgefühl!*

## *Das natürliche Schamgefühl*

Über das Schamgefühl spricht der moderne Mensch des 21. Jahrhunderts nicht gern, und wenn, dann zumeist abfällig. Während in unserer Gesellschaft das Vokabular zur Beschreibung von Lustgefühlen immer reichhaltiger wird – vor allem in der Jugendsprache werden kritiklos zwielichtige Ausdrucksweisen gepflegt[4] –, steht alles, was mit Schamhaftigkeit zu tun hat, vollkommen im Abseits – so, als wäre dieses Gefühl tatsächlich ein sinnloses, überholtes, letztlich durch unnatürliche Moralvorstellungen geprägtes Übrigbleibsel aus dem tiefsten Mittelalter.

> Wohin entwickelt sich eine Gesellschaft, in der die gezielte Ertötung des Schamgefühls der Fernseh-Unterhaltung dient?

Mit dieser Bewertung verkennt man das Schamgefühl jedoch vollkommen. Es erwacht – wie man in der Entwicklung eines Kindes beobachten kann – in natürlicher Weise *zugleich* mit dem Geschlechtstrieb und der Sexualkraft; es braucht nicht erst angelernt oder erzieherisch eingetrichtert zu werden, sondern gehört zur Grundausstattung der menschlichen Psyche. Und das nicht von ungefähr, denn die Scham erfüllt eine wichtige, über sexuelle Kontakte weit hinausgehende Funktion: Sie hilft dem Menschen in jeder Hinsicht dabei, sein Eigenpersönliches zu bewahren. Sie schützt in umfassender Weise davor, sich selbst *zu sehr* zu öffnen, notwendige zwischenmenschliche Schranken hochzuziehen oder seine Intimsphäre preiszugeben (was natürlich nichts mit falscher Abkapselung zu tun hat). Die feinsinnige Wachsamkeit, die mit der Scham einhergeht, kann sich in der Wortwahl[5] ebenso zeigen wie in der Art des Verhaltens, der Körpersprache usw. Aber die Scham bildet in ihrer Art eben auch einen Schutzwall gegenüber dem Geschlechtstrieb, der den erwachsenen Menschen seinerseits ja machtvoll zur sexuellen Vereinigung drängen kann.

*Körperlich* zeigt sich die Scham also als natürliches, wertvolles Gefühl – aber ihre Wurzeln reichen tiefer, bis in das Seelisch-Geistige hinein. Denn auch in diesen Ebenen geht es für den Menschen darum, sein „Ich", seine Eigenpersönlichkeit schützend zu bewahren; anders wäre eine Entwicklung des eigenen Bewußtseins überhaupt nicht denkbar.[6] Daher ist Scham nicht nur irgendein Gefühl, sondern der Ausdruck eines ursprünglichen geistigen *Bedürfnisses*, einer echten *Empfindung*, die im Leben einen hohen Stellenwert genießen sollte.

Aus geistiger Sicht können Hemmungen also durchaus ihren Wert haben, und man sollte sich darüber Gedanken machen, wohin eine Gesellschaft sich entwickelt, in der die gezielte Ertötung

des Schamgefühls, der voyeuristische Blick in die Intimsphäre anderer Menschen, den Stoff für Fernseh-Unterhaltung liefert. –

Jedenfalls umfaßt eine *natürliche* geschlechtliche Beziehung neben der Sexualkraft und dem Geschlechtstrieb auch das Schamgefühl. Dieses spürt jeder Mensch normalerweise ohnehin bis in die Fingerspitzen – sofern er es nicht in falschem Fortschrittsglauben bewußt überwinden will oder es ihm nicht schon als Kind durch „aufgeklärte“ Erwachsene *ab*erzogen wurde.

## Natürliche, gesunde Sexualität

Damit sind wir nun bei einer zentralen Frage angelangt: Wie gestaltet sich eine gesunde, natürliche sexuelle Beziehung?

Aus der bekannten menschlichen Sittengeschichte lassen sich diesbezüglich keine wirklich klaren Anhaltspunkte ableiten. Wer sie näher betrachtet, muß zum Schluß kommen, daß es stets die unterschiedlichsten Ideale gab, von den Moraldogmen geistlicher „Lustverhüter“ bis hin zu den liberalen Ideen der sexuellen Revolution, von freimütig geschilderten romantischen Wonnen im „Hohelied“ des Alten Testaments („Komm, mein Freund, laß uns aufs Feld hinausgehen und unter Zyperblumen die Nacht verbringen. Dir will ich meine Liebe schenken!“) bis hin zum Sittenfanatismus im 19. Jahrhundert.[7]

Es wäre wohl auch vermessen, eine allgemeingültige Gebrauchsanweisung zur „idealen sexuellen Beziehung“ anzubieten, denn im Detail gibt es dabei so viele unterschiedliche Wege wie Menschen. Doch lassen sich auf der Basis des bisher zu Sexualkraft, Geschlechtstrieb und Schamgefühl Gesagten einige Schlußfolgerungen und Leitsätze formulieren, die eine gewisse Allgemeingültigkeit für sich in Anspruch nehmen können:

- *Geschlechtliche Enthaltsamkeit ist unnatürlich*

Der vielleicht wertvollste Gedanke, der durch die „sexuelle Revolution“ Verbreitung fand, liegt darin, daß der Geschlechtstrieb – wie jeder andere körperliche Trieb auch – etwas an sich ganz Na-

türliches, Wertvolles und Gutes ist. Ein seelisch gesunder Mensch sollte keinen Grund haben, ihn zu fürchten oder sich in starrer Selbstzucht gar der Enthaltsamkeit zu verschreiben.

• *Es geht nicht nur um die Zeugung!*

Außer Frage sollte auch stehen, daß geschlechtlicher Verkehr keine Angelegenheit ist, die nur der Erhaltung der Art dient, also der Zeugung von Nachkommen. Diese vor allem von der christlichen Kirche über Generationen gelebte Vorstellung hat weder eine biologische Basis[8] noch einen Ankergrund in der Lehre Jesu[9]. Man weiß heute längst, daß ein erfülltes Sexualleben von großer Bedeutung für die allgemeine Harmonie in einer Familie ist. Zudem geht es dabei auch um eine gegenseitige Förderung und Stärkung auf der feinstofflichen Ebene. Denn, so heißt es in der Gralsbotschaft, es …

> „… *hat die körperliche Vereinigung nicht nur den Zeugungszweck, sondern es soll dabei der nicht minder wertvolle und notwendige Vorgang einer innigen Verschmelzung und eines Austausches gegenseitiger Fluide zu höherer Kraftentfaltung erfolgen.*“[10]

• *Die beste Basis: Liebe und Harmonie*

Wenn, wie wir wissen, die triebhafte Veranlagung eines jeden Menschen anders ist und auch Alter, Temperament, Lebenssituation u. ä. entscheidende Einflüsse auf den Geschlechtstrieb ausüben, so können schon daher keine allgemeingültigen Regeln oder Patentrezepte für die geschlechtliche Betätigung aufgestellt werden. *Eine* Basis allerdings sollte in jedem Fall gegeben sein: die seelische Harmonie zwischen den Partnern – und zwar nicht nur als fallweise Begleiterscheinung, sondern in viel tieferer Art.

Wenn wir davon ausgehen, daß das Schamgefühl – etwa im Sinne zarter Rücksichtnahme gegenüber den Bedürfnissen und/oder Vorbehalten des anderen – auch innerhalb jeder Partnerschaft eine tragende Rolle spielt, dann muß es natürlich einen Auslöser geben, der jene hemmende Schranke hebt, die normaler-

weise die Intimität einer geschlechtlichen Vereinigung von selbst verbietet.

Der Schlüssel dafür liegt im Begriff der *Harmonie!* Doch diese kann nicht erkämpft, verordnet oder erzwungen werden. Sie stellt sich von selbst ein, sofern die Bedingungen für sie gegeben sind. Wobei erstens Partner mit einander *ergänzenden* seelischen Eigenschaften vorausgesetzt werden dürfen (denn anders kann Harmonie nicht entstehen) und zweitens ein besonderer, verbindender Kraftquell zwischen den Geschlechtern fließt: *die Liebe.*

Es bietet sich damit im Hinblick auf den Mechanismus der Trieb*auslösung* eine ebenso unmoderne wie zeitlose Alternative zur heutigen sexuellen Reizflut. Und die Basis von Harmonie und Liebe hat auch den Vorteil, daß die Gedanken in der Erfüllung des Geschlechtstriebes naturgemäß edlere Formen zeugen.

- *Keine Überbewertung des Geschlechtstriebes*

Wie in allen Bereichen des Lebens, gilt auch für den sexuellen Verkehr: jede Übertreibung schadet! Wer geschlechtliche Betätigung als etwas ganz Natürliches betrachtet, das die Entwicklung des Geistes fördern kann und soll, muß deshalb ja noch lange keinen falschen Kult um seinen Trieb entwickeln oder nach mehr und immer mehr streben.

Nicht möglichst vibrierende erotische Phantasien, der Reiz eines Partnerwechsels oder immer neue „kreative Lustideen“ führen – wie das Sexualtherapeuten heute manchmal glauben machen wollen – zu einer sinnvollen Entwicklung des Geschlechtslebens. Wer darin nach Veredelung strebt, braucht in erster Linie nur eins zu tun: sein Schamgefühl kultivieren!

## Die fehlende Selbstreflexion

Wenn wir diesen Rat allerdings unserem jungen Mann aus dem „Swinger Club“ geben wollten, würden wir vermutlich nicht auf allzu viel Gehör stoßen. Denn die Sehnsucht nach Geistesfreiheit und Förderung der Scham, der Wunsch, tiefe Liebe und Harmo-

nie zu erleben – was bedeuten solche Ideale jemandem, der sich für handfeste Sinnenfreuden entschieden hat und dort seine „Freiheit“ sucht?

„Für mich ist das Hier und Jetzt des Genusses entscheidend, die prickelnde Erotik, das Schwimmen im Meer des Gefühls“, so mag er argumentieren – dem schwärmerisch-schwülen „Tristan-Motto“ verpflichtet: Ertrinken, versinken/unbewußt, höchste Lust![11]

Wenn der Rausch der Gefühle das geistige Sehnen verdrängt, dann verkümmern Gewissensbedenken rasch zu kraft- und belanglosen Gedanken. Und der getreue Diener des menschlichen Vorteilsstrebens, unser Verstand, findet flugs alle denkbaren Argumente, um andere – und auch das eigene Ich – von der „Harmlosigkeit“ des verlockenden Weges zu überzeugen.

„Ich finde nichts Schlechtes daran, alle meine sexuellen Bedürfnisse auszuleben. Jeder Mensch hat doch das Recht, so zu leben, wie er will, und jeder ist für sich selbst verantwortlich!“

Ja, diese Verantwortung gilt aber auch für unsere Innenwelt! Alle Gedanken, die wir mit unserem „glühenden Wollen“ beleben, werden zu feinstofflichen Formen, die mit uns verbunden bleiben, spürbar alle unsere Entschlüsse in einer bestimmten Richtung beeinflussen und auch auf andere Menschen wirken! Und Gedankenformen aus dem sinnlich-sexuellen Bereich sind von dunkler Art, wenn sie nicht im Licht seelischer Liebe erstrahlen!

„Das mag ja sein. Aber in dieser Gedankenwelt zu leben macht mir Spaß! Und allen Gleichgesinnten auch!“

Wahrscheinlich würden wir unseren jungen „Swinger“ auch mit vielen weiteren Argumenten nicht überzeugen können. Denn mächtig drängende Gefühlsregungen, wie sie aus einem gezielt gesteigerten Geschlechtstrieb resultieren, lassen sich durch feinsinnige Gedanken nicht aufwiegen und verhindern jede sachliche Selbstreflexion.

Eben diese Tatsache macht ja auch ein Umdenken auf gesellschaftlicher Ebene so unwahrscheinlich. Wo die Fähigkeit fehlt,

Wert und Unwert klar zu unterscheiden, dort wird nicht viel gedacht – und noch weniger erkannt. Aber wohin soll die wie von unsichtbarer Hand vorangetriebene Übersexualisierung führen? Zeitigt das enthemmte Ausleben und Fördern sexueller Begierden wirklich keinerlei unliebsame Folgen?

> **Zieht das enthemmte Ausleben und Fördern sexueller Begierden wirklich keinerlei unliebsame Folgen nach sich?**

Doch! Wer sich darüber klar geworden ist, daß alle „lebensdurchglühten" Gedanken (wozu sexuell motivierte freilich in erster Linie zählen!) zur feinstofflich geformten *Wirklichkeit* werden und dort immer mächtigere Zentralen bilden, wird nicht mehr nur den momentanen Lustgewinn in Betracht ziehen. Denn die gedanklich geprägte feinstoffliche Umwelt (oder Innenwelt) zeigt sich nicht nur in dem, was man gemeinhin als „Zeitgeist" beschreibt, sondern sie treibt auch Prozesse voran, deren Endauswirkungen erst in Ansätzen sichtbar werden.

## *Bedenkliche Entwicklungen*

Unverkennbar ist, daß der Geschlechtstrieb als (Mit-)Ursache für viele seelische Probleme betrachtet werden muß. Einen wirklich unbeschwerten Umgang mit ihm scheint uns auch die „sexuelle Freiheit" nicht zu eröffnen. Im Gegenteil: Sobald es nicht mehr um das Abschütteln bornierter Verklemmungen geht oder um die Befreiung von falschen gesellschaftlichen Konventionen, sondern das Ziel im *Überwinden* von Sitte und Scham gesehen wird, nehmen die Schwierigkeiten ja fast zwangsläufig zu. Denn je weiter sich etwas vom Natürlichen entfernt, desto problematischer ist es, damit umzugehen, es also harmonisch in das Alltagsleben zu integrieren.

Ich erinnere mich zum Beispiel an zwei Erlebnisse während einer Vortragsreise vor einigen Jahren: Am späten Abend stolperte

ich beim Fernsehen im Hotelzimmer in einen haarsträubenden Werbespot, in dem zwei homosexuelle Männer auftraten. Einer von ihnen sagte sinngemäß: „Vergangene Woche bin ich schwul geworden!", und auf diese „ganz normale Selbstverständlichkeit" folgte ein Slogan, der den Zuschauer ungefähr mit dem Wortlaut: „Entdecken auch Sie Ihr wahres Ich!" ebenfalls zur Homosexualität aufforderte. – Tags darauf wandte sich nach einem Vortrag zum Thema Tod eine alte Frau an mich, Tränen traten ihr in die Augen. Kürzlich hatte sie ihren Sohn verloren, einen erfolgreichen, angesehenen Arzt und Familienvater. Er hatte sich erhängt, weil er sich nach vielen Ehejahren einer homosexuellen Neigung hingegeben hatte und in der Folge mit sich selbst nicht mehr zurechtkam.[12]

Der propagierte Zeitgeist der „sexuellen Freiheit" und das ganz normale Alltagsleben können furchtbar weit auseinanderklaffen. Daraus erwachsen für viele Partnerschaften Probleme: Wer sein gedankliches Feuer zum Thema „Sex" durch die diesbezüglich überhitzte (feinstoffliche) Umwelt unserer Tage schüren läßt, tut sich zwangsläufig schwer damit, das idealisierte Wunschbild eines uferlosen Auslebens von Begierden mit der natürlichen Scham in Einklang zu bringen, die jede halbwegs normale Beziehung kennzeichnet. Das Thema brodelt im Inneren, wird aber nicht verbalisiert. In der Partnerschaft herrscht eine gewisse Sprachlosigkeit in Sachen Sexualität, die es dem einzelnen nicht erlaubt, sein zwiespältiges Gedankenleben – etwa mit Hilfe des offenen, vertrauten Gesprächs – zu harmonisieren.

Noch eine weitere Entwicklung ist erkennbar, die in unserer Gesellschaft bisher allerdings kaum thematisiert wird: das zunehmende Suchtverhalten im Zusammenhang mit dem Geschlechtstrieb. Man tut gerne so, als würde es das gar nicht geben, als sei auch das ausgeprägteste, abwegigste Verlangen der Ausdruck des biologisch bedingten Trieblebens, das sich in breitem Spektrum eben bei jedem Menschen anders zeigt. Über die Folgen von Rauschgift-, Nikotin- und Alkoholkonsum wird eifrig

diskutiert, aber mit der „Droge Sexualität" handelt man recht unbekümmert – so, als könne es bei der „natürlichsten Sache der Welt" zu gar keinen Abhängigkeiten kommen.

Noch scheint im allgemeinen Bewußtsein nicht ansatzweise Klarheit darüber zu herrschen, welche unliebsamen Begleiterscheinungen ein künstlich aufgepeitschtes Sexualleben mit sich bringen kann; vor allem, was durch die *bewußte und gewollte* Hingabe an die Triebhaftigkeit wechselwirkend mit unserem freien Willen geschieht. Daß hier im Handumdrehen der klassische Fall von „Seelenverkauf" – heißes Erleben für den Moment zum Preis des Persönlichkeitsverlustes – eintreten kann, was im Gefühlsüberschwang deshalb so oft übersehen wird, weil die Abhängigkeit vom Trieb sich in tieferen Bereichen unserer Innenwelt anbahnt. Sie gehört aber stets zum Kleingedruckten in den „Allgemeinen Geschäftsbedingungen" der Lustoptimierung.

Es sollte also nicht verwundern, wenn in den sogenannten „sexuellen Bedürfnissen" unserer Gesellschaft Entwicklungen beobachtet und beschrieben werden, die durch zunehmende Zwanghaftigkeit, Fixierung auf bestimmte Fetische oder inszenierte Selbsterniedrigung gekennzeichnet sind. Im Fachjargon der Erotik-Industrie beschreibt man diese Tendenzen wertfrei und im Hinblick auf neue Geschäftsmöglichkeiten durchaus wohlwollend mit den Worten: „Es wird härter ..."

## Gefangenschaft im Trieb

Schalten wir vorübergehend um in ein anderes Programm: In der BBC-Fernsehdokumentation „Jenseits von Liebe" erzählt ein verzweifelter junger Mann, daß er seit neun Jahren Medikamente nimmt, um nicht dem lebensbedrohlichen sexuellen Zwang zu erliegen, sich oder andere zu strangulieren ...

Daraufhin die Geschichte eines Rentners, der sich selbst, minutiös geplant, das rechte Bein zerschoß, um sich so endlich von der Lust an amputierten Beinen zu befreien, die ihn ein Leben lang quälte und zur Verstümmelung des eigenen Körpers drängte ...

Schließlich der Beitrag über ein Mädchen, das von seiner sexuellen Vorliebe für tote junge Männer spricht und über die Schwierigkeiten, mit dieser unstillbaren Triebausrichtung zurechtzukommen …

Solche Berichte über sogenannte *paraphile Menschen*, deren innere Zwänge dazu führen, daß sie anderen – oder sich selbst – zur ernsten Gefahr werden, verfolgt man als Betrachter staunend und nachdenklich zugleich. Wie kann es zu derartigen sexuellen Verirrungen kommen? Könnte jeder von uns in die Situation geraten, daß sein Geschlechtstrieb eine Prägung erfährt, die mit natürlicher Sexualität nichts mehr zu tun hat? Wie kann ein Mensch in eine regelrechte *Gefangenschaft* aus triebhaften Gefühlen gelangen?

Und um eine solche handelt es sich in den geschilderten Fällen tatsächlich. Paraphile Menschen berichten von einem *Zwang*, dem sie durch ihr eigenes Wollen nur wenig entgegensetzen können, der, wenn er aufwallt, ihre Persönlichkeit verändert und einen akuten Spaltungszustand herbeiführt. Bei den Betroffenen ändert sich dabei die sinnliche Wahrnehmung, engt sich ganz auf das triebhafte Erleben ein. Sie spüren dann beispielsweise ein erregendes Schmetterlingsflimmern im Bauch, vermeinen einen intensiven Geruch nach Verbranntem wahrzunehmen, der auch die Geschmacksnerven streift, worauf sie wie in Trance ihre Vorstellungen ausleben und ausweglos in ein genußvolles, aber eben oft sinnwidriges Tun verfallen, das stärker ist als alle Vernunft. Und der Zwang kommt, meist von immensen Gewissensqualen begleitet, immer wieder.

Ähnliche Schilderungen sind auch von Triebtätern bekannt, die – einmal abgesehen vom bitteren Schicksal ihrer Opfer – oft auch selbst entsetzlich darunter leiden, ihre sexuellen Bedürfnisse überhaupt nicht mehr im Griff zu haben. Ein Arzt berichtete in einer Fernsehsendung zu diesem Thema, wie ihm ein Serienmörder erzählte, was er während seiner Greueltaten erlebte: „Es ist wie mit einem Autopiloten, es läuft von selbst. Man braucht jemanden, der es abstellt!"

> Innere Zwänge führen paraphile Menschen dazu, sich selbst oder anderen zur ernsten Gefahr zu werden.

Doch nicht nur in Sexualmorden zeigt sich das Phänomen der „getriebenen Täter". Wenn man beispielsweise an die immer wieder publik werdenden Kinderschändungen denkt, an die Hunderttausenden, die heute indirekten Kindesmißbrauch betreiben, indem sie die Angebote einschlägiger Internet-Homepages für sich nutzen, oder wenn man sich vor Augen führt, daß weltweit Millionen Kinder durch Pornographie, Prostitution, den sogenannten „Sextourismus" und durch Kinderhandel mißbraucht werden, dann läßt dies vermuten, daß schon ziemlich viele Menschen einem Sog entfesselter Triebhaftigkeit erlegen sind, der vor nichts und niemandem haltmacht. Auch und gerade nicht vor der Reinheit und Ursprünglichkeit des Lebens, wie sie im Kind so wunderbar zum Ausdruck kommt.

Die Frage ist nun also, ob diese tiefsten Abgründe des menschlichen Geschlechtstriebes, die auch hier beobachtbaren Entwicklungen hin zum „Härteren" – sprich: Brutalen, Entmenschlichten, Zerstörerischen – in irgendeinem Zusammenhang mit der Übersexualisierung unserer Gesellschaft stehen. Oder anders ausgedrückt: Gibt es einen kontinuierlichen Entwicklungsweg, der vom „ganz normalen" Ausleben sexueller Bedürfnisse zum Zwang des Perversen führt?

## *Verborgene Zusammenhänge*

Würde man eine solche Möglichkeit unserem jungen „Swinger" zu bedenken geben oder gar öffentlich zur Diskussion stellen, so wäre wahrscheinlich vorerst einmal hellste Empörung die Folge: Was sollen einzelne seelisch kranke, gefährliche Menschen denn mit der Befriedigung „harmloser" persönlicher Wünsche zu tun haben?

Vordergründig mögen es tatsächlich zwei unabhängige „Programminhalte" sein, die wir betrachtet haben – hier die schummrig-schwüle Atmosphäre des Swinger-Clubs, dort der furchterregend-fehlgeleitete Trieb paraphiler Menschen. Im Hintergrund aber bestehen doch Bezüge zwischen den „Sendungen", und mit diesen verborgenen Zusammenhängen wollen wir uns nun ein wenig ausführlicher beschäftigen. Denn aus dem Wissen darum ergibt sich ein Überblick, der von Nutzen sein kann, wenn es darum geht, aus dem Labyrinth des Trieb- und Gefühlslebens wieder herauszufinden.

In erster Linie ist wiederum die Wirklichkeit feinstofflicher Gedankenzentren in Betracht zu ziehen, in denen sich alle gleichartigen Gedankenformen zusammenfinden, gegenseitig verstärken und zurück auf den „Sender", also Urheber wirken. Hierin liegt die bedeutendste Verbindung. Sie kann beispielsweise dazu führen, daß etwas von einer oder mehreren Personen nur „spielerisch" Gedachtes den bitter-ernsten Gedanken eines anderen verstärkt oder zur Tat treibt. In der Gralsbotschaft heißt es dazu:

> *„So stehet mancher Erdenmensch sehr oft mißbilligend vor irgendeiner Tat eines seiner Nebenmenschen, diese mit Zorn verwerfend und verurteilend, an der er aber vor den ewigen Gesetzen Gottes* mitverantwortlich *ist! Es kann sich dabei um einen ihm völlig fremden Menschen handeln und um eine Tat, die er nie in der gröbsten Stofflichkeit selbst ausgeführt haben würde.*
>
> *Denkt Euch einmal hinein in derartige Vorgänge, Ihr werdet dann erst recht verstehen, daß ich Euch in meiner Botschaft zurufe:* ‚Haltet den Herd Eurer Gedanken rein, Ihr stiftet damit Frieden und seid glücklich!'
>
> *Wenn Ihr dann aber stark genug darin geworden seid in Eurer eigenen Reinigung, so werden auf der Erde vielerlei Verbrechen weniger geschehen als bisher, an denen viele mitschuldig gewesen sind, ohne es zu wissen.*"[13]

Abgesehen von den hier beschriebenen feinstofflichen Vorgängen kann man in der Suche nach verborgenen Zusammenhängen auch

noch Entwicklungsprozesse in Betracht ziehen, die aus der Tätigkeit unseres Gehirns resultieren. Denn auf Grund unserer Willensentscheidungen kommt es automatisch zu bestimmten Prägungen beziehungsweise Gedächtnisordnungen[14], die wechselwirkend unser Verhalten beeinflussen: Wer eine Situation einmal als angenehm erlebt hat, kann das nicht einfach willentlich wieder vergessen, sondern wird bei einer ähnlichen Gelegenheit automatisch an sein früheres Erleben erinnert werden – verbunden mit dem gedanklichen Anreiz, sich doch abermals einer solchen Situation hinzugeben.

Wir müssen also in Betracht ziehen, daß uns jeder eigene Entschluß und, damit verbunden, jedes eigene Erleben prägt. Denn, wie schon im vorangegangenen Kapitel zum Ausdruck gebracht: unser Gehirn ist ein neutrales Werkzeug, ein Diener des Ichs, der von sich aus keine ethischen oder moralischen Dimensionen kennt und für Gutes oder Schlechtes gleichermaßen zur Verfügung steht. Das Gehirn unterstützt jeden Lernprozeß, sofern er Vorteile verspricht. Aus der Psychosomatik[15] kennt man dazu unzählige Beispiele. So kann sich ein Mensch etwa Kopfschmerzen oder asthmatische Verkrampfungen antrainieren, wenn er durch Erfahrung gelernt hat, daß sich von solchen Krankheiten profitieren läßt (man denke an das Kind, das wegen der ach so üblen Schmerzen der Schule fernbleiben darf). Und ein ebenso willfähriger Diener ist unser Gehirn bei triebhaft-sexuellen Prägungen: Auch hier vollzieht sich sofort ein Lernprozeß, selbst wenn es um noch so abartige gedankliche Verknüpfungen geht.

## Wege zum Persönlichkeitsverlust

Die Gefahr ist also groß, in einen Irrweg zu geraten, der immer tiefer und lichtloser wird, je öfter man ihn im Kreis läuft. Daher kann es nicht schaden, sich aus geistiger Sicht wenigstens in groben Zügen die Mechanismen und Entwicklungen bewußtzumachen, die den Geschlechtstrieb Schritt für Schritt in eine unnatürliche Form abgleiten lassen:

• *Verzicht auf Liebe:*
Wie wir gesehen haben, sollten dem natürlichen Dreiklang von Sexualkraft, Geschlechtstrieb und Schamgefühl stets Liebe und Harmonie zugrunde liegen. Wobei mit *Liebe* natürlich nicht das blanke Begehren gemeint ist, in dem das leidenschaftliche *Nehmen-* und Besitzenwollen des Partners zum Ausdruck kommt, sondern im Gegenteil das Prinzip des selbstlosen *Gebens.* Auf dieser Basis findet im geschlechtlichen Verkehr ein förderlicher Austausch statt. Wenn nun aber, wie etwa in der Prostitution, bei einschlägigen Partnertausch-Praktiken oder vielleicht auch innerhalb einer „ganz normalen Ehe" die echte Liebe keine Rolle (mehr) spielt, sondern alles *nur* noch auf die Befriedigung sexueller Bedürfnisse abzielt, dann ist bereits ein entscheidender Schritt zur Entfesselung des Geschlechtstriebes getan. Denn mit dem Verzicht auf Liebe Hand in Hand geht ein weiteres, nämlich die

• *Unterdrückung des Schamgefühls:*
Dieses dient, wie schon dargestellt, in umfassendem Sinn dem *Persönlichkeitsschutz.* Wenn es „aktiviert" ist, schafft es natürliche Grenzen und auch Tabubereiche. Es bewahrt vor falscher Hemmungslosigkeit und mahnt zu geistiger Selbstreflexion; es verhindert die Entstehung belastender Gedankenformen und eine Bindung unseres freien Willens (auf dieses Thema kommen wir noch zu sprechen). Wird das Schamgefühl jedoch, ob in falschem Fortschrittsglauben oder etwa unter dem Joch eines künstlich angeheizten Geschlechtstriebes, immer weiter unterdrückt und beiseite geräumt, dann drängt es den Menschen schnell nach mehr und immer mehr – nach der

• *Überwindung von Grenzen:*
Jede körperliche Vereinigung hat – auch in der unbelastetsten Form – mit *Grenzüberschreitung* zu tun. Die Energien zwischen den Partnern beginnen ja immer erst zu fließen, sobald hemmende Grenzbalken hochgezogen werden. Der Moment der Bereitschaft, das bis dahin Unzulässige nun zuzulassen, bietet im ge-

schlechtlichen Verkehr einen Impuls immenser Stärke, der aber im Umfeld von Liebe und natürlicher Scham bestens aufgehoben ist. Wenn diese Rahmenbedingungen jedoch fehlen und es nur noch um den „Kick“ des Grenzüberschreitens geht, wenn die Suche nach immer neuen Reizen, das Sprengen von Tabus, die Lust am Verbotenen, das „Spiel mit dem Feuer“ an sich als stimulierend erlernt wird, dann erobert sich der Geschlechtstrieb damit Betätigungsfelder, auf denen er definitiv nichts zu suchen hat. Die Gedankenwelt eines Menschen, der dieser Entwicklung Spielraum gibt, wird dadurch immer stärker sexualisiert, während zugleich im Großen gesehen auch feinstoffliche Gedankenzentren, die dem enthemmten Geschlechtstrieb verbunden sind, an Macht und Einfluß gewinnen. Dies wiederum erleichtert die

- *Züchtung des Triebs,*

denn im Zusammenklang von Gefühl und Phantasie ist es heute ein Leichtes, den Geschlechtstrieb mit immer neuer „Nahrung“ zu versorgen und ihn gezielt großzuzüchten. Denn wer es darauf anlegt, findet unzählige Möglichkeiten dafür, besonders berauschende sinnliche Momente zu provozieren. Aber egal, wohin die menschliche Sexualität aus- und abschweift, sie wird dabei – abgesehen vom erwähnten Drang, Grenzen zu überschreiten – meistens von zwei weiteren Prinzipien begleitet:

1. Natürliche biologische Gegebenheiten des menschlichen Körpers (vor allem die Geschlechtsteile, aber auch klassische Schönheitsmerkmale[16] oder besonders gefühlsaktive Zonen) werden künstlich attraktiviert, damit sie einen stärkeren Reiz ausüben. Dies kann in offensichtlicher Form erfolgen – man denke an die heute üblichen „Schönheitsoperationen“ – oder auch in versteckterer Art und Weise – hier hat zum Beispiel die Mode ein breites Betätigungsfeld.

2. Durch die stetig neuen Reize und Wünsche werden die um das Thema Triebbefriedigung und Lustmaximierung kreisenden Gedanken so dominant, daß sie zuzeiten das Wollen des Geistes beeinflussen oder ganz unterdrücken können. Sie lassen diesem

Man spürt die Gitterstäbe immer erst, wenn man aus dem bequemen Käfig, in dem man sitzt, ausbrechen will.

immer weniger Freiraum (eben das nennt man auch „Suchtverhalten“), was die betreffende Person aber natürlich nur merkt, wenn sie eine gegen das Ausleben des eigenen Triebes gerichtete Entscheidung treffen will. Dann wird es plötzlich schwer. Man spürt die Gitterstäbe ja immer erst, wenn man aus dem bequemen Käfig, in dem man sitzt, ausbrechen will, ansonsten mag man sich darin recht wohl fühlen. Letzteres ist heute meist der Fall. Bestärkt durch falsche gesellschaftliche Ideale, die kritiklos und urteilsunfähig dem Prinzip des Auslebens huldigen, kommt es zu einer folgenschweren

• *Hingabe an den Trieb:*

Zuletzt merkt der Mensch gar nicht mehr, wie sehr er seine Geistigkeit mit Füßen tritt, also sich selbst entwertet und vom eigentlichen Leben entfernt, indem er seinem Trieb ungehindert Lauf läßt. Und bei entsprechender Veranlagung kann die Hingabe an den enthemmten Geschlechtstrieb auch zu grotesken und jedenfalls gefährlichen Auswüchsen führen.

In manchen heute beliebten sexuellen Praktiken wird die bewußte Selbstentwertung und Unterwerfung unter die Macht eines anderen als besonders reizvolles „Spiel“ betrachtet; es bietet die Illusion, aus der (wohl doch noch empfundenen?) Verantwortung für das eigene Tun entlassen zu sein. Das dabei ausgelebte Bedürfnis nach Abhängigkeit, Machtlosigkeit und Persönlichkeitsverlust ist ein finaler, trauriger Offenbarungseid, daß alle geistigen Werte und Ziele aus dem Bewußtsein verdrängt wurden.

Das physische Ausleben solcher Bedürfnisse ist auch keine surreale Abwegigkeit, sondern es bringt einfach eine feinstoffliche Gegebenheit zum Ausdruck: *Jede* Hingabe an den Trieb geht mit schwerwiegenden inneren Bindungen, unsichtbaren Fesseln einher. Wobei mit „Hingabe“ selbstverständlich nicht die natürliche

Triebbefriedigung gemeint ist, bei der die Schamempfindung eine schützende Kontrolle ausübt; angesprochen ist die *bedingungslose* Hingabe, also das bewußte Streben nach Lustgefühlen unter Ausschluß von Liebe und Scham, wie überhaupt von allem Geistigen. In diesem Fall findet immer de facto ein Seelenverkauf statt, denn der Wegezoll zum lockenden „Venusberg"[17], also zu den „verbotenen Gipfeln der Lust" (und sie sind, wie wir sehen werden, aus gutem Grund verboten!), hat einen hohen Preis: er muß durch die Hingabe der Willensfreiheit bezahlt werden …

## *Freier Wille, gebundener Wille*

Leider bezahlt man diesen Preis heute oft sehr bedenkenlos. Denn die übliche materialistische Ausrichtung bringt es mit sich, daß wir über den eigentlichen Wert unserer Willensfreiheit – eine der bedeutendsten *Geistes*gaben, mit denen wir Menschen ausgestattet wurden – praktisch nichts mehr wissen. Sie wird kaum noch geschätzt, geschweige denn gepflegt.

Nicht selten hört man sogar die Meinung, der Mensch verfüge in Wirklichkeit über gar keinen freien Willen, da so etwas aus den Gehirnfunktionen nicht erkennbar sei. Außerdem könnten wir alle ja erleben, in ein dichtes Netz vielfältiger Abhängigkeiten eingebunden zu sein – von den körperlichen Trieben bis hin zu gesellschaftlichen Notwendigkeiten. Wo soll da noch Raum für Freiheit sein?

Solche Argumente haben auf den ersten Blick etwas für sich. Bei näherer Betrachtung treffen sie aber doch ins Leere, weil sie den Sachverhalt in unzulässiger Weise vereinfachen.

Zweifellos gibt es etwas, das von unserem Gehirn beziehungsweise Verstand ausgeht und als „Wille" bezeichnet werden kann, weil ihm konkrete Handlungen folgen. Und es ist auch richtig, daß dieser „Verstandeswille" sich von seinem Wesen her als überaus unfrei zeigt, als gebunden, abhängig beispielsweise von körperlichen Bedürfnissen. Er agiert nicht, sondern *re*agiert: auf physische, äußere Anstöße – oder aber auch auf *seelische* Regungen.

Aber eben diese *inneren* Impulse, die den Verstand zur Reaktion bewegen, weisen auf eine ganz andere Dimension des Menschseins hin: auf einen tatsächlich *freien* Willen nämlich, auf eine Möglichkeit des Agierens, des Entscheidenkönnens, die nicht aus der Gehirntätigkeit resultiert, sondern aus unserer Geistesarbeit.

Doch diese Befähigung gibt uns natürlich nicht die Möglichkeit, bereits bestehende Gegebenheiten der Außenwelt im Handumdrehen nach Belieben zu ändern. Wir haben nur die Freiheit, durch unsere Innenwelt *zukünftige* Bedingungen mit zu prägen. Freier Wille bedeutet, die Fähigkeit zum Entschluß, zur Wahl eines (neuen) Weges zu haben. Den *Folgen* unserer Entscheidungen, die sich als Lebensschicksal[18] zeigen, bleiben wir unterworfen. Doch *vorerst* sind wir frei darin zu bestimmen, welcher Art des Erlebens wir uns zuwenden möchten – darin liegt die besondere geistige Veranlagung des Menschen.

Aber wie und warum hängt diese Willensfreiheit, die das Menschentum entscheidend über das Tierreich hinaushebt, nun ausgerechnet mit lustvollen Gefühlen zusammen? Weshalb setzen wir die innere Freiheit aufs Spiel, wenn wir uns dem Trieb hingeben?

Man kann diese Frage nun natürlich sehr einfach mit dem Hinweis darauf beantworten, daß *jedes* Suchtverhalten durch ein zwanghaftes, also eben unfreies Handeln gekennzeichnet ist. Aber wir wollen ja nicht wahrhaben, daß auch das Ausleben des Geschlechtstriebes zur Sucht werden kann – wohl, weil der Körper dabei nicht so direkt gefährdet ist wie durch den Konsum von Drogen, Alkohol oder Nikotin. Die bekannten Verdrängungsmechanismen, die ja zum Charakteristikum jeder Sucht gehören, scheinen im Falle des Geschlechtstriebes in unserer Gesellschaft jedenfalls besonders ausgeprägt zu sein.

Doch auch wenn sich keine unmittelbaren physischen Folgen zeigen – der Seelenkörper wird auf jeden Fall in Mitleidenschaft gezogen, wenn ein Mensch seinem Trieb Freiräume gewährt, die ihm nicht gebühren. Das wird deutlich, wenn man sich die feinstofflichen Vorgänge bewußtmacht, die sich bei jedem unserer

Willensakte vollziehen. Diese sind für uns normalerweise zwar nicht sichtbar, aber doch mehr oder weniger spürbar.

Ganz allgemein betrachtet, verbindet sich der Mensch durch jeden seiner Willensakte mit einer bestimmten Art von „Schwingung“. Es kann sich dabei um edle oder unedle Schwingungen handeln, die den einzelnen dann entweder fördern oder eben auch hemmen. Die Gralsbotschaft beschreibt in diesem Zusammenhang, daß sich jeder willentliche Entschluß eines Menschen in der Wirkung *„wie ein ausgesandter magnetischer Strahl“*[19] zeigt, denn *„alles Geistige ist, nach unseren Begriffen ausgedrückt, magnetisch“*[20].

Das heißt also: Mit dem *Wollen* (das an sich ein unvermeidbarer Ausdruck unserer Geistigkeit und unseres natürlichen Erlebnishungers ist) ziehen wir unentwegt bestimmte Qualitäten von feiner Stofflichkeit an, wodurch jede Entscheidung wieder auf uns zurückwirkt. Daher ist unser freier Wille zum Entschluß untrennbar mit einem weiteren wichtigen Begriff des geistigen Lebens verbunden: der *Verantwortung*. Wir müssen das „Echo“, die *Antwort* auf unsere Entschlüsse erleben!

In dieser – an sich wertfreien – Wechselbeziehung zwischen Wollen und Erleben liegt ein großes Geheimnis unserer menschlichen Entwicklung: die Möglichkeit, durch Erfahrung zu reifen. Wir lernen zwischen Hemmung und Förderung zu unterscheiden, beginnen zu differenzieren, unsere Urteilsfähigkeit zu schärfen. Und damit geht die Entwicklung unseres Bewußtseins einher. Ohne den freien Willen wäre sie nicht denkbar.

Allerdings kann dieser Lernprozeß, der dem eigentlichen Sinn unseres Lebens verbunden ist, auch ins Stocken geraten – dann nämlich, wenn der freie Wille unterbunden wird und sich der Mensch über sein triebabhängiges, *re*agierendes, gebundenes Wollen nicht mehr erheben mag, weil er sich zu intensiv unedlen, unreinen Schwingungen hingegeben hat.

Es ist wie beim Wasser: Wenn es „lebendig“ ist, also in seinem natürlichen Element wirkt, besitzt es ohne weiteres die Fä-

higkeit, Verschmutzungen abzusondern, sich also zu reinigen – jedoch nur, solange es nicht kippt und seine Selbstreinigungskraft verliert, weil die Belastung überhandgenommen hat und/oder die Rahmenbedingungen nachteilig verändert wurden. Dann können tiefgreifende Maßnahmen nötig sein, um dem *Element des Lebens* wieder zu freiem Spielraum zu verhelfen.

Ebenso ergeht es unserer Willensfreiheit: Wenn wir den Fehler begehen, einen natürlichen Genuß – wie etwa das Erleben der geschlechtlichen Vereinigung – zum Hang großzuziehen, indem wir ein ungebührliches Maß an geistigem Magnetismus in die bestimmte Richtung fließen lassen und damit immer neue Schwingungen dieser Art anziehen, dann verlieren auch wir unsere Selbstreinigungskraft, die darin liegt, minderwertige Schwingungen zu erkennen und sich von ihnen zu lösen, indem wir unser Wollen in eine andere Richtung lenken.

Doch eben das *will* der Mensch ja nicht mehr, sobald er in den Bann seines eigenen „Wollens-Magnetismus" gelangt und also „gekippt", gestürzt ist. Er wird die „Geister, die er rief" nun nicht mehr – oder nur durch äußerste Anstrengung – wieder los; denn was ihn hemmt, ist nicht bloß Einbildung, sondern feinstoffliche *Wirklichkeit.*

## Im Banne des Venusbergs

Diese innere Wirklichkeit wieder zu überwinden, ist um so schwieriger, je weiter jemand den freien Willen in seinen „Seelenhintergrund" verdrängt hat. Die Vielfalt der Erlebnis- und damit auch Lernmöglichkeiten, die einem innerlich freien Menschen zur Verfügung steht, kann sich bis zur hypnoseartigen Fixierung auf nur das Eine verengen. Wobei schon zum Ausdruck kam, daß dieses Eine, zur größten Bedeutsamkeit Gewachsene *alles* sein kann, was im Übermaß betrieben wird – unter anderem eben auch das Ausleben des Geschlechtstriebes.

Dabei muß, wenn dieser Trieb mit dem Begriff vom Niederen, Dichten, Dunklen in Beziehung gesetzt wird, vielleicht nochmals

betont werden: Nicht der Geschlechtstrieb an sich bildet eine unedle, unreine Schwingung, sondern immer nur die Art und Weise, wie man mit ihm umgeht. Er bleibt natürlich, solange er an die Schamempfindung gekoppelt ist und im Umfeld von Harmonie und Liebe zur Auswirkung kommt. Dann wird er auch nicht als belastend empfunden werden. In seiner enthemmten, von allen seelisch-geistigen Werten entblößten und daher für den Menschen auch unnatürlichen Form zeigt sich der Geschlechtstrieb jedoch als unreine, disharmonische Schwingung, vor der jede halbwegs wache Empfindung warnen müßte.

Wer in den Bann seines eigenen „Wollens-Magnetismus" gerät, erlebt, daß er die „Geister", die er rief, nicht mehr los wird.

Analog gilt das im übrigen für alle Triebe und damit in Zusammenhang stehenden Gefühle: Verglichen mit den reinen Empfindungen stiller Lichtsehnsucht erzeugen sie relativ schwere, körpernahe, also der physischen Welt verbundene Schwingungen, die für uns erst im harmonischen Zusammenklang mit dem Geistigen natürlich sind, die – wie auch der körperliche Verstand – bewußt gelenkt und geleitet werden wollen. Mit anderen Worten: Jeder Trieb kann und soll von uns Menschen *veredelt* werden.

Wenn wir dagegen den mächtigen „Vibrationen" aus der physischen Welt freien Lauf in uns lassen, immer intensivere Lustgefühle genießen wollen, uns ihnen also bewußt anschließen, dann muß dafür ein hoher Preis bezahlt werden. Denn der Entschluß: „Ich will mich mitreißen lassen" bedeutet: „Ich verzichte auf meine eigene Entscheidungshoheit!"

Dabei macht sich der Mensch natürlich gerne vor, daß ein solcher Entschluß jederzeit wieder rückgängig gemacht werden kann, daß er sich vom Strom sinnlicher Gefühle beliebig lange tragen lassen und jederzeit wieder aussteigen kann. Aber gerade darin liegt der Trugschluß. Der freie Wille ist nicht etwas, das sich an- und ausknipsen läßt wie ein Lichtschalter. Er stammt aus unserem in-

nersten Kern, aus uns selbst. Daher gilt: Wer seinen Willen betätigt, erstarkt in seiner ganzen Persönlichkeit; wer ihn aber nicht benützt, wird träger und erschlafft. Und so, wie ein untrainierter Schwimmer im reißenden Fluß untergehen wird, weil ihn irgendwann die Kräfte verlassen, besteht die Gefahr, daß wir *geistig* versinken, wenn wir uns nur treiben lassen wollen und darauf verzichten, unsere inneren Kräfte in der Betätigung zu stärken.

Das folgenschwere Verheddern im Netz der Gefühle, das nur noch ein triebhaftes, gebundenes, reagierendes Verstandeswollen zuläßt, aber keine Impulse aus dem Inneren, zeigt denn auch eine Gleichart, die unsere Akteure in den Fernsehsendungen miteinander verbindet: Ob sich jemand „nur" seiner Triebhaftigkeit verschrieben hat und diese in einem geeigneten Umfeld auslebt, ohne seine eigene Abhängigkeit zu bemerken, oder ob jemand unter einer abwegigen paraphilen Veranlagung leidet und es ihm schmerzlich bewußt ist, seine Sexualität und sich selbst nicht im Griff zu haben: hier wie dort geht es um das mehr oder minder ausgeprägte Problem „Verlust des freien Willens".

## *Vom Sinnenrausch zur Sehnsucht*

Wir wollen uns daher im folgenden damit beschäftigen, wie man dem „Bann des Venusbergs" wieder entkommen kann. Diese Frage thematisierte schon der Dichterkomponist Richard Wagner (1813–1883) in seinem Bühnenwerk „Tannhäuser"[21]. Darin beschreibt er die dramatische Lebensgeschichte eines Ritters, der den Kreis seiner Freunde – und auch seine Geliebte – verläßt, um sein Leben an einem verbotenen Ort, dem Venusberg, verbringen und dort alle denkbaren Sinnenfreuden genießen zu können.

Tannhäusers innere Läuterung beginnt durch Überdruß. Das schrankenlose und doch so lebensferne Auskosten der Triebhaftigkeit wird ihm eines Tages zu viel. Er „flieht den übergroßen Reiz", sehnt sich zurück nach natürlicher Schönheit, nach den lieblichen, heimatlichen Gefilden seiner Herkunft, und reißt sich von seiner ewig lockenden Göttin Venus los.

Doch Tannhäusers Vergangenheit holt ihn ein: Höhepunkt des Wagnerschen Werks ist der berühmte „Sängerkrieg auf der Wartburg“. In dessen Verlauf verherrlichen edle Minnesänger mit herzergreifenden Versen die wahre Liebe. Tannhäuser aber, der ebenfalls an dem künstlerischen Wettstreit teilnimmt, legt seinem Gesang die berauschenden Sinnenfreuden zugrunde, die er auf dem Venusberg genoß. Seine Erinnerung läßt ihn in triebhafter Entzückung die Wonnen körperlicher Lust besingen, die er immer noch für das Wesen der Liebe hält. Seine inneren Bindungen brechen durch und werden durch die Sangesekstase öffentlich – ein ungewolltes „Outing“, würde man heute sagen.

Skandal! Größte öffentliche Empörung im Lande ist die Folge; Tannhäuser wird verbannt und sucht nun als Rom-Pilger die Erlösung durch den Papst. Der aber hat für Leute, die im Venusberg „böse Lust geteilt“ und sich „an der Höllenglut entflammt“ haben, nichts übrig – und verdammt den Ritter mit donnernder Stimme „auf ewig“. Aber wie's halt so ist: Wenn ein Mensch von Verdammnis spricht, muß das nicht unbedingt auch Gotteswille sein. Tannhäuser wird zuletzt doch erlöst. Seine tiefe eigene Reue und die Fürbitten seiner Liebsten – Elisabeth – haben ihn gerettet; Göttin Venus läßt enttäuscht von ihrem begehrten Ritter-Schäfchen ab. –

Die mitreißende, zuzeiten sinnenbetörende Musik dieser Oper, im Oktober 1845 uraufgeführt, wird nach wie vor gern gehört. Mit der Handlung allerdings wußte man von jeher wenig anzufangen – und heute, auf dem Zenit der „sexuellen Freiheit“, scheinen die Leiden und Kämpfe eines Menschen, der vom Genuß des schrankenlosen Auskostens zurück ins normale Leben finden will, erst recht nicht nachvollziehbar. Man stelle sich nur vor, unser junger „Swinger“ wollte, überraschend gereift und geläutert, via Television plötzlich vor seinem „Venusberg“ warnen – eine so exotische Entwicklung hätte wohl keine Chance auf Sendezeit.

Aber wie läßt sich der „Weg zurück“ nun wirklich finden? Wie kann man innere Abhängigkeiten glücklich überwinden? Diese Frage stellt sich nicht nur im Hinblick auf einzelne suchtkranke

„Ausleben bis zum Überdruß" ist im allgemeinen kein gutes Rezept zur Überwindung eines Hanges.

Menschen, sondern wohl für jeden, der seine Willensfreiheit wieder wachrütteln will. Denn es ist klar, daß sich unsere Gesellschaft derzeit mit Siebenmeilenstiefeln von den „vorgestrigen" Idealen der Sittlichkeit und Scham entfernt und es daher vielen nicht leicht fallen wird, dem dichten Netz triebhafter Gedanken und Gefühle, an dem heute überall emsig gewoben wird, unbeschadet zu entkommen. Zudem stellt sich die entscheidende Frage, wie man sich von inneren Bindungen loseisen kann, nicht nur im Hinblick auf den Geschlechtstrieb. Sie betrifft vielmehr *alle* Abhängigkeiten und Süchte, vom Alkoholismus bis zum Kaufrausch, von der Nikotinsucht bis zur unstillbaren Arbeitswut.

Ritter Tannhäuser jedenfalls kann uns nur bedingt als Lebensbeispiel dienen. „Ausleben bis zum Überdruß" ist im allgemeinen kein geeignetes Rezept zur Überwindung eines Hanges, weil im Sich-Gehenlassen die notwendige Wiedererstarkung der Willensfähigkeit schwer zu erreichen ist – einmal abgesehen davon, daß das Prinzip des Auslebens fast zwangsläufig irgendwann irgendwo einen Scherbenhaufen hinterläßt, da es sich ja *unkontrolliert* austobt, während unsere Geistigkeit eigentlich dem Prinzip des Aufbaus verpflichtet ist, der sich aber immer nur *kontrolliert* vollziehen kann.

Was einen Absolutions-Besuch beim Papst anbelangt, sollten wir uns davon im Streben nach Erlösung von inneren Banden auch nicht zuviel erwarten; die Reise nach Rom hat auch dem leidenden Tannhäuser nicht wirklich geholfen.

Als wertvoller Wink darf indes die aus bitterer Selbsterkenntnis erwachsene Reue des Ritters gewertet werden.

Wenn man – ungeachtet der Notwendigkeit, daß ein jeder Mensch darin seinen eigenen Weg zu gehen hat – *allgemeine* Leitsätze zur Wiedergewinnung des freien Willens (und zur geistigen

Entwicklung überhaupt) formulieren will, dann steht am Beginn jedenfalls die

- *Selbsterkenntnis!*

Ohne das Bewußtsein dafür, daß etwas falsch läuft, kann man nicht wieder „heil“ werden, weder körperlich noch seelisch. Selbsterkenntnis ist, wie es der Volksmund ausdrückt, immer „der erste Schritt zur Besserung“. Doch wie erlangt man sie? Zweierlei ist nötig: Erstens ein „Spiegel“, in dem man das Bild von sich selbst erkennt, und zweitens ein Idealbild, mit dem man das eigene vergleichen und dem man in der Folge nachstreben kann.

Der „Spiegel“ steht uns in Gestalt aller Mitmenschen zur Verfügung – wir müßten aber vielleicht öfter einen Blick in ihn werfen. Die Reaktionen anderer auf unser Verhalten, und umgekehrt, unsere Reaktionen auf das Verhalten anderer, können lehrreich sein: Wie wirken wir auf unser Gegenüber? Wovon fühlen wir uns angesprochen und wovon nicht? Weisen Fehler, die uns beim Mitmenschen besonders stören, nicht deutlich auf eigene Probleme hin? – Das Erleben des „Du“ fördert immer das Bewußtsein für das „Ich“ – sofern sich nicht jemand in die Eitelkeit verstiegen hat, selbst schon den Gipfel des Menschseins erklommen zu haben und also keinen „Spiegel“ mehr zu benötigen.

Solche Patienten sind unheilbar, weil sie unfähig zur Selbsterkenntnis sind.

Der Spiegel unserer Mitmenschen führt auch zu einer Standortbestimmung des Ichs innerhalb der Gesellschaft. Wir lernen, ob wir *normal* sind, also den gängigen Normen entsprechen – was zumeist als angenehm angesehen wird –, oder ob gewisse Eigen- und Besonderheiten uns einen Platz außerhalb der Norm zuweisen – was mitunter eine Herausforderung sein kann.

Allerdings sollten wir nicht den Fehler begehen, die Norm als Ideal mißzuverstehen. Leider aber geschieht im Normal-Fall eben das. Auf dieser verbreiteten Sichtweise gründen sich Modetorheiten aller Art – und gleichzeitig auch seelische Probleme: Wer entspricht schon wirklich überall der Norm?

Man sollte den Mut haben, das Normstreben durch ein Idealstreben zu ersetzen. Dadurch läuft man nicht mehr Gefahr, sich nach unten anstatt nach oben zu orientieren, denn das Ideal des Menschseins liegt immer *über* der Norm. Außerdem schenkt man sich damit die Freiheit, seinem eigenen Empfinden zu folgen, durch das man ja genau spürt, welche Ideen und Handlungen dem Ideal des Menschseins entsprechen und welche nicht; man geht weniger fremdbestimmt durch das Leben.

Die Besinnung auf das Ideal ermöglicht auch die zur Selbsterkenntnis nötige Einschätzung der eigenen Persönlichkeit: Wo liegen meine Stärken, wo die Schwächen? Worauf kann ich aufbauen? Woran muß ich arbeiten? Auf welchen Wegen komme ich dem ersehnten Idealziel näher?

Das sind die entscheidenden, in die *Zukunft* gerichteten Fragen. Selbsterkenntnis verlangt also nicht, grüblerisch in der eigenen Vergangenheit zu kramen, um krampfhaft zu ergründen, welche Auslöser und Wechselwirkungen einst zur Umnebelung des freien Willens und zu unsichtbaren Fesseln führten. Seltsamerweise hat die Auffassung, die „Psyche" müsse unbedingt zergliedert werden, indem der analytische Finger auf verborgene Zusammenhänge deutet und in der Erinnerung ausgeknipste Ereignisse wieder neu beleuchtet, sich schon fast als Volksmeinung etabliert. Die wirklich bedeutenden Anstöße zum geistigen Neu- und Freiwerden liegen meines Erachtens jedoch genau in der anderen Richtung, nämlich in der Orientierung auf das Jetzt und auf die *Zukunft*.

Denn was bringt der Blick zurück? Im besten Fall, wenn man nicht von vornherein erbliche Anlagen als „letzte Erklärung" für ein bestimmtes Verhalten heranzieht, stößt man auf irgendwelche Ereignisse, die dann als Auslöser für das zu behandelnde Problem eingestuft werden. Aber weshalb geriet der Mensch *damals* in diese Situation? Welche Auslöser in der *Vor*vergangenheit führten zu dem Auslöser in der Vergangenheit?

Diese Frage läßt man in vielen therapeutischen Ansätzen – von der Psychoanalyse bis zur sogenannten Reinkarnationstherapie – gerne außer acht; man begnügt sich einfach damit, dem gefunde-

nen „Schlüsselerlebnis“ alle Aufmerksamkeit zu schenken. Das heißt aber: man behandelt (genau wie in der darob oft kritisierten Schulmedizin) etwas als Ursache, das eigentlich nur ein Symptom, eine Folge, eine Auswirkung ist; denn jede konkrete Lebenssituation, in die wir geraten (sind), ist im wesentlichen ein Ausdruck unserer inneren Gesamtbefindlichkeit, unserer Befähigungen, Wünsche, Stärken oder Schwächen. Diese machen uns bestimmten Erlebnissen und Ereignissen zugeneigt.

Wir sollten in Sachen Selbsterkenntnis den Blick zurück also nicht überbewerten – uns ihm aber andererseits auch nicht verschließen, wenn er sich aus dem Erkennen von Zusammenhängen in natürlicher Weise ergibt.

Vergessen wir gerade in schwierigen Lebensphasen nicht, daß wir alle nicht Opfer, sondern *Täter* der Umstände sind. Auch das gehört unbedingt zur Selbsterkenntnis, denn wer die Gründe für sein Ergehen anderswo als in sich selbst sucht, wird naturgemäß auch jede Änderung in seinem Leben von äußeren Ereignissen abhängig machen. Damit schlüpft er in das Kostüm des Ewig-Erleidenden und wählt für sich die Rolle des Unheilbaren. Denn er verschenkt den einzigen Schlüsselbund, der – auf Basis der Selbsterkenntnis – die Tore zum inneren Aufschwung öffnen kann: die

- *Arbeit an sich selbst!*

Natürlich kann es auch schon ein schönes Stück Arbeit sein, sich von der gesellschaftlichen Norm weg und hin zum Ideal des Menschentums zu orientieren. Denn man kann sich dann nicht mehr darauf berufen, daß „ja ohnehin alle anderen auch“ diese oder jene fragwürdige Gewohnheit pflegen; es ist für die eigenen Entscheidungen nicht mehr von ausschlaggebender Bedeutung, welche Wege die Allgemeinheit geht.

Und wenn der Wille zur Änderung also ernsthaft Platz greift, werden auch die bisher vielleicht gar nicht so deutlich gespürten inneren Abhängigkeiten schmerzhafter zu Bewußtsein kommen. Dann ist es wichtig, besonders achtsam zu sein – und sich weder zu überfordern noch zu unterfordern.

Was stets zur Arbeit an sich selbst gehören wird, ist das Bemühen um Reinheit und Klarheit in den Gedanken. Denn eine Neuformung der Innenwelt bleibt unmöglich ohne diesen entscheidenden ersten Schritt, der allerdings immer wieder neu gegangen werden muß und für den das Wort „Aller Anfang ist schwer" vielleicht in besonderem Maße gilt.

In allen Bemühungen, ein neuer, besserer Mensch zu werden, sollte aber klar sein: Kein Ideal läßt sich von heute auf morgen verwirklichen. Es geht nicht darum, sich in fanatisch-radikaler Aussteigermanier ein „neues Leben" zu erzwingen, um möglichst schnell am Ziel zu sein. Das funktioniert mit Sicherheit nicht und bringt am Ende nur Enttäuschungen für alle Beteiligten.

Überhaupt wäre es ein grundlegender Irrtum, die Arbeit an sich selbst nur als verbissene, rastlose Aktivität aufzufassen. Wir können ja überhaupt nicht darüber bestimmen, was das Leben von uns erwartet, wann es uns vor Entscheidungen stellt oder welche Chancen es uns bietet. Also müssen wir auch den Mut zur „wachen Passivität" haben, zum ruhigen, vertrauensvollen Abwarten, zur Geduld – auch mit sich selbst! –, um im richtigen Moment die grundlegenden Weichenstellungen zu treffen, sich also dann, wenn die Gelegenheit da ist, für den neuen Weg hin zum angestrebten Ideal zu entscheiden.

Viele unliebsame Lebenssituationen, die sich auf Grund früherer Entschlüsse ergeben, werden wir auch nach dem geistigen Aufbruch noch durchleben müssen. Überall dort aber, wo der *Freiraum* besteht, etwas besser und richtiger zu machen, muß er auch genützt werden. Sonst setzt Unzufriedenheit ein, die mißmutig und auch ungerecht gegenüber anderen Menschen macht, weil man womöglich zur eigenen Beruhigung an ihnen *die* Fehler zu suchen beginnt, die man selbst nicht überwinden konnte.

An dieser Stelle beginnt nun freilich das Problem in jenen Bereichen, wo ein an sich gegebener Freiraum nicht mehr genutzt werden *kann*, weil eine innere Abhängigkeit besteht.

Unser junger „Swinger" beispielsweise würde sich vielleicht auch bei gegebener Selbsterkenntnis schwer damit tun, seinen Ge-

> Es gibt kein wirksames Rezept gegen ein Suchtverhalten, das ohne die Zutat der „Selbstüberwindung“ auskommt.

wohnheiten im Ausleben des Geschlechtstriebes von heute auf morgen zu entsagen. Wenn der Genuß bereits zum Hang wurde, dann wird er sich auch wider besseres Wissen mehr oder minder zwanghaft ins vertraute Milieu gezogen fühlen. Was also tun?

Es gibt kein nachhaltig wirksames Rezept, um ein Suchtverhalten abzulegen, das ohne die Zutaten „Selbstüberwindung“ und „Entwöhnung“ auskommt. Denn so lustvoll der Weg *zum* Venusberg ist, so leidvoll ist der Weg zurück. Selbstüberwindung bedeutet, sich selbst (also den Geist) über das genußorientierte Verstandeswollen zu „winden“. Ein Klimmzug, der Kraft benötigt!

Genau die aber geht einem Menschen ab, der nicht mehr daran gewöhnt ist, seinen freien Willen zu betätigen. Und so endet das Bemühen um inneres Neuwerden oft in einer dumpfen Grübelei: der Kampf gegen die eigenen Hänge scheint nicht zu gewinnen, das angestrebte Ideal unerreichbar, das Böse übermächtig; düstere Wolken der Selbstvorwürfe durchziehen den Gedankenhimmel, nagen am Selbstwertgefühl und rauben Kräfte – wobei gleichzeitig der Hang nur noch größer zu werden scheint. Ein Teufelskreis ist in Gang gesetzt, der in einem tiefen seelischen „Loch“ enden kann.

Aber muß das so sein? Kommt es zwangsläufig zu solchen Entwicklungen, wie sie von verzweifelten Menschen manchmal geschildert werden? Oder läuft etwas falsch?

Letzteres ist der Fall, und es läuft sogar *einiges* falsch, wenn es zu derartigen Abwärtsspiralen kommt, die zumeist auch noch von Schuld- und Angstgefühlen, manchmal sogar von bewußten oder unbewußten Selbstbestrafungen begleitet sind.

Im andauernden, bitteren Kampf mit sich selbst liegt ganz gewiß kein Weg, der zu mehr Licht und Freiheit führt. Ein großes Geheimnis der wirkungsvollen seelischen Entwicklungsarbeit

liegt darin, den Blick auf das Ziel zu richten, und nicht auf die eigene Person und ihr Problem. Daraus läßt sich ein entscheidendes Lebensmotto ableiten:

- *Für etwas, nicht gegen etwas sein!*

Man stelle sich einen künstlich errichteten Flußlauf mit Stausee vor, der die Quellen eines Tales auffängt und dessen mächtiger Wasserstrom am Ende konzentriert zur Energiegewinnung verwendet wird. Nehmen wir nun an, der Mensch möchte diesen Eingriff in die Natur rückgängig machen, weil er ihn als falsch erkannt hat. Selbstverständlich würde es nun nicht nützen, den Staudamm einfach abzudichten, weil man die Wasserkraft nicht mehr zum Antrieb der Turbine nützen möchte. Unweigerlich würde er früher oder später unter dem Druck des stetig nachströmenden Wassers brechen müssen. Es ist unumgänglich, den gesamten Wasserhaushalt des Tales neu zu gestalten – am sinnvollsten im Einklang mit den natürlichen, ursprünglichen Gegebenheiten.

Das Gleichnis zu unserer Innenwelt liegt auf der Hand: Wenn jemand seine Sexualkraft, die im physischen Leben ja dem Energiehaushalt der gesamten „Naturlandschaft" des Körpers dienen soll, durch seine Gedankenbahnen mißbräuchlich so reguliert und fokussiert hat, daß sie dem permanenten Antrieb der „Turbine Geschlechtstrieb" dient, wird es auch nicht reichen, wenn er den Kraftstrom nun einfach unterbinden möchte. Auch er muß sich um eine Neugestaltung seiner *ganzen* „inneren Landschaft" kümmern und dafür sorgen, daß die Sexualkraft wieder in ihrer ursprünglichen Form strömen und mäandern kann. Dabei wird er um so erfolgreicher sein, je besser er sich an dem orientiert, was für seine individuelle Persönlichkeit *natürlich* ist: an seinen körperlichen Anlagen und vor allem auch an seinen seelisch-geistigen Fähigkeiten. –

Unser kleines Sinnbild konnte den Grundsatz für jedes harmonische Neuwerden sicher verdeutlichen: Man sollte seine Kräfte nicht darauf konzentrieren, das Alte, als falsch Erkannte zwanghaft zu unterbinden oder zu zerstören, sondern sie statt

dessen zum Aufbau des Neuen einsetzen – bis dieses so im Zentrum der Persönlichkeit steht, daß das Überlebte von selbst vergeht, weil es unnötig geworden ist. Es ist also gar nicht nötig, mühevoll gegen ein Problem anzutreten; durch die intensive gedankliche Beschäftigung würden ihm dadurch nur noch mehr Kräfte zufließen, die es weiter stärken. Statt dessen sollte man dem Problem mit größtmöglicher Gelassenheit begegnen und durchaus freudig am Umbau seiner Seelenwelt arbeiten.

Dieser Gleichmut gegenüber den noch bestehenden inneren Hürden sollte im übrigen kein schlechtes Gewissen verursachen. Wer im Hinblick auf seine wieder einmal durchbrechenden Schwächen und Hänge zur Grübelei neigt, ist vielleicht daran gewöhnt, sich in peinigenden Selbstvorwürfen zu ergehen. Aber damit blockiert er nur sein eigenes gutes Wollen. Dieses hemmende Verhalten darf getrost abgelegt werden. Auch wenn die Neugestaltung der Innenwelt erst am Anfang steht und der freie Wille noch weitgehend unterbunden ist, so daß er nicht das ganze Leben richtungweisend gestalten kann: dort, wo es möglich ist, soll der Aufbau jedenfalls erfolgen! Daß es andere Bereiche im Leben gibt, die noch im Unreinen sind, darf als eine Sache für sich betrachtet werden, die zu gegebener Zeit eine Lösung finden wird.

Und für diese Lösung ist, wie wir schon feststellen konnten, unumgänglich auch Selbstüberwindung nötig, der Willensakt des inneren Losreißens also. Wenn dazu jedoch die Kraft fehlt, dann steht eine Maßnahme natürlich im Vordergrund:

• *Nach Quellen der Kraft suchen!*

Wie kann man innerlich erstarken, wachsen, reifen? Wo die ersehnten „Quellen der Kraft" finden?

Um sie aufzuspüren, ist keine umfangreiche Expedition nötig, wir brauchen nämlich gar nicht außerhalb von uns zu suchen. Es genügt der nach innen gerichtete Blick: Die besagten Quellen durchfließen unsere Seelenlandschaft ohnehin – und zwar überall dort, wo *Anlagen und Fähigkeiten* liegen. In genau diesen Bereichen können wir sie anschlagen.

Tatsächlich sind die eigenen Anlagen und Fähigkeiten die allerwichtigsten Hilfsmittel für die bewußte Lebensführung. Sie bieten uns nicht nur Gestaltungsmöglichkeiten, sondern stellen gleichzeitig auch Verpflichtungen dar, denn was in uns angelegt ist, das drängt selbsttätig nach Verwirklichung und sollte bewußt gefördert werden. Es ist für uns sozusagen *Gesetz* – wobei dieser Begriff im Grunde das gleiche ausdrückt wie *Fähigkeit*:

> *„Streng genommen gibt es überhaupt keine eigentlichen Gesetze in der Schöpfung, sondern lediglich Fähigkeiten, die sich der jeweiligen Art entsprechend selbsttätig auswirken und dadurch, aber auch nur dadurch als unverbiegbare Gesetze erscheinen!*
>
> *Lernt deshalb Eure* eigenen *Fähigkeiten kennen, wie auch die der anderen Schöpfungsteile, und Ihr kennt damit die Gesetze.“*[22]

Man kann den Rat der Gralsbotschaft, sich der eigenen Fähigkeiten zu bedienen, um dadurch Quellen der Kraft anzuschlagen und Hindernisse zu überwinden, nicht wichtig genug nehmen.

Wer sich darauf besinnt, was ihm wirklich liegt oder wonach es ihn schon immer gedrängt hat, wird brauchbare Ansatzpunkte für ein inneres Neuwerden finden können. Manchmal sind ja seelische Hänge nichts weiter als eine letztlich schwache Ersatzbefriedigung für irgendeinen wahren Wert, der als noch ungehobener Schatz im Menschen schlummert. Man sagt nicht von ungefähr, daß hinter der Sucht oft eine Sehnsucht steckt. Daher mag man sich die Frage stellen, was denn die *natürliche* Fließrichtung jener Kraft ist, die bisher zweckentfremdend kanalisiert wurde. –

Natürlich bedeutet die Besinnung auf eigene Fähigkeiten nicht zwangsläufig, daß jeder Mensch seinen Pfad ohne eine Hilfe von außen gehen soll oder muß. Im Gegenteil: Es kann eine wertvolle, vielleicht sogar unentbehrliche Unterstützung sein, einen Mitmenschen als Begleiter für den Weg des Neuwerdens gewinnen zu können – einmal ganz abgesehen davon, daß ein schweres Suchtverhalten eventuell auch den Einsatz entsprechender Medikamente rechtfertigt.

Jedenfalls können der vertraute Partner oder Lebensgefährte oder auch der geschulte Therapeut durch ihren „Blick von außen“ besonders dann hilfreiche Anregungen einbringen, wenn die eigene „Betriebsblindheit“ zu groß oder die Weltsicht zu grau geworden ist, um der entscheidenden Ausblicke noch gewahr werden zu können.

Die eigenen Anlagen und Fähigkeiten sind die wichtigsten Hilfsmittel für die bewußte Lebensführung.

Nicht zuletzt aber sollte, wenn wir uns nach einem hilfreichen Gegenüber sehnen, auch der Ursprung allen Seins nicht vergessen werden: der Schöpfer, Gott. Sich Ihm im Gebet zu nähern, in Dankbarkeit für das Geschenk des Lebens und eventuell auch in der Bitte um Kraft, kann eine besonders beglückende Erfahrung sein, vielleicht sogar die wichtigste aller Hilfen zum inneren Neuwerden.

Allerdings ist hier das Prinzip der „wachen Passivität“, also des vertrauensvollen Abwartenkönnens, besonders wichtig. Wer sich „Hilfe von oben“ ersehnt, sollte dabei nicht von vornherein einen bestimmten Weg einschlagen und dann auf die Hoffnung setzen, daß er durch „Gottes Allmacht“ auf dieser selbstgewählten Bahn unterstützt wird, wenn die Gebete nur lang und inbrünstig genug sind. Das klappt nicht, denn der Schöpfer ist niemals der willfährige Helfer, den wir vielleicht gerne hätten.

„Hilfe von oben“ zu erwarten, setzt unbedingt voraus, das Eigenwollen hintanzustellen und – im Sinne eines bedingungslosen Gelöbnisses „Dein Wille geschehe!“ – sich ins Wirken und Weben der natürlichen Abläufe einzufügen. Von diesem Kraftstrom mitgetragen zu werden, erfrischt und belebt ungemein und führt mitunter zu ganz unerwarteten Aus- und Einblicken.

Wenn es also auch in erster Linie darum geht, sich auf die eigenen Anlagen und Fähigkeiten zu besinnen, so sollte stets klar sein: Kein Mensch in dieser Welt ist ganz auf sich allein gestellt;

Hilfen stehen ihm immer zur Verfügung. Aber es liegt auch hier an uns, diese Quellen anzuschlagen.

Durch das konsequente Benützen der eigenen Fähigkeiten und das Bemühen um größtmögliche Reinheit in den Gedanken vergrößern sich sodann nach und nach die inneren Freiräume wieder; man wird sicherer und spürt, daß jene Kräfte zu wachsen beginnen, die zur Selbstüberwindung nötig sind.

Und doch darf man nicht erwarten, daß diese Entwicklung immer „wie auf Schienen" läuft. Wahrscheinlich werden viele Um- und Nebenwege nötig sein. Ein weiterer wichtiger Grundsatz zur seelisch-geistigen Entwicklung lautet daher:

- *Das Ziel nicht außer acht lassen!*

Rückschläge sowie kleine oder größere Unfälle sollten nicht überraschen und noch weniger entmutigen. Wer von seinen „alten Schwächen" wieder eingeholt wird oder erneut in ein schon überwunden geglaubtes Verhaltensmuster verfällt, sollte das angestrebte Ziel deshalb nicht aufgeben oder in kräftezehrendes, sich selbst verurteilendes Grübeln verfallen.

Unter Umständen wird man auch die Erfahrung machen müssen, daß ein eingeschlagener Weg überhaupt nicht weiter führt, weil er vielleicht zu idealistisch, unrealistisch oder lebensfern war. Möglicherweise sind unbefriedigende Provisorien und Übergangslösungen nötig, um überhaupt voranzukommen. Daran ist nichts auszusetzen. Abd-ru-shin prägte diesbezüglich einmal – außerhalb seiner Gralsbotschaft – sehr treffende Worte:

> „*Unbeugsam ist in Wirklichkeit* der *Wille, der* zum Ziele *führt, auch wenn er seine Wege ändern muß, nicht aber der, der sich sein Ziel zerbrechen läßt an der eigenen Starrheit. Beharrlichkeit allein führt zu den Zielen, nicht die Starrheit. Starrheit ist* immer *falsch, weil unnatürlich und auch nicht im Einklang mit den Schöpfungsurgesetzen stehend, die Beweglichkeit bedingen. Ein jedes* starre *Festhalten ist Unbeholfenheit, die andere gangbare Wege nicht erkennt und deshalb auch das Vorwärtsstreben der Mitmenschen vermauert!*"

Wo also die eigenen Fehler eine vorerst noch unüberwindbare Mauer bilden, dort gilt es eben andere Wege zu erkennen, die zu gehen leichter fällt. Nur das *Ziel* muß im Auge behalten werden und die Bereitschaft bestehenbleiben, stets das Bestmögliche zu *tun.*

Doch auf dieses *Handeln* kommt es an! Es würde natürlich keinen Sinn machen, das angestrebte Ideal des „reinen Lebens" nur als eine Art Schauspiel zu pflegen: Man gibt sich anderen gegenüber so, wie man selbst gerne sein möchte, während aber die eigentliche Arbeit an sich ausbleibt. Leider ist derlei Heuchelei nicht so selten.

Jede idealstrebende Handlung ist Aktivität, ein *Geben*; eine Ursache, die dann auch jene *Wirkungen* nach sich ziehen kann, die der Mensch sich so sehr wünscht: „Willst du geliebt werden, so mußt du lieben", lautet ein treffendes Sprichwort aus dem Osten. Wer indes untätig darauf wartet, daß das Schicksal sich ihm zugeneigt zeigt oder wer sich in unverbindlicher Unentschlossenheit niemals zu einer Tat durchringt, wird damit leben müssen, daß der Boden unter ihm dünner wird. Es ist widernatürlich, ständig auf der Stelle zu treten. Zur seelischen Gesundheit gehört *Fortschritt*, und dieser zeigt sich unter anderem in einer steten

- *Erweiterung des Blickfeldes!*

Je mehr man darin fortschreitet, größere Sinnzusammenhänge zu erkennen, indem man neue Eindrücke und Erfahrungen zuläßt und sich in Liebe und Freude dem bislang Unbekannten öffnet – mit wacher Empfindung freilich, um unliebsame Überraschungen zu vermeiden –, desto leichter fällt es, unnatürliche Fixierungen zu lösen und Einseitigkeiten zu überwinden.

Geistiges Streben, das sich nicht vom vorselektierten Verstandeswollen beengen läßt, zeigt sich immer in einer umfassenden, uneingeschränkten Zuneigung zur Harmonie des Schöpfungsganzen. Es bringt die eigenen körperlichen und seelischen Fähigkeiten als wohlklingendes Orchesterkonzert zum Ausdruck, bei

dem kein einzelnes Instrument zu schrill oder laut ertönt – auch nicht die „erste Geige" der Triebe und Gefühle.

Diese ermöglichen uns wunderschöne Erlebnisse, die wir zu unserem körperlichen und seelischen Wohl genießen können und sollen – daran besteht kein Zweifel. Doch in der Natur hat auch das Schönste immer seine Grenzen. Niemand würde ein ganzes Land überflutet sehen wollen, nur weil ihn der Anblick eines Sees so herrlich dünkt, denn mit der natürlichen Schönheit wäre es dann rasch vorbei. Sie ergibt sich erst aus der Begrenzung und aus der Einbindung des einzelnen in die Vielfalt des Lebens.

Vergleichbar ist es bei der Befriedigung des Geschlechtstriebs, dem infolge der Übersexualisierung unserer Gesellschaft durchweg ein viel zu hoher Stellenwert eingeräumt wird.

Wer Sexualität in aller Natürlichkeit genießen will, muß das dazugehörige Umfeld – Liebe, Harmonie, Scham – mit pflegen. Und er wird darüber hinaus auch erahnen, welch herrlicher Erlebnisreichtum uns abseits von Trieben und Gefühlen noch geboten ist, sofern man auf dem Lebensweg der Entwicklung des eigenen Geistes nicht müde wird und im Augenblick des einen Genusses auf „ewig" verweilen will.

Unentwegt treibt die Kraft der Welt voran, will uns reifen, erkennen und bewußter werden lassen, uns der Herrlichkeit des Lebens näher bringen. Tag für Tag sind jedem Menschen neue Gelegenheiten geboten, um seine Entwicklung voranzutreiben.

Wie es wohl unserem jungen „Swinger" geht, seit er seinen großen Auftritt im Fernsehen hatte? Wünschen wir ihm, daß er für den Venusberg nicht allzu viel Wegezoll bezahlt hat und sich aus dessen Bannkreis noch zu rechter Zeit befreien konnte. Hoffen wir, daß er seine fragwürdige „Bewußtseinsstufe" inzwischen ohne allzu großen Schaden überwunden hat und den Weg zurück zu geistigen Zielen wiederfinden konnte – Tannhäusers einsamen Pfad vom Sinnenrausch zur Lichtsehnsucht.

## *Anmerkungen und Literaturempfehlungen*
*zu Kapitel 3*

*1* Allein der bekannte Erotikartikel-Anbieter „Beate Uhse" macht einen Jahresumsatz in zweistelliger Millionenhöhe und betreut im deutschsprachigen Raum Hunderttausende Kunden.

*2* Zitiert aus: Ernst Pöppel: „Lust und Schmerz – Über den Ursprung der Welt im Gehirn", Goldmann Verlag, Berlin, 1993

*3* Zitiert aus: Abd-ru-shin: „Im Lichte der Wahrheit – Gralsbotschaft", Verlag der Stiftung Gralsbotschaft, Stuttgart, 1998 (Band 2, „Der Mensch und sein freier Wille")

*4* Man denke in diesem Zusammenhang zum Beispiel an das Wort „geil", das in der heutigen Jugendsprache im Sinne von „großartig" verwendet wird, während es früher umgangssprachlich im Sinne von (penetranter) sexueller Lüsternheit benutzt wurde.

*5* Man denke etwa an die Frage, wann das deutsche „Du" in einer zwischenmenschlichen Beziehung angebracht ist. Auch hier spielt ein gesundes Schamgefühl eine wichtige Rolle.

*6* Die angesprochene Entwicklung des geistigen, sich-selbstbewußten Ichs wird im zweiten Band dieser Arbeit näher besprochen. Der geistige Kern des Menschen, von dem hier die Rede ist, sollte jedenfalls nicht mit dem oft stark dem Egoismus verpflichteten Tagbewußtsein gleichgesetzt werden.

*7* Eine kurze Zusammenfassung der Sittengeschichte findet der interessierte Leser in „GEO Wissen – Sex, Geburt, Genetik" bei Franz Mechsner: „Trotz allem Lust und Liebe", Verlag Gruner + Jahr, Hamburg, 1992.

*8* Forscher führen diesbezüglich ins Treffen, daß die Frau, würde der geschlechtliche Verkehr tatsächlich nur der Fortpflanzung dienen, keinerlei sexuelle Lust zu verspüren brauchte.

*9* Von Jesus Christus sind keine Äußerungen überliefert, die die Vorzüge einer sexuellen Enthaltsamkeit preisen würden.

*10* Zitiert aus Abd-ru-shin: „Im Lichte der Wahrheit – Gralsbotschaft", Verlag der Stiftung Gralsbotschaft, Stuttgart, 1998 (Band 2, „Ist geschlechtliche Enthaltsamkeit geistig fördernd?")

*11* So lauten die letzten Abschiedsworte von Isolde in ihrem „Liebestod“ (Richard Wagner, „Tristan und Isolde“, Schluß 3. Akt).

*12* Zu dem Thema Homosexualität und Transsexualität vgl. „Expedition Innenwelt“, Band 2, Kapitel 3

*13* Zitiert aus Abd-ru-shin: „Im Lichte der Wahrheit – Gralsbotschaft“, Verlag der Stiftung Gralsbotschaft, Stuttgart, 1998 (Band 1, „Der erste Schritt“)

*14* Vgl. Kapitel 2

*15* Die Psychosomatik beschäftigt sich mit den Wechselwirkungen zwischen Seele (Psyche) und Körper (Soma), vor allem mit den seelischen Einflüssen auf körperliches Geschehen bei der Entstehung von Krankheiten.

*16* Dazu zählt man alle Körpermerkmale, die auf Jugendlichkeit hinweisen, symmetrische Gesichtszüge und natürlich die „eigentlichen Geschlechtssignale“, wie etwa breite männliche Schultern und auch breite weibliche Hüften. (vgl.: D. Morris: „Mars und Venus – Das Liebesleben der Menschen“, W. Heyne Verlag, München, 1997)

*17* Der „Venusberg“ ist ein „verbotener Ort“ in Richard Wagners Oper „Tannhäuser“, der in diesem Kapitel gleichnishaft verwendet wird.

*18* Auf das große Thema „Schicksal“ gehe ich im 2. Band dieses Buches näher ein.

*19* Vgl. Abd-ru-shin: „Im Lichte der Wahrheit – Gralsbotschaft“, Verlag der Stiftung Gralsbotschaft, Stuttgart, 1998 (Band 2, „Ich bin die Auferstehung und das Leben, niemand kommt zum Vater denn durch mich!“)

*20* Vgl. Abd-ru-shin: „Im Lichte der Wahrheit – Gralsbotschaft“, Verlag der Stiftung Gralsbotschaft, Stuttgart, 1998 (Band 1, „Das Schweigen“)

*21* Der vollständige Titel lautet: Tannhäuser und der Sängerkrieg auf der Wartburg.

*22* Zitiert aus Abd-ru-shin: „Im Lichte der Wahrheit – Gralsbotschaft“, Verlag der Stiftung Gralsbotschaft, Stuttgart, 1998 (Band 3, „Der Kreislauf der Strahlungen“)

Kapitel 4

# ZWISCHEN LEIB UND SEELE

Lesen Sie in diesem Kapitel:

- Das Blutgeheimnis
- Was ist die „Psyche"?
- Richtige Ernährung, richtige Atmung
- Die Brücke aus dem Transzendenten
- Was bedeutet „astral"?
- Gedanken zur Gestalt der Seele

»Wo liegen die Grenz- und Übergangsbereiche vom Körper zur Seele?
Welche Brücken vom Physischen hin zum Psychischen gibt es – und umgekehrt?
Was verbindet den „feinen“ mit dem „groben“ Stoff?
Auf welchen Kanälen gelangt das Lebendige in das Leblose?«

## Kapitel 4

# Zwischen Leib und Seele

Ein Bekannter erzählte mir einmal beiläufig, daß seine Familie es seit geraumer Zeit mit einer schwer depressiven Frau zu tun habe, um die man sich kümmern müsse. Aber, so meinte er, viel könne man ja ohnehin nicht tun, sie würde eben ihre Medikamente brauchen, und im übrigen sei das Problem wohl „karmisch" zu sehen; auch für seelische Krankheiten sei jeder Mensch ja letztlich selbst verantwortlich. Mein Bekannter war sicher, daß diese aus einer spirituellen Weltsicht geborene „Erkenntnis" das Problem schon ausreichend beleuchte, und im folgenden Gespräch war ich auch nur bedingt erfolgreich mit meinem Versuch, ihm darzulegen, daß die Milchmädchenrechnung „seelische Krankheit = Rückwirkung aus üblem Verhalten" wohl doch ein wenig zu undifferenziert ist – geschweige denn, daß man daraus irgendeine brauchbare Hilfe ableiten könnte.

Leider ist diese Tendenz öfter feststellbar: Auch Menschen, die ihre Begriffsbereitschaft auf nicht-physische Zusammenhänge erweitert haben, neigen bisweilen zu einem bedauerlich starren Schubladendenken. Sie stellen sich die Innenwelt äußerst eindimensional vor, teilen Menschen gerne in „entwickelt oder unterentwickelt", „reif oder unreif", „fortgeschritten oder zurückgeblieben" ein. Und sie sind eben auch recht schnell beim Finden – oder besser gesagt: unzulässigen Vereinfachen – von Zusammenhängen: Wem es schlecht geht, der ist selbst schlecht gewesen, Punkt! Wer leidet, hat selbst Leid verursacht – das Schicksal wird ihn schon reifen lassen! Mitunter wird das Argument, der andere

Der Begriff „Psyche", mit dem unsere Innenwelt üblicherweise umschrieben wird, blieb ein schwammiges Etwas.

*brauche* dies oder jenes, sogar als Rechtfertigung dafür mißbraucht, einem Mitmenschen nicht hilfreich unter die Arme zu greifen.

Vielleicht ist es aber gar nicht so sehr die fehlende Menschlichkeit, die zu einer solchen lieblosen Lebenseinstellung führt, sondern vielmehr das nicht vorhandene Wissen über die Innenwelt, verbunden mit einer gewissen Denkfaulheit, die gar nicht mehr nach Zusammenhängen *suchen* läßt, weil der Betroffene glaubt, durch seine spirituellen Einsichten schon alles Nötige gefunden zu haben.

## *„Psyche" – ein schwammiger Begriff*

Faktum ist, daß der Begriff „Psyche", mit dem unsere Innenwelt ja üblicherweise umschrieben wird, bis heute ein sehr schwammiges Etwas verblieb. Ich habe in einem voranstehenden Kapitel dieses Buches bereits kurz zusammengefaßt, welche unterschiedlichen Vorstellungen es zum Ich beziehungsweise dem Seelischen im Menschen gibt.

Die Unsicherheit dahingehend, womit wir es bei uns selbst eigentlich zu tun haben, durchzieht aber nicht nur die Natur- und Geisteswissenschaften, sondern auch viele esoterische Richtungen, in denen es zwar keine Scheu vor dem Transzendenten gibt, wo sich die Entflammbarkeit für das Außergewöhnliche jedoch mit gedanklicher Konsequenz und klarer Logik manchmal nicht gut vereinen läßt.

Auf das eingangs erwähnte Gespräch über die Depression werden wir im nächsten Kapitel nochmals zurückkommen. Jedenfalls aber läßt sich diese psychische Störung – wie auch manche andere – nicht im Handumdrehen zuordnen und beurteilen, weil dabei unterschiedliche Ebenen unserer Innenwelt mitspielen

können. Viele Zusammenhänge *zwischen Leib und Seele* müssen berücksichtigt werden, und wenn wir uns vorgenommen haben, einen besseren Überblick und damit größere Klarheit in der Selbsterkenntnis zu erringen, so sollten wir an dieser Stelle vorerst kurz innehalten, um das bisher Beleuchtete zusammenzufassen, ehe wir dann weiter in die tieferen (beziehungsweise höheren) Regionen unseres Inneren vordringen:

1. Unser Menschsein erschöpft sich nicht im Körperlichen, also dem Zusammenwirken unserer fünf Sinne mit den so ungemein bedeutungsvoll eingeschätzten grauen Zellen in unserem Kopf. Das typisch Menschliche resultiert vielmehr aus nicht-physischen Befähigungen, wie der Möglichkeit zum bewußten *Erleben- und Empfindenkönnen.* Das Wesen der Seele beziehungsweise des Ichs ist nicht materieller Natur, es hat sich dem physischen Körper nur *angeschlossen.* Insofern vereinigt der Mensch zwei Welten in sich – die materielle Außenwelt und die immaterielle Innenwelt.

2. Als wichtigste „Schnittstelle" zwischen diesen Seinsebenen dient unser (durchaus nicht unproblematisch entwickeltes) *Gehirn* beziehungsweise der *Verstand* als dessen Produkt. Er ist das zentrale Erkenntnis- und Steuerungsorgan unseres Körpers, das Eindrücke aus der Außenwelt aufnimmt, verarbeitet und weiterleitet an die Seele, gleichzeitig aber auch Impulse aus unserer Innenwelt in Gedanken, Worten und Handlungen zum Ausdruck bringt. Der Verstand arbeitet in seiner Art naturgemäß körperbezogen. Er ist dem Gefühls- und Triebleben verpflichtet und spielt eine tragende Rolle bei der Entstehung unseres *Tagbewußtseins.*

3. Dieses Tagbewußtsein, also unsere Befähigung, Empfindungen, Gedanken und Gefühle im körperlich aktiven Wachzustand bewußt erleben zu können, darf jedoch nicht mit unserem eigentlichen Ich-Bewußtsein gleichgesetzt werden; dieses kann ganz gut auch ohne den physischen Körper und die Einflüsse des Verstandes leben. Bewußtsein resultiert nicht aus Gehirn- und Körperfunktionen, sondern es *be*dient sich der physischen Gegebenheiten. Insofern ist der Verstand nur ein Diener des menschlichen Ichs.

4. Ein wesentlicher „Bestandteil“ unserer Innenwelt sind die *Gedanken.* Sie entstehen unter Mitwirkung des Verstandes, werden jedoch entscheidend geprägt, getrieben und durchglüht durch richtungweisende, formgebende Willens-Impulse aus dem Seelischen. Solcherart „belebte“ Gedanken sind also nicht bloß Hirngespinste, sondern sich tatsächlich bildende *feinstoffliche Werke.* Gedankenformen bleiben mit ihren Erzeugern verbunden und schließen sich selbsttätig zu „Gleicharts-Zentralen“ zusammen. Diese wiederum wirken machtvoll auf die grobstoffliche Welt zurück und drängen – sozusagen als „innere Vor-Bilder“ – zur physischen Verwirklichung. Dabei beeinflussen sie machtvoll das Denken aller Menschen, die innerlich gleich oder ähnlich ausgerichtet sind.

5. Maßgeblichen Einfluß auf die feinstoffliche Welt der Gedankenformen haben *Triebe und Gefühle.* Sie sind zwar durchaus nötig für unsere Gesundheit und das körperliche Wohlergehen, können aber auch – in Verbindung mit Verstand und Phantasie – ein zunehmend unkontrollierbares Eigenleben führen. Um dies zu vermeiden, muß der Einfluß des Seelisch-Geistigen auf die Entstehung von Gedanken tonangebend bleiben. Denn lichtvolle, der Menschlichkeit verpflichtete, also *reine* Empfindungen sorgen selbsttätig dafür, daß unnötige Belastungen der Innenwelt durch übermächtige Triebe und Gefühle vermieden werden.

6. Zum Wesen des Menschseins gehört untrennbar ein *freier Wille,* mit dem wir die Richtung unseres Lebensweges bestimmen. Doch diese herausragende Fähigkeit zum freien Entschluß, die uns über alle Tiere hebt, aber auch eine besondere Verantwortung auferlegt, kann unterbunden werden, wenn sie nicht betätigt wird, wenn jemand sich also in geistesträger Passivität von seinen Wünschen, Trieben und Gefühlen mitreißen läßt oder einen natürlichen Genuß zum Hang großzieht – im Klartext: zur Sucht.

Eine solche innere Bindung an das Verstandeswollen kann einen wesentlichen Hintergrund für psychische Störungen bilden. –

**Gedanken, Gefühle und Triebe sind dem Körper verbunden. Unsere Innenwelt umfaßt aber noch andere Dimensionen.**

Bislang haben wir uns vornehmlich mit Aspekten unseres Inneren beschäftigt, die der körperlichen, also physischen Welt eng verbunden sind: mit Gedanken, Gefühlen und Trieben. Immer wieder aber konnten wir dabei feststellen, daß diese „äußere Innenwelt" viele entscheidende Impulse aus tieferen, verborgeneren Bereichen erhält (oder erhalten soll). Wir haben vom geistigen Ich-Bewußtsein gesprochen, von der menschlichen Empfindungsfähigkeit und eben auch von unserem freien Willen zum Entschluß.

Wenn die *Psyche* demnach noch andere Dimensionen umfaßt, wollen wir diesen Begriff nun in zwei Schritten weiter konkretisieren: Dieses Kapitel dreht sich vorerst einmal um die Frage, wo denn die Grenz- und Übergangsbereiche vom Körper zur Seele liegen, welche *Brücken* es vom Physischen hin zum Psychischen gibt (und umgekehrt, welche vom Seelischen zum Körperlichen führen). Was also verbindet den „feinen" mit dem „groben" Stoff? Auf welchen Kanälen gelangt das Lebendige in das Leblose? Wodurch erfolgt der Zusammenhalt? Aus dem Wissen um diese Zusammenhänge ergeben sich einige Ansatzpunkte für psychische Probleme, aber auch Anregungen zur Verhaltensänderung etwa im Bereich der Ernährung oder des Körperbewußtseins.

In einem weiteren Schritt werden wir uns dann in die tieferen Bereiche unserer seelischen Innenwelt vorwagen und um eine endgültige Klärung des Begriffes *Psyche* bemüht sein. Damit wird unserer „Expedition Innenwelt" dann bereits ein erster „Gipfelsieg" gelungen sein, und wir werden seelischen Störungen wie Ängsten, Süchten oder Depressionen nicht mehr ganz so hilflos begegnen müssen. Diese können ihre Ursachen, wie festzustellen sein wird, sowohl im Stofflichen als auch im Nichtstofflichen oder auch in einem „Brückenbereich" haben – was zu unterschiedlichen therapeutischen Ansätzen führt.

## *Das Blutgeheimnis*

Üblicherweise neigen wir heute aufgrund einer verbreiteten „materialistischen Kurzsichtigkeit“ dazu, das Körperliche als unser eigentliches „Lebensfahrzeug“ zu betrachten, die Seele indes nur als bequemes Beiwagerl, in welches man mit Vorliebe alles das packt, was somatisch allein nicht erklärbar ist. So befassen sich auch die meisten Lebenshilfe-Strategien vor allem damit, wie das Seelenleben auf den Körper wirkt. Hingegen spielt die eigentlich viel wichtigere Frage, durch welche (äußeren) Einflüsse denn die Innenwelt geprägt und geformt wird, im allgemeinen kaum eine Rolle.

Doch es besteht in der Natur eine klare Hierarchie, die hier ein Umdenken nahelegt: das „Grobe“ ist dem „Feinen“, das Materielle dem Immateriellen untergeordnet; es *dient* ihm – wie zum Beispiel der Verstand dem Geist. Daher bildet der Geist das Zentrum, um das sich alles (inklusive unserer Überlegungen) drehen muß. Die äußere Hülle ist nur Mittel zum Zweck. Durch den physischen Körper bieten sich dem belebenden Kern Wirkungs- und Entwicklungsmöglichkeiten.

Man kann gleichnishaft an ein Haus denken: Seine Bewohner erhalten durch das Bauwerk Abgrenzung, Schutz und einen „Ankergrund“, von dem aus sie hinaus in die Welt wirken können. Und wie ein Wohnhaus, so ist auch die physische Körperhülle ein Heim für uns, das keinen Selbstzweck erfüllt, sondern einer höheren Sinnhaftigkeit dient.

Wenn wir uns in diesem Gebäude wohlfühlen möchten, wenn es unseren Bedürfnissen entsprechen und uns die bestmögliche Wirkungsbasis bieten soll, dann müssen wir es natürlich entsprechend ausstatten, pflegen, in Form bringen oder in Schuß halten. Es wäre ein Trugschluß, glaubte man, ein „rein geistiges“ Leben ohne Rücksicht auf seine körperliche Ausstattung führen zu können.

*Alle* Aspekte unseres Menschseins wollen beachtet werden, denn auch in der Einheit von Körper, Seele und Geist arbeitet das Gröberstoffliche stets dem Feinerstofflichen zu.

Diese natürliche Hierarchie zeigt sich bereits im physischen Körper selbst. Dessen Organismus sorgt dafür, daß unser *Blut* die bestmögliche Qualität hat. Der Gedanke mag vorerst gewöhnungsbedürftig sein, aber tatsächlich dient nicht das Blut dem Körper, wie man im allgemeinen annimmt, sondern es ist umgekehrt: der Körper steht im Dienste des Blutes. In seinem Buch „Das Blutgeheimnis" führt der Genfer Heilpraktiker und Fachbuch-Autor Christopher Vasey dafür eine Reihe von Beobachtungen an, die eindeutig zu diesem Schluß führen – zum Beispiel in bezug auf die Dialyse:

Das Gröbere dient dem Feineren: Diese natürliche Hierarchie zeigt sich auch im Hinblick auf das Blut.

*„Bei dieser medizinischen Behandlung zieht man das arterielle Blut aus dem Körper heraus, um es über einen speziell entwickelten Apparat zu leiten, der dazu dient, es von seinen Schlacken zu reinigen (...) Diese künstliche Blutreinigung wird bei Kranken angewendet, deren Nieren zu stark geschädigt sind, als daß sie selbst die Blutreinigung durchführen könnten.*

*Es erweist sich nun, daß man während einer Dialyse von 24 Stunden 300 bis 400 Gramm Harnstoff herausfiltern kann, während doch bereits ein Verhältnis von 2 Gramm auf 1 Liter Blut als sehr gefährlich angesehen wird. Da unser Körper nicht mehr als ungefähr 7 Liter Blut besitzt, muß man fragen: Woher kommen dann die 300 bis 400 Gramm Harnstoff? Augenscheinlich waren sie nicht im Blut enthalten, da doch schon das Vorhandensein von einigen Gramm Harnstoff im Blut tödlich ist. Sie waren jedoch in den Körper zurückgedrängt, genauer gesagt, in die organischen Gewebe, und konnten nur dank der Dialyse wieder in den Kreislauf eingebracht werden.*

*Wenn nun der Körper auf diese Weise geopfert wird und ganz allein die ‚Kosten' der Vergiftung tragen muß, damit es*

*dem Blut möglich ist, eine stabile Zusammensetzung aufrechtzuerhalten, bedeutet das nicht, daß das Blut ‚wertvoller' als der Körper ist, und in diesem Fall, daß der Körper dem Blut zu dienen hat?*

*Daß das Blut den ersten Rang einnimmt, wird ebenso in der umgekehrten Situation offenbar, wenn die Gefahr, die das Gleichgewicht des Blutes bedroht, nicht auf einen Überschuß an sonst harmlosen Stoffen zurückzuführen ist, wie in dem vorausgegangenen Beispiel, sondern auf einen Mangel an nützlichen Substanzen. Normalerweise enthält das Blut eine gewisse Anzahl basischer Substanzen (Kalzium, Sodium, Magnesium ...), die es zum Neutralisieren der Säure benutzen kann (Puffersystem), sobald das Gleichgewicht seines pH-, das heißt seines Säurewertes bedroht ist. Wenn die Säurezufuhr zu stark und regelmäßig ist, verbrauchen sich diese basischen Mineralien, und ein anderes Verteidigungssystem tritt in Kraft: Alkalische Mineralien werden vorläufig aus den verschiedenen Körpergeweben abgezogen, so aus dem Skelett, den Nägeln, der Haut oder den Haaren, um den passenden pH-Wert des Blutes wiederherzustellen. (...)*

*Hier erscheint wiederum die Vorrangigkeit des Blutes ganz klar, denn man beobachtet, daß der Körper zu seinen Gunsten regelrecht geopfert wird. Um eine ideale Zusammensetzung des Blutes mit alkalischen Mineralien aufrechtzuerhalten, werden Mineralien den Geweben und Organen entzogen, selbst wenn diese dadurch ernstlich benachteiligt werden. (...)*

*Es ist übrigens eine in der Physiologie bekannte Tatsache, daß der Organismus beständig arbeitet, damit das Blut eine ideale Zusammensetzung hinsichtlich der Vitamine, Mineralien, Aminosäuren usw. hat, indem diese dem Verdauungsvorgang entnommen werden, und, wenn die Nahrung sie nicht liefert, den Geweben. Der Körper kann also schwer erkranken, einzig und allein, um das Blut zu retten.*"[1]

Aber warum ist das so? In bezug auf den Körper liegt die Antwort auf der Hand: dessen Gesundheit erfordert, daß die Qualität

des alles durchpulsenden „Lebenssaftes“ möglichst hoch ist. Doch es gibt noch ein tiefergründiges Geheimnis um unser Blut, aus dem heraus sich dessen hoher Symbolwert erklärt – und auch das bekannte Goethe-Wort, wonach Blut „ein ganz besonderer Saft“ sei: Es soll, so erläutert die Gralsbotschaft, *„die Brücke bilden für die Tätigkeit des Geistes auf der Erde“*[2].

> Es gibt ein Geheimnis um unser Blut, aus dem heraus sich dessen hoher Symbolwert erklärt.

## *Die Brücke aus dem Stofflichen*

So, wie der Körper dem Blut „untertan“ ist, steht dieses demnach im Dienste des Geistes beziehungsweise der Seele. Wenn die Volksweisheit das Blut mit dem Begriff *Leben* assoziiert, so erklärt sich das eben nicht nur daher, daß diesem besonderen „Elixier“ im Organismus eine überragende Bedeutung zukommt; entscheidender ist, daß das Blut aus dem Stofflichen heraus die *Brükke für die Seele* bildet, also für das, was den Körper belebt. Wobei, genauer gesagt, nicht das Blut selbst diese Brücke abgibt, sondern dessen Ausstrahlung, denn:

> *„Der Geist, oder die ‚Seele‘ (…) vermag nicht unmittelbar durch das Blut nach außen irdisch zu wirken. Dazu ist der Unterschied zwischen den beiden Arten zu groß. Die Seele (…) ist in ihrer gröbsten Schicht noch viel zu fein dazu und vermag sich nur durch die* Ausstrahlung des Blutes *nach außen zu betätigen.*
>
> *Die Ausstrahlung des Blutes ist also in Wirklichkeit die eigentliche Brücke zur Betätigung der Seele, und auch nur dann, wenn dieses Blut jeweils eine ganz bestimmte,* für die betreffende Seele geeignete Zusammensetzung hat.“[2]

Die Gralsbotschaft erklärt des weiteren, daß die Ausstrahlung des Blutes sich im Laufe eines Menschenlebens immer wieder ändert.

Damit in Zusammenhang steht beispielsweise die Sexualkraft, die ab einer bestimmten Phase in der körperlichen Entwicklung gebildet wird, wodurch …

> *„… eine Zugbrücke für die bisher von der Außenwelt schützend abgetrennte Seele nach außen hin herabgelassen wird, die natürlich nicht nur die Seele nach außen wirken läßt, sondern Wirkungen von außen her auf dem gleichen Wege auch zu der Seele gelangen läßt. (…)*
>
> *Das Herablassen der Zugbrücke aber erfolgt selbsttätig durch nichts anderes als durch eine mit dem Heranreifen des Erdenkörpers und dem Drängen der Seele hervorgerufene Umbildung der Zusammensetzung des Blutes …“*[2]

Auch unsere Gefühlswelt hängt wesentlich mit der Ausstrahlung des Blutes zusammen:

> *„Der Volksmund spricht von leichtem Blute, von heißem Blute, von schwerem Blute, von leicht erregbarem Blute. Alle diese Bezeichnungen werden auf das Temperament bezogen, mit der ganz richtigen Empfindung, daß das Blut dabei die größte Rolle spielt. Es ist in Wirklichkeit eine bestimmte Ausstrahlung, die jeweils durch die Art der Zusammenstellung des Blutes sich entwickelt und in erster Linie dann in dem Gehirn eine entsprechende Auslösung hervorruft, die sich weiterhin in dem Gefühl des ganzen Körpers stark bemerkbar macht.“*[3]

Diese Darlegungen der Gralsbotschaft zum Blutgeheimnis haben weitreichende Konsequenzen für das Verständnis unserer Innenwelt. Bei früherer Gelegenheit war schon von Gehirnstörungen die Rede, die unter Umständen das Bewußtsein stark beeinträchtigen können, weil dadurch eine wichtige „Schnittstelle“ im Körper defekt ist. Nun zeigt sich, daß das Blut beziehungsweise dessen Ausstrahlung eine weitere körperliche (Mit-)Ursache psychischer Probleme sein kann. Denn es ist klar: Wenn die Strahlungsbrücke nicht trägt, findet die Seele keinen richtigen Kontakt zum Körper. Die dabei auftretenden Störungen können von verminderter Lebensfreude und depressiven Verstimmungen bis hin zum völligen Verlust des Tagbewußtseins führen.

> Wenn die Strahlungsbrücke des Blutes nicht gut trägt, findet die Seele keinen richtigen Anschluß an den Körper.

Für das reibungslose Zusammenwirken von Seele und Körper ist beispielsweise der Blutzuckerspiegel wichtig. Ist er zu niedrig (der Richtwert liegt üblicherweise bei rund 95 mg Glukose auf 100 ml Blut), meldet sich vorerst der Hunger (damit durch die Nahrung wieder Zucker zugeführt wird), danach kommt es zu allgemeiner Mattigkeit und eingeschränktem Denkvermögen, schließlich folgt – wenn der Anschluß der Seele an den Körper bereits zu sehr beeinträchtigt ist – die Bewußtlosigkeit.

Abgesehen von der Glukose wirken sich auch Änderungen im Gehalt an Vitaminen, Mineralsalzen, Sauerstoff und vielen anderen Faktoren auf die Qualität des Blutes und der Blutausstrahlung aus. So weiß man beispielsweise durch entsprechende Versuche mit Freiwilligen, daß ein Mangel von Vitamin B1 zu Reizbarkeit und Depressionen führt. Zu wenig Magnesium im Blut verursacht oder begünstigt unter anderem Ängstlichkeit und Aggressivität; Lithium, ein anderes Mineralsalz, ist in der Psychiatrie wiederum wichtig, um manisch-depressive Stimmungsschwankungen auszugleichen – und so weiter.

Weil also die richtige Zusammensetzung des Blutes von so großer Wichtigkeit für die Harmonie im Innenleben und die optimale Wirkungsmöglichkeit der Seele ist, kommen wir im Sinne der inneren Reife nicht umhin, den Körper angemessen zu pflegen. Es ist daher auch keine Verirrung, wenn wir auf unserer „Expedition Innenwelt“ nun in der Außenwelt gelandet sind und uns kurz mit körperlichen Aspekten befassen. Um so weniger, als es dabei ja um etwas ganz Entscheidendes für den praktischen Alltag geht: um unser Wohlbefinden, unsere Energie und Tatkraft.

Grundsätzlich ist es auch gar nicht schwer, das Richtige zugunsten einer idealen Verbindung von Körper und Seele zu tun: Alle *natürlichen* Maßnahmen, die der körperlichen Gesundheit

Frische Luft, Bewegung, gute Ernährung – diese natürlichen Maßnahmen fördern auch eine gesunde Blutausstrahlung.

dienen, kommen in der Folge auch der Blutqualität zugute, verbessern die Blutausstrahlung und ebnen dem Wirken der Seele den Weg. Mit „natürlich“ ist hier freilich nicht der Routine-Griff zur täglichen Medikamentenration angesprochen. Vielmehr geht es um alle *ursprünglichen* Einflußmöglichkeiten wie frische Luft, Bewegung und vor allem *gesunde Ernährung.* Maßnahmen in diesen Bereichen sind auch garantiert frei von unerwünschten Nebenwirkungen, und niemand braucht sorgenvoll einen kleingedruckten Verpackungstext zu lesen.

## *Ernährung und Psyche*

Eine heute wegen ihrer Einfältigkeit mitunter belächelte Weisheit des Volksmundes lautet: „Essen und trinken hält Leib und Seele zusammen“ – doch in diesem kecken Gasthaus-Spruch steckt bei näherer Betrachtung mehr als nur eine populärphilosophisch verbrämte Rechtfertigung für kulinarischen Genuß. Durch ein größeres Bewußtsein in der Wahl von Speise und Trank läßt sich der Zusammenhalt von physischem Körper und Seelenkörper nämlich ganz entscheidend beeinflussen.

Doch was ist gesunde Ernährung? Wer sich die breite Palette der heute angepriesenen Reform-Diäten betrachtet – von der makrobiotischen Reiskost [4] bis zur „Speck-weg-Wunderalge“ – wird wohl bald ein wenig hilflos vor den vielen „guten Ratschlägen“ und „perfekten“ Ernährungsrichtlinien stehen. Denn leider widersprechen die Empfehlungen einander nur zu oft. Vielleicht sollte man hier also weniger der inneren Logik abgegrenzter Lehren trauen als vielmehr dem eigenen Hausverstand. Bekanntlich können ja auch die atemberaubendsten Lehrgebäude im Rahmen ihrer „Systemgrenzen“ recht glaubwürdig und schlüssig erschei-

nen – aber wehe, es kommt ein „unerlaubtes" Argument von außen, das plötzlich alles in Frage stellt …

Sucht man sich an der Natur zu orientieren, lassen sich indes einige Regeln formulieren, nach denen jeder Mensch im Normalfall ganz gut fahren wird:

• Wie auch jede Pflanze zum Gedeihen ihren idealen Boden hat, so wird auch der menschliche Körper am besten durch die Kräfte jener Scholle Erde gefördert, der er selbst entstammt. Konkret: *Alle Lebensmittel sollten vorrangig aus der klimatischen Zone der eigenen Heimat stammen.* Und noch konkreter: Südfrüchte oder andere exotische Reize brauchen beispielsweise in den Küchen unserer Breiten nicht exzessiv eingesetzt zu werden.

• Die Erfahrung, daß *Abwechslung* gut tut, gilt auch für die Ernährung. Spezielle Diäten sind eine Zeitlang natürlich sinnvoll, vor allem, wenn es darum geht, Krankheitsverläufe günstig zu beeinflussen (und mit der Ernährung kann man bei fast allen Krankheiten ansetzen, wenn man für sich selbst etwas tun will). Auf Dauer aber ist eine *gesunde Mischkost* ohne einseitige Einschränkungen gewiß das Richtige – was natürlich nicht bedeutet, daß die heute übliche Schlemmerei als „gesunde Mischkost" bezeichnet werden darf. Im Gegenteil:

• Die „Mischkost" von heute – industriell vorgefertigte, mit allerlei Ingredienzen geschmacklich „verfeinerte" *Nahrungs*mittel (von *Lebens*mittel zu sprechen wäre wohl verfehlt) – dient zweifelsfrei weniger der Gesundheit als vor allem dem Genuß. Und natürlich freut sich der flinke Hausmann in der „schnellen Küche" des 21. Jahrhunderts über den Zeitgewinn durch 30-Sekunden-Fertigsuppen und mikrowellentaugliche Tiefkühlkost. Aber wer der geschickt beworbenen „Fast food"-Verlockung erliegt – und die auf den schnellen kulinarischen „Kick" ausgerichtete „McDonald's-Gesellschaft" ist gewöhnt daran, die Grenzen des guten Geschmacks auszureizen –, der verlernt es schnell, das unaufdringliche Aroma der Natur zu erleben: reines Wasser, würziges Gemüse, saftiges Obst, bittere Kräuter, süße Beeren, herbes Getreide. Allerdings kann man diese geschmackliche Mitte recht

leicht wiederfinden – man verzichte einfach für ein paar Tage oder Wochen auf alle extremen Süßungsmittel und Gewürze. Die Zeit, in der alles nur „gesund“ schmeckt, weil die Natur eben nicht auf die Förderung der Eßgier abzielt, geht rasch vorbei! Also: *Zurück zu echten Lebensmitteln!*

• Dabei baut eine für uns Menschen wirklich gesunde Mischkost in der Hauptsache auf *naturbelassener pflanzlicher* Kost auf, denn ausgeprägte Fleischfresser sind wir bestenfalls von unserer kulinarischen, nicht aber von der biologischen Veranlagung her. Wer will, kann sich die Gestaltung des menschlichen Gebisses zum Vorbild für die richtige Nahrungsmischung nehmen: Von unseren 32 Zähnen erscheinen vier als „Reißwerkzeuge“, die anderen 28 dienen dem Schneiden und Mahlen von Getreide, Gemüse, Obst und Hülsenfrüchten. Das Verhältnis von 7 : 1 bietet sich jedenfalls als ein taugliches Maß an zur Mischung von pflanzlichen und tierischen Lebensmittelanteilen.

• Wiewohl man heute – vor allem im städtischen Leben – viel Energie verschwendet, um die Natur auszusperren und unliebsame Unregelmäßigkeiten auf Grund von Jahreszeit, Wind und Wetter durch Klimaanlagen vergessen zu machen, tut das der Gesundheit nichts Gutes; der Mensch verkümmert dadurch leicht zum Treibhauspflänzchen ohne Widerstandskraft. Dabei sollten die körperlichen Anpassungsmechanismen gefördert und die Temperamente der Natur in ihrer erfrischenden Abwechslung aktiv miterlebt werden. Für die Ernährung bedeutet das zum Beispiel, daß immer die *der Jahreszeit entsprechenden Naturprodukte* den Speiseplan dominieren sollten – beziehungsweise kann man schließen, daß zum ganzjährigen (= regelmäßigen) Verzehr vor allem das geeignet ist, was auch eine natürliche ganzjährige (also gefrierschrankunabhängige) Lagerfähigkeit besitzt: Getreide.

• Jeder Mensch kann nun die harmonische *Anpassung der Ernährung an die Rhythmen der Natur* und des eigenen Lebens beliebig verfeinern. So mag man erkennen, daß heiße Tage besonders nach kühlender Nahrung verlangen (gefragt sind dann Rohkost, Salate etc.) oder daß anstrengende körperliche Aktivität sich mit

bodenständiger Kost besser verträgt als etwa das muskelschonende Bearbeiten einer Computertastatur (weshalb der Autor dieser Zeilen heute abend sicher kein saftiges Steak mehr benötigen wird).

> Wenn man sich an der Natur orientiert, lassen sich einfache Regeln für eine gesunde Ernährung finden.

• Das führt uns zu einem letzten, dem vielleicht wichtigsten Punkt im Hinblick auf die Ernährung: Es ist notwendig, ein *gesundes Gespür* für den eigenen Körper zu entwickeln, dessen Bedürfnisse, aber auch dessen Grenzen zu beachten. Sonst bleibt man abhängig von seinen (schlechten) Gewohnheiten und folgt letztlich nur dem Lustprinzip (= so gut + so viel wie möglich), anstatt dem Körper durch eine angemessene Wahl von Speise und Trank die ideale Kräftigung zu gönnen.

Abgesehen von diesen allgemeinen Regeln tut man im Hinblick auf unsere heutige gesellschaftliche Situation gut daran, noch einige spezielle Ratschläge zu befolgen, die ebenfalls für fast jeden Menschen hilfreich sein werden, weil sie langfristig dazu beitragen, die Blutausstrahlung zu verbessern:

• Wer nicht nur gern, sondern auch schnell ißt, gibt sich selbst vielleicht gar keine Gelegenheit zu spüren, wann er satt ist. Unter anderem aus diesem Grund wird heute durchweg zu viel gegessen. Manche Menschen haben es auch verlernt, bewußt zwischen Hunger- und Durstgefühlen zu unterscheiden – sie genießen so manche „leichte Mahlzeit zwischendurch“, obwohl ihr Körper eigentlich nur Wasser brauchen würde. Doch jedes Zuviel belastet unnötig und bereitet Probleme vor. Es ist daher für wohlstandsgefährdete Zeitgenossen durchaus sinnvoll, hin und wieder gezielt zu *fasten*, also keine feste Nahrung, sondern nur Flüssigkeiten (natürliche Tees und Gemüsesäfte) zu sich zu nehmen. Wenn keine spezielle Krankheit dagegen spricht und die allgemeine Körperkonstitution nicht allzu schwach ist, kann praktisch jeder

Wer sich um einen gesunden Körper bemüht, verbessert damit auch seine eigenen geistigen Wirkungsmöglichkeiten.

Mensch – allenfalls unter ärztlicher Aufsicht – einen oder mehrere Tage lang „heilfasten". Dies führt zu einer ordentlichen Entschlackung und trägt in vielen Fällen auch unmittelbar zu einer Klärung der gedanklichen Innenwelt bei.

• Bestärkt durch einschlägige Werbeslogans neigen wir heute zu absolut übertriebenem *Konsum von Milch und Milchprodukten.* Doch der Wohlgeschmack und das Reformflair, wie es durch vitaminreiche Joghurts, rechtsdrehende Buttermilch-Kreationen oder lecker-leichte Sahnedesserts verbreitet wird, sollte unser Bewußtsein dafür nicht trüben, daß Milch überall in der Natur erstens ein Nahrungsmittel zur Säuglingsaufzucht ist und daß zweitens kein Tier von sich aus artfremde Milch trinkt, weil jede Art ihre eigene Milch in ganz spezieller Zusammensetzung hat. Nun kann man dem Menschen getrost einen größeren Freiraum auch in der Wahl seiner Speisen und Getränke zugestehen. Doch eine naturnahe Lebensweise verlangt, daß wir unsere körperlichen Wurzeln nie außer acht lassen. Milch und Milchprodukte – die ja längst als Mitursache für die ständig zunehmende Allergiebereitschaft entlarvt sind – würden sich im Speiseplan als „Tüpfelchen auf dem i" jedenfalls besser eignen denn als Hauptnahrungsmittel.

• Ein anderes leidiges Problem stellt heute der übertriebene *Zuckerkonsum* dar, für dessen Verarbeitung dem Körper wertvolle Mineralstoffe entzogen werden müssen. Das Dilemma dabei ist, daß es nicht nur offensichtliche, sondern auch viele versteckte Zuckerquellen gibt, an die man im ersten Moment gar nicht denkt – zum Beispiel Frucht- oder Colagetränke. Daher sei in diesem Zusammenhang auf einen allgemeinen Grundsatz zu gesunder Ernährung verwiesen: Man verwende möglichst naturbelassene, von der Nahrungsmittelindustrie unangetastete, also zum Beispiel nicht standardisierte, sterilisierte, chemisch aufbereitete Produkte.

Und was die Getränkewahl anbelangt, wenn man einmal nicht beim Wasser bleiben mag: ein Glas guter Wein oder ein kühles Bier sind der Gesundheit meist zuträglicher als der klebrig-süße Multivitamin-Cocktail aus dem Supermarkt.

Mit diesen – zugegeben recht allgemein gehaltenen – Anregungen will ich unseren Kurzausflug in die Diätetik beenden. Es ging für dieses Buch ja nur darum, zwischen psychischem Wohlergehen und Ernährungsgewohnheiten einen oft vernachlässigten Zusammenhang aufzuzeigen, der sich in der Blutausstrahlung gründet. Das Prinzip dabei ist höchst einfach: Wer sich um einen gesunden Körper bemüht, verbessert damit auch seine eigenen seelisch-geistigen Wirkungsmöglichkeiten!

Aber es ist wie überall im Leben: ohne Fleiß kein Preis! Wenn man erkannt hat, daß bei einem etwas „unrund" läuft und man seine Gewohnheiten ändern will, kommt man auch in der Ernährung nicht umhin, einigen Aufwand in Kauf zu nehmen. Naturnah zu kochen erfordert mehr Zeit, und vor allem ist es nötig, einer Sache, die üblicherweise „nebenher läuft", nun ein höheres Maß an Aufmerksamkeit zu schenken. Die Alltagsroutine muß durchbrochen, ein vernünftiger neuer Weg gefunden werden.

Dabei bringt das Prinzip der kleinen Schritte übrigens den nachhaltigsten Erfolg; man stelle seine Ernährung am besten stufenweise um. Zum Beispiel kann der Schwerpunkt im Fleischkonsum vorerst auf Fisch und Geflügel verlagert werden; raffinierter Weißzucker läßt sich in vielen Fällen durch Getreidemalzprodukte oder Honig ersetzen, weißes Auszugsmehl durch Vollkornmehl und so weiter.

Eine grundlegende Neuausrichtung in der Ernährung ändert im übrigen nicht nur die Blutausstrahlung, sondern beeinflußt natürlich auch die vom Körper ausgehenden Kräfte wie Sexualkraft und Geschlechtstrieb. So ist diesbezüglich bekannt, daß Personen, die sich überwiegend vegetarisch ernähren, einen weniger stark ausgeprägten Trieb erleben – was im Hinblick auf die Geistigkeit des Menschen ohne weiteres als Veredelung gewertet werden darf.

Allerdings kann einseitige Pflanzenkost manchmal auch zu einer allgemeinen Verminderung der Sexualkraft führen, was sich bei den betroffenen Personen als leichte Entrücktheit bemerkbar macht: Sie bewegen sich übertrieben langsam und sanft, zeigen auffallende Blässe und erfreuen sich ihres weltabgewandten Ergehens in der Meinung, darin liege geistiger Fortschritt. Doch weist diese Befindlichkeit auf eine andere Ursache hin: Wenn die Sexualkraft nicht richtig flutet, ist der Geist in seinem Wirken gehemmt und kann sich eben *nicht* richtig entfalten beziehungsweise ent-wickeln.

Auch ein hohes Ernährungsbewußtsein sollte indes nie in Dogmatismus oder Fanatismus ausarten. Wessen Gedanken *nur noch* um gesunde Reformkost oder Körperentschlackung kreisen, der bindet damit seine inneren Energien und tritt womöglich in seiner eigentlichen geistigen Entwicklung auf der Stelle. Und vielleicht schadet er auch anderen: Die Mutter, die ihrem Kind strikt jede kleine Süßigkeit verbietet, jedes Stück Schokolade und jedes Bonbon verwehrt, um es so vom süßen Übel der Welt fernzuhalten, richtet damit langfristig unter Umständen mehr Schaden als Nutzen an. Denn „Inselstrategien", also das Bemühen um völlige Abschottung von allen gesellschaftlichen Gegebenheiten, haben längerfristig keine Aussicht auf Erfolg.

Auch darf Konsequenz nicht mit Starrheit verwechselt werden. Ein konsequenter Mensch verliert sein *Ziel* nie aus den Augen, aber er hat keine Probleme damit, seine Wege den äußeren Notwendigkeiten anzupassen, also beispielsweise die Zügel auch einmal locker zu lassen und Geschwindigkeit oder Richtung zu ändern, wenn dies angebracht ist.

Was hier über das Ernährungsbewußtsein gesagt ist, gilt sinngemäß natürlich auch generell für das Körperbewußtsein. Es gibt heute viele bemerkenswerte Diagnosemöglichkeiten, die versteckte physische Ursachen für vermeintlich rein seelische Probleme offenlegen. Zum Beispiel konnte man eine schleichende Quecksilber-Vergiftung des Körpers durch Amalgam-Zahnfüllungen

nachweisen, die unter anderem zu depressiven Verstimmungen führt und Allergien verstärkt.[5] Auch viele andere Alltagsgifte, Lärm oder Elektrosmog können unser inneres Wohlergehen über die Beeinträchtigung der Blutausstrahlung merkbar verschlechtern.[6]

Wenn wir uns fest im Bann irgendwelcher krankmachender Einflüsse glauben, dann kann gerade dieser Glaube eine Heilung verhindern.

Es ist gewiß gut und förderlich, sich dem Wissen um solche Zusammenhänge zu öffnen – aber auch hier gilt es eben, Dogmatismus und Fanatismus zu vermeiden. Wenn wir uns fest im Bann irgendwelcher krankmachender Einflüsse glauben, dann kann gerade dieser Glaube das größte Hemmnis für eine Heilung sein.

## *Krankheitsbild Schizophrenie*

Wie wichtig die Brücke aus dem Stofflichen ist, die der Seele durch die Blutausstrahlung geboten wird, zeigt sich auch anhand von Erfahrungen mit der sogenannten *Schizophrenie*. Damit bezeichnet man psychiatrisch sehr schwer (oder auch gar nicht) behandelbare Persönlichkeitsstörungen, also psychische Probleme, bei denen die Identifikation mit dem eigenen Ich verlorengeht. Die Betroffenen erleben dabei eine eigenartige, für sie selbst kaum ertragbare Verwischung der Grenze zwischen ihrer Persönlichkeit und der Außenwelt; ihr Bezug zum Ich, zur eigenen Identität, geht (zum Teil) verloren, und es kann sogar vorkommen, daß jemand behauptet, er sei vor einem gewissen Zeitpunkt nicht er selbst, sondern jemand anderer gewesen. Auch real nicht existierende Menschen oder Ereignisse kann der von Schizophrenie Betroffene „hautnah“ erleben.

Die heutige Hirnforschung schreibt diese schweren Depersonalisierungserscheinungen, wie sie typisch für das Krankheitsbild der Schizophrenie sind (aber etwa auch bei schweren Depressionen auftreten), einem „ganz besonderen Teil unserer Psyche“[7] zu;

man vermutet ja, daß die Identität des Menschen, also sein Ich, aus bestimmten Gehirnfunktionen resultiert.

Wir haben schon gesehen, daß dem nicht so ist. Unser ursprüngliches *Ich-Bewußtsein* ist nicht körperlicher Natur. Es wird daher von körperlichen Störungen zwar erlebnismäßig berührt, aber nicht in seinem eigenen Heil-Sein gefährdet.

Gestört ist bei einem Krankheitsbild wie der Schizophrenie dagegen das *Tagbewußtsein,* in welchem alle Einflüsse aus der Außenwelt (Sinneseindrücke), dem Verstand (Triebe, Gefühle, Gedächtnisinhalte) und der geistigen Innenwelt (Empfindungen, Gewissensregungen, sehnsüchtiges Idealstreben, Sinnorientierung) zusammenfließen. Durch diese Störung ist es der Seele nicht möglich, mit dem Erlebnis Außenwelt richtig umzugehen.

Aus ganzheitlicher Sicht – also auf der Grundlage des Wissens um die Geist-Seele-Körper-Einheit des Menschen – sind Persönlichkeitsstörungen immer darin begründet, daß die Seele von ihrem physischen Körper nicht richtig Besitz ergreifen und dadurch auch das Tagbewußtsein nicht machtvoll durchweben kann. Dieser traurige Zustand wird durch innere Schwächen oder die Beeinträchtigung des freien Willens begünstigt, wobei immer die Blutausstrahlung mit in Betracht zu ziehen ist, denn auch Schizophrenie kann mit einer Schädigung dieser Brücke zwischen Körper und Seele zusammenhängen.

Nicht zufällig zeigen sich leichte Persönlichkeitsstörungen oft genau in jenen Lebensabschnitten, in denen sich die Blutausstrahlung von Natur aus ändert. Vor allem in der sogenannten *Pubertätskrise*, in der Zeit, wenn die Seele durch die Sexualkraft endgültig Besitz vom Körper ergreift, kann die Kontinuität im tagbewußten Erleben des eigenen Ichs unterbrochen werden; der Mensch gewinnt einen eigenartigen Abstand zum kindhaften Verhalten und erlebt sich selbst plötzlich anders.

Doch dieser Zustand, nicht mehr die vertraute eigene Persönlichkeit zu sein, kann durch eine Beeinträchtigung der Blutausstrahlung eben auch in krankhafter Ausprägung von Erwachsenen erfahren werden. Das Tagbewußtsein verliert dabei seine

Führung durch die Seele, und Eindrücke aus der Außenwelt werden nicht mehr (ausreichend) auf das Ich bezogen – oder sie vermischen sich mit nichtstofflichen, „unrealen" Bildern und Erlebnissen.

Wenn die Seele nicht mehr in der Lage ist, den Körper über die Brücke der Blutausstrahlung zu führen, dann kann es sogar vorkommen, daß das entstandene „Vakuum" von einer anderen Seele ausgenutzt wird, was den klassischen, indes ganz und gar unmystischen Zustand der *Besessenheit* beschreibt: Ein nicht-körperliches Ich-Bewußtsein ergreift zeitweise von dem Körper Besitz.[8] Dadurch freilich wird das Tagbewußtsein, dieser Schmelztiegel aller Einflüsse aus Außen- und Innenwelt, noch mehr verwirrt: eine klare menschliche Identität kann immer schwerer erfahren werden.

Da die dem Körper eigentlich zugehörige Seele in diesem Zustand durch die gestörte Brücke praktisch nicht ansprechbar ist, wird eine Therapie vor allem auf der physischen Ebene ansetzen müssen. Daher sind natürlich alle Bemühungen der medizinischen Forschung um die Entwicklung zielgenau einsetzbarer Medikamente zu begrüßen. Heilpraktiker berichten aber auch von Fällen, in denen eine radikale Umstellung der Ernährung zur Verbesserung des Zustandes beitragen konnte.[9] Und auch allgemeine Maßnahmen zur körperlichen Gesundheit können sich günstig auf die Blutausstrahlung auswirken; zum Beispiel bewußtes *Atmen.*

## *Atmung und Psyche*

So, wie es zwischen Ernährung und Blutausstrahlung einen wichtigen Zusammenhang gibt, der zur Linderung psychischer Störungen oder allgemein zur seelisch-geistigen Entwicklung genützt werden kann, so besteht auch zwischen Atmung und Blutausstrahlung eine wesentliche Verbindung, derer man sich bewußt sein sollte.

Die Wurzel des Begriffes „Atem" weist auf tiefgründige Zusammenhänge hin: Die Seele wird damit angesprochen.

Wie „Speis und Trank" ist auch die Luft ein für uns unverzichtbares Lebenselixier aus der physischen Welt. Nicht von ungefähr weist die Wurzel des Begriffes „Atem" auf tiefgründige Zusammenhänge hin: Im Altindischen bedeutet „àtmán" Seele oder Hauch; im Althochdeutschen findet man die Wörter „atoneian" (= erlösen, befreien) und „wiho àtum" (= der Heilige Geist).[10] Und der lautverwandte biblische Name *Adam*, ein Wort aus dem Sanskrit, hat eine Bedeutung, in der sich das zentrale Geheimnis des richtigen Atmens widerspiegelt. Er drückt aus: *„Ich gebe"* – und darin findet man auch schon den Schlüssel zur Förderung der Blutausstrahlung. Er liegt im richtigen *Aus*atmen! Abd-ru-shin, Verfasser der Gralsbotschaft, beschrieb die wichtigsten Grundlagen zum Thema Atmen im Rahmen einer Fragenbeantwortung als Gleichnis:

*„Nur wer richtig ausatmet, kann und wird selbsttätig auch das gesunde und vervollkommnete Einatmen vollziehen, ja, er ist durch rechtes Ausatmen dazu veranlaßt und gezwungen. Das gibt dem Körper Gesundheit und Kraft.*

*Im Ausatmen gibt der Mensch! Er gibt etwas her, was in der Schöpfung von Nutzen ist, es sei hierbei nur der Kohlenstoff genannt, der zur Ernährung der Pflanze gebraucht wird. Rückwirkend oder nachwirkend ist* der *Mensch, der Sorgfalt auf das Ausatmen verwendet, in die Lage versetzt, tief und mit Behagen wieder einzuatmen, wodurch ihm große Kraft zuströmt, ganz anders als bei oberflächlicher Atmung.*

*Umgekehrt ist dies jedoch nicht der Fall. Der Mensch kann tief und genießerisch einatmen, ohne deshalb* selbsttätig *gezwungen zu sein, auch gründlich auszuatmen; denn die meisten Menschen vollziehen gerade das Ausatmen oberflächlich.*

*Sie suchen wohl genießerisch zu nehmen, doch sie denken nicht daran, daß sie auch etwas* geben *sollen.*

*Und aus dem Unterlassen des richtigen* Gebens, *also des vollkommenen Ausatmens, folgert mancherlei: Erstens kann der Mensch dadurch nie zu dem rechten Genießen des Einatmens kommen, und zweitens wird nicht alles das ausgestoßen oder fortgeschafft, was für den Körper schädlich oder unverbrauchbar ist und diesen belasten oder im gesunden Schwingen hemmen muß, wodurch mit der Zeit vielerlei Krankhaftes erstehen kann. Ein aufmerksamer Beobachter wird auch hierin das unaufdringlich wirkende Gesetz erkennen. (...)*

*Und wie es mit den körperlichen Dingen ist, so ist es auch mit den geistigen Vorgängen. Will ein Geist schöpfen, also empfangen, so muß er das Empfangene gewandelt weitergeben. Das Wandeln oder Formen vor der Weitergabe stärkt und stählt den Geist, der in dieser Erstarkung immer mehr und immer Wertvolleres aufzunehmen fähig wird, nachdem er Raum dazu geschaffen hat durch Weitergabe, sei es in Wort oder Schrift oder sonstiger Tat.*"[11]

Aber wie läßt sich die richtige Atmung nun pflegen, damit die körperliche Gesundheit und zugleich die Wirkungsmöglichkeit der Seele gefördert wird?

Susanne Barknowitz, erfahrene Atempädagogin und Autorin, weist in ihrem Buch „Atmen – ein lebendiges Geschehen" auf zahlreiche Möglichkeiten hin, über den Atem die Blutausstrahlung zu fördern:

„*Es ist ein Ziel der Atemarbeit, den Körper wieder richtig zu bewohnen, in ihm zu leben. Durch den Atem beziehungsweise die natürlichen Kräfte, die mit ihm wirken, vermag sich die Strahlungsverbindung zwischen Körper und Geist zu stärken, die gegenseitige Anziehung kräftigt sich, und damit auch die Betätigungsfähigkeit beider.*

*Das geschieht nicht, indem ich mir vornehme, den Atem bewußt in einen Körperteil zu schicken, vielmehr, indem ich körperlich und seelisch die Möglichkeiten dazu schaffe, zum*

*Beispiel durch Lösen von Verkrampfungen und Blockierungen, so daß sich der Atem ausbreiten kann und der Körper Gefäß wird für die Atembewegung. Für die geübte Hand des Behandelnden ist es möglich zu spüren, ob zwischen Körper und Geist eine relativ lockere, ungesunde oder eine stabile, gesunde Verbindung besteht, und zwar an der Qualität des Atems.“*[12]

Es kann durchaus gewinnbringend sein, sich unter der Anleitung eines fachkundigen Therapeuten bewußt mit dem eigenen Atem zu beschäftigen. Aber wie bei der Ernährung liegt auch hier das Heil nicht in einseitig-dogmatischen Techniken, sondern in der Beachtung natürlicher Gegebenheiten:

• Viele Menschen sind – ob es ihnen schmerzlich bewußt ist oder nicht – verspannt und verkrampft. Dazu führen nicht nur körperliche, sondern vornehmlich seelische Ursachen: zwischenmenschliche Probleme, Überforderung durch Streß und ähnliches. Das alles geht natürlich einher mit einer unharmonischen Atmung, und die Aufgabe besteht darin, diesem ungesunden Zustand gezielt entgegenzuwirken. Ein Schlüssel zur Entspannung ist die *innere Sammlung:* Man nehme ein wenig Zeit für sich selbst, lege sich gemütlich auf den Rücken und spüre einmal bewußt in den Körper „hinein“, erlebe also mit ungeteilter Aufmerksamkeit nacheinander die einzelnen Körperteile und ihr Getragensein. Wer das öfter übt, lernt Entspannung, und zugleich wird der Atem freier und gelöster; auch die Gedanken ordnen sich, und die Gesamtstimmung hellt auf.

• Das bewußte Erleben und die Entspannung des eigenen Körpers kann durch weitere, eventuell gezielt auf einzelne Regionen abgestimmte Übungen gefördert werden. Es soll dies aber nie in einen meditativen Zustand münden, der zu einer *Lockerung* der Strahlungsverbindung zwischen Körper und Seele führt oder zu einer inneren Entfernung vom Physischen; angestrebt soll hier im Gegenteil ein *ausgeprägteres* Körperbewußtsein werden.

• Dazu gehört auch die Wahrnehmung und Erfahrung der natürlichen *Atemräume*. Oft ist unsere Atmung ja viel zu flach. Eine

freie Atembewegung, das heißt Zwerchfellschwingung, ist aber für die Gesunderhaltung des gesamten Organismus von zentraler Bedeutung. Bei entspannter (nicht erschlaffter) Muskulatur und lockeren Gelenken setzt sie sich fort bis in die Füße und Hände und über die Halswirbelsäule hinauf bis in den Kopf.

• Daher verlangt der freie Atem nach einer richtigen *Körperhaltung*. Für das Stehen bedeutet das zum Beispiel: die Füße in Hüftbreite parallel nebeneinander, die Knie gelöst, also nicht ganz durchgedrückt, das Gewicht nicht auf den Fersen, sondern verteilt auf dem ganzen Fuß. Auch beim Sitzen sollten sich die Füße parallel und in Hüftbreite am Boden befinden, während Ober- und Unterschenkel einen rechten Winkel bilden: das Becken ist aufgerichtet, die Sitzknochen sind deutlich zu spüren; man soll sich dabei aber nicht aus dem Becken herausziehen, sondern sich im Gegenteil in diese Basis hineinlassen. Der Schultergürtel braucht zum entspannten Sitzen natürlich nicht hochgezogen zu werden. Sehr wichtig im Hinblick auf die Körperhaltung können auch Übungen für die Wirbelsäule sein, denn viele Menschen haben gerade mit dem Bewegungs- und Stützapparat Probleme.

• Im natürlichen *Atemrhythmus* Ausatmen – Atemruhe – Einatmen soll das Bewußtsein vor allem auf dem gebenden Takt ruhen. Das *Ausatmen* ist die zentrale Betätigung, in ihm zeigt sich das nach außen gerichtete Geben, Handeln. Danach ein Moment der Ruhe, die Erwartung des Neuen, dem schließlich ein empfangsbereites Sichöffnen folgt. Dieser Rhythmus braucht aber nicht durch eine „Kunstpause“ zwischen dem Einatmen und dem Ausatmen gestört werden.

Insgesamt dürften die – im Hinblick auf unser Hauptthema notwendigerweise knappen – Ausführungen zu Ernährung und Atmung verdeutlicht haben, wie unerläßlich es ist, auch die physische Gesundheit nach Kräften zu fördern, wenn man eine seelisch-geistige Entwicklung anstrebt. Denn *die Brücke für die Seele wird aus dem Stofflichen heraus durch die Blutausstrahlung gebildet.*

## *Die Brücke aus dem Transzendenten*

Wollte man in einem Satz zusammenfassen, wodurch sich die körperliche Gesundheit und damit auch die Blutausstrahlung verbessern lassen, so kann man getrost die alte Erkenntnis strapazieren, daß nichts über eine naturverbundene, harmonische Lebensweise geht! Wer sich um gesunde Ernährung und natürliche Atmung bemüht, wer erkennt, daß ein erfülltes Leben nicht nur aus wuseliger Aktivität besteht, sondern unbedingt auch gemütvolle Mußestunden braucht, und wer seine Gedanken und Triebe *bewußt* für sich nützt, hat irgendwelche speziellen Taktiken und Tricks nicht nötig.

Verstandestätigkeit, Sexualkraft und Blutausstrahlung sind zwar Angelegenheiten des physischen Körpers, aber sie prägen unser tagbewußtes Erleben in hohem Maße mit; sie färben also kräftig auf unser Bewußtsein ab, sobald dieses der grobstofflichen Hülle verbunden ist. Alle Möglichkeiten, durch die Veredelung der Physis quasi „von außen nach innen" zu wirken, wollen daher genützt sein!

Aber natürlich gibt es im Zusammenwirken von Körper und Seele keine Einbahnstraße. Der Weg „von innen nach außen" ist in den verflochtenen psychosomatischen Wechselbeziehungen ebenso wichtig, denn freilich beeinflußt auch unsere Seelentätigkeit maßgeblich das korperliche Blut und dessen Ausstrahlung. Doch nicht nur das: Unser *gesamtes* Wohlergehen wird entscheidend von seelischen Impulsen geprägt.

Damit dieses Zusammenspiel zwischen der physischen und der metaphysischen Welt perfekt verläuft, ist eine Brücke oder Übergangsebene nötig, deren Ursprung allerdings nicht mehr in der Welt des wissenschaftlich Meß- und Analysierbaren liegt, sondern im Transzendenten: angesprochen ist das sogenannte *Astrale.*

Diese blumige Bezeichnung für etwas „Selbstleuchtendes" (das Wort „astral" kommt aus der lateinischen Bezeichnung für Stern) wird vor allem in esoterischen Kreisen gerne verwendet,

ohne daß man über die Bedeutung dieses Begriffes genau Bescheid wüßte. Entstanden ist er wohl aus der Beobachtung hellsichtiger Menschen,

Jeder lebendige Körper ist einem „strahlenden Schatten" verbunden: Der „Astralkörper" verbindet Leib und Seele.

daß jeder lebendige Körper einer Art strahlendem „Schatten" verbunden ist, wobei zumeist vermutet wird, daß sich dieser „Astralkörper" irgendwie aus dem Physischen heraus bildet.

Das aber ist ein Trugschluß, der einmal mehr unserer lieben Gewohnheit folgt, immer das Materielle im Mittelpunkt zu sehen. Zwar stimmt es, daß das Astrale in einer gewissen Abhängigkeit vom Physischen steht, doch damit ist das Entscheidende nicht getroffen: Der Astralkörper ist das unentbehrliche „Bindeglied" zwischen Leib und Seele.

An dieser Stelle ist es des besseren Überblicks wegen angebracht, einen kurzen Einblick in die Schilderung des Schöpfungsaufbaus zu geben, wie er in der Gralsbotschaft dargestellt ist: Demnach gibt es zwischen der *schweren Grobstofflichkeit*, der unser physischer Körper angehört, und der *feinen Grobstofflichkeit*, der unsere Seelenhülle entstammt, eine weitere Schöpfungsebene *mittlerer Grobstofflichkeit* – wobei angemerkt werden muß, daß keine dieser Stofflichkeitsarten in eine andere übergehen kann, wiewohl alle mit- und ineinander wirken. Der Astralkörper gehört zur mittleren Grobstofflichkeit. Und in dieser Ebene entsteht das *Vorbild* zur Formung und Entwicklung jedes physischen Körpers.

Aber wie das? Bestimmen nicht ausschließlich die vielgerühmten Gene über die Körperform? Nein, nur zum Teil! Es ist zwar richtig, daß sich aus den Genen eine „Liste" aller Baumaterialien ablesen läßt – aber ein solches Verzeichnis allein macht bekanntlich noch kein fertiges Haus. Wie also werden diese Vorgaben sinnvoll umgesetzt? Wie *entsteht* die eigentliche Körperform?

## *Astrale Modelle*

Um zu erklären, warum zum Beispiel die Arme und Beine eines Menschen unterschiedlich geformt sind, obwohl sie ja alle die gleichen Gene und Proteine enthalten, also aus den gleichen Baustoffen gemacht sind, benützt man in der Entwicklungsbiologie mitunter den Begriff des „morphogenetischen Feldes“[13]. Man nimmt an, daß es *außerhalb* des Organismus etwas gibt, das die Organisation der einzelnen materiellen Bestandteile regelt und das als Modell schon vor der physischen Formwerdung besteht. Manche Forscher gehen auch davon aus, daß diese Felder durch eine „morphische Resonanz“ miteinander in Beziehung stehen. Das Problem ist nur: Kein Wissenschaftler kann beschreiben, was ein morphogenetisches Feld ist, wie es wirkt, wodurch es beeinflußt wird.

Jedoch lassen sich die Vorstellungen über solche Felder gut mit den Beschreibungen der Gralsbotschaft in Einklang bringen, die von einer (astralen) „Ebene der Modelle“ spricht.

Aus den diesbezüglichen Erklärungen kann man folgendes schließen: Die von den genetischen Informationen ausgehenden Impulse einerseits und die aus dem Seelenkörper stammenden Anregungen zur Formbildung andererseits werden im dazwischen liegenden Bereich mittlerer Grobstofflichkeit aufgenommen und dort von den Kräften der Natur zu einem Modell geformt – zum Astralkörper. Dieser zieht dann durch die bekannten chemischen und physikalischen Prozesse das Wachstum eines jeden Körpers in der gröbsten Stofflichkeit nach sich, weist also den Baustoffen ihren Platz zu und prägt zugleich die weitere genetische Veranlagung.

Für die Entwicklung der Erbmerkmale, die von Generation zu Generation weitergegeben werden, spielen demnach nicht nur körperliche, sondern ebenso seelische Impulse eine Rolle.

Auch kann man vermuten, daß eben dieses Hineinwirken des Astralen – und nicht nur der sogenannte Zufall – Anlaß zu „Mutationen“, also Veränderungen im Erbmaterial gibt.

Der Astralkörper stellt aber nicht nur das unentbehrliche Modell für den physischen Körper dar, sondern er bildet eben auch die Brücke für die Seele:

„*Die Seele wird mit* dem Astralkörper *verbunden und wirkt* durch diesen *auf den schweren Erdenkörper. Und auch der Erdenkörper kann in seiner dazu notwendigen Ausstrahlung die Seele nur durch den Astralkörper als den Vermittler wirklich an sich binden. Die Strahlungen der (...) schweren Grobstofflichkeit müssen erst durch die mittlere Grobstofflichkeit des Astralkörpers dringen, da sie sonst sich mit den Strahlungen der Seele, deren äußerste Hülle dann schon von feinster Grobstofflichkeit ist, nicht aneinanderschließen können.*“[14]

Aus den Darlegungen der Gralsbotschaft verdeutlicht sich auch hier die natürliche Hierarchie, derzufolge das Gröbere im Dienste des Feineren steht. So, wie der grobstoffliche Körper seinem astralen Vorbild folgen muß, ist dieses seinerseits von der feinerstofflichen Seele abhängig:

„*Der Astralkörper ist der in erster Linie* von der Seele *abhängige Mittler zu dem Erdenkörper. Was dem Astralkörper geschieht, darunter leidet auch der Erdenkörper unbedingt. Die Leiden des Erdenkörpers aber berühren den Astralkörper viel schwächer, trotzdem er mit ihm eng verbunden ist.*“[14]

Der gute Zustand des Astralkörpers ist demnach eine wesentliche Voraussetzung für die körperliche Gesundheit und unser Wohlergehen. Und wenngleich für diesen Körper vor allem die *seelische* Ausrichtung maßgeblich ist, sollte man doch auch die Möglichkeit in Betracht ziehen, von der physischen Ebene aus unterstützend auf die astrale einzuwirken.

Man konnte zum Beispiel die Erfahrung machen, daß bestimmte homöopathische Arzneimittel oder die bekannten Bach-Blütenessenzen[15] auf die mittlere Grobstofflichkeit einwirken, wodurch über die astrale Ebene gezielt seelische Befindlichkeiten angesprochen und harmonisiert werden können. Die innere Neuausrichtung wird somit von außen her unterstützt.

> Es gibt hilfreiche Möglichkeiten, über den Astralkörper auf psychische Verstimmungen einzuwirken.

Auch sind therapeutische Ansätze bekannt, die über die „Schiene“ *Astralkörper – Nervensystem – Wirbelsäule* in wunderbarer Weise das körperliche und seelische Wohlergehen fördern.[16]

Das Wissen um die Brücke aus dem Transzendenten[17], den Astralkörper, dient also nicht nur dem besseren Verständnis von Zusammenhängen; es bietet auch hilfreiche Möglichkeiten, auf psychische Verstimmungen einzuwirken.

Zwar mag es ein recht abenteuerliches Unternehmen sein, den Dschungel ungewöhnlicher Heilmethoden zu durchforsten, wie er sich zum Beispiel im Rahmen einschlägiger „Esoterik- und Bewußtseinsmessen“ auftut – zu viel atemberaubend Übersinnliches tummelt sich da zwischen würzigem Räucherstäbchenduft und schamanischen Trommelrhythmen. Aber die Möglichkeit, feinere Schwingungen zur Wirkung kommen zu lassen, ist gegeben, und viele Menschen mit besonderen Fähigkeiten haben es sich zur Aufgabe gemacht, Hilfen zu bieten, die in nicht-stofflichen Bereichen ansetzen.

## *Aber was ist Psyche?*

Die Existenz solcher Bereiche jenseits des Sichtbaren, sinnlich Wahrnehmbaren wurde in den bisherigen Ausführungen für den Geschmack mancher Leser vielleicht etwas zu selbstverständlich vorausgesetzt. Doch wie wir gesehen haben, läßt schon allein die Existenz unserer Innenwelt und unseres körperunabhängigen Bewußtseins keinen anderen Schluß zu als den, daß die grobe Materie nicht der einzige „Stoff“ ist, aus dem die Schöpfung sich formt. Allein: dies zu wissen ist nicht genug!

Wenn wir tatsächlich Klarheit über unser Inneres gewinnen wollen, dann müssen wir uns um eine wesentlich differenziertere

Betrachtung bemühen. Denn auch nachdem wir uns mit Gedanken und Gefühlen sowie mit den Brücken beschäftigt haben, die Körper und Seele verbinden, blieb die große Frage: „Aber *was* ist Psyche?" bislang immer noch unbeantwortet.

Bei dieser Schlüsselfrage helfen uns die Definitions-, Erklärungs- und Beschreibungsversuche der Wissenschaft nicht mehr weiter. Auch die Psychoanalyse – zu deutsch: „Seelen-Zergliederung" – versagt bei der Frage nach dem *Wesen* dessen, womit sie sich beschäftigt. Die Psychoanalytiker mußten erkennen, daß ihr ursprünglicher Anspruch, das „Räderwerk" der menschlichen Innenwelt wie eine Maschine zerlegen, im Bedarfsfall reparieren und wieder zusammensetzen zu können, überzogen war. Man begnügt sich denn auch damit, *Auswirkungen* des Seelenlebens zu beschreiben und zu behandeln, ist im allgemeinen aber nicht dazu bereit, die Existenz nichtstofflicher Ebenen des Seins mit in Betracht zu ziehen. Nur darin findet sich jedoch das Wesen unserer Innenwelt und eine Antwort auf die Frage, was die „Psyche" eigentlich ist.

Es gilt also auf unserem Erkenntnisweg einen kleinen, aber bedeutenden Schritt für die Menschheit zu tun: *Neuland* zu betreten – nicht außerirdisches, sondern *über*irdisches.

## Feinere Stofflichkeiten

Wir werden uns in unseren Betrachtungen nun langsam von der materiellen Welt und auch von dem ihr verbundenen Bereich des Astralen entfernen, um die eigentliche feinstoffliche Seelenwelt zu durchstreifen. Freilich nicht, ohne von hier aus – wie ein Mondfahrer, der zurück zur Erde blickt – immer wieder die physische Ebene mit in Betracht zu ziehen und Verbindungen zu beleuchten, die das Feinstoffliche mit dem Grobstofflichen verknüpfen.

Die Grundlage für unsere weitere Expedition ist durch die bisher geschilderten Zusammenhänge gebaut: *Unsere Innenwelt ist weder Illusion noch Imagination, sondern es handelt sich dabei um eine tatsächlich bestehende, feinerstoffliche Wirklichkeit!*

Unsere Innenwelt ist weder Illusion noch Imagination, sondern eine wirklich bestehende, jedoch feinstoffliche Welt.

Im Hinblick auf die Gedankenformen wurde bereits angedeutet, daß die „feine Stofflichkeit" – bleiben wir bei dieser Bezeichnung, nachdem die materielle Welt als *schwere* und die Astralebene als *mittlere Grobstofflichkeit* definiert worden ist – ein eigenes „Universum" darstellt, in das wir durch unser Denken und Wollen gestalterisch eingreifen.

Vielleicht aber sollte das Gesamtbild an dieser Stelle nochmals nachgezeichnet und ergänzt werden:

• Unserem menschlichen Ich-Bewußtsein wohnt die *Kraft des Wollens* inne. Wir prägen und gestalten also durch unsere Willensäußerungen die Welt, in der wir leben. In der schweren Grobstofflichkeit geschieht dies durch körperlichen Einsatz: Mit Hilfe von Verstand und Muskelkraft bauen wir unser Umfeld gemäß der persönlichen Eigenart, formen somit also die physische Welt.

• Zugleich aber gestalten wir auch die feinstoffliche Welt – mit unseren Gedanken. Durch die Tätigkeit des Denkens raffen wir feineren Stoff zusammen, um auch hier unserem Wollen Ausdruck zu verleihen. So entstehen *Gedankenformen*, die wir bildhaft in uns erleben können, weil sie uns – wenigstens zum Teil – durch unser Tagbewußtsein vermittelt werden.

• Der *Prozeß des Denkens* ist nur dann reine Gehirntätigkeit, wenn damit – wie etwa bei einer mathematischen Routineaddition – kein besonderer Willensakt verbunden ist. Sobald aber unsere Gedanken durchglüht werden von bewußten Wünschen und Empfindungen, kommt neben dem grobstofflichen Verstand durch unser Wollen auch ein feinstofflicher Formungsprozeß in Gang.

• Die daraus resultierende Welt der Gedankenformen, die das Innenleben jedes Menschen entscheidend prägt, kann man auch als *Seelenwelt* bezeichnen. Das Seelische ist also weder ein Teil des Körpers oder des Gehirns, noch entsteht es aus physischen Pro-

zessen. Vielmehr handelt es sich um eine feinstoffliche Wirklichkeit, der wir als Menschen ebenso angehören wie der äußeren, grobstofflichen Welt.

Aus diesen Zusammenhängen wird klar, daß Lebenshilfe im seelischen Bereich immer *Gedankenformungsarbeit* bedeutet. Denn es geht darum, die tatsächlich bestehende feinstoffliche Innenwelt eines Menschen bearbeiten zu helfen, sie vielleicht „freizuschaufeln", „hemmende Mauern abzutragen", in ihr „neue Ausblicke zu eröffnen". Nicht zufällig verwendet unsere Sprache für alle Bemühungen oder Zustandsbeschreibungen im Seelischen sehr handfeste Ausdrücke. Wir sind hier ja tatsächlich tätig und formen uns eine Wirklichkeit, die wir als beglückend oder belastend – und somit als himmlisch oder höllisch erleben können.

## *Gedanken zur Gestalt der Seele*

Wenn man sich mit dem Gedanken angefreundet hat, daß es nicht nur das sichtbare Weltall gibt – wiewohl uns dieses mit seinen Milliarden Galaxien schon unbegreifbar genug erscheint –, sondern zudem noch eine übersinnliche, feinstoffliche Wirklichkeit, die in ihrer Art ebenso real ist wie die physische Welt, dann liegt die Lösung für unsere Frage „Aber was ist Psyche?" nicht mehr allzu fern: Die Seele, die wir ja auch als Sitz des menschlichen Ich-Bewußtseins bezeichnen können, ist nichts anderes als ein *Körper aus feiner Stofflichkeit.* Es kann ihm gut gehen oder er kann verletzt werden, und der Seelenkörper bringt – wie die physische Hülle auch – unser geistiges Wollen zur Auswirkung.

Aber wie kann man sich den Seelenkörper nun vorstellen? Als ungeformtes, schleierhaftes Etwas – oder doch viel konkreter gestaltet?

Die Grundlage zur Beantwortung dieser Frage liegt meines Erachtens in dem Gedanken, daß jede *Bewußtseinsform* auch eine entsprechende *äußere Form* nach sich zieht. Was sich äußerlich zeigt, ist demnach der „Aus-Druck" eines bestimmten Bewußt-

seinsgrades mit bestimmten Betätigungsbedürfnissen. Jeder Tierkörper entspricht in seiner Gestaltung und seinen Bewegungsmöglichkeiten genau dem seelischen Bewußtseinsgrad des diesen Körper belebenden Wesens. Ebenso entspricht die menschliche Körperform den feineren Ausdrucks- und Betätigungsbedürfnissen des Geistes. Man kann sagen: Das Geistige *bedingt* die Menschenform. Daher liegt der Gedanke nahe, daß auch unser Seelenkörper *Menschenform* haben muß.

Wobei hier am Rande angemerkt sei, daß es der Gralsbotschaft zufolge *mehrere* Körper aus unterschiedlich gearteten feineren Stofflichkeiten gibt. Deren Zusammenwirken mit der physischen Hülle kann man sich vorstellen wie bei einem ausziehbaren Fernrohr: die einzelnen Teile haben eine eigenständige Form, passen aber perfekt ineinander (wobei sie jeweils durch Strahlungsbrücken miteinander verbunden sind).

## Das sogenannte Unbewußte

Unser Bewußtsein erfährt nun durch jede dieser Hüllen eine bestimmte „Färbung". Das heißt, wir erleben die eigene Person inmitten vielfältiger Einflüsse aus den unterschiedlichen Stofflichkeitsarten und müssen uns dabei als „Ich" behaupten.

Eine solche Färbung wurde bereits beschrieben: das *Tagbewußtsein*. Dieses erleben wir unter den Bedingungen unserer Verbindung mit einem physischen Körper als Normalzustand.

Würden wir keine Hülle schwerer Grobstofflichkeit tragen, sondern nur die feinerstofflichen Körper, dann ergäbe sich daraus eine andere Färbung, nämlich das *seelische Bewußtsein.* Und wie das Tagbewußtsein entscheidend geprägt wird durch die Wahrnehmungen aus der äußeren Welt, so steht das seelische Bewußtsein in Abhängigkeit von der Realität seiner Ebene.

Durch das verstandesgebundene Tagbewußtsein wird uns die momentane Situation des Seelenkörpers naturgemäß nur teilweise bewußt. Wir leben zwar unentrinnbar in den von uns selbst geprägten feinerstofflichen Gedankenwelten, die ihrerseits auch

> **Die Seele, der Sitz des menschlichen Bewußtseins, ist nichts anderes als ein Körper aus feiner Stofflichkeit.**

maßgeblich alle unsere Entscheidungen (und damit die künftige Lebensausrichtung) mit beeinflussen können, doch sind wir gleichzeitig vielen weiteren Einflüssen aus der physischen Welt ausgesetzt. Einem Menschen, dem es innerlich schon sehr schlecht geht, dessen Seelenkörper vielleicht Hilfe bitter nötig hätte, kann es eine Zeitlang ganz gut gelingen, sein inneres Tief durch äußere Ablenkungen zu überspielen. Doch er bewegt sich damit auf sehr dünnem Eis, und es kann ihm passieren, daß das von ihm ins Unbewußte Verdrängte plötzlich machtvoll durchbricht.

Denn was wir als „unbewußt" bezeichnen, ist – sofern damit nicht der noch unreife und in *diesem* Sinne also unbewußte Zustand unseres inneren Kerns beschrieben wird – nur unserem *Tagbewußtsein* nicht zugänglich. Im seelischen Hintergrund ist uns das Unbewußte aber sehr wohl gegenwärtig.

Wer seelische Gesundheit erstrebt, kommt daher nicht umhin, auch auf der feinerstofflichen Ebene Ordnung zu schaffen – und zwar so gründlich, daß es nichts zu verdrängen gibt und jederzeit ein harmonisches In-sich-selbst-Ruhen möglich ist.

Diesen Idealzustand zu erreichen kann allerdings eine bedeutende Lebensaufgabe sein. Denn so manche Hürde mag den Weg erschweren, und viel Wissen und Erfahrung sind nötig, damit wirkungsvoll ins seelische Geschehen eingegriffen werden kann, um etwa Ängste, Depressionen oder Abhängigkeiten verschiedenster Art zu überwinden.

Einige Grundlagen für das Verständnis innerer Probleme haben wir uns bereits erarbeitet. Doch auf unserer Innenwelt-Expedition, die in der Folge tiefer in die Wirklichkeit jenseitiger Welten hineinführen wird, erwarten uns noch viele spannende und ebenso wertvolle Erkenntnisse; Erfahrungen, die nicht nur kon-

krete Lebenshilfen bieten können, sondern auch allzu pauschalisierenden Aussagen – wie sie als Einstimmung auf dieses Kapitel beispielhaft erwähnt wurden – Anstöße zu weiterer Vertiefung geben mögen …

## *Anmerkungen und Literaturempfehlungen*

*zu Kapitel 4*

*1* Zitiert aus Christopher Vasey: „Das Blutgeheimnis – Ernährung und geistige Entwicklung“, Verlag der Stiftung Gralsbotschaft, Stuttgart, 1993

*2* Zitiert aus Abd-ru-shin: „Im Lichte der Wahrheit – Gralsbotschaft“, Verlag der Stiftung Gralsbotschaft, Stuttgart, 1998 (Band 3, „Das Blutgeheimnis“)

*3* Zitiert aus Abd-ru-shin: „Im Lichte der Wahrheit – Gralsbotschaft“, Verlag der Stiftung Gralsbotschaft, Stuttgart, 1998 (Band 3, „Das Temperament“)

*4* Der Begriff *Makrobiotik* (= „großes Leben“) geht auf Christoph W. Hufeland (1762–1836), einen Freund und Arzt Goethes zurück. Er beschrieb damit „die Kunst, sein Leben zu verlängern“. Heute versteht man unter Makrobiotik meist eine auf fernöstlichen Grundlagen beruhende und durch Georges Oshawa im 20. Jahrhundert in den Westen gebrachte Ernährungsform, die auf dem Dualitätsprinzip von Yin und Yang aufbaut und eine auf den Einzelmenschen und dessen Bedürfnisse abgestimmte Ernährung auf pflanzlicher Basis postuliert. (Da die diesbezüglichen Gesetzmäßigkeiten von vielen Anhängern aber sehr eng und dogmatisch interpretiert werden, sprechen Spötter oft von „Mikrobiotik“.)

*5* Mehr zum Thema *Amalgam* findet der interessierte Leser in meinem Beitrag „Zeitbombe im Körper“, erschienen in der Zeitschrift „GralsWelt“, Heft 35/2005, Verlag der Stiftung Gralsbotschaft, Stuttgart.

*6* Mehr zum Thema *Alltagsgifte* findet der interessierte Leser im Themenheft 18/2006 der Zeitschrift „GralsWelt“: „Müll – Die weitreichenden Folgen einer gedanklichen Fehlhaltung“. Mit dem Thema *Elektrosmog* befaßte sich Dr. Gerd Harms in der Zeitschrift „GralsWelt“, Heft 37/2005, Verlag der Stiftung Gralsbotschaft, Stuttgart.

*7* Vgl. Ernst Pöppel: „Lust und Schmerz – Über den Ursprung der Welt im Gehirn“, Wilhelm Goldmann Verlag, München, 1995

*8* Diese Zusammenhänge mag der skeptische Leser vorerst als Hypothese gelten lassen, sie werden sich durch die Erklärungen im 2. Band dieses Buches verdeutlichen.

*9* Vgl. Christopher Vasey: „Das Blutgeheimnis – Ernährung und geistige Entwicklung", Verlag der Stiftung Gralsbotschaft, Stuttgart, 1993

*10* Vgl. Susanne Barknowitz: „Atmen – Ein lebendiges Geschehen", Gralsverlag, Hart-Purgstall, 2004

*11* Abd-ru-shin formulierte diese Erklärungen im Rahmen einer Fragenbeantwortung zum Thema „Geben und empfangen".

*12* Zitiert aus Susanne Barknowitz: „Atmen – Ein lebendiges Geschehen", Gralsverlag, Hart-Purgstall, 2004. Dieses illustrierte Buch enthält auch eine Reihe praktischer Ratschläge, auf die ich in meinem Text zurückgegriffen habe.

*13* Vgl. Rupert Sheldrake: „Sieben Experimente, die die Welt verändern könnten – Anstiftung zur Revolutionierung des wissenschaftlichen Denkens", Goldmann-Verlag, München, 1997

*14* Zitiert aus Abd-ru-shin: „Im Lichte der Wahrheit – Gralsbotschaft", Verlag der Stiftung Gralsbotschaft, Stuttgart, 1998 (Band 3, „In der grobstofflichen Werkstatt der Wesenhaften")

*15* Der Waliser Arzt Dr. Edward Bach (1886–1936) begründete 1930 eine Therapie, die auf der Diagnose disharmonischer seelischer Zustände aufbaut, die dann mit Hilfe entsprechender Blütenessenzen von einem „blockierten" in einen „transformierten" Zustand übergeführt werden. Mehr darüber findet der interessierte Leser bei Mechthild Scheffer: „Die Bach Blütentherapie – Theorie und Praxis", Heinrich Hugendubel Verlag, München, 1981.

*16* Eine für mich überzeugende derartige Therapieform ist das „Somatic Balancing" des amerikanischen Arztes Michael McBride. Unter dem Titel „Notruf der Wirbelsäule" habe ich darüber berichtet: Zeitschrift „GralsWelt", Heft 43/2007, Verlag der Stiftung Gralsbotschaft, Stuttgart.

*17* Der Begriff „Brücke aus dem Transzendenten" umfaßt auch die sogenannte *Silberne Schnur*. Sie wird im 2. Band dieses Buches angesprochen.

*Kapitel 5*

# *DER RUF NACH UNS SELBST*

*Lesen Sie in diesem Kapitel:*

- *Wege aus der Depression*
- *Die geistige Dimension des Menschen*
- *Wie man Ängste überwinden kann*
- *Die Macht des Lachens*
- *Wege aus der Gewohnheit*
- *Wer oder was ist das „Ich"?*

»Unser Menschsein zeichnet sich durch eine ganz besondere Fähigkeit aus: Wir sind in der Lage, ein Ich-Bewußtsein zu entwickeln, wodurch der einzelne sich als Subjekt erlebt, als eigenständige Persönlichkeit. Aber nicht nur das. Es ist uns auch gegeben, der Umwelt gegenüber aus freiem Entschluß heraus zu agieren.
Es liegt letztlich an uns, wie wir das Leben erleben.«

## Kapitel 5

# Der Ruf nach uns selbst

Einsam und in sich gekehrt stand die Frau am Grabe ihres Mannes. Nun war er gestorben, fortgegangen für immer, ihr vom Schicksal kalt und rücksichtslos genommen. Nie wieder würde es so sein wie in den letzten Jahrzehnten ihres Lebens – ihres erfüllten gemeinsamen Lebens. Sie hatte ihn aus ganzem Herzen treu geliebt, war immer für ihn dagewesen, hatte ihren Willen in den seinen gelegt, war ihm überallhin und ohne eigene Ansprüche gefolgt. Und doch war sie machtlos gewesen gegen die heimtückische Krankheit, die sein Erdenleben beendet und ihr eigenes mit Bitterkeit erfüllt hatte. Welchen Sinn sollte ihr Dasein jetzt noch haben? Wie könnte sie jemals wieder Freude empfinden? Jene ausgelassene Heiterkeit erfahren, die die vielen Jahre ihrer Ehe durchwoben hatte? Ja, was hätte sie darum gegeben, wenigstens die Stunden des gemeinsamen Zitterns und Bangens nochmals teilen zu dürfen! Jetzt spürte sie nicht einmal mehr Schmerz, sondern nur eine drückende, übermächtige innere Leere. Was hatte sie vom Leben nun noch zu erwarten?

Monate lebte die Witwe mit dieser Frage, und die vielen, die kamen und ihr Mitleid ausdrückten, die sie trösten und schonen wollten, brachten ihr keine wirklich ermunternden Gedanken. Und noch weniger zu sagen wußten sie über das große „Warum?“, das sich in ihr Herz eingegraben hatte.

Erst die sanften Anregungen aus dem Schoß der Zeit, der die ganze Vielfalt des Lebens birgt, lehrten sie – Lektion für Lektion –, daß das Überschreiten einer Schwelle nicht das Ende ist. Ja, sie empfand es immer deutlicher als Schwelle. Das, was sie nun in sich selbst überwinden mußte, war eine Hürde, ein Berg, der ihr die Sicht verstellt und den zu erklimmen sie nie angestrebt hatte! Das Leben in trauter Zweisamkeit war wunderbar gewesen, und immer noch hätte sie es sich sehnlich zurückgewünscht – aber hatte sie jetzt nicht die Gelegenheit, neue Ziele anzustreben, in Eigenständigkeit und Selbstverantwortung?

Zu Beginn erschienen ihr solche Gedanken wie ein Verrat an ihrem geliebten Mann, doch bald erkannte die Frau, daß solche Gedanken sinnlos waren. Denn im Maße, wie sie Mut faßte, ihren Blick in die Zukunft richtete, durchlichtete sich ihre Verbitterung. Ganz gewiß könnte auch er ihr nichts Schöneres wünschen, als daß die Freude wieder Einzug halte in ihrem Haus.

Und es kam der Tag, an dem sie kein Schwarz mehr trug, weil die Schwelle überwunden war, weil der Berg, den sie erklommen hatte, ganz neue Ausblicke gewährte. Sie hatte sich getäuscht. Sie hatte die falsche Frage gestellt. Es war niemals darum gegangen, was sie selbst noch vom Leben zu erwarten hatte. Indes ging und geht es immer darum, was das Leben von uns Menschen erwartet. Nicht wir haben die Fragen zu stellen, sondern wir haben Antwort zu geben – auf alle Fragen, die das Leben *an uns* richtet. Jede schicksalhafte Situation bietet uns die Gelegenheit zu reagieren, und jede Schwelle eignet sich als Stufe für den inneren Aufstieg.

Es gibt viele Schwellen auf unserem Lebensweg, höhere und weniger hohe. Sie beschließen alte Entwicklungsspannen und eröffnen uns neue. Im Zwang, immer wieder Abschied nehmen zu müssen, liegt Gnade.

Dies im eigenen Erleben erfahren zu haben, betrachtete die Frau nun als Geschenk. Und jenseits des Berges ging sie ihres Weges – mit mehr Demut und Gottvertrauen im Herzen als je zuvor. –

# *Zum Seelischen Stellung nehmen*

Unser Menschsein zeichnet sich durch eine ganz besondere Fähigkeit aus: Wir sind in der Lage, ein Ich-Bewußtsein zu entwikkeln, durch das der einzelne sich selbst als Subjekt erlebt, als eigenständige Persönlichkeit. Aber nicht nur das. Es ist uns auch gegeben, der Umwelt gegenüber aus freiem Entschluß heraus zu agieren.

Wir sind – wenigstens von unserer ursprünglichen Veranlagung her – Souverän über die äußeren Wege, die wir einschlagen wollen, ebenso aber auch über unsere innere, seelische Ausrichtung. Und das sollte die einleitende kurze Geschichte in erster Linie verdeutlichen: Es liegt letztlich an uns, wie wir das Leben erleben – ob als Belastung oder als ein Geschenk, ob als unerträgliche Zumutung oder große Gnade. Die entscheidende Tatsache ist, daß es etwas in uns gibt, eine letzte/tiefste/höchste menschliche Instanz, die dazu befähigt ist, nicht nur zu äußeren Ereignissen, sondern auch zur eigenen seelischen Verfassung aktiv Stellung zu nehmen, die also „über den Dingen" steht, wiewohl sie von diesen unentwegt berührt, gefordert und gefördert wird.

Aber wer oder was ist dieser eigentliche Wesenskern des Menschen, das „Ich", von dem bereits wiederholt die Rede war?

Diese Frage und das vorliegende Kapitel wollen auf die zweite Phase unserer Innenwelt-Expedition vorbereiten: Während wir uns bisher vor allem mit körpernahen Dimensionen beschäftigt haben, wird es nun darum gehen, das wahre Wesen des Menschseins zu ergründen. Wir müssen klar unterscheiden lernen zwischen dem, was wir *sind* – nämlich Geist – und dem, was wir *haben* – nämlich eine Anzahl von Umhüllungen, zu denen grobstoffliche und feinstoffliche Körper gehören.

In unserer Kurzgeschichte überwand die trauernde Witwe mit ihrem Trennungsschmerz eine innere Schwelle, was mit einer grundlegenden Änderung ihrer Einstellung einherging. Sie erfuhr, daß ihre seelische Befindlichkeit letztlich unabhängig von den äußeren

Die befreiende Befähigung, den Blickwinkel ändern zu können, ist ein Ausweis unseres geistigen Persönlichkeits-Kerns.

Umständen ist. Diese so großartige Befähigung, den Blickwinkel ändern zu *können*, ist jedem von uns geschenkt, sie ist ein Ausweis unseres geistigen Persönlichkeits-Kerns. Und je bewußter uns diese eigene Geistigkeit, diese herrliche innere Freiheit wird, um so leichter lassen sich auch viele der heute so verbreiteten seelischen Krisen überwinden.

Ich möchte im folgenden anhand der Problemkreise Depressionen – Ängste – Süchte[1] aufzeigen und auch am Beispiel anderer unsichtbarer Fesseln, die aus allzu gewohnten Gewohnheiten oder aus belastenden Vorstellungen resultieren, darlegen, wie entscheidend die Erkenntnis der geistigen Dimension in uns ist.

## *Wege aus der Depression*

Depression – viele Menschen leiden unter mehr oder weniger ausgeprägten, kürzer oder länger anhaltenden Seelen-Tiefs, fallen dabei innerlich in ein Loch, verlieren ihre Freude und Antriebskraft, können manchmal selbst den Schmerz nicht mehr lebensnah erfahren. Alles Denken und Entscheiden, Lernen und Erinnern, Fühlen und Sprechen fällt bleiern schwer, das Leben erscheint nicht mehr lebenswert, ein mächtiger grauer Schleier hat sich zwischen die innere und die äußere Wirklichkeit geschoben, einer diffusen Angst verbunden, zu überhaupt nichts mehr fähig zu sein. Und wie beklemmend fremd ist man sich selbst geworden!

Depressive Verstimmungen und auch echte Depressionen[2] – weshalb ist unsere Gesellschaft damit so sehr belastet, wo uns im allgemeinen doch keine Existenzängste plagen?

Wie bereits festgestellt wurde, können die Ursachen für das, was man gemeinhin in den Eintopf der „psychischen Störungen" wirft, auf verschiedenen Ebenen liegen. Körperliche Faktoren wie

zum Beispiel die Belastung durch Schwermetalle oder andere Gifte oder Probleme im Nervensystem können innere Schwierigkeiten ebenso fördern wie die Gestaltung der gedanklichen, feinstofflichen Innenwelt, die ja unmittelbar auf unseren Seelenkörper wirkt.

All diese Dinge spielen zweifellos auch für das Krankheitsbild der Depression eine Rolle – und doch ist dabei noch mehr im Spiel!

In der Psychiatrie unterschied man lange Zeit zwischen zwei Arten der Depression, der *endogenen* und der *exogenen* Form. Dieser Differenzierung lag die Meinung zugrunde, daß in manchen Fällen eine körperliche Veranlagung (= endogen) bestimmend für das Seelentief ist, in anderen dagegen nicht.

Man geht davon aus, daß die endogene Depression durch chemische Störungen im Zentralnervensystem verursacht wird, wobei ein Mangel an bestimmten „Neurotransmittern" im Gehirn hauptausschlaggebend sein dürfte. Neurotransmitter sorgen dafür, daß Informationen von einer Zelle zur anderen transportiert werden. Die Produktion dieser Botenstoffe ist lichtabhängig und läuft daher erst tagsüber so richtig an, weshalb sich die endogene Depression auch in einem für sie typischen „Morgentief" zeigt. Es ist erwiesen, daß die körperlichen Anlagen zu dieser Störung vererbbar sind, und daß durch angemessene Therapien, die auf der richtigen – also der *physischen* – Ebene ansetzen, auch bedeutende Besserungen erzielbar sind. Als angemessen dürfen dabei auch spezielle Antidepressiva betrachtet werden, also Medikamente, die auf die persönliche Situation des Patienten möglichst exakt abgestimmt sind und – entgegen einer verbreiteten Meinung – nicht automatisch süchtig machen. Lichtbehandlungen oder Schlafentzugstherapien können bei endogenen Formen ebenfalls angezeigt sein.

Anders bei exogenen (oder „reaktiven") Depressionen, die keine körperliche Ursache, sondern einen schicksalsbedingten Grund haben, zum Beispiel – denken wir an die Geschichte der

trauernden Witwe – den Verlust eines geliebten Mitmenschen. Solche Ereignisse führen natürlich zu einer entsprechenden Reaktion, sie erschüttern den Seelenkörper und mit ihm die feinerstoffliche Gedankenwelt. In diesen Fällen ist also in erster Linie die seelische Ebene angesprochen, weshalb hier (die ja nur auf den Körper einwirkenden) Psychopharmaka nicht sinnvoll erscheinen. Vielmehr geht es darum, den Hintergründen nachzuspüren, weshalb ein Mensch vor seinem Schicksal resigniert, den Lebenskampf – und sich selbst – aufgibt, keine Zukunft mehr sieht, keine Kraft mehr spürt.

Man kann im verflochtenen Wurzelwerk, das exogenen Depressionen zugrunde liegt, wichtige Hauptstränge ausmachen, bei denen sich therapeutisch gut ansetzen läßt. Da mag es im Seelenleben zum Beispiel Personen oder Dinge geben, die einen zu großen Raum einnehmen, also regelrecht vergötzt werden – „Ohne dich kann ich nicht sein!" – und die, sobald sie abhanden kommen, einen Leerraum hinterlassen, in dem sich dann die Depression ausbreiten kann. Diese Gefahr ist besonders groß, wenn ein Mensch sich nur an das „Eine" klammert – an sein „geliebtes" Auto, den „unersetzlichen" Arbeitsplatz oder den Ehepartner, der sein „Ein-und-Alles" ist. Mit einer solchen Einstellung geht unbemerkt oft das Urvertrauen ins Leben verloren, mit dem wir Menschen ausgestattet sind, also die Gewißheit – oder wenigstens das Erahnen –, in Gottes großer Schöpfung doch unter allen Lebensumständen geborgen zu sein.

Die klassische Unterscheidung zwischen endogenen und exogenen Depressionen gilt inzwischen allerdings als überholt, denn sehr oft sind sowohl körperliche Anlagen als auch seelische Gründe festzustellen. Außerdem erklärt die traditionelle Differenzierung nicht die dramatische Zunahme von Depressionen, wie sie heute beobachtbar ist. Diese erscheint vorerst aus zweierlei Gründen rätselhaft: Zum einen ist bekannt, daß von endogenen Depressionen durch die Generationen immer ein etwa gleichbleibender Prozentsatz der Bevölkerung betroffen ist. Die vererbbaren

körperlichen Ursachen wirken unabhängig von äußeren Ereignissen, sie zeigen sich in seelisch besonders belastenden Kriegsjahren ebenso häufig wie in Friedenszeiten. Zum anderen gibt es aber auch keine Hinweise für einen bemerkenswerten Anstieg von exogenen, also seelisch bedingten Depressionen.

> Die Analyse der Stimmung, die zu Depressionen führt, zeigt eine passiv-resignative Grundtendenz.

Man könnte diesbezüglich zwar ins Treffen führen, daß die Verwöhnung, die der Wohlstandsmensch des 20. und 21. Jahrhunderts genießt, also seine Abhängigkeit von materiellen Dingen, auch die Gefahr depressiver Verstimmungen vergrößert. Gleichzeitig aber muß man doch annehmen, daß die allgemein immer besseren Lebensbedingungen, das engmaschige materielle und soziale Sicherheitsnetz, in das der einzelne heute eingebettet ist, zu einem Rückgang von Depressionen führen. Unter dem statistischen Strich sollten sich beide Faktoren in etwa ausgleichen – was aber nicht der Fall ist. Warum also werden depressive Symptome immer häufiger?

## *Die geistige Dimension*

Dieses Rätsel läßt sich nur dann schlüssig lösen, wenn man im Menschsein mehr erkennt als nur ein vermeintlich selbsttätiges Zusammenwirken von Körper und Seele. Es ist nötig, in die Betrachtungen eine weitere Dimension miteinzubeziehen, die allen psychosomatischen Wechselwirkungen übergeordnet ist: das *Geistige*. –

Wenn man die Stimmungen analysiert, die den heute so stark zunehmenden Depressionen zugrunde liegen, stößt man auf eine passiv-resignative Gesamttendenz. Schon bei Jugendlichen machen sich häufig Gefühle der Sinn- und Ausweglosigkeit breit, und oft paaren sich düstere Zukunftsängste mit Mutlosigkeit

oder Überdrüssigkeit. Alle diese Stimmungen aber lassen sich in das herkömmliche Schema endogen/exogen, also körperlich/seelisch nicht einfügen. Sie haben nichts mit der physischen Zellgrundlage eines Menschenkörpers zu tun, sind aber zweifellos auch nicht als seelische Reaktionen zu verstehen. Denn was könnte einen in Wohlstand und Sicherheit lebenden (jungen) Menschen dazu veranlassen, mit Hoffnungslosigkeit und Zukunftsangst zu *reagieren?*

Es sind keine körperlichen oder seelischen Ursachen, die zu solchen Befindlichkeiten führen, es muß eine tiefer liegende Wurzel geben. Und diese läßt sich tatsächlich finden, sobald wir uns über die eigentliche menschliche Wesensart klar geworden sind.

Bisher haben wir einiges über unseren Verstand und die feinerstoffliche Gedankenwelt gehört; wir haben uns mit Trieben und Gefühlen und auch mit der Strahlungsbrücke zwischen Leib und Seele beschäftigt. Dabei konnten wir sehen, daß alles Körperliche letztlich dem Seelischen dient, während dieses bestimmend und richtungweisend auf die physische Welt einwirkt. Doch damit waren wir immer noch nicht zum Kern des Menschseins vorgedrungen. Denn, wie schon angedeutet: unser eigentliches Ich ist dazu in der Lage, seelische Zustände *willentlich* zu beeinflussen. Wir mögen uns in einem düsteren gedanklich-feinstofflichen Umfeld verstrickt haben, uns bedrückt, niedergeschlagen, „am Boden zerstört" fühlen – doch in unserem tiefsten Inneren steckt das Potential, jeder seelischen Verfassung eine neue Richtung zu geben. Letztlich liegt es am Kranken selbst, ob er sich seinem Leid in Hoffnungslosigkeit ergibt oder ob er etwa nach neuen Chancen und Aufgaben Ausschau hält, die ihm *gerade* durch seinen Krankheitszustand geboten sind. Man denke zum Beispiel an den durch einen Schicksalsschlag plötzlich behinderten Familienvater, der seinen Kindern nun etwas ganz Neues und ungemein Wertvolles schenken kann: Zeit!

Um die Dimension des Geistigen vielleicht noch klarer zu beschreiben: Unser physischer Körper *reagiert* – auf äußere Einflüs-

se und auch auf Impulse aus dem Inneren. Unsere nichtphysische Seele *reagiert* ebenfalls auf Ereignisse der Außen- wie der Innenwelt. Der innerste Wesenskern des Menschen jedoch, der Geist, *agiert*; er entscheidet und gibt die Richtung vor. Von ihm gehen die eigentlichen Willensimpulse aus, er ist das Belebende im Zusammenwirken von Körper und Seele. Oder anders betrachtet: Alles, was wir *haben*, reagiert auf das, was wir *sind*.

> Körper und Seele reagieren auf Ereignisse der Außen- wie der Innenwelt. Der Geist aber agiert!

Das Wort „haben" trifft die Sachlage durchaus gut. Denn es ist ja tatsächlich ein Besitzverhältnis, wenn jemand von „*seinem* Körper" und „*seiner* Seele" spricht. Der menschliche Wesenskern selbst, das geistige Ich-Bewußtsein steht über diesen Hüllen – und auch hier greift die natürliche Hierarchie, derzufolge das Gröbere stets dem Feineren dient. Körper und Seele erfüllen keinen Selbstzweck, sondern deren Sein und Wirken hat einen tiefen Sinn: dem Geist als Werkzeug zu Diensten zu stehen, dessen Bewußtseinsentwicklung zu fördern.

Mit diesem Prozeß werden wir uns später noch eingehend befassen. Vorerst wollen wir uns mit einer vereinfachten, grundlegenden Darstellung begnügen: Der Menschengeist durchschreitet einen weitreichenden Entwicklungsweg, und dieser läßt sich naturgemäß nur durch die Aneinanderreihung vieler Einzelschritte zurücklegen. Wobei man das hier gezeichnete Bild nicht abstrakt auffassen sollte; es geht dabei um ganz konkrete Angelegenheiten des Alltags. Jedes kleine Lebensziel, das wir erreichen, jede sinnvolle Aufgabe, die wir erfüllen, bringt uns dem großen geistigen Entwicklungsziel ein Stückchen näher. Doch es liegt immer an uns, offenen Herzens zu erfassen, was das Leben gerade für Gelegenheiten zu einer geistfördernden Betätigung bietet. Als „Aufgabenfindungsorgan" dient dabei weniger der Verstand als vielmehr das *Gewissen*, das tiefe Wissen aus dem Geistigen, die inne-

re Stimme. Sie weist darauf hin, was gerade richtig und sinnvoll ist. Die bekannte Psychologin und Logotherapeutin Dr. Elisabeth Lukas[3] formulierte diesbezüglich einmal:

> „*Sinnvoll ist nur etwas, was die Gesamtsituation verbessert, in der der Mensch steht. Sinnvoll ist immer das, was mir und auch allen anderen guttut, die in die Situation hineinverflochten sind. Was sinnvoll ist, deckt immer auch irgendeinen Bedarf draußen in der Welt ab. Es geht also niemals nur um die Bedürfnisse eines einzelnen, sondern immer auch um die Bedürftigkeit in der Welt.*“[4]

Wichtig sei es für viele Menschen, die heute so weit verbreitete Konsumentenhaltung zu überwinden und nicht immer nur das eigene Wohlergehen zu suchen:

> „*Glück ist nicht, wenn ein Mensch sagen kann: ‚Mir geht es gut‘, sondern es kommt aus dem Bewußtsein ‚Ich bin für etwas gut!‘*“[4]

Diese Zielorientierung, die stete Suche nach (zu) erfüllenden Aufgaben, das Nützlich-sein-Wollen in der Schöpfung gehört untrennbar zum Wesen des Menschengeistes. Wir brauchen etwas, dem wir dienen können, das unserem Sein Sinn gibt. Ja, man könnte sogar formulieren: Unser Ich-Bewußtsein kann sich *nur* im Hinblick auf höhere Ziele entwickeln und entfalten. Wer keine Aufgabe, keinen Sinn mehr sieht, dem fehlt das Nötigste zum Überleben.

Wird darin nicht ein wunderbares Gesamtbild erkennbar? Der Körper dient der Seele, diese ihrerseits dem Geist – und der Menschengeist als solcher steht im Dienst der gesamten Schöpfungsentwicklung. Daraus ergibt sich doch eine ganz neue Betrachtung unseres Menschseins!

Wir haben konkrete Aufgaben, wir sind nicht einfach biologische Maschinen, die sich ziellos irgendwohin bewegen, sofern sie ausreichend mit Energie gefüttert sind. Den unfreien, allein durch Kindheitserlebnisse, Triebe, Traumata oder vom Willen zur Macht bestimmten Menschen, wie er in der Psychoanalyse oft dargestellt

wird, gibt es nicht. Derlei Beschreibungen zeigen lediglich etwas von der äußeren Innenwelt, dem Körperlich-Seelischen. Doch das Wichtigste bleibt ausgeklammert, nämlich die Dimension des Geistigen. Dr. Elisabeth Lukas wies auf deren Bedeutung in einem feinen „inneren Dialog" hin:

**Unser Ich-Bewußtsein kann sich nur im Hinblick auf bestimmte Ziele entfalten. Wer keine Aufgabe hat, dem fehlt das Wichtigste.**

> *„Wie frei bin ich?" fragte der Mensch seinen Schöpfer. „Ich kann meinen Körper nicht ablegen, ich kann meine Herkunft nicht verleugnen, ich kann meiner Umwelt nicht entfliehen, ich kann meiner Zeit nicht entrinnen." – „Du bist nicht frei von deinen Bedingungen", antwortete Er, „allein, du bist frei, Stellung zu nehmen zu deiner Bedingtheit. Und dies ist mehr, als ich jemals gewährte."*[5]

Mit der uns gewährten inneren Freiheit und den Fähigkeiten, die uns Menschen geschenkt wurden, gehen allerdings auch Verpflichtungen einher. Unsere Veranlagung, einem Ziel zuzustreben und sinnvoll, also in aufbauendem, gutem Sinne in der Schöpfung zu wirken, verpflichtet uns dazu, dies auch zu tun.

Wenn dieses aufgabenorientierte Geistesstreben nun aber infolge einer falschen Ausrichtung blockiert wird, dann kann sich diese Unterdrückung als Depression – im wahrsten Wortsinn – zeigen. Die im Normalfall den Körper und die Seele durchglühende Lebendigkeit des Geistes bleibt gehemmt, und oft enden die Versuche, diese selbstentfremdete Situation gedanklich zu überwinden, nur in noch bedrückenderer Grübelei.

Während also der natürliche Zusammenklang von Körper, Seele und Geist im Falle endogener Depression vorrangig durch Blokkaden auf der *physischen* Ebene gestört ist und bei exogenen Formen seelische Schwierigkeiten ausschlaggebend sind, müßte man daneben von einer wichtigen *dritten* Art von Depressionen spre-

> Viele Gesellschaftsphänomene unserer Zeit zeigen, daß der Bezug zu wirklich sinnvollen Aufgaben verlorengegangen ist.

chen, die hinein ins Geistige weist. Denn viele typische Gesellschaftsphänomene unserer Zeit – von der Flucht Jugendlicher in Alkohol, Drogen oder auch Sekten bis hin zum verbreiteten Freizeitfrust – zeigen, daß der Bezug zu wirklich sinnvollen Aufgaben verlorengegangen ist, daß wir im allgemeinen also einen Lebensstil pflegen, der der Zielorientierung unseres Geistes zuwiderläuft. Unser unterdrückter Wesenskern kann nicht mehr seiner Art gemäß wirken.

Viktor Frankl (1905–1997)[6], dem berühmten Wiener Seelenarzt und Begründer der sogenannten „Logotherapie"[7], ist es zu danken, daß das Wissen um die Geistigkeit des Menschen, jener übergeordneten „*Instanz, die zu Körperlichkeit und Befindlichkeit ihrerseits nochmals Stellung nimmt und das eigentliche personale Ich eines Menschen ausmacht*"[8] – auch in der psychotherapeutischen Fachwelt langsam Fuß faßt. Frankl sprach von der sogenannten „noogenen Depression" (deren Ursache also mit dem Nous = Geist zu tun hat). Diese geht „*auf eine geistige Frustration zurück, sie entsteht durch Sinnverlust.*"[9]

Und eben dafür ist der Boden in unserer modernen Gesellschaft bestens bereitet: „*Der Traditionsbruch um die Mitte des 20. Jahrhunderts, die rasche technische Entwicklung bei gleichzeitigem Rückgang ‚humaner' Lebensbedingungen, und nicht zuletzt die Beziehungslosigkeit des modernen Menschen, der in seiner Egozentrizität vereinsamt, das alles sind Entwurzelungsvorgänge, die nicht ohne geistigen Nachhall geblieben sind*", meint Frankls Schülerin Elisabeth Lukas. Im Klartext: Unsere Lebensweise schafft ein besonders günstiges Klima für tiefgreifende existentielle Frustrationen. Und wenn diese gesellschaftlichen Rahmenbedingungen beim Einzelmenschen auf bestimmte seelische Defizite treffen, wie etwa eine Neigung zur Sucht, erhöhte Angstbereitschaft oder allgemeine Ichschwäche, dann kann die Sinnkrise sich

sehr leicht zur handfesten *noogenen Depression* entwickeln – was nicht selten der Fall ist: Etwa 20 Prozent aller Depressionen lassen sich als Folge einer geistigen Trägheit beschreiben, die durch unsere wertabgewandte, orientierungslose Lebensweise im allgemeinen sehr begünstigt und gefördert wird.

Darin liegt die Ursache für die deutliche Zunahme dieser Krankheiten in jüngster Zeit!

In Kenntnis all dieser Zusammenhänge werden nun auch Wege zum Umgang mit Depressionen beschreibbar – und zwar sowohl für den Betroffenen als auch für seine Mitmenschen.

Grundsätzlich gilt dabei, daß Pauschalurteile – etwa in der Art der Ansichten meines Bekannten, die ich eingangs des vierten Kapitels schilderte – jedenfalls fehl am Platz sind. Depressive Verstimmungen zwingen zum sehr genauen Hinsehen, denn es ist wichtig zu wissen, wodurch das Geistige im Patienten in erster Linie unterdrückt wird. So wird man bei endogenen Symptomen in der Therapie nicht umhinkommen, auch auf der körperlichen Ebene anzusetzen; in jedem Fall aber ist die gezielte *Förderung des Geistigen* wichtig für den Behandlungserfolg.

Aber wie fördert man?

Ein grobes Unverständnis wäre es zu meinen, daß in einer plumpen Forderung („Reiß Dich doch zusammen!") unbedingt auch eine Förderung liegt. Der Betroffene *kann* sich in einem depressiven Schub nicht zusammenreißen, weil die dazu nötige Geisteskraft eben gehemmt ist.

Auch der unbeholfene Hinweis auf seelische Zusammenhänge („Du mußt die wahren Ursachen für Dein Leid erkennen!") bringt den im Depressionsloch steckenden Menschen nicht weiter. Ganz im Gegenteil: solche Aussagen hemmen, weil dadurch unbegründete Schuldgefühle, wie sie typisch für Depressionen sind, weiter gesteigert werden.

Die Unterdrückung des Geistigen führt ja zwangsläufig zu einer Werte-Blindheit, zu einem verzerrten, entgleisten Urteilsvermögen auch in bezug auf die eigene Person: alles Schuldhaf-

> Die Unterdrückung des Geistigen führt zu einer Werte-Blindheit: Schlechtes steht im Vordergrund, Chancen werden übersehen.

te, Schlechte, Zerstörerische steht zentral im Mittelpunkt der Selbsteinschätzung; Fähigkeiten, Chancen und Möglichkeiten, die vielen aufbauenden, hilfreichen Aspekte also, werden dagegen übersehen.

Es mag für jemanden, der ernste Depressionen aus dem eigenen Erleben nicht kennt, schwer sein, sich in die Leidenssituation eines Erkrankten, die bis zum Suizid führen kann, hineinzuversetzen. Doch es gibt Grundlegendes, das im Umgang mit solchen Menschen beachtet werden sollte:

- Wie für jede sogenannte psychische Störung gilt auch für Depressionen: Nicht der Geist, also der Mensch selbst, ist erkrankt oder „gestört“, sondern er ist – durch welche Ursachen auch immer – in seinem natürlichen Wirkvermögen gehemmt, behindert. Die depressiven Symptome gehören also zur Krankheit, nicht aber zur Persönlichkeit des Patienten. *Das Menschliche im Menschen steht*, wie es die Logotherapie sehr treffend ausdrückt, *über dem Kranken im Menschen*. Es erkrankt das, was wir haben, nicht das, was wir sind. Daraus läßt sich für Betroffene ein grundlegendes Motto ableiten: *Sich* von der Krankheit distanzieren, statt sich mit ihr identifizieren!
- Da Depressionen zumeist in Schüben verlaufen und der Kranke innerhalb einer depressiven Phase praktisch nicht erreichbar ist, gilt es, die *gesunden* Zeitspannen aktiv zu nützen – etwa zum Aufbau von Vertrauen oder auch zur Verarbeitung der Krankheit. Hierbei kann es darum gehen, dem Betroffenen klarzumachen, daß jeder Mensch krank sein *darf*, daß er seine Depression nicht zu ernst nehmen soll (Distanz von der Krankheit!) und vor allem, daß depressive Phasen wie Wolken sind, über denen immer die Sonne scheint: sie ziehen vorüber, und das wärmende Licht wird wieder sichtbar werden.[10] Für den Kranken geht es darum, ohne Selbstbeurteilung (die in solchen Situationen

nur falsch sein kann) unter diesen Wolken tapfer auszuharren – im Bewußtsein, daß *das Licht* einst wieder strahlen wird. „*Es nicht zu sehen und nicht zu fühlen*“, schrieb Elisabeth Lukas in einem ihrer Bücher, „*es im dumpfen Schmerz nirgends zu ertasten und dennoch es mit geistigen Antennen im Wissen zu bewahren, ist eine Kunst – wahrscheinlich die höchste Leistung, die ein Mensch erbringen kann. Eine Leistung, die höher zählt als jede berufliche oder familiäre Leistung, wie sie dem Depressiven vorübergehend aus der Hand genommen ist. Diese Leistung ist sein persönlicher Triumph, seine Versöhnung mit dem Schicksal.*“[8]

• Depressive Menschen benötigen meist besondere Schonung und viel Verständnis, denn sie können durch die Krankheit ihren Mitmenschen gegenüber nicht so reagieren, wie sie das selbst gerne möchten. Vorwürfe gilt es zu vermeiden; sie sind fehl am Platz, wenn man helfen will. Im Gesamtbild einer Depression ist es nämlich oft so, daß ein unvermeidbarer endogener Schub durch den Schmerz über das Durchlittene, durch die Angst, daß solche Zustände immer wiederkehren, durch Selbstvorwürfe zur eigenen Unfähigkeit oder durch Verzweiflung über die Verzweiflung künstlich verlängert und vertieft wird. Man spricht dabei von einer „reaktiven Pfropfdepression“: die Reaktion auf die Depression führt zu einer unnötigen, „aufgepfropften“ weiteren Depression, die vermieden werden kann und soll.

Diesen allgemeinen Regeln müssen sich natürlich Maßnahmen anschließen, die exakt auf die persönliche Situation des Erkrankten und dessen geistige Förderung abgestimmt sind. Häufig verlangen Depressionen nach fachkundiger therapeutischer Betreuung, wenn dramatische Entwicklungen vermieden werden sollen. Immer aber ist größtmögliche menschliche Zuwendung angesagt – im Wissen um und im Vertrauen auf die Macht der geistigen Dimension des Menschseins.

Dies gilt ebenso für den Umgang mit einer anderen zunehmend verbreiteten psychischen Störung, der Angst. Auch hier sollte es im Anlaßfall gelingen, über das Seelische hinaus den Geist anzusprechen und zu aktivieren.

## Wege aus der Angst

*Selina ist ein kleines Mädchen. Sie schließt Freundschaft mit einem Mäuserich namens Pumpernickel, der eines Tages durch ein Loch in der Wand zu ihr ins Zimmer schlüpft. Die beiden verstehen sich prächtig, vertrauen sich so manches an und erzählen einander Geschichten. Eines Tages erscheint die Katze Flora und will den Mäuserich fangen. Selina verteidigt Pumpernickel und verscheucht die Katze. Doch Flora läßt nicht locker und bekommt die Maus am nächsten Tag zu fassen. Selina gelingt es, ihr den Mäuserich in letzter Minute zu entreißen. So zornig war Flora noch nie. Fauchend springt sie auf Selina zu.*

*„Noch nie hatte Selina eine solch wilde Katze gesehen. Sie bekam Angst, so große Angst, daß sie schnell aus dem Zimmer rannte, die Treppe hinunter auf die Straße. Flora aber folgte ihr dicht auf den Fersen. Da fürchtete sich Selina noch mehr. Und je größer ihre Angst wurde, desto größer wurde auch die Katze hinter ihr."*

*Selina läuft und läuft, und die Katze wird größer und größer, reicht bald bis an die Dächer der Häuser. Schließlich kann Selina nicht mehr, sie muß stehenbleiben. Hinter ihr wird es still. Verzweifelt ruft Selina, was sie nur tun soll. Und die Maus in ihrer Tasche antwortet: „‚Du mußt Flora wieder klein machen!' ‚Wie denn?' rief Selina verzweifelt, ‚ich habe doch solche Angst!' – ‚Eben, Du denkst immer nur an Deine Angst', piepste Pumpernickel naseweis, ‚und rennst davon. Nur Deine Angst macht Flora so groß! Du mußt gegen sie laufen und ihr fest in die Augen sehen!' – ‚Das schaffe ich nie', stammelte Selina, ‚dazu fehlt mir der Mut!' – ‚Ach was, Mut hast Du. Du mußt es nur versuchen!' piepste Pumpernickel und verschwand augenblicklich in der Schürzentasche, denn Flora fauchte jetzt ganz laut: ‚Gib mir endlich den Mäuserich!' – Selina zitterte, aber sie wußte, daß sie sofort etwas tun mußte. Sie hielt den Atem an und machte einen Schritt auf die Riesenkatze zu. Dabei sah sie ihr fest in die Augen. Damit hatte Flora nicht gerechnet. Überrascht wich sie zurück."*

*Das gibt Selina Mut, sie geht ihr entgegen, die Katze weicht zurück, und Selinas Mut wächst. Die Katze wird kleiner, immer kleiner, bis zu ihrer Normalgröße. Zum Schluß begreift die Katze, daß sie diese Maus nicht bekommen wird.*[11]

Die hier kurz zusammengefaßte Geschichte der Kinderbuchautorin Susi Bohdal trifft natürlich nicht nur auf kleine Mädchen, die von großen Katzen verfolgt werden, zu, sondern sie ist eine Metapher, die alle Erwachsenen anspricht. Denn Angst berührt *jeden* Menschen. Sie gehört untrennbar zu unserem Dasein, setzt in der Gefahr rettende Kräfte frei, mobilisiert unsere Reaktionsmechanismen.

Man darf also durchaus Angst haben und sich getrost zu ihr bekennen – als Frau, aber auch als Mann. Selbst wenn das vordergründige gesellschaftliche Ideal (angeblich wollen die meisten Frauen in ihren Männern ja wenigstens einen Hauch von Heldentum erblicken) Gestalten der Marke Siegfried favorisiert: jemanden, der „das Fürchten nie erfuhr"[12], gibt es abseits des Theaterbodens glücklicherweise nicht. Es wäre ein Un-Mensch.

Und doch kann gerade die Angst, sobald sie das natürliche Maß übersteigt und sich von ihrer eigentlichen Funktion „abkoppelt", zum überwältigenden seelischen Problem anwachsen. Wer wider Willen von Herzrasen, Schweißausbrüchen, Zittern und unruhiger Atmung überwältigt wird, während das Gesicht errötet, die Knie zu schlottern beginnen und die Konzentration schwindet, wer dieses scheinbar ohnmächtige Gefangensein in Enge und Erstarrung kennt, der weiß um die Macht des großen „Katzenschattens".

Aber es ist eben nur ein *Schatten*! Er entsteht und wächst, weil etwas – der Anlaß – von einem verzerrten, unnatürlicheren Blickwinkel heraus beleuchtet wird. Ein Beispiel aus der therapeutischen Praxis, das Susanne Barknowitz einmal beschrieb, verdeutlicht das:

*„Eine junge Frau hat folgendes Erlebnis: Sie fühlt sich nicht besonders wohl, ist abgespannt, hat viel Kaffee getrunken, um wachzubleiben, und befindet sich auf einer Busfahrt von der*

*Arbeit nach Hause. Plötzlich bemerkt sie ein starkes Engegefühl in der Brust, der Mund wird trocken, sie möchte schlucken, aber das geht nicht mehr. Sie spürt, daß sie kaum noch atmet und ringt nach Luft, der Schweiß bricht ihr aus, und sie bekommt heftiges Herzklopfen. Sie ist sicher, daß sie jeden Moment ohnmächtig werden wird, vielleicht sogar sterben muß. Mit letzter Kraft steht sie auf und verläßt den Bus bei der nächsten Haltestelle. An der frischen Luft geht es ihr langsam besser, sie hält sich noch ein Weilchen am Laternenpfahl fest, dann geht sie mit weichen Knien nach Hause. Am nächsten Morgen ruft sie einen Arbeitskollegen an, ob er sie mitnehmen könne zur Arbeit. Abends bestellt sie ein Taxi. Sie fürchtet sich davor, daß ihr im Bus dasselbe noch einmal passieren könnte, und sie vermeidet die Situation. Dadurch verschwindet die Angst aber nicht, sie wird vielmehr stärker. Als sie nach einigen Wochen doch einmal wieder mit dem Bus fahren muß, fürchtet sie sich sosehr, daß sie allein durch ihre Angst die zuvor erlebten Symptome auslöst. Von nun an gibt sie sehr viel Geld fürs Taxifahren aus, sie hat seitdem keinen Bus mehr bestiegen.“*[13]

Auslöser gibt es unzählige. Es kann sich – wie im geschilderten Fall – um eine bestimmte Situation handeln, vor oder in der man sich ängstigt: Menschenansammlungen zum Beispiel oder geschlossene Räume (Lifte, Geschäfte, Konzertsäle usw.), des weiteren die Dunkelheit oder Reisen im Flugzeug. Zur Entwicklung von Ängsten und Panikattacken genügt im Grunde irgend etwas, das man mit einem Gefühl der Enge („Angst“ hat denselben Wortstamm wie „Enge“!), des Ausgeliefertseins, der Hilflosigkeit, des Willensentzugs und/oder des Unbedingtmüssens assoziieren kann. Auch bestimmte „unkontrollierbare“ Tiere – Schlangen, Spinnen oder Mäuse beispielsweise – lösen oft Panik aus. Ebenso kann man sich davor ängstigen, von anderen Menschen kritisch beobachtet, lächerlich gemacht und „abgeurteilt“ zu werden usw.

Alle diese Angstauslöser haben also irgendwo zwar einen mehr oder weniger wirklichen Gefahren-Hintergrund – so, wie

auch die Katze in unserer Geschichte eine „reale Gestalt" war –, doch nicht dieses Gefahrenpotential selbst wird zum Problem, sondern der *Schatten*, den es wirft. Dieser aber entsteht durch *uns*. Das Licht unserer eigenen Wahrnehmung ist es, das – aus einem verzerrten Blickwinkel ausgesendet – den Schatten übergroß erscheinen und womöglich ins Unermeßliche wachsen läßt.

**Zur Entwicklung von Ängsten genügt irgend etwas, das man mit einem Gefühl der Enge oder des Ausgeliefertseins assoziiert.**

Aber was hilft dieses Wissen? Den Menschen, die vor irgend etwas „davonlaufen", ist in der Regel ja klar, daß ihre Ängste unbegründet sind, doch dieser Gedanke verblaßt vor den Ausnahme-Erlebnissen, die ihnen bis in alle Finger- und Zehenspitzen spürbar wurden und in der Erinnerung nur allzu intensiv weiterbestehen. Aus dieser Tatsache folgt die typische Angst vor der Angst, ein sogenannter *Angstzirkel*, der viele Gedanken nur noch darum kreisen läßt, wie sich die gefürchteten Situationen am besten vermeiden lassen – ohne dabei viel Aufsehen zu erregen. Denn Ängste möchte man ja vor anderen versteckt halten; wer will schon gern als Schwächling gelten?

Wie also läßt sich der Teufelskreis durchbrechen, welche Wege führen aus der Angst?

Unsere Geschichte von der kleinen Selina und der großen Katze Flora zeigte einen wichtigen Punkt schon auf: Weglaufen hilft nicht, sondern verschlimmert das Problem nur. Statt dessen muß man *sich* überwinden, um die Angst zu überwinden: stehenbleiben, ihr standhalten, ihr entgegentreten! Das sagt sich nun freilich leicht – aber wie geht das?

Vorerst ist bei allen unnatürlichen Angstzuständen – ganz ähnlich wie bei depressiven Verstimmungen – eine genaue Analyse notwendig, zumal dann, wenn sie bereits länger andauern. Denn auch hier können Ursachen im körperlichen Bereich zu fin-

den sein. Hormonstörungen, Schilddrüsenüberfunktionen oder Kreislaufprobleme begünstigen „Enge-Erlebnisse“, wodurch entsprechende Medikamente zur Hemmung der Angst angezeigt sein können.

Anders liegt der Fall bei den sogenannten „Angst-Neurosen“, die aus dem Seelischen kommen und bei denen pharmazeutische Produkte unter Umständen unangebracht sind, weil das Medikament vielleicht genau jene Kräfte blockiert, die nötig wären, um die Angst aus dem Geistigen heraus, durch das eigene Wollen, zu überwinden.

## *Impulse aus dem Wesenskern*

Um das Geistige, um die Impulse aus unserem Wesenskern, geht es auch in der folgenden Angst-Strategie (die hier aber nur skizziert wird und therapeutische Hilfe nicht ersetzen, sondern allenfalls unterstützen will):

• Am Beginn muß die Erfahrung gewonnen werden: Ich *habe* zwar Angst, aber ich *bin* nicht diese Angst; sie ist nicht untrennbar eins mit mir, sondern ich kann mich von ihr distanzieren, ihr etwas entgegensetzen. Ich habe die Wahl, davonzulaufen und alle Angstauslöser zu meiden – oder ich kann mich eben diesen Situationen stellen, auf die Flucht verzichten. Und eben das ist angezeigt. Denn jede Angst hat immer nur genau die Macht, die wir ihr geben. Wir stärken sie durch angstvolle Gedanken und wir schwächen sie durch das Gegenteil: nämlich durch unseren Mut und unser Vertrauen in die eigenen Fähigkeiten (im Wort „Vertrauen“ steckt ja ein „Sich-Trauen“). Der panikgeplagten Dame von vorhin wäre also zu raten, aller Angst zum Trotz doch wieder einmal eine kurze Strecke mit dem Bus zu fahren – vielleicht unter fachkundiger Begleitung. Denn im Trotzdem-Tun läßt sich ein Stück Selbstvertrauen wieder zurückgewinnen, ein wenig Freiheit neu erobern.

• Das freilich wird unter Umständen nicht so einfach sein, weil die Erinnerung an das angstvolle Ausnahme-Erlebnis die

notwendige Selbstdistanzierung von dem Problem erschwert. Allerdings gibt es eine hilfreiche logotherapeutische Methode, um „angstneurotische Zirkel“ zu durchbrechen und die lähmende Angst vor der Angst auszuschalten: Der Patient wird dazu angehalten, sich gerade das, wovor er sich fürchtet, herbeizuwünschen. Man nennt das im Fachjargon „paradoxe Intention“.

Soll unsere Dame sich also Schweißausbrüche und Atemnot im vollbesetzten Bus *wünschen*?

Ja, genau das will der begleitende Therapeut vorgeführt bekommen!

Und wenn die Panikattacke gar zum Tod führen sollte?

Darauf muß die Welt natürlich vorbereitet werden – also: Testament aufsetzen, Geldangelegenheiten regeln, den Hund versorgen …

Was hier provokant und unangemessen erscheinen mag, zeigt in der Praxis in manchen Fällen durchaus Wirkung. Denn wenn der so gefürchtete Angstanfall vom Patienten wirklich mit allen Konsequenzen vorbereitet und gewünscht wird, bleiben die erwarteten Symptome in der Regel aus. Die Angst vor der Angst wird durch die paradoxe Intention quasi im Keim erstickt – und in der Folge nicht mehr ernst genommen.

• Was in diesem Beispiel schon anklang und uns in der Folge noch näher beschäftigen wird, ist der *Humor*. Er erweist sich (nicht nur) bei Angstzuständen als außerordentlich wirksames Heilmittel. Sich selbst und seine Leiden nicht ganz so fürchterlich ernst zu nehmen – darin liegt ein hervorragender Weg zur Entkrampfung und Selbstdistanzierung.

Wer dazu stehen kann, im Falle eines Falles auch eine „Lachnummer“ abzugeben, wird zum Beispiel weniger Angst haben, an das ungeliebte Rednerpult zu treten. Denn wenn noch so viel von der Ansprache abhängen mag – weder geht die Welt unter, wenn der Vortrag nicht gelingt, noch werden an einem Mißgeschick wertvolle menschliche Kontakte zerbrechen. Schlimmstenfalls wird man, so der Vortragende tatsächlich einen Kreislaufzusammenbruch erleidet oder in die Ohnmacht abgleitet, ei-

nen Notarzt bemühen müssen – für den ein Routinefall, nicht weiter tragisch …

• Aus gemäßem Abstand auf seine eigene seelische Befindlichkeit schauen, sich also innerlich von seinen Ängsten und Nöten distanzieren – das heißt aber nichts anderes, als sich seiner *Geistigkeit* zu besinnen, auf das, was man – jenseits aller psychischen Probleme – eigentlich *ist.* Genau diesen Blickwinkel kann jemand, der in seiner Angst feststeckt, aber nicht so leicht einnehmen. Susanne Barknowitz formulierte diesbezüglich in einer Arbeit zum Thema:

> *„Für den ängstlichen Menschen ist es bezeichnend, daß er gedanklich ständig um seine Probleme, Befürchtungen und Sorgen kreist. Ja, ich möchte sogar behaupten, daß übertriebene, irrationale Angst mit dem Verstand* erzeugt *wird, daß sie also in erster Linie ein gedankliches Problem ist. Der Angstgeplagte steht neben sich und beobachtet sich. Er schaut* auf sich, *anstatt auf etwas beziehungsweise auf jemanden hinzuschauen.“*[14]

Diese „Hyperreflexion“[15], also die punktfixierte Konzentration auf körperliche oder seelische Prozesse, kann zu vielfältigen psychosomatischen Störungen oder Blockaden führen. Um dem entgegenzuwirken, bietet sich neben der erwähnten „paradoxen Intention“ das Prinzip der „Dereflexion“ an – ein heilsames Ignorieren der Sorgen und Ängste.

Aber wie geht das? Soll sich unsere busgeschädigte Dame einfach blauäugig einreden, daß sie gar keine Panikattacken hat? Sich die Beklemmung wegdenken?

Soll jemand, der aufgrund seiner Ängste nachts hellwach im Bett liegt, sich gedanklich zum Einschlafen zwingen? Es ist klar, daß so etwas nicht funktionieren, sondern das Gegenteil bewirken würde. Der Vorsatz „Ich darf keine Angst haben!“ begünstigt zwangsläufig die Angst vor der Angst. Mit *Dereflexion* ist indes etwas anderes gemeint: nämlich die Ausrichtung auf eine sinnvolle Aufgabe, das gezielte Abziehen gedanklicher Kräfte von der Angst. Da kann es zum Beispiel darum gehen, die schlaflose Zeit

sinnvoll zu nützen, sich bewußt anderen Menschen und deren Problemen zuzuwenden oder gemeinsam mit Freunden etwas Erbauliches, Gemütvolles zu unternehmen. Vieles kann dazu dienen, die gedankliche Fixierung auf die eigenen Probleme zu lockern.

Das heilsame Ignorieren der eigenen Ängste und Sorgen gelingt, indem man sich den Problemen anderer zuwendet.

• Aufbauenden Ereignissen im Leben Raum zu geben, den Blick für das Gute zu schärfen und zugleich auf das Problematisieren oder Kritisieren bewußt zu verzichten – eine solche Lebenseinstellung lockert nicht nur die innere Enge (die ja immer auch eine Mitursache für Ängste ist) und weitet den Horizont, sondern sie vermag auch eine Tür zu öffnen, durch die etwas Entscheidendes wieder in unsere Seele fluten kann, dem wir uns selbst verschlossen haben: *Urvertrauen.*

Wer – der heutigen Zeitströmung folgend – mit einem mehr oder weniger ausgeprägten Anspruchsdenken durchs Leben geht, dem kann dabei das abhanden kommen, was zur Geistigkeit des Menschseins gehört: die natürliche Dankbarkeit für das Geschenk des Lebendürfens; der Bezug zum Schöpfer und zu dem, was Er denn erwartet; die Bereitschaft, ein sinnerfülltes, also im Dienste der Mitmenschen und der Schöpfungsentwicklung stehendes Leben zu führen – als Ausgleich dafür, selbst sein zu dürfen.

Der Konsummensch des 21. Jahrhunderts bezahlt sein bequemes, oft selbstgefälliges Leben mit dem Verlust des Bewußtseins, als Kreatur in Gottes Schöpfung *geborgen* zu sein. Und mit diesem Urvertrauen verliert er auch den Bezug zu Hilfen, die – etwa auf der Basis eines tief empfundenen Gebetes – einsetzen könnten.

Der Ausweg aus diesem Dilemma liegt im gezielten Fördern des Guten; im Zulassen der Sehnsucht nach dem Aufbauenden; im Bemühen, etwas auch für andere Sinnvolles zu tun und dafür die eigenen Probleme nicht so wichtig zu nehmen.

> Der Überwindung von Ängsten und Panikattacken dient die Besinnung auf die geistige Dimension des Menschseins.

Der Überwindung von Ängsten und Panikattacken dient also – ähnlich wie bei den Depressionen – der Besinnung auf das Geistige.

Dies gilt auch für eine weitere Problematik, die bereits dramatische Ausmaße angenommen hat, von der aber noch mehr im Verborgenen blüht, von der Gesellschaft schöngeredet, verdrängt oder tabuisiert: die vielfältigen Ausprägungen von Sucht.

## *Wege aus der Sucht*

Vor einigen Jahren erzählte mir ein junger Mann aus Luzern (Schweiz) von einer erfolgreichen Initiative, die in dem Unternehmen gestartet worden war, in dem er gerade seine Ausbildung erhielt: Jedem, der bei der Prüfung nachweisen konnte, zuvor zwei Monate lang drogen- und rauschmittelfrei gewesen zu sein, wurde von der Firma ein Städteflug finanziert. Mein Gesprächspartner, der auf diese Art in den Genuß eines London-Aufenthalts gekommen war, berichtete sodann noch einiges von den gut durchdachten Rahmenbedingungen dieses Programms, und daß die jungen Leute dabei in großer Aufrichtigkeit mitmachten.

Aber ist es nicht ein besorgniserregendes Zeitzeichen, daß es überhaupt solcher Initiativen bedarf? Man wundert sich darüber jedenfalls nicht mehr, wenn man die (geschätzten) Zahlen zur Suchtproblematik betrachtet. So gibt es allein in Deutschland rund 2,5 Millionen Alkoholsüchtige, wobei das Einstiegsalter ständig sinkt. Zitat aus einer Broschüre des Gesundheitsministeriums:

> *„Zehn- und elfjährige Alkoholabhängige sind keine Ausnahmeerscheinung mehr. Mit einer ‚Mutprobe' in der Clique fängt es oft an. Oder mit einem allzu leichten Zugang zur Hausbar. Oder mit einer Cola mit Rum im Kiosk um die Ecke während der Schulpause.“*[16]

Die Zahl der Alkoholgefährdeten wird in Deutschland auf vier Millionen geschätzt. Des weiteren geht man von 2,5 Millionen Medikamentensüchtigen und elf Millionen Rauchern aus. Wobei viele Arten der Sucht, vor allem solche, die keine unmittelbaren körperlichen Schäden zur Folge haben, keinen Eingang in die Statistiken finden: Spielsucht, Arbeitssucht oder die meist überhaupt tabuisierte Sexualsucht[17] – ganz zu schweigen von den zahllosen „lieben Lebensgewohnheiten", die manchmal ebenfalls in eine ausgeprägte Abhängigkeit münden.

Das Problem berührt also eigentlich fast schon jeden Menschen mehr oder minder. Wer von einer Sache nicht mehr lassen kann, obwohl er weiß, daß sie ihm (und anderen) schadet, verkörpert den „klassischen" Süchtigen.[18] Doch darüber hinaus sehen viele auch gar keinen Anlaß dafür, sich von einengenden Verhaltensweisen zu lösen, weil sie ihren eigenen Zustand mangels eines Idealbildes gar nicht so jämmerlich sehen.

Gemeinsam ist beiden Personengruppen, daß sie ihren freien Willen bis zu einem gewissen Grad gebunden, abhängig gemacht haben. Wodurch just das in Mitleidenschaft gezogen wurde, was wesentlich zum Menschsein gehört, zu unserer Geistigkeit. Und deshalb muß einmal mehr auf *dieser* Ebene angesetzt werden, um einen Ausweg zu finden.

Keine Sucht entwickelt sich aus heiterem Himmel. Am Anfang steht immer eine Verführung, der vom Betroffenen nachgegeben wird. Aber *warum* gibt man ihr nach? Weshalb läßt sich der zehnjährige Junge zur alkoholischen Mutprobe überreden? Wieso schleicht sich der brave Ehemann erstmals in die „Peep Show"? Was läßt das junge Mädchen herzklopfend den verbotenen Joint probieren?

Eine allgemeine Antwort findet sich gewiß in der umfassenden geistigen Orientierungslosigkeit, wie sie unsere Spaßgesellschaft nach sich zieht. Viele, allzu viele Gelegenheiten locken, und das, was sich uns in Überfülle darbietet (und womit andererseits auch die Wirtschaft weiter angekurbelt wird), spricht nicht den Geist an,

sondern es zielt durchweg auf Verstand, Gefühl und Phantasie ab. Und mit Erfolg, denn in einem (feinstofflich) überhitzten Klima, das jeden, der sich darin sonnt, machtvoll zum Maximal-Genuß drängt, ist jeglicher Verzicht verpönt. „Nehmen, was sich ohne Mühe nehmen läßt", lautet das Credo, um dem Leben den nötigen „Kick" zu verpassen. Die „vorgestrige" Weisheit, daß jedem Nehmen immer ein entsprechendes Geben vorausgehen muß, wird dabei verachtet.

## *Das Prinzip des Ausgleichs*

Doch genau in diesem Gesetz des Ausgleichs liegt der Schlüssel für das Suchtproblem. Normalerweise stellen sich Hochgefühle, Glücksempfindungen oder beflügelnde Lebensfreude als *Folgen* unseres Seins und Handelns ein. Wer dem greisen Mitmenschen unter die Arme greift, selbstlos eine sinnvolle Aufgabe erfüllt, also in irgendeiner Art und Weise *gibt*, dem wird wechselwirkend das befriedigende Bewußtsein erblühen, als Mensch wertvoll zu sein, gebraucht zu werden, seinen Platz im Leben zu erfüllen, was eben auch ein entsprechendes Hochgefühl nach sich zieht.

Doch während *dieses* Gefühl eine gesunde Basis im Sein und Handeln hat, fehlt eine solche ganz, sobald jemand nur dem Prinzip des Nehmens folgt. Wer möglichst ohne Aufwand, ohne die Mühe einer Gegenleistung nur den „Kick" erfahren will, ist mit einem Suchtmittel natürlich bestens bedient – bietet es doch Gefühlsgipfel, die weit über das Alltagsniveau hinausreichen. Aber, ach! Leider erweist sich die Annahme, dem Gesetz des Ausgleichs damit trickreich zu entkommen, sehr bald als Illusion. Auch für den „großen Kick" muß bezahlt werden – und der Preis ist gar nicht gering. Er liegt in der Bindung des freien Willens oder, mit einem geläufigen Wort ausgedrückt, in der *Abhängigkeit*.

Während das seelische Hoch durch ein entsprechendes Leben im Idealfall zu einem gesunden Dauererleben werden kann, haben es Suchtmittel so an sich, daß sie nur kurzfristig wirken. Was aber ein Mensch einmal als herausragend angenehm erlebt hat, das will

er natürlich wieder erleben. Ist der „Gefühlskick" also vorbei, so setzt sich das Räderwerk des Verstandes schnell in Bewegung, um eine Situation herbeizuführen, die es erlaubt, möglichst bald den nächsten zu erleben. Nach sinnvollen Aufgaben und förderlichen Betätigungsmöglichkeiten wird in diesem Zustand nicht mehr gesucht. Die Suche nach dem Wahren, Echten erstarrt zur Sucht, der Schein (des Gefühls) ersetzt das Sein.

Nun meldet sich anfänglich noch so etwas wie Vernunft, eine innere Stimme, die den Suchtgefährdeten davor warnt, seine Gesundheit, seine Beziehung, ja, sein Leben einem kurzfristigen Genuß, also einem bestimmten Gefühlserleben zu opfern. Die Stimme des Geistes warnt deshalb so deutlich, weil etwas Zentrales auf dem Spiel steht, ohne das unser Wesenskern sich nicht entwickeln kann: der freie Wille. Und je öfter die Stimme des Gewissens überhört, mißachtet, argumentativ zugeschüttet wird, desto gefährlicher wird es. Denn im Grunde ereignet sich mit der Hingabe an das Suchtmittel eine geschickte Selbstfesselung, eine gefährliche Bindung der Willensfreiheit, die flugs zu einer umfassenden Ich-Schwäche und Abhängigkeit führen kann. Und die trotzige Abwehrphase („Ich habe ja gar kein Problem!"), die oft den Beginn einer Sucht kennzeichnet, geht rasch in die Rechtfertigungsphase („Ja, ich habe ein Problem, aber ich habe auch gute Gründe dafür!") und in die bekannte Bestechungsphase („Nur du allein kannst mir bei meinem Problem helfen!") über, in der sich der Kranke in seiner Hilflosigkeit gern an andere klammert.

Am Ende aber steht der abhängige Mensch nur allzu oft allein da. Seine Angehörigen, sofern sie in die Problematik miteinbezogen wurden, haben es aufgegeben, ihm helfen zu wollen, und ziehen sich zurück; die Kapitulation bereitet sich vor: Krankheit, Selbstaufgabe, oft sogar Suizidversuch. –

Wie kann man eine solche Entwicklung verhindern?

Auch hier bietet sich als Lösung ein Vorgehen an, das auf der Geistigkeit des Menschen aufbaut.

• „Selbsterkenntnis ist der erste Schritt zur Besserung", lautet ein bekanntes Sprichwort, das auch für die Suchtproblematik gilt.

Einsichtsunfähigkeit macht unheilbar. Erst im Wissen und im Wollen zeigt sich das Geistige, unser Wesenskern.

Wo keine Einsicht vorhanden ist, besteht keine Motivation zur Änderung und damit auch keine Aussicht darauf, daß der betroffene Mensch innerlich wieder frei und unabhängig wird. Einsichtsunfähigkeit macht unheilbar. Erst im Wissen und Wollen zeigt sich das Geistige, unser Wesenskern. Nun kann Einsicht aber bekanntlich nicht verordnet werden, und die Gefahr ist groß, daß jeder Hinweis auf den „Soll-Zustand", jeder Fingerzeig auf die Kluft zwischen Anspruch und Sein, mit dem der Suchtgefährdete konfrontiert ist, durch eine handfeste Reaktanz beantwortet wird. Der Widerstand gegen Beeinflussung läßt nicht nur Jugendliche die Ratschläge ihrer Eltern mißachten, sondern auch Erwachsene gegen so manchen gutgemeinten Wink ankämpfen, der fordernd von außen kommt. Folglich muß es darum gehen, ein Klima zu schaffen, das der Selbsterkenntnis förderlich ist, das also dazu ermuntert, den gesunden Idealzustand anzuerkennen und ihm zuzustreben.

• Ein Zauberwort, mit dem bis zu den allertiefsten Wurzeln der Suchtproblematik vorgedrungen werden kann, lautet: *Vertrauen.* Wenn wir beispielsweise wissen, daß die Abhängigkeit oft mit einer Mutprobe beginnt und sich dann im Überhören der warnenden Stimmen (ob diese nun von innen oder auch von außen kommen mögen) weiter ausbreitet, dann setzt das natürlich einen Charakter voraus, der sich selbst (und anderen) erst *beweisen* muß, daß er Mut hat – eben, weil er in Wirklichkeit mutlos und verzagt ist. Anders gesagt: Es fehlt dem Menschen das Vertrauen in sich selbst oder in die Führung, die das Leben bietet. Und es zeigt sich für *jedermann* eine Führung – schon durch die Stimme seines Gewissens. Das Vertrauen, die Empfindung des Eingebundenseins in ein sinnerfülltes Ganzes, müßte also wiedererweckt und schon in der Erziehung gefördert werden. Wenn ein Kind in seinen eigenen Fähigkeiten auch

den eigenen Wert und die eigenen Lebensaufgaben erkennt, so braucht es keinen Irrweg, der über verbotene Suchtmittel zur Selbstbestätigung (ver)führen will. Das gleiche gilt natürlich für Erwachsene: Das Streben nach dem gefühlsmäßigen Ausnahmezustand erübrigt sich, sobald bedeutendere Ziele erkennbar werden.

• Daher sind konkrete Aufgaben, die ein Sich-Geben für andere Menschen, ein Sich-Einbringen in die Gemeinschaft erfordern, sehr hilfreich, um das Streben nach dem Suchtmittel durch edlere Ziele zu ersetzen. Denn der Wille zum Sinn, also unser tiefes Bedürfnis, eine dem Gemeinwohl dienliche Aufgabe und überhaupt unseren Daseinszweck zu erfüllen, steht, wie Viktor Frankl es auf den Punkt gebracht hat, über dem Willen zur Lust. Wenn also auf der Lustebene heutzutage noch so intensiv Bedürfnisse geschürt werden – man denke an einschlägige Werbeslogans wie „Ich rauche gern.", „Für echte Genießer", „Warum verzichten?" etc. – , so wird das einen Menschen, der friedvoll in sich selbst ruht, seine Aufgaben kennt und erfüllt, zu überhaupt nichts anregen können.

• Mit dem Vertrauen steht noch etwas in engem Zusammenhang, nämlich die Bereitschaft zum Verzicht. Wer sich für das Geschenk des Lebendürfens nicht mit einer doch völlig unangebrachten Erwartungshaltung bedankt („Wann und wie erlebe ich den ultimativen Sinnenrausch?"), sondern sein Augenmerk statt dessen auf die Notwendigkeiten des Alltags richtet; wer vom großen Sinn in allem Geschehen überzeugt und bereit ist, mit allen Kräften für etwas einzutreten, das er liebt, in dem er Werte erkennt, an das er glaubt, der sollte im allgemeinen keine Probleme damit haben, in Erfüllung des Postens, den er im Leben einnimmt, auch Verzicht zu leisten. Dr. Elisabeth Lukas formulierte:

> *„Verzichten setzt etwas ‚in sich' voraus, etwas, das nicht identisch ist mit den wechselnden Triebgefühlen und Gemütsverfassungen des Selbst, sondern davon abrücken, dazu auf Distanz gehen, notfalls sogar nein dazu sagen kann, weil es ‚in sich' unberührbar und heil ist."*[19]

Wiederum ergeht also der Ruf nach uns selbst, an unsere Geistigkeit, die immer sinn- und werteorientiert leben und handeln will. Denn nur wer keine Werte anerkennt, „an nichts glaubt“ und nach einer inneren Orientierung auch gar nicht sucht, wird die Notwendigkeit des Verzichtes ablehnen. Er bleibt im Lustprinzip stecken – und das ist, wie wir gesehen haben, ein idealer Nährboden für das Suchtverhalten.

• Wer indes zur Einsicht seiner mißlichen Lage gekommen ist und hemmende Bindungen überwinden, seinen eigenen Willen also wieder freiringen will, tut gut daran, sich dafür einen persönlichen „Fahrplan“ zu erarbeiten. Wer „irgendwann“ damit beginnen will, auf den Glimmstengel, den Besuch der Peep Show oder auf die nächtliche 6er-Packung Bier zu verzichten, der wird nie damit beginnen. Ein Ziel erreicht man immer nur, wenn man erstens den ersten Schritt wagt und zweitens konsequent weitere Schritte folgen läßt. Mit „Schritten“ sind konkrete Maßnahmen gemeint, und zwar auf allen Ebenen des Seins, auf der physischen – durch entsprechende Handlungen (beziehungsweise den Verzicht auf Handlungen) –, auf der gedanklichen und vor allem auch auf der geistigen Ebene.

Letzteres ist dabei besonders entscheidend. Denn alle Strategien zur Überwindung von Süchten sind gefährdet, solange als Ziel *nur* die Überwindung der Sucht im Raum steht. Es muß um mehr als diesen Selbstzweck gehen: um die Aufgaben, die sich uns durch unser Menschsein stellen, um konkrete, menschenwürdige Lebensziele. Die Suchtfreiheit ist dann nur die notwendige Basis für solche Ziele.

Eine schwangere Frau, die erkannt hat, daß sie durch das Rauchen ihr Baby gefährdet, wird sich im Hinblick auf ihre Aufgabe als Mutter leichter tun, nikotinabstinent zu werden. Und ein Ehemann, der den Wunsch hat, seiner Frau zuliebe ihr auch in Gedanken treu zu sein, wird naturgemäß keine voyeuristischen Rotlicht-Reize suchen. In ihrem Buch „Lebensbesinnung“ fand Dr. Elisabeth Lukas beeindruckende Worte für diese Zusammenhänge:

*„Die Vision von Lebenszielen, die des Menschen würdig sind, scheint die Bedingung der Bereitschaft zu sein, Abstinenz anzupeilen. Von daher sollte im therapeutischen Prozeß von Anbeginn an über Lebensziele verhandelt werden, die von so etwas wie Abstinenz, Mäßigung und Selbstkontrolle* bedingt, *wenn auch nicht bewirkt sind.* Bewirkt *sind sie von einer Größe anderer Art: von dem Schöpfungsfunken im Menschen*[20], *der da glimmt, selbst noch unter der Asche der Krankheit, und der hineinsprüht in die Welt, den Sinn einer menschlichen Existenz mit dem Sinn des Ganzen verbindend.“*[21]

Auch in der Suchtproblematik ertönt also, wie wir gesehen haben, der Ruf nach uns selbst. Die Dimension des *Geistigen* ist angesprochen, unser eigentlicher Wesenskern, das, was wir *sind* – um das wieder in Ordnung zu bringen, was wir *haben* – Körper und Seele.

Und ein großes Geheimnis zur Aktivierung unseres geistigen Kerns liegt darin, ihm „freie Bahn“ zu lassen – indem wir sinnvolle Aufgaben finden und erfüllen.

Nicht von ungefähr sprach Jesus Christus so oft von der Bedeutung der Nächstenliebe. Denn jeder Menschengeist ist naturgemäß welt*zu*gewandt, strebt nach hohen Zielen, die *außerhalb* der eigenen Persönlichkeit liegen, die also niemals durch das gedankliche Kreisen um sich selbst (und die eigenen Probleme) zu erreichen sind. Selbstanklagende Grübelei führt keinen Suchtkranken weiter – „Wer sich verachtet, beachtet sich!“ –, wohl aber der natürliche Weg des Geistes: Selbstlosigkeit und Hingabe.

Nichts ist unserer geistigen Entwicklung und Befreiung so gegenläufig wie innere Hänge, festgemachte Gewohnheiten, Süchte. Wenn jedoch im Leben wieder ein Sinn, eine Aufgabe, ein menschenwürdiges Ziel gefunden wird, dann kann der Schein des Gefühlsgipfels wieder dem gesunden, wahren Sein Platz machen – und zwar nicht nur kurzfristig, sondern nachhaltig. Ein ehemals Alkoholkranker schrieb:

*„Ich bin alkoholabhängig, lebe aber seit über einem Jahr abstinent. Der entscheidende Anlaß, etwas gegen die Sucht zu tun, kam nicht aus den verschiedenen Therapien, die ich mitgemacht habe, sondern aus dem Leben. Meiner Frau, die mich u. a. wegen meines Alkoholmißbrauchs verlassen hatte, ging es schlecht, und ich wollte meinen Arbeitsplatz erhalten, um sie und unsere Tochter unterstützen zu können. So bin ich abstinent geworden. Die Therapeuten haben mir immer einen ‚gesunden Egoismus' einreden wollen, aber damit konnte ich nichts anfangen. Wozu sollte ich dem Alkohol entsagen? Um meinen Egoismus auszuleben? Ich verachtete mich sowieso wegen meiner verdammten Schwäche. Als dann aber das mit meiner Frau passierte, sah ich plötzlich einen Sinn darin, gesund zu werden. Das hat mir bis heute Kraft gegeben. Jetzt kann ich die Schuld abtragen, die ich auf mich geladen habe. Ich bin ein anderer Mensch geworden."*[22]

## Wege aus der Gewohnheit

Was für „handfeste Süchte" gilt, also für Abhängigkeiten, die unmittelbar körperliche Folgen nach sich ziehen, das stimmt natürlich auch für versteckte Hänge, Schwächen oder „liebe Gewohnheiten", die, weil die äußeren Umstände günstig sind, vielleicht überwiegend im Verborgenen gedeihen. Auch hier sind das Wissen um und das Streben nach dem Ideal entscheidende Grundbedingungen zur Selbsterkenntnis, und auch hier gilt das „Schritt um Schritt"-Prinzip, um einem neuen Anspruch, den man an sich selbst stellt, tatsächlich näher zu kommen.

Wir brauchen uns nicht in die Frage zu vertiefen, ab welchem Grad der Abhängigkeit man von einer tatsächlichen Sucht sprechen muß und bis zu welcher Grenze andere Bezeichnungen angebracht sind. Dies hätte kaum praktischen Wert, denn im Grunde müßte doch *jeder* Mensch nach Wegen suchen, seine Willensfähigkeit aus möglichen Bindungen loszulösen und ein größeres Maß an innerer Freiheit zu erreichen. Denn wir alle neigen ja zu „lieben Ge-

wohnheiten“, die den Alltag prägen – und manchmal so „lieb“ werden, daß sie uns in Wirklichkeit unfrei machen und einengen.

> Wir alle neigen zu „lieben Gewohnheiten“, die den Alltag prägen – und oft so „lieb“ werden, daß sie unfrei machen.

Diese Tatsache erscheint zum Teil sogar biologisch bedingt: Unser Gehirn erfüllt ja – als Diener des Geistes – viele Funktionen selbsttätig, also ohne Zutun unseres Tagbewußtseins. Es koordiniert und steuert die Körperfunktionen, vom Herzschlag über die Atmung bis zur Verdauung, und prägt zum Beispiel auch Gedanken und Gefühle, die aus den körperlichen Trieben resultieren: Hunger, Durst, Drang nach sexueller Betätigung usw. Diese „biologische Selbständigkeit“ zeigt sich überall im Körper. Unser Organismus besteht daher aus zwei getrennten Nervenleitungen, einerseits für die willentlich klar gesteuerten Bewegungen, die über die sogenannte Pyramidenbahn laufen, und andererseits für die automatischen Bewegungen, die über eigene Bahnen (die „extrapyramidalmotorischen Nervenbahnen“) gesteuert werden. Wenn jemand zum Beispiel sein Musikinstrument wirklich „im Griff“ hat, so daß alle Bewegungsabläufe ohne nachzudenken „selbstverständlich“ geworden sind, dann erfolgt die nervliche Steuerung eben nicht mehr über die Pyramidenbahn.

Auf der körperlichen Ebene geschieht also vieles automatisch; es wird uns erst bewußt, wenn wir über diese Vorgänge nachdenken – oder … wenn Probleme auftreten. Dann ruft der Körper – über das Informationssystem Schmerz – nach der höheren, geistigen Instanz, nach dem „Hausherrn“ (oder der „Hausdame“), weil korrigierend eingegriffen werden soll.

Die Automatismen unseres Körpers prägen den überwiegenden Teil des physischen Lebens. Sogar das, was unserem bewußten Willen obliegt, verläuft bei näherer Betrachtung ernüchternd unbewußt. Unser Alltag besteht aus einer Aneinanderreihung unzähliger kleiner Gewohnheiten, Routinen oder, wie man auch

sagt, „Habits“[23]. Aber jede mehr oder minder unbewußte Gewohnheits*handlung* – von der morgendlichen Kopfwäsche bis zum Hinnehmen der abendlichen Fernsehnachrichten – prägt eine bestimmte *Haltung*, also die Art, wie wir im Leben stehen.

Warum ist das so? Nun, die Zusammenhänge liegen auf der Hand: Es geht um eine Entlastung für den Geist. Letztlich stellt uns das Leben ja tagtäglich vor eine Fülle von Entscheidungen, mit denen wir uns bewußt immer wieder neu befassen müßten. Um diesen Prozeß zu vereinfachen, abzukürzen, ihn zu beschleunigen, damit unsere geistigen Kapazitäten nicht an Alltagsselbstverständlichkeiten verschwendet werden, produziert das Gehirn – als „Diener des Geistes“ – auf der Basis bisheriger Gewohnheiten Entscheidungshilfen. Mit anderen Worten: Jeder neuen Handlung wird eine alte Haltung zugrunde gelegt. Und so wird der eine Mensch dem am Straßenrand knienden Bettler von vornherein wenig Beachtung schenken, weil er vielleicht früher einmal unliebsame Erfahrungen mit so „lästigen Zeitgenossen“ machen mußte, während ein anderer in größter Selbstverständlichkeit seine Brieftasche zückt, weil er einfach daran gewöhnt ist, seinem Bedürfnis nachzugeben, anderen zu helfen.

An diesem Beispiel ersieht man aber auch, daß der Segen, der in der Tatsache liegt, daß das Gehirn zu unserer Entlastung automatisierte Vorentscheidungen trifft, durchaus auch ein Fluch sein kann, und zwar aus zweierlei Gründen: Erstens prägt natürlich auch ein sinnfernes, menschenverachtendes Handeln eine entsprechende Haltung – keine gute Ausgangslage für künftige Entscheidungen! Und zweitens begünstigen derlei Routinen, zumal dann, wenn sie als lustvoll oder machtfördernd erfahren wurden, ganz besonders die Entstehung von Hängen und Süchten.

Auf diese Art können sich schlechte Gewohnheiten beispielsweise zu Kritiksucht, Intoleranz, Neid oder Besserwisserei auswachsen, ohne daß der Betroffene seinen Abweg bemerkt. Der Fluch liegt darin, daß das Falsche zum Persönlichkeitsbestandteil wurde, zur Haltung, die die weiteren Entschei-

dungen vorprägen und den Betroffenen gleichzeitig immer unfreier, abhängiger machen kann.

## Wir *steuern unser Lebensschiff*

Glücklicherweise muß diese Unfreiheit nicht zwangsläufig sein, denn es liegt an uns, das persönliche Lebensschiff *doch* willentlich und gezielt zu steuern. Jede Entscheidung, jede Handlung führt zwar zu einer bestimmten Haltung, aber umgekehrt muß unsere Haltung, also Vorprägung, nicht zu einer Handlung führen. Nein, wir können in diesen Prozeß bewußt eingreifen! Wir können uns dazu entschließen, dem Bettler am Straßenrand entgegen unserer bisherigen Gewohnheit *doch* etwas in den Hut zu werfen oder an der alten Dame mit der schweren Einkaufstüte *doch* nicht gleichgültig vorbeizugehen. Und mit dem Neuen, das wir tun, ändert sich auch wiederum ein Stück weit unsere Haltung beziehungsweise Vorprägung.

Der Schlüssel zur Überwindung von Routinen oder auch (selbst)schädigender Süchte liegt demnach in unserer Hand. Und es gibt eine gute Strategie, ihn – unser geistiges Potential – gezielt zu nützen, um das Tor zu neuen Wegen aufzuschließen:

• Man führe sich zu allererst einige seiner Alltagsgewohnheiten einmal bewußt vor Augen: Ist das, was ich routinemäßig tue, wirklich sinnvoll? Könnte ich das, was ich tue, nicht auch anders tun? Am Telefon freundlicher sein? Öfter einmal lächeln? Mehr auf Bewegung und frische Luft setzen? Jeder Mensch wird Dinge finden, die sich zum Besseren verändern lassen – wenn er nicht ohnehin schon sehr genau spürt, wo es eckt und klemmt.

• Danach geht es darum, bestimmte Routinen bewußt durch andere, sinnvollere zu ersetzen. Beispielsweise könnte sich jemand durchringen, die 45 Minuten, die er nachmittags vor dem Fernsehgerät verbringt, um sich seine Lieblings-Talk-Show anzusehen, gegen 45 Minuten Spazierengehen, Waldlaufen etc. „einzutauschen". Wer in dieser Art bewußt einen neuen Baustein in seinen Lebensablauf einfügt, der tut sich damit nicht nur unmittelbar selbst et-

> Die Strategie des Austauschens von „Routine-Bausteinen" ist ein Königsweg für die innere Entwicklung.

was Gutes, sondern er fördert auch eine neue Haltung. Denn bald wird der Nachmittagsspaziergang keine Überwindung mehr kosten, sondern Freude bereiten, ja, zum Bedürfnis werden. So mancher Mensch könnte sich dann fragen, warum ihm diese Idee nicht schon viel früher gekommen ist. Und irgendwann wird er vielleicht mehr von den Schönheiten der Natur erleben wollen, regelmäßige Bergwanderungen unternehmen, auf diese Art neue Menschen mit anderen Interessen kennenlernen usw. Schritt um Schritt prägt das neue Verhalten abseits des Gewohnten eine neue Haltung, neue Interessen, erweitert und befreit auch das persönliche Blickfeld.

• Diese Strategie des Austauschens von „Routine-Bausteinen" im Leben betrachte ich als den Königsweg für jede angestrebte Änderung – auch wenn es um die Überwindung von Süchten geht. In diesem Fall mag es zwar vorrangig wichtig sein, daß der „Entschlußphase", also der ernsten Absicht, etwas gegen die Abhängigkeit zu unternehmen, eine konsequente Umsetzungsphase folgt (wobei die sinnorientierte Motivation, wie wir gesehen haben, von besonderer Wichtigkeit ist), doch es geht ja immer auch um das Standhaftbleiben, um die Stabilisierung des Erreichten. Und sowohl für die Tat (des Verzichts auf das Suchtmittel) als auch für die nachfolgenden Bemühungen (den suchtfreien Zustand zu bewahren) ist eine Neuordnung des Verhaltens von entscheidender Bedeutung. Ich habe dieses Bild schon bei früherer Gelegenheit einmal bemüht: Es genügt nicht, einen Fluß mit einem Staudamm einfach abdichten zu wollen, weil man die Kraft des Wassers bisher mißbraucht hat. Der Damm würde unweigerlich irgendwann brechen. Folglich geht es darum, gezielt für ein neues Flußbett zu sorgen, denn wir können die durch uns fließenden Kräfte nur lenken und leiten, nicht aber aufhalten.

• Alte, unpassende Puzzleteilchen aus dem Gesamtbild unserer Lebensgewohnheiten schrittweise durch neue, passende, sinnvolle ersetzen – dieses Konzept kann freilich durch eine Gegebenheit beeinträchtigt werden, von der ebenfalls bereits die Rede war. Während wir im Grunde unseres Herzens ja immer wissen, was eigentlich richtig und sinnvoll wäre, wird die leise innere Stimme unseres Wesenskerns, des Geistes, bisweilen von der lauteren Stimme verstandesmäßiger Argumente übertönt, und der bekannte innere Dialog zwischen dem idealstrebenden Ich und seinem „Gegenspieler mit dem Pferdefuß" setzt sich in Gang:

„Ein Waldlauf ist doch gesünder, als träge auf den Bildschirm zu starren!"

„Aber habe ich nicht ein Anrecht auf ein bißchen Gemütlichkeit und Entspannung? Außerdem könnte ich etwas versäumen!"

„Ich will mich aber überwinden. Das habe ich mir vorgenommen und bin ich meiner Entwicklung schuldig!"

„Aber gerade in dieser Talk-Show gibt es oft so interessante Gespräche, auch über spirituelle Dinge. Da könnte man doch etwas lernen!"

„Irgendwie glaube ich doch, daß das Laufen besser wäre!"

„Laufen kann man immer, aber das Fernsehprogramm läuft nur zu der bestimmten Zeit. Und gerade heute geht es um ein so interessantes Thema! Aufgeschoben ist nicht aufgehoben!"

Leider in den meisten Fällen doch. Ohne Konsequenz läßt sich kein Weg aus der Gewohnheit (und schon gar nicht ein Weg aus der Sucht) finden.

Doch nicht immer sind die Argumente unseres inneren „Gegenspielers" so klar durchschaubar wie in diesem vielleicht etwas banalen Dialog. Manchmal mag man wirklich vor der Frage stehen, was denn nun sinnvoll und richtig ist.

In einer bemerkenswerten Abhandlung über „die innerste aller inneren Stimmen" hat Dr. Elisabeth Lukas – ich habe sie in diesem Zusammenhang ja schon einmal zitiert – eine Auflistung gewagt, zu der sie vorausschickte, daß sie „diese Erkennungszeichen aus keinem Theologie- oder Philosophiebuch entnommen

habe, sondern aus der harten Arbeit mit Patienten, die so oft verunsichert fragen, wie sie in ihren Konflikten und Ambivalenzen Prioritäten setzen und dadurch Ordnung in ihr Leben bringen können":

*„Was also ist sinnvoll? Sinnvoll ist,*
*was eine überragende Chance hat, Gutes zu bewirken,*
*was das Wohl aller Beteiligten mitbetrachtet,*
*was frei von selbstsüchtiger Motivation ist,*
*was im Hier und Jetzt äußerst konkret ist,*
*was nicht überfordert und nicht unterfordert,*
*was mit erfahrenen Mitmenschen konsensfähig ist,*
*was einem die Kraft, es zu wollen, zufließen läßt."*[24]

Diesem Katalog möchte ich unbedingt noch hinzufügen: *„was den eigenen Fähigkeiten und Möglichkeiten entspricht"*, denn diese sind unser wichtigstes Rüstzeug für das Leben.

Zwar erübrigt sich diese Ergänzung eigentlich durch den ja aufgelisteten Punkt, daß das wirklich Sinnvolle nicht über- oder unterfordert, aber manche Menschen haben zum Beispiel die seltsame Eigenart, sich in Tätigkeiten zu versuchen, die ihnen *überhaupt* nicht liegen, weil sie der Meinung sind, daß die Überwindung, so etwas zu tun, für sie geistig förderlich sei. Das aber kann eine *ständige* Überforderung – und damit Unzufriedenheit und Selbstanklagen – oder aber auch Heuchelei zur Folge haben.

Es ist aus meiner Sicht der falsche Weg, sich zuerst ein verstandesmäßiges Seinsmodell zurechtzudenken und dann zu versuchen, es mit Leben zu erfüllen. Die Betätigung sollte immer der Befähigung folgen, das konkrete Tun fest in den konkreten Anlagen verwurzelt sein.

Dieses grundlegende Prinzip gilt im übrigen nicht nur für die geistige Entwicklung des einzelnen, sondern auch für jeden gemeinschaftlichen Aufbau: Wo nicht die Fähigkeiten einzelner Menschen die Grundlage für das Zusammenwirken bilden, dort fehlt das wichtigste Fundament für Engagement und Arbeitsfreude. Künstliche Strukturen für eine Zusammenarbeit werden zwar mit Vorliebe in großen Unternehmungen geschaffen – das

Zeichnen ausgeklügelter Organigramme gehört zur Lieblingsbeschäftigung mancher Vorstandsdirektoren –, aber selbst hier beginnt die Sache erst zu „leben“, wenn für alle vorerst mit „N. N.“ gekennzeichneten Posten dann auch der passende Mitarbeiter gefunden wird. Sonst muß auch das raffinierteste Organisationsschema umgezeichnet, sprich: den biologischen Gegebenheiten angepaßt werden. Man könnte sinngemäß sagen – wie auf vielen größeren Baustellen (zumindest in meinem Heimatland Österreich, wo nicht alles so straff organisiert ist): im Zweifelsfall gilt nicht der Plan des Architekten, sondern das Naturmaß.

## Wege aus falschen Vorstellungen

Anhand der Beispiele von depressiver Verstimmung, Angst, Sucht und „lieber Gewohnheit“ sollte deutlich geworden sein, weshalb durch alle psychischen Probleme immer wieder laut der *Ruf nach uns selbst* ertönt; wie sehr es nötig wäre, daß wir uns der eigenen Geistigkeit besinnen.

Dies gilt auch für einen weiteren Problembereich, der hier Erwähnung finden soll, nämlich für die *Vorstellungen*, die wir in uns tragen – also für die Bilder, die wir uns von uns selbst, den Mitmenschen sowie der Welt und auch von Gott machen. Auch diese wirken sich ja entscheidend auf unsere innere Verfassung aus.

Es gehört wohl zu den Stufen der menschengeistigen Entwicklung, daß sich in unserem Suchen nach Zusammenhängen fragwürdige oder falsche Bilder vor die Wirklichkeit stellen. Wie oft mußten wir in der Geschichte bereits unser Weltbild revidieren, haltlos gewordene Vorstellungen vom Wirken des Schöpfers überdenken oder unser Selbstbild neu definieren!

So weit, so gut – es wird dies wohl auch in der Zukunft noch häufig angebracht sein. Doch auf diesem natürlichen Entwicklungs- und Erkenntnisweg tun sich in *jeder* Phase gefährliche Ab- und Irrwege auf, Sackgassen, die ein Fortschreiten erschweren oder unmöglich machen, weil sich eben Vorstellungen eingenistet

haben, die geringschätzig, angstmachend oder dem Leben entgegenstehend sind. Daher sollte man nicht nur seine Gewohnheiten von Zeit zu Zeit einer kritischen Prüfung unterziehen, sondern auch die eigenen inneren „Basisbilder“ hinterfragen, die sich ja in den Gemütshintergrund für das Erleben immer mit hineinmischen oder ihm sogar die wesentliche Couleur geben.

Eine alte Parabel bringt das sehr treffend zum Ausdruck:

*Ein reicher Mann, der ob seiner Hartherzigkeit weithin bekannt und gefürchtet war, kam zu einem alten Weisen auf Besuch. Er klagte bitter über die Schlechtigkeit der Welt, über den Ärger und Verdruß, den ihm alle Menschen bereiten und über die täglich wachsenden Sorgen um die Erhaltung und Mehrung seines umfangreichen Besitzes. Der Weise hörte ihn ruhig an, erhob sich dann schweigend von seinem Sitz und führte den Reichen zum Fenster des Zimmers. „Was kannst Du durch dieses Fenster sehen?“ fragte der Weise. „Ich sehe den Himmel, die Bäume und die Blumen, die Häuser und Straßen und alle Menschen, die sie beleben.“*

*Nach dieser Antwort des reichen Mannes nahm ihn der Weise sachte am Arm und führte ihn in das Zimmer zurück vor einen Spiegel, der an der Wand hing. „Was siehst Du jetzt?“ fragte er ihn. „Ich sehe im Spiegel nur mich selbst“, antwortete der Reiche. „Und weißt Du auch, woher das kommt?“ fragte ihn der weise Alte und erklärte. „Beides ist Glas – das Fenster, wie auch der Spiegel. Doch hinter dem Glas des Spiegels ist Silber – und nur das Silber nimmt Dir den Blick auf die Welt: auf Himmel, Bäume, Blumen und Menschen – auf Deinen Nächsten. Deine Sorge um Dein Silber, um Deinen Besitz bewirkt es, daß Du nichts anderes siehst, als Dich selbst!“*[25]

Jeder einfache „Blick aus dem Fenster“ – hinaus in die Schönheit der Natur, aus deren Schoß wir ja geboren wurden – könnte uns ganz unvermittelt innerlich anrühren: Die Harmonie der Farben, Formen und Töne weckt im Menschengeist naturgemäß Dankbarkeit, Vertrauen, auch ein Gefühl von Geborgenheit

und Frieden, verbunden der Gewißheit, daß all die Herrlichkeit das Werk eines erhabenen Schöpfers ist; verbunden auch der Sehnsucht, das eigene Tun einzuschwingen in die große Schöpfungsharmonie, um vom Strom, der aus dem Ursprung fließt, mitgezogen, emporgetragen zu werden.

Falsche Bilder von Gott, der Welt und von sich selbst können den Menschen innerlich sehr belasten.

Leider aber haben auch wir es mit so manchem „falschen Silber“ zu tun, das einen schlichten, gemütvollen, empfindungsvollen Blick aus dem Fenster verwehrt und uns statt dessen nur die eigene Person vorspiegelt, eigene Gedanken, selbsterdachte Bilder und Vorstellungen von Gott und der Welt. Diese sind naturgemäß durch verschiedenste Einsichten, Absichten, Wünsche, Erfahrungen und Ziele geprägt, doch es gibt bestimmte gemeinsame Wurzeln, die zu folgenschweren falschen Vorstellungen führen können. Im folgenden will ich mich bemühen, diese Tendenzen zu beschreiben und mit Hilfe logotherapeutischer Erkenntnisse[26] zu kommentieren.

## *Abwertend, bedrohlich, unangemessen*

Beginnen wir bei dem tiefsten Hintergrund unserer Innenwelt: der Beziehung zu Gott. Nicht nur für den gläubigen Menschen gehört eine gewisse Vorstellung vom Sein und Wirken des Schöpfers zum „Lebenselixier“. Niemandem kann es im Innersten seines Herzens ja wirklich gleichgültig sein, ob es eine Gottheit gibt oder nicht, und mit der Art und Weise, wie der einzelne diese zentrale Frage für sich selbst beantwortet, bildet er in sich eine bestimmte seelische Basis. Unser Bezug zu Gott, auf dessen Sein wir am Ende unserer Innenwelt-Expedition noch zu sprechen kommen werden, entscheidet in grundlegender Hinsicht über Motive, Gedanken und Handlungen, die wir im Leben hegen und pflegen.

Wer sich beispielsweise dem Atheismus verschrieben hat, weil er mit dem kirchlich geprägten Bild vom wunderwirkenden und seinen Sohn opfernden alten Vater absolut nichts anfangen kann, weil er aufgrund des Unrechts und Leides auf der Welt an keine höhere Gerechtigkeit mehr glauben will oder weil er sich selbst vom Leben schwer benachteiligt fühlt, der wird vor dem Hintergrund seiner eigenen Gottesferne auch nicht mehr nach einem höheren Willen fragen. Er wird sich gerne mit der Theorie begnügen, das ganze Leben sei ein Spiel des blinden Zufalls und unter Umständen – bei entsprechender Veranlagung – auch rücksichtslos gegenüber seinen Mitmenschen versuchen, selbst ein möglichst großes Stück vom Kuchen abzubekommen. Wo das Urvertrauen fehlt, keine Geborgenheit im Ganzen mehr erlebt werden kann, dort mag das Prinzip des Nehmens bald ganz ungeniert regieren.

Wer hingegen die traditionellen Gottesbilder ernst nimmt, ist zwar in anderer Weise, aber auch nicht weniger gefährdet. Die Vorstellung vom strafenden, rachsüchtigen Richter, wie sie vor allem durch die Texte des Alten Testamentes gefördert werden kann, eignet sich bestens als Nährboden zur Entwicklung überzogener Ängste oder Schuldgefühle, sie begünstigt Zaghaftigkeit, eine allem Geistigen zuwiderlaufende Ergebenheit und erschwert den frohen inneren Aufschwung. Aber auch der Gegenentwurf vom „zuckersüßen", alle Menschenkinder umarmenden, bedingungslos liebenden Schöpfer, dessen Zuneigung man sich allein durch den Glauben erringen kann, wirkt eigentlich lähmend. Er raubt bis zu einem gewissen Grad den Antrieb für ein sinnerfülltes Tun. Wer sich erlöst wähnt, weil er brav zur Kirche geht, beichtet oder Gebetsverse herunterleiert, befindet sich in einem fatalen Irrtum, der unter Umständen gehörig sein Scherflein zur Seelenkrise beiträgt. Denn eine solche Einstellung gibt kaum Impulse zum Suchen nach Aufgaben und Sinnzusammenhängen. Eben darnach drängt es unseren Geist jedoch von seinem Wesen her, und es sollte nicht verwundern, wenn er mit der Zeit flügellahm und träge wird.

Unsere eigenen Vorstellungen vom Sein und Wirken des Schöpfers können uns selbst also durchaus gefährlich werden, sobald sie abwertende, angsterzeugende oder in irgendeiner Form unangemessene Tendenzen aufweisen. Und ebenso ist es mit unseren Bildern von der Welt. Wer – warum auch immer – davon ausgeht, daß alles unheilbar krank und das ganze Weltall letztlich nur ein zufälliges Produkt des großen, übermächtigen Chaos ist, wird aus diesem *abwertenden* Gedankenbild heraus wahrscheinlich nicht auf die Idee kommen, nach der Wahrheit oder einem Sinn zu fragen.

Wer immer nur vom apokalyptischen Weltuntergang phantasiert, die große Katastrophe oder wenigstens den Ruin von Wirtschaft und Gesellschaft erwartet, der wird sich in seinem Faible für *Bedrohliches* schwer damit tun, die vielen schönen Seiten des Seins zu erkennen, die Chancen und Möglichkeiten, die das Leben *immer* bietet.

Und wer gedanklich nur illusionären Utopien und grotesken Scheinwelten nachhängt, der zieht sich durch seinen stets verzerrten – und damit *unangemessenen* – Blick auf die Welt selbst jenen Boden der Tatsachen unter den Füßen weg, auf dem allein sich sicher stehen und voranschreiten läßt.

*Abwertend, bedrohlich oder unangemessen* – das können aber nicht nur Vorstellungen sein, die wir uns von Gott und seiner Schöpfung machen. Auch Bilder, die wir im Inneren von uns selbst und unseren Mitmenschen zeichnen, können eben diese gefährlichen Schattierungen aufweisen. Wer sich und/oder die anderen geringschätzt, verachtet, ja, vielleicht sogar haßt, wird sich harmlosenfalls als Zyniker und Pessimist erweisen. Jedenfalls aber wird es ihm sein stets *abwertendes* Selbst- und Menschenbild kaum ermöglichen, bei anderen (oder eben auch in sich) brauchbare, entwicklungsträchtige Fähigkeiten zu entdecken.

Ebenso hemmend wirken auf der (zwischen)menschlichen Ebene *bedrohliche* Bilder: Wer in ständiger Angst um sich selbst lebt und/oder in seinen Mitmenschen tendenziell eher das Böse, Bedrohliche, Gemeine sieht, dessen unter Umständen chronisch

mißtrauische Gedanken werden irgendwie beständig um die eigene Sicherheit kreisen oder Ängste schüren. Daß darin keine Freiheit liegt, versteht sich von selbst.

Zuletzt gibt es natürlich auch jede Menge *unangemessener* Selbst- und Menschenbilder. Dazu gehören beispielsweise die Unter-, aber auch die Überschätzung der eigenen Fähigkeiten (bis hin zum Glauben, selbst Gott in sich zu tragen) oder entmündigende Vorstellungen, wie sie in vielfältigen Ausprägungen anzutreffen sind: die Meinung, im Leben sei ohnehin alles vorbestimmt, gehört ebenso dazu, wie etwa die Bereitschaft, seine eigene Gesundheit ganz in die Verantwortung des Arztes oder Apothekers zu legen.

## *Wertschätzung, Vertrauen, Wissen*

Die Frage ist nun, wie sich solche gefährlichen Gottes-, Welt- und Menschenbilder korrigieren lassen, welche Wege aus falschen Vorstellungen hinausführen, damit der „Blick aus dem Fenster" wieder etwas klarer und sehnsuchtserfüllter werden kann. Dazu im folgenden einige Leitgedanken:

- Der wichtigste Anstoß zur Korrektur falscher Vorstellungen war schon immer (und ist noch immer) das *Wissen*. Wer Zusammenhänge erfaßt hat, tut sich leichter, traditionell Bestehendes zu hinterfragen und nötigenfalls auch zu korrigieren. Nun stehen wir aber vor dem Problem, daß gerade das zu einer grundlegenden Bildkorrektur nötige geistige Wissen heute kein Allgemeingut ist. Die „einhellige Fachmeinung" über das Sein und Wirken Gottes gibt es nicht, über Ursprung und Zukunft der Welt wird nur gerätselt, und was unser Menschsein anbelangt, so steht die Fachwelt (die erwähnten logotherapeutischen Ansätze ausgenommen) der Dimension des Geistigen sehr skeptisch gegenüber. Etablierte, allgemein akzeptierte Antworten auf die entscheidenden Fragen des Lebens wird man also nicht finden, und der Ausweg in „ungesicherte" Bereiche kann auch gefährlich sein. Denn was heute beispielsweise auf der

esoterischen Schiene abfährt, dieser kunterbunte Zug, bietet meist keinen verläßlichen Halt. Wie oft zeigt sich die Flüchtigkeit neuer Wege und Methoden, doch das Interesse daran irrlichtert als Strohfeuer von einem entzündbaren Ballen zum nächsten.

Abwertend, bedrohlich, unangemessen – solche Gottes- und Weltbilder können gefährlich für uns werden.

Persönlich sehe ich es daher als großes Glück, abseits der Wissenschaftlichkeit (deren Grenze ja zwangsläufig die des Materiellen ist), aber vor allem auch abseits eines haltlos-abgehobenen, geheimnisvoll-überbewerteten Halbwissens eine Darlegung von Schöpfungszusammenhängen gefunden zu haben, die einen Weg aus falschen Vorstellungen weist und also eine Bildkorrektur nahelegt: die Gralsbotschaft von Abd-ru-shin. Sie wird uns auch im zweiten Teil unserer Innenwelt-Expedition von größtem Wert sein, denn dabei soll das Wissen um uns selbst – Ursprung, Schicksal und Ziel –, aber auch um den Schöpfer wesentlich vertieft werden.

Wenngleich nun wahres *Wissen* ohne Zweifel der beste Anstoß zur Korrektur gefährlicher Vorstellungen ist, so besteht dabei doch keine Automatik: Wer etwas weiß, empfindet oder ahnt, kann ja trotzdem weiterhin in falschen Bildern verharren, und umgekehrt ist eine brauchbare Kurskorrektur ganz gut auch ohne Wissen möglich. Dabei kann es darum gehen, die erwähnten abwertenden, bedrohlichen oder unangemessenen Vorstellungen durch neue, „schützende Bilder des Seins“ zu ersetzen.

• Ein wichtiger Aspekt dabei ist die *Wertschätzung*, eine edle Geisteshaltung, die einer abwertenden Gesinnung geradewegs entgegensteht. Und Werte lassen sich, so man darnach sucht, immer finden – in sich selbst, in anderen Menschen und natürlich überall in der Welt, in jeder Situation des Lebens. Dies mag eine auf den ersten Blick provokante Behauptung sein – im Hinblick auf so manchen Schicksalsschlag, den man zu ertragen hat. Aber erinnern wir uns an die eingangs erzählte Geschichte

von der trauernden Witwe, die zuletzt doch ihre Chance erkannte, also den Wert der Lebenslage, in der sie sich befand. Und tatsächlich kann uns geistig alles dienlich sein, was wir erfahren (dürfen oder müssen). Denn die Schöpfung ist von ihrem Prinzip her sinnvoll. *Warum* das so ist, das läßt sich erst im Hinblick auf große Lebenszusammenhänge erkennen. Aber *daß* es so ist, kann jeder Mensch erleben. Ein die innere Reife förderndes, sinnvolles Tun ist uns nämlich immer möglich, und wenn es vorerst nur im beispielhaft mutigen Ertragen eines unabänderlichen Leides liegen sollte.

• Zwei weitere „zauberhafte Begriffe" zur Korrektur einer gefährlichen Grundtonalität in den eigenen Vorstellungen sind *Vertrauen* und *Geborgenheit.* Sie vermögen angsterzeugende, bedrohliche Bilder ohne viel Aufhebens aus unserem Leben zu entlassen. Wir haben schon im Zusammenhang mit der Angstproblematik gesehen, daß Vertrauen und Sich-Trauen zusammenhängen. Das eine folgt aus dem anderen, wie es auch in einer kleinen Symbolik von Idries Shah zum Ausdruck kommt:

*„Ein großer Strom hat auf seiner langen Reise durch die Welt gelernt, sich immer wieder durchzusetzen. Eines Tages erreicht er die Wüste und versucht, den Sand zu durchqueren. Doch so sehr er sich bemüht, er kommt nicht voran und wird zusehends aufgeschluckt. Das verdrießt den Strom, der doch bisher jedes Hindernis übertaucht hat. Er ärgert sich und grollt: ‚Noch nie habe ich aufgegeben; soll ich ausgerechnet vor dem Sand kapitulieren?'*

*Wie er so nachdenkt, flüstert ihm eine Stimme zu: ‚Du mußt dem Wind erlauben, dich über die Wüste zu tragen! Dazu mußt du dich vom Wind aufsaugen lassen!'*

*Lange sträubt sich der Strom dagegen. Er ist zu stolz und zu skeptisch. Noch nie hat er fremde Hilfe in Anspruch genommen. Sich vom Wind aufsaugen lassen ... bedeutet das nicht so viel wie sich verlieren?*

*Doch zuletzt treibt der Mut der Verzweiflung den Strom an, sich selbst zu riskieren.*

*Er läßt sich aufsaugen und als Wasserdunst in den offenen Armen des Windes über die Wüste tragen. Auf den Spitzen des fernen Gebirges fällt er als weicher Regen nieder und findet sich als Quelle wieder. Er erinnert sich, daß sein Leben buchstäblich in den Sand geschrieben ist. Der Strom hat sich riskiert und beginnt ein neues Leben.*"[27]

Das hier gleichnishaft beschriebene „Sich-selbst-Riskieren", das Überwinden der gewohnten „Flußbahnen", das „Sich-vom-Wind-tragen-Lassen", das einem Sich-vom-Leben-führen-Lassen gleichkommt, fördert das Vertrauen in sich selbst, in die Welt, in den Schöpfer, und es vermittelt zugleich Geborgenheit.

Selbstredend soll das hier Gesagte nicht zu irgendwelchen waghalsigen Risikounternehmungen ermuntern, wie sie ja oft als Mittel zur Selbstfindung propagiert werden. Nein, es geht um etwas ganz und gar Natürlich-Normales, jedem Menschen Zumutbares, das übrigens auch in einem bekannten Christus-Wort zum Ausdruck kommt:

„*Sehet die Vögel unter dem Himmel an. Sie säen nicht, sie ernten nicht, sie sammeln nicht in die Scheunen. Und Euer himmlischer Vater nähret sie doch.*"[28]

Das Vertrauen des Geschöpfes in seinen Schöpfer ist damit angesprochen! Wir sollten unsere Gedankenfabrik, die unentwegt nur Ideen zur eigenen Sicherheit und zum eigenen Wohlergehen produziert, getrost stillegen. Offenen Herzens hinaus in die Welt! Neuland erforschen! Die Erfordernisse des Augenblicks erkennen, denn in ihnen spricht das Leben zu uns! Glück *und* Mühsal in Kauf nehmen! Auf diesem Weg findet man (zurück) zum Urvertrauen in die Schöpfung und zum Erleben von Geborgenheit – und überwindet damit angsterzeugende, bedrohliche Bilder des Seins.

• Doch nicht einmal nur das: Jedes Sich-selbst-Riskieren, also das Sich-Erheben über selbsterdachte Sicherheits- und Wohlstandsbahnen im Sich-selbst-vom-Leben-tragen-Lassen, das vertrauensvolle Zulassen von Sonnenschein *und* Regen im Erleben fördert noch etwas anderes: die große Erkenntnis nämlich, daß

unser Wesenskern die Freiheit hat, sich von der seelischen Befindlichkeit distanzieren zu können, daß wir ein allem Physischen *und* Psychischen übergeordneter Funke sind: Geist! Und diese *Erfahrung* des Eigentlich-Menschlichen ist – neben dem entsprechenden Wissen – zugleich der beste Weg zur Korrektur unangemessener, verzerrter Vorstellungen über Gott, die Schöpfung und uns Menschen darin.

Die Korrektur von Bildern und Vorstellungen durch entsprechendes Verhalten beziehungsweise Wissen gehört zu den allerbesten, tiefgreifendsten Heilmitteln, die uns für die Behandlung seelischer Probleme zur Verfügung stehen.

## Die Macht des Lachens

Nun sei mir an dieser Stelle ein kleiner Exkurs erlaubt, die Beleuchtung eines Aspekts, der ebenfalls nachhaltig die Grundcouleur unserer Innenwelt beeinflußt, im wahrsten Wortsinn das Gemüt erheitert, und der mir daher von größter Wichtigkeit erscheint: Humor und herzhaftes Lachen!

In der Gralsbotschaft findet sich dazu ein Satz, der ob der Ernsthaftigkeit dieses Werkes – vielleicht überlesen oder nicht genug beachtet wird:

„*Ein freudiges, herzliches Lachen ist der stärkste Feind des Dunkels.*“[29]

Der Begriff „Dunkel“ darf dabei als Sammelbezeichnung für alles begriffen werden, was infolge einer falschen Gesinnung durch uns Menschen entstehen konnte und als träge, schwer, unbeweglich, der Erstarrung zutreibend beschrieben werden kann, wodurch es allem Lichten, Leichten, Lebendigen, Förderlichen gegenübersteht.

Eben dieser lichtfernen Leblosigkeit und der damit verbundenen Gemütskälte, wird heute besonders gehuldigt. „Cool“ zu sein gehört zum Zeit(un)geist.

Doch zum guten Glück gibt es viele Menschen, die (trotzdem)

**Die Korrektur innerer Bilder gehört zu den tiefgreifendsten Heilmitteln, die uns für seelische Probleme zur Verfügung stehen.**

gerne lachen – was schon physisch gesehen recht belebend ist: der Puls beginnt zu rasen, die Pupillen vergrößern sich, die Fingerkuppen werden feucht. Mediziner werden auch auf die Aktivierung von 43 Gesichtsmuskeln hinweisen oder auf die Tatsache, daß beim Lachen die Atemluft mit mehr als 100 Stundenkilometern den Mund verläßt und das Zwerchfell so lustvoll hüpft, daß es den ganzen Körper in eine höhere Schwingung versetzt. Auch hat man festgestellt, daß durch das Lachen zehnmal mehr körpereigene Immunstoffe produziert werden als im „Ernstfall“, weshalb Mediziner eine Tagesdosis von 20 Lacherlebnissen empfehlen.

Die deftigsten davon mögen sich besonders laut, schnaufend, stöhnend, schenkelklopfend ereignen (und sind hoffentlich nicht aus purer Schadenfreude geboren), die schönsten aber sind Ausdruck einer ungetrübten inneren Heiterkeit und Zufriedenheit.

Vielleicht war es diese Untrübbarkeit, die Wilhelm Busch in einem Gedicht über den Humor auf den Punkt bringen wollte:

*„Es sitzt ein Vogel auf dem Leim,*
*er flattert sehr und kann nicht heim.*
*Ein schwarzer Kater schleicht herzu,*
*die Krallen scharf, die Augen gluh.*
*Am Baum hinauf und immer höher*
*Kommt er dem armen Vogel näher.*
*Der Vogel denkt: ‚Weil das so ist*
*Und weil mich doch der Kater frißt,*
*so will ich keine Zeit verlieren,*
*will noch ein wenig quinquillieren*
*und lustig pfeifen wie zuvor.‘*
*Der Vogel, scheint mir, hat Humor.“*

Natürlich läßt sich untrübbare Heiterkeit (die nichts mit Naivität und Dummheit zu tun hat!) schwer verordnen.

> **Humor als Therapeutikum wirkt Wunder: Medizinisch empfohlen sind 20 Lacherlebnisse pro Tag.**

Auch die beste Schweizer Witztherapie wird kein Gemüt nachhaltig zum Klingen bringen, das sich in Trostlosigkeit verfangen und sein Urvertrauen verloren hat. Heiterkeit ist eine *Folge* innerer Leichtigkeit, ein Geschenk des Lebens für das, was wir uns innerlich erarbeitet haben. Und doch sind gerade Freude und Humor nicht nur Gradmesser für die seelische Gesundheit, sondern auch ideale Partner, um siegreich gegen psychische Probleme anzutreten.

Eine Prise Humor als Therapeutikum wirkt beispielsweise Wunder bei der im Zusammenhang mit der Angstproblematik erwähnten „paradoxen Intention", also dem Herbeiwünschen des Gefürchteten, wodurch sich überhitzte Angstphantasien wirkungsvoll beruhigen lassen. Der Tinnitus-Patient, der sich einmal ein ganzes Orchester wünscht, das in seinem Ohr geigt[30] oder die Eßsüchtige, die ihrer Angst vor dem „Fall" mit dem Wunschbild des größtmöglichen Schokoladepuddings begegnet – Menschen mit solchem Humor beweisen ihre Souveränität als geistige Persönlichkeit, ängstigen die Angst und fördern ihr eigenes Selbstvertrauen.

Das Ironisieren des Gefürchteten, Gehaßten oder auch des verzweifelt Erstrebten ist noch wirkungsvoller als das Ignorieren und viel erfolgreicher als das bloße Ankämpfen dagegen.

Humor leistet aber nicht nur gute Dienste, wenn es um das Parieren innerer, selbsterzeugter Gedankenattacken geht. Auch bei äußeren Angriffen verbaler Art eignet er sich vorzüglich zu einer Art von Abwehr, die den Angreifer, galant geleitet, ins Leere laufen läßt …

Ein Bekannter von mir betrieb als österreichischer Schilcher-Weinbauer vor einigen Jahren eine kleine ländliche Gastwirtschaft in der wilden Weststeiermark. Wenn ihm dann jemand – was in

dieser Gegend und unter Freunden der gefürchteten „Rabiatperle" nichts Ungewöhnliches war – kühl ins Gesicht schleuderte: „Da habe ich aber schon einen besseren Wein getrunken!", so antwortete er darauf routiniert: „Ja, aber nicht bei mir!"

Heiterkeit ist eine Lebenskunst, die weit über die bloße Fröhlichkeit hinausreicht. Es liegt ihr eine tolerante, den Mitmenschen zugeneigte Haltung zugrunde, aber auch ein hohes Maß an Lebenserfahrung.

Eine sehr einfühlsame Beschreibung stammt von Dr. Elisabeth Lukas:

> *„Der Heitere kennt die Abgründe des Lebens. Er schaut nicht krampfhaft-angestrengt von ihnen weg, sondern lächelnd in sie hinein. Heiterkeit bewährt sich in frohen und traurigen Stunden: in den frohen schützt sie vor penetrant-törichtem Übermut, in den traurigen vor selbstverletzender Weltabsage. So erspart sie das Scheitern im Erzwingenwollen von Glück genauso wie im Zerbrechen an Unglück. Sie lockert sozusagen unsere Erdverhaftung und schafft die nötige Distanz, die uns instand setzt, Änderbares getrost anzupacken und Nichtänderbares in Frieden sein zu lassen."*[31]

Ein besonders wichtiger Aspekt der Heiterkeit liegt meines Erachtens darin, über sich selbst lachen zu können, sich selbst nicht so fürchterlich wichtig zu nehmen. Das heißt … eigentlich geht es ja gar nicht wirklich um uns selbst. Denn das meiste von dem, was wir so krampfhaft schützen, unantastbar in unserem persönlichen Türmchen aufheben und vor allen Lachsalven bewahren wollen, sind doch nur Ideen, Vorstellungen, Gedanken, Marotten. Nichts also, was wirklich den Geist – uns selbst – und unsere Willensfähigkeit betreffen würde.

*Wir* sind nicht unsere Vorhaben, Vorlieben oder Pläne, wir identifizieren uns nur mit ihnen, mit unserem Verstand – und manchmal tun wir das allzu sehr, so daß ein wenig Abstand gut tut.

Nicht zuletzt eignet sich der Humor auch als Erkenntnisinstrument.

Wo die nackte Wahrheit vielleicht allzu sehr schmerzte, hülle man sie, wie Eugen Roth es oft so treffend tat, einfach ein in einen heit'ren, kleinen Reim:

*„Ein Mensch hat meist den übermächtigen*
*Naturdrang, andere zu verdächtigen.*
*Die Aktenmappe ist verlegt.*
*Er sucht sie, kopflos und erregt,*
*Und schwört bereits, sie sei gestohlen*
*Und will die Polizei schon holen*
*Und weiß von nun an überhaupt,*
*Daß alle Welt nur stiehlt und raubt.*
*Und sicher ist's der Herr gewesen,*
*Der, während scheinbar er gelesen –*
*Er ahnt genau, wie es geschah …*
*Die Mappe? Ei, da liegt sie ja!*
*Der ganze Aufwand war entbehrlich,*
*Und alle Welt wird wieder ehrlich.*
*Doch den vermeintlich frechen Dieb*
*Gewinnt der Mensch nie mehr ganz lieb,*
*Weil er die Mappe – angenommen,*
*Sie wäre wirklich weggekommen –*
*Und darauf wagt er jede Wette,*
*Gestohlen würde haben hätte!"*
(„Falscher Verdacht")

## Orientierung auf Gegenwart und Zukunft

Wir haben uns in diesem Kapitel etwas ausführlicher mit einigen verbreiteten psychischen Störungen beschäftigt, manchen Seelenhintergrund beleuchtet und hilfreiche Ansätze zu einer Neuorientierung besprochen.

Es wird Ihnen vielleicht aufgefallen sein, daß ich dabei den in den meisten therapeutischen Richtungen primär geübten „Blick zurück", also die Aufarbeitung von Kindheitserlebnissen, früheren Traumata oder gar vorgeburtlichen Prägeprozessen, ausge-

klammert habe. Dies geschah aber nicht, weil in der sorgfältigen Aufarbeitung vergangener Ereignisse grundsätzlich kein wertvoller Ansatz liegen würde, sondern es kann mir im Rahmen dieses Buches ja immer nur darum gehen, das mir am wichtigsten Erscheinende herauszuarbeiten. Und das ist nach meiner Überzeugung die Orientierung auf Gegenwart und Zukunft, also der Blick auf die hier und jetzt sich bietenden Möglichkeiten sowie auf die angestrebten Ideale und Ziele. Damit schlägt man die Quelle des geistigen Lebens direkt an, alles andere bleibt im Grunde eher Begleitmusik.

**Das Ironisieren des Gefürchteten oder Gehaßten ist viel wirkungsvoller als das Ankämpfen dagegen.**

Depressionen, Ängste, Süchte, fragwürdige Gewohnheiten, falsche Lebensbilder: Immer wieder war zu erkennen, daß der gesuchte Ausweg in der Besinnung auf unseren Wesenskern liegt, daß in den psychischen Wirren ein lauter Ruf nach uns selbst ertönt.

Natürlich kann eine Neuordnung des Innenlebens den Wunsch erwecken, Vergangenes aufzuarbeiten, Dinge, Ereignisse oder seltsame Eigenheiten endlich ins Visier zu nehmen, nachdem sie unbewußter Ängste wegen lange genug in einem verstaubten, nie beleuchteten Seelenwinkel beheimatet waren. Doch entscheidend ist und bleibt das Neuwerden an sich – in den Gedanken und Vorstellungen, aber auch in den Bedürfnissen. Und das ist nicht nur eine schwere, sondern eine ebenso bewegende, abenteuerliche, vielleicht sogar heitere Angelegenheit.

Schreiten wir also voran – auch in unserer Innenwelt-Expedition. Das angestrebte „Zwischencamp“ haben wir mittlerweile ja erreicht: Wir konnten uns einen Überblick über das Zusammenspiel von Gedanken, Gefühlen und Körperkräften erarbeiten und haben auch gelernt, seelische Störungen differenzierter zu beurtei-

Die Seele ist noch nicht der Wesenskern des Menschen. Sie stellt nur – wie der physische Körper – eine Hülle dar.

len. Des weiteren konnten wir erfahren, daß die Seele nicht physischer, sondern feinerstofflicher Natur ist und ihre Wurzeln also in einer Schöpfungsebene jenseits irdischer Raum- und Zeitbegriffe hat. Doch kann die Seele noch nicht als Wesenskern des Menschen betrachtet werden. Sie stellt vielmehr – wie der physische Körper auch – nur eine *Hülle* für das Eigentlich-Menschliche dar. Sie besitzt kein eigenes Bewußtsein, sondern wird – wie alle feinerstofflichen Hüllen – nur von innen her „durchglüht“, also belebt, geformt, getragen von einem ichbewußten Kern. Von uns selbst.

## *Aber was ist das Ich?*

So besehen war alles, womit wir uns bisher beschäftigt haben – die Ebene des Astralen und die feinerstoffliche Welt der Gedankenformen eingeschlossen – nur die „äußere Schale“ unserer Innenwelt, eine *Auswirkung* tiefer (oder höher) liegender Ursachen. Aber was ist der Mensch in seinem innersten Inneren? Was ist das Geistige, das „eigentliche Ich“, von dem bisher schon so oft die Rede war, aus dem der freie Wille stammt, das über die innere Stimme zu uns spricht, das sich über die Empfindung fühlbar macht? Wo liegt sein Ursprung? Wo sein Ziel?

Diese Fragen, bei denen uns die Schulweisheit des 21. Jahrhunderts im Stich läßt, werden uns auf dem zweiten Teil unserer Innenwelt-Expedition begleiten.

Wir begeben uns damit auf einen Erkenntnisweg, der es uns zuletzt erlauben wird, den ersehnten Überblick über unser Menschsein zu gewinnen. Wir werden um jenes umfassende Schöpfungswissen ringen, das zur Entwicklung neuer, lebensnaher Bilder des Seins dienen, überlebte Vorstellungen ersetzen und in umfassendem Sinne heilend wirken möge. Das Erkenntnis-

Rüstzeug, das wir aus dem jetzt erreichten „Zwischencamp“ zum weiteren Aufstieg mitnehmen können, liegt in einem zusammenfassenden Zitat aus der Gralsbotschaft:

> *„Der Geist ist alles, ist das* Eigentliche, *also der Mensch. Trägt er mit anderen Hüllen auch die Erdenhülle, so heißt er Erdenmensch, legt er die Erdenhülle ab, so ist er von den Erdenmenschen als Seele gedacht, legt er auch die zarten Hüllen noch ab, so bleibt er der Geist ganz allein, der er schon immer war in seiner Art.*
>
> *Die verschiedenen Bezeichnungen richten sich also lediglich nach der Art der Hüllen, welche selbst nichts sein könnten ohne den Geist, der sie durchglüht.“*[32]

Zu Beginn dieses Kapitels nahmen wir Einblick in ein kleines, individuelles Wegstück geistiger Entwicklung. Wir fanden eine Frau am Grab ihres Mannes, der das Leben durch den Tod des geliebten Gatten die Aufgabe gestellt hatte, eine innere Schwelle zu überschreiten. Das Abschiednehmenmüssen drängte sie dazu, eigene Grenzen zu überwinden, geleitete sie zu neuen Ausblicken.

Doch zweifellos hatte auch ihr geliebter Mann eine entscheidende Schwelle überschritten. Was er wohl nun erlebte? Was geschieht in den Welten jenseits des irdischen Raum-Zeit-Gefüges, wenn wir den physischen Körper ablegen und damit, den Begriffen der Gralsbotschaft folgend, nicht mehr Erdenmensch, sondern *Seele* sind? Wohin gehen wir? Was folgt nach dem Tod?

Wir haben bereits ausführlich erörtert, daß unsere gedankliche Innenwelt keineswegs nur Imagination ist, sondern tatsächlich geformte, feinerstoffliche Wirklichkeiten umfaßt. Wenn wir aber im Prozeß des Sterbens den physischen, grobstofflichen Körper zurücklassen und *selbst* nur noch in feinerstofflichen Umhüllungen leben … wird dann nicht das, was vordem Innenwelt war, nun für uns zur Außenwelt?

Aber wie erlebt man diesen Zustand?

Nehmen wir nun also den von der physischen Welt losgelösten „Blick von oben“ ein und begleiten wir in der Folge nicht mehr den Lebensweg der trauernden Witwe, sondern jenen des verstorbenen Mannes.

Damit beschreiten wir tatsächlich überirdische Wirklichkeiten. Und wir werden darin noch weite Strecken wandern, empor in die Richtung der *eigentlichen* Innenwelt, unseres geistigen Ursprungs.

# *Anmerkungen und Literaturempfehlungen*

*zu Kapitel 5*

*1* Für gedankliche Anregungen zu diesem Themenkomplex danke ich Frau Susanne Barknowitz (sie ist unter anderem logotherapeutisch tätig) und Herrn Dr. Gerd Harms. Zu besonderem Dank bin ich auch Frau Dr. Elisabeth Lukas verpflichtet, einer hervorragenden Therapeutin und Autorin, die mir durch ihre Bücher und durch unsere Interviews viele wertvolle Hinweise gab. Interviews mit Frau Dr. Lukas findet der interessierte Leser in der Zeitschrift „GralsWelt", Hefte 9/1998 und 24/2002 sowie in der GralsWelt-TV-Produktion „Angst und Depression".

*2* Mehr zu diesem Thema auf Grund praktischer therapeutischer Erfahrungen bietet dem interessierten Leser ein Beitrag in der Zeitschrift „GralsWelt", Heft 24, Verlag der Stiftung Gralsbotschaft, Stuttgart, 2002.

*3* Dr. Elisabeth Lukas ist Schülerin von Prof. Viktor Frankl, dem Begründer der Logotherapie, der „Dritten Wiener Schule der Psychotherapie". Sie ist prominente Autorin vieler Bücher zu Lebenshilfe-Themen, leitete über viele Jahre eine öffentliche Familienberatungsstelle in München und gründete 1986 gemeinsam mit ihrem Mann das „Süddeutsche Institut für Logotherapie" in Fürstenfeldbruck.

*4* Zitiert aus: Christine Lackner/Werner Huemer: „Liebe zum Sinn – Interview mit Frau Dr. Elisabeth Lukas", erschienen in der Zeitschrift „GralsWelt", Heft 9, Verlag der Stiftung Gralsbotschaft, Stuttgart, 1998

*5* Zitiert aus „Sinn-Zeilen – Logotherapeutische Weisheiten", publiziert in: „GralsWelt", Heft 9, Verlag der Stiftung Gralsbotschaft, Stuttgart, 1998

*6* Viktor Frankl entwickelte die sogenannte „Dritte Wiener Schule der Psychotherapie". Seine „Logotherapie" findet inzwischen weltweite Anerkennung.

*7* In dieser Therapieform steht die Ausrichtung auf den Sinn (= logos) im Vordergrund.

*8* Zitiert aus Elisabeth Lukas: „Lebensbesinnung – Wie Logotherapie heilt“, Herder, 1995

*9* Zitiert aus: Viktor E. Frankl: „Theorie und Therapie der Neurosen“, UTB Verlag Reinhardt, München, 1993

*10* Viktor Frankl benutzte diese treffende Metapher.

*11* Zitiert aus Susanne Barknowitz: „Wege aus der Angst (2)“, erschienen in der Zeitschrift „GralsWelt“, Heft 17, Verlag der Stiftung Gralsbotschaft, Stuttgart, 2000. Die eingefügten Zitate stammen aus dem Originalwerk, dem Kinderbuch „Selina, Pumpernickel und die Katze Flora“ von Susi Bohdal.

*12* Das Zitat stammt aus Richard Wagners „Siegfried“ (aus der Musiktheater-Tetralogie „Der Ring des Nibelungen“).

*13* Zitiert aus Susanne Barknowitz: „Wege aus der Angst (1)“, erschienen in der Zeitschrift „GralsWelt“, Heft 16, Verlag der Stiftung Gralsbotschaft, Stuttgart, 2000

*14* Zitiert aus Susanne Barknowitz: „Wege aus der Angst (2)“, erschienen in der Zeitschrift „GralsWelt“, Heft 17, Verlag der Stiftung Gralsbotschaft, Stuttgart, 2000

*15* Prof. Viktor Frankl prägte diesen Ausdruck.

*16* Zitiert aus Elisabeth Lukas: „Lebensbesinnung“, Herder-Verlag, Frankfurt/Basel/Wien, 1997 (Seite 84)

*17* Vgl. Kapitel 3. Mehr zum Thema „Lust und Genuß“ findet der interessierte Leser in meinem Beitrag „Lebensfreude, Lust und Last“, erschienen in der Zeitschrift „GralsWelt“, Heft 39, Verlag der Stiftung Gralsbotschaft, Stuttgart, 2006.

*18* Mehr darüber – speziell über das „Alkoholproblem“ – findet der interessierte Leser in einem Beitrag von Dr. Gerd Harms: „Ein Alkoholproblem“, erschienen in der Zeitschrift „GralsWelt“, Heft 18, Verlag der Stiftung Gralsbotschaft, Stuttgart, 2001.

*19* Zitiert aus Elisabeth Lukas: „Lebensbesinnung“, Herder-Verlag, Frankfurt/Basel/Wien, 1997

*20* Angesprochen ist damit das Menschengeistige.

*21* Zitiert aus Elisabeth Lukas: „Lebensbesinnung“, Herder-Verlag, Frankfurt/Basel/Wien, 1997

Für weitere Informationen:

www.gral.de
www.gralswelt.de
www.gral.ch

*22* Zitiert aus Elisabeth Lukas: „Gesinnung und Gesundheit", Herder-Verlag, Freiburg, Neuausgabe 1993

*23* Der englische Ausdruck „Habits" für „Gewohnheiten" wurde vor allem durch das 1989 veröffentlichte Bestseller-Buch „Die sieben Habits der tüchtigsten Menschen" von Stephen R. Covey bekannt.

*24* Zitiert aus Elisabeth Lukas: „Lebensstil und Wohlbefinden – Logotherapie bei psychosomatischen Störungen" (Edition Logotherapie Band 2), Profil Verlag, München/Wien, 1999

*25* Diese Geschichte erhielt ich von einer Bekannten aus der Schweiz; die Quelle ist mir leider unbekannt.

*26* Der interessierte Leser sei im Zusammenhang mit „Bildern des Seins" auf das Werk „Verlust und Gewinn – Logotherapie bei Beziehungskrisen und Abschiedsschmerz" von Dr. Elisabeth Lukas (Profil-Verlag München/Wien, 2002) verwiesen.

*27* Zitiert aus Elisabeth Lukas: „Verlust und Gewinn – Logotherapie bei Beziehungskrisen und Abschiedsschmerz" (Edition Logotherapie, Band 5), Profil-Verlag, München/Wien, 2002

*28* Zitiert aus „Neues Testament", Matth. 6, 26

*29* Zitiert aus Abd-ru-shin: „Im Lichte der Wahrheit – Gralsbotschaft", Verlag der Stiftung Gralsbotschaft, Stuttgart, 1998 (Band 3, „Grübler")

*30* Zum Thema Tinnitus vgl. „Konzentration und Stille – Logotherapie bei Tinnitus und chronischen Krankheiten" (Elisabeth Lukas und Helmut Schaaf), Profil-Verlag, München/Wien, 2001

*31* Zitiert aus Elisabeth Lukas: „Konzentration und Stille – Logotherapie bei Tinnitus und chronischen Krankheiten" (Edition Logotherapie, Band 4/2. Auflage), Profil-Verlag, München/Wien, 2001

*32* Zitiert aus Abd-ru-shin: „Im Lichte der Wahrheit – Gralsbotschaft", Verlag der Stiftung Gralsbotschaft, Stuttgart, 1998 (Band 3, „Seele")

Aus der Reihe »Lebenshilfen aus der Gralsbotschaft«:

*80 Seiten*
*ISBN 978-3-87860-320-7*